CNPC-LH12

# 中国石油大庆炼化组织史资料

## 第二卷

### （2014—2018）

中国石油大庆炼化分公司｜编

石油工业出版社

**图书在版编目（CIP）数据**

中国石油大庆炼化组织史资料 . 第二卷，2014—2018 /
中国石油大庆炼化分公司 编 . -- 北京：石油工业出版社，
2024. 6. -- ISBN 978-7-5183-6919-5

Ⅰ . F426.22

中国国家版本馆 CIP 数据核字第 2024Y5Q354 号

中国石油大庆炼化组织史资料　第二卷（2014—2018）
中国石油大庆炼化分公司　编

项目统筹：白广田　马海峰

图书统筹：李廷璐

责任编辑：鲁　恒

责任校对：刘晓雪

出版发行：石油工业出版社

　　　　　（北京市朝阳区安华里 2 区 1 号楼　100011）

　　　　网　址：www.petropub.com

　　　　编辑部：（010）62067197　64523611

　　　　图书营销中心：（010）64523731　64523633

印　　刷：北京中石油彩色印刷有限责任公司

2024 年 6 月第 1 版　2024 年 6 月第 1 次印刷
787×1092 毫米　开本：1/16　印张：41　插页：1
字数：650 千字

定价：558.00 元

ISBN 978-7-5183-6919-5

# 《中国石油大庆炼化组织史资料. 第二卷. 2014—2018》编审委员会

# 《中国石油大庆炼化组织史资料. 第二卷. 2014—2018》撰稿人员

（按姓氏笔画排序）

| | | | | | | |
|---|---|---|---|---|---|---|
| 马 萍 | 马冬亮 | 马伟东 | 马鹏程 | 王 江 | 王 兵 | 王 彤 |
| 王 玥 | 王 波 | 王 建 | 王 玲 | 王 微 | 王 颖 | 王冬梅 |
| 王晓鹏 | 王耀艳 | 方 明 | 尹延峰 | 孔令东 | 田苗苗 | 田菊花 |
| 冯聪聪 | 司云涛 | 司英伟 | 朱柯楠 | 朱新明 | 刘 民 | 刘丹伊 |
| 刘凤杰 | 刘永军 | 刘崇飞 | 闫文卓 | 闫俐俐 | 许 扬 | 孙芸芸 |
| 苏 琦 | 杜明慧 | 杨 帆 | 李 胜 | 李丽华 | 李秀霞 | 李思嘉 |
| 李海超 | 李梦雪 | 李曼莹 | 肖 微 | 吴卓遥 | 吴明波 | 谷玉玲 |
| 宋 杰 | 张 乐 | 张 展 | 张弘达 | 陈吉军 | 陈泰利 | 苗雪莲 |
| 金 花 | 周建仁 | 郑 巍 | 孟岩枫 | 赵玉梅 | 赵贞雪 | 赵显峰 |
| 赵艳玲 | 赵雪山 | 赵淑敏 | 赵慧茹 | 哈云利 | 侯献静 | 皇甫爱民 |
| 姜珑飞 | 姜复春 | 贾 楠 | 贾云革 | 顾恩阳 | 柴炎君 | 钱 峰 |
| 徐淑杰 | 徐嘉忆 | 逄 博 | 高兴茹 | 黄 伟 | 崔艳杰 | 韩 彤 |
| 雷 鸣 | 谭 毅 | 谭颖霞 | | | | |

# 前　言

企业的组织机构沿革和人事更迭情况，是企业发展史的一个重要组成部分。按照中国石油组织史资料编纂管理办法，大庆炼化分公司启动了《中国石油大庆炼化组织史资料　第二卷（2014—2018）》续编工作。本书详细系统记录了大庆炼化分公司2014年1月至2018年12月期间企业的组织机构沿革和领导干部调整等情况。

2014年，大庆炼化分公司全体干部员工团结一心，积极进取，完成集团公司下达的任务指标，持续推进特色炼化企业建设。企业始终坚持以效益为中心，以市场为导向，以生产平稳为基础，生产经营水平、盈利能力持续提升。始终将安全环保作为一切工作的前提，全力规范人的安全行为、改善物的安全状态，安全环保形势稳定向好。坚持以人为本，关心关爱员工，努力为员工谋福祉。建立"一岗一责"责任体系，全面落实安全环保责任。坚持"四不两直"①，模拟第三方监管模式，细化检查条款，扩大检查范围，加强现场管控，推进对标管理和环境风险管理。2015年，大庆炼化分公司坚持特色发展，全力做好"产品的差异性、技术的领先性、管理的科学性、员工的成长性"，牢固树立"严格管理是对企业员工的最大关爱、是对企业忠诚的最低标准"理念，凡是安全生产事件坚持一查原因、二问责任、三定措施，加大安全环保设施可靠性、承包商规范作业和员工遵章守纪的监督检查力度，红线意识显著提高。按照"专业引领、分步实施、全面推进、整体提升"思路，以员工行为标准化为基础，为系统标准化建设奠定了基础。为"十二五"的顺利收官画上了圆满句号，为"十三五"的顺利开局奠定坚实基础、积累宝贵财富。2016年，大庆炼化分公司正确分析内外部形势，制定符合企业实际的发展规划，突出创新驱动、精细管理、清洁生产、队伍建设，提高竞争能力，增强创效水平，赢得发展空间，突出管专业必须管安全，切实体现"党政同责""一岗双责"，全面建设有质量有效益可

---

① 四不两直：不发通知、不打招呼、不听汇报、不用陪同接待；直奔基层、直插现场。

持续发展的优秀炼化企业。面对油品高库存、全厂大停电和装置大检修等困难挑战，企业上下团结奋战，攻坚克难，圆满完成生产经营各项任务指标，优秀炼化企业建设迈出坚实一步，实现了"十三五"良好开局。2017年作为实施"十三五"规划的重要一年，大庆炼化分公司克服加工量低等困难，直面市场竞争挑战，讲实干，重落实，强党建，全面落实"大平稳出大效益、大优化出大效益"理念，强化平稳操作，狠抓工艺、设备等专业管理，实现稳健发展。推行"明责、尽责、考责、问责"管理理念和"实干就是能力、落实就是水平"执行理念，制度进一步完善，责任进一步明确，执行力进一步增强，管理水平又有新提高。牢记"让每一滴原油创造出最大经济价值和社会价值"的使命，实施结构调整工程、效益保证工程、管理提升工程、人才成长工程，以奋发有为、昂扬向上的精神状态，推进新时代优秀炼化企业建设。2018年，大庆炼化分公司上下以习近平新时代中国特色社会主义思想为指导，按照集团公司高质量发展要求，制定并推进"12345"①工作思路全面落实。企业以质量效益为中心，利润创成立以来最好水平，企业的存在感、贡献力、价值度不断彰显。坚持绿色发展，践行"严管就是厚爱"理念，坚守四条红线，重基础、严监管、控风险，实现安全环保无事故目标，企业成长基础更加扎实。积极推进转型升级，守当前、谋长远，第一轮结构调整项目全部落地、达到预期，资源利用水平再上新台阶。落实创新驱动发展战略，6件专利获国家授权，以技术创新破难题、强管理、增效益，创新型企业建设稳步前进。

截至2018年末，大庆炼化分公司已经发展成为集炼油、化工于一体的综合性石油化工生产企业，拥有600万吨/年原油加工能力、20万吨/年润滑油基础油、15万吨/年聚丙烯酰胺、12万吨/年石油磺酸盐、60万吨/年聚丙烯生产能力。可生产成品油、润滑油基础油、聚丙烯、聚丙烯酰胺、石油磺酸盐、石蜡、液化气等39个品种236个牌号的石油化工产品。固定资产原值183亿元，净值55亿元。

通古达今，史为镜鉴。《中国石油大庆炼化组织史资料》对研究企业组

---

① "12345"：建设高质量发展的优秀炼化企业这一目标，做精炼油、做强化工这两条主线，实施提质增效、管理提升、深化改革这三项行动，做好发展与安全环保、市场与经济效益、运营与依法治企、当前与企业未来的四个统筹，力争在安全环保、价值创造、结构调整、创新驱动、党的建设上取得五大新成效。

织人事工作规律，充实完善史志资料，都具有十分重要的意义。编纂过程中，编纂人员按照实事求是的原则和"广征、核准、精编、严审"的工作方针，以档案文件的真实记录为依据，去伪存真，去粗取精，反复修改，几易其稿。希望本书作为企业管理和文化建设的重要资料，发挥"资政、存史、育人、交流"的作用，用优良传统教育人，用成功经验启迪人，用辉煌成就鼓舞人，让广大员工从企业发展历史中汲取营养，客观尊重公司的昨天，倍加珍惜当下的大好局面，努力创造大庆炼化分公司更加美好的明天，为中国石油建成世界一流综合性国际能源公司做出更大的贡献。

2019 年 12 月

# 凡　例

一、本书根据中国石油天然气集团有限公司下发的《〈中国石油组织史资料〉编纂工作方案》《〈中国石油组织史资料〉编纂技术规范》和大庆炼化分公司制定的《〈中国石油大庆炼化组织史资料〉编纂工作方案》进行编纂。

二、指导思想。本书以马克思列宁主义、毛泽东思想、邓小平理论、"三个代表"重要思想、科学发展观、习近平新时代中国特色社会主义思想为指导，坚持辩证唯物主义和历史唯物主义的立场、观点和方法，按照实事求是的原则和"广征、核准、精编、严审"的工作方针，全面客观记述了大庆炼化公司的组织演变、发展历程和人事变动情况，从而更好地发挥"资政、存史、育人、交流"的作用。

三、收录时限。本书收录上限始自 2014 年 1 月 1 日，下限截至 2018 年 12 月 31 日。

四、指代。本书"集团公司"指代中国石油天然气集团公司、中国石油天然气集团有限公司，"股份公司"指代中国石油天然气股份有限公司，"油田化学助剂厂"指代大庆石油管理局油田化学助剂厂，"油田化工总厂"指代大庆石油管理局大庆油田化工总厂或大庆油田有限责任公司大庆油田化工总厂，"大庆炼化公司""大庆炼化分公司"指代中国石油天然气股份有限公司大庆炼化分公司，"石化总公司"指代中国石油化工总公司，"林源炼油厂"指代中国石化林源炼油厂、中国石油林源炼油厂，"庆化公司"指代大庆宏伟庆化石油化工有限公司。

五、资料的收录范围。本书收录的资料分三部分：一是组织机构沿革及领导成员名录等正文收录资料；二是组织人事统计表、人事任免信息等附录资料；三是组织人事大事纪要。

本书采取一编到底的方式。组织机构收录范围主要是依据行政隶属关系的规定；领导名录收录主要是按照干部管理权限确定。具体包括：公司（厂）领导机构及其领导成员；公司（厂）机关部门、直附属单位、所属二级（基层）单位及其机关科室、基层车间的领导机构、领导班子成员，收录到副科级以上干部。

附录附表资料主要包括：组织机构名录及沿革图，基本情况统计表，专家和正副高级职称人员名单，省、市、区党代会代表、人大代表、政协委员名录，获得省部级以上荣誉集体和个人名录，领导人员信息简明表等。

组织人事大事纪要主要收录组织机构调整、重要领导干部任免、当选"两代表一委员"等事件的时间、决定机关、依据文件、主要内容或结果等。

六、资料的收录原则。党、政组织机构较详，其他组织机构较略；本级组织机构较详，下属组织机构较略；存续下来的组织机构较详，期间撤销或划出的组织机构较略；组织机构及领导班子成员资料较详，其他资料较略。

七、编纂结构体例。本书采用"先分层级，后分层次"，横竖结合的方法，按编、章、节、目等层次进行编纂。

第一编为领导机构和机关部门，第二编为直附属单位，第三编为所属二级单位。第四编为附录附表，第五编为领导人员信息简明表。第六编为组织人事大事纪要。原则上章下设节，节下设目。

八、资料编排。本书采用文字叙述、组织机构及领导成员名录、图表相结合的编纂体例进行编排。

（一）组织机构沿革叙述文字的编排。主要包括综述、分述和简述。

卷首写有不同时期组织机构沿革综述。主要记述该时期本级组织机构的基本情况、沿革变化及其历史背景；下设工作机构和所属二级单位的机构改革、体制调整等组织沿革发展变化情况；本级组织在党的建设、干部和员工队伍建设、企业管理和改革、生产经营和企业文化建设中所采取的重大决策、重要措施和取得的成绩等内容。

在各编、章或节之首，写有本时期领导机构、机关工作部门、所属二级单位每个层次的分述，即本层次组织机构沿革情况概述或提要。主要是围绕本层次组织机构发展主线，采取编年纪事与本末纪事相结合的方式，简要概述本层次所涉及的管理体制调整、组织机构调整、业务重组整合、领导届次变化、领导分工变化和组织机构的基本概况等。

在各节和目下，分别收编具体组织机构，第一部分为该组织机构沿革的简述，第二部分是该组织机构及其领导成员名录。简述主要记述该机构建立、撤销、分设、合并、更名、职能变化、业务划转、规格调整、体制调整的情况，上级下属、内部机构设置及人员编制的变化情况，生产规模、工作业绩概况等。

（二）组织机构的编排顺序。一般按机构成立时间先后或下限时间的规范顺序排列。机关工作机构和部门，先收职能部门，再收直附属单位；各所属二级（基层）单位，按其成立时间先后或编纂下限时机构序列表为序，有明确规范排序的，按照规范的顺序进行编排。所属二级单位的党组织、行政组织和工会组织，有明确规定的按规定的顺序编排。

（三）领导名录的编排顺序。一般按先正职后副职和任职时间先后的顺序分别排列。同一职务的，按任职先后排列；同时任职的，按任职文件中的顺序排列。领导班子中有调研员及其他相应职级干部的，依次排在领导班子成员名录后；提前退出领导班子的成员，本书未收录。

党内职务排序依次为正职、副职、委员，纪委书记空一行编排其后。委员的排列按照选举产生或历史文献列定的顺序，后增补的按任职时间先后排列。行政职务排序一般为先正职、再副职、后总师。一人担任多职的，按不同职务序列名称分别编排。除上级部门领导兼任下级职务和"安全总监"职务以及任免文件中明确规定兼任的同一班子内的平级职务标注"兼任"外，其他同一人分别任不同职务序列和岗位职务时，一般不标注"兼任"。

本书领导名录编排顺序不代表班子成员实际排序。

（四）其他。组织机构名称一般使用全称。名称过长或常用简称的，第一次出现时使用全称，之后注明用简称。

九、本书收录的领导成员资料包括其职务（含代理）、姓名（曾用名）、女性性别、少数民族族别、任职起止年月等人事状况。凡涉及女性、少数民族、兼任、主持工作、挂职、未到职等情况均在任职时间括号内加以标注。涉及同一人的备注信息仅在本书第一次出现时加注。对组织上明确有"常务"职务的，一般单列职务名称编排在其他副职之前。

十、本书收录的组织机构及领导成员，均在其后括号内注明任职起止年月。任免时间在同一年内者，写作"（20××.×—×）"；在同一月内者，写作"（20××.×）"。同一组织、同一领导人员，其存在或任职年月有两个以上时间段时，前后两个时期之间用"；"隔开；组织机构更名后，编排时原名称在前、新名称在后，中间用"—"连接。收录的某一机构，在其存在期限内，领导成员一直空缺或不详者，分别在括号内标注"空缺"或"不详"。

十一、组织机构设立和撤销的时间，组织机构设立、撤销以上级机构管理部门正式下发的文件为准；没有文件的以机构领导干部的任免时间或更名、整合时间为准。

十二、领导成员任离职时间，均以干部管理部门任免时间或完成法定聘任（选举）程序为准。同一人有几级任免文件的，按干部管理权限，以主管部门任免行文时间为准。属于自然免职或无免职文件的，将下列情况作为离职时间：被调离原单位的时间，办理离、退休手续的时间，去世的时间，机构撤销的时间，选举时落选的时间，新的领导人接替的时间，副职升为正职的时间，随机构更名而职务变化的时间，刑事处分、行政处分和纪律处分的时间。确无文件依据的，经组织确认后，加以标注。

十三、本书入编机构，只收录以人事部门文件为准的常设机构，各种临时机构、领导小组、委员会等非常设机构未收录。

十四、本书资料的收录截止时间，不是组织机构和领导成员任职的终止时间。

十五、本书对历史上的地域、组织、人物、事件等均使用历史称谓。中国共产党各级党组织名称，一般简写为党委、党总支、党支部。

十六、本书一律使用规范的简化字。采用公历纪年，年代、年、月、日和记数、计量、百分比均用阿拉伯数字。表示概数或用数字构成的专有名词用汉字数字。货币单位除特指外，均指人民币。

十七、本书采用行文括号注和页下注。行文括号注包括领导成员的人事状况，组织的又称、简称、代称，专用语全称与简称的互注等。页下注系需要说明的问题。同一内容的注释，只在本节（目）第一次出现时注明。

十八、本书原始资料主要来源：大庆炼化分公司机关部门、各基层单位征集上报的资料；档案室的文书档案资料；年鉴和工作会议资料；人事干部档案、有关文件选编、会议材料、工作总结、人事劳资统计报表等。

十九、本书收录的资料，仅反映组织机构沿革、领导成员更迭变动和干部队伍发展变化的历史，不作为机构和干部个人职级待遇的依据。

# 本卷编纂说明

一、本卷为《中国石油大庆炼化组织史资料　第二卷（2014—2018）》。收录 2014 年 1 月 1 日至 2018 年 12 月 31 日大庆炼化分公司组织机构沿革和主要领导成员资料。

二、本卷编章节设置

本卷分为五编，第一编为大庆炼化分公司领导机构及机关部门，第二编为大庆炼化分公司直附属单位，第三编为大庆炼化分公司二级单位，第四编为附录附表，第五编为领导人员信息简明表，附编为组织人事大事纪要。

三、组织机构及领导成员的收录范围

（一）大庆炼化分公司行政领导班子成员、党委委员、纪委书记、工会主席；公司总经理助理、副总师；机关处室、机关直附属领导成员。

（二）所属单位：单位行政领导成员、单位党组织领导成员、纪委书记、工会主席（根据实际情况，标注机构规格）；收录到副科级以上干部。

四、附录附表收录资料的范围

（一）历年组织机构名录和沿革图。

（二）名录：享受国家特殊津贴专家，高级技术、管理、技能专家，正副高级职称人员；获得省部级及以上表彰的荣誉集体和个人名录。

（三）人事劳资统计简表：企业基本情况、人员统计、干部统计和党员统计等。

五、本卷写有综述，描述大庆炼化分公司的组建及领导班子调整；组织结构调整；发展战略与主要成就；领导班子和员工队伍建设；党的建设、思想政治工作和企业文化建设。

六、本卷原始材料主要来源：公司及基层单位收集整理和征集的上报资料；公司档案中心的文件资料、会议材料、工作总结；公司年鉴；公司人事部门历年文件选编、统计报表。

七、本卷卷首收录大庆炼化公司历史沿革及历任主要领导一览表，时间为（1971.1—2018.12），以便查阅参考。

八、由于《中国石油大庆炼化组织史资料》（1971—2013）未收录大庆宏伟庆化石油化工有限公司，因此本卷中大庆宏伟庆化石油化工有限公司收录上限时间为机构成立时间。

# 目　录

# 第二编 直附属单位

# 第三编 二级单位

# 第四编　附录附表

# 综　　述

　　大庆炼化分公司是中国石油天然气股份有限公司所属地区分公司，2000年10月，由大庆油田化工总厂和林源石化公司重组成立，2006年2月，大庆炼化公司与林源炼油厂再次重组。大庆炼化分公司作为股份公司地区分公司，行政上由股份公司直接管理，业务上由炼油与化工分公司归口管理。机构规格正局级。党组织关系隶属中共大庆油田有限责任公司委员会。机关办公地点在黑龙江省大庆市让胡路区马鞍山。

　　2014年至2018年，大庆炼化分公司认真贯彻落实上级各项决策部署，始终坚持特色发展，不断发挥生产工艺优势、产品特色优势和企业管理优势，围绕"做精炼油、做强化工、建设稳健发展的新时代优秀炼化企业"的发展目标，走出了一条特色炼化企业成长之路。生产经营管理等各项工作水平稳步提高，主营业务实现快速发展，重点工程项目稳步推进，5年累计加工原油2594.92万吨，实现营业收入1575.38亿元，上缴税费463.61亿元，盈利93.5亿元，多项经营指标始终位列股份公司炼化企业前列。企业综合实力和可持续发展能力日益增强，为中国石油建成世界一流综合性国际能源公司做出了应有的贡献。

## 一、组织机构调整

　　截至2014年1月1日，大庆炼化分公司设机关部门14个：总经理（党委）办公室、人事处（党委组织部）、生产运行处、机动设备处、安全环保处、生产技术处、规划计划处、财务处、审计处、企管法规处（内控与风险管理处）、纪检监察处、企业文化处（党委宣传部、团委、机关党委）、维护稳定工作办公室、工会；直属单位4个：电子商务部、工程管理部（工程质量监督站）、工程造价部、信息管理部；附属单位8个：行政事务中心、安全气防站、财务结算中心、总调度室、审计中心、社会保险中心、文化新闻中心、档案管理中心。所属二级单位22个：炼油一厂、炼油二厂、润滑油厂、聚合物一厂、聚合物二厂、聚丙烯厂、储运厂、动力一厂、动力二厂、机电仪厂、检维修厂、质量检验与环保监测中心、产品营销中心、矿区服务事业部、综合服务部、设计院、保卫武装部、车辆管理部、计量检测中心、物资供应中心、培训中心、庆化公司。在册员工 1.14 万人。

2014 年 1 月，大庆炼化分公司研究决定：将机关党委负责的计量检测中心、物资供应中心、培训中心和信息管理部的党组织工作改由公司党委负责。

2014 年 3 月，大庆炼化分公司研究决定：附属单位安全气防站更名为安全监督站，更名后单位性质、机构规格、职责、定员等均不变；撤销二级单位纺织厂。

2014 年 4 月，大庆炼化分公司党委研究决定：大庆宏伟庆化石油化工有限公司党支部改建为党委，为公司党委直属党组织。

2014 年 9 月，大庆炼化分公司研究决定：将安全监督站由安全环保处附属机构调整为直属机构管理；撤销动力二厂二级单位建制，将动力二厂划归矿区服务事业部基层单位序列，按矿区服务事业部二级单位管理。

2015 年 2 月，大庆炼化分公司研究决定：直属单位信息管理部更名为信息中心，并调整为二级单位管理，职能不变，机构规格调整为正处级。

2015 年 4 月，大庆炼化分公司研究决定：将企管法规处（内控与风险管理处）更名为企管法规处，机构规格、职能不变。

2015 年 5 月，大庆炼化分公司研究决定：撤销矿区服务事业部动力二厂的机构建制。成立矿区服务事业部供热站，机构规格副处级，列矿区服务事业部基层单位序列。同时将动力一厂更名为动力厂。

2015 年 10 月，大庆炼化分公司党委研究决定：设计院党组织由党总支改建为党委。综合服务部党组织由党总支改建为党委。大庆炼化分公司研究决定：文化新闻中心及人员列入综合服务部管理。

2016 年 2 月，大庆炼化分公司党委研究决定：离退休管理中心党组织关系不再隶属矿区服务事业部党委，改为隶属公司党委。大庆炼化分公司研究决定：明确矿区服务事业部为二级单位，机构规格正处级，职能和隶属关系不变。将离退休管理中心由矿区服务事业部直属单位调整为大庆炼化分公司二级单位，机构规格和职能不变。

2016年3月，大庆炼化分公司研究决定：恢复成立研究院，机构规格正处级，列公司二级单位序列。

2016年10月19日，中共大庆炼化分公司第三次代表大会在黑龙江省大庆市召开，252名党员代表和4名列席代表参加会议。会议选举中共大庆炼化分公司第三届委员会和纪律检查委员会。

2017年7月，大庆炼化分公司研究决定：电子商务部更名为物资采购部，隶属关系、机构规格、职能等均不变。

2017年10月，集团公司批复同意林源炼油厂改制为一人有限责任公司，名称为中国石油林源炼油有限公司（简称林源炼油有限公司）。

2018年8月，大庆炼化分公司研究决定：机关党委职能及人员从企业文化处（党委宣传部、团委、机关党委）划出，与工会合署办公。将企业文化处（党委宣传部、团委、机关党委）更名为企业文化处（党委宣传部、团委），隶属关系、机构规格等均不变。

2018年9月，集团公司印发《关于推行企业和领导人员岗位分级分类管理的意见》，明确大庆炼化分公司为一级二类企业。

2018年11月，大庆炼化分公司研究决定：矿区服务事业部更名为林源工作部，隶属关系、机构规格不变。

2018年12月，大庆炼化分公司研究决定：机电仪厂更名为电仪运行中心；检维修厂更名为检维修中心，机构规格、隶属关系不变。

截至2018年12月31日，大庆炼化分公司设机关处室14个：总经理（党委）办公室、人事处（党委组织部）、生产运行处、机动设备处、安全环保处、生产技术处、规划计划处、财务处、审计处、企管法规处、纪检监察处、企业文化处（党委宣传部、团委）、维护稳定工作办公室、工会（机关党委）；直属单位4个：物质采购部、工程管理部（工程质量监督站）、工程造价部、安全监督站；附属单位6个：行政事务中心、档案管理中心、社会保险中心、总调度室、财务结算中心、审计中心。所属二级单位23个：炼油一厂、炼油二厂、润滑油厂、聚合物一厂、聚合物二厂、聚丙烯厂、储运厂、动力厂、电仪运行中心、检维修中心、质量检验与环保监测中心、产品营销中心、林源工作部、综合服务部、设计院、研究院、信息中心、保卫武装部、车辆管理部、离退休管理中心、计量检测中心、物资供应中心、培训中心。庆化公司党组织由大庆市高新技术开发区党委委托大庆炼化分公司党委管理。在册员工 9718 人。

## 二、生产经营及主要成果

2014 年，大庆炼化分公司提出依靠创新驱动，坚持特色发展，建设"四大基地"，持续提升企业各项工作水平，实现由生产型企业向科技生产型企业转变，建设有质量有效益可持续的炼化企业的工作目标。全年加工原油 525.96 万吨，营业收入 369.93 亿元，利润 3.79 亿元，税费 66.74 亿元，整体效益位列炼化板块第五位。项目建设方面，170 万吨 / 年柴油加氢、3.5 万吨 / 年石油磺酸盐项目、环保装置酸性气制酸装置按期投产，庆化公司装置建成，7 万吨 / 年石油磺酸盐项目开工建设。

2015 年，大庆炼化分公司提出围绕建设特色炼化主线，抓住安全、环保两个关键，做好业务结构调整、增长点培育、低成本发展三篇文章，建设"四大基地"，注重创新驱动，推进依法治企，深化内部改革，实现有质量有效益可持续发展新跨越工作思路。全年加工原油 547.52 万吨，营业收入 292.20 亿元，利润 17.24 亿元，税费 101.16 亿元，整体效益位列炼化板块第四位。建成投产了 7 万吨 / 年石油磺酸盐装置，提高了油田保供能力。庆化公司完成装置建设并投入运行，实现了地企互利共赢。

2016 年，大庆炼化分公司坚持稳健发展的方针，大力实施创新战略，以质量效益为中心，打牢安全环保基础，推进全面成本管理、标准化管理和 E 化管理，优化生产经营，强化队伍建设，全面开创优秀炼化企业建设新局面。全年加工原油 514.25 万吨，营业收入 263.54 亿元，利润 27.58 亿元，税费 97.84 亿元，整体效益位列炼化板块第七位。

2017 年，大庆炼化分公司聚焦建设优秀炼化企业这一目标，紧紧抓住"效益稳中向好、大局稳定和谐"两条主线，着力做好"降成本、提质量、重创新、强党建、谋发展"五篇文章，夯实发展基础，增强内在动力，提升经营业绩，持续推进优秀炼化企业建设，为集团公司稳健发展做出新贡献。全年加工原油 503.67 万吨，营业收入 305.31 亿元，利润 15.80 亿元，实现税费 99.49 亿元，整体效益位列炼化板块第七位。

2018 年，大庆炼化分公司围绕"12345"工作思路，以质量效益为中心，狠抓安全环保管理，积极推进转型升级，落实创新驱动发展战略，加强精益管理与依法合规管理，稳步推进改革创新，强化三支队伍建设，新时代优秀炼化企业建设迈出坚实步伐。全年加工原油 503.52 万吨，营业收入 344.39 亿元，利润 28.17 亿元，税费 98.38 亿元，利润创公司成立以来最好水平，整体效益位列炼化板块第五位。建成投产 30 万吨 / 年烷基化、3 万吨 / 年硫酸再生装置，拓宽了油品调合空间。石油磺酸盐生产新配方研究取得重要进展，超重力石油磺酸盐生产技术工业化现场试验启动。落实创新驱动发展战略，6 件专利获国家授权。

# 三、领导班子和员工队伍建设

大庆炼化分公司党委始终把加强领导班子建设作为公司党组织建设重中之重，突出抓好思想建设、组织建设、能力建设、作风建设，努力将各级领导班子建设成为"对党忠诚、勇于创新、治企有方、兴企有为、清正廉洁"的领导班子。

加强班子的思想政治建设。2014 年，对在党的群众路线教育实践中查摆出的问题持续深化整改，牢牢抓住群众反映强烈、表现突出的"四风"问题，以"钉钉子"精神抓好整改落实，实现整改完成率 100%。2015 年，把深入推进"三严三实"专题教育作为贯彻落实全面从严治党要求的重要举措，坚持将学习教育放在首位，将问题查改和立规执纪贯穿始终，推动"三严三实"专题教育的制度化、常态化、长效化建设。2016 年，深入开展"两学一做"学习教育，通过学习党章党规和习近平总书记系列讲话精神、组织专题研讨、上专题党课等丰富多彩的形式，提升活动效果。2017 年，认真落实"四合格四诠释"岗位实践活动、"两学一做"常态化制度化学习教育工作要求、学习宣贯党的十九大精神和习近平新时代中国特色社会主义思想，强化思想政治建设。2018 年，重点加强以党的十九大精神、习近平新时代中国特色社会主义思想、《中国共产党廉洁自律准则》《中国共产党纪律处分条例》、新修订党章等为主要内容的政治理论学习，分层分期举办局处级、处科级培训班，深入开展"弘扬爱国奋斗精神、建功立业新时代""党员岗位讲述""四合格四诠释"岗位实践活动，教育引导党员干部牢记使命职责，进一步增强"四个意识"、坚定"四个自信"、做到"两个维护"。

强化干部的选拔任用。坚持"德才兼备、以德为先"的选人用人原则和重基层、重实绩、重公认的选人用人导向，选用干部做到公开、民主、竞争、择优，在全公司营造爱才、识才、重才、用才的风清气正环境。坚持党管干部的原则，全面落实全国组织工作会议部署，从2014年开始，陆续修订《领导干部管理规定》《领导干部选拔任用工作管理规定》《领导人员选拔任用工作"一报告两评议"实施办法》等多项制度，先后出台《优秀年轻干部培养选拔方案》《操作服务岗位高校毕业实施内部人才流动管理规定》《科级干部梯次退出领导岗位管理规定》《一般管理和专业技术岗位聘任管理规定》《领导干部选拔任用工作规范》等政策文件。结合公司自身实际，建立"百名英才"储备库，组织实施干部双向挂职锻炼，调训优秀人才参与专项工作，加大培养力度。在干部的选拔任用调整过程中，坚持标准，严格执行工作程序，严把选人用人入口关，规定新提拔人员一律从后备干部储备库中遴选，提高选人用人质量。组织开展选人用人工作专项检查，指导和督促各级党组织在规定的期限内整改选人用人方面存在的问题，保证干部选拔任用工作的公平公正。

强化干部的监督管理。修订完善领导班子和领导干部考核方案，通过综合测评、考核谈话、专项工作考核等方式对各单位领导班子、领导干部进行综合考核评价，对领导干部"素质、能力、业绩"进行日常动态考核和每年的定期集中考核，利用民主测评系统对干部业绩、严格管理、敢于担当等方面进行考核，提高工作效率并达到预期效果。从严管理监督领导干部，落实好个人有关事项报告制度，处级干部个人报告情况录入管理信息系统，并按要求开展领导干部个人有关事项报告抽核工作。从2015年开始，对所属单位及中层管理人员实行目标管理责任考核，制定公司《目标管理责任考核工作方案》和《目标管理责任考核办法》，明确各项工作目标的责任人及责任权重，首次设置启用单位责任系数，增强各单位绩效考核结果的公平性与可比性。2018年印发《公司所属领导班子和领导干部年度综合考核评价办法》，细化综合考评指标8类24项，增加机关为基层服务等内容的考核权重，干部管理考评工作更加全面细致。加大对各级领导班子和领导干部的考核力度，按照"四责"理念，实现了考核的动态化和常态化。

实施人才强企战略。始终坚持以人才队伍建设为重点，不断健全完善人才引进、培养、使用和激励的政策措施，人才队伍规模不断扩大，人才强企的作用日趋凸显。2014年，研究制定《建立人才储备库实施方案》，按照分级建立、分级管理、分类使用的原则，建立起生产经营管理人员、专业技术人员、操作技能人员三类人才的公司、二级单位、车间三级储备库。根据《储备库人员的选用流程》，按照入库条件和程序，组织各单位从生产经营管理人员、专业技术人员、操作技能人员中推荐选拔1500名优秀人才，初步完成公司人才储备库的建立。每年制订培训计划，按计划组织外送培训，提升了培训效果，5年累计培训1173人次。在学历教育方面，注重高层次人才的培养，不断完善在职员工进修的政策，5年累计31人获得工程硕士学位、4人获得研究生学历、210人获得成人本科学历、96人获得成人专科学历。在人才引进方面，本着精益求精的态度，保证毕业生的招收质量，5年累计招收毕业生125人。积极组织参加职业技能竞赛，先后有多人在中央企业职工技能大赛、石油石化行业竞赛中获奖。

积极开展全员培训。2014年立足岗位实训，本着培养与训练相结合、以训练为主的原则，开展员工岗位培训、系统化操作与一岗多能培训工作。2015年以提高员工岗位实操技能、安全上岗能力为重点，开展分级分类培训，进一步提升全员素质能力，促进企业安全生产标准化工作。2016年按照建设有质量有效益可持续发展特色炼化企业的战略目标要求，树立"大专业""大工种"概念，推行跨专业、跨系统综合人才培养，不断提高员工队伍综合素质和劳动生产率。通过集中培训、研讨交流、参观学习、项目跟踪等形式，加强管理和专业技术人员管理及技术创新等方面的培训。2017年，为适应建设优秀炼化企业要求，大力实施人才强企战略，开展公司级培训29项，厂级、基层车间（站、队）级培训403项，培训员工25164人次，持续推进综合人才培养。2018年，围绕企业发展战略目标确定各类人才培养建设任务，建立完善分层、分类、分专业人才培训体系，开设培训班117期，培训员工9042人次；制订基层培训计划362项，培训员工21108人次；持续推进装置系统化和一岗多能操作人员培养，装置系统化验收通过700人、一岗多能验收通过329人；有针对性开展"百名英才"和班组长培训，形成全方位的大培训格局。5年来，通过多层次、多渠道、多方式开展人才培训，较好地满足了企业发展需求和人才建设要求。

# 四、党的建设和思想政治工作

大庆炼化分公司始终坚持党建工作融入中心、服务大局基本工作思路，贯彻从严治党要求，落实管党治党责任，党的建设、思想政治工作、主动适应新形势、应对新挑战、探索新方法、创造新载体，取得了新成果，开创了新局面。

全面加强党的建设工作。大庆炼化分公司党委始终重视基层党建工作，以改革创新的精神加强和改进基层党建工作。为进一步推进"六个一"党支部创建工作，公司构建量化考评体系，加强对基层党组织的检查考核，强化结果应用，提升基层党支部的工作水平。在深入推进"两学一做"学习教育工作中，系统梳理公司党建工作管理制度，以"工作程序"的方式，编写《党建工作基本程序指导手册》一书，明确党组织做好相关工作的工作流程、方式方法和具体要求，推动基层党建工作的规范化和标准化。2017年，大庆炼化分公司党委加强顶层设计，历时半年完成《党群工作管理手册》编纂工作，明确大庆炼化公司各级党组织和党务工作者岗位责任制，规范党群工作业务流程，制定党群工作标准，为全面提升大庆炼化公司党群工作管理水平和效果奠定基础。同时，推行党支部书记岗位全面履职达标考评工作，考评内容涵盖政治素质与道德品质、履职能力、履职行为和履职效果4部分，通过开展3轮履职达标考核，全面提升基层党务工作者工作水平和基层党支部建设水平。开展党支部达标晋级管理，扩大先进党支部、提升中间党支部、整顿后进党支部。推进"石油党建"App（现铁人先锋 App）和公司党建微信公众号上线工作，抓好党群信息网运行，打造"党群门户综合体"，推进党建工作智慧化、信息化。结合装置大检修工作，组织开展"标准履职·重塑形象·党员先行"主题活动，党员干部带头弘扬石油精神，立足岗位做贡献，苦干实干，奉献担当，检修期间共加班12.1万小时，较好地发挥了党员干部的先锋模范作用。

持续加强党风廉政建设。大庆炼化分公司党风廉政建设和反腐败工作始终坚持党委统一领导、党政齐抓共管、纪委组织协调、部门各负其责、依靠群众支持和参与的领导体制和工作机制，坚持标本兼治、综合治理、惩防并举、注重预防的方针，持之以恒正风肃纪，坚持不懈高压反腐，建立并不断巩固不敢腐、不能腐、不想腐的长效机制，为建设优秀炼化企业、实现稳健发展提供有力保障。突出反腐倡廉教育，结合实际，坚持反腐倡廉教育与全员普法教育、职业道德教育、形势目标责任任务教育等相结合，融入生产经营管理、融入队伍建设，明晰教育职责，创新教育方式，抓住教育重点，丰富教育载体，强化督促落实，将新提任领导干部"六个一"教育拓展为"八个一"教育，持续推进廉洁从业教育内容进理论学习中心组学习、进党支部党课、进普法教育讲堂，形成"大宣教"格局；注重制度体系建设，紧跟新要求新部署，抓住选人用人、"三重一大"决策、作风建设等重点，不断修订完善经营管理相关制度规范，优化工作流程，完善保障措施，建立健全廉洁风险防控体系并植入内控管理体系中，力求管理工作规范、业务流程受控、风险防控有效；发挥巡察利剑作用，制定《党委巡察工作管理规定》《巡察工作实施方案》，组建巡察组，及时发现党的建设、作风建设、合规管理等方面问题。强化合规监察监督，建立监督对象信息管理平台，加强廉洁风险防控，持续堵塞管理漏洞。强化监督执纪问责，保持反腐高压态势，全面启动并不断深化党内巡察，坚持实施"四借力""五个延伸"监督措施，积极践行监督执纪"四种形态"，坚持实施纪律审查"四必须三连带"举措，牢牢把握"四不放过"原则，严肃追责问责，力求标本兼治。经过扎实工作和不懈努力，形成不敢腐的惩戒机制、不能腐的防范机制、不想腐的提醒机制和不易腐的保障机制，队伍作风建设得到进一步强化，员工群众满意度进一步提高，党风廉政建设和反腐败工作取得显著成效。

加强和改进思想政治工作。大庆炼化分公司党委认真贯彻落实党的十八大和党的十九大精神，以习近平新时代中国特色社会主义思想为指导，认真贯彻落实集团公司党组和思想政治工作部的各项工作部署，以强烈的责任担当推动宣传思想文化工作取得新进展、新成效，巩固马克思主义在意识形态领域的指导地位，巩固全体干部员工团结奋斗的共同思想基础，持续创新宣传思想工作方式方法，为建设新时代优秀炼化企业提供强大的思想保障、舆论支持和文化条件。大庆炼化分公司党委认真抓实两级党委中心组政治理论学习，重点组织学习贯彻习近平新时代中国特色社会主义思想和党的十九大精神，各级领导干部带头宣讲，专题研讨，撰写体会心得，不断强化"四个意识"，提升理论指导实践能力；组织开展"形势目标任务责任"主题教育活动，通过采取专题学习、媒体宣传等多种形式开展宣传教育，为凝聚全员力量完成生产经营任务奠定坚实的思想基础；利用 3 年时间开展以"社会公德、职业道德、家庭美德、个人品德"为主要内容的"四德"与遵纪守法教育，建立法制教育基地，编制遵纪守法教育手册，开展教育讲座，组织普法合规教育培训，推进"四德"与遵纪守法教育入脑入心。层层压实意识形态工作责任，新建《党委意识形态工作责任制实施细则》《党委意识形态工作制度》等 5 项制度，修订《宣传思想文化工作管理规定》《突发事件媒体应对与处置规定》等 6 项制度规定；组织开展"解放思想推动高质量发展"大讨论，以党员、干部解放思想的成果，带动广大员工群众解放思想，形成推动高质量发展的思想合力和工作合力。"构建国有企业基层党建工作管理体系的探索与实践"获集团公司 2017 年度党建研究成果一等奖，并在党建成果发布会做了典型发言交流。

# 五、企业文化建设

大庆炼化分公司注重加强企业文化建设，先后通过中国企业文化研究会"全国企业文化示范基地"和中国化工政研会"全国企业文化建设示范单位"复审，成为中国石油唯一一家连续 4 次荣获"全国企业文化建设示范单位"称号的企业；修订《企业文化手册》，形成"明责、尽责、考责、问责"的管理理念和"实干就是能力、落实就是水平"的执行理念，丰富了企业文化内涵，完善了企业文化理念体系，提升了企业的凝聚力和影响力。组织开展社会主义核心价值观、弘扬石油精神宣传教育，"重塑中国石油良好形象"大讨论活动，举办"社会主义核心价值观"专题讲座，"感恩炼化 珍惜工作"征文，"学习身边榜样弘扬石油精神"典型宣讲故事会，参加"龙江最美石油人"评选，编印《榜样》《班长》等先进典型事迹汇编。通过丰富多彩的文化活动，促进员工养成良好行为习惯，增强先进典型的示范引领作用。加强对外对内新闻宣传，发挥大庆炼化微信公众号、App 客户端、党建微信公众号、《员工学习手册》《大庆炼化报道》车载电视等媒体舆论引导作用，围绕企业生产经营中心工作唱响主旋律，打好新闻宣传工作"主动仗"，汇聚推动公司发展的正能量。连续 5 年组织开展"中国梦·劳动美·炼化情"主题文化活动，每年组织开展两次文学、摄影、漫画、文艺、书画征集评审，增强员工的参与感和荣誉感。构建《党群工作管理手册》《生产经营管理手册》《内控管理手册》三大运行管理体系，组织开展标准化创建工作、"精细管理""对标管理""全员设备管理""标准化管理""管理提升""无价值劳动识别"等活动，做到年度有主题，活动有载体，推进有效果，使生产管理干有标准，环境现场管有依据，员工行为做有规范，实现企业文化与生产经营的深度融合。

# 第一编
# 领导机构和机关部门

# 第一章　领导机构

中国石油天然气股份有限公司大庆炼化分公司是在大庆油田化工总厂和林源石化公司基础上组建的。

大庆油田化工总厂的前身是大庆石油管理局油田化学助剂厂。1987年3月，大庆石油管理局决定建设大庆石油管理局油田化学助剂厂，机构规格正处级。1995年6月，机构规格调整为副局级。1997年1月，大庆石油管理局将油田化学助剂厂、天然气公司、精细化工筹备组、实业公司甲醇厂等单位进行整合，成立大庆油田化工总厂。1999年11月，大庆油田化工总厂隶属大庆油田有限责任公司。

林源石化公司是由林源炼油厂重组改制后核心业务成立的，非核心业务作为存续企业仍沿用林源炼油厂名称。林源炼油厂前身是黑龙江生产建设兵团炼油厂。1971年1月，中国人民解放军沈阳军区黑龙江生产建设兵团决定在大庆林源建设兵团炼油厂，机构规格正处级。1976年7月，更名为林源石油化工厂，隶属黑龙江省国营农场总局；1983年2月，更名为中国石油化工总公司林源炼油厂，隶属中国石油化工总公司；1987年，调整为国家大型二级企业（副局级）；1992年，调整为国家大型一级企业（正局级）；1998年7月，划归中国石油天然气集团公司。1999年9月，林源炼油厂核心业务与非核心业务重组分立为中国石油林源石化公司和林源炼油厂。

2000年10月，股份公司对大庆油田有限责任公司所属油田化工总厂与林源石化公司实施合并重组，成立中国石油天然气股份有限公司大庆炼化分公司（以下简称大庆炼化分公司）。2006年2月，集团公司委托中国石油天然气股份有限公司授权大庆炼化分公司对林源炼油厂的业务、资产和人员实行全面委托管理，并保留林源炼油厂企业名称及其独立法人、工商及税务登记资格。2007年5月，林源炼油厂资产整体划归股份公司，不再列集团公司机构序列，保留林源炼油厂行政领导班子。大庆炼化分公司作为股份公司地区公司，行政上由股份公司直接管理，业务上由炼油与化工分公司归口管理，机构规格正局级，党组织关系隶属大庆油田党委，机关办公地点在黑龙江省大庆市让胡路区马鞍山。大庆炼化分公司是以大庆原油为加工原料，主要从事炼油、聚丙烯、油田化学品等生产的石油化工企业。

截至2014年1月1日，大庆炼化分公司行政领导班子由6人组成：万志强任总经理，王亚伟、魏君、李岩冰任副总经理，姜国骅任副总经理、安全总监，施铁权任总会计师。大庆炼化分公司党委由7人组成：王亚伟任党委书记，万志强、李春妍任党委副书记，魏君、姜国骅、李岩冰、施铁权任党委委员。李春妍任纪委书记、工会主席。领导班子成员分工如下：

党委副书记、总经理万志强主持全面行政工作，直管总经理办公室、人事处、审计处。党委书记、副总经理王亚伟全面负责企业党群工作，直管党委办公室、党委组织部、企业文化处（党委宣传部）、团委，协助总经理做好行政工作。党委委员、副总经理、安全总监姜国骅负责企业安全生产、环境保护、生产计划、生产技术、节能减排、质量管理、计量管理、奖金考核、防洪工作，分管生产运行处、安全环保处、生产技术处。党委委员、副总经理魏君负责企业管理和法律事务、产品销售、工程建设、现场管理、食堂管理和综合服务工作，分管企管法规处、产品营销部、工程管理部、工程质量监督站。党委委员、副总经理李岩冰负责矿区服务、离退休工作、医疗卫生、防疫、绿化及庆南新城建设协调工作，分管纺织厂、动力二厂、矿区服务事业部。党委委员、总会计师施铁权负责财务、资产、物资管理、清欠工作和内控与风险管理工作，分管财务处。党委副书记、纪委书记、工会主席李春妍负责纪律检查、信访稳定、舆情监督及新闻发言、保卫武装、机关党建工作，主持纪委工作、工会工作、机关党委工作。林源炼油厂仍由大庆炼化分公司全面委托管理，万志强任林源炼油厂厂长。

2015年1月，集团公司党组决定：姜国骅任大庆炼化分公司党委书记；免去王亚伟的大庆炼化分公司党委书记、委员职务，退休。股份公司决定：免去王亚伟的大庆炼化分公司副总经理职务。

2015年2月，大庆炼化分公司对部分领导班子成员分工进行调整：党委委员、副总经理李岩冰协助党委书记姜国骅管理生产运行和安全环保工作，不再分管矿区，矿区由公司直接管理。

2015年9月，集团公司党组决定：姜国骅任大庆炼化分公司工会主席，刘喜民任大庆炼化分公司党委委员；免去李春妍的大庆炼化分公司党委副书记、工会主席职务。股份公司决定：刘喜民任大庆炼化分公司副总经理，李岩冰任大庆炼化分公司安全总监；免去姜国骅兼任的大庆炼化分公司安全总监职务。

2015年10月，大庆炼化分公司对领导班子成员分工进行调整：党委副书记、总经理万志强全面负责企业行政工作，协助党委书记做好党群工作；直管总经理办公室、人事处、审计处。党委书记、副总经理、工会主席姜国骅全面负责党群工作，协助总经理做好行政工作；直管党委办公室、党委组织部、生产运行处、生产技术处、企业文化处、维护稳定工作办公室、工会。党委委员、副总经理魏君负责企业管理、法律事务、产品销售、工程建设、综合服务和保卫工作；分管企管法规处、工程管理部、产品营销中心、综合服务部、保卫武装部。党委委员、副总经理、安全总监李岩冰负责安全环保、规划、设计、保密和档案工作，协助姜国骅抓生产工作；分管安全环保处、规划计划处、安全监督站、项目部、设计院、档案管理中心。党委委员、总会计师施铁权负责财务、资产、仓储（物资）、工程造价、清欠、预算、内控和风险工作；分管财务处、工程造价部、物资供应中心。党委委员、纪委书记李春妍负责纪检、纪律检查工作；分管纪检监察处。党委委员、副总经理刘喜民负责设备、检维修、招投标、物资采购、信息和车辆工作；分管机动设备处、电子商务部、招标管理中心、信息中心、机电仪厂、检维修厂、车辆管理部。

2016年6月，大庆炼化分公司决定：孙茂成任大庆炼化公司副总工程师；张清林任大庆炼化公司副总经济师。

2016年7月，大庆炼化分公司对部分领导班子成员分工进行调整：生产技术、奖金考核工作改由党委副书记、总经理万志强负责，并分管生产技术处。生产运行工作改由党委委员、副总经理李岩冰负责，并分管生产运行处。党委书记、副总经理、工会主席姜国骅负责的其他工作不变。

2016年10月19日，中共大庆炼化分公司第三次代表大会在黑龙江省大庆市召开，252名党员代表和4名列席代表参加会议。会议选举中共大庆炼化分公司第三届委员会，由万志强、刘喜民、李岩冰、李春妍、施铁权、姜国骅、魏君等7人组成（以姓氏笔画为序），姜国骅为党委书记，万志强为党委副书记。选举产生中共大庆炼化分公司纪律检查委员会，由7人组成，李春妍为纪委书记。

2017年4月，集团公司党组决定：免去万志强的大庆炼化分公司党委副书记、委员职务。股份公司决定：姜国骅任大庆炼化分公司总经理；免去万志强的大庆炼化分公司总经理职务，退休。集团公司决定：姜国骅任林源炼油厂厂长，免去万志强的林源炼油厂厂长职务。

2017年10月，集团公司批复同意林源炼油厂改制为一人有限责任公司，名称为中国石油林源炼油有限公司（简称林源炼油有限公司），设执行董事1人，监事1人。11月，集团公司决定：姜国骅任林源炼油有限公司执行董事、总经理，并委派刘喜民为林源炼油有限公司监事。

2017年11月，集团公司党组决定：李春妍任大庆炼化分公司党委常务副书记（正局级）、工会主席，丁海中任大庆炼化分公司党委委员；免去姜国骅的大庆炼化分公司工会主席职务。股份公司决定：丁海中任大庆炼化分公司副总经理、安全总监，免去李岩冰兼任的大庆炼化分公司安全总监职务。

2017年12月，大庆炼化分公司对领导班子分工进行调整：

党委书记、总经理姜国骅负责行政及党群全面工作，分管人事处（党委组织部）、审计处。

党委常务副书记、纪委书记、工会主席李春妍负责党的建设、思想政治、新闻宣传、纪律检查、群团、维稳信访、计划生育、新闻发言，协管培训工作，分管企业文化处（党委宣传部、机关党委、团委）、纪检监察处、工会、维护稳定工作办公室、文化新闻中心，协助分管培训中心。

党委委员、副总经理魏君负责企业管理、法律事务、标准化、产品销售、综合服务、武装保卫工作，分管企管法规处、产品营销中心、综合服务部、保卫武装部。

党委委员、副总经理李岩冰负责行政办公、工程建设、车辆、档案、外事、保密、离退休工作，分管总经理（党委）办公室、工程管理部、行政事务中心、档案管理中心、车辆管理部、离退休管理中心。

党委委员、总会计师施铁权负责财务、资产、工程造价、清欠、风险内控、社保、矿区服务，协管审计工作，分管财务处、工程造价部、社会保险中心、矿区服务事业部，协助分管审计处。

党委委员、副总经理刘喜民负责机动设备、检维修、物资采购、招标、物资仓储、信息技术、动力系统，分管机动设备处、物资采购部、招标管理中心、动力厂、机电仪厂、检维修厂、信息中心、物资供应中心。

党委委员、副总经理、安全总监丁海中负责生产运行、科技、质量、健康安全环保、规划计划、奖金考核，分管生产运行处、生产技术处、安全环保处、规划计划处、设计院。

2017年12月，大庆炼化分公司决定：免去丁海中的副总工程师职务。

2018年10月，大庆炼化分公司对领导班子分工进行调整：

党委书记、总经理姜国骅负责行政及党群全面工作，分管人事处（党委组织部）、审计处。

党委常务副书记、纪委书记、工会主席李春妍负责党的建设、思想政治、新闻宣传、纪律检查、群团、维稳信访、计划生育、新闻发言，协管培训工作，分管企业文化处（党委宣传部、团委）、纪检监察处、工会（机关党委）、维护稳定工作办公室、新闻中心，协助分管培训中心。

党委委员、副总经理魏君负责企业管理、法律事务、标准化、产品销售、综合服务、武装保卫工作，分管企管法规处、产品营销中心、综合服务部、保卫武装部。

党委委员、副总经理李岩冰负责行政办公、工程建设、车辆、档案、外事、保密、离退休工作，分管总经理（党委）办公室、工程管理部、行政事务中心、档案管理中心、车辆管理部、离退休管理中心。

党委委员、总会计师施铁权负责财务、资产、物资采购、招标、工程造价、清欠、风险内控、社保、矿区服务，协管审计工作，分管财务处、工程造价部、物资采购部、招标中心、社会保险中心、矿区服务事业部，协助分管审计处。

党委委员、副总经理刘喜民负责机动设备、检维修、物资仓储、信息技术、动力系统，分管机动设备处、动力厂、机电仪厂、检维修厂、信息中心、物资供应中心。

党委委员、副总经理、安全总监丁海中负责生产运行、科技、质量、健康安全环保、规划计划、奖金考核，分管生产运行处、生产技术处、安全环保处、规划计划处、设计院。

截至 2018 年 12 月 31 日，大庆炼化分公司行政领导班子由 6 人组成：姜国骅任总经理，魏君、李岩冰、刘喜民任副总经理，施铁权任总会计师，丁海中任副总经理、安全总监。大庆炼化公司党委由姜国骅、李春妍、魏君、李岩冰、施铁权、刘喜民、丁海中 7 人组成，姜国骅任党委书记，李春妍任常务副书记、纪委书记、工会主席。领导班子分工自 2018 年 10 月以来未再进行调整。

期间：2017 年 4 月，大庆炼化分公司党委书记、总经理、工会主席姜国骅和副总经济师、党委组织部部长、人事处处长张清林当选中共黑龙江省第十二届党代表；2017 年 12 月，党委书记、总经理姜国骅当选黑龙江省第十三届人民代表大会代表。

## 一、大庆炼化分公司（2014.1—2018.12）

### （一）大庆炼化分公司党委领导名录（2014.1—2018.12）

| | | |
|---|---|---|
| 书　　记 | 王亚伟（2014.1—2015.1）[1] | |
| | 姜国骅（2015.1—2018.12） | |
| 常务副书记 | 李春妍（女，2017.11—2018.12） | |
| 副　书　记 | 万志强（2014.1—2017.4）[2] | |
| | 李春妍（2014.1—2015.9） | |
| 委　　员 | 王亚伟（2014.1—2015.1） | |
| | 姜国骅（2014.1—2018.12） | |
| | 万志强（2014.1—2017.4） | |
| | 李春妍（2014.1—2018.12） | |
| | 魏　君（2014.1—2018.12） | |
| | 李岩冰（2014.1—2018.12） | |
| | 施铁权（2014.1—2018.12） | |
| | 刘喜民（2015.9—2018.12） | |
| | 丁海中（2017.11—2018.12） | |

---

[1]　2015 年 1 月，王亚伟退休。
[2]　2017 年 4 月，万志强退休。

（二）大庆炼化分公司行政领导名录（2014.1—2018.12）

总　经　理　万志强（2014.1—2017.4）

姜国骅（2017.4—2018.12）

副总经理　王亚伟（2014.1—2015.1）

姜国骅（2014.1—2017.4）

魏　君（2014.1—2018.12）

李岩冰（2014.1—2018.12）

刘喜民（2015.9—2018.12）

丁海中（2017.11—2018.12）

总会计师　施铁权（2014.1—2018.12）

安全总监　姜国骅（兼任，2014.1—2015.9）

李岩冰（兼任，2015.9—2017.11）

丁海中（兼任，2017.11—2018.12）

（三）大庆炼化分公司纪委名录（2014.1—2018.12）

书　　记　李春妍（2014.1—2018.12）

副书记　于海波（2014.1—2017.8）

叶云木（2014.1—10）

孙　明（2017.8—2018.12）

委　　员　李春妍（2014.1—2018.12）

于海波（2014.1—2017.8）

叶云木（2014.1—10）

赵连成（2014.1—2016.10）

张清林（2014.1—2016.10）

王　岩（2014.1—2016.10）

王　胜（2014.1—2018.12）

王云峰（2014.1—2018.12）

丁玉范（2014.1—2016.10）

王喜春（2016.10—2018.12）

刘子才（2016.10—2018.12）

邢继国（2016.10—2017.8）

孙　明（2017.8—2018.12）

杨金鑫（2017.8—2018.12）

**（四）大庆炼化分公司工会领导名录（2014.1—2018.12）**

　　主　　　席　李春妍（2014.1—2015.9；2017.11—2018.12）

　　　　　　　姜国骅（2015.9—2017.11）

**（五）大庆炼化分公司总经理助理、副总师名录（2014.1—2018.12）**

　　总经理助理　刘喜民（2014.1—2015.9）

　　副总工程师　丁海中（2014.1—2017.12）

　　　　　　　孙茂成（2016.6—2018.12）

　　副总经济师　张清林（2016.6—2018.12）

　　安全副总监　赵连成（2014.1—2018.12）

**二、林源炼油厂—林源炼油有限公司（2014.1—2018.12）**

**（一）林源炼油厂领导名录（2014.1—2017.11）**

　　厂　　　长　万志强（2014.1—2017.4）

　　　　　　　姜国骅（2017.4—11）

**（二）林源炼油有限公司领导名录（2017.11—2018.12）**

　　执行董事　姜国骅（2017.11—2018.12）

　　监　　事　刘喜民（2017.11—2018.12）

　　总　经　理　姜国骅（2017.11—2018.12）

# 第二章　机关部门

　　截至 2014 年 1 月 1 日，公司机关设总经理（党委）办公室、人事处（党委组织部）、生产运行处、机动设备处、安全环保处、生产技术处、规划计划处、财务处、审计处、企管法规处（内控与风险管理处）、纪检监察处、企业文化处（党委宣传部、团委、机关党委）、维护稳定工作办公室、工会 14 个职能部门，办公地点均为黑龙江省大庆市让胡路区马鞍山。

　　2014 年 1 月，将机关党委职能和人员合并到企业文化处管理。机关党委设在公司企业文化处，负责日常业务。

　　2015 年 4 月，将企管法规处（内控与风险管理处）更名为企管法规处，机构规格、职能不变。

　　2018 年 8 月，机关党委职能及人员从企业文化处（党委宣传部、团委、机关党委）划出，与公司工会合署办公。将企业文化处（党委宣传部、团委、机关党委）更名为企业文化处（党委宣传部、团委），更名后机构隶属关系、规格等均不变。

　　2018 年 11 月，撤销临时机构项目部，将项目部原有职能划入规划计划处管理。

　　截至 2018 年 12 月 31 日，公司机关设 14 个职能部门：总经理（党委）办公室、人事处（党委组织部）、生产运行处、机动设备处、安全环保处、生产技术处、规划计划处、财务处、审计处、企管法规处、纪检监察处、企业文化处（党委宣传部、团委）、维护稳定工作办公室、工会（机关党委）办公地点均为黑龙江省大庆市让胡路区马鞍山。员工总数 182 人，其中党员 157 人，机关党支部 14 个，所有党支部书记均由各职能部门领导担任。

# 第一节　总经理（党委）办公室
## （2014.1—2018.12）

总经理（党委）办公室成立于 2000 年 10 月，为公司职能部门，机构规格正处级，负责调研、秘书、文书、接待、督办、保密、信息管理、行管、外事、档案等工作。

总经理（党委）办公室主要职责：负责按公司党委和公司要求，组织贯彻落实国家、省、市、集团公司（股份公司）、公司有关政策、文件、会议精神；负责制、修订公司办公管理制度；负责围绕公司中心工作及各阶段重点任务开展调查研究，撰写调研报告，为公司领导班子提供情况参考和决策依据；负责公司重大决策、重要工作部署的监督、检查和催办；负责大事记编写；负责公司领导日常办公和公务活动的安排组织协调工作；负责公司重要会议及活动的协调、筹备、组织、记录以及纪要撰写工作；负责公司文书业务管理；负责撰写公司行政和党群综合性汇报材料、会议报告；负责公司各类大型专业会议材料及对外报送重要文稿的审核把关；负责公司保密办日常工作；负责公司公务接待管理工作以及与驻外机构的衔接、协调工作；负责公司公共突发事件的应急协调；负责公司门户网站信息的日常管理；负责公司标识管理工作、机关行政事务业务管理、档案业务管理、外事业务管理；负责公司史志年鉴的编写等工作。

截至 2014 年 1 月 1 日，总经理（党委）办公室设综合科、秘书科、文书科、接待科和驻北京办事处，其中驻北京办事处机构规格正处级。在册员工 19 人，均为党员。

王喜春任主任，负责总经理（党委）办公室全面工作，分管综合科、接待科、行政事务中心。赵勇任副主任，负责秘书、文书、保密、档案和史志年鉴工作，分管秘书科、文书科、档案管理中心。

2015 年 2 月，大庆炼化公司决定：张辑伟任大庆炼化公司驻北京办事处主任；蒋显芳任大庆炼化公司驻北京办事处调研员；免去蒋显芳的大庆炼化公司驻北京办事处主任职务。

2018 年 8 月，大庆炼化公司党委决定：樊春江任大庆炼化公司党委办公室主任；免去王喜春的大庆炼化公司党委办公室主任职务。大庆炼化公司决定：樊春江任大庆炼化公司总经理办公室主任；马玉芝任大庆炼化公司驻北京办事处调研员；免去王喜春的大庆炼化公司总经理办公室主任职务；免去马玉芝的大庆炼化公司驻北京办事处副主任职务。领导分工随之调整：

主任樊春江负责总经理（党委）办公室全面工作，分管秘书科、接待科、行政事务中心。副主任赵勇负责综合督办、文书保密和档案外事工作，主抓党委主体责任落实、公文印信、保密和档案管理，分管综合科、文书科、档案管理中心。

2018 年 10 月，大庆炼化公司总经理办公会议决定：将驻北京办事处人员列入保卫武装部。

截至 2018 年 12 月 31 日，总经理（党委）办公室设综合科、秘书科、文书科、接待科。在册员工 10 人，均为党员。

樊春江任主任，赵勇任副主任。领导分工自 2018 年 8 月以来未再进行调整。

2014 年至 2018 年，总经理（党委）办公室以服务发展、服务决策、服务落实为目标，提升素质，提高站位，忠诚履职，注重绩效，积极为生产经营中心工作服务。努力提升文字材料的思想性、指导性，撰写汇报、报告等综合性文字材料 180 余份；规范文件流转程序，强化制发文审核把关，累计办理公文 11300 余份；提高信息报送效率，及时反映企业生产经营成果，向总部及政府相关部门报送动态信息 791 条；构建大督办工作体系，跟踪督办情况，及时反馈落实结果，累计完成督办事项 70 余项，有效推动了公司各项决策部署的落实；严格遵守中央八项规定精神和集团公司"二十条"要求，按照"真诚热情、勤俭节约"的服务宗旨，接待来访人员 310 批、1400 余人次。

**一、总经理（党委）办公室领导名录（2014.1—2018.12）**

　　主　　　任　王喜春（2014.1—2018.8）

　　　　　　　　樊春江（2018.8—12）

　　副　主　任　赵　勇（2014.1—2018.12）

**二、总经理（党委）办公室党支部领导名录（2014.1—2018.12）**

　　书　　　记　王喜春（2014.1—2018.8）

樊春江（2018.8—12）

**委　　员**　王喜春（2014.1—2018.8）

赵　勇（2014.1—2018.12）

冯林财（2014.1—2015.10）

吴　焘（2014.1—2017.12）

王风全（2015.10—2018.12）

贾莉丽（女，2016.4—2018.12）

樊春江（2018.8—12）

王　丹（女，2018.9—12）

### 三、所属科室

截至 2014 年 1 月 1 日，总经理（党委）办公室设综合科、秘书科、文书科、接待科和驻北京办事处。

综合科负责值班、会务、信息、督查督办、对外联系及办公室综合工作。秘书科负责公司党政文字材料的起草审核、领导日常办公和公务活动的安排以及党委会、总经理办公会的议题征集、会议记录、纪要编写等工作。文书科负责文电、机要、保密和印信管理。接待科负责公司公务接待和公共关系管理，以及接待费用控制和使用。

2018 年 10 月，大庆炼化公司总经理办公会议决定：将驻北京办事处人员列入保卫武装部。

截至 2018 年 12 月 31 日，总经理（党委）办公室设综合科、秘书科、文书科、接待科。

（一）秘书科领导名录（2014.1—2018.12）

**科　　长**　范　超（2016.1—2018.8）[①]

陈学双（2018.8—12）

**副 科 长**　陈学双（2014.1—2018.8）

范　超（2014.9—2016.1）

（二）文书科领导名录（2014.1—2018.12）

**科　　长**　李德龙（2014.1—2018.12）

---

①　2014 年 1 月至 2016 年 1 月期间，秘书科科长空缺。

副　科　长　王克民（2014.9—2018.12）

机 要 文 书　张　清（女，副科级，2014.1—9）

（三）接待科领导名录（2014.1—2018.12）

科　　　长　张　宇（2016.11—2018.8）[①]

副　科　长　张　宇（2014.9—2016.11）

（四）综合科领导名录（2014.1—2018.12）

科　　　长　吴　焘（2014.1—2017.12）[②]

王　丹（2018.8—12）

机 要 秘 书　尹延峰（副科级，2014.1—2018.12）

（五）驻北京办事处领导名录（2014.1—2018.10）

主　　　任　蒋显芳（2014.1—2015.2）

张辑伟（2015.2—2018.10）

副　主　任　马玉芝（女，2014.1—2018.8）

调　研　员　蒋显芳（正处级，2015.2—2018.2）[③]

马玉芝（副处级，2018.8—10）

1. 接待科领导名录（2014.1—2018.10）

科　　　长　褚井全（2014.1—2017.3）

2. 综合办公室领导名录（2014.1—2018.10）

主　　　任　刘胜娟（女，2014.1—2018.10）

# 第二节　人事处（党委组织部）
## （2014.1—2018.12）

2000 年 10 月，大庆炼化分公司成立人事处（党委组织部），属机关职能部门，机构规格正处级。2007 年 6 月，在人事处（党委组织部）保险科基础上成立社会保险中心，机构规格副处级，业务上接受人事处（党委组织

---

① 2014 年 1 月至 2016 年 11 月、2018 年 8 月至 12 月期间，接待科科长空缺。

② 2017 年 12 月至 2018 年 8 月期间，综合科科长空缺。

③ 2018 年 2 月，蒋显芳退休。

部）领导，为大庆炼化分公司附属机构。

人事处（党委组织部）负责贯彻落实国家、省、市、集团公司（股份公司）、公司有关法律、法规、政策、文件、会议精神；负责制修订公司组织、人事规章制度及公司培训计划；负责人力资源规划、计划、招聘、配置等员工管理工作；负责劳动合同管理工作；负责公司人才队伍建设；负责领导班子建设及各级管理人员（不含高级管理人员）选拔、培养、交流、任免、监督等管理工作；负责公司党组织建设、党员思想教育、组织发展等党建工作，对二级党委的党建工作进行指导、检查和监督；负责公司内部体制改革、业务重组方案的研究制定工作；负责组织机构、岗位设置、职责划分、定员定额等管理工作；负责员工绩效考核工作；负责员工薪酬、人工成本、企业年金和人事统计管理工作；负责专业技术职务管理工作；负责社会保险业务管理工作；负责员工培训和职业技能鉴定的业务管理工作；负责人事档案业务和人力资源系统管理。

截至2014年1月1日，人事处（党委组织部）内设组织科、干部科、劳动组织科、劳动工资科、绩效考核科、培训信息科，下设附属机构社会保险中心，业务受人事处（党委组织部）领导，社会保险中心主任由刘子才兼任。在册员工17人，均为党员。

张清林任处长（部长），负责人事处（党委组织部）全面工作。刘子才任副处长，分管劳动组织科、劳动工资科、绩效考核科。刘凤娟任副处长（副部长），分管组织科、干部科。杜洪伟任副处长（副部长）、公司党委组织员，分管培训信息科以及组织科中的党建业务。

2016年6月，张清林任大庆炼化分公司副总经济师，仍兼任人事处（党委组织部）处长（部长）。

2017年8月，大庆炼化公司党委决定：免去刘凤娟的党委组织部副部长职务。大庆炼化公司决定：免去刘凤娟的人事处副处长职务。杜洪伟负责原副处长（副部长）刘凤娟分管的组织科、干部科业务。

2017年12月，为全面加强公司党建工作，增设党建科，人事处（党委组织部）总定员不变。

截至2018年12月31日，人事处（党委组织部）内设组织科、党建科、干部科、劳动组织科、劳动工资科、绩效考核科、培训信息科，下设附属机构社会保险中心，社会保险中心主任由贾云革担任。在册员工 14 人，均为党员。

张清林任处长（部长），负责人事处（党委组织部）全面工作。刘子才任副处长，分管劳动组织科、劳动工资科、绩效考核科。杜洪伟任副处长（副部长），分管组织科、党建科、干部科、培训信息科。

人事处（党委组织部）以习近平新时代中国特色社会主义思想为指导，贯彻落实集团公司人事部和大庆炼化分公司党委要求，坚持党管干部、党管人才原则，新选拔任用的领导干部民意测验优秀率平均 95% 以上。建立责任、制度、保障"三位一体"党建管理体系，编制《党群工作管理手册》，推进基层党建工作规范化标准化。落实"三控制一规范"要求，人力资源不断优化，员工素质能力稳步提升，薪酬绩效管控有效，建立中层管理人员目标管理责任考核体系。

期间：2017 年 4 月，大庆炼化分公司副总经济师、党委组织部部长、人事处处长张清林当选中共黑龙江省第十二届党代表。

**一、人事处（党委组织部）领导名录（2014.1—2018.12）**

处　长（部　长）　张清林（2014.1—2016.6；兼任，2016.6—
2018.12）

副　　处　　长　　刘子才（2014.1—2015.5；正处级，2015.5—
2018.12）

副处长（副部长）　刘凤娟（女，2014.1—2017.8）
杜洪伟（2014.1—2018.12）

**二、人事处（党委组织部）党支部领导名录（2014.1—2018.12）**

书　　　　记　　张清林（2014.1—2018.12）

委　　　　员　　张清林（2014.1—2018.12）
刘子才（2014.1—2018.12）
刘凤娟（2014.1—2017.8）
杜洪伟（2014.1—2018.12）

**三、所属科室**

截至 2014 年 1 月 1 日，人事处（党委组织部）内设组织科、干部科、劳动组织科、劳动工资科、绩效考核科、培训信息科，机构规格均正科级。在册员工 13 人，均为党员。

组织科主要负责制修订公司领导班子、领导干部、基层党建等方面的政策、规划、制度，并组织贯彻落实、负责公司管理领导干部的选拔、聘用、调整、考核和配备等项工作等。

干部科主要负责制修订干部人事、人力资源等有关政策和规章制度，并组织实施，负责公司一般干部队伍建设、管理及聘任、考核等项工作，组织实施公司一般干部年度考核工作等。

劳动组织科主要负责制修订劳动组织相关管理制度建设工作、负责组织编制、修订劳动定员定额标准，审定公司内部定员、定额标准等。

劳动工资科主要负责制修订工资、奖金管理办法，企业年金实施办法及相关管理规定并组织实施、负责公司年度工资总额使用计划的编制及控制工作等。

绩效考核科主要负责制修订业绩考核制度、考核规定和考核政策并组织实施、负责公司年度经济责任制考核方案的制修订、发布及考核工作等。

培训信息科主要负责制修订培训和人事档案相关管理制度，落实公司年度培训工作计划，对培训教材、课件、题库等开发计划及培训基地建设计划进行审查，负责培训经费的管理等。

2017 年 12 月，设立党建科。

截至 2018 年 12 月 31 日，人事处（党委组织部）内设组织科、党建科、干部科、劳动组织科、劳动工资科、绩效考核科、培训信息科，机构规格均为正科级。在册员工 11 人，均为党员。

**（一）组织科领导名录（2014.1—2018.12）**

科　　　长　　樊春江（2014.1—3）[①]

　　　　　　　康　超（2016.11—2018.12）

副　科　长　　康　超（2014.4—2016.11）

　　　　　　　许　扬（2016.5—2018.11）

---

① 2014 年 3 月至 2016 年 11 月期间，组织科科长空缺。

（二）党建科领导名录（2017.12—2018.12）

科　　　长　吴　焘（2017.12—2018.8）[①]

副　科　长　许　扬（2018.11—12）

（三）干部科领导名录（2014.1—2018.12）

科　　　长　刘崇飞（2014.1—2018.12）

副　科　长　李　立（女，2017.6—2018.12）

（四）劳动组织科领导名录（2014.1—2018.12）

科　　　长　贾云革（2014.1—2018.8；副处级，2018.8—12）

（五）劳动工资科领导名录（2014.1—2018.12）

科　　　长　廖庆茹（女，2014.1—2018.12）

（六）绩效考核科领导名录（2014.1—2018.12）

科　　　长　刘　辉（女，2014.1—2018.8）[②]

副　科　长　陈利强（2018.8—12）

（七）培训信息科领导名录（2014.1—2018.12）

科　　　长　王海霞（女，2014.1—2018.12）

# 第三节　生产运行处（2014.1—2018.12）

生产运行处的前身是大庆炼化公司生产运行一处。2003年7月，林源生产厂区停止生产，公司撤销生产运行二处，同时将生产运行一处更名为生产运行处，机构规格正处级，业务受公司主管生产的副总经理领导。生产运行处主要承担公司生产指挥、生产计划统计、物料平衡、数据采集、公用工程和产品质量等管理职能；主要负责制定生产计划并组织实施，做好物料、产销、动力等生产平衡及统计工作，负责生产数据采集、分析并编制《生产日报》；开展生产运行的组织协调、调度指挥以及监督检查；负责生产操作事故的调查处理统计及上报工作，组织装置的开停工，负责产品质量、总调度室、数据中心的业务管理工作。

---

① 2018年8月至12月期间，党建科科长空缺。

② 2018年8月至12月期间，绩效考核科科长空缺。

截至 2014 年 1 月 1 日，生产运行处设生产管理科、计划统计科、储运管理科、质量管理科。在册员工 16 人，其中党员 15 人。[①]

樊桂臣任处长，负责生产运行处全面工作。高宪武任副处长，负责数据中心管理工作。郭金忠任副处长，负责总调度室管理以及生产指挥工作。梁喜革任副处长，负责计划统计以及大宗原料入厂管理工作。王世珍任副处长，负责产品质量管理工作。

2015 年 2 月，大庆炼化公司决定：免去郭金忠的大庆炼化公司生产运行处副处长职务。生产运行处处长樊桂臣兼管原副处长郭金忠的业务工作。

2015 年 5 月，大庆炼化公司决定：梁天舒任大庆炼化公司生产运行处副处长。梁天舒负责生产运行处生产指挥工作并代管生产运行处附属总调度室的业务工作。

2015 年 10 月，大庆炼化公司决定：免去高宪武的大庆炼化公司生产运行处副处长职务。生产运行处副处长梁喜革兼管原副处长高宪武的计量工作。

2017 年 7 月，大庆炼化公司决定：王世珍任大庆炼化公司生产运行处调研员，免去其大庆炼化公司生产运行处副处长职务。

2017 年 8 月，大庆炼化公司决定：王剑峰任大庆炼化公司生产运行处副处长。领导分工随之调整：

处长樊桂臣负责处室的全面日常管理工作、包括业务培训、业务分工及调整，检查考核员工等管理工作，负责组织制定与本部门职能相关的管理制度及工作流程并监督制度的执行情况，负责审核本部门的合同、审批本部门的费用。

副处长梁喜革负责大宗原料入厂、质量管理、计量管理工作（包括数据中心管理工作）等工作，负责处室的培训工作，协调处长做好处室管理工作，参与生产计划优化管理工作。

副处长梁天舒负责生产组织管理和协调工作（包括储运及长输管线、清罐、HSE 迎审），负责氢气、天然气、宏伟蒸汽入厂协调工作，负责防汛、抗震减灾工作，负责车辆物资产品出入厂管理工作。

---

① 《中国石油大庆炼化组织史资料》（1971—2013）正卷下限将在册员工人数误写成 18 人，将党员人数误写成 18 人，特此勘误。

副处长王剑峰负责生产计划优化与统计管理工作，负责处室内控管理工作，协助支部书记做好支部运行工作。

截至 2018 年 12 月 31 日，生产运行处内设计划统计科、生产管理科、储运管理科、质量管理科。在册员工 14 人，其中党员 13 人。

樊桂臣任处长，梁喜革、梁天舒、王剑峰任副处长。领导分工自 2017 年 8 月以来未再进行调整。

2014 年至 2018 年间处室在公司领导班子的领导下，以安全、效益为中心，重点在狠抓平稳运行、生产优化和精细管理上下功夫，加强生产异常情况的分析总结，强化质量管理体系的有效运行，保证了公司生产工作的整体安全稳定运行，促进了公司经济效益的最大化。

**一、生产运行处领导名录（2014.1—2018.12）**

处　　　长　樊桂臣（2014.1—2018.12）

副　处　长　高宪武（2014.1—2015.10）

郭金忠（2014.1—2015.2）

梁喜革（2014.1—2018.12）

王世珍（2014.1—2017.7）

梁天舒（2015.5—2018.12）

王剑峰（2017.8—2018.12）

调　研　员　王世珍（副处级，2017.7—2018.11）

**二、生产运行处党支部领导名录（2014.1—2018.12）**

书　　　记　樊桂臣（2014.1—2018.12）

委　　　员　樊桂臣（2014.1—2018.12）

高宪武（2014.1—2015.10）

郭金忠（2014.1—2015.2）

梁喜革（2014.1—2018.12）

王世珍（2014.1—2017.7）

梁天舒（2015.5—2018.12）

王剑峰（2017.10—2018.12）

### 三、所属科室

**（一）生产管理科（2014.1—2018.12）**

截至 2014 年 1 月 1 日，生产管理科机构规格正科级，在册员工 2 人，其中党员 2 人。

生产管理科主要负责公司生产运行管理工作，负责公司内部原料、燃料、动力能源的互供与协调以及公用工程的运行管理工作，同时在公司领导下组织公司防汛、抗震减灾工作。

截至 2018 年 12 月 31 日，科室在册员工 2 人，党员 2 人。

科　　　长　郭长虹（2014.1—2018.12）

副 科 长　骆庆余（2014.1—2018.12）

**（二）计划统计科（2014.1—2018.12）**

截至 2014 年 1 月 1 日，计划统计科机构规格正科级，在册员工 3 人，其中党员 2 人。

计划统计科主要负责公司生产计划优化与生产统计工作，负责原油等大宗原料计划、互供料计划、产品销售计划的编制和协调工作，参与装置检修统筹计划的编制工作，为财务、规划计划处等相关处室上报报表提供生产基础数据，参与统计、财务、销售账目核对工作。

截至 2018 年 12 月 31 日，科室在册员工 2 人，党员 1 人。

科　　　长　王剑峰（2014.1—2017.8）[①]

副 科 长　赵士全（2017.9—2018.12）

**（三）储运管理科（2014.1—2018.12）**

截至 2014 年 1 月 1 日，储运管理科机构规格正科级，在册员工 2 人，其中党员 2 人。

储运管理科主要开展原油、丙烯等原料进厂协调工作，参与并负责原料及运输合同的洽谈、起草工作，监督管理产品调合、产销协调、物料互供等相关管理工作。

截至 2018 年 12 月 31 日，科室在册员工 2 人，党员 2 人。

科　　　长　田　勇（2014.1—2018.12）

副 科 长　（空缺）

---

① 2017 年 8 月至 2018 年 12 月期间，计划统计科科长空缺。

## （四）质量管理科（2014.1—2018.12）

截至 2014 年 1 月 1 日，质量管理科机构规格正科级，在册员工 3 人，其中党员 3 人。

质量管理科主要负责生产过程质量、产品质量、产品包装物质量及包装物标识的监督管理，负责对产品质量形成有直接影响的原辅材料的质量监督工作。

截至 2018 年 12 月 31 日，科室在册员工 3 人，党员 3 人。

科　　　长　程庆利（2014.1—2018.12）

副　科　长　（空缺）

# 第四节　机动设备处（2014.1—2018.12）

机动设备处的前身是机动设备一处。2003 年 7 月，更名为机动设备处，为大庆炼化分公司机关职能部门，机构规格正处级。

机动设备处主要负责全公司设备的管理，负责组织编制、审查装置（设备）的检修、维修计划，平衡、落实施工队伍，并对各专业厂的计划实施情况进行检查；参与主要设备、关键机组的规划、调研、立项审查、购置验收、安装调试等前期工作、参与设备的选型工作；负责检查各专业厂检修、维修组织情况，对关键性设备的检修进行质量检查；负责公司设备事故的管理，检查与考评各专业厂的设备事故管理。

截至 2014 年 1 月 1 日，机动设备处内设动设备科、静设备科、动力科、项目管理科、综合计划科。在册员工 17 人，其中党员 15 人。

孙茂成任处长，负责处室全面工作，具体负责制度建设、考核、培训工作。王慧文任副处长，负责机动设备处职责范围内转动设备、机电类特种设备管理工作。张建民任副处长，负责机动设备处职责范围内静设备，水质、动力管理工作。李庆龙任副处长，负责机动设备处职责范围内电气、仪表、化验、分析设备管理工作。

2017 年 12 月，大庆炼化公司决定：王慧文任大庆炼化公司机动设备处处长；免去孙茂成的大庆炼化公司机动设备处处长职务。处长王慧文负责处室全面工作，负责机动设备处职责范围内转动设备、机电类特种设备管理工作。

2018年1月，大庆炼化公司直属机关党委决定：王慧文任大庆炼化公司机动设备处党支部书记；免去孙茂成的大庆炼化公司机动设备处党支部书记职务。

2018年3月，大庆炼化公司决定：撤销机动设备处项目管理科机构建制；成立电仪科，机构规格正科级。

2018年8月，大庆炼化公司决定：陶传志任大庆炼化公司机动设备处副处长；免去张建民的大庆炼化公司机动设备处副处长职务。领导分工随之调整：

处长王慧文负责处室全面工作，具体负责制度建设、考核、培训工作。副处长陶传志负责机动设备处职责范围内转动设备、静设备、特种设备、水质、动力管理工作。副处长李庆龙负责机动设备处职责范围内电气、仪表、化验、分析设备管理工作。

截至2018年12月31日，机动设备处内设动设备科、静设备科、动力科、电仪科、综合计划科。在册员工12人，其中党员11人。王慧文任处长，陶传志、李庆龙任副处长。领导分工自2018年8月以来未再进行调整。

2014年至2018年期间，机动设备处在公司领导班子的领导下，围绕各年度管理目标，践行"大平稳出大效益、大优化出大效益"理念，以保障设备设施安全可靠运行为主线，全面推行设备风险管控、消除短板，开展预知维修，进行腐蚀防泄漏专项攻关和设备长周期运行攻关，深化电气专项治理，提高仪表运行可靠性，推进设备管理平台的开发与应用，加强设备专业队伍的建设，保证装置长满优运行，为公司各年生产经营目标的完成奠定基础。

**一、机动设备处领导名录（2014.1—2018.12）**

处　　长　孙茂成（2014.1—2017.12）

　　　　　王慧文（2017.12—2018.12）

副处长　　王慧文（2014.1—2017.12）

　　　　　张建民（2014.1—2018.8）

　　　　　李庆龙（2014.1—2018.12）

陶传志（2018.8—12）

**二、机动设备处党支部领导名录（2014.1—2018.12）**

书　　　记　　孙茂成（2014.1—2018.1）

　　　　　　　王慧文（2018.1—12）

委　　　员　　孙茂成（2014.1—2018.1）

　　　　　　　张建民（2014.1—2018.8）

　　　　　　　王慧文（2014.1—2018.12）

　　　　　　　李庆龙（2014.1—2018.12）

　　　　　　　陶传志（2018.8—12）

**三、所属科室**

截至 2014 年 1 月 1 日，机动设备处内设动设备科、静设备科、动力科、项目管理科、综合计划科。在册员工 17 人，其中党员 15 人。

动设备科负责转动设备检维修、大修计划、主要设备检修的施工方案、竣工验收和检维修作业规程，并检查执行情况；对动设备管理工作和日常检查进行监督和考核，以及动设备管理主要指标的考评，组织或参与动设备设备事故的调查、分析和处理。静设备科负责组织静设备的日常维护管理；组织起草、修订静设备和检维修管理制度、办法、规范，监督执行情况；审核静设备检维修、大修计划、关键设备检修的施工方案和检修作业规程，并检查执行情况。动力科负责组织编制公司相关的管理规定、办法和规程，并监督检查执行情况；参加有关的事故调查及处理，并提出整改意见，完成设备故障的统计工作；督检设备隐患治理、整改和落实情况。项目管理科负责组织技改和检维修等项目相关的管理制度、办法、规范的编制和执行；跟踪落实机动设备处负责的项目的计划、概算、图纸、进展情况。综合计划科负责组织年度修理计划的审核；组织固定资产实物的日常管理，报废固定资产的鉴定、审批工作；参与固定资产管理规定的编制；了解固定资产的现状，掌握固定资产的使用情况。

2018 年 3 月，大庆炼化公司决定：撤销机动设备处项目管理科机构建制；成立电仪科，机构规格正科级。电仪科负责电气、仪表设备检维修、大修计划、主要电仪设备检修的施工方案、竣工验收和检维修作业规程，并监督检查执行情况。

截至 2018 年 12 月 31 日，机动设备处内设动设备科、静设备科、动力科、电仪科、综合计划科。在册员工 12 人，其中党员 11 人。

**（一）动设备科领导名录（2014.1—2018.12）**

科　　　长　冯长付（2014.1—2018.12）

**（二）静设备科领导名录（2014.1—2018.12）**

科　　　长　周国林（2014.1—2018.12）

**（三）动力科领导名录（2014.1—2018.12）**

科　　　长　马　驳（2014.1—4）①

**（四）项目管理科领导名录（2014.1—2018.3）**

科　　　长　马冬亮（2014.9—2018.3）②

副　科　长　马冬亮（2014.1—9）

**（五）综合计划科领导名录（2014.1—2018.12）**

科　　　长　佘洪文（2014.1—2017.9）③

马冬亮（2018.3—12）

调　研　员　佘洪文（正科级，2017.9—2018.10）

**（六）电仪科领导名录（2018.3—12）**

科　　　长　（空缺）

# 第五节　安全环保处（2014.1—2018.12）

2000 年 10 月，公司成立安全环保一处，机构规格正处级。2002 年 12 月，公司将认证办公室与安全环保一处合并，部门合并后更名为质量安全环保处。2003 年 7 月，撤销安全环保二处建制，质量安全环保处更名为安全环保处。2005 年 4 月，安全环保处下设附属机构急救站；6 月，下设附属机构安全监督站，业务受安全环保处领导。2010 年 4 月，公司将安全监督站

---

① 2014 年 4 月动力科科长马驳辞职，2014 年 4 月至 2018 年 12 月期间，动力科科长空缺。

② 2014 年 1 月到 9 月期间，项目管理科科长空缺，副科长马冬亮主持工作。

③ 2017 年 9 月至 2018 年 8 月期间，综合计划科科长空缺。

和急救中心合并为安全气防站，列附属机构序列，同时安全环保处增加产品质量检验和监督职能，更名为质量安全环保处。2012年11月，质量安全环保处更名为安全环保处，质量管理职能划归生产运行处，机构规格仍为正处级。

安全环保处负责制、修订公司级安全环保管理规章制度；负责HSE体系的运行管理工作；负责公司环保管理；负责组织安全、环保应急预案的编制、审核、演练和实施，应急资源的配备和管理；负责员工安全教育管理；负责公司外来人员的入厂安全教育和现场安全交底教育的监管工作；负责班组安全建设管理；负责安全监督检查、安全环保隐患治理；负责安保基金、安全生产费用的管理工作；负责组织特种设备的登记、注册、取证工作；负责起重、厂内机动车辆等特种设备的定期检验和问题整改的协调工作；负责组织危险化学品安全生产许可证取、复证工作；负责劳动保护管理工作；负责职业危害监督管理和职业病的防治工作；负责新、改、扩建工程项目安全、环保、职业卫生"三同时"管理工作，组织项目预评价和竣工验收评价工作；负责组织环境污染、火灾、爆炸、中毒以及人身伤害事故、事件的调查分析和处理工作；负责组织工伤（亡）认定管理工作；负责消防管理工作；负责车辆管理监督工作及交通事故责任人的调查处理工作；负责环境监测的业务管理工作。

截至2014年1月1日，安全环保处内设综合管理科、体系管理科、现场管理科、环境保护科、安全技术科、防火管理科。在册员工19人，其中党员17人。

陈万忠任处长，负责公司安全管理，环保管理，消防管理，职业健康、事故、隐患及应急管理等安全环保全面管理工作。

孙才任副处长，负责公司安全专业应急计划管理工作，负责安全及职业卫生、消防"三同时"管理工作，负责公司特种设备取、复征管理，负责在役危险化学品装置安全现状评价，危险化学品安全生产许可证的办理和换证工作，负责安全培训教育工作，协助做好现场的安全管理及安全检查工作，分管安全技术科、综合管理科。

代有福任副处长，负责现场的安全管理及安全检查工作，负责工业用火管理，负责隐患排查、合规性整改、监督协调安保项目实施，负责公司特种设备管理（不含取、复证），负责安全标准化工作，负责 HSE 体系运行推进工作、目视化管理、安全工具管理工作，负责小事故、事件的统计分析嘉奖、安全事故的调查分析总结，负责厂内车辆的管理、交通事故的调查工作，分管现场管理科、体系管理科。

解晓丽任副处长，负责公司环境保护管理工作，负责建设项目的环保"三同时"工作，负责环境现场管理，全面主管水、气、声、渣、土、放射源的环境管理，负责环境污染治理，全面主管废水、废气、固体废物及土壤污染治理项目，负责环境保护技术管理及新技术推广，负责环境监测管理，负责清洁生产工作，负责环境应急及风险管理，参与环境事件和环境纠纷问题调查处理，分管环境保护科。

2014 年 3 月，大庆炼化公司决定：高景庆任大庆炼化公司安全环保处副处长。高景庆协助副处长解晓丽分管公司环保管理工作。

2015 年 10 月，大庆炼化公司决定：免去解晓丽的大庆炼化公司安全环保处副处长职务。高景庆负责原副处长解晓丽分管的环保管理工作。

2017 年 8 月，大庆炼化公司决定：白云波任大庆炼化公司安全环保处副处长；免去高景庆的大庆炼化公司安全环保处副处长职务。白云波负责原副处长高景庆分管的环保管理工作。

截至 2018 年 12 月 31 日，安全环保处内设综合管理科、体系管理科、现场管理科、环境保护科、安全技术科、防火管理科。在册员工 14 人，其中党员 14 人。

陈万忠任处长，负责公司安全管理，环保管理，消防管理，职业健康、事故、隐患及应急管理等安全环保全面管理工作。

孙才任副处长，负责公司安全专业应急计划管理工作，负责安全及职业卫生、消防"三同时"管理工作，负责公司特种设备取、复证管理，负责在役危险化学品装置安全现状评价，危险化学品安全生产许可证的办理和换证工作，负责安全培训教育工作，协助做好现场的安全管理及安全检查工作，分管安全技术科、综合管理科。

代有福任副处长，负责现场的安全管理及安全检查工作，负责工业用火管理，负责隐患排查、合规性整改、监督协调安保项目实施，负责公司特种设备管理（不含取、复征），负责安全标准化工作，负责 HSE 体系运行推进工作、目视化管理、安全工具管理工作，负责小事故、事件的统计分析嘉奖、安全事故的调查分析总结，负责厂内车辆的管理、交通事故的调查工作，分管现场管理科、体系管理科。

白云波任副处长，负责公司环境保护管理工作，负责建设项目的环保"三同时"工作，负责环境现场管理，全面主管水、气、声、渣、土、放射源的环境管理，负责环境污染治理，全面主管废水、废气、固体废物及土壤污染治理项目，负责环境保护技术管理及新技术推广，负责环境监测管理，负责清洁生产工作，负责环境应急及风险管理，参与环境事件和环境纠纷问题调查处理，分管环境保护科。

安全环保处在公司领导班子的领导下，牢固树立"以人为本、质量至上、安全第一、环保优先"的理念，贯彻落实集团公司、炼油与化工分公司安全环保健康工作要点要求，按照"五严五狠抓、五个不放松"的工作部署，坚守"四条红线"，坚持"四责"管理，突出抓好"管专业必须管安全、管工作必须管安全"的安全责任落实，强化过程管控，夯实基层基础，进一步深化HSE管理体系建设，以双重预防机制建设为重点，进一步提升风险管控能力，积极推进环保减排项目建设和总量控制达标，努力构建安全、环保、健康型企业。

期间：2016年10月，安全环保处处长陈万忠当选大庆市让胡路区第十届人大代表。2018年12月，安全环保处副处长解晓丽不再担任中国人民政治协商会议黑龙江省第十一届委员会委员。

**一、安全环保处领导名录（2014.1—2018.12）**

处　　　长　陈万忠（2014.1—2018.12）

副　处　长　孙　才（2014.1—2018.12）

　　　　　　代有福（2014.1—2018.12）

　　　　　　解晓丽（女，正处级，2014.1—2015.10）

　　　　　　高景庆（2014.3—2017.8）

　　　　　　白云波（回族，2017.8—2018.12）

**二、安全环保处党支部领导名录（2014.1—2018.12）**

书　　　记　陈万忠（2014.1—2018.12）

委　　　员　陈万忠（2014.1—2018.12）

孙　才（2014.1—2018.12）

代有福（2014.1—2018.12）

解晓丽（2014.1—2015.10）

李安庆（2014.1—9）

高景庆（2014.3—2017.8）

### 三、所属科室

截至 2014 年 1 月 1 日，安全环保处内设综合管理科、体系管理科、现场管理科、环境保护科、安全技术科、防火管理科。在册员工 19 人，其中党员 17 人。

综合管理科主要负责危化品安全生产许可证、危化品登记证申办及复证工作、危化品装置安全评价工作、公司 HSE 委员会工作总结计划的编制等工作。

体系管理科主要负责公司 HSE 体系和安全标准化管理体系外部审核、HSE 管理体系内审、安全环保管理制度修订、安全法律法规识别评价、HSE 信息系统、劳动保护、人事劳资等工作。

现场管理科主要负责安全监督检查、危害因素辨识和评价、安全生产费用、机电类特种设备检验、职业卫生、安全环境事故事件的调查分析和处理等工作。

环境保护科主要负责公司环境监督及监测、环境统计考核、污染治理、污染减排、废水、废气、固体废物、噪声、辐射、污染普查及污染源评价、环境应急管理、环保事故事件等工作。

安全技术科主要负责安全专业应急管理、新改扩建工程项目安全职业卫生"三同时"、特种作业人员安全培训取复证、公司外来人员一级入厂安全教育、班组安全建设管理、安全隐患治理、工伤（亡）认定等工作。

防火管理科主要负责公司消防设施和消防电气设施的检维修、审批特殊工业用火及一级、二级工业用火的监督检查、火灾事故调查等工作。

截至 2018 年 12 月 31 日，安全环保处内设综合管理科、体系管理科、现场管理科、环境保护科、安全技术科、防火管理科。在册员工 14 人，其中党员 14 人。

（一）综合管理科领导名录（2014.1—2018.12）

　　科　　　长　刘丽艳（女，2014.1—2018.12）

（二）体系管理科领导名录（2014.1—2018.12）

　　科　　　长　任立春（2014.1—2018.12）

（三）现场管理科领导名录（2014.1—2018.12）

　　科　　　长　苗长青（2014.1—2018.12）

　　副 科 长　周玉峰（2014.1—2016.11）

　　　　　　　胡继东（2017.1—2018.12）

（四）安全技术科领导名录（2014.1—2018.12）

　　科　　　长　周玉峰（2016.11—2018.12）[①]

（五）环境保护科领导名录（2014.1—2018.12）

　　科　　　长　白云波（2014.1—2017.8）

　　　　　　　李　颖（女，2017.9—2018.12）

　　副 科 长　李　颖（2014.1—2017.9）

（六）防火管理科领导名录（2014.1—2018.12）

　　科　　　长　李清伟（2014.1—2018.8）[②]

## 第六节　生产技术处（2014.1—2018.12）

　　生产技术处的前身是科技信息处。2005年3月，公司成立科技信息处，为机关职能部门，机构规格正处级。2010年4月，科技信息处更名为技术处。2012年9月，技术处更名为生产技术处。

　　生产技术处负责工艺技术管理；负责公司节能节水管理工作；负责科研管理工作；负责组织装置开、停工方案的编制工作；负责生产装置"三剂"及化工原材料准入审查；负责组织投资额度在500万元以下的技改技措项目的立项论证；负责投资额度在500万元以下的新技术的推广、应用，对外技术合作与交流、技术招标及对外设计委托、技术合同签订与管理；负责知识

---

① 2014年1月至2016年11月期间，安全技术科科长空缺。

② 2018年8月至12月期间，防火管理科科长空缺。

产权、包括专利、专有技术的认定、申报。

截至 2014 年 1 月 1 日，生产技术处内设炼油技术科、化工技术科、节能管理科、科技管理科。在册员工 13 人，其中党员 10 人。

辛公华任处长，负责生产技术处全面工作。尚振平任副处长，负责化工工艺及科技管理工作。李建国任副处长，负责炼油工艺及节能管理工作。

2017 年 12 月，大庆炼化公司决定：栗文波任大庆炼化公司生产技术处副处长；免去李建国的大庆炼化公司生产技术处副处长职务。栗文波负责原生产技术处副处长李建国负责的炼油工艺及节能管理工作。

2018 年 8 月，大庆炼化公司决定：马刚任大庆炼化公司生产技术处副处长；免去尚振平的大庆炼化公司生产技术处副处长职务。领导分工随之调整：

处长辛公华负责生产技术处全面工作。副处长马刚负责炼油工艺及节能管理工作。副处长栗文波负责化工工艺及科技管理工作。

截至 2018 年 12 月 31 日，生产技术处内设炼油技术科、化工技术科、节能管理科、科技管理科。在册员工 8 人，其中党员 7 人。

辛公华任处长，栗文波、马刚任副处长。领导分工自 2018 年 8 月以来未再进行调整。

生产技术处全体干部员工在公司领导班子的领导下，以安全、效益为中心，自觉履行岗位职责，勤勉敬业，恪尽职守，认真落实公司工作会议精神，坚决贯彻公司各项决策和部署，近 5 年共实施完成 248 项技术改造项目，计划投资 24881 万元，实际概算投资 21562 万元，节约资金 3319 万元。

**一、生产技术处领导名录（2014.1—2018.12）**

  处　　长　辛公华（2014.1—2018.12）

  副 处 长　李建国（2014.1—2017.12）

      尚振平（2014.1—2018.8）

      栗文波（2017.12—2018.12）

      马　刚（2018.8—12）

## 二、生产技术处党支部领导名录（2014.1—2018.12）

书　　　记　辛公华（2014.1—2018.12）

委　　　员　辛公华（2014.1—2018.12）

李建国（2014.1—2017.12）

尚振平（2014.1—2018.8）

栗文波（2017.12—2018.12）

## 三、所属科室

### （一）科技管理科（2014.1—2018.12）

截至 2014 年 1 月 1 日，科技管理科在册员工 3 人，其中党员 3 人。

科技管理科主要负责公司科技项目、技术改造项目、知识产权、科技成果及处室综合业务方面的工作。

截至 2018 年 12 月 31 日，科技管理科在册员工 2 人，其中党员 2 人。

科　　　长　栗文波（2014.1—2017.12）[①]

### （二）炼油技术科（2014.1—2018.12）

截至 2014 年 1 月 1 日，炼油技术科在册员工 2 人，其中党员 2 人。

炼油技术科主要负责公司炼油工艺技术及"三剂"技术准入业务方面的工作。

截至 2018 年 12 月 31 日，炼油技术科在册员工 1 人，其中党员 1 人。

科　　　长　隋晓东（2014.1—2018.12）

### （三）化工技术科（2014.1—2018.12）

截至 2014 年 1 月 1 日，化工技术科在册员工 3 人，其中党员 2 人。

化工技术科主要负责公司化工工艺技术及"三剂"技术准入业务方面的工作。

截至 2018 年 12 月 31 日，化工技术科在册员工 2 人，其中党员 2 人。

科　　　长　刘惠民（2014.1—2018.12）

### （四）节能管理科（2014.1—2018.12）

截至 2014 年 1 月 1 日，节能管理科在册员工 2 人，其中党员 0 人。

节能管理科主要负责公司节能降耗业务方面的工作。

---

① 2017 年 12 月至 2018 年 12 月期间，科技管理科科长空缺。

截至 2018 年 12 月 31 日，节能管理科在册员工 0 人，其中党员 0 人。

科　　　长　马　　刚（2014.1—2018.8）①

## 第七节　规划计划处（2014.1—2018.12）

规划计划处成立于 2000 年 12 月，机构规格正处级。规划计划处负责中长期发展规划；负责项目前期管理、设计管理；负责项目竣工验收和后评价管理；负责公司投资控制、工程造价管理；负责公司综合统计管理；负责公司总图和土地管理、项目行政审批等工作。

截至 2014 年 1 月 1 日，规划计划处设规划管理科、项目管理科、设计管理科、计划统计科、综合科共 5 个科室。在册员工 12 人，其中党员 8 人。

葛立彬任处长，负责规划计划处全面管理工作，兼管公司发展规划、项目前期、设计管理工作。李文清任副处长，分管投资计划、综合统计、工程造价、工程结算、土地管理、建设项目行政审批、竣工验收等管理工作。

2014 年 3 月，大庆炼化公司决定：于玲河任大庆炼化公司规划计划处副总经济师兼计划统计科科长。领导分工随之调整：

处长葛立彬负责规划计划处全面管理工作。副处长李文清分管投资计划、综合统计、工程造价、工程结算、土地管理、建设项目行政审批等管理工作。副总经济师于玲河分管公司发展规划、项目前期、设计管理、竣工验收等管理工作。

2015 年 2 月，大庆炼化公司决定：丁海中任大庆炼化公司规划计划处处长；免去葛立彬的大庆炼化公司规划计划处处长职务。丁海中负责规划计划处全面管理工作。

2015 年 5 月，大庆炼化公司决定：于玲河任大庆炼化公司规划计划处副处长，负责公司发展规划、项目前期、设计管理、竣工验收等管理工作。

2016 年 4 月，中共大庆炼化公司直属机关委员会对选举结果进行批复。

---

① 2018 年 8 月至 12 月期间，节能管理科科长空缺。

中共规划计划处支部委员会由丁海中、李文清、楼新军 3 人组成，丁海中任书记。

2017 年 10 月，大庆炼化公司决定：将规划管理科的机构、人员、职能合并到项目管理科，合并后项目管理科机构隶属关系、规格等均不变，撤销规划计划处规划管理科机构建制。

2017 年 12 月，大庆炼化公司决定：李建国任大庆炼化公司规划计划处处长；免去丁海中的规划计划处处长职务。李建国负责规划计划处全面管理工作，分管后评价工作。

2018 年 1 月，大庆炼化公司直属机关党委决定：李建国任大庆炼化公司规划计划处党支部书记；免去丁海中的规划计划处党支部书记职务。

截至 2018 年 12 月 31 日，规划计划处设项目管理科、设计管理科、计划统计科、综合科共 4 个科室。在册员工 10 人，其中党员 8 人。

李建国任处长，负责规划计划处全面管理工作，分管后评价工作。李文清任副处长，分管投资计划、综合统计、工程造价、工程结算、土地管理、建设项目行政审批等管理工作。于玲河任副处长，分管公司发展规划、项目前期、设计管理、竣工验收等管理工作。

规划计划处以习近平新时代中国特色社会主义思想为指导，贯彻落实公司"做精炼油、做强化工、建设稳健发展的新时代优秀炼化企业"目标，启动公司"十四五"规划编制工作，抢抓转型升级发展机遇，投资建设的重点项目，全部按计划完成，并实现一次性开车成功。王庆峰 2016 年获得集团公司"十三五"规划工作先进个人荣誉称号。王江 2017 年获得集团公司建设项目竣工验收工作先进个人荣誉称号。李建国 2018 年获得集团公司优秀共产党员荣誉称号。

期间：2016 年 11 月，于玲河当选中国人民政治协商会议黑龙江省大庆市让胡路区第九届委员会委员。

**一、规划计划处领导名录（2014.1—2018.12）**

处　　　长　葛立彬（2014.1—2015.2）

　　　　　　丁海中（2015.2—2017.12）

　　　　　　李建国（2017.12—2018.12）

副　处　长　李文清（2014.1—2018.12）

于玲河（2015.5—2018.12）

**副总经济师**　于玲河（2014.3—2015.5）

**二、规划计划处党支部领导名录（2014.1—2018.12）**

书　　　记　葛立彬（2014.1—2015.2）

丁海中（2015.2—2018.1）

李建国（2018.1—12）

委　　　员　葛立彬（2014.1—2015.2）

李文清（2014.1—2018.12）

楼新军（2014.1—2018.12）

丁海中（2015.2—2018.1）

李建国（2018.1—12）

**三、所属科室**

截至 2014 年 1 月 1 日，规划计划处规划管理科、设计管理科，项目管理科，计划统计科，综合科，机构规格均正科级。在册员工 9 人，其中党员 6 人。

规划管理科主要负责规划管理和总图管理工作。设计管理科主要负责项目设计管理工作。项目管理科主要负责建设项目前期管理工作。计划统计科主要负责投资计划管理，造价管理，统计业务管理。综合科主要负责土地管理及处室其他综合管理工作。

2017 年 10 月，大庆炼化公司决定：将规划管理科的机构、人员、职能合并到项目管理科，合并后项目管理科机构隶属关系、规格等均不变，撤销规划计划处规划管理科机构建制。

截至 2018 年 12 月 31 日，规划计划处在册员工 8 人，其中党员 7 人。

**（一）规划管理科领导名录（2014.1—2017.10）**

科　　　长　（空缺）

副　科　长　王庆峰（2014.1—2017.10）

**（二）设计管理科领导名录（2014.1—2018.12）**

科　　　长　白　雪（2014.1—2017.12）

吴　沿（女，2017.12—2018.12）

副 科 长　吴　沿（2014.1—2017.12）

（三）项目管理科领导名录（2014.1—2018.12）

科　　　长　季肆新（女，2014.1—2017.10）①

王庆峰（2017.12—2018.12）

调 研 员　季肆新（正科级，2017.10—2018.10）

（四）计划统计科领导名录（2014.1—2018.12）

科　　　长　于玲河（2014.1—2015.5）②

（五）综合科领导名录（2014.1—2018.12）

科　　　长　楼新军（2014.1—2018.8）③

调 研 员　楼新军（正科级，2018.8—10）

# 第八节　财务处（2014.1—2018.12）

财务处于 2000 年 10 月成立，为公司职能部门，机构规格正处级。
2001 年实行财务人员集中管理，同时对林源生产区、工程技术服务公司、
运输公司、各专业厂食堂、房产、医保、工会等独立核算、自负盈亏的单位
实行财务主管委派制，并外派林源生产区、工程技术服务公司、运输公司、
食堂等财务人员。2006 年 3 月，大庆炼化公司对林源炼油厂进行托管，林
源炼油厂财务资产部划归大庆炼化公司财务处进行管理。

财务处主要负责公司财务预算编制与管理，核定各单位财务预算指标；
负责公司财务指标情况分析及效益测算工作，为公司管理层决策提供数据支
撑；贯彻落实股份公司下达的有关价格文件和相关规定；负责公司产品价格
的管理；负责公司各种税费的申报、缴纳和核算等工作；负责公司财务管理
信息系统的日常管理与维护工作；负责公司财务稽查管理工作，防范财务风
险，建立和完善财务监督长效机制；负责公司固定资产（无形资产）的核算

---

① 2017 年 10 月至 12 月期间，项目管理科科长空缺。

② 2015 年 5 月至 2018 年 12 月期间，计划统计科科长空缺。

③ 2018 年 8 月至 12 月期间，综合管理科科长空缺。

及管理工作；参与公司经济合同的审核、签订和结算。

截至 2014 年 1 月 1 日，财务处机构规格正处级，内设综合科、税价科、预算科、资产科和稽查科。在册员工 21 人，其中党员 11 人。[①]

王岩任处长，负责财务处全面工作，分管资产科和稽查科。杨金鑫任副处长，分管综合科。陈彩云任副处长，分管预算科和税价科。

2016 年 9 月，大庆炼化公司研究决定：陈彩云任大庆炼化公司财务处处长；王岩任大庆炼化公司财务处调研员；免去王岩的大庆炼化公司财务处处长职务；免去陈彩云的大庆炼化公司财务处副处长职务。陈彩云负责原处长王岩分管的全面工作，分管预算科、税价科和资产科。副处长杨金鑫分管综合科和稽查科。

2016 年 10 月，大庆炼化公司直属机关党委决定：陈彩云任财务处党支部书记；免去王岩的财务处党支部书记职务。陈彩云负责原财务处党支部书记王岩分管的财务处党支部日常工作。

2017 年 6 月，大庆炼化公司研究决定：陈河任大庆炼化公司财务处副处长；王志宏任大庆炼化公司财务处副处长；免去杨金鑫的大庆炼化公司财务处副处长职务。领导分工随之调整：处长陈彩云负责全面工作，分管预算科、税价科和资产科。副处长陈河分管矿区财务业务。副处长王志宏分管综合科和稽查科。

2018 年 11 月，大庆炼化公司研究决定：免去陈河的大庆炼化公司财务处副处长职务（退出领导岗位）。领导分工随之调整：处长陈彩云负责全面工作，分管预算科、税价科和资产科。副处长王志宏分管综合科、稽查科和矿区财务业务。

截至 2018 年 12 月 31 日，财务处内设综合科、税价科、预算科、资产科和稽查科。在册员工 16 人，其中党员 10 人。

处长陈彩云负责全面工作，分管预算科、税价科和资产科。副处长王志宏分管综合科、稽查科和矿区财务业务。

财务处在公司领导班子的领导下，坚持以经济效益为中心，强化目标管理，规范财务运作，有力地促进了财务工作的健康发展。先后完成了模

---

① 《中国石油大庆炼化组织史资料》（1971—2013）正卷下限误将财务结算中心内设科室及在册员工、党员人数列入财务处，特此勘误。

拟市场经营决策支撑、清理清退账外物资、林源闲置资产的处置；降本增效工作的组织与实施、成品油库接收以及部分待处置资产的价值评估；全面成本管理工作的组织与实施、深化模拟市场化运行、实现"营改增"业务平稳开展、推进"三供一业"分离移交；实现挖潜增效目标任务、精炼模拟化经营、超标公务用车和废弃催化剂的拍卖等工作。财务处荣获 2015 年度"集团公司财务报告评比二等奖""集团公司财务工作 2013—2015 年度先进集体"。陈彩云、杨金鑫、王志宏荣获集团公司 2013—2015 年度财务工作先进个人；韩枫荣获集团公司"十二五"财税价格工作先进个人荣誉称号。

**一、财务处领导名录（2014.1—2018.12）**

> 处　　　长　王　岩（女，2014.1—2016.9）
> 　　　　　　陈彩云（女，2016.9—2018.12）
> 副　处　长　陈彩云（2014.1—2016.9）
> 　　　　　　杨金鑫（2014.1—2017.6）
> 　　　　　　陈　河（2017.6—2018.11）[①]
> 　　　　　　王志宏（女，2017.6—2018.12）
>
> 调　研　员　王　岩（正处级，2016.9—2018.11）

**二、财务处党支部领导名录（2014.1—2018.12）**

> 书　　　记　王　岩（2014.1—2016.10）
> 　　　　　　陈彩云（2016.10—2018.12）
> 委　　　员　王　岩（2014.1—2016.10）
> 　　　　　　杨金鑫（2014.1—2017.6）
> 　　　　　　陈彩云（2014.1—2018.12）
> 　　　　　　陈　葵（女，2014.1—2018.9）
> 　　　　　　郭炳宏（2014.1—2018.12）
> 　　　　　　陈　河（2017.6—2018.11）

---

① 2018 年 11 月，陈河退出领导岗位。

### 三、所属科室

**（一）综合科（2014.1—2018.12）**

截至 2014 年 1 月 1 日，综合科机构规格正科级，在册员工 14 人，共有党员 4 人。

综合科负责本部门的办公场所、办公设施的安全；负责财务人员管理、业务培训及队伍建设工作。

截至 2018 年 12 月 31 日，综合科在册员工 11 人，共有党员 4 人。

科　　　长　郭炳宏（2014.1—2018.12）

**（二）税价科（2014.1—2018.12）**

截至 2014 年 1 月 1 日，税价科机构规格正科级，在册员工 3 人，共有党员 1 人。

税价科负责贯彻落实股份公司下达的有关价格文件和相关规定，负责公司产品价格的管理；负责公司各种税费的申报、缴纳和核算等工作

截至 2018 年 12 月 31 日，税价科在册员工 3 人，共有党员 3 人。

科　　　长　韩　枫（2014.1—2018.12）

**（三）预算科（2014.1—2018.12）**

截至 2014 年 1 月 1 日，预算科机构规格正科级，在册员工 3 人，共有党员 0 人。

预算科主要负责公司财务预算编制与管理，核定各单位财务预算指标；负责公司财务指标情况分析及效益测算工作，为公司管理层决策提供数据支撑。

截至 2018 年 12 月 31 日，预算科在册员工 2 人，共有党员 2 人。

科　　　长　王志宏（2014.1—2017.6）①

副 科 长　张　乐（女，2017.6—2018.12）

**（四）资产科（2014.1—2018.12）**

截至 2014 年 1 月 1 日，资产科机构规格正科级，在册员工 2 人，共有党员 1 人。

资产科负责公司固定资产（无形资产）的核算及管理工作；参与公司经

---

① 2017 年 6 月至 2018 年 12 月期间，预算科科长空缺，副科长张乐主持工作。

济合同的审核、签订和结算。

截至 2018 年 12 月 31 日，资产科在册员工 2 人，共有党员 1 人。

科　　　长　陈　葵（2014.1—2018.9）①

调　研　员　陈　葵（正科级，2018.9—10）

（五）稽查科（2014.1—2018.12）

截至 2014 年 1 月 1 日，稽查科机构规格正科级，在册员工 2 人，共有党员 0 人。

稽查科主要负责公司财务稽查管理工作，防范财务风险，建立和完善财务监督长效机制。

截至 2018 年 12 月 31 日，稽查科在册员工 2 人，共有党员 0 人。

科　　　长　孙易龙（2016.5—2018.12）
副　科　长　孙易龙（2014.1—2016.5）

# 第九节　审计处（2014.1—2018.12）

审计处的前身是审计监察处。2005 年 3 月，公司对审计监察处的业务进行调整，分立为审计处和纪检监察处，均为公司职能部门，机构规格正处级。2006 年 3 月，将林源炼油厂审计监察部的财务审计业务合并至大庆炼化公司审计处。

审计处主要负责贯彻落实国家、省、市、集团公司（股份公司）、公司有关法律、法规、政策、文件、会议精神；负责编制、修订公司级审计管理规章制度；负责编制公司年度审计工作计划，并组织实施；负责提出审计人员业务培训需求；负责公司内部审计工作；负责对公司风险管理、控制和治理过程进行监督、确认与评价工作；负责对公司内部控制系统的健全性、合理性和有效性进行检查；负责对公司的财务收支、财务预算、财务决算、固定资产报废处置、坏账核销、管理效益、关联交易协议及经济合同执行情况等有关的经济活动进行审计；负责对公司相关单位负责人进行任期或定期经

---

① 2018 年 9 月至 12 月期间，资产科科长空缺。

济责任审计；负责对公司的基建、检维修、技改技措、大修、安保等工程的工程结算、概（预）算进行复核审计，并出具审计意见书，对审计发现问题提出处理意见；负责对物资采购工作进行审计监督；负责公司自购材料的询价、修理修缮项目定价等进行复核审计；负责开展工程投资管理等专项审计；负责对公司工程施工等各类合同进行抽审；负责向公司领导报告审计工作情况及审计发现，并提出审计意见；负责对审计发现的舞弊行为报告纪检监察部门，需要配合时进行协查；对本部门所负责业务范围内的质量、安全、环保、内控工作负直接责任。

截至 2014 年 1 月 1 日，审计处设财务审计科和工程审计科，下设附属机构审计中心，业务受审计处领导，审计中心主任由副处长武立德兼任。在册员工 5 人，其中党员 5 人。

邢继国任处长，负责处室行政全面工作，负责处室党群全面工作，分管审计审理。武立德任副处长，分管工程审计。

2017 年 7 月，大庆炼化公司决定：杨金鑫任大庆炼化公司审计处处长；邢继国任大庆炼化公司审计处调研员；免去邢继国的大庆炼化公司审计处处长职务。杨金鑫负责原处长邢继国负责的处室行政、党群全面工作，分管审计审理。

截至 2018 年 12 月 31 日，审计处设财务审计科和工程审计科。在册员工 5 人，其中党员 4 人。

杨金鑫任审计处处长，负责审计处的处室行政、党群全面工作，分管审计审理。武立德任审计处副处长，分管工程审计。

审计工作紧紧围绕公司"降成本、提质量、夯实发展基础，增强内在动力，提升经营业绩，持续推进优秀炼化企业建设"的总体思路，按照全面审计、突出重点的原则，结合企业自身实际，在项目投资、招投标、资产管理、价格监审以及工程结算审核等关键环节和重点领域强化监督管理，忠诚履行职责。2014 年至 2018 年累计工程结算审减额 2007 万元、物资价格监审核减额 27891 万元，为公司降本增效、有质量、可持续发展做出了积极贡献。审计处获得 2015 年度至 2017 年度中国石油审计工作先进集体荣誉称号。张志兴获得 2012 年度至 2014 年度中国石油审计工作先进个人、2015 年度至 2017 年度审计工作先进工作者荣誉称号。

**一、审计处领导名录（2014.1—2018.12）**

处　　　长　邢继国（2014.1—2017.7）

　　　　　　杨金鑫（2017.7—2018.12）

副　处　长　武立德（2014.1—2018.12）

调　研　员　邢继国（正处级，2017.7—2018.11）

**二、审计处党支部领导名录（2014.1—2018.12）**

书　　　记　邢继国（2014.1—2017.7）

　　　　　　杨金鑫（2017.7—2018.12）

委　　　员　武立德（2014.1—2018.12）

　　　　　　邢继国（2014.1—2017.7）

　　　　　　杨金鑫（2017.7—2018.12）

　　　　　　王冬梅（女，2014.1—2018.12）

**三、所属科室**

**（一）财务审计科（2014.1—2018.12）**

截至 2014 年 1 月 1 日，财务审计科机构规格正科级，在册员工 2 人，其中党员 2 人。

财务审计科负责对公司的财务收支、财务预算、财务决算、固定资产报废处置、坏账核销、管理效益、关联交易协议及经济合同执行情况等有关的经济活动进行审计；负责对公司相关单位负责人进行任期或定期经济责任审计。

截至 2018 年 12 月 31 日，财务审计科在册员工 2 人，其中党员 2 人。

科　　　长　张志兴（2016.5—2018.12）[①]

副　科　长　张志兴（2014.1—2016.5）

**（二）工程审计科（2014.1—2018.12）**

截至 2014 年 1 月 1 日，工程审计科机构规格正科级，在册员工 1 人，其中党员 0 人。

工程审计科负责对公司的基建、检维修、技改技措、大修、安保等工程

---

① 2014 年 1 月至 2016 年 5 月期间，财务审计科科长空缺。

的工程结算、概（预）算进行复核审计，并出具审计意见书，对审计发现问题提出处理意见；负责对物资采购工作进行审计监督；负责公司自购材料的询价、修理修缮项目定价等进行复核审计。

截至 2018 年 12 月 31 日，工程审计科在册员工 1 人，其中党员 0 人。

科　　　长　魏　欣（2016.5—2018.12）[①]

副　科　长　魏　欣（2014.1—2016.5）

## 第十节　企管法规处（内控与风险管理处）—企管法规处 （2014.1—2018.12）

2005 年 3 月，大庆炼化公司成立企管法规处，为公司职能部门，机构规格正处级。2006 年 3 月，公司对组织机构进行整合，将林源炼油厂经营管理部的企业管理、法律事务业务合并至企管法规处。2010 年 4 月，企管法规处与内控体系办公室合并成企管法规处（内控与风险管理处），机构规格正处级。

企管法规处（内控与风险管理处）主要负责大庆炼化公司整章建制，建立完善工作流程和业务规范；对大庆炼化公司标准化工作进行规范统一管理；组织现代化管理方法、管理手段、管理知识的推广与应用；负责各类协会的管理与协调工作；负责承包商准入管理；负责招标办公室的日常工作；负责大庆炼化公司法律事务工作，参与重大经营决策的法律咨询论证；办理有关法律授权、工商登记等事务；负责建立大庆炼化公司法律风险防控体系的建设；组织或代理大庆炼化公司参与诉讼和非诉讼活动；解决有关关联交易中的法律问题；组织普法开展；组织对外活动的签约审查、履行监督、参与重大项目的合同谈判和合同起草工作；负责制定大庆炼化公司内控工作计划并组织落实，跟踪内控运行动态，监督重大风险管控措施落实情况，建立并完善内控体系；负责现场的检查、考核以及现场管理提升工作。

截至 2014 年 1 月 1 日，企管法规处设立现场管理科、企业管理科、法

_____

① 2014 年 1 月至 2016 年 5 月期间，工程审计科科长空缺。

律事务科、合同管理科、内控与风险管理科 5 个科室。在册员工 14 人，其中党员 9 人。

袁金财任处长，负责处室全面工作，主责法律事务工作和合同管理工作。李峰任副处长，负责管理创新、现场管理、基层建设、标准化、市场准入、协会管理工作。贾素红任副处长，负责管理体系建设、运行及维护、企业管理相关工作、制度制修废评等管理、内控体系、流程风险的管理工作。

2014 年 4 月，大庆炼化公司决定：王振海任大庆炼化公司企管法规处副处长；免去李峰的大庆炼化公司企管法规处副处长职务。王振海负责原副处长李峰分管的管理创新、现场管理、基层建设、标准化、市场准入、协会管理工作。

2015 年 4 月，大庆炼化公司决定：将企管法规处（内控与风险管理处）更名为企管法规处，更名后机构规格、原有职能不变。

2015 年 5 月，大庆炼化公司决定：撤销内控与风险管理科，将其职能划入企业管理科，撤销现场管理科，成立综合管理科，机构规格正科级。

2016 年 1 月，大庆炼化公司决定：在企管法规处内部成立标准化科，机构规格正科级。

截至 2018 年 12 月 31 日，企管法规处设立综合管理科、企业管理科、法律事务科、合同管理科、标准化科 5 个科室。在册员工 11 人，其中党员 11 人。袁金财任处长，王振海、贾素红任副处长。领导分工自 2014 年 4 月未再进行调整。

2014 年至 2018 年期间企管法规处在公司领导班子的领导下，树立平稳出大效益的理念，修订完善《管理体系框架手册》，提升工作效率，坚持创新驱动。深入推动管理体系建设，持续开展管理体系评审，总结历年评审经验，探索新方法，逐步向"制度规范化、流程最优化、标准科学化、信息高效化、管理精细化"工作目标迈进。持续开展管理提升和管理诊断，征集总体性创新成果和应用性创新成果，向石油企业、省企协和集团公司企业与改革管理部申报成果，大力推广和宣传公司优秀成果，在 2016 年度中获得"全省推进管理创新工作先进单位"荣誉称号。全面落实制度建设、管理创新、合规管理、招标管理、标准化管理、合同管理等重点工作，促进公司基础管理水平不断提升，为持续建设优秀炼化企业提供管理保障，发挥增强内生动力的强大作用。

**一、企管法规处（内控与风险管理处）（2014.1—2015.4）**

**（一）企管法规处（内控与风险管理处）领导名录（2014.1—2015.4）**

处　　　长　袁金财（2014.1—2015.4）

副 处 长　李　峰（2014.1—4）

贾素红（女，2014.1—2015.4）

王振海（2014.4—2015.4）

**（二）企管法规处（内控与风险管理处）党支部领导名录（2014.1—2015.4）**

书　　　记　袁金财（2014.1—2015.4）

委　　　员　袁金财（2014.1—2015.4）

李　峰（2014.1—4）

贾素红（2014.1—2015.4）

王振海（2014.4—2015.4）

**二、企管法规处（2015.4—2018.12）**

**（一）企管法规处领导名录（2015.4—2018.12）**

处　　　长　袁金财（2015.4—2018.12）

副 处 长　王振海（2015.4—2018.12）

贾素红（2015.4—2018.12）

**（二）企管法规处党支部领导名录（2015.4—2018.12）**

书　　　记　袁金财（2015.4—2018.12）

委　　　员　袁金财（2015.4—2018.12）

王振海（2015.4—2018.12）

贾素红（2015.4—2018.12）

**三、所属科室**

**（一）企业管理科（2014.1—2018.12）**

截至 2014 年 1 月 1 日，企业管理科机构规格正科级，在册员工 2 人，其中党员 2 人。

企业管理科主要负责管理提升、管理体系、管理创新等工作。

2015 年 5 月，大庆炼化公司决定：撤销内控与风险管理科，将其职能划入企业管理科。

截至 2018 年 12 月 31 日，企业管理科机构规格正科级，在册员工 2 人，其中党员 2 人。

科　　　长　赵雪山（2014.1—2015.5）[①]

王晓红（女，2016.5—2018.12）

副　科　长　王晓红（2015.5—2016.5）

**（二）法律事务科**（2014.1—2018.12）

截至 2014 年 1 月 1 日，法律事务科机构规格正科级，在册员工 1 人，其中党员 1 人。

法律事务科主要负责合规管理、法律事务、法律风险防控、工商登记等工作。

截至 2018 年 12 月 31 日，法律事务科机构规格正科级，在册员工 1 人，其中党员 1 人。

科　　　长　孙　锴（2014.1—2018.12）

**（三）合同管理科**（2014.1—2018.12）

截至 2014 年 1 月 1 日，合同管理科机构规格正科级，在册员工 1 人，其中党员 1 人。

合同管理科主要负责合同申报、审核、签订、履行、变更、解除、归档等合同全面管理工作。

截至 2018 年 12 月 31 日，合同管理科机构规格正科级，在册员工 1 人，其中党员 1 人。

科　　　长　黄　伟（女，2014.1—2018.12）

**（四）内控与风险管理科**（2014.1—2015.5）

截至 2014 年 1 月 1 日，内控与风险管理科机构规格正科级，在册员工 1 人，其中党员 1 人。

内控与风险管理科主要负责公司内部管理体系运行、负责公司业务流程管理、内外部体系测试、风险管理等工作。

2015 年 5 月，撤销内控与风险管理科，将其职能划入企业管理科。

---

[①]　2015 年 5 月至 2016 年 5 月期间，企业管理科科长空缺。

科　　　　长　（空缺）

副　科　长　王晓红（2014.1—2015.5）

**（五）现场管理科（2014.1—2015.5）**

截至 2014 年 1 月 1 日，现场管理科机构规格正科级，在册员工 1 人，其中党员 1 人。

现场管理科主要负责公司现场管理、检查、考核、批评、厂区办公用房管理等工作。

2015 年 5 月，撤销现场管理科。在册员工 1 人，其中党员 1 人。

科　　　　长　（空缺）

副　科　长　孙晓龙（2014.1—2015.5）

**（六）综合管理科（2015.5—2018.12）**

2015 年 5 月，成立综合管理科，机构规格正科级。在册员工 1 人，其中党员 1 人。

综合管理科主要负责公司企业管理、管理提升、管理创新、承包商管理、企业改革、基础管理等工作。

截至 2018 年 12 月 31 日，综合管理科机构规格正科级，在册员工 1 人，其中党员 1 人。

科　　　　长　赵雪山（2015.5—2018.12）

**（七）标准化科（2016.1—2018.12）**

2016 年 1 月，成立标准化科，机构规格正科级。在册员工 1 人，其中党员 1 人。

标准化科主要负责公司标准化管理、现场管理、生产许可管理等工作。

截至 2018 年 12 月 31 日，标准化科机构规格正科级，在册员工 1 人，其中党员 1 人。

科　　　　长　孙晓龙（2016.5—2018.12）[①]

副　科　长　孙晓龙（2016.1—5）

---

① 2016 年 1 月至 5 月期间，标准化管理科科长空缺。

# 第十一节　纪检监察处（2014.1—2018.12）

纪检监察处的前身是审计监察处。2005年3月，公司对审计监察处的业务进行调整，分立为审计处和纪检监察处，均为公司职能部门，机构规格正处级。2006年3月，结合大庆炼化公司与林源炼油厂重组的实际，公司决定对组织机构进行整合，将林源炼油厂审计监察部的纪检监察业务合并至大庆炼化公司纪检监察处。

纪检监察处主要负责党风廉政建设、信访案件调查、违纪监督检查、效能监察和源头治理等工作。

截至2014年1月1日，纪检监察处下设党风建设科、效能监察科和信访案件科。在册员工6人，其中党员6人。

于海波任处长，负责纪检监察处全面工作，直管党风建设科。王立波任副处长，负责效能监察和信访案件工作，分管效能监察科和信访案件科，兼任纪委办公室主任。

2014年10月，大庆炼化公司决定：樊春江任大庆炼化公司纪检监察处副处长。领导分工随之调整：

处长于海波负责纪检监察处全面工作。副处长王立波负责信访案件工作，分管信访案件科。副处长樊春江负责党风建设和效能监察工作，分管党风建设科和效能监察科。

2016年4月，纪检监察处党支部换届选举，中共大庆炼化公司机关党委纪检监察处支部委员会由于海波、樊春江、代成良3人组成，于海波任党支部书记。

2016年11月，大庆炼化公司决定：调整纪检监察处内设机构，将信访案件科更名为纪律审查科；效能监察科更名为合规管理监察科。

2017年8月，大庆炼化公司党委决定：孙明任大庆炼化公司纪检监察处处长兼纪委办公室主任；免去于海波的大庆炼化公司纪检监察处处长职务；免去王立波的大庆炼化公司纪委办公室主任职务。大庆炼化公司决定：于海波任大庆炼化公司纪检监察处调研员。领导分工随之调整：

处长孙明负责纪检监察处全面工作，直管党风建设和处室综合性业务，代管案件审理工作，直管党风建设科。副处长王立波负责案件审理工作（借调集团公司党组纪检组、监察部）。副处长樊春江负责纪律审查和合规管理监察工作，分管纪律审查科和合规管理监察科。

2017年8月，大庆炼化公司直属机关党委决定：孙明任纪检监察处党支部书记。

2017年9月，大庆炼化公司决定：在纪检监察处成立执纪审理科和巡察办公室2个科室，机构规格均为正科级。领导分工随之调整：

处长孙明负责纪检监察处全面工作，直管党风建设、巡察工作和处室综合性业务，代管案件审理工作，直管党风建设科、执纪审理科和巡察办公室。副处长王立波负责案件审理工作（借调集团公司党组纪检组、监察部）。副处长樊春江负责纪律审查和合规管理监察工作，分管纪律审查科和合规管理监察科。

2018年8月，大庆炼化公司党委决定：张志杰任大庆炼化公司党委巡察办公室副处级巡察员。大庆炼化公司决定：刘辉任大庆炼化公司纪检监察处副处长；免去樊春江的大庆炼化公司纪检监察处副处长职务。领导分工随之调整：

处长孙明负责纪检监察处全面工作，直管党风建设、案件审理和处室综合性业务，直管党风建设科、执纪审理科。副处长刘辉负责纪律审查和合规管理监察工作，分管纪律审查科和合规管理监察科。副处级巡察员张志杰负责巡察工作，分管巡察办公室。

截至2018年12月31日，纪检监察处内设党风建设科、纪律审查科、合规管理监察科、执纪审理科、巡察办公室，主要负责公司党风建设、反腐倡廉教育、纪律审查、合规管理监察、案件审理、组织协调党内巡察等工作。在册员工9人，其中党员9人。

孙明任纪检监察处处长、纪委办公室主任、纪检监察处党支部书记，王立波任纪检监察处副处长，刘辉任纪检监察处副处长，张志杰任党委巡察办公室副处级巡察员。领导分工自2018年8月以来未再进行调整。

五年来，纪检监察处坚决贯彻落实全面从严治党要求，牢牢把握监督执纪问责主责主业，推行纪律审查"四必须三连带"举措，坚持"四不放过"

原则，实施"四借力""五延伸"等措施，持续深化廉洁从业教育，不断推进纪检监察工作上水平。2016 年，纪检监察处处长于海波获"黑龙江省优秀共产党员"荣誉称号。2017 年，纪检监察处荣获"集团公司纪检监察系统先进集体"；宫喜德荣获"集团公司纪检监察系统先进工作者""聚合物二厂 4 名员工盗卖企业产品案"纪律审查组获"2015—2017 年集团有限公司优秀纪律审查组"。

一、纪检监察处领导名录（2014.1—2018.12）

处　　　　长　于海波（2014.1—2017.8）

孙　明（2017.8—2018.12）

副　处　长　王立波（吉林德惠，2014.1—2018.12）

樊春江（2014.10—2018.8）

刘　辉（女，2018.8—12）

副 处 级 巡 察 员　张志杰（2018.8—12）

纪委办公室主任　王立波（2014.1—2017.8）

孙　明（2017.8—2018.12）

调　研　员　于海波（正处级，2017.8—2018.11）

二、纪检监察处党支部领导名录（2014.1—2018.12）

书　　　记　于海波（2014.1—2017.8）

孙　明（2017.8—2018.12）

委　　　员　王立波（2014.1—2016.4）

于海波（2014.1—2017.8）

代成良（2014.1—2018.12）

樊春江（2016.4—2018.8）

孙　明（2017.8—2018.12）

刘　辉（2018.9—12）

张志杰（2018.9—12）

三、所属科室

截至 2014 年 1 月 1 日，纪检监察处设党风建设科、效能监察科、信访案件科，机构规格均为正科级。

党风建设科主要负责公司党风廉政建设、廉洁从业教育、廉洁文化建设等工作，在册员工1人。效能监察科主要负责廉洁风险防控、效能监察等工作，在册员工1人。信访案件科主要负责控告受理、问题线索排查处置、立案审查等工作，在册员工1人。科室人员均为中共党员。

2016年11月，效能监察科更名为合规管理监察科，科室负责的效能监察工作变更为合规管理监察工作；信访案件科更名为纪律审查科，科室主要职能不变。

2017年9月，纪检监察处增设执纪审理科和巡察办公室2个科室。执纪审理科主要负责案件审理、处分文件送达等工作。巡察办公室主要负责组织开展党内巡察等工作。

截至2018年12月31日，纪检监察处所属科室在册员工5人，其中党风建设科1人、合规管理监察科1人、纪律审查科2人，执纪审理科1人，均为中共党员。

（一）党风建设科领导名录（2014.1—2018.12）

科　　　长　代成良（2014.1—2018.12）

（二）效能监察科—合规管理监察科（2014.1—2018.12）

1.效能监察科领导名录（2014.1—2016.11）

科　　　长　樊春江（2014.3—10）①

2.合规管理监察科领导名录（2016.11—2018.12）

科　　　长　（空缺）

副 科 长　王　颖（女，2016.11—2018.12）

（三）信访案件科—纪律审查科（2014.1—2018.12）

1.信访案件科领导名录（2014.1—2016.11）

科　　　长　宫喜德（2014.1—2016.11）

2.纪律审查科领导名录（2016.11—2018.12）

科　　　长　宫喜德（2016.11—2017.12）②

李学耕（2018.8—12）

副 科 长　戴丽华（女，2018.8—12）

---

① 2014年10月至2016年11月期间，效能监察科科长空缺。
② 2017年12月至2018年8月期间，纪律审查科科长空缺。

　　调　研　员　宫喜德（正科级，2016.11—2018.10）

（四）执纪审理科领导名录（2017.9—2018.12）

　　科　　　长　司云涛（2017.12—2018.12）<sup>①</sup>

（五）巡察办公室领导名录（2017.9—2018.12）

　　科　　　长　（空缺）

# 第十二节　企业文化处（党委宣传部、团委、机关党委）—企业文化处（党委宣传部、团委）（2014.1—2018.12）

　　企业文化处（党委宣传部）成立于 2000 年 10 月，为公司职能部门，机构规格正处级。

　　企业文化处（党委宣传部、团委、机关党委）主要负责宣传贯彻上级党组织的要求及会议精神；负责制修订公司宣传思想工作、企业文化、共青团相关规章制度；负责公司干部员工理论教育工作；负责公司思想政治工作的推进落实；负责意识形态工作的推进落实；负责公司企业文化建设和企业精神文明建设的推进落实；负责新闻舆论监督工作；负责统战工作；负责公司共青团的组织建设和青工工作；负责机关党的建设、宣传思想文化和党风廉政建设；负责人事劳资工作和机关维稳、机关工会、团委、女工、计划生育、信访、房产、武装保卫等工作。

　　截至 2014 年 1 月 1 日，企业文化处（党委宣传部）内设宣传教育科、文化建设科和新闻科，在册员工 7 人，其中党员 7 人。团委在册员工 3 人，其中党员 3 人。机关党委内设综合事务科、人事科和党建科，在册员工 6 人，党员 6 人。机关党委下属党支部 23 个，党总支 1 个，管理党员总数 455 人。附属机构文化新闻中心，在册员工 22 人，其中党员 14 人。

　　崔高伟任处长（部长），负责部门全面工作。姜复乐任副处长（副部长），负责思想政治工作、新闻宣传工作、中国石油报记者站工作。姜涛任

---

① 2017 年 9 月至 12 月期间，执纪审理科科长空缺。

副处长（副部长），负责企业文化建设工作。王冰玉任团委副书记，负责团委全面工作。

2014年1月，大庆炼化公司党委决定：将机关党委负责的计量检测中心、物资供应中心、培训中心和信息管理部的党组织工作直接对口公司党委。

2014年1月，大庆炼化公司党委决定：崔高伟兼任大庆炼化公司机关党委书记、纪委书记、工会主席；免去张辑伟的大庆炼化公司机关党委副书记、委员、纪委书记、工会主席职务。领导分工随之调整：

处长（部长）、机关党委书记、纪委书记、工会主席崔高伟负责企业文化处和机关党委全面工作。副处长（副部长）姜复乐负责思想政治工作、新闻宣传工作、中国石油报记者站工作。副处长（副部长）姜涛负责企业文化建设工作。

2014年9月，大庆炼化公司党委决定：王冰玉任大庆炼化公司党委宣传部副部长兼团委书记；免去姜涛的大庆炼化公司党委宣传部副部长职务。大庆炼化公司决定：王冰玉任大庆炼化公司企业文化处副处长；免去姜涛的大庆炼化公司企业文化处副处长职务。领导分工随之调整：

处长（部长）、机关党委书记、纪委书记、工会主席崔高伟负责企业文化处和机关党委全面工作。副处长（副部长）姜复乐负责思想政治工作、新闻宣传工作、中国石油报记者站工作。副处长（副部长）、团委书记王冰玉负责企业文化建设和共青团工作。

2016年4月，大庆炼化公司直属机关党委决定：王冰玉任企业文化处（宣传部、机关党委、团委）党支部书记；免去崔高伟兼任的企业文化处（宣传部、机关党委、团委）党支部书记职务。中共企业文化处（宣传部、机关党委、团委）支部委员会由王冰玉、崔高伟、姜复乐3人组成，王冰玉任书记。

2016年5月18日，中国共产党大庆炼化公司直属机关召开第二次代表大会，64名党员代表参加会议。会议选举产生中共大庆炼化公司直属机关第二届委员会，由于海波、王岩、张清林、陈万忠、袁金财、崔高伟、樊桂臣（以姓氏笔画为序）7人组成，崔高伟为党委书记。选举产生中共大庆炼化公司直属机关纪律检查委员会，由代有福、刘凤娟、陈彩云、武立德、贾素红、崔高伟、樊春江（以姓氏笔画为序）7 人组成，崔高伟为纪委书记。

2016 年 11 月，大庆炼化公司党委决定：陈彩云任大庆炼化公司直属机关党委委员；免去王岩的大庆炼化公司直属机关党委委员职务。

2017 年 8 月，大庆炼化公司决定：冯林财任大庆炼化公司企业文化处副处长、党委宣传部副部长。领导分工随之调整：

处长（部长）、机关党委书记、纪委书记、工会主席崔高伟负责企业文化处和机关党委全面工作。副处长（副部长）姜复乐负责思想政治工作、舆情管理、中国石油报记者站工作。副处长（副部长）、团委书记王冰玉负责企业文化建设和共青团工作。副处长（副部长）冯林财负责新闻宣传和新媒体建设工作。

2017 年 9 月，大庆炼化公司党委决定：同意增补孙明为直属机关党委委员，同意增补陈河同志为直属机关党委纪委委员；同意免去于海波的直属机关党委委员职务，同意免去杨金鑫的直属机关党委纪委委员职务。

2017 年 10 月，共青团大庆炼化公司委员会召开共青团大庆炼化公司第二次共青团代表大会，78 名团员代表参加大会。会议选举产生共青团大庆炼化公司第二届委员会委员，由于冰敏、马萍、马鹏程、王冰玉、孙柳、许可心、李莉、李巍、李宏娜 9 人组成，王冰玉为书记。

2018 年 4 月，大庆炼化公司党委决定：同意增补杜洪伟为直属机关纪委委员，同意免去刘凤娟的直属机关纪委委员职务。

2018 年 8 月，大庆炼化公司决定：公司机关党委职能及人员从企业文化处（党委宣传部、团委、机关党委）划出，与公司工会合署办公。将企业文化处（党委宣传部、团委、机关党委）更名为企业文化处（党委宣传部、团委），更名后机构隶属关系、规格等均不变。

2018 年 8 月，大庆炼化公司党委决定：免去崔高伟兼任的大庆炼化公司机关党委书记、纪委书记、工会主席职务。

2018 年 12 月，大庆炼化公司党委决定：免去冯林财的大庆炼化公司党委宣传部副部长职务。大庆炼化公司决定：免去冯林财的大庆炼化公司企业文化处副处长职务。

截至 2018 年 12 月 31 日，企业文化处（党委宣传部、团委）设宣传教育科、文化建设科、新闻科，在册员工 7 人，党员 7 人。

崔高伟任处长（部长），负责处室全面工作。姜复乐任副处长（副部长），负责思想政治工作、舆情管理、中国石油报记者站工作。王冰玉任副处长（副部长）、团委书记，负责企业文化建设和共青团工作。

五年来，企业文化处（党委宣传部、团委）认真组织学习党的十八大、十九大精神、习近平新时代中国特色社会主义思想，持续抓好理论学习和专题研讨，不断推进社会主义核心价值观、大庆精神铁人精神和职业道德宣传教育，组织开展"形势目标任务责任"主题教育活动、"双十"全员读书活动、"重塑中国石油良好形象"大讨论活动、"中国梦·劳动美·炼化情"主题活动，举办"读书与人生"主题演讲比赛、"最美炼化人"摄影大赛、"石油原创歌曲MV展播"征集、"龙江最美石油人"评选、"学习身边榜样，弘扬石油精神"典型宣讲故事会、"弘扬石油精神奉献装置检修"优秀摄影作品展、编印《企业文化手册》等活动，及时总结宣传先进典型，大力加强新闻宣传工作，加强新闻媒体建设，创建"大庆炼化"微信公众号，做好舆情管理工作。不断做好共青团和青年工作，开展"杰出青年"评选、"青工导师带徒"工作、"青年大讲堂""宝石花"青年志愿行动、"为中国梦加油"主题教育实践活动和"重塑良好形象团员青年践行"青工讲述等工作，开展"喜阅人生"读书活动、"健康周末"文体系列活动。

期间：2017年1月，企业文化处处长（部长）崔高伟当选中国人民政治协商会议黑龙江省大庆市政协第九届委员会委员。

**一、企业文化处（党委宣传部）领导名录（2014.1—2018.12）**

    **处 长（部 长）** 崔高伟（2014.1—2018.12）

    **副处长（副部长）** 姜复乐（2014.1—2018.12）

                     姜 涛（2014.1—9）

                      王冰玉（女，2014.9—2018.12）

                      冯林财（2017.8—2018.12）

**二、直属机关党委领导名录（2014.1—2018.8）**

    **书 记** 崔高伟（兼任，2014.1—2018.8）

    **副 书 记** 张辑伟（2014.1）

    **委 员** 张辑伟（工会副主席，2014.1）

于海波（纪检监察处处长，2014.1—2017.9）

王　岩（女，财务处处长，2014.1—2016.11）

葛立彬（规划计划处处长，2014.1—2016.2）

刘凤娟（女，人事处〈党委组织部〉副处长〈副部
　　　　长〉，2014.1—2016.5）

崔高伟（2014.1—2018.8）

樊桂臣（生产运行处处长，2014.4—2018.8）

陈万忠（安全环保处处长，2014.4—2018.8）

张清林（人事处〈党委组织部〉处长〈部长〉，
　　　　2016.5—2018.8）

袁金财（企管法规处处长，2016.5—2018.8）

陈彩云（女，财务处处长，2016.11—2018.8）

孙　明（纪检监察处处长，2017.9—2018.8）

**三、直属机关纪委领导名录（2014.1—2018.8）**

书　　　记　张辑伟（2014.1）

　　　　　　崔高伟（2014.1—2018.8）

委　　　员　张辑伟（2014.1）

　　　　　　崔高伟（2014.1—2018.8）

　　　　　　代有福（安全环保处处长，2016.5—2018.8）

　　　　　　刘凤娟（2016.5—2018.4）

　　　　　　陈彩云（2016.5—11）

　　　　　　武立德（审计处副处长，2016.5—2018.8）

　　　　　　贾素红（女，企管法规处副处长，2016.5—2018.8）

　　　　　　樊春江（纪检监察处副处长，2016.5—2018.8）

　　　　　　杨金鑫（审计处处长，2016.11—2017.8）

　　　　　　陈　河（财务处副处长，2017.9—2018.8）

　　　　　　杜洪伟（人事处〈党委组织部〉副处长〈副部长〉，
　　　　　　　　　　2018.4—8）

### 四、直属机关工会领导名录（2014.1—2018.8）

主　　　席　张辑伟（2014.1）

　　　　　　崔高伟（2014.1—2018.8）

### 五、团委领导名录（2014.1—2018.12）

书　　　记　王冰玉（兼任，2014.9—2018.12）①

副　书　记　王冰玉（2014.1—9）

### 六、党支部领导名录（2014.1—2018.12）

### （一）企业文化处（党委宣传部、团委、机关党委）党支部领导名录

（2014.1—2018.8）

书　　　记　崔高伟（2014.1—2016.4）

　　　　　　王冰玉（2016.4—2018.8）

委　　　员　崔高伟（2014.1—2018.8）

　　　　　　姜复乐（2014.1—2018.8）

　　　　　　姜　涛（2014.1—9）

　　　　　　王冰玉（2014.1—2016.4）

　　　　　　冯林财（2017.9—2018.8）

### （二）企业文化处（党委宣传部、团委）党支部领导名录（2018.8—12）

书　　　记　王冰玉（2018.8—12）

委　　　员　王冰玉（2018.8—12）

　　　　　　崔高伟（2018.8—12）

　　　　　　姜复乐（2018.8—12）

　　　　　　冯林财（2018.8—12）

### 七、所属科室

截至2014年1月1日，企业文化处（党委宣传部）设宣传教育科、文化建设科和新闻科，机构规格均为正科级，在册员工7人，其中党员7人。

宣传教育科主要负责意识形态、思想教育、理论学习、主题教育活动、思想政治工作研究等工作。文化建设科主要负责社会主义核心价值观、石油

---

① 2014年1月至9月期间，团委书记空缺。

精神、大庆精神铁人精神、职业道德宣传教育，推进企业文化建设、开展企业文化活动，总结宣传先进典型等工作。新闻科主要负责新闻宣传、新媒体管理、舆情管理、网评员队伍建设、中国石油报驻大庆炼化记者站等工作。

截至 2018 年 12 月 31 日，企业文化处（党委宣传部、团委）设宣传教育科、文化建设科、新闻科，在册员工 7 人，其中党员 7 人。

**（一）宣传教育科领导名录（2014.1—2018.12）**

  科  长 赵国辉（2014.1—2018.12）

**（二）文化建设科领导名录（2014.1—2018.12）**

  科  长 文立军（2014.1—2018.12）

**（三）新闻科领导名录（2014.1—2018.12）**

  科  长 司丽华（女，2014.1—2018.12）

**八、机关党委所属科室**

2014 年 1 月，大庆炼化公司决定：将机关党委职能和人员合并到企业文化处管理，对外称企业文化处。机关党委设党建科、综合事务科、人事科，机构规格均正科级，在册员工 6 人，其中党员 6 人。机关党委下属党支部 23 个，党总支 1 个，管理党员总数 455 人。

党建科主要负责机关党的建设、宣传思想文化和党风廉政建设等工作。综合事务科主要负责机关工会、女工、计划生育、信访、房产、武装保卫、维稳等工作。人事科主要负责机关人事劳资等工作。

2018 年 8 月，大庆炼化公司决定：公司机关党委职能及人员从企业文化处（党委宣传部、团委、机关党委）划出，与公司工会合署办公。

**（一）党建科领导名录（2014.1—2018.8）**

  科  长 栾 杰（女，2014.1—2018.8）

**（二）综合事务科领导名录（2014.1—2018.8）**

  科  长 宁福民（2014.1—2018.8）

**（三）人事科领导名录（2014.1—2018.8）**

  科  长 刘文秀（女，2014.1—2018.8）

# 第十三节 维护稳定工作办公室
## （2014.1—2018.12）

2007年7月，公司成立维护稳定工作办公室（以下简称维稳办），属机关职能部门，机构规格正处级。

维稳办主要负责协调、管理公司的信访稳定工作，贯彻落实党和国家、集团公司、大庆地区石油石化企业工作协调组、市委、市政府有关稳定工作的方针、政策；接待受理各类群体的来电、来信、来访；相关政策的宣传解释工作，做好与相关部门的沟通协调工作；调查研究、排查不稳定因素，及时了解和掌握不稳定群体的思想动态，及时向公司领导和有关人员通报相关信息；制定工作预案，防止大规模群体上访事件的发生，完善考核机制，落实稳定工作目标责任制。

截至2014年1月1日，维稳办内设信访接待科和综合管理科，在册员工5人，其中党员5人。

李军任维稳办主任，负责维稳办全面工作。刘江峰任维稳办副主任负责综合管理工作。邓素荣任维稳办副主任负责信访接待工作。

2014年4月，大庆炼化公司决定：刘子才兼任大庆炼化公司维护稳定工作办公室副主任（主持工作）；免去李军的大庆炼化公司维护稳定工作办公室主任职务。刘子才负责原维稳办主任李军负责的维稳办全面工作。

2014年6月，大庆炼化公司直属机关党委决定：刘子才任维护稳定工作办公室党支部书记；免去李军的维护稳定工作办公室党支部书记职务。刘子才负责原党支部书记李军负责的党支部全面工作。

2015年5月，大庆炼化公司决定：刘子才任大庆炼化公司维护稳定工作办公室主任；免去刘子才兼任的大庆炼化公司维护稳定工作办公室副主任职务。

截至2018年12月31日，维稳办在册员工3人，其中党员3人。

刘子才任维稳办主任，负责维稳办全面工作。刘江峰任维稳办副主任，负责综合管理工作。邓素荣任维稳办副主任，负责信访接待工作。

在公司党委和公司的坚强领导下，在各职能部门的积极配合下，在各基层单位的大力支持下，维稳办认真贯彻落实集团公司和地方党委维稳工作安排部署，以强烈的政治意识、大局意识、担当意识、危机意识和责任意识，坚持用法治方式规范工作，着力源头预防强化风险管控，全力调处化解影响公司和谐稳定的不利因素，连续5年有效杜绝了到省进京访、规模性群体访和有较大影响事件的发生，并确保了全国两会等特别重点时段的公司和谐稳定，9次获得集团公司通电嘉勉。

**一、维护稳定工作办公室领导名录（2014.1—2018.12）**

> 主　　　任　李　军（2014.1—4）[①]
> 　　　　　　刘子才（2015.5—2018.12）
> 副　主　任　刘江峰（2014.1—2018.12）
> 　　　　　　邓素荣（女，2014.1—2018.12）
> 　　　　　　刘子才（主持工作，2014.4—2015.5）

**二、维护稳定工作办公室党支部领导名录（2014.1—2018.12）**

> 书　　　记　李　军（2014.1—6）
> 　　　　　　刘子才（2014.6—2018.12）
> 委　　　员　李　军（2014.1—6）
> 　　　　　　刘江峰（2014.1—2018.12）
> 　　　　　　邓素荣（2014.1—2018.12）
> 　　　　　　刘子才（2014.4—2018.12）

**三、所属科室**

截至2014年1月1日，维稳办设信访接待科和综合管理科，机构规格均正科级。在册员工2人，其中党员2人。

信访接待科主要负责来信、来电、来访、网上信访等信访事项调处、收集维稳信息、筹备组织重大维稳活动、向上级部门报送维稳信息、起草相关材料等工作。综合管理科主要负责党组织建设、纪检、文书、宣传、工会、

---

① 2014年4月至2015年5月期间，维稳办主任空缺，副主任刘子才主持工作。

共青团、人事劳资、统计核算等工作。

截至 2018 年 12 月 31 日，维稳办内设信访接待科、综合管理科，在册员工 0 人，其中党员 0 人。

**（一）信访接待科领导名录（2014.1—2018.12）**

科　　长　谷晓东（2014.1—2017.9）①

调 研 员　谷晓东（正科级，2017.9—2018.10）

**（二）综合管理科领导名录（2014.1—2018.12）**

科　　长　陈秀岩（女，2014.1—2018.8）
　　　　　　吴印海（2018.8—11）②

调 研 员　陈秀岩（正科级，2018.8—10）

# 第十四节　工会—工会（机关党委）
## （2014.1—2018.12）

工会成立于 2000 年 10 月，为公司职能部门，机构规格正处级。

工会主要负责组织召开会员大会或者会员代表大会，执行会议决议和上级工会决定，选举产生工会委员会和工会经费审查委员会；负责代表和组织员工依照法律规定，通过职工代表大会和其他形式，参加本单位民主管理和民主监督；负责参与协调劳动关系和调解劳动争议，与本单位行政方面建立协商制度，协商解决涉及职工切身利益问题，帮助和指导员工与行政方面签订劳动合同，代表员工签订集体合同或其他协议，并监督执行；负责组织员工开展劳动竞赛、合理化建议、技术革新和技术协作活动，总结推广先进经验；做好劳动模范的评选、表彰、培养和管理工作；负责组织开展健康向上的文化体育活动，做好工会文化、教育、体育工作；负责安全监督、劳动保护、劳动争议调解等工作；负责员工疗养工作，做好困难员工帮扶和送温暖

---

① 2017 年 9 月至 2018 年 12 月期间，信访接待科科长空缺。
② 2018 年 11 月，吴印海退出领导岗位。

工作；负责维护女员工的特殊利益；负责工会组织建设，健全民主管理制度，建立和发展工会积极分子队伍，加强职工之家建设；负责收好、管好、用好工会经费。

截至 2014 年 1 月 1 日，工会内设民主管理部、综合部、女工部、文体部。在册员工总数 9 人，其中党员 9 人。共有 24 个二级工会，会员 1.05 万人。

工会副主席张辑伟负责工会全面工作。女工委员会主任李桂荣分管女工部工作。

2014 年 3 月，大庆炼化公司党委决定：苏将胜任大庆炼化公司工会副主席；免去李桂荣的大庆炼化公司工会女工委员会主任职务。领导分工随之调整：

工会副主席张辑伟负责民主管理部、综合部工作。工会副主席苏将胜负责女工部、文体部工作。

2014 年 11 月，大庆炼化公司党委决定：免去苏将胜的大庆炼化公司工会副主席职务，到大庆庆南新城开发建设管理委员会挂职。工会副主席张辑伟负责工会全面工作。

2015 年 2 月，大庆炼化公司党委决定：于国权任大庆炼化公司工会副主席；免去张辑伟的大庆炼化公司工会副主席职务。于国权负责工会全面工作。

2015 年 4 月，大庆炼化公司直属机关党委决定：于国权任大庆炼化公司工会党支部书记；免去张辑伟的大庆炼化公司工会党支部书记职务。

2015 年 4 月，工会党支部增补委员选举，增补张秋江为工会党支部委员，中共大庆炼化分公司工会委员会由于国权、张秋江、王云生 3 人组成，于国权任党支部书记。

2015 年 10 月 30 日，大庆炼化公司召开第三次工会会员代表大会，工会会员代表共 203 人参加会议。会议选举产生大庆炼化公司第三届工会委员会包括姜国骅、于国权、王喜春、陈万忠、崔高伟、王冰玉、刘凤娟、齐文浩、李峰、李劲之、杨家河、赵显峰、顾广发、徐立、郭金忠、秦伟、刁金慧等 17 人，经费审查委员会包括邢继国、杨金鑫、王立波、宋志国、贾素红等 5 人和女职工委员会包括朱凤景、刘凤娟、刁金慧、陈彩云、张艳杰、李慧、董晖、郭雪梅、张忠梅、于海英、夏兴红等 11 人，姜国骅为工会主席，邢继国为经费审查委员会主任。

2016 年 1 月，大庆炼化公司决定：苏将胜任大庆炼化公司工会调研员。

2016 年 4 月，大庆炼化公司直属机关党委决定：工会党支部委员会由于国权、张秋江、王云生 3 人组成，于国权任书记。

2017 年 5 月，大庆炼化公司决定：将公司工会内设科室综合部更名为生活保障部，更名后机构规格、原有职能等均不变。

2017 年 9 月，工会党支部换届选举，中共大庆炼化分公司工会委员会由于国权、刁金慧、王广伟 3 人组成，于国权任党支部书记。

2018 年 1 月 3 日，公司工会召开第六次工会会员代表大会，工会会员代表共 12 人参加会议。会议选举产生工会第三届工会委员会、经费审查委员会和女职工委员会。李春妍为工会主席。

2018 年 8 月，大庆炼化公司决定：公司机关党委职能及人员从企业文化处（党委宣传部、团委、机关党委）划出，与公司工会合署办公。

2018 年 8 月，大庆炼化公司党委决定：王喜春任大庆炼化公司工会副主席；齐文浩任大庆炼化公司工会副主席兼机关党委书记、纪委书记、工会主席；免去于国权的大庆炼化公司工会副主席职务。大庆炼化公司决定：于国权任大庆炼化公司工会调研员。

2018 年 9 月，大庆炼化公司直属机关党委决定：王喜春任工会（机关党委）党支部书记。

截至 2018 年 12 月 31 日，工会（机关党委）内设民主管理部、生活保障部、女工部、文体部、机关党建科、机关综合事务科、机关人事科等 7 个科室。在册员工 12 人，其中党员 12 人。共有 25 个二级工会，会员 9718 人，直属机关党委下属党支部 18 个，管理党员总数 346 人。

工会副主席王喜春负责工会全面工作。工会副主席、机关党委书记、纪委书记、工会主席齐文浩负责机关党委全面工作。

工会发挥党组织联系员工群众的桥梁和纽带作用，按照促进企业发展、维护员工权益的原则，依法合规开展工作。每年组织职工代表大会，提高职工代表参政议政水平，员工代表提案落实率 100%；实施"五新五小"群众性经济技术创新工程，每年收集各类"五小"成果 500 余项并应用到生产实践；开展员工技能比赛、主题劳动竞赛，组织"咱们工人有绝活"活动；建立 11 个公司级劳模（特殊人才）创新工作室，1 个省级劳模创新工作室；关注员工生活，组织员工有毒有害疗养、大病救助等 6 个方面将扶贫帮困送温暖工作落到实处；注重典型引路，先后选树全国劳动模范、五一劳动奖章获得者、集团公司劳动模范、黑龙江省五一劳动奖章获得者等省部级以上劳模 40 余人次；开展工会工作论坛，汇聚理论成果，出版了《工会理论与实践论文集》，近百篇论文获奖。先后荣获黑龙江省"安康杯"竞赛优秀组织单位、黑龙江省劳动争议预防调解示范企业、黑龙江省工会理论研究先进集体。

直属机关党委按照公司党委要求，认真抓好直属机关党建和党风廉政建设工作推进落实。组织直属机关党员学习党的十八大、十九大精神和习近平新时代中国特色社会主义思想，开展党的群众路线教育实践活动、"三严三实"① 专题教育和"两学一做"学习教育活动；做好创先争优、健全基层党组织和党员发展工作。涌现出厂部级优秀共产党员 133 人、模范党务工作者 22 人，公司级先进党组织 25 个、优秀共产党员 27 人、模范党务工作者 12 人；共发展新党员 35 人，按时转正预备党员 40 人；制定直属机关党委、纪委党风廉政建设责任清单，并组织所属党组织处级领导干部、科级干部及关键岗位人员制定党风廉政建设责任清单并予以公示；加强党员干部子女升学期间廉洁自律教育工作，督促所属党组织落实党员干部操办婚丧喜庆事宜报告要求，增强党员干部遵纪守法、敬业尽责和廉洁从业意识，筑牢拒腐防变的思想道德防线。做好机关人事、劳资、计划生育、工会、女工及维护稳定各项工作。

**一、工会领导名录**（2014.1—2018.12）

　　**副 主 席**　张辑伟（2014.1—2015.2）②

　　　　　　　苏将胜（2014.3—11）

　　　　　　　于国权（2015.2—2018.8）

　　　　　　　王喜春（2018.8—12）

---

① 三严三实：既严以修身、严以用权、严以律己；又谋事要实、创业要实、做人要实。
② 工会主席任职情况在第一章领导机构中记述。

齐文浩（2018.8—12）

**女工委员会主任** 李桂荣（女，副处级，2014.1—3）

调　研　员 苏将胜（正处级，2016.1—2018.11）

于国权（正处级，2018.8—11）

**二、工会党支部领导名录（2014.1—2018.12）**

书　　记 张辑伟（2014.1—2015.4）

于国权（2015.4—2018.9）

王喜春（2018.9—12）

委　　员 张辑伟（2014.1—2015.4）

李桂荣（2014.1—3）

王云生（2014.1—2017.9）

于国权（2015.4—2018.8）

张秋江（2015.4—2017.9）

刁金慧（女，2017.9—2018.12）

王广伟（2017.9—2018.12）

王喜春（2018.8—12）

**三、直属机关党委领导名录（2018.8—12）**

书　　记 齐文浩（2018.8—12）

委　　员 齐文浩（2018.8—12）

张清林（人事处〈党委组织部〉处长〈部长〉，
2018.8—12）

樊桂臣（生产运行处处长，2018.8—12）

陈万忠（安全环保处处长，2018.8—12）

陈彩云（女，财务处处长，2018.8—12）

袁金财（企管法规处处长，2018.8—12）

孙　明（纪检监察处处长，2018.8—12）

崔高伟（企业文化处〈党委宣传部〉处长〈部长〉，
2018.8—12）

**四、直属机关纪委领导名录（2018.8—12）**

书　　记　齐文浩（2018.8—12）

委　　员　齐文浩（2018.8—12）

崔高伟（企业文化处〈党委宣传部〉处长〈部长〉，
2018.8—12）

代有福（安全环保处副处长，2018.8—12）

杜洪伟（人事处〈党委组织部〉副处长〈副部长〉，
2018.8—12）

武立德（审计处副处长，2018.8—12）

贾素红（女，企管法规处副处长，2018.8—12）

樊春江（总经理〈党委〉办公室主任，2018.8—12）

陈　河（财务处副处长，2018.8—12）

**五、直属机关工会领导名录（2018.8—12）**

主　　席　齐文浩（2018.8—12）

**六、工会所属科室**

**（一）民主管理部（2014.1—2018.12）**

截至 2014 年 1 月 1 日，民主管理部机构规格正科级，在册员工 2 人，其中党员 2 人。

民主管理部主要负责工会组织建设、民主管理、厂务公开、群众性经济技术、劳模管理、安全监督等工作。

截至 2018 年 12 月 31 日，民主管理部在册员工 1 人，其中党员 1 人。

部　　长　赵显峰（2014.1—2018.12）

**（二）综合部—生活保障部（2014.1—2018.12）**

截至 2014 年 1 月 1 日，综合部机构规格正科级，在册员工 2 人，其中党员 2 人。

综合部主要负责困难帮扶、遗属管理、日常慰问、员工疗养等工作。

截至 2018 年 12 月 31 日，生活保障部在册员工 1 人，其中党员 1 人。

1. 综合部领导名录（2014.1—2017.5）

部　　长　刘冬梅（女，2014.1—2017.5）

2. 生活保障部领导名录（2017.5—2018.12）

部　　长　刘冬梅（2017.5—2018.12）

（三）女工部（2014.1—2018.12）

截至 2014 年 1 月 1 日，女工部机构规格正科级，在册员工 2 人，其中党员 2 人。

女工部主要负责女员工组织建设、女员工管理、女员工特殊保护、巾帼建功评选等工作。

截至 2018 年 12 月 31 日，女工部在册员工 1 人，其中党员 1 人。

部　　长　李桂荣（2014.1—3）

　　　　　刁金慧（2016.11—2018.12）

副　部　长　刁金慧（2014.4—2016.11）

（四）文体部（2014.1—2018.12）

截至 2014 年 1 月 1 日，文体部机构规格正科级，在册员工 2 人，其中党员 2 人。

文体部主要负责全民健身活动组织、文体协会管理、固定资产管理等工作。

截至 2018 年 12 月 31 日，文体部在册员工 1 人，其中党员 1 人。

部　　长　张秋江（2014.1—2017.8）

副　部　长　王广伟（2017.12—2018.12）

调　研　员　张秋江（正科级，2017.8—2018.10）

## 七、机关党委所属科室

2018 年 8 月，大庆炼化公司决定：公司机关党委职能及人员从企业文化处（党委宣传部、团委、机关党委）划出，与公司工会合署办公。

机关党委党建科主要负责机关党的建设、党风廉政建设等工作。综合事务科主要负责机关工会、女工、计划生育、信访、房产、武装保卫、维稳等工作。人事科主要负责机关人事劳资等工作。

截至 2018 年 12 月 31 日，机关党委在册员工 4 人，其中党员 4 人。

（一）机关党建科领导名录（2018.8—12）

科　　长　栾　杰（女，2018.8）

副　科　长　马　萍（女，2018.8—12）

调　研　员　栾　杰（正科级，2018.8—10）

（二）机关综合事务科领导名录（2018.8—12）

科　　　长　宁福民（2018.8—12）

（三）机关人事科领导名录（2018.8—12）

科　　　长　刘文秀（女，2018.8—12）

# 第二编
# 直附属单位

# 第一章　直属单位

截至 2014 年 1 月 1 日，大庆炼化分公司设 4 个直属机构：电子商务部、工程管理部（工程质量监督站）、工程造价部、信息管理部，办公地点均在黑龙江省大庆市让胡路区马鞍山。

2014 年 7 月，信息管理部通信室电话业务职能及人员（22 人）划入二级单位机电仪厂管理。

2014 年 9 月，将安全监督站由公司安全环保处附属机构调整为公司直属机构管理。

2015 年 2 月，信息管理部更名为信息中心，由公司直属单位调整为公司二级单位管理，职能不变，机构规格正处级。

2017 年 7 月，电子商务部更名为物资采购部，机构隶属关系、规格、职能等均不变。

截至 2018 年 12 月 31 日，大庆炼化分公司设 4 个直属机构：物资采购部、工程管理部（工程质量监督站）、工程造价部、安全监督站，上述直属机构的办公地点均在黑龙江省大庆市让胡路区马鞍山。

## 第一节　电子商务部—物资采购部
### （2014.1—2018.12）

电子商务部的前身是信息电子商务中心。2003 年 4 月，更名为电子商务中心。2005 年 10 月，更名为电子商务部。2006 年 2 月，机构规格调整为正处级。2013 年 9 月，大庆炼化分公司成立招标管理中心，挂靠电子商务部。

电子商务部主要负责拟定公司物资采购方面管理制度、办法和规定，并组织实施；负责物资采购计划、方式、价格、质量、供应商管理（组织对供方的评价、选择、考核）；负责起草和履行物资采购合同；负责进口物资的采购、接运、免税、报关、商检、索赔等引进工作；负责协调与集团公司物资采购管理部的相关业务；负责公司物资采购数据统计；负责物资编码管理；负责物资采购管理信息系统（不含招标模块）和电子招标信息系统的应用管理。

招标管理中心主要负责制定部门内部招标相关工作流程、管理细则及招标文件标准文本；负责公司工程、物资及服务招标项目实施工作；负责公司评标专家库日常管理及培训、招标项目评标专家抽取；负责招标相关资料存档工作；负责上级主管部门布置任务的组织落实；完成公司招标委员会交办的相关工作。

截至2014年1月1日，电子商务部内设价格管理科[①]、综合计划科、采购一科、采购二科、外事科，在册员工24人，均为大专以上学历，其中高级职称4人，中级职称17人。挂靠机构招标管理中心业务由公司领导直接管理，内设综合管理科、招标管理科，在册员工4人，均为大专以上学历，其中高级职称1人，中级职称3人。共有党员22人[②]。

主任于磊负责电子商务部全面工作。副主任郭宝海分管外事科、价格管理科、采购一科。副主任于涛分管综合计划科、采购二科。

2014年3月，大庆炼化公司决定：于冰任电子商务部主任助理、招标管理中心主任，分管招标管理中心。

2014年3月，大庆炼化分公司决定：将电子商务部采购一科和采购二科合并为采购科，主要负责物资采购管理工作。撤销外事科机构建制。

2014年5月，大庆炼化分公司决定：撤销电子商务部价格管理科和采购科。成立采购一科和采购二科，均为正科级。

2014年9月，大庆炼化公司决定：于冰任电子商务部副主任，免去其电子商务部主任助理职务。

2016年2月，大庆炼化公司党委决定：李晓江兼任电子商务部党支部书记；免去于磊兼任的电子商务部党支部书记职务。大庆炼化公司决定：李晓江任电子商务部主任；免去于磊的电子商务部主任职务。李晓江负责电子商务部全面工作。

2016年3月，大庆炼化公司决定：免去于涛的电子商务部副主任职务。领导分工随之调整：

---

① 《中国石油大庆炼化组织史资料》（1971—2013）正卷 P126 价格科应为价格管理科。
② 《中国石油大庆炼化组织史资料》（1971—2013）正卷 P126 党员 23 人应为 22 人。

主任李晓江负责电子商务部全面工作，分管综合计划科、采购二科。副主任郭宝海分管采购一科。副主任、招标管理中心主任于冰分管招标管理中心。

2016年4月11日，中共大庆炼化公司电子商务部支部召开党员大会，28名党员参加会议。会议选举产生中共大庆炼化公司电子商务部支部委员会，由于冰、李晓江、郭宝海3人组成（以姓氏笔画排序），李晓江为党支部书记。

2016年11月，大庆炼化公司决定：章喜庆任电子商务部副主任。领导分工随之调整：

主任、党支部书记李晓江负责电子商务部全面工作，分管综合计划科。副主任郭宝海分管采购一科。副主任章喜庆分管采购二科。副主任、招标管理中心主任于冰分管招标管理中心。

2017年7月，大庆炼化公司决定：将电子商务部更名为物资采购部，隶属关系、机构规格、职能等均不变。

2017年8月，大庆炼化公司党委决定：郭宝海任物资采购部党支部书记；免去李晓江兼任的物资采购部党支部书记职务。大庆炼化公司决定：郭宝海兼任招标管理中心主任；免去于冰的物资采购部副主任兼招标管理中心主任职务。领导分工随之调整：

主任李晓江负责部门行政全面工作，负责物资采购、供应商、物资统计、应用系统、制度、内控、绩效考核、费用控制、资产、人事劳资、审计工作、现场管理，分管综合计划科。

党支部书记、副主任兼招标管理中心主任郭宝海负责部门党群全面工作，负责招标管理中心全面工作，负责机、电、仪、钢材、进口等物资采购管理，分管组织、纪检、思想政治工作、企业文化、宣传、保密、工会、共青团、统战、维稳、计划生育，统筹安排公司下达的工程、物资、服务项目招标方面行政管理工作任务，协助主任分管项目采购、大修、检修采购、二级物资集中采购，分管招标管理中心、采购一科。

副主任章喜庆负责生产辅料及材料物资采购管理，协助主任负责日常生产所用物资的采购、物料编码、培训、安全环保、QHSE、综合治理、武装保卫，分管采购二科。

2018年8月，大庆炼化公司决定：姚庆东任物资采购部副主任。领导分工随之调整：

主任李晓江负责部门行政全面工作，分管物资采购、供应商、物资统计、应用系统、制度、内控、绩效考核、费用控制、资产、人事劳资、审计工作、现场管理，分管综合计划科。

党支部书记、副主任、招标管理中心主任郭宝海负责部门党群全面工作，负责招标管理中心全面工作，负责机、电、仪、钢材、进口等物资采购管理；分管组织、纪检、思想政治工作、企业文化、宣传、保密、工会、共青团、统战、维稳、计划生育，统筹安排公司下达的工程、物资、服务项目招标方面行政管理工作任务；协助主任分管项目采购、大修、检修采购、二级物资集中采购；分管招标管理中心综合管理科、采购一科。

副主任章喜庆负责生产辅料及材料物资采购管理，协助主任分管日常生产用物资的采购、物料编码、培训、安全环保、QHSE、综合治理、武装保卫，分管采购二科。

副主任姚庆东协助招标管理中心主任负责招标管理中心日常工作，统筹安排公司下达的工程、物资、服务项目招标方面行政管理工作任务，分管招标管理中心招标管理科。

截至 2018 年 12 月 31 日，物资采购部内设综合计划科、采购一科、采购二科。在册员工 26 人，均为大专以上学历，其中高级职称 8 人，中级职称 16 人。招标管理中心主任由郭宝海兼任，内设综合管理科和招标管理科。在册员工 9 人，均为大专以上学历，其中高级职称 4 人，中级职称 5 人。物资采购部党支部共有党员 33 人。

李晓江任物资采购部主任，郭宝海任物资采购部党支部书记、副主任，章喜庆任物资采购部副主任，姚庆东任物资采购部副主任。领导分工自 2018 年 8 月以来未再进行调整。

物资采购部以"阳光做人、阳光采购、阳光服务"为工作理念，推进二级框架物资采购，倡导走出去采购，推进直接采购，探索网络采购，加大线上招标力度，提升招标率和采购效率，降低采购成本，保障公司各类项目物资的采购、供应工作。2014 年至 2018 年，累计采购物资 44.64 亿元，物资采购资金节约率 6.58%。招标管理中心 2018 年获得"集团公司优秀招标专业机构"荣誉称号。

**一、电子商务部—物资采购部（2014.1—2018.12）**

**（一）电子商务部（2014.1—2017.7）**

1.电子商务部领导名录（2014.1—2017.7）

主　　任　于　磊（2014.1—2016.2）

　　　　　李晓江（2016.2—2017.7）

副　主　任　郭宝海（2014.1—2017.7）

　　　　　于　涛（2014.1—2016.3）

　　　　　于　冰（2014.9—2017.7）

　　　　　章喜庆（满族，2016.11—2017.7）

主 任 助 理　于　冰（2014.3—9）

调 研 员　战德禄（正处级，2014.1—2015.10）①

2.电子商务部党支部领导名录（2014.1—2017.7）

书　　记　于　磊（2014.1—2016.2）

　　　　　李晓江（2016.2—2017.7）

委　　员　于　磊（2014.1—2016.2）

　　　　　郭宝海（2014.1—2017.7）

　　　　　于　涛（2014.1—2016.3）

　　　　　于　冰（2014.9—2017.7）

　　　　　李晓江（2016.2—2017.7）

　　　　　章喜庆（2016.11—2017.7）

**（二）物资采购部（2017.7—2018.12）**

1.物资采购部领导名录（2017.7—2018.12）

主　　任　李晓江（2017.7—2018.12）

副　主　任　郭宝海（2017.7—2018.12）

　　　　　于　冰（2017.7—8）

　　　　　章喜庆（2017.7—2018.12）

　　　　　姚庆东（2018.8—12）

---

① 2015年10月，战德禄退休。

2.物资采购部党支部领导名录（2017.7—2018.12）

书　　　记　李晓江（2017.7—8）

　　　　　　郭宝海（2017.8—2018.12）

委　　　员　李晓江（2017.7—2018.12）

　　　　　　郭宝海（2017.7—2018.12）

　　　　　　于　冰（2017.7—8）

　　　　　　章喜庆（2017.7—2018.12）

　　　　　　姚庆东（2018.9—12）

**二、所属科室**

**（一）综合计划科**（2014.1—2018.12）

截至 2014 年 1 月 1 日，综合计划科机构规格正科级，在册员工 5 人，其中党员 3 人。

综合计划科职能是负责电子商务部制度建设、QHSE 认证、内控体系建设、业绩考核工作；负责物资计划、采购计划执行情况的检查跟踪和库存物资分析；负责物资编码管理；负责供应商管理工作；负责中国石油物资采购管理信息系统（不含招标模块）的应用管理；负责公司物资采购统计管理工作；负责与集团公司物资采购管理部、中国石油物资采购管理信息系统网站等部门的相关业务对接工作；负责组织建设、纪检、文化、宣传、群团、工会、女工、文秘、人事劳资、维稳、综合治理、保卫、培训工作。

截至 2018 年 12 月 31 日，综合计划科在册员工 4 人，其中党员 3 人。

科　　　长　麻洪军（2014.1—2017.12）[①]

副　科　长　黄　岩（2018.8—12）

调　研　员　麻洪军（正科级，2017.12—2018.10）

**（二）价格管理科**（2014.1—5）

截至 2014 年 1 月 1 日，价格管理科机构规格正科级，在册员工 1 人，为党员。

价格管理科负责物资采购价格监督管理；负责 50 万元以下独家采购谈判的组织；参加物资谈判采购并提出价格意见、监督谈判过程，收集物资采

---

① 2017 年 12 月至 2018 年 8 月期间，综合计划科科长空缺。

购市场价格信息；审核有参考采购价格物资合同。

2014年5月，大庆炼化分公司决定：撤销价格管理科。

　　　科　　　长　许　涛（2014.1—5）

**（三）采购一科（2014.1—2014.3；2014.5—2018.12）**

截至2014年1月1日，采购一科机构规格正科级，在册员工9人，其中党员7人。

采购一科主要按照物资采购程序负责设备、配件、电气、仪表等物资和进口物资采购的组织、协调、控制和计划执行；负责物资合同签订及执行管理；负责采购物资到货质量检查监督管理及处理；协助专业处室和集采组长单位做好监造管理；负责采购物资的挂账工作，负责预付款申请工作，及时清理暂估（含冲回）挂账、预付款；负责参加公司工程建设、检维修现场调度会议；现场了解检修、项目施工进度，掌握主要物资需求情况，协调处理施工现场出现的各种问题。

2014年3月，大庆炼化公司决定：将电子商务部采购一科和采购二科合并为采购科，单位隶属关系不变，人员、职能等随组织机构一并合并，合并后采购科主要负责物资采购管理工作。

2014年5月，大庆炼化分公司决定：撤销采购科，重新成立采购一科和采购二科，均为正科级。

截至2018年12月31日，采购一科在册员工9人，均为党员。

　　　科　　　长　祁显斌（2016.11—2018.12）①

　　　副　科　长　祁显斌（2014.1—3；2014.5—2016.11）

**（四）采购二科（2014.1—2014.3；2014.5—2018.12）**

截至2014年1月1日，采购二科机构规格正科级，在册员工4人，均为党员。

采购二科主要按照物资采购程序负责化工"三剂"、劳保、杂品等物资采购的组织、协调、控制和计划执行；负责物资采购价格监督管理；负责物资合同签订及执行管理；负责采购物资到货质量检查监督管理及处理；负责采购物资的挂账工作，负责预付款申请工作，及时清理暂估（含冲回）挂

---

① 2014年1月至3月、2014年5月至2016年11月期间，采购一科科长空缺。

账、预付款；负责参加公司工程建设、检维修现场调度会议；现场了解检修、项目施工进度，掌握主要物资需求情况；及时通报有关材料类物资采购的信息；协调处理施工现场出现的各种问题。

2014年3月，大庆炼化分公司决定：将电子商务部采购一科和采购二科合并为采购科，单位隶属关系不变，人员、职能等随组织机构一并合并，合并后采购科主要负责物资采购管理工作。

2014年5月，大庆炼化公司决定：撤销采购科。重新成立采购一科和采购二科，均为正科级。

截至2018年12月31日，采购二科在册员工9人，均为党员。

科　　　长　许　涛（2014.5—2018.12）[①]

（五）外事科（2014.1—3）

截至2014年1月1日，外事科机构规格正科级，在册员工1人，为党员。

外事科主要负责引进物资采购的组织、协调、控制和计划执行；负责组织生产、建设项目引进设备及配件的采购管理，协调与中油物装公司招标中心及其他部门的关系，配合做好网上招标；负责监督控制引进物资的催交催运、海运通关和商检、免税工作；负责引进项目的委托采购事宜；负责组织签订采购物资运输合同；负责引进等物资合同的执行情况的检查、汇总、上报；负责参加公司工程建设、检维修现场调度会议，现场了解检修、项目施工进度，掌握主要物资需求情况，及时通报引进等物资采购的信息，协调处理施工现场出现的各种问题。

2014年3月，大庆炼化公司决定：撤销电子商务部外事科。

科　　　长（空缺）

（六）采购科（2014.3—5）

2014年3月，大庆炼化公司决定：将电子商务部采购一科和采购二科合并为采购科，单位隶属关系不变，人员、职能等随组织机构一并合并，合并后采购科主要负责物资采购管理工作。

采购科按照物资采购程序负责物资采购的组织、协调、控制和计划执行；

---

① 2014年1月至3月期间，采购二科科长空缺。

负责物资采购价格监督管理；负责物资合同签订及执行管理；负责采购物资到货质量检查监督管理及处理；协助专业处室和集采组长单位做好监造管理；负责采购物资的挂账工作，负责预付款申请工作，及时清理暂估（含冲回）挂账、预付款；负责参加公司工程建设、检维修现场调度会议；现场了解检修、项目施工进度，掌握主要物资需求情况，协调处理施工现场出现的各种问题。

2014年5月，大庆炼化公司决定：撤销采购科。重新成立采购一科和采购二科，均为正科级。

科　　长（空缺）

副　科　长　祁显斌（2014.3—5）

**三、招标管理中心（2014.1—2018.12）**

**（一）招标管理中心领导名录（2014.1—2018.12）**

主　　任　于　冰（兼任，2014.3—2017.8）[①]

　　　　　郭宝海（兼任，2017.8—2018.12）

**（二）所属科室**

1. 综合管理科（2014.1—2018.12）

截至2014年1月1日，综合管理科机构规格正科级，在册员工2人，其中党员1人。

综合管理科主要负责招标管理中心全面管理工作；负责部门制度、流程及规范管理；负责部门标准化工作；负责电子招标平台的运行维护及对外协调联系；负责招标评委管理，组织评审奖金发放；负责线上项目分配工作；负责线下项目招标文件、资格预审文件（澄清、修改）的发售；组织项目相关的样品管理；负责票据的管理；负责组织开评标监督，参与异议及突发事件过程的监督；负责招标管理中心内绩效考核；负责资料台账管理；负责与公司监督管理部门等外部单位协调沟通；负责与集团公司及省市招标主管部门的业务联系，按要求上报招标相关资料；负责部门培训、考勤、劳资、组织、党建、电子公文系统（OA）、内控、工会、纪检、QHSE、劳保管理、房产、维稳、共青团、女工、资产管理、现场管理标准化、保密、行政办公平台、网页、综合材料、部门预算、全面成本管理、公务用餐管理、公务用

---

① 2014年1月至3月期间，招标管理中心主任空缺。

车管理、办公杂品采购、报刊管理等其他综合工作；协助招标管理科组织实施招标项目；完成上级部门交办的工作任务。

截至 2018 年 12 月 31 日，综合管理科在册员工 2 人，均为党员。

科　　　长　田兴旺（2014.1—2018.12）

2. 招标管理科（2014.1—2018.12）

截至 2014 年 1 月 1 日，招标管理科机构规格正科级，在册员工 3 人，共有党员 2 人。

招标管理科组织公司三类招标项目的实施工作，包括：前期准备，招标文件、资格预审文件的整合，组织投标预备会、协助现场踏勘，内网公告上传、电子招标投标平台项目运行、组织开标、评标及招标结果的报批，项目网上运行及信息公示，中标通知书的编制，资料的收集整理归档，完成所负责项目招标评委的考核，参与投标人处理；协助一类、二类项目的报审资料；负责编制、使用招标文件标准文本、电子招投标平台模板，编制技术规格书标准文本、评标标准及方法标准文本；负责科内工作流程的制、修订，配合综合管理科完成部门制度流程的制修订；负责组织处理异议，配合投诉处理；负责招标、谈判项目评委抽取；负责开评标会议室预定；负责组织开展招标效果后评价；完成上级部门交办的工作任务。

截至 2018 年 12 月 31 日，招标管理科在册员工 8 人，共有党员 6 人。

科　　　长　姚庆东（2014.1—2018.8）[①]

副 科 长　林　敏（女，2016.1—2018.12）

# 第二节　工程管理部（工程质量监督站）
## （2014.1—2018.12）

工程管理部（工程质量监督站）的前身是基建管理中心。2005 年 12 月，更名为基建管理部。2010 年 4 月，更名为工程管理部。2013 年 3 月，工程管理部与工程质量监督站组织机构合并，成立工程管理部（工程质量监督

---

① 2018 年 8 月至 12 月期间，招标管理科科长空缺。

站）。机构规格正处级。

工程管理部（工程质量监督站）主要职责是代表炼化公司行使基本建设管理职能；负责基本建设工程施工管理、质量管理、技术管理、安全管理、招标管理、工程合同管理、工程款拨付管理和工程质量监督等工作；负责监督检查相关方（工程承包方）可能造成的健康、安全、环境影响的控制措施及执行效果；负责对工程参建各方责任主体[①]的质量行为和工程实体质量实施全过程工程质量监督管理。

工程质量监督站隶属工程管理部，负责对工程参建各方责任主体的质量行为和工程实体质量实施全过程工程质量监督管理，参与工程质量事故的调查处理；负责履行石油天然气工程质量监督程序。

截至2014年1月1日，工程管理部（工程质量监督站）内设综合管理科、安全科、工程管理科、质量管理科、技术管理科和工程质量监督站。在册员工60人，其中党员36人。

工程管理部（工程质量监督站）党政领导由4人组成。于德林任主任、站长，负责工程管理部行政工作，兼管工程质量监督站。于兴福任党总支书记、副主任，负责工程管理部党群工作，分管综合管理科。赵建夫任副主任，负责工程管理部的施工管理工作，分管质量管理科、技术管理科。毛军民任副主任、安全总监，负责工程管理部的施工管理和安全管理工作，分管工程管理科、安全科。

2014年2月，大庆炼化公司决定：免去赵建夫的大庆炼化公司工程管理部副主任职务，其分管的工作由副主任毛军民暂时负责。

2014年3月，大庆炼化公司决定：宋亚东任大庆炼化公司工程管理部副主任。领导分工随之调整：

主任、站长于德林负责工程管理部行政工作，兼管工程质量监督站。党总支书记、副主任于兴福负责工程管理部党群工作，分管综合管理科。副主任宋亚东负责工程管理部的施工管理工作，分管质量管理科、技术管理科。副主任、安全总监毛军民负责工程管理部的施工管理和安全管理工作，分管工程管理科、安全科。

---

① 参建各方责任主体：工程建设项目的建设单位、项目管理单位、监理单位、工程总程包单位、勘察单位、设计单位、施工单位和检测单位。

2016年4月，中共大庆炼化公司直属机关委员会对选举结果进行批复。中共工程管理部（工程质量监督站）总支委员会由于兴福、于德林、宋亚东、毛军民、马波5人组成，于兴福任书记；中共工程管理部（工程质量监督站）工程管理科支部委员会由马波、董学军、王洁3人组成，马波任书记；中共工程管理部（工程质量监督站）质量管理科支部委员由张立春、王永庆、印龙3人组成，张立春任书记；中共工程管理部（工程质量监督站）工程质量监督站支部委员由秦学民、丁志明、宗延伟3人组成，秦学民任书记。

2016年11月，大庆炼化公司决定：免去毛军民的大庆炼化公司工程管理部副主任、安全总监职务，其分管工作由副主任宋亚东暂时负责。

2017年6月，大庆炼化公司党委决定：刘锡明任大庆炼化公司工程管理部党总支副书记；免去于德林的大庆炼化公司工程管理部党总支副书记职务。大庆炼化公司决定：刘锡明任大庆炼化公司工程管理部主任兼工程质量监督站站长；免去于德林的大庆炼化公司工程管理部主任兼工程质量监督站站长职务。领导分工随之调整：

主任、站长刘锡明负责工程管理部行政工作，包括人事、劳资、规划计划、合同招标、财务核算、审计、绩效考核等工作，分管工程质量监督站。党总支书记、副主任于兴福负责工程管理部党群工作，包括干部、组织、纪检、保卫维稳、企业文化、工会女工等工作，分管综合管理科。副主任宋亚东负责工程管理部的建筑、工艺、设备专业施工管理、质量管理、技术管理和安全管理工作，负责本部门安全管理工作，分管工程管理科、技术管理科、安全科和质量管理科。

2017年8月，大庆炼化公司决定：徐林庆任大庆炼化公司工程管理部副主任职务。领导分工随之调整：副主任徐林庆负责工程管理部的电气、仪表专业施工管理、质量管理、技术管理和安全管理工作，分管质量管理科。

2018年8月，大庆炼化公司决定：蔡庆平任大庆炼化公司工程管理部安全总监。领导分工随之调整：

主任、站长刘锡明负责工程管理部行政工作，包括人事、劳资、规划计划、合同招标、财务核算、审计、绩效考核、内控、保密等工作，分管工程质量监督站。党总支书记、副主任于兴福负责工程管理部党群工作，包括干部、组织、纪检、维稳、企业文化、工会女工等工作，分管综合管理科。副主任宋亚东负责工程管理部的建筑、工艺、设备专业施工管理、质量管理、技术管理和本专业的安全管理工作，分管工程管理科、技术管理科。副主任徐林庆负责工程管理部的电气、仪表专业施工管理、质量管理、技术管理和本专业的安全管理工作，分管质量管理科。安全总监蔡庆平负责工程管理部的安全管理工作，包括各施工项目安全管理、QHSE体系管理、内审、外审、保卫等工作，分管安全科。

2018年11月，大庆炼化公司党委决定：改建工程管理部党总支建制，成立工程管理部党支部。

2018年11月，大庆炼化公司党委决定：于兴福任大庆炼化公司工程管理部党支部书记；刘锡明兼任大庆炼化公司工程管理部党支部副书记；免去于兴福的大庆炼化公司工程管理部党总支书记职务；免去刘锡明兼任的大庆炼化公司工程管理部党总支副书记职务。

截至2018年12月31日，工程管理部（工程质量监督站）内设综合管理科、安全科、工程管理科、质量管理科、技术管理科和工程质量监督站。在册员工46人，其中党员33人。

工程管理部（工程质量监督站）领导由刘锡明、于兴福、宋亚东、徐林庆、蔡庆平5人组成：刘锡明任主任兼站长，于兴福任党支部书记兼副主任、宋亚东、徐林庆任副主任，蔡庆平任安全总监。领导分工自2018年8月以来未再进行调整。

工程管理部（工程质量监督站）始终以创建优质工程为理念，持续强化安全、质量受控管理，不断提升工程项目管理水平，所负责的工程建设项目多次获奖。其中，大庆炼化公司30万吨/年聚丙烯（二期）工程分别获2014年度石油优质工程金奖以及2013—2014年度国家优质工程奖。

**一、工程管理部（工程质量监督站）领导名录（2014.1—2018.12）**

  **主任（站长）** 于德林（2014.1—2017.6）

        刘锡明（2017.6—2018.12）

  **副 主 任** 于兴福（2014.1—2018.12）

        赵建夫（2014.1—2）

        毛军民（2014.1—2016.11）

        宋亚东（2014.3—2018.12）

徐林庆（2017.8—2018.12）

**安 全 总 监**　毛军民（兼任，2014.1—2016.11）

蔡庆平（2018.8—12）

## 二、工程管理部（工程质量监督站）党总支—党支部领导名录

（2014.1—2018.12）

**书　　　记**　于兴福（2014.1—2018.12）

**副 书 记**　于德林（2014.1—2017.6）

刘锡明（2017.6—2018.12）

**委　　　员**　于兴福（2014.1—2018.12）

于德林（2014.1—2017.6）

赵建夫（2014.1—2）

毛军民（2014.1—2016.11）

马　波（2014.1—2017.7）

宋亚东（2014.3—2018.12）

刘锡明（2017.6—2018.12）

徐林庆（2018.11—12）

蔡庆平（2018.11—12）

## 三、所属科室

**（一）综合管理科**（2014.1—2018.12）

截至 2014 年 1 月 1 日，综合管理科机构规格正科级，在册员工 6 人，共有党员 3 人。

综合管理科负责党的组织建设、纪检、维稳信访、人事劳资、宣传、工会、文书秘书、综合治理、物资申报、资产管理、培训管理、招标管理、合同管理等工作。

截至 2018 年 12 月 31 日，综合管理科在册员工 5 人，共有党员 3 人。

**科　　　长**　马　波（2014.1—2017.7）①

王　岩（2018.8—12）

**副 科 长**　韩松婷（女，2014.1—2018.8）

---

①　2017 年 7 月至 2018 年 8 月期间，综合管理科科长空缺。

调　研　员　马　波（正科级，2017.7—2018.10）

韩松婷（副科级，2018.8—10）

**（二）安全科（2014.1—2018.12）**

截至 2014 年 1 月 1 日，安全科机构规格正科级，在册员工 4 人，共有党员 3 人。

安全科负责安全生产、职业健康、环境保护、安全培训、作业票审批、应急演练、HSE 管理、安全资质审查、安全教育、协助安全事故调查等工作。

截至 2018 年 12 月 31 日，安全科在册员工 3 人，共有党员 3 人。

科　　　长　张立春（2014.1—2018.12）

**（三）质量管理科（2014.1—2018.12）**

截至 2014 年 1 月 1 日，质量管理科机构规格正科级，在册员工 7 人，共有党员 5 人。

质量管理科负责质量管理体系运行、工程质量申报、编制工程质量规则和创优计划、参与图纸会审和设计交底、工程实施阶段定期或不定期质量抽查、优质工程申报评比、工程质量事故调查和处理、工程质量回访等工作。

截至 2018 年 12 月 31 日，质量管理科在册员工 4 人，共有党员 3 人。

科　　　长　赵忠男（女，2014.1—4）[①]

王永庆（2016.11—2018.12）

副　科　长　王永庆（2014.1—2016.10）

**（四）工程管理科（2014.1—2018.12）**

截至 2014 年 1 月 1 日，工程管理科机构规格正科级，在册员工 13 人，共有党员 9 人。

工程管理科负责参与工程招投标管理和合同管理、参与初步设计的审查、审批施工方案和开工报告、审批经济签证、进度款拨付审核、项目资料管理、监理单位管理、文明施工管理、协调设计和物资采购、组织项目中交等工作。

截至 2018 年 12 月 31 日，工程管理科在册员工 12 人，共有党员 8 人。

科　　　长　董学军（2014.1—2018.12）

---

① 2014 年 4 月至 2016 年 11 月期间，质量管理科科长空缺。

**副 科 长** 付学勇（2014.1—2018.12）

王长义（2014.1—2018.12）

**（五）技术管理科**（2014.1—2018.12）

截至 2014 年 1 月 1 日，技术管理科机构规格正科级，在册员工 5 人，共有党员 3 人。

技术管理科负责工程技术管理、施工企业技术管理和考核、工程标准化和信息管理、工程交工技术文件管理、技术档案管理、技术经验总结推广等工作。

截至 2018 年 12 月 31 日，技术管理科在册员工 3 人，共有党员 3 人。

**科 长** 贾 飞（2014.1—2018.12）

**（六）工程质量监督站**（2014.1—2018.12）

截至 2014 年 1 月 1 日，工程质量监督站机构规格正科级，在册员工 16 人，共有党员 9 人。

工程质量监督站负责对工程参建各方责任主体的质量行为和工程实体质量实施全过程工程质量监督管理、参与工程质量事故的调查处理、履行石油天然气工程质量监督程序等工作。

截至 2018 年 12 月 31 日，工程质量监督站在册员工 14 人，共有党员 8 人。

**副 站 长** 田德君（2014.1—2018.12）

**副总工程师** 秦学民（2014.1—2018.12）

**副科级干部** 张玉涛（2014.1—2018.12）

# 第三节 工程造价部（2014.1—2018.12）

工程造价部的前身是预决算中心。2010 年 4 月，更名为工程造价部，调整至公司直属单位序列，机构规格调整为正处级。

工程造价部主要负责贯彻落实国家、省、市级、集团公司、公司有关工程造价管理的法律、法规、政策、文件及会议精神；负责起草年度公司工程结算管理办法、工程造价依据选用、工程补充定额及估价表的编制，并报公司造价委员会审批；负责公司年度工程费用的预（结）算审查（矿区管理工程项目除外）；负责工程进度款拨付过程中造价审核工作；负责公司工程（建设）项目可研估算审查、初步设计概算审查、详细设计预算编制及竣工结算审核，参与投资项目可研与设计审查；负责接受委托的工程项目招标标底及拦标价的编制及审核工作，参与招标文件的编制、工程招标、评标工作；参与工程施工合同及固定价款合同中经济条款的审核工作；负责公司设备、配件外委修理项目的定价工作；负责公司工程造价信息的管理及收集整理和发布工作。

截至 2014 年 1 月 1 日，在册员工 19 人，其中党员 14 人。

罗淑英任主任，负责工程造价部全面工作。崔艳秋任副主任分管可研和概算审核管理工作，工程结算的抽审复核工作。

2014 年 4 月，大庆炼化公司决定：姚立忠任大庆炼化公司工程造价部副主任。领导分工随之调整：

主任罗淑英负责部门全面工作。副主任崔艳秋负责工程结算的抽审复核工作。副主任姚立忠负责价格管理和定额管理工作；负责本部门专业培训和人员资质管理工作；负责招投标相关工作；负责可研、概算审核管理工作；负责造价信息化的管理，组织工程造价信息的收集、整理及造价信息系统的推广、应用与维护；负责体系建设和安全环保工作；负责现场管理和标准化建设工作；协助主任做好工程造价部党群、规章制度建设和日常考核等行政管理工作。

2014 年 5 月，大庆炼化公司决定：工程造价部内部设立安装造价科，主要负责设备、工艺和电仪造价等工作；建筑工程造价科，主要负责土建、装饰和暖通等造价工作。机构规格均为副科级，分别设科长 1 人。

2014 年 9 月，大庆炼化公司决定：崔艳秋任大庆炼化公司工程造价部调研员，免去其大庆炼化公司工程造价部副主任职务。

2016 年 1 月，大庆炼化公司党委决定：免去罗淑英兼任的大庆炼化公司工程造价部党支部书记职务。大庆炼化公司决定：姚立忠任大庆炼化公司工程造价部副主任；罗淑英任工程造价部调研员，免去其工程造价部主任职务。

2016 年 2 月，大庆炼化公司党委决定：邓忠波任大庆炼化公司工程造价部党支部书记。大庆炼化公司决定：邓忠波任大庆炼化公司工程造价部主任。主任邓忠波负责部门全面工作。

2016 年 4 月，工程造价部党支部换届选举，中共大庆炼化分公司工程造价部党支部委员会由邓忠波、姚立忠、赵慧茹 3 人组成，邓忠波任党支部书记。

截至 2018 年 12 月 31 日，工程造价部内设安装造价科、建筑工程造价科。在册员工 18 人，其中党员 14 人。

邓忠波任主任，负责部门全面工作。姚立忠任副主任负责价格管理和定额管理工作；负责本部门专业培训和人员资质管理工作；负责招投标相关工作；负责可研、概算审核管理工作；负责造价信息化的管理，组织工程造价信息的收集、整理及造价信息系统的推广、应用与维护；负责体系建设和安全环保工作；负责现场管理和标准化建设工作；协助主任做好造价部党群、规章制度建设和日常考核等工作。

2014 年至 2018 年工程造价部累计审查可研估算及基础设计概算 291 项，99.52 亿元；预算编制 280 项，1.14 亿元；审核竣工结算 33.22 亿元，审后造价 28.02 亿元，节约投资 5.2 亿元；工程承包商自购材料询价 116 批次，2811 项；进度款审核 111 批次，13.57 亿元。2015 年工程造价部首次编制大庆炼化公司工程造价价格管理体系并正式发布实施，为控制投资奠定了坚实的基础。2017 年补充完善大庆炼化公司工程造价价格管理体系。2016 年与信息中心共同开发概算管理平台，实现了概算审核的网上有效运行。炼化企业工程造价价格管理体系的建立完善荣获 2016 年黑龙江省企业管理现代化创新成果二等奖；2015 年工程造价部两人被评为集团公司石油工程造价管理先进工作者；2016 年至 2018 年，连续 3 年获得大庆炼化公司先进单位荣誉称号。

**一、工程造价部领导名录（2014.1—2018.12）**

　　主　　任　　罗淑英（女，2014.1—2016.1）[①]

　　　　　　　　邓忠波（满族，2016.2—2018.12）

　　副 主 任　　崔艳秋（女，正科级，2014.1—9）

　　　　　　　　姚立忠（正科级，2014.4—2016.1；2016.1—2018.12）

---

① 2016 年 1 月至 2 月期间，工程造价部主任空缺。

调　研　员　崔艳秋（正科级，2014.9—2017.9）①

罗淑英（正处级，2016.1—2018.11）

**二、工程造价部党支部领导名录（2014.1—2018.12）**

书　　　记　罗淑英（2014.1—2016.1）②

邓忠波（2016.2—2018.12）

委　　　员　崔艳秋（2014.1—9）

王世安（2014.1—10）

罗淑英（2014.1—2016.1）

姚立忠（2014.10—2018.12）

赵慧茹（女，2014.1—2018.12）

邓忠波（2016.2—2018.12）

**三、所属科室**

2014 年 5 月，大庆炼化公司决定：工程造价部内部设立安装造价科和建筑工程造价科，机构规格均为副科级。安装造价科主要负责设备、工艺和电仪造价等工作。建筑工程造价科主要负责土建、装饰和暖通等造价工作。截至 2018 年 12 月 31 日，在册员工 15 人，其中党员 11 人。

**（一）安装造价科领导名录（2014.5—2018.12）**

科　　　长　马笑梅（女，2014.10—2018.12）③

**（二）建筑工程造价科领导名录（2014.5—2018.12）**

科　　　长　谢海燕（女，2014.10—2018.12）④

# 第四节　信息管理部（2014.1—2015.2）

信息管理部的前身是信息中心。2010 年 4 月，大庆炼化公司对组织机构进行调整，将信息中心调整为直属机构序列，并更名为信息管理部，机

---

① 2017 年 9 月，崔艳秋退休。

② 2016 年 1 月至 2 月期间，工程造价部党支部书记空缺。

③ 2014 年 5 月至 10 月期间，安装造价科科长空缺。

④ 2014 年 5 月至 10 月期间，建筑工程造价科科长空缺。

构规格副处级。信息管理部主要负责集团公司统建系统的应用与维护；公司计算机网络信息安全；MES、ERP、企业信息门户、电子公文、中油邮件等系统管理与维护；公司机关、直附属单位的计算机、打印机、复印机、传真机等的管理与维护；公司内部应用软件开发及外部软件的消化、吸收和应用；公司通信设备维护、通信线路维修与保养；与总部信息业务部门的联系与沟通。

截至 2014 年 1 月 1 日，信息管理部下设综合室、网络室、应用室、软件室、通信室。信息管理部在册员工 53 人，其中女员工 27 人，党员 20 人。

赵景山任主任，负责行政全面工作。张艳杰任党支部书记、副主任，负责党支部全面工作，分管工会、共青团、女工、负责内控体系建设、员工考勤、员工业绩考核、工资、奖金、请销假、劳动纪律、办公室、机房、库房等规格化管理、资料档案管理、武装保卫、资产管理，分管综合室。赵新龙任副主任，负责通信系统管理（测量、线务、机务、装置区内通信系统部分），无线电系统、领取电话审批、电话租金管理，分管通信室。于鸿滨任副主任，负责工业电视监视系统，视频会议系统、门户、邮箱维护与管理、中油邮箱审批、安全工作、先控、油品调合系统、HSE 系统、保密，分管应用室。张世颖任副主任，负责软件开发、财务、人事、报销、物资合同、设备等系统的硬件管理与维护、电子公文系统及机关办公系统的网络维护、计算机维护、ERP 建设、林源区网络及计算机维护，分管软件室。张树军任总工程师，负责员工培训，项目建设、ERP、LIMS、MES 系统应用与维护，分管网络室。

2014 年 7 月，大庆炼化公司决定：信息管理部通信室电话业务职能及人员（22 人）划入机电仪厂管理。人员费用单独核算。新装电话业务仍按执行的审批流程不变。

2014 年 9 月，大庆炼化公司决定：免去赵新龙的大庆炼化公司信息管理部副主任职务。

2015 年 2 月，大庆炼化公司决定：将信息管理部更名为信息中心，由公司直属单位调整为公司二级单位管理，更名后的信息中心原职能不变，机构规格正处级。

**一、信息管理部领导名录（2014.1—2015.2）**

主　　　任　赵景山（2014.1—2015.2）

副　主　任　赵新龙（2014.1—9）

　　　　　　　于鸿滨（2014.1—2015.2）

　　　　　　　张世颖（2014.1—2015.2）

　　　　　　　张艳杰（女，2014.1—2015.2）

总 工 程 师　张树军（2014.1—2015.2）

**二、信息管理部党支部领导名录（2014.1—2015.2）**

书　　　记　张艳杰（2014.1—2015.2）

## 第五节　安全监督站（2014.9—2018.12）

2014 年 9 月，安全监督站由公司安全环保处附属机构调整至公司直属机构序列。

安全监督站主要负责监督检查公司所属各单位安全管理工作开展情况；监督检查安全生产硬件设施是否满足基本要求；监督检查全员安全培训情况及效果；监督检查健康、安全与环境管理法规、标准、制度、程序的执行情况；监督检查风险控制措施的落实情况；监督检查现场施工安全措施落实情况；监督检查现场作业人员的职责履行情况和遵章操作情况；监督检查员工工艺纪律、劳动纪律执行情况；配合公司属各单位开展应急演练工作。

截至 2014 年 9 月，安全监督站设 4 个值班班组。站长由公司安全副总监赵连成兼任。在册员工 22 人，其中党员 17 人。

2014 年 9 月，大庆炼化公司决定：赵连成兼任大庆炼化公司安全监督站站长；李安庆任大庆炼化公司安全监督站副站长，免去其大庆炼化公司安全监督站站长职务。赵连成负责安全监督站全面工作。李安庆负责安全监督站日常管理和安全监督检查工作。

2014 年 10 月，大庆炼化公司直属机关党委决定：赵连成任大庆炼化公司安全监督站党支部书记。大庆炼化公司决定：何晓龙任大庆炼化公司安全监督站副站长（名列李安庆之后）。赵连成负责安全监督站党群全面工作。何晓龙负责安全监督站培训管理和机电仪方面安全监督检查工作。

截至 2018 年 12 月 31 日，安全监督站设 4 个值班班组。在册员工 18 人，其中党员 17 人。

赵连成任安全监督站站长，负责安全监督站全面工作。李安庆任安全监督站副站长，负责安全监督站日常管理和安全监督检查工作。何晓龙任安全监督站副站长，负责安全监督站培训管理和机电仪方面安全监督检查工作。

安全监督站秉着公平、公正、公开的原则，对公司所属各单位安全管理工作开展情况、施工现场安全措施落实情况、员工劳动纪律工艺纪律遵守情况进行检查。2014 年至 2018 年，共检查发现各类安全问题 20758 项，承包商违章 1255 起，员工违反劳动纪律、工艺纪律行为 1026 起。为保证公司安全生产、稳健发展做出了应有贡献。

**一、安全监督站领导名录（2014.9—2018.12）**

　　站　　长　赵连成（兼任，2014.9—2018.12）

　　副 站 长　李安庆（2014.9—2018.12）

　　　　　　　何晓龙（2014.10—2018.12）

　　值 班 主 任　李宏宇（2014.9—2018.12）

　　　　　　　鞠洪鹤（2014.9—2018.11）[①]

　　　　　　　赵宝龙（2014.9—2017.12）

　　　　　　　肖　　峰（2014.9—2018.12）

　　　　　　　朱福军（副科级，2018.8—12）

　　调 研 员　赵宝龙（正科级，2017.12—2018.10）

**二、安全监督站党支部领导名录（2014.10—2018.12）**

　　书　　记　赵连成（2014.10—2018.12）

　　委　　员　赵连成（2014.10—2018.12）

　　　　　　　李安庆（2014.10—2018.12）

　　　　　　　何晓龙（2014.10—2018.12）

---

① 2018 年 11 月，鞠洪鹤办理协议保留劳动关系。

# 第二章　附属单位

截至 2014 年 1 月 1 日，公司设行政事务中心、财务结算中心、总调度室、审计中心、社会保险中心、文化新闻中心、档案管理中心和安全气防站 8 个附属单位。所有附属单位的办公地点均设在黑龙江省大庆市让胡路区马鞍山。

2014 年 3 月，将公司机关附属单位安全气防站更名为安全监督站，更名后单位性质、机构规格、职责、定员等均不变。

2014 年 9 月，将安全监督站由公司安全环保处附属机构调整为公司直属机构管理。

2015 年 10 月，将文化新闻中心及人员列入综合服务部管理，职能、奖金和业务管理等均不变。

截至 2018 年 12 月 31 日，公司设行政事务中心、档案管理中心、社会保险中心、总调度室、财务结算中心、审计中心 6 个附属单位。所有附属机构的办公地点均设在黑龙江省大庆市让胡路区马鞍山。

## 第一节　行政事务中心（2014.1—2018.12）

2010 年 4 月，行政事务中心成立，机构规格副处级。党小组关系隶属大庆炼化公司总经理办党支部。

行政事务中心主要负责公司机关行政事务工作；负责公司厂前区办公场所分配及办公家具的管理；负责办公楼公共设施和公用工程的日常运行管理，并负责安全监督、卫生保洁及维修、维护的监督检查、考核和协调工作；负责公司会议室、接待室、公司领导办公区的服务，打字复印、收发业务管理、相应资产（包括公共区域）及对应的人员管理工作；负责机关食堂的日常管理工作；负责公司接待资源的调配及协调使用工作；负责本单位的综合性工作。

截至 2014 年 1 月 1 日，行政事务中心在册员工 42 人，其中党员 12 人。

王喜春任行政事务中心主任，负责行政事务中心全面工作。贾莉丽任副主任，负责公司机关办公楼维修监督、设备监督和环境监督工作，负责中心日常事务管理及会务班、公务事务班日常管理工作。王丹任副主任，负责机关食堂餐饮接待、安全等日常管理工作。

2016年1月，大庆炼化公司决定：贾莉丽任大庆炼化公司行政事务中心主任，免去其大庆炼化公司行政事务中心副主任职务；免去王喜春兼任的大庆炼化公司行政事务中心主任职务。领导分工随之调整：行政事务中心主任贾莉丽负责行政事务中心全面工作。行政事务中心副主任王丹分管机关食堂餐饮接待、安全等日常管理工作。

2018年8月，大庆炼化公司决定：张宇任大庆炼化公司行政事务中心副主任；免去王丹的大庆炼化公司行政事务中心副主任职务。领导分工随之调整：行政事务中心主任贾莉丽负责行政事务中心全面工作，分管机关食堂餐饮接待管理工作。行政事务中心副主任张宇负责公司机关办公楼维修监督、设备监督和环境监督工作，负责中心日常事务管理及会务班、公务事务班等日常管理工作。

截至2018年12月31日，行政事务中心在册员工41人，其中党员14人。

贾莉丽任行政事务中心主任，张宇任行政事务中心副主任，领导分工自2018年8月以来未再进行调整。

行政事务中心以"礼仪标准、行为规范、工作精细、真诚服务"为工作理念，以提升服务质量为中心，以落实全面严格管理为主线，以确保施工安全为目标，以强化员工培训为手段，以提高党员模范作用为保障，加大作业维修监督力度，认真践行"四责"要求。2014年至2018年，累计分发报纸64万余份，刊物102043份，各类邮件3820份，协助处室转发刊物6110份，机要件1026份，会议服务2943次，发放水票97272桶，接待员工就餐1039020人次，优质高效完成各项服务工作。

  主  任 王喜春（兼任，2014.1—2016.1）
       贾莉丽（女，2016.1—2018.12）
  副 主 任 贾莉丽（2014.1—2016.1）
       王 丹（女，2014.1—2018.8）
       张 宇（2018.8—12）

# 第二节　档案管理中心（2014.1—2018.12）

档案管理中心是总经理（党委）办公室下属单位。成立于 2001 年 9 月，机构规格副处级，列机关附属单位序列，党组织关系隶属总经理（党委）办公室，办公地点在黑龙江省大庆市让胡路区马鞍山生产区。档案管理中心主要负责公司各类档案管理、史志年鉴编撰、外事翻译管理和图书管理借阅 4 项业务职能。

截至 2014 年 1 月 1 日，档案管理中心在册员工 20 人，其中党员 9 人。[①]

冯林财任主任，负责大庆炼化公司档案、年鉴、外事、图书管理职责，为公司安全生产提供准确的、高率的档案、外事支持，负责组织编制公司涉及本部门业务的工作规划和中长期发展计划，制定本部门年度、季度、月度工作计划，健全公司档案管理体系，完成档案管理信息化的工作，调查、研究档案管理工作，及时了解公司各部门、各单位对档案利用的需要，提高档案利用率及利用效果。

任有国任副主任，负责协助主任管理技术档案、人事档案、外事工作，组织检查、指导、考核及培训各二级单位档案业务，档案归档工作随时检查、指导，组织人员编写培训计划及培训内容，组织人员检查指导二级单位资料室，验收公司工程建设项目档案，负责组织国家、集团公司重点工程档案竣工验收工作，负责年鉴的审核和最终校对工作。

张岩任副主任，负责协助主任管理技术档案、人事档案、图书和年鉴工作，指导公司各级各类档案的业务，主要负责工程档案验收工作并开展各类档案的年终统计工作及公司年鉴的编制工作。

2015 年 10 月，大庆炼化公司党委决定：王凤全任大庆炼化公司档案管理中心主任；免去冯林财的大庆炼化公司档案管理中心主任职务。

主任王凤全负责大庆炼化公司档案、年鉴、外事、图书管理职责，为公司安全生产提供准确的、高率的档案、外事支持，负责组织编制公司涉及本

---

① 《中国石油大庆炼化组织史资料》（1971—2013）正卷下限将在册员工人数误写成 23 人，党员人数误写成 11 人，特此勘误。

部门业务的工作规划和中长期发展计划，制定本部门年度、季度、月度工作计划，健全公司档案管理体系，完成档案管理信息化的工作，调查、研究档案管理工作，及时了解公司各部门、各单位对档案利用的需要，提高档案利用率及利用效果。

副主任任有国负责协助主任管理技术档案、人事档案、外事工作，组织检查、指导、考核及培训各二级单位档案业务，档案归档工作随时检查、指导，组织人员编写培训计划及培训内容，组织人员检查指导二级单位资料室，验收公司工程建设项目档案，负责组织国家、集团公司重点工程档案竣工验收工作，负责年鉴的审核和最终校对工作。

副主任张岩负责协助主任管理技术档案、人事档案、图书和年鉴工作，指导公司各级各类档案的业务、主要负责工程档案验收工作并开展各类档案的年终统计工作及公司年鉴的编制工作。

截至2018年12月31日，档案管理中心在册员工19人，其中党员10人。领导分工自2015年10月以来未再进行调整。

主　　任　　冯林财（2014.1—2015.10）
　　　　　　　王风全（2015.10—2018.12）
副　主　任　任有国（2014.1—2018.12）
　　　　　　　张　岩（女，2014.1—2018.12）

## 第三节　社会保险中心（2014.1—2018.12）

社会保险中心的前身是炼化公司人事处保险科。2006年4月，林源炼油厂委托管理时，与林源炼油厂保险中心业务合并成立社会保险中心，机构规格副处级，业务上受人事处的领导，是机关附属单位。

社会保险中心依据国家、省、市、集团公司及企业等相关政策规定，负责开展落实公司的各项社会保险业务；负责单位、个人的缴费基数核定及保费的代扣代缴；负责员工个人养老保险账户管理；负责员工正常退休报批、病退报批、特殊工种认证及退休报批；负责企业负担的退休人员生活补贴待遇发放；负责过渡性企业年金的直发管理；负责工伤保险、生育保险的待遇汇总上报；负责基本医疗保险及补充医疗保险的缴费、各项医疗待遇的报销；负责员工的慢性病管理；负责符合条件的员工家属、未成年独生子女医疗待遇报销；负责有偿解除劳动合同人员的养老保险接续、退休报批、医疗保险缴费等业务；负责领取独生子女证的员工相关待遇的管理业务；负责职教幼教的报批认证及待遇核定工作；负责与社会保险各险种有关的信访接待解释工作；负责社会保险的劳动年检工作。

社会保险中心根据各项业务的工作需要，结合上级部门的要求及公司的实际情况，对经办的各项业务制定相应的业务规范和业务流程，并按业务规范和业务流程开展业务工作；根据业务需求及管理关系，分别与区级社保部门、市级社保部门、油田社会保险中心、市职介所、市人事局、军转办、市地税局、市国税局、中意保险公司、集团保险处等部门的业务联系，负责上级主管部门布置任务的组织落实；完成公司的相关各项社保工作。

截至 2014 年 1 月 1 日，社会保险中心在册员工 8，其中党员 6 人。[①]

刘子才任社会保险中心主任，负责社会保险中心全面工作。于安德任社会保险中心副主任，负责养老保险、失业保险、工伤保险、生育保险的相关业务，以及过渡性企业年金直发、企业补贴发放、职教幼教认证及待遇核定、独生子女补充保险、劳动保险年检等工作。王明杰任社会保险中心副主任，负责基本医疗保险、补充医疗保险的各项业务管理工作，以及特殊工种认证、有偿解除劳动合同人员的养老保险接续及退休报批、医保缴费，家属及未成年子女医疗待遇等工作。

2018 年 8 月，大庆炼化公司决定：贾云革任大庆炼化公司社会保险中心主任；免去刘子才兼任的社会保险中心主任职务。贾云革负责社会保险中心全面工作。

截至 2018 年 12 月 31 日，社会保险中心在册员工 8 人，其中党员 6 人。

贾云革任社会保险中心主任，负责社会保险中心全面工作。于安德任社会保险中心副主任，负责养老保险、失业保险、工伤保险、生育保险的相关业务，以及过渡性企业年金直发、企业补贴发放、职教幼教认证及待遇核定、独生子女补充保险、劳动保险年检等工作。王明杰任社会保险中心副主

---

① 《中国石油大庆炼化组织史资料》（1971—2013）正卷下限将在册员工人数误写成 7 人，特此勘误。

任，负责基本医疗保险、补充医疗保险的各项业务管理工作，以及特殊工种认证、有偿解除劳动合同人员的养老保险接续及退休报批、医保缴费，家属及未成年子女医疗待遇等工作。

社会保险中心以政策为依据，以服务准绳，以保障企业和员工的合法权益为工作目标。实际工作中，简化业务流程，服务广大员工，提高服务质量，维护员工的切身利益，2014年至2018年，均按时足额缴纳各项保险费，及时处理各项业务，准确率达100%。

主　　　任　刘子才（兼任，2014.1—2018.8）

　　　　　　贾云革（2018.8—12）

副　主　任　于安德（2014.1—2018.12）

　　　　　　王明杰（女，2014.1—2018.12）

## 第四节　总调度室（2014.1—2018.12）

总调度室前身是油田化学助剂厂的综合调度室。2009年8月，公司在生产运行处下设附属机构总调度室，机构规格正科级。2010年11月，机构规格调整为副处级。总调度室主要负责填写运行记录，传达上级领导的各项生产指令，认真组织贯彻执行生产指令；负责收集各类生产信息，及时向领导汇报；负责向上级报告生产工作情况；负责组织有关部门解决各生产单位的生产问题，当发生突发性事故影响生产时，以安全为前提，迅速组织处理，并及时向主管领导及有关领导汇报；同时负责对日常生产活动统一协调指挥，行使生产指挥权。

截至2014年1月1日，总调度室在册员工10人，其中党员9人。

生产运行处副处长郭金忠兼任总调度室主任，负责总调度室业务管理工作。张鹏任总调度室副主任，协助主任开展日常管理工作。

2015年2月，大庆炼化公司决定：免去郭金忠的大庆炼化公司总调度室主任职务。

2017年8月，大庆炼化公司决定：免去张鹏的大庆炼化公司总调度室副主任职务。

2017年9月，大庆炼化公司决定：梁天舒兼任大庆炼化公司总调度室主任。梁天舒负责总调度室管理工作。

截至2018年12月31日，总调度室在册员工11人，其中党员9人。生产运行处副处长梁天舒兼任总调度室主任，负责总调度室管理工作。

2014年至2018年以来，总调度室在公司领导班子的领导下，在处室团队的指导下，认真开展生产运行专业的组织协调、调度指挥和监督检查工作，有效促进了公司生产工作的整体安全稳定运行，促进了公司经济效益的实现。

主　　　任　郭金忠（兼任，2014.1—2015.2）[①]

梁天舒（兼任，2017.9—2018.12）

副　主　任　张　鹏（2014.1—2017.8）

调度值班长　李清钰（2014.1—2018.12）

李　伟（2014.1—2018.12）

佟圣尧（2014.1—2018.12）

王长城（2014.1—2018.12）

# 第五节　财务结算中心（2014.1—2018.12）

财务结算中心成立于2000年12月，为公司直属单位。2006年3月，大庆炼化公司对林源炼油厂原有业务、资产和人员是实行全面管理，对机关进行整合，将财务结算中心列为附属机构，机构规格副处级，业务受财务处领导。

财务结算中心负责公司物资采购、产品销售的财务结算工作；负责公司各类费用的审核、报销和监督工作；负责公司现金、银行款项的收付结算工作；负责公司成本核算及管理工作；负责公司基建、技改、科研等项目的财务核算及财务管理工作；负责公司债权、债务核算及清理和签认工作；负责

---

① 2015年2月至2017年9月期间，总调度室主任空缺。

往来客户信息的维护工作；负责公司银行账户的管理和资金的计划、调度及使用工作；负责公司财务核算体系建立与维护工作；负责公司财务日常会计核算，编制财务报告和企业年度工作报告。

截至 2014 年 1 月 1 日，内设会计科、资金科、成本科、销售科、材料科、工程科。财务结算中心在册员工 43 人，其中党员 9 人。财务处副处长杨金鑫兼任财务结算中心主任。

2017 年 6 月，大庆炼化公司研究决定：陈河兼任大庆炼化公司财务结算中心主任；免去杨金鑫兼任的大庆炼化公司财务结算中心主任职务。主任陈河负责日常全面工作。

2018 年 11 月，大庆炼化公司研究决定：免去陈河兼任的财务结算中心主任职务（退出领导岗位）。财务结算中心日常工作由财务处处长陈彩云负责。

截至 2018 年 12 月 31 日，内设会计科、资金科、成本科、销售科、材料科、工程科。在册员工 35 人，其中党员 15 人。

五年来，财务结算中心为了适应国际会计准则不断变化趋势，科学制定决算方案，在时间和质量上作出要求并落实考核。经过精心部署、科学筹划，保质保量地完成了各年度结算及决算工作。在资金管理方面，强化了资金管控，提高资金使用效率。全面贯彻落实股份公司资金管理工作精神，完善以财务管理为中心的生产经营管理体制，坚持资金紧平衡，强化资金集约化效益化管控，向资金管理的广度和深度延伸，提高资金管理效率和资金集中管理水平。

**一、财务结算中心领导名录（2014.1—2018.12）**

主　　　任　杨金鑫（兼任，2014.1—2017.6）

陈　河（兼任，2017.6—2018.11）[①]

**二、所属科室**

**（一）会计科（2014.1—2018.12）**

截至 2014 年 1 月 1 日，会计科机构规格正科级，在册员工 4 人，共有

---

① 2018年11月，陈河退出领导岗位。2018年11月至12月期间，财务处处长陈彩云担任财务结算中心负责人。

党员 2 人。

会计科负责公司财务核算体系建立与维护工作；负责公司财务日常会计核算，编制财务报告和企业年度工作报告。

截至 2018 年 12 月 31 日，会计科在册员工 4 人，共有党员 3 人。

科　　　长　岳荣海（2016.5—2018.12）[①]

副　科　长　岳荣海（2014.1—2016.5）

**（二）资金科（2014.1—2018.12）**

截至 2014 年 1 月 1 日，资金科机构规格正科级，在册员工 9 人，共有党员 2 人。

资金科主要负责公司各类费用的审核、报销和监督工作；负责公司现金、银行款项的收付结算工作。

截至 2018 年 12 月 31 日，资金科在册员工 5 人，共有党员 0 人。

科　　　长　李庆伟（女，2016.1—2018.12）[②]

副　科　长　李庆伟（2014.1—2016.1）

**（三）成本科（2014.1—2018.12）**

截至 2014 年 1 月 1 日，成本科机构规格正科级，在册员工 7 人，共有党员 2 人。

成本科负责公司各类费用的审核、报销和监督工作；负责公司成本核算及管理工作。

截至 2018 年 12 月 31 日，成本科在册员工 7 人，共有党员 3 人。

科　　　长　张庆江（2016.5—2018.12）[③]

副　科　长　张庆江（2014.1—2016.5）

**（四）销售科（2014.1—2018.12）**

截至 2014 年 1 月 1 日，销售科机构规格正科级，在册员工 4 人，共有党员 2 人。

销售科负责公司产品销售的财务结算工作。

截至 2018 年 12 月 31 日，销售科在册员工 3 人，共有党员 2 人。

---

① 2014 年 1 月至 2016 年 5 月期间，会计科科长空缺，副科长岳荣海主持工作。
② 2014 年 1 月至 2016 年 1 月期间，资金科科长空缺，副科长李庆伟主持工作。
③ 2014 年 1 月至 2016 年 5 月期间，成本科科长空缺，副科长张庆江主持工作。

科　　　　长　刘金贵（2014.1—2018.12）

（五）材料科（2014.1—2018.12）

截至2014年1月1日，材料科机构规格正科级，在册员工8人，共有党员1人。

材料科主要负责公司物资采购的财务结算工作。

截至2018年12月31日，材料科在册员工5人，共有党员3人。

科　　　　长　徐　晶（女，2014.1—2018.12）

（六）工程科（2014.1—2018.12）

截至2014年1月1日，工程科机构规格正科级，在册员工4人，共有党员2人。

工程科主要负责公司基建、技改、科研等项目的财务核算及财务管理工作。

截至2018年12月31日，工程科在册员工5人，共有党员3人。

科　　　　长　李春华（女，2014.1—2017.6）

　　　　　　　郭炳宏（2017.6—2018.12）

调　研　员　李春华（正科级，2017.6—2018.10）

## 第六节　审计中心（2014.1—2018.12）

2001年7月，公司成立审计中心，机构规格正科级，列直属机构序列。2006年3月，大庆炼化公司将审计中心调整为附属机构序列，业务受审计处领导。

审计中心负责贯彻落实国家、省、市、集团公司（股份公司）、公司有关法律、法规、政策、文件、会议精神；参与编制审计人员的年度业务培训计划；参与对公司的财务收支、财务预算、财务决算、管理效益以及其他有关的经济活动进行审计；参与对公司相关单位负责人进行任期或定期经济责任审计；参与对公司的基建、检维修、技改技措、大修、安保等工程项目的工程结算、概（预）算进行审计；参与经济合同审计，负责对施工单位自购材料的询价、修理修缮项目定价等进行审计；参与对公司内部控制系统的健全性、合理性和有效性进行检查、评价；参与对公司固定资产报废处置进行审计；参与对公司坏账核销进行审计。对本单位所负责业务范围内的安全、环保、内控工作负直接责任。

截至 2014 年 1 月 1 日，审计中心设工程审计、财务审计岗位。在册员工 10 人，其中党员 6 人。审计处处长全面负责审计中心工作。

2016 年 2 月，大庆炼化公司决定：李军任大庆炼化公司审计中心副主任。

截至 2018 年 12 月 31 日，审计中心设工程审计、财务审计岗位。在册员工 9 人，其中党员 7 人。审计处处长全面负责审计中心工作。

审计工作紧紧围绕公司"降成本、提质量、夯实发展基础，增强内在动力，提升经营业绩，持续推进优秀炼化企业建设"的总体思路，按照全面审计、突出重点的原则，结合企业自身实际，在项目投资、招投标、资产管理、价格监审以及工程结算审核等关键环节和重点领域强化监督管理，忠诚履行职责。2014 至 2018 年累计工程结算审减额 2,007 万元、物资价格监审核减额 27,891 万元，为公司降本增效、有质量、可持续发展做出了积极贡献。审计中心财务审计员工、党员昌庆红获得"中国石油 2015 年度至 2017 年度审计工作先进工作者"荣誉称号。

主　　任（空缺）
副 主 任　李　军（正科级，2016.2—2018.12）

## 第七节　安全气防站—安全监督站（2014.1—9）

安全气防站的前身由安全监督站和急救中心合并组成。2010 年 11 月，机构规格调整为副处级。2012 年 3 月，大庆炼化公司将气防站急救业务职能及人员划归林源医院管理。2014 年 3 月，更名为安全监督站。9 月，调整为公司直属机构管理序列。

安全监督站主要负责监督检查公司所属各单位安全管理工作开展情况；监督检查安全生产硬件设施是否满足基本要求；监督检查全员安全培训情况

及效果；监督检查健康、安全与环境管理法规、标准、制度、程序的执行情况；监督检查风险控制措施的落实情况；监督检查现场施工安全措施落实情况；监督检查现场作业人员的职责履行情况和遵章操作情况；监督检查员工工艺纪律、劳动纪律执行情况；配合公司属各单位开展应急演练工作。

截至 2014 年 1 月 1 日，安全气防站在册员工 20 人，其中党员 15 人。

站长李安庆负责安全气防站全面监督检查管理工作。

2014 年 3 月，大庆炼化公司决定：将公司机关附属单位安全气防站更名为安全监督站，更名后单位性质、机构规格、职责、定员等均不变。

2014 年 9 月，大庆炼化公司决定：将安全监督站由公司安全环保处附属机构调整为公司直属机构管理。

**一、安全气防站领导名录（2014.1—3）**

站　　　长　李安庆（2014.1—3）

值 班 主 任　李宏宇（2014.1—3）

　　　　　　　鞠洪鹤（2014.1—3）

　　　　　　　赵宝龙（2014.1—3）

　　　　　　　肖　峰（2014.1—3）

**二、安全监督站领导名录（2014.3—9）**

站　　　长　李安庆（2014.3—9）

值 班 主 任　李宏宇（2014.3—9）

　　　　　　　鞠洪鹤（2014.3—9）

　　　　　　　赵宝龙（2014.3—9）

　　　　　　　肖　峰（2014.3—9）

# 第八节　文化新闻中心（2014.1—2015.10）

文化新闻中心前身是油田助剂厂有线电视台，成立于 1988 年。1997 年与天然气有线电视台合并成立油田化工总厂有线台。2001 年 7 月，更名为文化新闻中心，机构规格正科级，为公司直属单位，业务受企业文化处领导，党组织关系隶属公司直属机关党委。2006年3月，将文化新闻中心列为附属机构序列。2007年1月，机构规格调整为副处级。

文化新闻中心主要负责公司的内部媒体宣传及对外广播、电视新闻宣传；对公司重大活动、重要工作及新闻宣传图片和视频资料进行记录、存档和统一管理；负责公司有线电视系统的业务指导及网络规划、建设与管理维护；负责对外广播、电视媒体的联络工作，为广播、电视媒体提供新闻素材，配合有关媒体完成采访任务。

截至2014年1月1日，文化新闻中心在册员工22人，其中党员14人。

王风全任新闻中心主任，负责中心全面工作。秦大雁任副主任，负责对外广播、电视新闻宣传工作。郑丹任副主任，负责内部媒体宣传工作。

2015年10月，大庆炼化公司决定：免去王风全的大庆炼化公司文化新闻中心主任职务。

2015年10月，大庆炼化公司决定：将文化新闻中心及人员列入综合服务部管理，职能、奖金和业务管理等均不变。

主　　任　王风全（2014.1—2015.10）

副　主　任　秦大雁（女，2014.1—2015.10）

　　　　　　郑　丹（女，2014.1—2015.10）

# 第三编
# 二级单位

# 第一章 生产单位

2000年10月，大庆炼化公司成立，组建初期，下设林源生产指挥部、炼油厂和聚合物厂3个生产单位。

截至2014年1月1日，大庆炼化公司生产单位为6个，炼油一厂、炼油二厂、润滑油厂、聚合物一厂、聚合物二厂、聚丙烯厂。庆化公司由炼化公司委托管理。

2014年4月，大庆宏伟庆化石油化工有限公司党支部改建为党委，为公司党委直属党组织。

2014年6月，关停炼油一厂催化裂解车间12万吨/年TMP试验装置，TMP试验装置人员调入庆化公司。

2014年8月，成立聚丙烯研发检测中心，隶属聚丙烯厂直属机构。原质量检验与环保监测中心聚丙烯检验站的科研组、成品组职能及人员共17人划入聚丙烯研发检测中心统一管理。

2014年10月，炼油二厂硫磺①回收车间新建酸性气制酸装置建成投产。

2015年4月，将机电仪厂机电维护一车间负责聚丙烯厂机械、仪表的维修、维护等业务职能、人员（包括车间班子）和机构建制划转聚丙烯厂基层单位序列，同时更名为控制车间。将机电仪厂检修车间负责聚丙烯厂分析仪表业务、职能和人员（2人）同时划入聚丙烯厂管理。

2015年10月，炼油二厂瓦斯车间新建120米火炬投产运行。

2016年5月，炼油一厂气体分馏车间40万吨/年汽油醚化装置建成投产。

2017年7月，将聚丙烯厂控制车间划转机电仪厂基层单位序列，同时更名为机电运行车间。

2018年4月，将硫磺回收车间更名为硫酸车间，管理硫酸再生、酸性气制酸和酸性水汽提3套装置，更名后机构隶属关系、规格不变，职能一并

---

① "硫磺"同"硫黄"，企业惯称"硫磺"。

调整。将干气制乙苯车间更名为烷基化车间，管理烷基化、干气制乙苯装置和干气制乙苯罐区，更名后机构隶属关系、规格不变，职能一并调整。

2018年8月，将聚合物一厂聚合物研究所业务职能及人员划入研究院管理，并更名为研究院聚合物研究室，机构规格正科级。将聚合物二厂磺酸盐研究所业务职能及人员（含兼任所长的副总工程师）划入研究院管理。

2018年12月，机电仪厂更名为电仪运行中心，更名后机构规格、隶属关系不变。将原机电仪厂负责的动设备运行维护、检维修作业职能划入检维修厂管理，同时在检维修厂增加对外部检维修、防腐保温、土建等施工队伍的管理职能，未调整的其他职能保持原职能不变。将原机电仪厂机械一车间机构、职能及人员划入检维修厂管理，列检维修厂基层单位，机构规格不变。将原机电仪厂机械二车间机构、职能及人员划入检维修厂管理，列检维修厂基层单位，机构规格不变。将原机电仪厂机关2名机械工程师及职责划入检维修厂生产办公室管理。以上涉及调整业务的人员按照人随业务走的原则一并进行调整。

截至2018年12月31日，大庆炼化公司共有生产单位6个，炼油一厂、炼油二厂、润滑油厂、聚合物一厂、聚合物二厂、聚丙烯厂。办公地点均在黑龙江省大庆市让胡路区马鞍山生产区。

# 第一节　炼油一厂（2014.1—2018.12）

炼油一厂成立于2003年7月，机构规格正处级，业务受大庆炼化公司领导，党组织关系隶属大庆炼化公司党委，机关办公地点在黑龙江省大庆市让胡路区马鞍山生产区。

截至2014年1月1日，炼油一厂拥有8套生产装置：250万吨/年常减压、350万吨/年常减压、110万吨/年ARGG、35万吨/年重整加氢、88万吨/年酸性水汽提、35万吨/年气体分馏、10万吨/年芳烃抽提装置、150万吨/年汽油加氢装置。炼油一厂机关设2个办公室：生产办公室、综合办公室，基层设6个车间：常减压车间、气体分馏车间、一套ARGG车间、催化裂解车间、汽油加氢车间、重整加氢车间。主要生产汽油、柴油、液化气、丙烯等 10 多种石油化工产品。在册员工 489 人，炼油一厂党委下属 6 个党支部，共有党员 167 人。

炼油一厂党政领导班子由 5 人组成。

杨家河任党委书记、纪委书记、工会主席、副厂长，负责全厂党群工作，分管组织、纪检、文化宣传、维稳、思想政治工作、工会、共青团、综合治理等工作，协助厂长做好行政工作。

贾鸣春任副厂长（主持工作）、党委委员，负责全厂行政工作，分管安全环保、生产经营、人事、劳资、企业管理等工作。

赵立强任副厂长、安全总监、党委委员，负责全厂生产和安全工作，分管生产运行、生产专业标准化管理、质量控制、装置达标、调度室、计量、环保等工作，分管 HSE 工作、安全专业标准化管理、安全培训、应急演练、安全设施、劳动保护、现场施工作业安全管理、安全票据及方案的审批等工作。

杜鑫任副厂长、党委委员，负责全厂设备管理工作，分管设备运行、设备专业标准化管理、检维修、长周期运行管理、计量器具维修等工作。

王志国任总工程师、党委委员，负责全厂技术管理工作，分管技术专业标准化管理、操作规程、工艺卡片、平稳率、技改技措、员工培训、节能节水等工作。

2014 年 2 月，大庆炼化公司党委决定：贾鸣春任大庆炼化公司炼油一厂党委副书记。大庆炼化公司决定：贾鸣春任大庆炼化公司炼油一厂厂长；免去贾鸣春的大庆炼化公司炼油一厂副厂长职务。

2014 年 3 月，大庆炼化公司党委决定：邹高新任大庆炼化公司炼油一厂党委委员。大庆炼化公司决定：王志国任大庆炼化公司炼油一厂副厂长兼安全总监；邹高新任大庆炼化公司炼油一厂总工程师；免去赵立强的大庆炼化公司炼油一厂副厂长兼安全总监职务；免去王志国的大庆炼化公司炼油一厂总工程师职务。王志国负责原副厂长兼安全总监赵立强分管的生产、安全等工作。邹高新负责原总工程师王志国分管的技术管理等工作。

2014 年 6 月，大庆炼化公司决定：成立柴油加氢车间，机构规格正科级；撤销炼油一厂催化裂解车间机构建制，将催化裂解车间管理的酸性水装置及人员划入一套 ARGG 车间管理。

2014年9月，大庆炼化公司党委决定：张春晓任大庆炼化公司炼油一厂党委委员。大庆炼化公司决定：张春晓任大庆炼化公司炼油一厂安全总监；免去王志国兼任的大庆炼化公司炼油一厂安全总监职务。张春晓负责原安全总监王志国分管的安全管理等工作。

2015年9月25日，炼油一厂召开第三次工会会员代表大会，工会会员代表共84人参加会议。会议选举产生炼油一厂第三届工会委员会、经费审查委员会和女职工委员会。杨家河为工会主席。

2016年2月，大庆炼化公司党委决定：葛立彬任大庆炼化公司炼油一厂党委书记、纪委书记、工会主席；免去杨家河的大庆炼化公司炼油一厂党委书记、委员、纪委书记、工会主席职务。大庆炼化公司决定：葛立彬任大庆炼化公司炼油一厂副厂长；免去杨家河的炼油一厂副厂长职务。葛立彬负责原党委书记、纪委书记、工会主席、副厂长杨家河分管的党群等工作。

2016年3月，大庆炼化公司决定：将汽油加氢车间和柴油加氢车间合并为汽柴油加氢车间，机构隶属关系、规格、职能等均不变，同时撤销炼油一厂汽油加氢车间和柴油加氢车间机构建制。

2016年4月，中共大庆炼化公司炼油一厂委员会对所属6个党支部选举结果进行批复。中共炼油一厂机关支部委员会由滕军、刘东春、郑巍3人组成，滕军任记；中共炼油一厂常减压车间党支部委员会由郑涤非、赵朝阳、尹达维、苏泽、赵纪禹5人组成，郑涤非任书记；中共炼油一厂气体分馏车间支部委员会由赵颖达、王波、廖永军3人组成，赵颖达任书记；中共炼油一厂汽柴油加氢车间支部委员会由钟书明、王德辉、付尚年、孙立欣、李策宇5人组成，钟书明任书记；中共炼油一厂一套ARGG车间支部委员会由潘志兴、张力民、刘宗强、陈庆平、赵立民5人组成，潘志兴任书记；中共炼油一厂重整加氢车间支部委员会由杨明辉、杨威年、白国军、孙太滨、皮云5人组成，杨明辉任书记。

2016年4月29日，中共大庆炼化公司炼油一厂召开第一次代表大会，54名党员代表参加会议。会议选举中共大庆炼化公司炼油一厂第一届委员会，由王志国、杜鑫、邹高新、张春晓、贾鸣春、葛立彬6人组成（以姓氏笔画为序），葛立彬为党委书记，贾鸣春为党委副书记。选举产生中共大庆炼化公司炼油一厂纪律检查委员会，由郑巍、郑涤非、钟书明、葛立彬、潘志兴 5 人组成（以姓氏笔画为序），葛立彬为纪委书记。炼油一厂党委下属 6 个党支部，共有党员 175 人。

2017 年 6 月，大庆炼化公司党委决定：王志国任大庆炼化公司炼油一厂党委副书记；王德辉任大庆炼化公司炼油一厂党委委员；免去贾鸣春的大庆炼化公司炼油一厂党委副书记、委员职务。大庆炼化公司决定：王志国任大庆炼化公司炼油一厂厂长；邹高新任大庆炼化公司炼油一厂副厂长；王德辉任大庆炼化公司炼油一厂总工程师；免去贾鸣春的大庆炼化公司炼油一厂厂长职务；免去王志国的大庆炼化公司炼油一厂副厂长职务；免去邹高新的大庆炼化公司炼油一厂总工程师职务。王志国负责原厂长贾鸣春分管的全厂行政工作；邹高新负责原副厂长王志国分管的生产运行管理等工作；王德辉负责原总工程师邹高新分管的技术管理等工作。

截至 2018 年 12 月 31 日，炼油一厂共有 10 套生产装置：250 万吨 / 年常减压装置、350 万吨 / 年常减压装置、110 万吨 / 年 ARGG 装置、35 万吨 / 年重整加氢装置、88 万吨 / 年酸性水汽提装置、35 万吨 / 年气体分馏装置、10 万吨 / 年芳烃抽提装置、150 万吨 / 年汽油加氢装置、170 万吨 / 年柴油加氢装置、40 万吨 / 年汽油醚化装置。其中，170 万吨 / 年柴油加氢装置于 2014 年 11 月投产成功，40 万吨 / 年汽油醚化装置于 2016 年 5 月投产成功。厂机关设生产办公室和综合办公室，基层设 5 个车间：常减压车间、气体分馏车间、一套 ARGG 车间、汽柴油加氢车间和重整加氢车间。在册员工 476 人，其中女员工 125 人。炼油一厂党委下属 6 个党支部，共有党员 182 人。

炼油一厂行政领导班子由 6 人组成：王志国任厂长，葛立彬、杜鑫、邹高新任副厂长，张春晓任安全总监，王德辉任总工程师。炼油一厂党委由 6 人组成：葛立彬任书记，王志国任副书记，杜鑫、邹高新、张春晓、王德辉任委员。葛立彬任纪委书记。葛立彬任工会主席。领导班子分工如下：

王志国任厂长、党委副书记，负责全厂行政工作，协助党委书记做好党群工作，分管安全环保、生产经营、人事、劳资、企业管理等工作。

葛立彬任党委书记、纪委书记、工会主席、副厂长，负责全厂党群工作，协助厂长做好行政工作，分管组织、纪检、宣传、企业文化、维稳、工会、共青团、综合治理等工作。

杜鑫任副厂长、党委委员，负责全厂设备工作，分管设备运行和故障分析处理、设备标准化、检维修管理、长周期运行、设备防腐蚀等工作。

邹高新任副厂长、党委委员，负责全厂生产工作，分管生产运行、生产专业标准化管理、质量控制、长周期运行、调度室、数据管理、工艺防腐蚀、环保等工作。

张春晓任安全总监、党委委员，负责全厂的安全工作，分管 HSE 工作、安全专业标准化管理、安全培训、应急演练、安全设施、劳动保护、职业卫生、现场施工作业监督管理等工作。

王德辉任总工程师、党委委员，负责全厂技术管理工作，分管技术专业标准化管理、操作规程、工艺卡片、平稳率、技改技措、防腐蚀技术、节能节水、员工培训等工作。

炼油一厂紧紧抓住"效益稳中向好，大局稳定和谐"两条主线，夯实基础工作，坚持严格管理，加大挖潜增效、技术创新和标准化建设力度，增强内生动力，提升经营业绩。2014 年至 2018 年，累计加工原油 2594.85 万吨。炼油一厂党委荣获 2014 年度、2016 年度集团公司先进基层党组织称号，一套 ARGG 车间荣获"集团公司 2014 年度绿色基层车间"和"集团公司 2014 年度节能节水先进基层单位"称号，常减压车间荣获 2017 年度、2018 年度黑龙江省"工人先锋号"称号。

期间：2016 年 9 月，一套 ARGG 车间运行二班班长朱文源当选为 2016 年度大庆市让胡路区第十届人大代表。

**一、炼油一厂行政领导名录**（2014.1—2018.12）

厂　　　长　贾鸣春（2014.2—2017.6）

　　　　　　王志国（2017.6—2018.12）

副　厂　长　贾鸣春（主持工作，2014.1—2）[①]

　　　　　　赵立强（2014.1—3）

　　　　　　杜　鑫（2014.1—2018.12）

　　　　　　杨家河（2014.1—2016.2）

　　　　　　王志国（2014.3—2017.6）

　　　　　　葛立彬（2016.2—2018.12）

---

① 2014 年 1 月至 2 月期间，炼油一厂厂长空缺，副厂长贾鸣春主持工作。

邹高新（2017.6—2018.12）

**总 工 程 师** 王志国（2014.1—3）

邹高新（2014.3—2017.6）

王德辉（2017.6—2018.12）

**安 全 总 监** 赵立强（兼任，2014.1—3）

王志国（兼任，2014.3—9）

张春晓（2014.9—2018.12）

**副总工程师** 郭庆祥（2014.1—3）

刘 庆（2014.4—2018.8）

钟书明（2018.8—12）

**二、炼油一厂党委领导名录（2014.1—2018.12）**

**书 记** 杨家河（2014.1—2016.2）

葛立彬（2016.2—2018.12）

**副 书 记** 贾鸣春（2014.2—2017.6）

王志国（2017.6—2018.12）

**委 员** 杨家河（2014.1—2016.2）

贾鸣春（2014.1—2017.6）

赵立强（2014.1—3）

杜 鑫（2014.1—2018.12）

王志国（2014.1—2018.12）

邹高新（2014.3—2018.12）

张春晓（2014.9—2018.12）

葛立彬（2016.2—2018.12）

王德辉（2017.6—2018.12）

**三、炼油一厂纪委领导名录（2014.1—2018.12）**

**书 记** 杨家河（2014.1—2016.2）

葛立彬（2016.2—2018.12）

**委 员** 杨家河（2014.1—2016.2）

葛立彬（2016.2—2018.12）

郑　巍（女，2014.1—2018.12）

祁树辉（2014.1—2016.4）

钟书明（2014.1—2018.12）

郑涤非（2014.1—2018.12）

潘志兴（2014.1—2018.12）

**四、炼油一厂工会领导名录（2014.1—2018.12）**

主　　席　杨家河（2014.1—2016.2）

葛立彬（2016.2—2018.12）

**五、所属机关科级单位**

截至2014年1月1日，炼油一厂机关设生产办公室、综合办公室，机构规格均正科级，生产办公室下设调度室。在册员工34人，其中党员28人。

综合办公室主要负责党组织建设、纪检、文书秘书、宣传、维护稳定、工会、共青团、人事劳资、统计核算、综合治理等工作。生产办公室主要负责生产管理、技术管理、设备管理、安全环保、培训管理、生产调度等工作。

截至2018年12月31日，炼油一厂机关在册员工31人，其中党员25人。

**（一）综合办公室领导名录（2014.1—2018.12）**

主　　任　滕　军（女，2014.1—2018.10）[1]

钟书明（2018.10—12）

郑涤非（2018.12）

副 主 任　郑　巍（2014.1—2018.12）

**党委组织员**　郑　巍（2014.1—2018.12）

正科级干部　蒙秀利（女，2014.1—6）[2]

**（二）生产办公室领导名录（2014.1—2018.12）**

主　　任　刘东春（2014.1—2018.10）[3]

张力民（2018.10—12）

副 主 任　王坦龙（2014.1—2018.12）

---

① 2018年10月，滕军退出领导岗位。

② 2014年6月至2018年12月期间，蒙秀利借调揭阳石化。

③ 2018年10月，刘东春退出领导岗位。

**（三）机关党支部领导名录（2014.1—2018.12）**

　　书　　记　滕　军（2014.1—2018.10）

　　　　　　　钟书明（2018.10—12）

　　　　　　　郑涤非（2018.12）

## 六、所属基层科级单位

**（一）常减压车间（2014.1—2018.12）**

截至 2014 年 1 月 1 日，常减压车间机构规格正科级，在册员工 96 人，其中党员 25 人。

常减压车间由 250 万吨 / 年常减压装置和 350 万吨 / 年常减压装置组成，包括电脱盐部分、常压部分、减压部分和炉区，具有 600 万吨的原油初加工能力。主要产品有直馏汽油、柴油、中性润滑油基础油、渣油等，为后续装置提供原料。

截至 2018 年 12 月 31 日，车间在册员工总数 102 人，其中党员 39 人。

1. 常减压车间领导名录（2014.1—2018.12）

　　主　　　任　赵朝阳（2014.1—2018.12）

　　副 主 任　李策宇（2014.1—6）

　　　　　　　钟书明（2014.1—8）

　　　　　　　苏　泽（2014.1—2018.12）

　　　　　　　尹达维（2014.1—2018.12）

　　　　　　　赵纪禹（2014.1—2018.12）

　　　　　　　郑涤非（2015.12—2018.12）

　　　　　　　王鹤翔（满族，2018.12）

2. 常减压车间党支部领导名录（2014.1—2018.12）

　　书　　记　钟书明（2014.1—8）

　　　　　　　郑涤非（2014.8—2018.12）

　　　　　　　尹达维（2018.12）

**（二）气体分馏车间（2014.1—2018.12）**

截至 2014 年 1 月 1 日，气体分馏车间机构规格正科级，在册员工 40 人，党员 14 人。

气体分馏车间包括 35 万吨 / 年气体分馏装置和 40 万吨 / 年汽油醚化装置。

汽油醚化装置 2015 年 7 月筹建，2016 年 5 月 3 日中交，5 月 12 日开车一次成功。装置以 150 万吨／年汽油加氢装置轻汽油为原料，与甲醇进行反应生产高辛烷值、低蒸汽压的醚化汽油产品。

截至 2018 年 12 月 31 日，车间在册员工 50 人，其中党员 16 人。

1. 气体分馏车间领导名录（2014.1—2018.12）

主　　任　王　波（2014.1—2018.12）

副 主 任　赵颖达（满族，2014.1—2018.12）

　　　　　廖永军（2014.1—2018.12）

2. 气体分馏车间党支部领导名录（2014.1—2018.12）

书　　记　赵颖达（2014.1—2018.12）

**（三）一套 ARGG 车间（2014.1—2018.12）**

截至 2014 年 1 月 1 日，一套 ARGG 车间机构规格正科级，在册员工 95 人，其中党员 31 人。

装置年加工能力为 110 万吨，由反应—再生系统、主风机组、分馏系统、气压机组、吸收稳定系统、余热回收和余热锅炉系统、产品精制、烟气脱硫 8 部分组成，主要产品为液化石油气、低烯烃汽油和轻柴油。

2014 年 6 月，公司撤销催化裂解车间机构建制，车间管理的 88 万吨／年酸性水装置及人员划入一套 ARGG 车间管理。

截至 2018 年 12 月 31 日，车间员工总数 118 人，其中党员 45 人。

1. 一套 ARGG 车间领导名录（2014.1—2018.12）

主　　任　刘　庆（2014.1—4）

　　　　　张力民（2014.4—2018.10）

　　　　　刘宗强（2018.10—12）

副 主 任　张力民（2014.1—4）

　　　　　赵立民（2014.1—2018.9）

　　　　　刘宗强（2014.5—2018.10）

　　　　　潘志兴（2014.6—2018.12）

　　　　　陈庆平（2014.6—2018.12）

　　　　　尹　铨（2018.10—12）

　　　　　李凤宇（2018.10—12）

2. 一套 ARGG 车间党支部领导名录（2014.1—2018.12）

　　书　　　记　潘志兴（2014.1—2018.12）

**（四）催化裂解车间（2014.1—6）**

截至 2014 年 1 月 1 日，催化裂解车间机构规格正科级，在册员工 104 人，其中党员 23 人。

车间管理 88 万吨 / 年酸性水汽提装置和 12 万吨 / 年 TMP 试验装置。其中酸性水汽提装置是公司最大的环保装置，担负着全公司的炼油污水处理任务。TMP 试验装置承担着工业化试验的任务。2014 年 6 月，公司决定关停 TMP 试验装置，人员调入庆化公司。

2014 年 6 月，为进一步提高机构运行及管理效率、降本增效，公司决定撤销催化裂解车间机构建制，将催化裂解车间管理的 88 万吨 / 年酸性水装置及人员划入一套 ARGG 车间管理。

1. 催化裂解车间领导名录（2014.1—6）

　　主　　　任　王国辉（2014.1—6）

　　副　主　任　陈庆平（2014.1—6）

　　　　　　　　马曾文（2014.1—6）

　　　　　　　　陈枢权（2014.1—3）

2. 催化裂解车间党支部领导名录（2014.1—6）

　　书　　　记　任国升（2014.1—2）[①]

**（五）汽油加氢车间（2014.1—2016.3）**

截至 2014 年 1 月 1 日，汽油加氢车间机构规格正科级，在册员工 51 人，其中党员 14 人。

2016 年 3 月，为进一步提高机构运行及管理效率、降本增效，公司决定将汽油加氢车间和柴油加氢车间合并，成立汽柴油加氢车间。

1. 汽油加氢车间领导名录（2014.1—2016.3）

　　主　　　任　王治峰（2014.1—2016.3）

　　副　主　任　付尚年（2014.1—2016.3）

　　　　　　　　门占江（2014.1—8）

---

① 2014 年 2 月至 6 月期间，催化裂解车间党支部书记空缺。

　　　　　钟书明（2014.8—2016.3）

　　2.汽油加氢车间党支部领导名录（2014.1—2016.3）

　　　书　　记　王治峰（2014.1—8）

　　　　　　　钟书明（2014.8—2016.3）

**（六）柴油加氢车间（2014.6—2016.3）**

2014年6月，大庆炼化公司决定：成立柴油加氢车间，机构规格正科级，在册员工40人，其中党员15人。

2016年3月，为进一步提高机构运行及管理效率、降本增效，公司决定将汽油加氢车间和柴油加氢车间合并，成立汽柴油加氢车间。

　　1.柴油加氢车间领导名录（2014.6—2016.3）

　　　主　　任　王德辉（2014.6—2016.3）

　　副　主　任　李策宇（2014.6—2016.3）

　　　　　　　孙立欣（2014.6—2016.3）

　　2.柴油加氢车间党支部领导名录（2014.6—2016.3）

　　　书　　记　王德辉（2014.6—2016.3）

**（七）汽柴油加氢车间（2016.3—2018.12）**

2016年3月，为进一步提高机构运行及管理效率、降本增效，公司决定将汽油加氢车间和柴油加氢车间合并，成立汽柴油加氢车间，在册员工91人，其中党员29人。

截至2018年12月31日，汽柴油加氢车间在册员工100人，其中党员32人。

　　1.汽柴油加氢车间领导名录（2016.3—2018.12）

　　　主　　任　王德辉（2016.3—2017.7）

　　　　　　　李策宇（2017.7—2018.12）

　　副　主　任　钟书明（2016.3—2018.8）

　　　　　　　李策宇（2016.3—2017.7）

　　　　　　　付尚年（2016.3—2018.3）

　　　　　　　孙立欣（2016.3—2018.12）

　　　　　　　滕小勇（2018.3—12）

　　　　　　　孟庆宇（2018.10—12）

2. 汽柴油加氢车间党支部领导名录（2016.3—2018.12）

　　书　　　记　钟书明（2016.3—2018.10）

　　　　　　　　孙立欣（2018.10—12）

**（八）重整加氢车间（2014.1—2018.12）**

截至 2014 年 1 月 1 日，重整加氢车间机构规格正科级，在册员工 84 人，其中党员 15 人。

重整加氢车间包括 35 万吨/年重整加氢装置和 10 万吨/年芳烃抽提装置。重整加氢装置生产高辛烷值汽油，为芳烃抽提装置提供原料，副产氢气供各加氢装置使用。芳烃抽提装置以重整脱戊烷油为原料，主要生产苯，副产非芳烃、重组分汽油外送储运厂进行汽油调和，生产的苯为炼油二厂干气制乙苯装置提供原料。

截至 2018 年 12 月 31 日，车间在册员工 75 人，其中党员 25 人。

1. 重整加氢车间领导名录（2014.1—2018.12）

　　主　　　任　邹高新（2014.1—3）

　　　　　　　　杨威年（2014.3—2018.12）

　　副　主　任　杨明辉（2014.1—2018.3）

　　　　　　　　孙太滨（2014.1—2018.12）

　　　　　　　　白国军（蒙古族，2014.1—2018.12）

　　　　　　　　付尚年（2018.3—12）

　　调　研　员　杨明辉（正科级，2018.3—12）

2. 重整加氢车间党支部领导名录（2014.1—2018.12）

　　书　　　记　郑涤非（2014.1—8）

　　　　　　　　杨明辉（2014.8—2018.3）

　　　　　　　　付尚年（2018.3—12）

# 第二节　炼油二厂（2014.1—2018.12）

炼油二厂成立于 2003 年 7 月，机构规格正处级，党组织关系隶属大庆炼化公司党委，机关办公地点在黑龙江省大庆市让胡路区马鞍山，业务受大庆炼化公司领导。截至 2014 年 1 月 1 日，炼油二厂拥有 10 套生产装置：180 万吨 / 年 ARGG、产品精制装置、60 万吨 / 年气体分馏、14 万吨 / 年 MTBE、60 万吨 / 年加氢改质、50000 标准立方米 / 时 PSA 装置、10 万吨 / 年干气制乙苯、4000 吨 / 年硫磺回收、112 万吨 / 年酸性水汽提、5400 标准立方米 / 时瓦斯回收（气柜）。炼油二厂机关设 2 个办公室：生产办公室、综合办公室，基层设 6 个车间：二套 ARGG 车间、二套气体分馏车间、加氢改质车间、硫磺回收车间、干气制乙苯车间、瓦斯车间。炼油二厂作为主要生产厂，主要产品有汽油、柴油、液化气、精丙烯、MTBE、乙苯等。在册员工 475 人，其中女员工 131 人，平均年龄 38 岁，大中专以上学历的员工占到员工总数的 51%，炼油二厂党委下属 7 个党支部，共有党员 176 人。

炼油二厂党政领导班子由 6 人组成。

徐言彪任厂长、党委副书记，负责炼油二厂行政全面工作，负责生产、质量、经营、人事工作。

顾广发任党委书记、副厂长，负责炼油二厂党群全面工作，负责组织、宣传、企业文化、计划生育、维护稳定工作。

张玉任党委副书记、纪委书记、工会主席，协助党委书记管理党群日常工作，负责纪检、工会、综合治理、班组建设工作。

隋宏宇任副厂长、党委委员，负责全厂设备管理、设备卫生规格化、检维修计划的审核，设备管理人员及员工设备知识的培训。

高景庆任副厂长、安全总监、党委委员，负责安全生产、环保等工作，负责安全监督管理、体系认证、劳动保护、安全隐患治理、全厂的安全技术培训工作。

韩相玉任总工程师、党委委员，负责全厂生产技术的审核工作，负责全厂生产技术、技改技措、装置达标以及工艺资料的监督检查工作，负责各车间工艺卡片、开停工等方案的审核工作。

2014 年 3 月，大庆炼化公司党委决定：刘伟任大庆炼化公司炼油二厂党委委员；免去高景庆的大庆炼化公司炼油二厂党委委员职务。大庆炼化公司决定：刘伟任大庆炼化公司副厂长兼安全总监；免去高景庆的大庆炼化公司炼油二厂副厂长兼安全总监职务。

2014 年 4 月，对领导班子分工进行调整：

厂长、党委副书记徐言彪负责炼油二厂行政全面工作，分管行政、人事、生产经营、安全、环保、企业管理、标准化管理等工作，协助党委书记做好党群工作。

党委书记、副厂长顾广发负责炼油二厂党群全面工作，负责组织、纪检、工会、宣传、思想政治工作、企业文化、计划生育、维护稳定、团委、综合治理、信访、环卫、标准化管理、保密、房产工作，负责组织各项活动的安全。

党委副书记、纪委书记、工会主席张玉协助党委书记管理党群日常工作，负责纪检、工会、综合治理、班组建设工作。

副厂长、安全总监、党委委员刘伟负责生产运行、节能、环保、质量等工作，负责全厂生产计划的审核工作，负责全厂生产技术、技改技措、装置达标以及工艺资料、工艺纪律的监督检查工作，负责全厂工艺卡片、开停工等方案的审核工作，协助厂长做好生产管理工作。

副厂长、党委委员隋宏宇负责全厂设备管理工作，负责检维修计划的审核工作，负责检维修用料计划上报的审核及检维修用料使用的审批工作，负责抓好检维修工作及备件国产化工作，负责计量器具的管理工作。

总工程师、党委委员韩相玉负责全厂生产技术的审核工作，负责全厂生产技术、技改技措、装置达标以及工艺资料的监督检查工作，负责各车间工艺卡片、开停工等方案的审核工作。

2014年10月，大庆炼化公司党委决定：顾广发任大庆炼化公司炼油二厂纪委书记、工会主席；免去张玉的大庆炼化公司炼油二厂党委副书记、纪委书记、工会主席职务；免去韩相玉的大庆炼化公司炼油二厂党委委员职务。大庆炼化公司决定：张玉任大庆炼化公司炼油二厂副厂长、安全总监；刘伟任大庆炼化公司炼油二厂总工程师；免去韩相玉的大庆炼化公司炼油二厂总工程师职务，另有任用；免去刘伟的大庆炼化公司炼油二厂安全总监职务。

2014年11月，对领导班子分工进行调整：

厂长、党委副书记徐言彪负责炼油二厂行政全面工作，分管行政、人事、生产经营、安全、环保、企业管理、标准化管理等工作，协助党委书记做好党群工作。

党委书记、纪委书记、工会主席、副厂长顾广发负责炼油二厂党群全面工作，负责组织、纪检、工会、宣传、思想政治工作、企业文化、计划生育、维护稳定、团委、综合治理、信访、环卫、标准化管理、保密、房产工作，负责组织各项活动的安全。

副厂长、总工程师、党委委员刘伟负责生产运行、节能、环保、质量等工作，负责全厂生产计划的审核工作，负责全厂生产技术、技改技措、装置达标以及工艺资料、工艺纪律的监督检查工作，负责全厂工艺卡片、开停工等方案的审核工作，协助厂长做好生产管理工作。

副厂长、党委委员隋宏宇负责炼油二厂设备管理、设备卫生标准化工作，负责检维修计划的审核工作，负责检维修用料计划上报的审核及检维修用料使用的审批工作，负责抓好检维修工作及备件国产化工作，负责计量器具的管理工作。

副厂长、安全总监、党委委员张玉负责炼油二厂安全监督管理、环境保护、体系认证、劳动保护、安全标准化管理等工作，负责安全隐患治理工作，负责全厂的安全培训工作。

2015 年 9 月 25 日，炼油二厂召开第三次工会会员代表大会，工会会员代表共 66 人参加会议。会议选举产生炼油二厂第三届工会委员会、经费审查委员会和女职工委员会。顾广发为工会主席。

2016 年 2 月，大庆炼化公司党委决定：免去顾广发的大庆炼化公司炼油二厂党委书记、纪委书记、工会主席职务。大庆炼化公司决定：免去顾广发的大庆炼化公司炼油二厂副厂长职务。

2016 年 5 月，大庆炼化公司党委决定：崔军明任大庆炼化公司炼油二厂党委书记、纪委书记、工会主席。大庆炼化公司决定：崔军明任大庆炼化公司炼油二厂副厂长。

2016 年 5 月，中共大庆炼化公司炼油二厂委员会对所属 7 个党支部选举结果进行批复。中共炼油二厂机关支部委员会由崔艳杰、高山、刘英华、王贵新、朱秀丽 5 人组成，崔艳杰任书记；中共炼油二厂二套 ARGG 车间支部委员会由刘兵兵、张洪军、朱险峰、李成、田彪 5 人组成，刘兵兵任书记；中共炼油二厂二套气体分馏车间支部委员会由武艳、刘阁飞、闫雪成、刘岱晓 4 人组成，武艳任书记；中共炼油二厂加氢改质车间支部委员会由

金德泉、王国庆、王道全、步云峰、刘天明 5 人组成，金德泉任书记；中共
炼油二厂硫磺回收车间支部委员会由张鹏飞、王东、李春波、杨延峰、袁香玲
5 人组成，张鹏飞任书记；中共炼油二厂干气制乙苯车间支部委员会由彭启
军、陈立新、申永贵、钟永煊、孙宪任 5 人组成，彭启军任书记；中共炼
油二厂瓦斯车间支部委员会由马凤春、王凤江、刘福强 3 人组成，马凤春
任书记。

2016 年 5 月 20 日，中共大庆炼化公司炼油二厂委员会召开第一次代
表大会，57 名党员代表参加会议。会议选举产生第一届中共炼油二厂委员
会，由刘伟、张玉、徐言彪、崔军明、隋宏宇 5 人组成（以姓氏笔画为序），
崔军明为党委书记，徐言彪为党委副书记。选举产生中共大庆炼化公司炼油
二厂纪律检查委员会，由马鹏程、王贵新、武艳、崔军明、崔艳杰 5 人组成
（以姓氏笔画为序），崔军明为纪委书记。

2016 年 8 月，对领导班子分工进行调整：

厂长、党委副书记徐言彪负责炼油二厂行政全面工作，分管行政、人
事、生产经营、安全、环保、企业管理、标准化管理等工作，协助党委书记
做好党群工作。

党委书记、纪委书记、工会主席、副厂长崔军明负责炼油二厂党群全面
工作，负责组织、纪检、工会、宣传、思想政治工作、企业文化、计划生
育、维护稳定、团委、综合治理、信访、环卫、标准化管理、保密、房产工
作，负责组织各项活动的安全。

副厂长、总工程师、党委委员刘伟负责生产运行、节能、环保、质量等
工作，负责全厂生产计划的审核工作，负责全厂工艺卫生标准化工作，负
责全厂生产技术、技改技措、装置达标以及工艺资料、工艺纪律的监督检查
工作，负责全厂工艺卡片、开停工等方案的审核工作，负责生产过程中的安
全工作。

副厂长、党委委员隋宏宇负责炼油二厂设备管理、设备卫生标准化工
作，负责检维修计划的审核工作，负责检维修用料计划上报的审核及检维修
用料使用的审批工作，负责抓好检维修工作及备件国产化工作，负责计量器
具的管理工作。

副厂长、安全总监、党委委员张玉负责炼油二厂安全监督管理、环境保

护、体系认证、劳动保护、安全标准化管理等工作，负责安全隐患治理工作，负责全厂的安全技术培训工作。

2017年9月，大庆炼化公司党委决定：张洪军任大庆炼化公司炼油二厂党委委员；刘伟任大庆炼化公司炼油二厂党委副书记；免去徐言彪的大庆炼化公司炼油二厂党委副书记、党委委员职务。大庆炼化公司决定：张洪军任大庆炼化公司炼油二厂副厂长、总工程师；刘伟大庆炼化公司炼油二厂厂长；免去徐言彪大庆炼化公司炼油二厂厂长职务；免去刘伟的大庆炼化公司炼油二厂副厂长、总工程师职务。

2017年10月，对领导班子分工进行调整：

厂长、党委副书记刘伟负责全厂行政工作，分管行政、人事、生产经营、安全、环保、企业管理、标准化管理等工作，协助党委书记做好党群工作。

党委书记、纪委书记、工会主席、副厂长崔军明负责全厂党群工作，分管组织、纪检、思想政治、企业文化、宣传、工会、共青团、综合治理、维稳、劳动纪律、现场管理（办公环境、绿化带、装置区、机泵房、库房部分）等工作，协助厂长做好行政工作。

副厂长、党委委员隋宏宇协助厂长负责设备管理工作，分管设备运行、检维修、设备管理标准化、设备节能降耗、设备防腐蚀等工作。

副厂长、安全总监、党委委员张玉负责全厂的安全管理等工作，分管安全环保、HSE体系、安全培训、现场施工安全管理、劳动保护等工作。

副厂长、总工程师、党委委员张洪军负责全厂生产、技术管理等工作，分管生产运行、生产计划统计、质量控制、节能降耗、装置达标、生产技术、技改技措、操作规程等工作。

2018年4月，大庆炼化公司决定：将硫磺回收车间更名为硫酸车间，管理废酸再生、酸性气制酸和酸性水汽提3套装置，更名后机构隶属关系、规格不变，职能一并调整；干气制乙苯车间更名为烷基化车间，管理烷基化、干气制乙苯装置和干气制乙苯罐区，更名后机构隶属关系、规格不变，职能一并调整。

2018年8月，大庆炼化公司党委决定：王国庆任大庆炼化公司炼油二厂党委委员。大庆炼化公司决定：王国庆任大庆炼化公司炼油二厂总工程师；免去张洪军的大庆炼化公司炼油二厂总工程师职务。

2018年9月，对领导班子分工进行调整：

厂长、党委副书记刘伟负责全厂行政工作，管行政、人事、生产经营、安全、环保、企业管理、标准化管理等工作，协助党委书记做好党群工作。

党委书记、纪委书记、工会主席、副厂长崔军明负责全厂党群工作，分管组织、纪检、思想政治、企业文化、宣传、工会、共青团、综合治理、维稳、劳动纪律、现场管理（办公环境、绿化带、装置区、机泵房、库房部分）等工作，协助厂长做好行政工作。

副厂长、党委委员隋宏宇协助厂长负责设备管理工作，分管设备运行、检维修、设备管理标准化、设备节能降耗、设备防腐蚀等工作。

副厂长、安全总监、党委委员张玉协助厂长负责安全、环保、培训工作。分管HSE体系、安全专业标准化、安全设施、应急演练、劳动保护、职业卫生、现场施工作业监督管理、环保、培训等工作。

副厂长、党委委员张洪军协助厂长负责生产经营工作，分管生产运行、质量控制、节能降耗、生产过程标准化、核算工作、工艺防腐蚀、调度室管理等工作。

总工程师、党委委员王国庆协助厂长负责技术工作，分管技术改造、操作规程、工艺卡片、平稳率、装置达标、HAZOP分析、JCA、信息管理等工作。

截至2018年12月31日，炼油二厂机关设2个办公室，即：生产办公室、综合办公室，基层设6个车间：二套ARGG车间、二套气体分馏车间、加氢改质车间、硫酸车间、烷基化车间、瓦斯车间。炼油二厂在册员工442人，其中女员工115人，炼油二厂党委下属7个党支部，共有党员195人。

炼油二厂行政领导班子由6人组成：刘伟任厂长，崔军明、隋宏宇、张玉、张洪军任副厂长，张玉任安全总监，王国庆任总工程师。炼油二厂党委由崔军明、刘伟、隋宏宇、张玉、张洪军、王国庆6人组成，崔军明任党委书记，刘伟任党委副书记。崔军明任纪委书记、工会主席。领导班子分工自2018年9月以来未再进行调整。

炼油二厂牢固树立"大平稳出大效益、大优化出大效益"工作理念，严格落实"四责"管理要求，狠抓安全管控、强化平稳操作、紧盯技术创新、注重设备管理，较好地完成了各项工作任务，内部效益持续攀升，未发生一起安全环保事故。2014 年至 2018 年，炼油二厂先后涌现出中央企业劳动模范、黑龙江省优秀共产党员、集团公司优秀共产党员、龙江工匠等 10 余人，先后获得黑龙江省五一劳动奖状、黑龙江省生产示范岗位等荣誉称号。

期间：2016 年 12 月，炼油二厂加氢改质车间党支部书记金德泉当选中国人民政治协商会议黑龙江省大庆市让胡路区第九届委员会委员。

**一、炼油二厂行政领导名录（2014.1—2018.12）**

厂　　　长　徐言彪（2014.1—2017.9）

刘　伟（2017.9—2018.12）

副　厂　长　顾广发（2014.1—2016.2）

高景庆（2014.1—3）

隋宏宇（2014.1—2018.12）

刘　伟（2014.3—2017.9）

张　玉（2014.10—2018.12）

崔军明（2016.5—2018.12）

张洪军（2017.9—2018.12）

总 工 程 师　韩相玉（2014.1—10）[①]

刘　伟（2014.10—2017.9）

张洪军（2017.9—2018.8）

王国庆（2018.8—12）

安 全 总 监　高景庆（兼任，2014.1—3）

刘　伟（兼任，2014.3—10）

张　玉（兼任，2014.10—2018.12）

副总工程师　程立国（2014.1—2018.12）

**二、炼油二厂党委领导名录（2014.1—2018.12）**

书　　　记　顾广发（2014.1—2016.2）[②]

崔军明（2016.5—2018.12）

---

①　2014 年 10 月，韩相玉调任大庆宏伟庆化石油化工有限公司副总经理兼技术总监。

②　2016 年 2 月至 5 月期间，炼油二厂党委书记空缺。

　副　书　记　张　玉（2014.1—10）

　　　　　　　徐言彪（2014.1—2017.9）

　　　　　　　刘　伟（2017.9—2018.12）

　委　　　员　高景庆（2014.1—3）

　　　　　　　韩相玉（2014.1—10）

　　　　　　　顾广发（2014.1—2016.2）

　　　　　　　徐言彪（2014.1—2017.9）

　　　　　　　隋宏宇（2014.1—2018.12）

　　　　　　　张　玉（2014.1—2018.12）

　　　　　　　刘　伟（2014.3—2018.12）

　　　　　　　崔军明（2016.5—2018.12）

　　　　　　　张洪军（2017.9—2018.12）

　　　　　　　王国庆（2018.8—12）

**三、炼油二厂纪委领导名录（2014.1—2018.12）**

　书　　　记　张　玉（2014.1—10）

　　　　　　　顾广发（2014.10—2016.2）[①]

　　　　　　　崔军明（2016.5—2018.12）

　委　　　员　张　玉（2014.1—10）

　　　　　　　崔艳杰（女，2014.1—2018.12）

　　　　　　　彭启军（2014.1—2016.5）

　　　　　　　金德泉（2014.1—2016.5）

　　　　　　　王贵新（2014.6—2018.12）

　　　　　　　马鹏程（2014.8—2018.12）

　　　　　　　顾广发（2014.10—2016.2）

　　　　　　　崔军明（2016.5—2018.12）

　　　　　　　武　艳（女，2016.5—2018.12）

**四、炼油二厂工会领导名录（2014.1—2018.12）**

　主　　　席　张　玉（2014.1—10）

---

① 2016年2月至5月期间，炼油二厂纪委书记空缺。

　　　　　　顾广发（2014.10—2016.2）[①]

　　　　　　崔军明（2016.5—2018.12）

**五、所属机关科级单位**

截至 2014 年 1 月 1 日，炼油二厂机关设生产办公室、综合办公室，机构规格正科级，生产办公室下设调度室。在册员工 24 人，其中女员工 7 人，党员 14 人。

综合办公室主要负责组织、纪检、宣传、工会、女工、共青团、人事劳资、经营核算、干部管理、综治保卫、维稳、房产、计划生育、保密、现场管理等工作。生产办公室主要负责生产指令的下达，生产指挥，生产动态的调整以及协调全厂装置的具体生产实施，负责生产计划制定、分解和执行，负责专业技术的编制、技术改造与实施、培训等工作，负责安全、环保管理、安全施工及安全作业的落实，对新员工进行安全教育，对施工进行作业票签发，对员工进行安全培训等工作，负责动、静设备的维护、保养，装置大检修，技改技措的制定和实施等工作。

2016 年 12 月，机关党支部召开党员大会，增补蒋振华为支部委员。党支部委员会由崔艳杰、高山、王贵新、蒋振华、朱秀丽 5 人组成。

截至 2018 年 12 月 31 日，炼油二厂机关在册员工 24 人，其中女员工 8 人，党员 14 人。

**（一）综合办公室领导名录（2014.1—2018.12）**

　　　主　　任　崔艳杰（2014.1—2018.12）

　　　副 主 任　金德泉（2014.1—3）

　　　　　　　　王贵新（2014.3—2018.12）

　　党委组织员　金德泉（2014.1—3）

　　　　　　　　王贵新（2014.3—2018.12）

**（二）生产办公室领导名录（2014.1—2018.12）**

　　　主　　任　高　山（2014.1—2018.8）

　　　　　　　　陈立新（2018.9—2018.12）

　　　副 主 任　钟永煊（2014.1—8）

---

① 2016 年 2 月至 5 月期间，炼油二厂工会主席空缺。

陈立新（2014.1—2015.3）

刘英华（女，2014.8—2016.11）

蒋振华（2016.5—2018.12）

**（三）机关党支部领导名录（2014.1—2018.12）**

书　　记　崔艳杰（2014.1—2018.12）

**六、所属基层科级单位**

**（一）二套 ARGG 车间（2014.1—2018.12）**

截至 2014 年 1 月 1 日，二套 ARGG 车间机构规格正科级，在册员工 127 人，其中女员工 24 人，党员 43 人。

装置年加工能力为 180 万吨，管理着 180 万吨/年 ARGG 和产品精制两套装置，主要产品有汽油、柴油、液化气等。

2014 年 4 月，二套 ARGG 车间获得黑龙江省总工会工人先锋号荣誉称号。

2015 年 4 月，二套 ARGG 车间获得中华全国总工会工人先锋号荣誉称号。

2017 年 11 月，二套 ARGG 车间党支部召开党员大会，增补王国庆、张立敏为支部委员。党支部委员会由朱险峰、王国庆、李成、张洪泉、张立敏 5 人组成。

2018 年 9 月，司伟任炼油二厂二套 ARGG 车间副主任（副科级），10 月增补司伟为支部委员。党支部委员会由朱险峰、张洪泉、司伟、张立敏 4 人组成。

截至 2018 年 12 月 31 日，车间在册员工 105 人，其中女员工 18 人，党员 45 人。

1. 二套 ARGG 车间领导名录（2014.1—2018.12）

主　　任　张洪军（2014.1—2017.11）

王国庆（2017.11—2018.12）

副　主　任　申　宁（2014.1—11）

王国庆（2014.1—2015.3）

刘兵兵（2014.1—2017.11）

田　彪（2014.3—2016.9）

朱险峰（2014.4—2018.12）

李　成（2016.9—2018.3）

张洪泉（2017.11—2018.12）

司　伟（2018.9—12）

2. 二套 ARGG 车间党支部领导名录（2014.1—2018.12）

书　　记　申　宁（2014.1—11）

刘兵兵（2014.11—2017.11）

朱险峰（2017.11—2018.12）

**（二）二套气体分馏车间（2014.1—2018.12）**

截至 2014 年 1 月 1 日，二套气体分馏车间机构规格正科级，在册员工 69 人，其中女员工 26 人，党员 23 人。

车间管理 60 万吨 / 年气体分馏和 14 万吨 / 年 MTBE 两套装置，担负着为公司聚丙烯生产基地提供原料，为公司调合高标号汽油提供组分的重要任务，主要产品有丙烯和 MTBE。

2016 年 6 月，生产运行三班获得 2015 年度全国"安康杯"竞赛活动优胜班组。

2016 年 9 月，对气体分馏装置现场压力表与仪表引压点共用一点进行改造，在丙烷压缩机入口分液罐 D13005 顶出口管线增设 1 个现场压力表，改造后降低超压事故风险，有利于安全生产。

2016 年 12 月，二套气体分馏车间党支部召开党员大会，增补田彪为支部委员。党支部委员会由武艳、刘阁飞、刘岱晓、田彪 4 人组成。

2017 年 10 月，MTBE 装置脱硫塔注入脱硫吸附剂项目顺利投用，该项目以中国石油大学（北京）MTBE 深度脱硫实验结果为依据，引加氢改质装置轻柴油入脱硫塔作为吸附剂，利用柴油对高硫组分具有很高溶解能力，降低脱硫塔塔底硫含量，降低脱硫塔回流比，达到了节约蒸汽的目的。

2018 年 6 月，重点完成丙烯掺入精制装置干气项目。该项目于 2017 年 12 月设计出图完毕，2018 年 4 月完成试压与试通工作，2018 年 6 月 10 日完成投用，投用后运行半个月，本装置无生产波动，操作平稳，丙烯产品质量合格，满足乙苯装置生产高附加值产品的需求，按当时产品价格计算每小时掺炼 1 吨丙烯增加效益 1964 元。

截至2018年12月31日，在册员工59人，其中女员工24人，党员26人。

1. 二套气体分馏车间领导名录（2014.1—2018.12）

主　　任　刘阁飞（2014.1—2018.12）

副 主 任　刘岱晓（2014.1—2018.12）

闫雪成（2014.1—2016.9）

武　艳（女，2016.5—2018.12）

田　彪（2016.9—2018.12）

2. 二套气体分馏车间党支部领导名录（2014.1—2018.12）

书　　记　武　艳（2014.1—2018.12）

**（三）加氢改质车间（2014.1—2018.12）**

截至2014年1月1日，加氢改质车间机构规格正科级，在册员工73人，其中女员工24人，党员29人。

加氢改质车间，管理着60万吨/年柴油加氢改质装置和50000标准立方米/时氢气提浓装置，主要产品为清洁低凝优质柴油和高纯度氢气。

2015年9月，"提高反应器加热炉热效率"获得黑龙江省优秀QC成果一等奖。

2016年7月，"降低加热炉过热蒸汽出口温度"获得黑龙江省优秀QC成果一等奖。

2017年11月，加氢改质车间党支部召开党员大会，增补张洪军为支部委员。党支部委员会由金德泉、张洪军、王道全、步云峰、刘天明5人组成。

截至2018年12月31日，车间在册员工64人，其中女员工18人，党员34人。

1. 加氢改质车间领导名录（2014.1—2018.12）

主　　任　蒋振华（2014.1—2015.3）

王国庆（2015.3—2017.11）

张洪军（2017.11—2018.12）

副 主 任　彭启军（2014.1—3）

朱险峰（2014.1—4）

步云峰（2014.1—2015.3）

金德泉（2014.3—2018.12）

蒋振华（2015.3—2016.5）

王道全（2015.3—2018.12）

李 成（2018.3—12）

2.加氢改质车间党支部领导名录（2014.1—2018.12）

书　　记　彭启军（2014.1—3）

金德泉（2014.3—2018.12）

**（四）硫磺回收车间—硫酸车间（2014.1—2018.12）**

截至 2014 年 1 月 1 日，硫磺回收车间机构规格正科级，在册员工总数 51 人，其中女员工 15 人，党员 11 人。

硫磺回收装置生产规模为 4000 吨 / 年。主要负责对上游来的酸性气进行加工处理，保证尾气排放达到国家规定排放标准，产品为硫磺。

2014 年 10 月，车间新建酸性气制酸装置建成投产，生产规模为 2 万吨 / 年。制酸装置原料为公司上游装置产生的含硫化氢酸性气，产品为 93% 工业硫酸。

2017 年 12 月，硫磺回收车间党支部召开党员大会，增补闫雪成为支部委员。党支部委员会由张鹏飞、刘兵兵、闫雪成、杨延峰、袁香玲 5 人组成。

2018 年 2 月，硫磺回收车间党支部召开党员大会，增补步云峰为支部委员。党支部委员会由张鹏飞、刘兵兵、步云峰、杨延峰、袁香玲 5 人组成。

2018 年 3 月，原硫磺回收装置拆除，新建 3 万吨 / 年硫酸再生装置并于同年 11 月建成投产。主要原料是烷基化装置的废酸和部分酸性气，产品为 98% 硫酸。

2018 年 4 月，大庆炼化公司决定：将硫磺回收车间更名为硫酸车间，管理硫酸再生、酸性气制酸和酸性水汽提三套装置，更名后机构隶属关系、规格不变，职能一并调整。

2018 年 9 月，炼油二厂决定：刘兵兵任硫酸车间主任；张鹏飞任硫酸车间副主任；杨延峰任硫酸车间副主任；步云峰任硫酸车间副主任。

截至 2018 年 12 月 31 日，车间在册员工 45 人，其中女员工 20 人，党员20人。

1. 硫磺回收车间（2014.1—2018.4）

（1）硫磺回收车间领导名录（2014.1—2018.4）

主　　任　杨叔杰（2014.1—2015.2）

　　　　　陈立新（2015.2—2016.5）

　　　　　王　东（2016.5—2017.11）

　　　　　刘兵兵（2017.11—2018.4）

副 主 任　张鹏飞（2014.1—2018.4）

　　　　　李春波（2014.1—2016.9）

　　　　　杨延峰（2014.1—2018.4）

　　　　　孙宪任（2014.1—11）

　　　　　闫雪成（2016.9—2018.1）

　　　　　步云峰（2018.1—4）

（2）硫磺回收车间党支部领导名录（2014.1—2018.4）

书　　记　张鹏飞（2014.1—2018.4）

2. 硫酸车间（2018.4—12）

（1）硫酸车间领导名录（2018.4—12）

主　　任　刘兵兵（2018.4—12）

副 主 任　张鹏飞（2018.4—12）

　　　　　杨延峰（2018.4—12）

　　　　　步云峰（2018.4—12）

（2）硫酸车间党支部领导名录（2018.4—12）

书　　记　张鹏飞（2018.4—12）

**（五）干气制乙苯车间—烷基化车间（2014.1—2018.12）**

截至2014年1月1日，干气制乙苯车间机构规格正科级，在册员工73人，其中女员工24人，党员29人。

装置年加工能力为10万吨，包括水洗塔部分、反应部分、精馏部分和罐区，生产方法采用CPE催化干气制乙苯技术，主要产品乙苯；副产品为丙苯、高沸物，装置属于甲类生产装置。

2017年4月，炼油二厂决定：为保证烷基化项目的顺利实施，按照公司要求，成立烷基化项目筹备组，设组长 1 人、副组长 2 人（负责工艺工作 1 人，负责设备工作 1 人）、工艺技术员 2 人、设备技术员 2 人。

2018 年 4 月，大庆炼化公司决定：将干气制乙苯车间更名为烷基化车间，管理烷基化、干气制乙苯装置和干气制乙苯罐区，更名后机构隶属关系、规格不变，职能一并调整。

2018 年 9 月，炼油二厂决定：陈立新任烷基化车间主任；彭启军任烷基化车间副主任；钟永煊任烷基化车间副主任；孙宪任任烷基化车间副主任；申永贵任烷基化车间副主任。

2018 年 10 月，烷基化车间党支部召开党员大会，增补齐鹤为支部委员。党支部委员会由彭启军、陈立新、钟永煊、申永贵、孙宪任、齐鹤 6 人组成。

截至 2018 年 12 月 31 日，车间在册员工 92 人，其中女员工 16 人，党员 38 人。

1. 干气制乙苯车间（2014.1—2018.4）

（1）干气制乙苯车间领导名录（2014.1—2018.4）

| | | |
|---|---|---|
| 主　　任 | 安明武 | （2014.1—2016.4） |
| | 陈立新 | （2016.5—2018.4）[①] |
| 副 主 任 | 王　东 | （2014.1） |
| | 刘英华 | （2014.1—8） |
| | 王长月 | （2014.1—11） |
| | 申永贵 | （2014.1—2017.4） |
| | 彭启军 | （2014.3—2018.4） |
| | 钟永煊 | （2014.8—2018.4） |
| | 孙宪任 | （2014.11—2018.4） |
| | 郑长有 | （2017.4—5） |

（2）烷基化项目组领导名录（2017.4—2018.4）

| | | |
|---|---|---|
| 组　　长 | 陈立新 | （2017.4—2018.4） |
| 副 组 长 | 申永贵 | （2017.4—2018.4） |

---

① 2016 年 4 月至 5 月期间，干气制乙苯车间主任空缺。

（3）干气制乙苯车间党支部领导名录（2014.1—2018.4）

　　　书　　　记　王　东（2014.1）[①]

　　　　　　　　　彭启军（2014.3—2018.4）

2. 烷基化车间（2018.4—12）

（1）烷基化车间领导名录（2018.4—12）

　　　主　　　任　陈立新（2018.4—12）

　　　副　主　任　彭启军（2018.4—12）

　　　　　　　　　钟永煊（2018.4—12）

　　　　　　　　　孙宪任（2018.4—12）

　　　　　　　　　申永贵（2018.4—12）

　　　　　　　　　齐　鹤（2018.9—12）

（2）烷基化车间党支部领导名录（2018.4—12）

　　　书　　　记　彭启军（2018.4—12）

**（六）瓦斯车间（2014.1—2018.12）**

截至 2014 年 1 月 1 日，瓦斯车间机构规格正科级，在册员工总数 37 人，其中女员工 6 人，党员 14 人。

瓦斯车间负责低压瓦斯的回收、储存、输转及高低压瓦斯的平衡；负责对回收的低压瓦斯脱硫处理；负责高、低压瓦斯管网、酸性气管网的维护；负责火炬设施的正常燃放，是装置后路畅通的保障。

2013 年 10 月，胺液再生装置建成投产。

2015 年 10 月，新建 120 米火炬投产运行。

2017 年 12 月，瓦斯车间党支部召开党员大会，增补王东、郑长有为支部委员。党支部委员会由王凤江、王东、刘福强、郑长有 4 人组成。

截至 2018 年 12 月 31 日，瓦斯车间在册员工总数 47 人，其中女员工 10 人，党员 18 人。

1. 瓦斯车间领导名录（2014.1—2018.12）

　　　主　　　任　王凤江（2014.1—2016.11）

　　　　　　　　　刘英华（2016.11—2018.12）

---

① 2014 年 1 月至 3 月期间，干气制乙苯车间党支部书记空缺。

王　东（2017.11—2018.12）

马凤春（2017.5—2018.12）

**副 主 任**　刘福强（2014.1—2018.12）

马凤春（2016.5—2017.5）

王凤江（2016.11—2018.12）

郑长有（2017.5—2018.12）

**调 研 员**　马凤春（正科级，2017.5—2018.12）

刘英华（正科级，2017.8—2018.12）

2. 瓦斯车间党支部领导名录（2014.1—2018.12）

**书 　　记**　马凤春（2014.1—2016.11）

王凤江（2016.11—2018.12）

# 第三节　润滑油厂（2014.1—2018.12）

润滑油厂成立于 2000 年 12 月，机构规格正处级，业务受大庆炼化公司领导，党组织关系隶属大庆炼化公司党委，机关办公地点在黑龙江省大庆市让胡路区马鞍山生产区。

截至 2014 年 1 月 1 日，润滑油厂拥有 7 套生产装置：33 万吨/年糠醛精制轻套装置、22 万吨/年糠醛精制重套装置（处于停产状态）、38 万吨/年酮苯脱蜡脱油装置、28 万吨/年异构脱蜡装置、10 万吨/年石蜡加氢装置、17 万吨/年石蜡成型生产线和 3 万吨/年白油加氢装置，拥有相关的原料罐区、石蜡储存库房等辅助系统。润滑油厂机关设 2 个办公室：生产办公室、综合办公室，基层设 7 个车间：糠醛精制车间、酮苯脱蜡车间、异构脱蜡车间、石蜡加氢车间、石蜡成型车间、原料车间、库房管理部。润滑油厂作为高档润滑油基础油生产基地位列大庆炼化公司四大基地之一，主要生产高档润滑油三类基础油和石蜡产品，其中，异构脱蜡装置生产的润滑油基础油是生产高档润滑油的优质原料，石蜡产品是大庆炼化分公司的创效"拳头"产品。在册员工 472 人，其中女员工 176 人，干部 114 人，润滑油厂党委下属

8个党支部，共有党员157人。

润滑油厂党政领导班子由6人组成。

王长利任厂长、党委副书记，负责润滑油厂行政全面工作，负责计划、经营、人事、财务、企管法规及电子商务工作。

杨美利任党委书记、副厂长，负责润滑油厂党群全面工作，负责组织、宣传、企业文化、计划生育、维护稳定工作。

蔡庆平任党委副书记、纪委书记、工会主席，协助党委书记管理党群日常工作，负责纪检、工会、团委、宣传、综合治理、信访、环卫、五型班组、保密、房产工作，负责组织各项活动的安全。

于波任副厂长、党委委员，负责全厂设备管理、设备卫生规格化、油料管理工作，负责检维修计划的审核工作，负责检维修用料计划上报的审核及检维修用料使用的审批工作，负责抓好检维修工作及备件国产化工作，负责设备管理人员及工人设备知识的培训工作，负责设备运行中的安全工作。

王本文任副厂长、总工程师、党委委员，负责生产运行、节能、环保、计量监督、质量、物料平衡等工作，负责全厂化学品月计划上报的审核及化学品用料使用的审批工作，负责全厂生产计划的审核工作，负责各车间工艺卫生规格化工作，负责生产过程中的安全工作，负责全厂生产技术、技改技措、装置达标以及工艺资料的监督检查工作，负责各车间工艺卡片、开停工等方案的审核工作，协助厂长做好生产管理工作。

张崇辉任安全总监、党委委员，负责润滑油厂安全监督管理、体系认证、劳动保护等工作，负责安全隐患治理工作，负责全厂的安全技术培训工作。

2014年9月，大庆炼化公司党委决定：刘建伟任大庆炼化公司润滑油厂党委委员；免去于波的大庆炼化公司润滑油厂党委委员职务。大庆炼化公司决定：张崇辉任大庆炼化公司润滑油厂副厂长；刘建伟任大庆炼化公司润滑油厂安全总监；免去于波的大庆炼化公司润滑油厂副厂长职务，另有任用；免去张崇辉的大庆炼化公司润滑油厂安全总监职务。张崇辉负责原副厂长于波分管的设备管理等工作，刘建伟负责原安全总监张崇辉分管的安全监督管理等工作。

2015年2月，大庆炼化公司党委决定：杨美利任大庆炼化公司润滑油厂纪委书记、工会主席；免去蔡庆平的大庆炼化公司润滑油厂党委副书记、党委委员、纪委书记、工会主席职务。杨美利负责润滑油厂党建、纪检、工会等全面工作。

2015年3月，大庆炼化公司决定：将大庆炼化公司润滑油厂库房管理部更名为石蜡仓储车间。

2015年5月，对领导班子分工进行调整：

厂长、党委副书记王长利负责润滑油厂行政全面工作，负责计划、生产经营、人事、财务、企管法规及电子商务工作。

党委书记、纪委书记、工会主席、副厂长杨美利负责润滑油厂党群全面工作，负责组织、纪检、工会、宣传、思想政治工作、企业文化、计划生育、维护稳定、团委、综合治理、信访、环卫、标准化管理、保密、房产工作，负责组织各项活动的安全。

副厂长、总工程师、党委委员王本文负责生产运行、节能、环保、计量监督、质量、物料平衡等工作，负责全厂化学品月计划上报的审核及化学品用料使用的审批工作，负责全厂生产计划的审核工作，负责全厂工艺卫生标准化工作，负责全厂生产技术、技改技措、装置达标以及工艺资料、工艺纪律的监督检查工作，负责全厂工艺卡片、开停工等方案的审核工作，负责生产过程中的安全工作，协助厂长做好生产管理工作。

副厂长、党委委员张崇辉负责全厂设备管理、设备卫生标准化、油料管理工作，负责检维修计划的审核工作，负责检维修用料计划上报的审核及检维修用料使用的审批工作，负责抓好检维修工作及备件国产化工作，负责计量器具的管理工作，负责设备运行中的安全工作，协助厂长做好设备管理工作。

安全总监、党委委员刘建伟负责润滑油厂安全监督管理、环境保护、体系认证、劳动保护、安全标准化管理等工作，负责安全隐患治理工作，负责全厂的安全技术培训工作。

2015年7月，对领导班子分工进行调整：

厂长、党委副书记王长利负责全厂行政工作，分管规划计划、生产经营、人事、劳资、核算、行政管理及电子商务工作，协助党委书记做好党群工作。

党委书记、纪委书记、工会主席、副厂长杨美利负责全厂党群、纪检、工团等工作，分管党建、纪检、文化宣传、工会、共青团、维稳、综合治理、武装保卫、思想政治等工作，协助厂长做好行政工作。

副厂长、总工程师、党委委员王本文负责全厂生产、技术管理等工作，分管生产运行、生产计划统计、质量控制、节能降耗、装置达标、生产技术、技改技措、操作规程、环保、计量监督、物料平衡等工作。

副厂长、党委委员张崇辉负责全厂设备管理等工作，分管设备运行、设备现场标准化、检维修、设备节能降耗、油料管理等工作。

安全总监、党委委员刘建伟负责全厂的安全管理等工作，分管安全环保、HSE体系、安全培训、现场施工安全管理、劳动保护等工作。

2015年9月25日，润滑油厂召开第三次工会会员代表大会，工会会员代表共82人参加会议。会议选举产生润滑油厂第三届工会委员会、经费审查委员会和女职工委员会。杨美利为工会主席。

2015年10月，大庆炼化公司党委决定：高宪武任大庆炼化公司润滑油厂党委副书记、纪委书记、工会主席（主持党委工作）；免去杨美利的大庆炼化公司润滑油厂党委书记、党委委员、纪委书记、工会主席职务。大庆炼化公司决定：高宪武任大庆炼化公司润滑油厂副厂长；杨美利任大庆炼化公司润滑油厂调研员；免去杨美利的大庆炼化公司润滑油厂副厂长职务。高宪武负责全厂党群、纪检、工团等工作，分管党建、纪检、文化宣传、工会、共青团、维稳、综合治理、武装保卫、思想政治等工作，协助厂长做好行政工作。

2016年4月，中共大庆炼化公司润滑油厂委员会对所属8个党支部选举结果进行批复。中共润滑油厂机关支部委员会由刘玉平、李训、谭颖霞、左之文、李鑫5人组成，刘玉平任书记；中共润滑油厂糠醛精制车间支部委员会由张洪彬、崔志勇、刘文波3人组成，张洪彬任书记；中共润滑油厂酮苯脱蜡车间支部委员会由王耀军、薛锦昌、方大伟、李金鑫、丁盛庆5人组成，王耀军任书记；中共润滑油厂异构脱蜡车间支部委员会由孙维大、张纯庆、袁继成、王国智、王广飞5人组成，孙维大任书记；中共润滑油厂石蜡加氢车间支部委员会由赵尔学、杨冬宁、高雁鹏3人组成，赵尔学任书记；中共润滑油厂石蜡成型车间支部委员会由梁晓峰、韩玉庭、关星、王鹏、贾涛

5 人组成，梁晓峰任书记；中共润滑油厂原料车间支部委员会由孙大光、田浩、徐文革、谭世平、李永启 5 人组成，孙大光任书记；中共润滑油厂石蜡仓储车间支部委员会由任洪图、孙巍、刘铁汉 3 人组成，任洪图任书记。

2016 年 5 月 13 日，中共大庆炼化公司润滑油厂委员会召开第一次代表大会，51 名党员代表参加会议。会议选举产生中共大庆炼化公司润滑油厂第一届委员会，由王长利、王本文、刘建伟、张崇辉、高宪武 5 人组成（以姓氏笔画为序），高宪武为党委副书记（主持党委工作），王长利为党委副书记。选举产生中共大庆炼化公司润滑油厂第一届纪律检查委员会，由左之文、李训、高宪武、廉波、谭颖霞 5 人组成（以姓氏笔画为序），高宪武为纪委书记。润滑油厂党委下属 8 个党支部，共有党员 161 人。

2016 年 6 月，大庆炼化公司党委决定：高宪武任大庆炼化公司润滑油厂党委书记；免去高宪武的大庆炼化公司润滑油厂党委副书记职务。

2017 年 9 月，大庆炼化公司党委决定：王本文任大庆炼化公司润滑油厂党委书记、纪委书记、工会主席；李训任大庆炼化公司润滑油厂党委委员；免去高宪武的大庆炼化公司润滑油厂党委书记、党委委员、纪委书记、工会主席职务。大庆炼化公司决定：李训任大庆炼化公司润滑油厂副厂长、总工程师；免去高宪武的大庆炼化公司润滑油厂副厂长职务；免去王本文的大庆炼化公司润滑油厂总工程师职务。

2017 年 10 月，对领导班子分工进行调整：

厂长、党委副书记王长利负责全厂行政工作，分管规划计划、生产经营、人事、劳资、核算、行政管理及电子商务工作，协助党委书记做好党群工作。

党委书记、纪委书记、工会主席、副厂长王本文负责全厂党群、纪检、工团等工作，分管党建、纪检、文化宣传、工会、共青团、维稳、综合治理、武装保卫、思想政治等工作，协助厂长做好行政工作。

副厂长、党委委员张崇辉负责全厂设备管理等工作，分管设备运行、设备现场标准化、检维修、设备节能降耗、油料管理等工作。

副厂长、总工程师、党委委员李训负责全厂生产、技术管理等工作，分管生产运行、生产计划统计、质量控制、节能降耗、装置达标、生产技术、技改技措、操作规程、环保、计量监督、物料平衡等工作。

安全总监、党委委员刘建伟负责全厂的安全管理等工作，分管安全环保、HSE 体系、安全培训、现场施工安全管理、劳动保护等工作。【润滑油厂 2017 年 10 月 11 日党委会议】

截至 2018 年 12 月 31 日，润滑油厂机关设 2 个办公室：生产办公室、综合办公室，基层设 7 个车间：糠醛精制车间、酮苯脱蜡车间、异构脱蜡车间、石蜡加氢车间、石蜡成型车间、原料车间、石蜡仓储车间。润滑油厂在册员工 479 人，其中女员工 177 人，干部 92 人，润滑油厂党委下属 8 个党支部，共有党员 177 人。

润滑油厂行政领导班子由 5 人组成：王长利任厂长，王本文、张崇辉、李训任副厂长，刘建伟任安全总监，李训任总工程师。润滑油厂党委由王本文、王长利、张崇辉、刘建伟、李训 5 人组成，王本文任党委书记，王长利任党委副书记。王本文任纪委书记。王本文任工会主席。领导班子分工自 2017 年 10 月以来未再进行调整。

润滑油厂一直以"做优、做特、做大、做强"为全厂奋斗目标，以"安全、环保、优质、高效生产"为工作标准，促进高档润滑油基础油、石蜡产品健康成长，2014 年，润滑油厂加工原料 53.41 万吨，实现内部考核利润 0.48 亿元，2018 年，润滑油厂加工原料 55.48 万吨，实现内部考核利润 3.92 亿元，五年来，合计加工原料 248.75 万吨，实现内部考核利润 14.31 亿元，连续 5 年安全生产无事故，利润连年提高，为公司效益增长做出突出贡献。润滑油厂党委以"生产指标、党建双争优"为工作目标，创新开展"党员副班日""党员先行、奉献检修""建设标准化班组"竞赛等主题活动，为企业的发展提供了强有力的组织保障、人才保障、队伍保障。润滑油厂获得黑龙江省 2016 年度"五一劳动奖状"、黑龙江省 2016 年度"安康杯"竞赛优胜企业和黑龙江省 2016 年度"职工职业道德建设先进单位"荣誉称号。异构脱蜡车间生产运行一班班长、党员毛晓海获得黑龙江省"五一劳动奖章"荣誉称号。

期间：2017 年 1 月，润滑油厂石蜡仓储车间叉车班班长朱立新当选中国人民政治协商会议黑龙江省大庆市让胡路区第九届委员会委员。2016 年 9 月，润滑油厂石蜡仓储车间叉车班班长朱立新不再担任中国人民政治协商会议黑龙江省大庆市让胡路区第八届委员会委员。

**一、润滑油厂行政领导名录（2014.1—2018.12）**

厂　　　长　王长利（2014.1—2018.12）

副　厂　长　于　波（2014.1—9）[1]

　　　　　　杨美利（2014.1—2015.10）

　　　　　　王本文（2014.1—2018.12）

　　　　　　张崇辉（2014.9—2018.12）

　　　　　　高宪武（2015.10—2017.9）

　　　　　　李　训（2017.9—2018.12）

总 工 程 师　王本文（2014.1—2017.9）

　　　　　　李　训（2017.9—2018.12）

安 全 总 监　张崇辉（2014.1—9）

　　　　　　刘建伟（2014.9—2018.12）

副总工程师　李文江（2014.1—2018.12）

调 研 员　杨美利（正处级，2015.10—2018.10）[2]

**二、润滑油厂党委领导名录（2014.1—2018.12）**

书　　　记　杨美利（2014.1—2015.10）[3]

　　　　　　高宪武（2016.6—2017.9）

　　　　　　王本文（2017.9—2018.12）

副　书　记　蔡庆平（2014.1—2015.2）

　　　　　　王长利（2014.1—2018.12）

　　　　　　高宪武（主持工作，2015.10—2016.6）

委　　　员　于　波（2014.1—9）

　　　　　　蔡庆平（2014.1—2015.2）

　　　　　　杨美利（2014.1—2015.10）

　　　　　　王长利（2014.1—2018.12）

　　　　　　王本文（2014.1—2018.12）

　　　　　　张崇辉（2014.1—2018.12）

---

① 2014年9月，于波调任大庆宏伟庆化石油有限公司副总经理。

② 2018年10月，杨美利退休。

③ 2015年10月至2016年6月期间，润滑油厂党委书记空缺，党委副书记高宪武主持工作。

刘建伟（2014.9—2018.12）

高宪武（2015.10—2017.9）

李　训（2017.9—2018.12）

### 三、润滑油厂纪委领导名录（2014.1—2018.12）

书　　记　蔡庆平（2014.1—2015.2）

杨美利（2015.2—10）

高宪武（2015.10—2017.9）

王本文（2017.9—2018.12）

委　　员　蔡庆平（2014.1—2015.2）

刘玉平（2014.1—2016.5）

孙维大（女，2014.1—2016.5）

李文江（2014.1—2016.5）

谭颖霞（女，2014.1—2018.12）

杨美利（2015.2—10）

高宪武（2015.10—2017.9）

李　训（2016.5—2018.12）

左之文（2016.5—2018.12）

廉　波（女，2016.5—2018.12）

王本文（2017.9—2018.12）

### 四、润滑油厂工会领导名录（2014.1—2018.12）

主　　席　蔡庆平（2014.1—2015.2）

杨美利（2015.2—10）

高宪武（2015.10—2017.9）

王本文（2017.9—2018.12）

### 五、所属机关科级单位

截至2014年1月1日，润滑油厂机关设生产办公室、综合办公室，机构规格均为正科级，生产办公室下设调度室。在册员工36人，其中女员工8人，党员27人。

综合办公室主要负责组织、纪检、宣传、工会、女工、共青团、人事劳资、经营核算、干部管理、综治保卫、维稳、房产、计划生育、保密、现场管理等工作。生产办公室主要负责生产指令的下达，生产指挥，生产动态的调整以及协调全厂装置的具体生产实施，负责生产计划制定、分解和执行，负责专业技术的编制、技术改造与实施、培训等工作，负责安全、环保管理、安全施工及安全作业的落实，对新员工进行安全教育，对施工进行作业票签发，对员工进行安全培训等工作，负责动、静设备的维护、保养，装置大检修，技改技措的制定和实施等工作。

2017年11月，机关党支部召开党员大会，增补薛锦昌为支部委员。党支部委员会由刘玉平、薛锦昌、谭颖霞、左之文、李鑫5人组成。

截至2018年12月31日，润滑油厂机关在册员工36人，其中女员工9人，党员28人。

**（一）综合办公室领导名录（2014.1—2018.12）**

　　主　　任　刘玉平（2014.1—2018.12）

　　副 主 任　梁晓峰（2014.1—9）

　　　　　　　谭颖霞（2014.9—2018.12）

　　党委组织员　梁晓峰（2014.1—9）

　　　　　　　谭颖霞（2014.9—2018.12）

**（二）生产办公室领导名录（2014.1—2018.12）**

　　主　　任　李　训（2014.1—2017.10）

　　　　　　　薛锦昌（2017.10—2018.12）

　　副 主 任　左之文（2014.1—2018.12）

　　　　　　　李　鑫（2014.1—2018.12）

**（三）机关党支部领导名录（2014.1—2018.12）**

　　书　　记　刘玉平（2014.1—2018.12）

## 六、所属基层科级单位

**（一）糠醛精制车间（2014.1—2018.12）**

截至2014年1月1日，糠醛精制车间机构规格正科级，在册员工37人，其中女员工13人，党员14人。

装置年加工能力为55万吨，其中轻套装置设计规模为33万吨/年，处理减二线、减三线原料油，重套装置设计规模为22万吨/年，处理减四线原料油、轻脱沥青油。

2014年9月，"降低糠醛精制装置糠醛单耗"获得黑龙江省优秀QC成果二等奖。

2015年2月，"降低糠醛装置脱水塔C2107排水含醛量"获得黑龙江省优秀QC成果二等奖。

2017年12月，糠醛精制车间党支部召开党员大会，增补孟凡芝、曹翠红为支部委员。党支部委员会由张洪彬、崔志勇、刘文波、孟凡芝、曹翠红5人组成。

2018年9月7日至2018年12月10日，润滑油厂拆除糠醛重套装置、丙烷脱沥青装置、白土精制装置3套报废装置，用于石蜡扩能建设。其中白土精制装置于2003年3月报废，丙烷脱沥青装置于2012年8月16日报废，糠醛重套于2018年2月23日报废。

截至2018年12月31日，车间在册员工34人，其中女员工13人，党员15人。

1. 糠醛精制车间领导名录（2014.1—2018.12）

主　　　　任　崔志勇（2014.1—2017.11）

　　　　　　　张洪彬（2017.11—2018.12）

副　主　任　张洪彬（2014.1—2017.11）

　　　　　　　刘文波（2014.1—2018.12）

　　　　　　　孟凡芝（女，2017.11—2018.12）

**综合岗工程师**　崔志勇（正科级，2017.11—2018.12）

2. 糠醛精制车间党支部领导名录（2014.1—2018.12）

书　　　　记　张洪彬（2014.1—2018.12）

**（二）酮苯脱蜡车间（2014.1—2018.12）**

截至2014年1月1日，酮苯脱蜡车间机构规格正科级，在册员工72人，其中女员工23人，党员20人。

装置年加工能力为38万吨，以糠醛精制装置生产的糠醛精制油或常减压装置生产的减二、减三蜡油为原料，采用溶剂脱蜡技术，为下游装置提供合格的润滑油基础油和石蜡原料。

2015年2月，"提高低倾点脱蜡油产品的合格率"获得黑龙江省优秀QC成果二等奖。

2015年4月，酮苯脱蜡车间获得黑龙江省"工人先锋号"荣誉称号。

2016年1月，生产运行五班获得黑龙江省安康杯竞赛优秀班组荣誉称号。2月，"降低酮苯脱蜡装置氮气消耗量"获得黑龙江省优秀QC成果一等奖。

2017年9月，"提高减二线精制油原料的产品蜡收率"获得黑龙江省优秀QC成果一等奖。

2017年11月，酮苯脱蜡车间党支部召开党员大会，增补孙才德为支部委员。党支部委员会由孙巍、李金鑫、孙才德、方大伟、丁盛庆5人组成。

截至2018年12月31日，车间在册员工90人，其中女员工31人，党员30人。

　　1.酮苯脱蜡车间领导名录（2014.1—2018.12）

　　　主　　　任　薛锦昌（2014.1—2017.10）

　　　　　　　　　李金鑫（2017.10—2018.12）

　　　副　主　任　卢建军（2014.1—3）

　　　　　　　　　方大伟（正科级，2014.1—2018.12）

　　　　　　　　　李金鑫（2014.4—2017.10）

　　　　　　　　　王耀军（2015.9—2017.7）

　　　　　　　　　孙　巍（2017.7—2018.12）

　　　　　　　　　孙才德（2017.10—2018.12）


　　　副科级干部　卢建军（2014.3—9）[①]

　　2.酮苯脱蜡车间党支部领导名录（2014.1—2018.12）

　　　书　　　记　王耀军（2014.1—2017.7）

　　　　　　　　　孙　巍（2017.7—2018.12）

**（三）异构脱蜡车间（2014.1—2018.12）**

截至2014年1月1日，异构脱蜡车间机构规格正科级，在册员工80人，

---

① 2014年9月，卢建军去世。

其中女员工 29 人，党员 28 人。

异构脱蜡车间拥有异构脱蜡和白油加氢两套装置。异构脱蜡装置年加工能力为 28 万吨，主要以 200SN、350SN 去蜡油和 650SN 糠醛精制油为原料，采用先进的异构脱蜡专利技术，实施催化剂的国产化改造，主要产品是 2.0CST、6.0CST 润滑油基础油和 8.0CST、10.0CST 高档润滑油基础油。白油加氢装置 2013 年 8 月合并至异构脱蜡车间，装置年加工能力为 3 万吨，主要以异构脱蜡装置 2.0CST、5.0CST、10.0CST 产品为原料，采用中国石油化工股份有限公司石油化工科学研究院白油加氢技术，生产化妆品级白油及食品级白油。

2014 年 2 月，生产运行一班班长、党员毛晓海获得黑龙江省"五一劳动奖章"荣誉称号。

2015 年 4 月，生产运行一班获得 2013 年度全国"安康杯"竞赛活动优胜班组荣誉称号。

2016 年 8 月，大庆炼化公司决定：使用石蜡加氢装置卸除催化剂对异构脱蜡 HDT 反应器进行催化剂撇头工作，节约资金，保障安全生产。

2016 年 9 月，大庆炼化公司重点技改项目——研磨油系统改造项目开始投用，打破了研磨油一直外购的局面。

截至 2018 年 12 月，车间在册员工总数 65 人，其中女员工 27 人，共有党员 26 人。

1. 异构脱蜡车间领导名录（2014.1—2018.12）

主　　任　齐永庆（2014.1—2015.7）

　　　　　张纯庆（2015.7—2018.12）

副 主 任　王　鹏（2014.1—9）

　　　　　张纯庆（2014.1—2015.7）

　　　　　袁继成（2014.1—2018.12）

　　　　　王国智（2014.1—2018.12）

　　　　　齐永庆（正科级，2015.7）[①]

　　　　　孙维大（2015.9—2018.12）

---

① 2015 年 7 月，齐永庆辞职。

2. 异构脱蜡车间党支部领导名录（2014.1—2018.12）

书　　记　孙维大（2014.1—2018.12）

**（四）石蜡加氢车间（2014.1—2018.12）**

截至 2014 年 1 月 1 日，石蜡加氢车间机构规格正科级，在册员工 28 人，其中女员工 6 人，党员 14 人。

石蜡加氢车间装置年加工能力为 10 万吨，主要原料为上游装置生产的减二线、减三线的蜡膏及纯度为 98% 以上的氢气，经过高温、中压加氢工艺生产出高质量石蜡，输送至下游装置进行石蜡成型包装。

截至 2018 年 12 月 31 日，车间在册员工 33 人，其中女员工 8 人，党员 18 人。

1. 石蜡加氢车间领导名录（2014.1—2018.12）

主　　任　杨冬宁（2014.1—2018.12）

副 主 任　赵尔学（2014.1—2018.12）

　　　　　高雁鹏（2014.1—2018.12）

2. 石蜡加氢车间党支部领导名录（2014.1—2018.12）

书　　记　赵尔学（2014.1—2018.12）

**（五）石蜡成型车间（2014.1—2018.12）**

截至 2014 年 1 月 1 日，石蜡成型车间机构规格正科级，在册员工 107 人，其中女员工 51 人，党员 23 人。

石蜡成型车间装置年加工能力为 17 万吨，由成品罐区和石蜡成型两部分组成，主要原料是蜡加氢装置的全炼蜡和半炼蜡，主要产品为粒蜡和板蜡产品，是大庆炼化公司的创效"拳头"产品，被广泛应用于蜡烛、造纸、纺织、建筑材料和军工等行业。

截至 2018 年 12 月 31 日，车间在册员工 98 人，其中女员工 46 人，党员 22 人。

1. 石蜡成型车间领导名录（2014.1—2018.12）

主　　任　韩玉庭（2014.1—2018.12）

副 主 任　刘铁汉（满族，2014.1—9）

　　　　　关　星（2014.1—2018.12）

　　　　　王　鹏（2014.9—2018.12）

梁晓峰（2014.9—2018.9）

**调　研　员**　李占文（正科级，2014.9—2017.9）①

2.石蜡成型车间党支部领导名录（2014.1—2018.12）

**书　　　记**　李占文（2014.1—9）

梁晓峰（2014.9—2018.9）②

### （六）原料车间（2014.1—2018.12）

截至 2014 年 1 月 1 日，原料车间机构规格正科级，在册员工 58 人，其中女员工 4 人，党员 16 人。

原料车间主要负责给糠醛精制、酮苯脱蜡、科研、异构脱蜡、蜡加氢装置提供合格原料，向润滑油生产装置提供燃料油；同时接收常减压及以上装置的部分侧线产品暂时储存，并负责抽出油、粗石蜡、白油的汽车出厂和白油的火车出厂工作。拥有糠醛精制原料罐区、酮苯脱蜡原料罐区、异构脱蜡原料罐区、石蜡加氢原料罐区、化学品罐区、燃料油罐区、白油罐区等 7 个罐区，大小储罐 76 座，汽车栈桥 3 个、火车栈桥 1 个。

2014 年至 2017 年，原料车间先后完成了石蜡加氢罐区加装简易阀室、氢气线切除倒淋和盲肠、白油罐区加装研磨油装车系统等技改技措项目，消除了安全隐患，保证了安全生产，罐区运行更加科学合理。

截至 2018 年 12 月 31 日，车间在册员工 63 人，其中女员工 5 人，党员 20 人。

1.原料车间领导名录（2014.1—2018.12）

**主　　　任**　田　浩（2014.1—2018.7）

孙大光（2018.7—12）

**副　主　任**　孙大光（2014.1—2018.7）

徐文革（2014.1—2018.12）

谭世平（2015.6—2018.12）

2.原料车间党支部领导名录（2014.1—2018.12）

**书　　　记**　孙大光（2014.1—2018.12）

---

① 2017 年 9 月，李占文退休。

② 2018 年 9 月至 12 月期间，石蜡成型车间党支部书记职务空缺，韩玉庭代理支部工作。

### （七）库房管理部—石蜡仓储车间（2014.1—2018.12）

截至 2014 年 1 月 1 日，库房管理部机构规格正科级，在册员工 60 人，其中女员工 42 人，党员 15 人。

库房管理部主要负责石蜡成型装置保运工作，石蜡成型产品的保管、出厂、计量工作，抽出油、粗液蜡、精液蜡、白油罐装出厂的计量工作。

2015 年 1 月，车间实行模拟市场化运行，员工奖金与工作量 100% 挂钩，员工工作积极性得到极大调动，为产品出厂质量合格率 100% 提供保障。

2015 年 3 月，大庆炼化公司决定：润滑油厂库房管理部更名为石蜡仓储车间，人员编制、职能等均不改变。

2016 年 3 月，石蜡仓储车间研制的"清洁工具项目"获大庆炼化公司管理创新二等奖。

2017 年 3 月，石蜡仓储车间获大庆炼化公司"巾帼建功文明岗"荣誉称号。

2017 年 8 月，石蜡仓储车间党支部召开党员大会，增补王耀军为支部委员。党支部委员会由任洪图、王耀军、刘铁汉 3 人组成。

截至 2018 年 12 月 31 日，车间在册员工 60 人，其中女员工 38 人，党员 18 人。

1. 库房管理部（2014.1—2015.3）

（1）库房管理部领导名录（2014.1—2015.3）

  主　　任　孙　巍（2014.1—2015.3）

  副　主　任　任洪图（女，2014.1—2015.3）

　　　　　　刘铁汉（2014.9—2015.3）

（2）库房管理部党支部领导名录（2014.1—2015.3）

  书　　记　谭颖霞（2014.1—9）

　　　　　　任洪图（2014.9—2015.3）

2. 石蜡仓储车间（2015.3—2018.12）

（1）石蜡仓储车间领导名录（2015.3—2018.12）

  主　　任　孙　巍（2015.3—2017.7）

　　　　　　王耀军（2017.7—2018.12）

  副　主　任　任洪图（2015.3—2018.9）

刘铁汉（2015.3—2018.12）

梁晓峰（2018.9—12）

（2）石蜡仓储车间党支部领导名录（2015.3—2018.12）

书　　记　任洪图（2015.3—2018.9）

梁晓峰（2018.9—12）

## 第四节　聚合物一厂（2014.1—2018.12）

2000年10月，公司成立聚合物厂，机构规格正处级，业务受大庆炼化公司领导，党组织关系隶属大庆炼化公司党委，办公地点在黑龙江省大庆市让胡路区马鞍山生产区。2001年11月，公司对聚合物厂现行管理体制进行改革，取消厂机关科室建制及部分车间管理人员编制。2003年3月，聚合物厂推行扁平化管理，单元装置由原来的4套细化到10套。2005年3月，更名为聚合物一厂，机构规格、职能不变。2009年7月，公司对聚合物一厂进行机构调整，新增设4个机构规格为正科级的车间（部）。同月，大庆炼化公司撤销腈纶厂建制，并将其人员并入到聚合物一厂。2013年7月，大庆炼化公司撤销研究院机构建制，将研究院的综合管理人员和聚合物研究人员划归到聚合物一厂管理。

截至2014年1月1日，聚合物一厂拥有10套生产装置：1套8万吨/年丙烯腈装置、2套5万吨/年丙烯酰胺装置、2套5.2万吨/年聚丙烯酰胺装置、1套1.3万吨/年抗盐聚丙烯酰胺装置、1套0.6万吨/年硫铵回收装置、1套1.5万吨/年硫铵回收装置、1套2500吨/年乙腈装置、1套2万吨/年丙酮氰醇装置。拥有相关的原料罐区、聚丙烯酰胺库房等辅助系统。聚合物一厂机关设4个科室：综合科、生产技术科、机动设备科、安全环保科。基层设13个车间：丙烯腈车间、聚丙烯酰胺一车间、聚丙烯酰胺二车间、聚丙烯酰胺三车间、聚丙烯酰胺四车间、聚丙烯酰胺五车间、聚丙烯酰胺中控车间、丙烯酰胺一车间、丙烯酰胺二车间、硫铵车间、生化车间、乙腈车间、丙酮氰醇车间。2个库房管理部：库房管理一部，库房管理二部。1个新项目筹备组。1个聚合物研究所。聚合物一厂是全国最大的聚丙烯酰胺生产基地，主要生产三次采油所需的聚丙烯酰胺产品，同时还生产丙烯腈、丙烯酰胺、硫酸铵、丙酮氰醇不同类型的产品。在册员工 1330 人，其中：高级职称 31 人，中级职称 94 人，公司级技术专家 1 人。聚合物一厂党委下属 18 个党支部，共有党员 369 人。

聚合物一厂党政领导班子由 7 人组成。

刘锡明任厂长、党委副书记、党委委员，负责全厂行政工作，分管行政、生产经营、人事、劳资、企业管理等工作，协助党委书记做好党群工作。

丁玉范任党委书记、纪委书记、工会主席、副厂长、党委委员，负责全厂党群工作，分管党建、纪检、思想政治、工会、共青团、文化宣传、综合治理、维稳、武装保卫等工作，协助厂长做好行政工作。

李劲之任副厂长、党委委员，负责全厂生产等方面工作，分管生产运行、生产方案、生产计划统计、质量控制、生产节能降耗、环保等工作。

高永军任副厂长、党委委员，负责全厂设备管理等方面工作，分管设备运行、设备现场标准化、检维修、设备节能降耗等工作。

吴金海任副厂长、党委委员，负责全厂科研工作，分管研究所。

任秋实任安全总监、党委委员，负责全厂安全等方面工作，分管 HSE 体系、安全培训、现场施工安全管理、劳动保护等工作。

李东吉任总工程师、党委委员，负责全厂技术管理等方面工作，分管生产技术、技改技措、操作规程、培训等工作。

2014 年 1 月，大庆炼化公司决定：将机电仪厂机械三车间划归到聚合物一厂管理，同时更名为聚合物一厂机修车间，列聚合物一厂基层单位序列，机构规格正科级。

2014 年 11 月，大庆炼化公司党委决定：免去吴金海的聚合物一厂党委委员职务。大庆炼化公司决定：免去吴金海的聚合物一厂副厂长职务。

2015 年 3 月，大庆炼化公司决定：将聚合物一厂库房管理一、二部合并，成立聚丙烯酰胺仓储车间，机构规格正科级。

2015 年 5 月，大庆炼化公司党委决定：李劲之任聚合物一厂党委副书记（主持党委工作）、纪委书记、工会主席；林羽任聚合物一厂党委委员；免去丁玉范的聚合物一厂党委书记、党委委员、纪委书记、工会主席职务。

大庆炼化公司决定：林羽任聚合物一厂副厂长；免去丁玉范的聚合物一厂副厂长职务，任调研员。李劲之负责原党委书记、纪委书记、工会主席丁玉范分管的党建、纪检、工团等工作。林羽负责生产技术管理等工作。

2015年9月23日，聚合物一厂召开第三次工会会员代表大会，工会会员代表共146人参加会议。会议选举产生聚合物一厂第三届工会委员会、经费审查委员会和女职工委员会。李劲之为工会主席。

2016年3月，大庆炼化公司决定：将聚合物一厂丙酮氰醇车间和生化车间合并，成立丙酮氰醇车间。

2016年4月，中共大庆炼化公司聚合物一厂委员会对所属17个党支部选举结果进行批复。中共聚合物一厂机关支部委员会由郭伟、李德胜、侯春生、李景德、魏延娟5人组成，郭伟任书记；中共聚合物一厂丙烯腈车间支部委员会由朱国伏、陈志国、李旭新3人组成，朱国伏任书记；中共聚合物一厂丙烯酰胺一车间支部委员会由康德荣、崔守信、滕山3人组成，康德荣任书记；中共聚合物一厂丙烯酰胺二车间支部委员会由张吉峰、于绍斌、杨军3人组成，张吉峰任书记；中共聚合物一厂聚丙烯酰胺一车间支部委员会由陈猛、赵波、陈刚3人组成，陈猛任书记；中共聚合物一厂聚丙烯酰胺二车间支部委员会由栾志庆、蔡伏龙、徐淑杰3人组成，栾志庆任书记；中共聚合物一厂聚丙烯酰胺三车间支部委员会由于斌斌、陈建斌、王万林3人组成，于斌斌任书记；中共聚合物一厂聚丙烯酰胺四车间支部委员会由高立国、刘晟飞、孙连庆3人组成，高立国任书记；中共聚合物一厂聚丙烯酰胺五车间支部委员会由殷立新、李劲松、杜海朋3人组成，殷立新任书记；中共聚合物一厂聚丙烯酰胺中控车间支部委员会由于绍庆、彭陟嵩、田文喜3人组成，于绍庆任书记；中共聚合物一厂硫铵车间支部委员会由李朔新、李家良、曲丽红3人组成，李朔新任书记；中共聚合物一厂丙酮氰醇车间支部委员会由姚树军、程显彪、李秀秋3人组成，姚树军任书记；中共聚合物一厂乙腈车间支部委员会由姜国强、张殿武、纪广维3人组成，姜国强任书记；中共聚合物一厂聚丙烯酰胺仓储车间支部委员会由华国栋、王彬、何学萍、刘福学、马子维5人组成，华国栋任书记；中共聚合物一厂机修车间支部委员会由曲淑艳、王保庆、李颖3人组成，曲淑艳任书记；中共聚合物一厂新项目筹备组支部委员会由韩文明、柳建滨、薛翕婧3人组成，韩文明任书记；中共聚合物一厂聚合物研究所支部委员会由李胜、李慧、高俊 3 人组成，李胜任书记。

2016 年 5 月，大庆炼化公司党委决定：李劲之任聚合物一厂党委书记；免去李劲之聚合物一厂党委副书记职务；免去刘锡明的聚合物一厂党委副书记、委员职务。大庆炼化公司决定：免去刘锡明的聚合物一厂厂长职务。李劲之负责全厂党群工作。林羽暂时负责原厂长刘锡明分管的行政、生产经营、人事、劳资、企业管理等工作，协助党委书记做好党群工作。

2016 年 5 月 18 日，中共大庆炼化公司聚合物一厂召开第一次代表大会，82 名党员代表参加会议。会议选举产生中共大庆炼化公司聚合物一厂第一届委员会，由任秋实、李东吉、李劲之、林羽、高永军 5 人组成（以姓氏笔画为序），李劲之为党委书记。选举产生中共大庆炼化公司聚合物一厂纪律检查委员会，由于斌斌、李劲之、李景德、李德胜、张吉峰、侯春生、郭伟 7 人组成（以姓氏笔画为序），李劲之为纪委书记。聚合物一厂党委下属 17 个党支部，共有党员 412 人。

2016 年 11 月，大庆炼化公司决定：将聚合物一厂乙腈车间和丙酮氰醇车间合并，成立综合加工车间，机构规格正科级；将聚合物一厂新项目筹备组更名为聚合物胶体项目组，机构规格正科级。

2017 年 6 月，大庆炼化公司党委决定：林羽任聚合物一厂党委副书记。大庆炼化公司决定：林羽任聚合物一厂厂长，免去其担任的聚合物一厂副厂长职务。林羽负责全厂行政和生产工作，分管行政、生产经营、人事、劳资、培训、企业管理、生产运行、生产方案、生产计划统计、质量控制、科研等工作。

2018 年 8 月，大庆炼化公司决定：李东吉任聚合物一厂副厂长。李东吉负责厂长林羽分管的生产运行、计划统计、质量控制等工作。

2018 年 8 月，大庆炼化公司决定：将聚合物一厂聚合物研究所业务职能及人员划入研究院管理。

截至 2018 年 12 月 31 日，聚合物一厂机关设 4 个科室：综合科、生产技术科、机动设备科、安全环保科。基层设 13 个车间：丙烯腈车间、聚丙烯酰胺一车间、聚丙烯酰胺二车间、聚丙烯酰胺三车间、聚丙烯酰胺四车间、聚丙烯酰胺五车间、聚丙烯酰胺中控车间、丙烯酰胺一车间、丙烯酰胺二车间、硫铵车间、综合加工车间、机修车间、聚丙烯酰胺仓储车间。1个聚合物胶体项目组。在册员工1294人。其中，大专以上学历470人，高级职称32人，中级职称132人。公司级技术专家2人。聚合物一厂党委下属15个党支部，共有党员406人。

聚合物一厂行政领导班子由5人组成：林羽任厂长，李劲之、高永军任副厂长，李东吉任副厂长、总工程师，任秋实任安全总监。聚合物一厂党委由李劲之、林羽、高永军、李东吉、任秋实5人组成，李劲之任书记，林羽任副书记。李劲之任纪委书记、工会主席。领导班子分工如下：

党委书记、纪委书记、工会主席、副厂长李劲之负责全厂党群工作，分管党建工作、纪律检查、宣传及意识形态、工会、共青团、综合治理、维稳等工作，协助厂长做好行政工作。

厂长、党委副书记林羽负责全厂行政工作，分管行政、生产经营、人事、劳资、培训、企业管理等工作，协助党委书记做好党群工作。

副厂长、党委委员高永军负责全厂设备管理等方面工作，分管设备运行、设备现场标准化、检维修管理、设备节能降耗、物资管理、信息管理等工作。

副厂长、总工程师、党委委员李东吉负责全厂安全生产、生产技术管理等方面工作，分管生产运行、计划统计、质量控制、生产技术、节能降耗、项目管理、保密等工作。

安全总监、党委委员任秋实负责全厂安全环保等方面工作，分管HSE体系、安全培训、环保、隐患治理、安保项目、现场施工安全管理、劳动保护等工作。

2014年至2018年，聚合物一厂不断夯实管理基础，推进技术创新，全面激发队伍活力，圆满完成各项生产经营任务。清理各类非在编岗位人员，充实到生产一线。合并库房管理一、二部为聚丙烯酰胺仓储车间，合并生化、丙酮、乙腈车间为综合加工车间。精简综合加工车间、聚丙烯酰胺中控车间、硫铵车间等部分岗位编制。对厂、车间一般管理和技术干部进行岗位交流，实现科学合理、优化使用一般干部。"延长丙烯腈装置回收塔的运行周期"等一批QC成果分获得国家、黑龙江省及集团公司QC成果奖一、二、三等奖。"以提质增效为目标的聚丙烯酰胺生产基地建设"等一批管理成果分获黑龙江省、全国石化企业管理现代化创新优秀成果一、二等奖。聚合物一厂分别获得全国"安康杯"劳动竞赛优胜企业、黑龙江省职工职业道德建设先进单位、"黑龙江省五一劳动奖状""黑龙江省总工会工人先锋号"。2人获得集团公司安全生产先进个人，1人获得"黑龙江省五一劳动奖章"。

### 一、聚合物一厂行政领导名录（2014.1—2018.12）

厂　　　长　刘锡明（2014.1—2016.5）①

　　　　　　林　羽（2017.6—2018.12）

副　厂　长　李劲之（2014.1—2018.12）

　　　　　　高永军（2014.1—2018.12）

　　　　　　丁玉范（2014.1—2015.5）

　　　　　　吴金海（正处级，2014.1—11）

　　　　　　林　羽（2015.5—2016.5；主持工作，2016.5—2017.6）

　　　　　　李东吉（朝鲜族，2018.8—12）

安 全 总 监　任秋实（2014.1—2018.12）

总 工 程 师　李东吉（2014.1—2018.12）

副总工程师　林　羽（2014.1—2015.5）

　　　　　　侯春生（2017.8—2018.12）

　　　　　　陈志国（2018.8—12）

调 研 员　丁玉范（正处级，2015.5—2018.5）②

### 二、聚合物一厂党委领导名录（2014.1—2018.12）

书　　　记　丁玉范（2014.1—2015.5）③

　　　　　　李劲之（2016.5—2018.12）

副 书 记　刘锡明（2014.1—2016.5）

　　　　　　李劲之（主持工作，2015.5—2016.5）

　　　　　　林　羽（2017.6—2018.12）

委　　　员　丁玉范（2014.1—2015.5）

　　　　　　刘锡明（2014.1—2016.5）

---

① 2016年5月至2017年6月期间，聚合物一厂厂长空缺，副厂长林羽主持工作。

② 2018年5月，丁玉范退休。

③ 2015年5月至2016年5月期间，聚合物一厂党委书记空缺，党委副书记李劲之主持工作。

李劲之（2014.1—2018.12）

高永军（2014.1—2018.12）

任秋实（2014.1—2018.12）

李东吉（2014.1—2018.12）

吴金海（2014.1—11）

林　羽（2015.5—2018.12）

**三、聚合物一厂纪委领导名录（2014.1—2018.12）**

书　　　记　丁玉范（2014.1—2015.5）

李劲之（2015.5—2018.12）

委　　　员　高永军（2014.1—2016.5）

张吉峰（2014.1—2018.12）

于斌斌（2014.1—2018.12）

郭　伟（2014.1—2018.12）

侯春生（2016.5—2018.12）

李景德（2016.5—2018.12）

李德胜（2016.5—2018.12）

**四、聚合物一厂工会领导名录（2014.1—2018.12）**

主　　　席　丁玉范（2014.1—2015.5）

李劲之（2015.5—2018.12）

**五、所属机关科级单位**

截至 2014 年 1 月 1 日，聚合物一厂机关设综合科、生产技术科、安全环保科和机动设备科 4 个科室，机构规格均为正科级。在册员工 60 人，其中党员 45 人。

综合科主要负责组织、纪检、人事、培训，宣传、工会、团委、稳定和综合治理等管理工作。生产技术科主要负责生产指令的下达，生产指挥，生产动态的调整以及协调全厂装置的具体生产实施，负责生产计划制定、分解和执行，负责专业技术的编制、技术改造与实施等工作。机动设备科主要负责动、静设备的维护、保养，装置大检修，技改技措的制定和实施等工作。安全环保科主要负责安全、环保管理、安全施工及安全作业的落实，对新员工进行安全教育，对施工进行作业票签发，对员工进行安全培训等工作。

截至 2018 年 12 月 31 日，机关在册员工 47 人，其中党员 41 人。

**（一）综合科领导名录（2014.1—2018.12）**

科　　长　郭　伟（2014.1—2018.12）

副 科 长　魏延娟（女，2014.1—2017.11）

徐淑杰（女，2017.11—2018.12）

**党委组织员**　魏延娟（2014.1—2017.11）

徐淑杰（副科级，2017.11—2018.12）

调 研 员　魏延娟（正科级，2017.11—2018.12）

**（二）生产技术科领导名录（2014.1—2018.12）**

科　　长　侯春生（2014.1—2017.8；兼任，2017.8—2018.12）

于绍斌（2018.12）

副 科 长　赖　军（2014.1—2016.12）

副科级干部　赵　波（2017.5—2018.11）

**（三）安全环保科领导名录（2014.1—2018.12）**

科　　长　李景德（满族，2014.1—2018.12）

副 科 长　王天光（2014.1—2016.12）

**（四）机动设备科领导名录（2014.1—2018.12）**

科　　长　李德胜（2014.1—2018.12）

副 科 长　罗俊彦（女，2014.1—2016.12）

**（五）机关党支部领导名录（2014.1—2018.12）**

书　　记　郭　伟（2014.1—2018.12）

**六、所属基层科级单位**

**（一）丙烯腈车间（2014.1—2018.12）**

截至 2014 年 1 月 1 日，丙烯腈车间机构规格正科级，在册员工 91 人，其中党员 29 人。[①]

---

① 《中国石油大庆炼化组织史资料》（1971—2013）正卷下限将在册员工人数误写成 93 人，党员人数误写成 23 人，特此勘误。

丙烯腈车间承担着为下游聚合物生产提供原料丙烯腈的工作任务。生产能力 8 万吨 / 年。

截至 2018 年 12 月 31 日，车间在册员工 89 人，其中党员 32 人。

1. 丙烯腈车间领导名录（2014.1—2018.12）

主　　任　陈志国（2014.1—2018.8；兼任，2018.8—12）

副 主 任　朱国伏（2014.1—2017.8）

李旭新（2014.1—2018.8）[①]

李春祥（2014.1—2018.12）

李　慧（女，2017.8—2018.12）

魏　博（2018.12）

2. 丙烯腈车间党支部领导名录（2014.1—2018.12）

书　　记　朱国伏（2014.1—2017.8）

李　慧（2017.8—2018.12）

**（二）聚丙烯酰胺一车间（2014.1—2018.12）**

截至 2014 年 1 月 1 日，聚丙烯酰胺一车间机构规格正科级，在册员工 113 人，其中党员 25 人。

聚丙烯酰胺一车间负责聚丙烯酰胺产品的生产，共有 4 条生产线，生产能力 2.6 万吨 / 年。

截至 2018 年 12 月 31 日，车间在册员工 97 人，其中党员 22 人。

1. 聚丙烯酰胺一车间领导名录（2014.1—2018.12）

主　　任　赵　波（2014.1—2016.12）

李劲松（2016.12—2018.12）

副 主 任　陈　猛（2014.1—2016.12）

陈　刚（2014.1—2018.12）

袁首盛（2014.1—2018.12）

柳建滨（2016.12—2018.12）

2. 聚丙烯酰胺一车间党支部领导名录（2014.1—2018.12）

书　　记　陈　猛（2014.1—2016.12）

---

① 2018 年 8 月，李旭新协议保留劳动关系，免去领导职务。

柳建滨（2016.12—2018.12）

**（三）聚丙烯酰胺二车间（2014.1—2018.12）**

截至 2014 年 1 月 1 日，聚丙烯酰胺二车间机构规格正科级，在册员工 103 人，其中党员 28 人。

聚丙烯酰胺二车间负责聚丙烯酰胺产品的生产，共有 4 条生产线，生产能力 2.6 万吨/年。

截至 2018 年 12 月 31 日，车间在册员工总数 86 人，其中党员 26 人。

1. 聚丙烯酰胺二车间领导名录（2014.1—2018.12）

| | | |
|---|---|---|
| 主　　任 | 蔡伏龙 | （2014.1—2017.8） |
| | 彭陟嵩 | （2017.8—2018.12） |
| 副主任 | 王　彬 | （2014.1—2015.3） |
| | 陈云峰 | （2014.1—2018.12） |
| | 徐淑杰 | （2014.1—2017.11） |
| | 栾志庆 | （2015.3—2018.12） |
| | 白双雪 | （2018.12） |

2. 聚丙烯酰胺二车间党支部领导名录（2014.1—2018.12）

| | | |
|---|---|---|
| 书　　记 | 王　彬 | （2014.1—2015.3） |
| | 栾志庆 | （2015.3—2018.12） |

**（四）聚丙烯酰胺三车间（2014.1—2018.12）**

截至 2014 年 1 月 1 日，聚丙烯酰胺三车间机构规格正科级，在册员工 74 人，其中党员 28 人。[①]

聚丙烯酰胺三车间负责聚丙烯酰胺产品的生产，共有 2 条生产线，生产能力 1.3 万吨/年，是大庆炼化公司自主研发装置。

截至 2018 年 12 月 31 日，车间在册员工 68 人，其中党员 22 人。

1. 聚丙烯酰胺三车间领导名录（2014.1—2018.12）

| | | |
|---|---|---|
| 主　　任 | 陈建斌 | （2014.1—2016.12） |
| | 赵　波 | （2016.12—2017.5） |
| | 杜海朋 | （2017.5—2018.12） |

---

① 《中国石油大庆炼化组织史资料》（1971—2013）正卷下限将党员人数误写成 26 人，特此勘误。

副　主　任　于斌斌（女，满族，2014.1—2018.11）

王万林（2014.1—2018.12）

王　超（2014.1—2015.7）①

牛光华（2016.3—2018.12）

2. 聚丙烯酰胺三车间党支部领导名录（2014.1—2018.12）

书　　　记　于斌斌（2014.1—2018.11）②

杜海朋（2018.11—12）

**（五）聚丙烯酰胺四车间（2014.1—2018.12）**

截至 2014 年 1 月 1 日，聚丙烯酰胺四车间机构规格正科级，在册员工 134 人，其中党员 37 人。③

聚丙烯酰胺四车间负责聚丙烯酰胺产品的生产，共有 4 条生产线，生产能力 2.6 万吨 / 年。

截至 2018 年 12 月 31 日，车间在册员工 141 人，其中党员 43 人。

1. 聚丙烯酰胺四车间领导名录（2014.1—2018.12）

主　　　任　刘晟飞（2014.1—2017.8）

王　彬（2017.8—2018.12）

副　主　任　高立国（2014.1—2017.8）

刘　军（2014.1—2016.3）

孙连庆（2014.1—2018.12）

张　保（2016.3—2018.12）

朱国伏（2017.8—2018.12）

张晓锋（2018.12）

2. 聚丙烯酰胺四车间党支部领导名录（2014.1—2018.12）

书　　　记　高立国（2014.1—2017.8）

朱国伏（2017.8—2018.12）

**（六）聚丙烯酰胺五车间（2014.1—2018.12）**

截至 2014 年 1 月 1 日，聚丙烯酰胺五车间机构规格正科级，在册员工

---

① 2015 年 7 月，王超去世。

② 2018 年 11 月，于斌斌退出领导岗位。

③ 《中国石油大庆炼化组织史资料》（1971—2013）正卷下限将在册员工人数误写成 133 人，特此勘误。

133 人，其中党员 34 人。①

聚丙烯酰胺五车间负责聚丙烯酰胺产品的生产，共有 4 条生产线，生产能力 2.6 万吨 / 年。

截至 2018 年 12 月 31 日，聚丙烯酰胺五车间在册员工 136 人，其中党员 33 人。

　　1. 聚丙烯酰胺五车间领导名录（2014.1—2018.12）

　　主　　　任　李劲松（2014.1—2016.12）

　　　　　　　　陈建斌（2016.12—2017.8）

　　　　　　　　高立国（2017.8—2018.12）

　　副　主　任　殷立新（2014.1—2018.11）

　　　　　　　　杜海朋（2014.1—2017.5）

　　　　　　　　黄　涛（2014.1—2016.6）

　　　　　　　　李　纲（2016.6—2018.12）

　　　　　　　　郭　峰（2017.5—2018.12）

　　　　　　　　罗俊彦（2018.12）

　　调　研　员　陈建斌（正科级，2017.8—2018.12）

　　2. 聚丙烯酰胺五车间党支部领导名录（2014.1—2018.12）

　　书　　　记　殷立新（2014.1—2018.11）②

　　　　　　　　罗俊彦（2018.12）

**（七）聚丙烯酰胺中控车间（2014.1—2018.12）**

截至 2014 年 1 月 1 日，聚丙烯酰胺中控车间机构规格正科级，在册员工 77 人，其中党员 16 人。

聚丙烯酰胺中控车间主要分为制冷、碳酸钠、油辅料、氢氧化钠及脱盐水等系统。

截至 2018 年 12 月 31 日，聚丙烯酰胺中控车间在册员工 85 人，其中党员 21 人。

---

　　① 《中国石油大庆炼化组织史资料》(1971—2013) 正卷下限将在册员工人数误写成 135 人，党员人数误写成 35 人，特此勘误。

　　② 2018 年 11 月，殷立新退出领导岗位。2018 年 11 月至 12 月期间，聚丙烯酰胺五车间书记空缺。

1. 聚丙烯酰胺中控车间领导名录（2014.1—2018.12）

  主  任 韩文明（2014.1—12）

       彭陟嵩（2014.12—2017.8）

       蔡伏龙（2017.8—2018.12）

  副 主 任 彭陟嵩（2014.1—12）

       夏振庆（2014.1—12）

       田文喜（2014.12—2018.12）

       李 慧（2014.12—2016.3）

       于绍庆（2016.3—2018.12）

       王天光（2016.12—2018.12）

2. 聚丙烯酰胺中控车间党支部领导名录（2014.1—2018.12）

  书  记 彭陟嵩（2014.1—12）

       李 慧（2014.12—2016.3）

       于绍庆（2016.3—2018.12）

**（八）丙烯酰胺一车间（2014.1—2018.12）**

截至2014年1月1日，丙烯酰胺一车间机构规格正科级，在册员工74人，其中党员24人。

丙烯酰胺一车间采用铜催化法生产丙烯酰胺产品，生产能力5万吨/年。

截至2018年12月31日，丙烯酰胺一车间在册员工61人，其中党员24人。

1. 丙烯酰胺一车间领导名录（2014.1—2018.12）

  主  任 崔守信（2014.1—2018.12）

  副 主 任 康德荣（女，2014.1—2018.11）

       滕 山（2014.1—2018.12）

       赖 军（2016.12—2017.7）

       王凤伟（2017.7—2018.12）

       李朔新（2018.11—12）

2.丙烯酰胺一车间党支部领导名录（2014.1—2018.12）

书　　记　康德荣（2014.1—2018.11）[①]

　　　　　李朔新（2018.11—12）

### （九）丙烯酰胺二车间（2014.1—2018.12）

截至 2014 年 1 月 1 日，丙烯酰胺二车间机构规格正科级，在册员工 64 人，其中党员 19 人。

丙烯酰胺二车间采用铜催化法生产丙烯酰胺产品，生产能力 5 万吨/年。

截至 2018 年 12 月 31 日，车间在册员工 62 人，其中党员 23 人。

1.丙烯酰胺二车间领导名录（2014.1—2018.12）

主　　任　于绍斌（2014.1—2018.12）

　　　　　张　保（2018.12）

副 主 任　张吉峰（2014.1—2018.12）

　　　　　宋廷伟（2014.1—2018.12）

　　　　　杨　军（满族，2014.1—2018.12）

2.丙烯酰胺二车间党支部领导名录（2014.1—2018.12）

书　　记　张吉峰（2014.1—2018.12）

### （十）库房管理一部（2014.1—2015.3）

截至 2014 年 1 月 1 日，库房管理一部机构规格正科级，库房管理一部在册员工 70 人，其中党员 11 人。[②]

库房管理一部承担聚丙烯酰胺一、二、三车间 10 条生产线产品的入库、储存、出库工作；对外委料的接收、保管、出库工作；750 千克/袋改为 25 千克/袋的产品改装工作；生产车间细粉回收及包装；本厂协议品的回收工作。

2015 年 3 月，公司决定将聚合物一厂库房管理一、二部合并为聚丙烯酰胺仓储车间，撤销聚合物一厂库房管理一、二部机构建制。

截至 2015 年 3 月 10 日，库房管理一部在册员工 67 人，其中党员 14 人。

1.库房管理一部领导名录（2014.1—2015.3）

主　　任　姜国强（2014.1—2015.3）

---

① 2018 年 11 月，康德荣退出领导岗位。

② 《中国石油大庆炼化组织史资料》(1971—2013) 正卷下限将在册员工人数误写成 69 人，党员人数误写成 12 人，特此勘误。

副 主 任 薛洪顺（2014.1—3）

何学萍（女，2014.1—2015.3）

马子维（2014.3—2015.3）

调 研 员 薛洪顺（正科级，2014.3—2015.3）

2. 库房管理一部党支部领导名录（2014.1—2015.3）

书 记 薛洪顺（2014.1—3）

何学萍（2014.3—2015.3）

### （十一）库房管理二部（2014.1—2015.3）

截至 2014 年 1 月 1 日，库房管理二部机构规格正科级，库房管理二部在册员工 58 人，其中党员 13 人。①

库房管理二部承担聚丙烯酰胺四、五车间成品入库、出库、倒库及保管工作。

2015 年 3 月，公司决定将聚合物一厂库房管理一、二部合并为聚丙烯酰胺仓储车间，撤销聚合物一厂库房管理一、二部机构建制。

截至 2015 年 3 月 10 日，库房管理二部在册员工 52 人，其中党员 12 人。

1. 库房管理二部领导名录（2014.1—2015.3）

主 任 栾志庆（2014.1—2015.3）

副 主 任 华国栋（回族，2014.1—2015.3）

刘福学（2014.1—2015.3）

2. 库房管理二部党支部领导名录（2014.1—2015.3）

书 记 华国栋（2014.1—2015.3）

### （十二）聚丙烯酰胺仓储车间（2015.3—2018.12）

2015 年 3 月，公司决定将聚合物一厂库房管理一、二部合并为聚丙烯酰胺仓储车间，撤销聚合物一厂库房管理一、二部机构建制。在册员工 118 人，其中党员 25 人。

聚丙烯酰胺仓储车间承担聚丙烯酰胺 5 个生产车间 18 条生产线产品的入库、储存、出库工作，750 千克／袋改为 25 千克／袋的产品改装工作，生

---

① 《中国石油大庆炼化组织史资料》（1971—2013）正卷下限将在册员工人数误写成 59 人，党员人数误写成 12 人，特此勘误。

产车间细粉回收及包装，本厂协议品的回收工作。

截至 2018 年 12 月 31 日，聚丙烯酰胺仓储车间在册员工 106 人，其中党员 25 人。

1. 聚丙烯酰胺仓储车间领导名录（2015.3—2018.12）

主　　任　王　彬（2015.3—2017.8）

　　　　　华国栋（2017.8—2018.12）

副　主　任　何学萍（正科级，2015.3—2017.11）

　　　　　刘福学（2015.3—2018.12）

　　　　　马子维（2015.3—2018.12）

　　　　　华国栋（2015.3—2017.8）

　　　　　刘晟飞（2017.8—2018.8）

调　研　员　薛洪顺（正科级，2015.3—2017.1）[①]

　　　　　何学萍（2017.11—2018.12）

2. 聚丙烯酰胺仓储车间党支部领导名录（2015.3—2018.12）

书　　记　华国栋（2015.3—2017.8）

　　　　　刘晟飞（2017.8—2018.8）[②]

　　　　　曲淑艳（女，2018.11—12）

**（十三）生化车间**（2014.1—2016.3）

截至 2014 年 1 月 1 日，生化车间机构规格正科级。在册员工 46 人，其中党员 12 人。

生化车间承担处理聚合物一厂丙烯腈、硫铵、丙酮氰醇、乙腈精制等车间的有毒有害的废水、废气，为丙烯腈、乙腈精制和丙酮氰醇装置提供冷量，为聚丙烯酰胺一至五车间提供生产所需要的热量。

2016 年 3 月，公司决定撤销生化车间机构建制，将生化车间和丙酮氰醇车间机构和职能合并，合并后单位名称为丙酮氰醇车间，机构隶属关系、规格、职能等均不变。

至 2016 年 3 月 11 日，生化车间在册员工 36 人，其中党员 12 人。

---

① 2017 年 1 月，薛洪顺退休。

② 2018 年 8 月，刘晟飞协议保留劳动关系，免去领导职务。2018 年 8 月至 11 月期间，聚丙烯酰胺仓储车间党支部书记空缺。

1. 生化车间领导名录（2014.1—2016.3）

　　主　　任　程显彪（2014.1—2016.3）

　　副　主　任　李秀秋（女，2014.1—2016.3）

　　　　　　　　于绍庆（2014.1—2016.3）

2. 生化车间党支部领导名录（2014.1—2016.3）

　　书　　记　于绍庆（2014.1—2016.3）

**（十四）丙酮氰醇车间（2014.1—2016.11）**

截至2014年1月1日，丙酮氰醇车间机构规格正科级。在册员工15人，其中党员5人。

丙酮氰醇车间主要负责丙酮氰醇产品的生产，生产能力为2万吨/年。

2016年3月，公司决定撤销生化车间机构建制，将生化车间和丙酮氰醇车间机构和职能合并，合并后单位名称为丙酮氰醇车间，机构隶属关系、规格、职能等均不变。在册员工33人，其中党员6人。

2016年11月，公司撤销丙酮氰醇车间机构建制，将乙腈车间和丙酮氰醇车间机构和职能合并，合并后单位名称为综合加工车间，机构规格、隶属关系等均不变。在册员工65人，其中党员15人。

1. 丙酮氰醇车间领导名录（2014.1—2016.11）

　　主　　任　姚树军（2014.1—2016.3）

　　　　　　　程显彪（2016.3—11）

　　副　主　任　姚树军（2016.3—11）

　　　　　　　牛光华（2014.1—2016.3）

　　　　　　　朱家昆（2014.1—2016.3；2016.3—11）

　　　　　　　李秀秋（2016.3—11）

2. 丙酮氰醇车间党支部领导名录（2014.1—2016.11）

　　书　　记　姚树军（2016.3—11）[1]

　　副　书　记　曲丽红（女，2014.1—2016.3）

**（十五）乙腈车间（2014.1—2016.11）**

截至2014年1月1日，乙腈车间机构规格均为正科级。乙腈车间在册

---

[1]　2014年1月至2016年3月期间，丙酮氰醇车间党支部书记空缺。

员工 38 人，其中党员 10 人。[①]

乙腈车间是与丙烯腈装置配套的环保装置，主要负责提炼纯度为 99.95% 以上的工业乙腈产品，生产能力为 2500 吨 / 年。

2016 年 11 月，公司撤销丙酮氰醇车间机构建制，将乙腈车间和丙酮氰醇车间机构和职能合并，合并后单位名称为聚合物一厂综合加工车间，机构规格、隶属关系等均不变。

至 2016 年 11 月 9 日，乙腈车间在册员工 37 人，其中党员 10 人。

1. 乙腈车间领导名录（2014.1—2016.11）

主　　任　张殿武（2014.1—2016.10）

　　　　　侯春生（兼任，2016.10—11）

副 主 任　温春英（女，2014.1—2016.3）

　　　　　姜国强（2016.3—11）

调 研 员　温春英（正科级，2016.3—11）

2. 乙腈车间党支部领导名录（2014.1—11）

书　　记　温春英（2014.1—2016.3）

　　　　　姜国强（2016.3—11）

**（十六）综合加工车间（2016.11—2018.12）**

2016 年 11 月，公司撤销丙酮氰醇车间机构建制，将乙腈车间和丙酮氰醇车间机构和职能合并，合并后单位名称为聚合物一厂综合加工车间，机构规格、隶属关系等均不变。在册员工 100 人，其中党员 22 人。

综合加工车间主要承担处理聚合物一厂丙烯腈、硫铵、丙酮氰醇、乙腈精制等车间的有毒有害的废水、废气，为丙烯腈、乙腈精制和丙酮氰醇装置提供冷量，为聚丙烯酰胺一至五车间提供生产所需要的热量和负责生产丙酮氰醇、乙腈产品。

截至 2018 年 12 月 31 日，综合加工车间在册员工 85 人，其中党员 20 人。

1. 综合加工车间领导名录（2016.11—2018.12）

主　　　任　程显彪（2016.11—2017.7）[②]

---

① 《中国石油大庆炼化组织史资料》（1971—2013）正卷下限将在册员工人数误写成 37 人，特此勘误。

② 2017 年 7 月，程显彪协议保留劳动关系，免去领导职务。

赖　军（2017.7—2018.12）

副　主　任　姚树军（2016.11—2018.12）

姜国强（正科级，2016.11—2018.11）

朱家昆（2016.11—2018.12）

李秀秋（2016.11—2018.11）[①]

调　研　员　温春英（正科级，2016.11—2018.12）

2.综合加工车间党支部领导名录（2016.11—2018.12）

书　　　记　姚树军（2016.11—2018.12）

（十七）硫铵车间（2014.1—2018.12）

截至 2014 年 1 月 1 日，硫铵车间机构规格正科级，在册员工 120 人，其中党员 13 人。

硫铵车间生产能力为 0.6 万吨 / 年，主要采用外循环加热、减压蒸发等操作，回收丙烯腈装置的副产物稀硫铵液，生产农用化肥硫酸铵。

截至 2018 年 12 月 31 日，车间在册员工 96 人，其中党员 24 人。

1.硫铵车间领导名录（2014.1—2018.12）

主　　　任　李家良（2014.1—2018.12）

副　主　任　李朔新（女，2014.1—2018.11）

张　保（2014.1—2016.3）

张伟东（2014.1—2018.12）

曲丽红（2016.3—2017.11）

姜国强（2018.11—12）

赵　波（2018.11—12）

调　研　员　曲丽红（副科级，2017.11—2018.12）

2.硫铵车间党支部领导名录（2014.1—2018.12）

书　　　记　李朔新（2014.1—2018.11）

姜国强（2018.11—12）

---

① 2018 年 11 月，李秀秋退出领导岗位。

**（十八）机修车间（2014.1—2018.12）**

2014年1月，公司决定将机电仪厂机械三车间的建制划归聚合物一厂管理，更名为聚合物一厂机修车间，机构规格正科级，列聚合物一厂基层单位序列。在册员工119人，其中党员21人。

机修车间主要负责聚合物一厂动静设备日常维修、维护。

截至2018年12月31日，车间在册员工115人，其中党员31人。

1. 机修车间领导名录（2014.1—2018.12）

　　主　　任　　王保庆（2014.1—2018.11）

　　　　　　　　黄　涛（2018.12）

　　副　主　任　　曲淑艳（2014.1—2018.11）

　　　　　　　　李　颖（女，2014.1—2018.11）[①]

　　　　　　　　黄　涛（2016.6—2018.12）

　　　　　　　　王保庆（2018.11—12）

　　　　　　　　袁如彬（2018.12）

2. 机修车间党支部领导名录（2014.1—2018.12）

　　书　　记　　曲淑艳（2014.1—2017.12）

　　　　　　　　王保庆（2018.11—12）

**（十九）新项目筹备组—聚合物胶体项目组（2014.1—2018.12）**

截至2014年1月1日，新项目筹备组机构规格正科级，在册员工38人，其中党员11人。[②]

2016年11月，公司决定在聚合物一厂成立临时机构胶体项目组，机构规格正科级，列聚合物一厂基层单位序列，原新项目筹备组所有人员，有行政级别的人员保留其行政级别，作为聚合物胶体项目组人员。

截至2018年12月31日，聚合物胶体项目组在册员工21人，其中党员19人。

1. 新项目筹备组（2014.1—2016.11）

（1）新项目筹备组领导名录（2014.1—2016.11）

　　主　　任　　柳建滨（2014.1—2016.11）

---

① 2018年11月，李颖退出领导岗位。

② 《中国石油大庆炼化组织史资料》（1971—2013）正卷下限将在册员工人数误写成42人，党员人数误写成12人，特此勘误。

副 主 任 李　慧（2014.1—12）

王泽鹏（2014.1—2016.3）

田文喜（2014.1—12）

夏振庆（2014.12—2015.7）

韩文明（2014.12—2016.11）

张殿武（2016.10—11）

（2）新项目筹备组党支部领导名录（2014.1—2016.11）

书　记 李　慧（2014.1—12）

韩文明（2014.12—2016.11）

2.聚合物胶体项目组（2016.11—2018.12）

（1）聚合物胶体项目组领导名录（2016.11—2018.12）

主　任 柳建滨（2016.11—12）

陈　猛（2016.12—2018.12）

副 主 任 韩文明（2016.12—2018.12）

张殿武（2016.12—2018.12）

罗俊彦（2016.12—2018.12）

（2）聚合物胶体项目组党支部领导名录（2016.11—2018.12）

书　记 韩文明（2016.12—2018.12）

**（二十）聚合物研究所（2014.1—2018.8）**

截至2014年1月1日，聚合物研究所机构规格正科级，在册员工22人，其中党员9人。

聚合物研究所主要任务是围绕聚合物生产难题以及油田用户使用需求，通过组织科研项目实施，不断开发聚合物新产品、新技术。

2018年8月，公司决定将聚合物一厂聚合物研究所业务职能及人员划入研究院管理，并更名为研究院聚合物研究室，机构规格正科级。

截至2018年8月21日，聚合物研究所在册员工37人，其中党员21人。

1.聚合物研究所领导名录（2014.1—2018.8）

所　长 林　羽（兼任，2014.1—2016.3）

李　慧（2016.3—2017.8）

李　胜（2017.8—2018.8）

副　所　长　高　俊（正科级，2014.1—2018.8）

　　　　　　　云　飞（正科级，2017.8—2018.8）

　　　　　　　李　胜（正科级，2014.1—2017.8）

副处级干部　张跃虎（2014.1—2018.8）

正科级干部　金龙渊（2014.1—2018.8）

　　　　　　　孙海波（2014.1—2018.8）

副科级干部　张建晔（2014.1—2018.8）

2. 聚合物研究所党支部领导名录（2014.1—2018.8）

书　　　记　林　羽（兼任，2014.1—2016.3）

　　　　　　　李　胜（2016.3—2018.8）

# 第五节　聚合物二厂（2014.1—2018.12）

　　聚合物二厂的前身是大庆石油管理局化工集团东昊聚合物厂。2005年1月，划归大庆炼化分公司。2005年2月，公司决定成立聚合物二厂，机构规格副处级。2006年12月，机构规格调整为正处级。业务受大庆炼化公司领导，党组织关系隶属大庆炼化公司党委，办公地点在黑龙江省大庆市让胡路区马鞍山生产区。

　　截至2014年1月1日，聚合物二厂拥有4条聚丙烯酰胺生产线和2套具有完全自主知识产权的石油磺酸盐工业化装置：6000吨/年聚丙烯酰胺生产线、2000吨/年聚丙烯酰胺生产线、两条6500吨/年聚丙烯酰胺生产线、5000吨/年磺酸盐装置和1.5万吨/年磺酸盐装置。聚合物二厂机关设2个办公室：生产办公室、综合办公室，基层单位7个：聚合一车间、聚合二车间、磺酸盐一车间、磺酸盐二车间、维护车间、动力车间、库房管理部。在册员工517人，聚合物二厂党委下属8个党支部，共有党员127人。

　　聚合物二厂党政领导班子由5人组成。

　　逯德成任厂长、党委副书记，负责聚合物二厂行政全面工作，负责经营管理、人事、劳资、干部、核算、奖金、保险、电子商务、生产计划、材料计划、检维修计划的审定以及各项费用的审批工作。

赵学清任党委书记、纪委书记、工会主席，负责聚合物二厂党群全面工作，负责思想政治工作、企业文化建设、组织、宣传、纪检、工会、团委、综合治理、信访、保密、档案管理、生活后勤。

于伟千任副厂长、党委委员，负责聚合物二厂设备全面管理，负责设备检维修和日常保养、现场低标准治理、技改技措项目的施工、检维修计划的审核、外委加工的审批、检修用料上报的审批、低值易耗品审批、资产，内部计量表、压力表和温度计校验。

杨怀宇任副厂长、总工程师、党委委员，负责聚合物二厂生产、技术全面工作，负责生产组织和协调、"三剂"和化工料计划上报的审核、员工培训、节能节水、技改技措立项、设计和投用，操作规程、操作卡、工艺卡片的编审批，操作平稳率、MES、出入户计量管理、产品质量以及产品售后服务工作。

王国柱任安全总监、党委委员，负责聚合物二厂安全环保全面工作，负责安全环保、HSE 体系建设和管理提升工作、清洁生产、电子巡检、安全管理人员及工人安全知识的培训、安全设施和劳保用品的上报审核工作、各种应急预案的演练和完善、现场生产和作业安全措施监督、隐患排查和整改工作、现场各种安全票据监督及作业方案的审批工作。

2014 年 3 月，大庆炼化公司决定：成立磺酸盐研究所，列聚合物二厂基层单位，主要负责磺酸盐技术应用的研究工作。将 5000 吨 / 年磺酸盐装置定位为磺酸盐研究所的中试装置，撤销聚合物二厂磺酸盐一车间的机构建制，将磺酸盐一车间人员、职能划入磺酸盐研究所管理。

2015 年 4 月，大庆炼化公司决定：将聚合物二厂维护车间更名为聚合物二厂控制车间。

2015 年 6 月，大庆炼化公司决定：成立磺酸盐一车间，机构规格正科级，隶属聚合物二厂，负责 7 万吨 / 年磺酸盐装置的管理工作，同时将聚合物二厂库房管理部更名为聚丙烯酰胺仓储车间。

2015 年 9 月 25 日，聚合物二厂召开第三次工会会员代表大会，工会会员代表共 59 人参加会议。会议选举产生聚合物二厂第三届工会委员会、经费审查委员会和女职工委员会。赵学清为工会主席。

2015 年 10 月，大庆炼化公司决定：赵学清任聚合物二厂副厂长。

2016 年 2 月，大庆炼化公司党委决定：杨家河任大庆炼化公司聚合物二厂党委副书记；免去逯德成的大庆炼化公司聚合物二厂党委副书记职务。大庆炼化公司决定：杨家河任大庆炼化公司聚合物二厂厂长；免去逯德成的大庆炼化公司聚合物二厂厂长职务。领导班子分工随之调整：

厂长、党委副书记杨家河负责全厂行政工作，分管行政、生产经营、人事、劳资、企业管理、科研等工作。

党委书记、纪委书记、工会主席、副厂长赵学清负责全厂党群工作，分管党建、纪检、思想政治、文化宣传、工团、综合治理、保卫维稳等工作。

副厂长、党委委员于伟千负责全厂设备管理等方面工作，分管设备运行、检维修、设备现场标准化、设备方面节能降耗等工作。

副厂长、总工程师、党委委员杨怀宇负责全厂生产、技术管理等方面工作，分管生产运行、生产技术、生产计划统计、质量管控、装置达标、技改技措、培训、节能降耗等工作。

安全总监、党委委员王国柱负责全厂安全环保等方面工作，分管安全环保、HSE 体系、安全培训、现场施工安全管理、劳动保护等工作。

2016 年 4 月，中共大庆炼化公司聚合物二厂委员会对所属 9 个党支部选举结果进行批复。中共聚合物二厂机关支部委员会由杨军强、杨清华、司云涛 3 人组成，杨军强任书记；中共聚合物二厂聚合一车间支部委员会由高颜生、刘军、蒋卫东 3 人组成，高颜生任书记；中共聚合物二厂聚合二车间支部委员会由秦伟、王泽鹏、陈连庆 3 人组成，秦伟任书记；中共聚合物二厂磺酸盐研究所支部委员会由马天祥、常松涛、韩仁峰 3 人组成，马天祥任书记；中共聚合物二厂磺酸盐一车间支部委员会由王栖、高振禹、林洪海 3 人组成，王栖任书记；中共聚合物二厂磺酸盐二车间支部委员会由杨洪孝、宋志军、徐英勇 3 人组成，杨洪孝任书记；中共聚合物二厂控制车间支部委员会由杨金平、赵世民、王瀚伦 3 人组成，杨金平任书记；中共聚合物二厂动力车间支部委员会由闫铁、刘威、刘卫东 3 人组成，闫铁任书记；中共聚合物二厂聚丙烯酰胺仓储车间支部委员会由汪春玲、曲贵家、李艳梅 3 人组成，汪春玲任书记。

2016 年 5 月 18 日，中共大庆炼化公司聚合物二厂委员会召开第一次党员代表大会，46 名党员代表参加会议。会议选举产生中共聚合物二厂第三届委员会，由于伟千、王国柱、杨怀宇、赵学清、杨家河 5 人组成（以姓氏笔画为序），赵学清为党委书记，杨家河为党委副书记。选举产生中共大庆炼化公司聚合物二厂纪律检查委员会，由闫铁、杨军强、赵学清、杨清华、秦伟 5 人组成（以姓氏笔画为序），赵学清为纪委书记。聚合物二厂党委下属 9 个党支部，共有党员 161 人。

2017 年 8 月，大庆炼化公司决定：撤销聚合物二厂动力车间机构建制，原动力车间人员、职能由聚合物二厂按照就近管理原则划入相应车间管理，调整后相应车间定员由人事处另行下达。

2018 年 8 月，大庆炼化公司决定：将聚合物二厂磺酸盐研究所业务职能及人员（含兼任所长的副总工程师）划入研究院管理。

2018 年 12 月，大庆炼化公司党委决定：杨家河任大庆炼化公司聚合物二厂党委书记、纪委书记、工会主席；免去赵学清的大庆炼化公司聚合物二厂党委书记、委员、纪委书记、工会主席职务（退出领导岗位）。大庆炼化公司决定：免去赵学清的大庆炼化公司聚合物二厂副厂长职务。

截至 2018 年 12 月 31 日，聚合物二厂机关设 2 个办公室：生产办公室、综合办公室。基层单位 6 个：聚合一车间、聚合二车间、磺酸盐一车间、磺酸盐二车间、聚丙烯酰胺仓储车间、控制车间。聚合物二厂在册员工 531 人，下属 7 个党支部，共有党员 151 人。

聚合物二厂行政领导班子由 4 人组成：杨家河任厂长，杨怀宇任副厂长、总工程师，于伟千任副厂长，王国柱任安全总监。聚合物二厂党委由杨家河、杨怀宇、于伟千、王国柱 4 人组成，杨家河任书记。杨家河任纪委书记。杨家河任工会主席。领导班子分工于 2019 年 1 月调整如下：

厂长、党委书记、纪委书记、工会主席杨家河负责全厂行政及党群全面工作，分管党的建设、生产经营、纪检监督、思想政治、企业管理、新闻宣传、人事劳资、科研、群团、计划生育、综合治理、保卫维稳等工作。

副厂长、总工程师、党委委员杨怀宇负责全厂生产、技术管理等方面工作，分管生产运行、生产技术、生产计划统计、质量管控、装置达标、技改技措、培训、节能降耗等工作。

副厂长、党委委员于伟千负责全厂设备管理等方面工作，分管设备运行、检维修、设备现场标准化、设备方面节能降耗等工作。

安全总监、党委委员王国柱负责全厂安全环保等方面工作，分管安全环保、HSE 体系、安全培训、现场施工安全管理、劳动保护等工作。

2014 年至 2018 年，聚合物二厂深入贯彻落实公司各项要求和部署，全面推进安全环保、平稳优化创新、精细管理创效和队伍建设等重点工作。基础工作不断夯实，产量质量大幅攀升，设备管理逐步优化，安全环保形势持续向好，技术创新取得突破，员工队伍和谐稳定，积极主动干事创业局面得到持续巩固。敢于担当、乐于奉献、精诚团结、共克时艰的良好氛围逐步形成。2016 年度、2017 年度、2018 年度聚合物二厂连续获得"大庆炼化公司先进单位"荣誉称号。

一、聚合物二厂行政领导名录（2014.1—2018.12）

厂　　　长　　逯德成（2014.1—2016.2）
　　　　　　　　杨家河（2016.2—2018.12）

副　厂　长　　杨怀宇（2014.1—2018.12）
　　　　　　　　于伟千（2014.1—2018.12）
　　　　　　　　赵学清（2015.10—2018.12）

安　全　总　监　　王国柱（2014.1—2018.12）

总　工　程　师　　杨怀宇（2014.1—2018.12）

副总工程师　　张建国（2014.1—2018.12）
　　　　　　　　马天祥（2014.3—2018.8）

二、聚合物二厂党委领导名录（2014.1—2018.12）

书　　　记　　赵学清（2014.1—2018.12）[1]
　　　　　　　　杨家河（2018.12）

副　书　记　　逯德成（2014.1—2016.2）
　　　　　　　　杨家河（2016.2—2018.12）

委　　　员　　赵学清（2014.1—2018.12）
　　　　　　　　逯德成（2014.1—2016.2）

---

[1]　2018 年 12 月，赵学清退出领导岗位。

     杨怀宇（2014.1—2018.12）

     于伟千（2014.1—2018.12）

     王国柱（2014.1—2018.12）

     杨家河（2016.2—2018.12）

**三、聚合物二厂纪委领导名录（2014.1—2018.12）**

  书　　记　赵学清（2014.1—2018.12）

     杨家河（2018.12）

  委　　员　赵学清（2014.1—2018.12）

     杨军强（2014.1—2018.12）

     高颜生（2014.1—2018.12）

     秦　伟（女，2014.1—2018.12）

     司云涛（2014.1—2016.5）

     杨清华（山东章丘，2016.5—2018.12）

     王　微（女，2018.5—12）

     杨家河（2018.12）

**四、聚合物二厂工会领导名录（2014.1—2018.12）**

  主　　席　赵学清（2014.1—2018.12）

     杨家河（2018.12）

**五、所属机关科级单位**

  截至2014年1月1日，聚合物二厂机关设生产办公室、综合办公室，机构规格正科级，生产办公室下设调度室。在册员工31人，其中党员24人。

  综合办公室主要负责组织、纪检、宣传、工会、共青团、人事劳资、经营核算、干部管理、综治保卫、维稳、房产、计划生育、保密、现场管理等工作。生产办公室主要负责协调生产管理，解决生产中出现的重大问题，对生产、设备、质量、安全、环保等工作进行指导、监督等工作。

  截至2018年12月31日，聚合物二厂机关在册员工31人，其中党员26人。

  （一）综合办公室领导名录（2014.1—2018.12）

  主　　任　杨军强（2014.1—2016.12）

刘　威（女，2016.12—2018.12）

副　主　任　董　晖（女，2014.1—2016.12）

司云涛（2017.3—12）

党委组织员　司云涛（2014.1—2017.12）①

（二）生产办公室领导名录（2014.1—2018.12）

主　　　任　马天祥（2014.1—3）

杨清华（2014.3—2018.12）

副　主　任　陈雪峰（2014.1—2018.7）

刘卫东（2017.10—2018.12）

（三）机关党支部领导名录（2014.1—2018.12）

书　　　记　杨军强（2014.1—2016.12）

刘　威（2016.12—2018.12）

## 六、所属基层科级单位

（一）聚合一车间（2014.1—2018.12）

截至2014年1月1日，聚合一车间机构规格正科级，在册员工82人，其中党员14人。

车间拥有2条聚丙烯酰胺生产线，加工生产能力为0.8万吨/年，装置采用丙烯酰胺溶液经过聚合、水解反应，生产聚丙烯酰胺产品。聚丙烯酰胺产品应用于大庆油田三元复合驱油技术，以提高油田采油量。

截至2018年12月31日，车间在册员工94人，其中党员15人。

1. 聚合一车间领导名录（2014.1—2018.12）

主　　　任　韩仁峰（2014.1—9）

尹大星（2014.9—2016.1）②

刘　军（2016.10—2018.12）

副　主　任　高颜生（2014.1—2016.12）

司　绣（2014.1—2018.12）

姜鸿涛（2014.1—2016.1）

---

① 2018年1月，正式免去其党委组织员职务。

② 2016年1月至10月期间，聚合一车间主任空缺。2016年1月至2月期间，党支部书记高颜生主持工作。2016年2月至10月期间，副主任刘军主持工作。

刘　军（2016.2—10）

蒋卫东（2016.2—2018.12）

闫　铁（2017.9—2018.12）

2. 聚合一车间党支部领导名录（2014.1—2018.12）

书　　　记　高颜生（2014.1—2016.12）

刘　军（2016.12—2017.9）

闫　铁（2017.9—2018.12）

**（二）聚合二车间（2014.1—2018.12）**

截至 2014 年 1 月 1 日，聚合二车间机构规格正科级，在册员工 72 人，其中党员 18 人。

车间拥有 2 条聚丙烯酰胺生产线，加工生产能力为 1.5 万吨/年，装置采用丙烯酰胺溶液经过聚合、水解反应，生产聚丙烯酰胺产品。以工艺流程分为聚合岗、水解岗、干燥岗、包装岗、主控岗、辅化岗、班长岗、循环水岗。聚丙烯酰胺产品应用于大庆油田三元复合驱油技术，以提高油田采油量。

截至 2018 年 12 月 31 日，车间在册员工 97 人，其中党员 30 人。

1. 聚合二车间领导名录（2014.1—2018.12）

主　　　任　刘东旭（2014.1—2016.1）[①]

王泽鹏（2016.10—2018.12）

副　主　任　秦　伟（2014.1—2018.12）

陈连庆（2014.1—2018.12）

武志鹏（2014.1—2016.1）

王泽鹏（2016.2—10）

董　亮（满族，2016.2—2018.12）

2. 聚合二车间党支部领导名录（2014.1—2018.12）

书　　　记　秦　伟（2014.1—2018.12）

**（三）磺酸盐一车间（2014.1—3；2015.6—2018.12）**

截至 2014 年 1 月 1 日，磺酸盐一车间机构规格正科级，在册员工 41 人，

---

① 2016 年 1 月至 10 月期间，聚合二车间主任空缺。2016 年 1 月至 2 月期间，党支部书记秦伟主持工作。2016 年 2 月至 10 月期间，副主任王泽鹏主持工作。

其中党员 15 人。

磺酸盐一车间主要负责磺酸盐技术应用的研究工作，拥有一套生产规模为 5000 吨／年的中试装置，由 5 个班组、2 个研究室组成。

2014 年 3 月，撤销聚合物二厂磺酸盐一车间的机构建制，将磺酸盐一车间 44 名员工、职能划入磺酸盐研究所管理。

2015 年 6 月，大庆炼化公司成立磺酸盐一车间，机构规格正科级，在册员工 79 人，其中党员 25 人。

车间由两套 3.5 万吨／年石油磺酸盐产能的生产装置组成，采用气相三氧化硫连续膜式磺化的工艺技术，生产石油磺酸盐。分为熔硫及 $SO_3$ 制备系统、磺化中和系统、尾气处理系统、原料及产品储罐区系统、污水处理系统等子系统。石油磺酸盐产品应用于大庆油田三元复合驱油技术，以提高油田采油量。

截至 2018 年 12 月 31 日，车间在册员工总数 80 人，其中党员 26 人。

1. 磺酸盐一车间领导名录（2014.1—3；2015.6—2018.12）

2014 年 1 月至 3 月：

　　　主　　　任　杨清华（2014.1—3）

　　　副 主 任　常松涛（2014.1—3）

　　　　　　　　曲贵家（2014.1—3）

2015 年 6 月至 2018 年 12 月：

　　　主　　　任　王　栖（2015.6—2018.12）

　　　副 主 任　林洪海（2015.6—2018.12）

　　　　　　　　高振禹（蒙古族，2015.6—2018.12）

　　　　　　　　高颜生（2016.12—2018.12）

2. 磺酸盐一车间党支部领导名录（2014.1—3；2015.6—2018.12）

2014 年 1 月至 3 月：

　　　书　　　记　杨清华（2014.1—3）

2015 年 6 月至 2018 年 12 月：

　　　书　　　记　王　栖（2015.6—2016.12）

　　　　　　　　高颜生（2016.12—2018.12）

**（四）磺酸盐研究所（2014.3—2018.8）**

2014 年 3 月，大庆炼化公司成立磺酸盐研究所，机构规格正科级，在册员工 41 人，其中党员 14 人。将磺酸盐一车间现有人员、职能划入磺酸盐研究所管理。由五个班组、两个研究室组成。

磺酸盐研究所主要负责磺酸盐技术应用的研究工作。拥有一套生产规模为 5000 吨／年的中试装置。

2018 年 8 月，大庆炼化公司决定：聚合物二厂磺酸盐研究所业务职能及人员（含兼任所长的副总工程师）划入研究院管理。

截至 2018 年 8 月 31 日，磺酸盐研究所在册员工 44 人，其中党员 15 人。

1. 磺酸盐研究所领导名录（2014.3—2018.8）

所　　　长　马天祥（兼任，2014.3—2018.8）

副　所　长　常松涛（2014.3—2018.8）

　　　　　　曲贵家（2014.3—9）

　　　　　　韩仁峰（2014.9—2018.8）

2. 研究所党支部领导名录（2014.3—2018.8）

书　　　记　马天祥（2014.3—2018.8）

**（五）磺酸盐二车间（2014.1—2018.12）**

截至 2014 年 1 月 1 日，磺酸盐二车间机构规格正科级，在册员工 91 人，其中党员 21 人。

磺酸盐二车间由 1.5 万吨／年石油磺酸盐装置与 3.5 万吨／年石油磺酸盐装置组成。两套石油磺酸盐装置是基于公司 5000 吨／年石油磺酸盐中试装置设计建设的，是国内首套采用气相三氧化硫连续膜式工艺生产石油磺酸盐的工业化生产装置。

截至 2018 年 12 月 31 日，车间在册员工 78 人，其中党员 19 人。

1. 磺酸盐二车间领导名录（2014.1—2018.12）

主　　　任　杨洪孝（2014.1—2018.12）

副　主　任　王　栖（2014.1—11）

　　　　　　徐英勇（2014.1—2018.12）

　　　　　　宋志军（2014.11—2018.12）

　　　　　　杨金平（2017.9—2018.12）

2. 磺酸盐二车间党支部领导名录（2014.1—2018.12）

书　　　记　杨洪孝（2014.1—2017.9）

杨金平（2017.9—2018.12）

**（六）维护车间—控制车间（2014.1—2018.12）**

截至 2014 年 1 月 1 日，维护车间机构规格正科级，在册员工 67 人，其中党员 13 人。

维护车间主要负责聚合物二厂机械、仪表设备的运行、维护、抢修及检修和技改技措等工作任务，是集机械、仪表两专业为一体的综合型维护车间。

2015 年 4 月，聚合物二厂维护车间更名为聚合物二厂控制车间，机构隶属关系、规格等均不变。

截至 2018 年 12 月 31 日，车间在册员工 96 人，其中党员 23 人。

1. 维护车间（2014.1—2015.4）

（1）维护车间领导名录（2014.1—2015.4）

主　　　任　赵世民（2014.1—2015.4）

副　主　任　汪春玲（女，2014.1—2015.4）

王瀚伦（2014.1—2015.4）

（2）维护车间党支部领导名录（2014.1—2015.4）

书　　　记　汪春玲（2014.1—2015.4）

2. 控制车间（2015.4—2018.12）

（1）控制车间领导名录（2015.4—2018.12）

主　　　任　赵世民（2015.4—2018.12）

副　主　任　汪春玲（2015.4—6）

王瀚伦（2015.4—2018.12）

杨金平（2015.6—2017.9）

杨军强（2017.9—2018.12）

（2）控制车间党支部领导名录（2015.4—2018.12）

书　　　记　汪春玲（2015.4—6）

杨金平（2015.6—2017.9）

杨军强（2017.9—2018.12）

**（七）库房管理部—聚丙烯酰胺仓储车间（2014.01—2018.12）**

截至2014年1月1日，库房管理部机构规格正科级，在册员工总数29人，其中党员5人。

库房管理部设置班长、叉车司机、保管员岗位，管理成品库3个、混合料小库2个、临时库1个，总库存容量1464吨。承担着聚丙烯酰胺产品的入库检斤、装车出库、倒库、合格品盖章以及25斤小包改装等工作。

2015年6月，聚合物二厂库房管理部更名为聚丙烯酰胺仓储车间，更名后机构隶属关系、规格、职能等均不变。

截至2018年12月31日，车间在册员工55人，其中党员12人。

1. 库房管理部（2014.1—2015.6）

（1）库房管理部领导名录（2014.1—2015.6）

  主  任 尹大星（2014.1—9）①

  副 主 任 杨金平（2014.1—2015.6）

       曲贵家（2014.9—2015.6）

（2）库房管理部党支部领导名录（2014.1—2015.6）

  书  记 杨金平（2014.1—2015.6）

2. 聚丙烯酰胺仓储车间（2015.6—2018.12）

（1）聚丙烯酰胺仓储车间领导名录（2015.6—2018.12）

  主  任 汪春玲（2015.6—2017.10）

       董 晖（2017.11—2018.12）

  副 主 任 曲贵家（2015.6—2018.12）

       董 晖（2016.12—2017.11）

  调 研 员 汪春玲（正科级，2017.10—2018.12）

（2）聚丙烯酰胺仓储车间党支部领导名录（2015.6—2018.12）

  书  记 汪春玲（2015.6—2017.10）

       董 晖（2017.11—2018.12）

**（八）动力车间（2014.1—2017.8）**

截至2014年1月1日，动力车间机构规格正科级，在册员工49人，其

---

① 2014年9月至2015年6月期间，库房管理部主任空缺，副主任曲贵家主持工作。

中党员 10 人。

车间主要担负着为聚合物二厂聚合生产区提供公用工程保障，包括循环水站、消防水站、换热站和空压站。循环水站设计能力 3000 立方米 / 时，设有循环水泵房 1 座、吸水井 1 座、冷却塔 2 座、全自动过滤器 2 座及自动加酸系统、加药系统、加氯系统及氯吸收系统各 1 套。消防水站有 2 座 700 立方米消防水罐、1 座消防水泵房、2 座阀室、1 套稳高压系统。空压站产风能力 140 标准立方米 / 分，共有 4 台压缩机。换热站设有换热泵房 1 座、污水泵房 1 座。

2017 年 8 月，大庆炼化公司决定：撤销聚合物二厂动力车间机构建制，原动力车间人员、职能由聚合物二厂按照就近管理原则划入相应车间管理，调整后相应车间定员由人事处另行下达。

截至 2017 年 8 月 31 日，车间在册员工 56 人，其中党员 11 人。

1. 动力车间领导名录（2014.1—2017.8）

主　　任　刘　威（2014.1—2016.12）

　　　　　杨军强（2016.12—2017.8）

副 主 任　闫　铁（2014.1—2017.8）

　　　　　刘卫东（2014.1—2017.8）

2. 动力车间党支部领导名录（2014.1—2017.8）

书　　记　闫　铁（2014.1—2017.8）

## 第六节　聚丙烯厂（2014.1—2018.12）

聚丙烯厂成立于 2003 年 4 月，机构规格正处级，党组织关系隶属大庆炼化公司党委，办公地点在黑龙江省大庆市让胡路区马鞍山。

截至 2014 年 1 月 1 日，聚丙烯厂拥有两套 30 万吨 / 年聚丙烯生产装置和配套的库房管理部。厂机关设综合办公室、生产管理办公室、技术服务部 3 个科室，基层设 4 个车间，聚丙烯一车间、聚丙烯二车间、库房管理一部、库房管理二部。聚丙烯厂作为大庆炼化公司四大基地之一，拥有 60 万吨 / 年聚丙烯产品生产、包装、存储能力，先后开发生产了均聚、无规、抗冲共聚和均聚＋无规共聚物等 27 个牌号的聚丙烯产品，涵盖了聚丙烯产品各个领域，产品销售分布华东、华南、华北市场。在册员工 380 人，其中女员工 118 人，企业技能专家 1 人。聚丙烯厂党委下属 5 个党支部，共有党员 123 人。

聚丙烯厂党政领导班子由 5 人组成。

崔军明任厂长、党委副书记，负责全厂行政工作，主持党委工作，分管生产经营、组织、党建、人事劳资、绩效考核、统计、核算、材料计划审定、费用审批、宣传、企业文化、房产、内控、信息管理、档案管理、接待等工作。

李阳任副厂长、安全总监、党委委员，协助厂长做好安全和原腈纶装置的管理工作，分管安全管理、HSE、安全措施落实、隐患治理、安全培训、应急预案演练、现场作业安全票据及方案的审批等工作。

王振海任党委副书记、纪委书记、工会主席，分管纪检、工会、综合治理、统战、信访、保密等工作。

梁天舒任副厂长、党委委员，协助厂长做好生产、质量和环保工作，分管生产运行、环保管理、产品质量、新产品开发、节能节水、化工料、协议品、废料、包装物、托盘的管理等工作。

王海庆任副厂长、党委委员，协助厂长做好设备和检维修管理工作，分管设备运行、设备检维修管理、安全设施申报审核、备件国产化、机物料、低值的管理等工作。

2014 年 2 月，大庆炼化公司党委决定：张庆彬任大庆炼化公司聚丙烯厂党委委员；免去王海庆的大庆炼化公司聚丙烯厂党委委员职务。大庆炼化公司决定：张庆彬任大庆炼化公司聚丙烯厂副厂长；免去王海庆的大庆炼化公司聚丙烯厂副厂长职务。张庆彬负责原副厂长王海庆分管的设备运行、设备检维修管理、安全设施申报审核、备件国产化、机物料、低值的管理等工作。

2014 年 4 月，大庆炼化公司党委决定：李峰任大庆炼化公司聚丙烯厂党委副书记、纪委书记、工会主席（主持党委工作）；免去王振海的大庆炼化公司聚丙烯厂党委副书记、纪委书记、工会主席职务。大庆炼化公司决定：李峰任大庆炼化公司聚丙烯厂副厂长。李峰负责党委副书记崔军明分管的组织、党建、宣传、企业文化等工作，负责原党委副书记、纪委书记、工会主席王振海分管的纪检、工会、综合治理、统战、信访、保密等工作。

2014 年 8 月，大庆炼化公司决定：为进一步加强科研力量，提高科研的指导能力和水平，撤销技术服务部建制，在聚丙烯厂成立聚丙烯研发检测中心，机构规格正科级，隶属聚丙烯厂直属机构。

2014 年 9 月，大庆炼化公司党委决定：姜涛任大庆炼化公司聚丙烯厂党委委员。大庆炼化公司决定：姜涛任大庆炼化公司聚丙烯厂安全总监；免去李阳兼任的大庆炼化公司聚丙烯厂安全总监职务。姜涛负责原安全总监李阳分管的安全管理、HSE、安全措施落实、隐患治理、安全培训和各种应急预案演练、现场作业安全票据及方案的审批等工作。

2014 年 11 月，大庆炼化公司决定：将聚丙烯厂库房管理一部、库房管理二部合并为库房管理部。

2015 年 3 月，大庆炼化公司决定：将库房管理部更名为聚丙烯包装仓储车间。

2015 年 4 月，大庆炼化公司决定：为加强用管修一体化管理，提高维护的及时性和准确性，将机电仪厂机电维护一车间的职能、人员（包括车间班子）和机构建制划入聚丙烯厂，更名为控制车间，列聚丙烯厂基层单位，并将机电仪厂检修车间负责聚丙烯厂分析仪表业务、职能和人员（2 人）划入聚丙烯厂管理。

2015 年 4 月，对领导班子分工进行调整：

厂长、党委副书记崔军明负责全厂行政工作，分管生产经营、安全环保、人事劳资、绩效考核、统计、核算、行政干部管理、费用审批、电子商务、房产、内控、信息管理、档案管理、接待工作。

党委副书记、纪委书记、工会主席、副厂长李峰负责全厂党群和思想政治工作，分管组织、纪检、工会、现场管理、宣传、共青团、企业文化建设、综合治理、统战、信访、保密、计划生育和稳定工作。

副厂长、党委委员李阳协助厂长做好聚丙烯产品检验和售后工作，分管技改技措、操作规程、工艺卡片、技术月报、平稳率、产品技术服务、市场开发、产品科技研发、新产品推介、产品质量检验、成品出厂检测、原腈纶装置管理工作。

副厂长、党委委员梁天舒协助厂长做好生产、质量和环保工作，分管生产运行、环保管理、产品质量、新产品开发、节能节水、化工料、协议品、废料、包装物、托盘的管理等工作。

副厂长、党委委员张庆彬协助厂长做好设备运行和检维修管理工作，分管设备运行、设备检维修管理、机械仪表维护维修管理、安全设施申报审核、备件国产化、机物料、低值的管理等工作。

安全总监、党委委员姜涛协助厂长对安全环保工作进行监督和整改，分管安全管理、HSE、安全措施落实、隐患治理、安全培训、各种应急预案演练、现场作业安全票据及方案的审批等工作。

2015年5月，大庆炼化公司党委决定：李峰任大庆炼化公司聚丙烯厂党委书记；免去李峰的大庆炼化公司聚丙烯厂党委副书记职务；免去梁天舒的大庆炼化公司聚丙烯厂党委委员职务。大庆炼化公司决定：免去梁天舒的大庆炼化公司聚丙烯厂副厂长职务。李峰全面负责党委工作，分管组织、党建、宣传、企业文化、纪检、工会、综合治理、统战、信访、保密等工作。李阳负责原副厂长梁天舒负责的生产运行、环保管理、产品质量、新产品开发、节能节水、化工料、协议品、废料、包装物、托盘的管理等工作。

2015年9月25日，聚丙烯厂召开第三次工会会员代表大会，工会会员代表共68人参加会议。会议选举产生聚丙烯厂第三届工会委员会、经费审查委员会和女职工委员会。李峰为工会主席。

2016年4月，中共大庆炼化公司聚丙烯厂委员会对所属5个党支部选举结果进行批复。中共聚丙烯厂机关支部委员会由王岩、王春艳、刘田库、孙刚、唐淑文5人组成，王岩任书记；中共聚丙烯厂聚丙烯一车间支部委员会由马立艳、王立伟、邵凤彬、赵永生、普诚雷5人组成，马立艳任书记；中共聚丙烯厂聚丙烯二车间支部委员会由刘太舟、庄永春、闫政军、程汝斌、甄赫南5人组成，程汝斌任书记；中共聚丙烯厂聚丙烯包装仓储车间支部委员会由王晓光、刘俊东、陈德智、周浪屿、顾红梅5人组成，顾红梅任书记；中共聚丙烯厂控制车间支部委员会由王兵、孙安民、孙钦刚、李军、李利东5人组成，王兵任书记。

2016年5月，大庆炼化公司党委决定：刘锡明任大庆炼化公司聚丙烯厂党委副书记；免去崔军明的大庆炼化公司聚丙烯厂党委副书记、委员职务。大庆炼化公司决定：刘锡明任大庆炼化公司聚丙烯厂厂长；免去崔军明的大庆炼化公司聚丙烯厂厂长职务。刘锡明负责原厂长、党委副书记崔军明分管的生产经营、人事劳资、绩效考核、统计、核算、材料计划的审定、费用审批、房产、内控、信息管理、档案管理、接待等工作。

2016年5月17日，中共大庆炼化公司聚丙烯厂召开第一次代表大会，53名党员代表参加会议。会议选举产生中共大庆炼化公司聚丙烯厂第二届委员会，由刘锡明、李阳、李峰、张庆彬、姜涛5人组成（以姓氏笔画为序），李峰为党委书记，刘锡明为党委副书记。选举产生中共大庆炼化公司聚丙烯厂纪律检查委员会，由马立艳、王岩、王春艳、李峰、苗雪莲、顾红梅、程汝斌7人组成（以姓氏笔画为序），李峰为纪委书记。

2017年6月，大庆炼化公司党委决定：贾鸣春任大庆炼化公司聚丙烯厂党委副书记；免去刘锡明的大庆炼公司聚丙烯厂党委副书记、委员职务。大庆炼化公司决定：贾鸣春任大庆炼化公司聚丙烯厂厂长；免去刘锡明的大庆炼化公司聚丙烯厂厂长职务。贾鸣春负责原厂长、党委副书记刘锡明分管的生产经营、考核、人事、劳资等工作，协助党委书记做好党群工作。

2017年7月，大庆炼化公司决定：将聚丙烯厂控制车间的职能、人员和机构建制划入机电仪厂管理。

2017年8月，大庆炼化公司党委决定：高景庆任大庆炼化公司聚丙烯厂党委委员；于涛任大庆炼化公司聚丙烯厂党委委员；免去张庆彬的大庆炼化公司聚丙烯厂党委委员职务，免去姜涛的大庆炼化公司聚丙烯厂党委委员职务。大庆炼化公司决定：高景庆任大庆炼化公司聚丙烯厂副厂长、安全总监；于涛任大庆炼化公司聚丙烯厂副厂长；免去张庆彬的大庆炼化公司聚丙烯厂副厂长职务；免去姜涛的大庆炼化公司聚丙烯厂安全总监职务。高景庆负责原安全总监姜涛分管的安全管理、HSE体系、安全培训、现场安全管理、劳动保护等工作。于涛负责原副厂长张庆彬分管的设备运行、设备检维修、设备现场标准化、设备节能降耗等工作。

2018年8月，大庆炼化公司党委决定：刘甡任大庆炼化公司聚丙烯厂党委委员。大庆炼化公司决定：刘甡任大庆炼化公司聚丙烯厂总工程师。刘甡负责装置达标、节能降耗、技改技措、操作规程、工艺卡片、员工培训等工作。

截至2018年12月31日，聚丙烯厂机关设综合办公室、生产管理办公室，直属部门聚丙烯研发检测中心，基层设聚丙烯一车间、聚丙烯二车间、聚丙烯包装仓储车间。在册员工400人，其中女员工133人，企业技能专家1人，技师5人。聚丙烯厂党委下属4个党支部，共有党员142人。

聚丙烯厂行政领导班子由6人组成：贾鸣春任厂长，李峰、李阳、于涛任副厂长，高景庆任副厂长、安全总监，刘甦等任总工程师。聚丙烯厂党委由李峰、贾鸣春、李阳、高景庆、于涛、刘甦等6人组成，李峰任书记，贾鸣春任副书记。李峰任纪委书记，李峰任工会主席。领导班子分工如下：

厂长、党委副书记贾鸣春负责全厂行政工作，分管生产经营、考核、人事、劳资等工作，协助党委书记做好党群工作。

党委书记、纪委书记、工会主席、副厂长李峰负责全厂党群工作，分管党建、纪检、文化宣传、工会、共青团等工作，协助厂长做好行政工作。

副厂长、党委委员李阳负责全厂生产和技术管理等方面工作，分管生产运行、环保、质量、产品研发、技术服务、节能降耗以及原腈纶装置管理等工作。

副厂长、安全总监、党委委员高景庆负责全厂安全等方面工作，分管安全管理、HSE体系、安全培训、现场安全管理、劳动保护等工作。

副厂长、党委委员于涛负责全厂设备管理等方面工作，分管设备运行、设备仪表检维修、设备现场标准化、设备节能降耗等工作。

总工程师、党委委员刘甦负责全厂技术和培训工作，分管装置达标、节能降耗、技改技措、操作规程、工艺卡片、员工培训等工作。

2014年至2018年，聚丙烯厂围绕两套装置优化生产工作主线，坚持走差异化、低成本发展之路，深化精细管理，突出创新精神，不断为员工创造良好的工作、学习环境，实现了安全受控、生产稳定、管理提升的良好局面。两套聚丙烯装置实现连续运行167天，创装置长周期运行新水平。两套聚丙烯装置累计开发34个牌号的产品，多个牌号产品填补国内空白，自主研发PA14D、PA14D-2成为拳头品牌，PA14D获"中国石油和化学工业知名品牌产品"殊荣，PA14D、PPB4228、HP500P相继走出国门，聚丙烯市场两北占有率提升到26.89%，企业竞争力和市场占有率不断增强。聚丙烯厂实现连续13年安全环保零事故，荣获2016年度公司"双文明先进单位"荣誉称号，厂工会荣获2016年度、2017年度"模范职工之家"荣誉称号。

1 人荣获大庆市"三八红旗手标兵"荣誉称号。1 人荣获 2015 年集团公司劳动模范荣誉称号。

**一、聚丙烯厂行政领导名录（2014.1—2018.12）**

厂　　长　崔军明（2014.1—2016.5）

　　　　　刘锡明（2016.5—2017.6）

　　　　　贾鸣春（2017.6—2018.12）

副　厂　长　李　阳（2014.1—2018.12）

　　　　　梁天舒（2014.1—2015.5）

　　　　　王海庆（2014.1—2）①

　　　　　张庆彬（2014.2—2017.8）

　　　　　李　峰（2014.4—2018.12）

　　　　　高景庆（2017.8—2018.12）

　　　　　于　涛（2017.8—2018.12）

安 全 总 监　李　阳（兼任，2014.1—9）

　　　　　姜　涛（2014.9—2017.8）

　　　　　高景庆（兼任，2017.8—2018.12）

总 工 程 师　刘　甦（2018.8—12）

副总工程师　刘　甦（2014.1—2018.8）

**二、聚丙烯厂党委领导名录（2014.1—2018.12）**

书　　记　李　峰（2015.5—2018.12）②

副　书　记　崔军明（主持工作，2014.1—4；2014.4—2016.5）

　　　　　王振海（2014.1—4）

　　　　　李　峰（主持工作，2014.4—2015.5）

　　　　　刘锡明（2016.5—2017.6）

　　　　　贾鸣春（2017.6—2018.12）

委　　员　崔军明（2014.1—2016.5）

---

① 2014 年 2 月，王海庆辞职。

② 2014 年 1 月至 2015 年 5 月期间，聚丙烯厂党委书记空缺。2014 年 1 月至 4 月期间，副书记崔军明主持工作。2014 年 4 月至 2015 年 5 月期间，副书记李峰主持工作。

王振海（2014.1—4）

李　阳（2014.1—2018.12）

梁天舒（2014.1—2015.5）

王海庆（2014.1—2）

张庆彬（2014.2—2017.8）

李　峰（2014.4—2018.12）

姜　涛（2014.9—2017.8）

刘锡明（2016.5—2017.6）

贾鸣春（2017.6—2018.12）

高景庆（2017.8—2018.12）

于　涛（2017.8—2018.12）

刘　甦（2018.8—12）

**三、聚丙烯厂纪委领导名录（2014.1—2018.12）**

书　　记　王振海（2014.1—4）

李　峰（2014.4—2018.12）

委　　员　王振海（2014.1—4）

马立艳（女，2014.1—2018.12）

王　岩（2014.1—2018.9）

李　峰（2014.4—2018.12）

王春艳（女，2016.5—2018.12）

苗雪莲（女，2016.5—2018.12）

顾红梅（女，2016.5—2018.12）

程汝斌（2016.5—2018.12）

**四、聚丙烯厂工会领导名录（2014.1—2018.12）**

主　　席　王振海（2014.1—4）

李　峰（2014.4—2018.12）

**五、所属机关科级单位**

截至2014年1月1日，聚丙烯厂机关设综合办公室、生产管理办公室、技术服务部3个科室，机构规格均为正科级。在册员工30人，其中党员

24人。

综合办公室主要负责组织、纪检、宣传、工会、团委、人事、劳资、核算等工作，并负责调研、文书、督办、公务等业务；生产管理办公室主要负责聚丙烯厂生产工艺、设备、安全、环保、培训等管理工作，对全厂生产、产品牌号切换、"三剂"消耗等进行规划和布置；技术服务部主要负责聚丙烯产品市场开发、技术服务和新产品推介等工作。

2014年8月，撤销技术服务部。

截至2018年12月31日，聚丙烯厂机关设综合办公室、生产管理办公室2个科室，机构规格均为正科级。机关在册员工25人，其中党员24人。

（一）综合办公室领导名录（2014.1—2018.12）

　　　主　　任　王　岩（2014.1—2018.9）①

　　　　　　　　程汝斌（2018.10—12）

　　副　主　任　苗雪莲（2014.1—2018.12）

　　党委组织员　苗雪莲（2014.1—2018.12）

（二）生产管理办公室领导名录（2014.1—2018.12）

　　　主　　任　唐淑文（2014.1—2018.12）

　　副　主　任　刘田库（2014.1—2018.12）

（三）技术服务部领导名录（2014.1—8）

　　　主　　任　孙　刚（2014.1—8）

　　副　主　任　马　强（2014.1—7）②

（四）机关党支部领导名录（2014.1—2018.12）

　　　书　　记　王　岩（2014.1—2018.9）

　　　　　　　　程汝斌（2018.10—12）

**六、直属聚丙烯研发检测中心**

2014年8月，成立聚丙烯研发检测中心，在册员工24人，其中党员10人，机构规格正科级，为聚丙烯厂直属机构。

聚丙烯研发检测中心主要负责聚丙烯产品的研发、售后服务、出厂检验

---

① 2018年9月至10月期间，综合办公室主任空缺。

② 2014年7月，马强辞职。

和部分原材料控制分析工作。

截至 2018 年 12 月 31 日，在册员工 23 人，其中党员 11 人。

主　　任　刘　甦（兼任，2014.8—2018.9）[①]

副 主 任　孙　刚（正科级，2014.8—2018.12）

　　　　　周浪屿（2018.10—12）

**七、所属基层科级单位**

**（一）聚丙烯一车间（2014.1—2018.12）**

截至 2014 年 1 月 1 日，聚丙烯一车间机构规格正科级，在册员工 67 人，其中党员 26 人。

聚丙烯一车间主要负责一套 30 万吨 / 年聚丙烯装置的日常安全平稳生产和管理工作。

截至 2018 年 12 月 31 日，设有 5 个生产运行班组，在册员工 77 人，其中党员 33 人。

1. 聚丙烯一车间领导名录（2014.1—2018.12）

主　　任　邵凤彬（2014.1—2018.12）

副 主 任　王立伟（正科级，2014.1—2018.10）

　　　　　普诚雷（2014.1—2018.12）

　　　　　马立艳（2014.1—2018.12）

2. 聚丙烯一车间党支部领导名录（2014.1—2018.12）

书　　记　马立艳（副科级，2014.1—12；2014.12—2018.12）

**（二）聚丙烯二车间（2014.1—2018.12）**

截至 2014 年 1 月 1 日，聚丙烯二车间机构规格正科级，在册员工 69 人，其中党员 27 人。

聚丙烯二车间主要负责二套 30 万吨 / 年聚丙烯装置的日常安全平稳生产和管理工作。

截至 2018 年 12 月 31 日，设有 5 个生产运行班组，在册员工 70 人，其中党员 27 人。

---

① 2018 年 9 月至 12 月期间，聚丙烯研发检测中心主任空缺。

1. 聚丙烯二车间领导名录（2014.1—2018.12）

主　　任　陶海波（2014.1—7）①

闫政军（2014.10—2018.12）

副主任　闫政军（正科级，2014.1—10）

陈德智（2014.1—4）

程汝斌（2014.1—2018.10）

庄永春（2014.4—2018.12）

甄赫南（2014.10—2018.12）

王立伟（正科级，2018.10—12）

2. 聚丙烯二车间党支部领导名录（2014.1—2018.12）

书　　记　程汝斌（2014.1—2018.10）

闫政军（2018.10—12）

**（三）库房管理一部（2014.1—11）**

截至 2014 年 1 月 1 日，库房管理一部机构规格正科级，在册员工 106 人，其中党员 19 人。

库房管理一部主要负责一套 30 万吨 / 年聚丙烯装置的产品包装、存储和装车等工作，截至 2014 年 11 月 30 日，设有 3 个包装班、1 个叉车班和 1 个计量班，在册员工 108 人，党员 20 人。

2014 年 11 月，大庆炼化公司决定：将库房管理一部、库房管理二部合并为库房管理部。

1. 库房管理一部领导名录（2014.1—11）

主　　任　尹志东（2014.1—2）②

王卫东（2014.9—11）

副主任　王卫东（2014.1—9）

孟宪林（2014.1—11）

王晓光（2014.4—11）

2. 库房管理一部党支部领导名录（2014.1—11）

书　　记　孟宪林（2014.1—11）

---

① 2014 年 7 月，陶海波辞职，2014 年 7 月至 10 月期间，聚丙烯二车间主任空缺。

② 2014 年 2 月，尹志东辞职，2014 年 2 月至 9 月期间，库房管理一部主任空缺。

**（四）库房管理二部（2014.1—11）**

截至 2014 年 1 月 1 日，库房管理二部机构规格正科级，在册员工 108 人，其中党员 27 人。

库房管理二部主要负责二套 30 万吨 / 年聚丙烯装置的产品包装、存储和装车等工作，并负责原腈纶装置的看护和退料等工作，截至 2014 年 11 月，设有 3 个包装班，1 个叉车班，1 个计量班，4 个看护班，在册员工 112 人，其中党员 24 人。

2014 年 11 月，大庆炼化公司决定：将库房管理一部、库房管理二部合并为库房管理部。

1. 库房管理二部领导名录（2014.1—11）

主　　　任　刘俊东（2014.1—11）

副 主 任　王晓光（2014.1—4）

庄永春（2014.1—4）

顾红梅（2014.1—11）

陈德智（2014.4—11）

2. 库房管理二部党支部领导名录（2014.1—11）

书　　　记　顾红梅（2014.1—11）

**（五）库房管理部—聚丙烯包装仓储车间（2014.11—2018.12）**

2014 年 11 月，大庆炼化公司决定：将库房管理一部、库房管理二部合并为库房管理部，主要负责两套 30 万吨 / 年聚丙烯装置的产品包装、存车和装车等工作，并负责原腈纶装置的看护工作。截至 2014 年 11 月，设有 6 个包装班，2 个叉车班、2 个计量班，4 个看护班，1 个特护班，在册员工 231 人，其中党员 44 人。

2015 年 3 月，大庆炼化公司决定：将库房管理部更名为聚丙烯包装仓储车间。

截至 2018 年 12 月 31 日，设有 6 个包装班，2 个叉车班，2 个计量班，3 个看护班，在册员工 205 人，其中党员 47 人。

1. 库房管理部（2014.11—2015.3）

（1）库房管理部领导名录（2014.11—2015.3）

主　　　任　刘俊东（2014.11—2015.3）

副　主　任　孟宪林（正科级，2014.11—2015.3）

王晓光（2014.11—2015.3）

陈德智（2014.11—2015.3）

顾红梅（2014.11—2015.3）

（2）库房管理部党支部领导名录（2014.11—2015.3）

书　　　记　顾红梅（2014.11—2015.3）

2. 聚丙烯包装仓储车间（2015.3—2018.12）

（1）聚丙烯包装仓储车间领导名录（2015.3—2018.12）

主　　　任　刘俊东（2015.3—2018.12）

副　主　任　孟宪林（正科级，2015.3—12）

王晓光（2015.3—2018.12）

陈德智（2015.3—2018.12）

顾红梅（2015.3—2018.12）

周浪屿（2016.4—2018.10）

王卫东（2018.10—12）

调　研　员　孟宪林（正科级，2015.12—2018.12）[①]

（2）聚丙烯包装仓储车间党支部领导名录（2015.3—2018.12）

书　　　记　顾红梅（2015.3—2018.12）

**（六）控制车间（2015.4—2017.7）**

2015 年 4 月，大庆炼化公司决定：将机电仪厂机电维护一车间的职能、人员（包括车间班子）和机构建制划入聚丙烯厂，更名为控制车间。主要负责两套聚丙烯装置机械、仪表、分析仪表的维修、维护等业务。在册员工75 人，其中党员 16 人。

2017 年 7 月，大庆炼化公司决定：将聚丙烯厂控制车间的职能、人员和机构建制划入机电仪厂管理。

截至 2017 年 7 月，设有个 4 仪表运行班，2 个机械运行班，1 个特护班，在册员工 74 人，其中党员 18 人。

---

① 2018 年 12 月，孟宪林退休。

1. 控制车间领导名录（2015.4—2017.7）

　主　　　任　孙钦刚（2015.5—2017.7）

　副　主　任　王　兵（2015.5—2017.7）

　　　　　　　孙安民（2015.5—2017.7）

　　　　　　　李　军（2015.5—2017.7）

2. 控制车间党支部领导名录（2015.4—2017.7）

　书　　　记　王　兵（2015.5—2017.7）

# 第七节　庆化公司（2012.11—2018.12）

大庆宏伟庆化石油化工有限公司（以下简称庆化公司）成立于 2012 年 11 月 20 日，占地 13.62 公顷，注册资本 4.3 亿元，是由大庆高新区国有资产运营公司出资，由大庆炼化公司提供技术、管理、人员等全方位服务的国有独资有限公司（委托炼化公司管理），主要以为炼化公司进行带料加工的模式运营。党组织关系隶属大庆炼化公司党委，机关办公地点在黑龙江省大庆市让胡路区宏伟园区。庆化公司拥有 3 套主体装置：50 万吨/年 TMP 装置、45 万吨/年气体分馏装置、14 万吨/年 MTBE 装置，以及罐区、公用工程等配套设施，主要以渣油、蜡油、甲醇为原料，生产丙烯、MTBE、液化气、丙烷、汽油组分、柴油组分、瓦斯等产品。固定资产原值 13.60 亿元，净值 11.52 亿元。

2013 年 3 月，庆化公司 2013 年第一次董事会研究决定：张宗保任总经理，全面负责庆化公司工作。宋宗军任副总经理，协助总经理负责基建、经营管理工作。机关设综合管理部、生产管理部、经营管理部、财务管理部，机构规格均为正科级。综合管理部负责会议筹与纪要、文字材料起草、大型活动策划与实施、文件管理、档案工作、接待、行政、后勤、网站、计算机软硬件管理、信息化办公、门岗保卫、车辆、党建、组织、纪检、企业文化、宣传、工会、团委、计划生育、人事、劳资、岗位编制、招聘、培训。生产管理部负责生产调度、工艺、设备、安全、环保、计量、储运、电气、仪表、机械维修等工作。经营管理部负责制度、法律、合同、招投标、基建、计划、统计、核算、采购、销售等工作。财务管理部负责财务运营与经济分析等工作。在职员工 10 人，其中女员工 4 人，共有党员 7 人。

2013 年 6 月，大庆炼化公司党委决定：张宗保任大庆宏伟庆化石油有限公司党支部书记。

2014 年 4 月，大庆炼化公司党委决定：庆化公司党支部改建为党委，为公司党委直属党组织。新成立的庆化公司党委委员由李军、张宗保、宋宗军、赵立强 4 人组成，其中李军任党委书记，张宗保任党委副书记。

2014 年 4 月，庆化公司 2014 年第一次临时董事会研究决定：成立裂解车间、气分车间、综合车间、机电仪车间。

2014 年 8 月，庆化公司 2014 年第二次董事会研究决定：聘任李军、赵立强为副总经理。增设安全环保部、技术发展部两个职能部门。同意在管理层中增设技术总监、安全总监、设备总监、电仪总监、人事总监 5 个职位，5 名总监属于庆化公司副总经理，要求根据实际需要逐步配备。领导班子分工随之调整：

总经理、党委副书记张宗保分管企业发展、生产经营、队伍建设等工作，协助党委书记抓党群工作。党委书记、纪委书记、工会主席、副总经理李军分管党建、组织、人事、纪检、群团工作、安全环保、绩效劳资等工作，协助总经理抓行政工作。副总经理、党委委员赵立强分管生产运行、质量管理、生产计划统计、技术管理、新技术推广、员工培训、计量管理、节能节水挖潜增效、技改技措工作。副总经理、党委委员宋宗军分管项目建设、法律事务、企业管理、产品营销、工程结算工作。

2014 年 8 月，大庆高新国有资产运营有限公司研究决定：委派刘丽为庆化公司财务总监。

2014 年 9 月，大庆炼化公司党委决定：于波任庆化公司党委委员。

2014 年 11 月，大庆宏伟庆化石油化工有限公司 2014 年第四次董事会研究决定：韩相玉任庆化公司技术总监。

2014 年 11 月，大庆炼化公司党委决定：韩相玉任庆化公司党委委员。

2015 年 12 月，大庆宏伟庆化石油化工有限公司 2015 年第四次党委会研究决定：于波任庆化公司设备总监。

2016 年 2 月，大庆炼化公司党委决定：于磊任庆化公司党委副书记；

免去张宗保的庆化公司党委副书记职务。大庆宏伟庆化石油化工有限公司董事会决定：张宗保不再担任大庆宏伟庆化石油化工有限公司总经理。

2016年3月，大庆炼化公司党委决定：郭庆祥任庆化公司党委委员；免去宋宗军的庆化公司党委委员职务。领导班子分工随之调整：

党委副书记于磊分管企业发展、生产经营、队伍建设等工作，协助党委书记抓党群工作。党委书记、纪委书记、工会主席、副总经理李军分管党建、组织、人事、纪检、群团工作、安全环保、绩效劳资等工作，协助总经理抓行政工作。副总经理、党委委员赵立强分管生产运行、质量管理、生产计划统计、技术管理、新技术推广、员工培训、计量管理、节能节水挖潜增效、技改技措工作。副总经理、党委委员宋宗军分管项目建设、法律事务、企业管理、产品营销、工程结算工作。

2016年4月，中共庆化公司委员会对所属5个党支部选举结果进行批复。中共庆化公司机关党支部委员会由金明寿、申宁、田海堂、钱锋、阚保林5人组成，金明寿任书记；中共庆化公司裂解车间党支部委员会由杜伟、安明武、陈枢权、马曾文、王东辉5人组成，杜伟任书记；中共庆化公司气分车间党支部委员会由吕贵和、孙秀昌、石文亮3人组成，吕贵和任书记；中共庆化公司综合车间党支部委员会由杨春宇、华志民、慕雅波、王兆斌、李春柳5人组成，杨春宇任书记；中共庆化公司机电仪车间党支部委员会由张伟、唐百峰、姜伟3人组成，张伟任书记。

2016年5月，大庆炼化公司党委决定：张宗保任庆化公司党委书记、纪委书记、工会主席；免去李军的庆化公司党委书记、纪委书记、工会主席职务。张宗保负责原庆化公司党委书记、纪委书记、工会主席李军分管的党建、组织、人事、纪检、群团工作、安全环保、绩效劳资等工作，协助总经理抓行政工作。

2016年5月20日，中共庆化公司委员会召开第一次党员代表大会，32名党员代表和2名列席代表参加会议。会议选举产生中共庆化公司第一届委员会，由于波、于磊、张宗保、金国仁、赵立强、郭庆祥、韩相玉7人组成（以姓氏笔画为序）。张宗保为党委书记，于磊为党委副书记。选举产生中共庆化公司纪律检查委员会，由吕贵和、安明武、杨春宇、李井玉、张伟、张宗保、金明寿7人组成（以姓氏笔画为序），张宗保为纪委书记。

2016 年 5 月，庆化公司 2016 年第一次董事会会议决议决定：于磊任总经理，张宗保任副总经理，赵立强兼任安全总监，于波任副总经理，金国仁任电仪总监，郭庆祥任设备总监。解聘李军副总经理职务，宋宗军副总经理职务，于波安全总监职务。领导班子分工随之调整：

总经理、党委副书记于磊分管企业发展、生产经营、队伍建设等工作，协助党委书记抓党群工作。党委书记、纪委书记、工会主席、副总经理张宗保分管党建，组织、人事、纪检、群团、维稳、保卫等工作。副总经理、安全总监、党委委员赵立强分管安全环保工作，协助总经理做好行政工作。副总经理、党委委员于波分管项目建设、法律事务、企业管理、产品营销、工程结算工作，协助总经理做好行政工作。技术总监、党委委员韩相玉分管生产运行、质量管理、生产计划统计、技术管理、新技术推广、员工培训、计量管理、节能节水挖潜增效、技改技措工作。电仪总监、党委委员金国仁负责电气管理、仪表管理工作。设备总监、党委委员郭庆祥分管设备管理、检维修管理、物资采购、仓储管理工作。

2016 年 6 月，庆化公司 2016 年第一次董事会研究决定：将生产管理部的设备管理职能调出，单设设备管理部；将经营管理部的物资采购及仓储管理职能调出，单设物资采购部，相关人员随业务划转。

2017 年 1 月，庆化公司研究决定：将技术发展部更名为生产技术部，部门职能不变。

2017 年 2 月，庆化公司 2017 年第一次董事会研究决定：增设新项目研发部，主要负责新项目规划、前期论证、设计管理、投资管理、竣工验收管理等工作。

2017 年 6 月，大庆炼化公司党委决定：赵立强任庆化公司党委书记、纪委书记、工会主席；免去张宗保的庆化公司党委书记、纪委书记、工会主席职务。赵立强负责原庆化公司党委书记、纪委书记、工会主席张宗保分管的党建，组织、人事、纪检、群团、维稳、保卫、安全环保等工作，协助总经理做好行政工作。

2017 年 7 月，庆化公司 2017 年第二次临时董事会会议决议决定：韩相玉任庆化公司副总经理兼技术总监。

2017 年 9 月，庆化公司 2017 年第 10 次总经理办公会研究决定：设立后勤保障组，将会务、接待、保洁、食堂、车辆、门卫等管理工作纳入后勤保障组工作职能。

2018年8月，大庆炼化公司党委决定：免去于波的大庆宏伟庆化石油化工有限公司党委委员职务。大庆炼化公司决定：于波任大庆宏伟庆化石油化工有限公司调研员，免去其大庆宏伟庆化石油化工有限公司副总经理职务。

2018年9月，大庆高新国有资产运营有限公司党委研究决定：免去刘丽的庆化公司财务总监职务，委派周雪梅为庆化公司财务总监。

截至2018年12月31日，庆化公司机关设综合管理部、生产管理部、设备管理部、安全环保部、生产技术部、经营管理部、财务管理部、物资采购部、新项目研发部9个部门，裂解车间、气分车间、综合车间、机电仪车间4个车间。在册员工总数332人，其中女员工108人，干部95人，大专以上学历198人，高级职称17人，中级职称28人。庆化公司党委下属5个党支部，共有党员132人。

庆化公司行政领导班子由5人组成：于磊任总经理，赵立强任副总经理、安全总监，韩相玉任副总经理兼技术总监，金国仁任电仪总监，郭庆祥任设备总监，周雪梅任财务总监。庆化公司党委由赵立强、于磊、韩相玉、金国仁、郭庆祥5人组成，赵立强任党委书记，于磊任党委副书记。赵立强任纪委书记。赵立强任工会主席。

总经理、党委副书记于磊分管全面行政工作，全面负责企业发展、生产经营、队伍建设等工作，协助党委书记抓党群工作。党委书记、纪委书记、工会主席、副总经理、安全总监赵立强分管党委工作，负责党建、纪检、群团工作、安全环保、组织人事、绩效劳资等工作，协助总经理抓行政工作。副总经理兼技术总监韩相玉分管生产运行、质量管理、生产计划统计、技术管理、新技术推广、项目规划、员工培训、计量管理、节能节水、挖潜增效、技改技措等工作。财务总监周雪梅由大庆高新国有资产运营有限公司委派，分管全面成本管理、财务管理、资金管理、资产管理、财务审计管理等工作。电仪总监金国仁分管电气管理、仪表管理、信息管理等工作，代管项目建设、法律事务、企业管理、产品营销、工程结算等工作。设备总监郭庆祥分管设备管理、检维修管理、物资采购、仓储管理等工作。

　　庆化公司从成立至2018年，生产运行平稳，员工队伍稳定。在大庆高新区的支持和炼化公司的帮助下，历经施工建设，开工投产和生产经营，累计加工生产原料231.99万吨，实现产值72.31亿元，加工费收入14.93亿元，实现税前利润4187万元，对推动地企合作和市政府石化产业发展做出了积极的贡献。

　　**一、庆化公司行政领导名录（2012.11—2018.12）**

|  |  |
|---|---|
| 总　经　理 | 张宗保（2013.3—2016.2）[1] |
|  | 于　磊（2016.5—2018.12）[2] |
| 副总经理 | 宋宗军（2013.3—2016.5） |
|  | 李　军（2014.8—2016.5） |
|  | 赵立强（2014.8—2018.12） |
|  | 张宗保（2016.5—2017.5） |
|  | 于　波（2016.5—2018.8） |
|  | 韩相玉（2017.7—2018.12） |
| 安全总监 | 于　波（2014.11—2016.5） |
|  | 赵立强（兼任，2016.5—2018.12） |
| 财务总监 | 刘　丽（2014.8—2018.9）[3] |
|  | 周雪梅（2018.9—12）[4] |
| 技术总监 | 韩相玉（2014.11—2018.12） |
| 电仪总监 | 金国仁（2016.5—2018.12） |
| 设备总监 | 于　波（2015.12—2016.5） |
|  | 郭庆祥（2016.5—2018.12） |
| 正处级干部 | 张宗保（2016.2—5） |
| 调研员 | 于　波（2018.8—12） |

---

[1]　2012年11月至2013年3月期间，庆化公司总经理空缺，副总经理张宗保主持工作。

[2]　2016年2月至5月期间，庆化公司总经理空缺，党委副书记于磊主持工作。

[3]　2014年8月，大庆高新国有资产运营有限公司党委研究决定：委派刘丽为庆化公司财务总监。

[4]　2018年9月，大庆高新国有资产运营有限公司委派周雪梅为庆化公司财务总监。

## 二、庆化公司党支部—党委领导名录（2013.6—2018.12）

书　　记　张宗保（2013.6—2014.4；2016.5—2017.6）

李　军（2014.4—2016.5）

赵立强（2017.6—2018.12）

副 书 记　张宗保（2014.4—2016.2）

于　磊（2016.2—2018.12）

委　　员　李　军（2014.4—2016.5）

张宗保（2014.4—2017.6）

赵立强（2014.4—2017.5）

宋宗军（2014.4—2016.3）

于　波（2014.9—2018.8）

韩相玉（2014.11—2018.12）

于　磊（2016.2—2018.12）

郭庆祥（2016.3—2018.12）

金国仁（2016.5—2018.12）

## 三、庆化公司纪委领导名录（2014.4—2018.12）

书　　记　李　军（2014.4—2016.5）

张宗保（2016.5—2017.6）

赵立强（2017.6—2018.12）

委　　员　李　军（2014.4—2016.5）

赵立强（2014.4—2016.5）

宋宗军（2014.4—2016.5）

钱　锋（2014.4—2016.5）

张宗保（2016.5—2017.5）

安明武（2016.5—2018.12）

吕贵和（2016.5—2018.12）

李井玉（2016.5—2018.12）

张　伟（2016.5—2018.12）

杨春宇（2016.5—2018.12）

金明寿（2016.5—2018.8）

**四、庆化公司工会领导名录（2014.4—2018.12）**

主　　席　李　军（2014.4—2016.5）

　　　　　张宗保（2016.5—2017.6）

　　　　　赵立强（2017.6—2018.12）

**五、所属机关科级单位**

截至2013年3月，庆化公司机关设综合管理部、生产管理部、经营管理部、财务管理部，机构规格均为正科级。在册员工总数13人，其中女员工8人，党员8人。

综合管理部负责会议筹备与纪要、文字材料起草、大型活动策划与实施、文件管理、档案工作、接待、行政、后勤、网站、计算机软硬件管理、信息化办公、门岗保卫、车辆、党建、组织、纪检、企业文化、宣传、工会、团委、计划生育、人事、劳资、岗位编制、招聘、培训、制度、法律、合同、招投标等工作。财务管理部负责财务运营与经济分析等工作。经营管理部负责基建、计划、统计、核算、采购、销售等工作。生产管理部负责生产调度、工艺、设备、安全、环保、计量、储运、电气、仪表、机械维修等工作。

2014年8月，庆化公司设立安全环保部和技术发展部。

2016年6月，庆化公司设立设备管理部和物资采购部。

2017年1月，技术发展部更名为生产技术部。

2017年1月，庆化公司设立新项目研发部。

截至2018年12月31日，庆化公司机关设综合管理部、生产管理部、设备管理部、生产技术部、安全环保部、经营管理部、财务管理部、物资采购部、新项目研发部9个部门，机构规格均为正科级。综合管理部主要负责组织人事、劳资管理、纪检、房产、档案、团委、工会、计划生育、保卫、维稳、行管、文秘等工作，相关制度、管理办法的修订及绩效考核等工作。生产管理部主要负责组织做好生产运行管理、生产成本管理、计划管理、统计管理相关工作，参与工艺技术措施的制定与实施，协调各车间做好生产管理等工作。设备管理部主要负责组织做好设备管理、机电仪管理及各种检维修计划的制定与实施，协调各车间做好设备管理等工作。安全环保部主要负责协组织做好安全环保管理工作，参与安全环保措施的制定与实施，协调各部门和车间做好安全管理等工作。生产技术部主要负责组织做好生产技术、节汽节水、技改技措、新技术应用与推广、科技成果、员工教育培训等管理工作。经营管理部主要负责完成企业管理，制度、合同、合规管理，法律事务、标准化、证照办理等工作。财务管理部主要负责庆化公司财务预算编制与管理、核定各部门及车间财务预算指标、财务指标情况分析及效益测算等工作，负责庆化公司债权、债务的核算、清理及签证工作，负责各种税费的申报、缴纳、核算等工作。物资采购部主要负责生产、建设、经营、检维修以及临时项目的物资供应保障以及库房管理等工作。新项目研发部主要负责新项目规划、前期论证、设计管理、投资管理、竣工验收管理等工作。

截至 2018 年 12 月 31 日，庆化公司机关在册员工总数 53 人，其中女员工 13 人，党员 44 人。

**（一）综合管理部领导名录（2013.6—2018.12）**

    主　　任　钱　锋（2013.6—2018.12）

**（二）生产管理部领导名录（2014.6—2018.12）**

    主　　任　申　宁（2014.6—2016.6）

          华志民（2016.6—2018.12）

**（三）经营管理部领导名录（2013.6—2018.12）**

    主　　任　金明寿（2014.6—2017.10）[①]

          孙秀昌（2018.11—12）

**（四）财务管理部领导名录（2013.3—2018.12）**

    主　　任　吴玉香（女，2016.6—2017.12）[②]

    副 主 任　吴玉香（2014.6—2016.6）

**（五）设备管理部领导名录（2016.6—2018.12）**

    主　　任　申　宁（2016.6—2018.12）

---

① 2013 年 6 月至 2014 年 6 月期间，综合管理部主任钱锋兼管经营管理部部门业务。

② 2013 年 3 月至 2016 年 6 月期间，财务管理部主任空缺。

### （六）技术发展部—生产技术部领导名录（2014.8—2018.12）

1. 技术发展部领导名录（2014.8—2017.1）

主　　任　田海堂（2014.11—2017.1）

2. 生产技术部领导名录（2017.1—2018.12）

主　　任　田海堂（2017.1—2018.9）[1]

### （七）安全环保部领导名录（2014.8—2018.12）

主　　任　阚保林（2015.3—2017.12）[2]

王长月（2017.12—2018.12）

副　主　任　王长月（2014.11—2017.12）

### （八）物资采购部领导名录（2016.6—2018.12）

主　　任　刘海艳（女，2018.12）

副　主　任　刘海艳（2016.11—2018.12）

### （九）新项目研发部领导名录（2017.1—2018.12）

主　　任　孙秀昌（2017.1—2018.11）

田海堂（2018.11—12）

### （十）机关党支部领导名录（2014.8—2018.12）

书　　记　金明寿（2014.8—2018.8）

孙秀昌（2018.8—12）

## 六、所属基层科级单位

### （一）裂解车间（2014.4—2018.12）

裂解车间组建于 2014 年 4 月 11 日，2015 年 4 月 28 日开工投产。装置是采用两段提升管催化裂解多产丙烯工艺技术建成，一段提升管蜡渣油加工能力为 50 万吨 / 年，二段提升管混合碳四加工能力为 30 万吨 / 年。装置包括反应—再生系统、分馏系统、吸收稳定系统、产品精制、余热锅炉、烟气脱硫、主风机组、气压机组等 8 个单元。主要产品和半成品有汽油、柴油、粗汽油、精制液化气、干气等。

截至 2018 年 12 月 31 日，车间在册员工 89 人，其中女员工 24 人，党

---

① 2018 年 9 月至 12 月期间，生产技术部主任空缺，王国辉主持部门工作。

② 2014 年 8 月至 2015 年 3 月期间，安全环保部主任空缺。2014 年 11 月至 2015 年 3 月期间，副主任王长月主持工作。

员 19 人，下设 5 个班组。

1. 裂解车间领导名录（2014.5—2018.12）

主　　　任　　王国辉（2014.5—2016.3）[①]

安明武（2016.3—2018.12）

副　主　任　　陈枢权（2014.6—2018.12）

马曾文（2014.6—2018.12）

王东辉（2014.8—2018.12）

杜　伟（2016.3—2018.12）

2. 裂解车间党支部领导名录（2014.8—2018.12）

书　　　记　　王国辉（2014.8—11）

杜　伟（2014.11—2018.12）

**（二）气分车间（2014.4—2018.12）**

气分车间组建于 2014 年 4 月 11 日，由 2 套生产装置组成，45 万吨/年气体分馏装置和 14 万吨/年 MTBE 装置。气体分馏装置由脱丙烷系统、脱乙烷系统、丙烯精制系统、热媒水系统组成，原料是上游 TMP 装置生产的液化气，产品是精丙烯、丙烷、混合碳四馏分。14 万吨/年 MTBE 装置由催化蒸馏系统、甲醇回收系统、碳四分离系统、MTBE 脱硫系统组成，原料是气体分馏装置生产及大庆炼化公司提供一部分的混合碳四以及外购甲醇，产品是高辛烷值汽油调和组分甲基叔丁基醚（MTBE）。此外，车间还承担着提供本车间气分装置以及裂解车间热媒水供给工作。截至 2018 年 12 月 31 日，车间在册员工 49 人，其中女员工 8 人，党员 21 人，下设 5 个班组。

1. 气分车间领导名录（2014.5—2018.12）

主　　　任　　孙秀昌（2014.5—2017.1）[②]

杨叔杰（2018.10—12）

副　主　任　　吕贵和（2014.8—2018.12）

石文亮（2014.6—2018.12）

慕雅波（2014.6—2014.11）

---

① 2014 年 4 月至 5 月期间，王国辉负责裂解车间工作。

② 2014 年 4 月至 5 月期间，孙秀昌负责气分车间工作。2017 年 1 月至 2018 年 10 月期间，气分车间主任空缺，杨叔杰负责车间工作。

2. 气分车间党支部领导名录（2014.8—2018.12）

书　　记　吕贵和（2014.8—2018.12）

**（三）综合车间（2014.4—2018.12）**

综合车间组建于 2014 年 4 月 11 日，在册员工 66 人，其中女员工 38 人，党员 24 人。

主要共有两套系统：储运系统，主要有重油罐区、轻油罐区、气体分馏原料罐区、汽车场和污水提升站。拥有 5000 立方米拱顶储罐 6 座，3000 立方米内浮顶储罐 2 座，2000 立方米内浮顶储罐 1 座，1000 立方米内浮顶储罐 2 座，3000 立方米压力球罐 4 座，汽车场建有装、卸车栈桥 1 座，装、卸车鹤位 5 套。动力系统，主要有循环水系统、消防水系统、空压站、污水提升站、采暖系统、低温热系统 6 个单元构成。负责为气分、MTBE、裂解、罐区等装置生产提供低温热水、循环水、工艺风、仪表风、消防水等，回收污水、凝结水装置生产提供动力保障。

截至 2018 年 12 月 31 日，车间在册员工 81 人，其中女员工 46 人，党员 28 人，下设 12 个班组。

1. 综合车间领导名录（2014.5—2018.12）

主　　任　华志民（2014.5—2016.6）[①]

　　　　　慕雅波（2016.11—2018.12）

副　主　任　杨春宇（2014.9—2018.12）

　　　　　王兆斌（2014.6—2018.12）

　　　　　慕雅波（2014.11—2016.6）

　　　　　张玉梅（女，2016.11—2018.12）

2. 综合车间党支部领导名录（2014.8—2018.12）

书　　记　华志民（2014.8—9）

　　　　　杨春宇（2014.9—2018.12）

**（四）机电仪车间（2014.4—2018.12）**

机电仪车间组建于 2014 年 4 月 11 日，车间员工由原机电仪厂各车间抽调组成，并委派唐百峰、张伟、朱久江负责车间工作至 2015 年 3 月。在册

---

① 2014 年 4 月至 5 月期间，华志民负责综合车间工作。2016 年 6 月至 11 月期间，综合车间主任空缺，副主任慕雅波主持工作。

员工 62 人，其中女员工 18 人，党员 20 人。

机电仪车间担任着裂解装置、气分装置、MTBE 装置及油品储运、罐区、公用工程的维护保运工作。仪表专业主要负责 DCS 系统和 TRICON 系统的程序调试及所有仪表温度、压力、流量、液位回路的维护调试，并对各装置联锁和各机组联锁进行维护及调校工作。电气专业主要负责 1 个 10 千伏高压变电所、4 个低压变电所的运行和维护。机械专业主要负责机泵、增压机、空冷风机、特阀等设备的检维修等工作。

截至 2018 年 12 月 31 日，车间在册员工 60 人，其中女员工 17 人，党员 20 人，下设 14 个班组。

1. 机电仪车间领导名录（2015.3—2018.12）

主　　任　唐百峰（2015.3—2018.12）

副 主 任　姜　伟（2015.3—2018.12）

　　　　　朱久江（2015.3—2018.12）

　　　　　张　伟（2015.3—2018.12）

2. 机电仪车间党支部领导名录（2015.3—2018.12）

书　　记　张　伟（2015.3—2018.12）

# 第二章 辅助单位

2000 年 10 月，大庆炼化公司成立，组建初期，下设储运销售公司、动力厂、生产技术服务公司 3 个生产辅助单位。

截至 2014 年 1 月 1 日，大庆炼化公司生产辅助单位为 9 个，储运厂、动力一厂、机电仪厂、检维修厂、质量检验与环保监测中心、产品营销中心、动力二厂、设计院、计量检测中心。

2014 年 1 月，将机电仪厂机械三车间划转聚合物一厂基层单位序列，同时更名为机修车间。

2014 年 8 月，成立聚丙烯研发检测中心，隶属聚丙烯厂直属机构。质量检验与环保监测中心聚丙烯检验站的科研组、成品组职能及人员共 17 人划入聚丙烯研发检测中心统一管理。

2014 年 9 月，撤销动力二厂二级单位建制，将动力二厂划归矿区服务事业部基层单位序列。

2014 年 10 月，将动力二厂汽机车间、动力车间人员大部分转移到动力一厂，动力二厂维护车间人员大部分转移到机电仪厂。

2015 年 3 月，将动力二厂机务车间人员大部分转移到储运厂。

2015 年 4 月，将机电仪厂机电维护一车间负责聚丙烯厂机械、仪表的维修、维护等业务职能、人员（包括车间班子）和机构建制划转聚丙烯厂基层单位序列。机电仪厂检修车间负责聚丙烯厂分析仪表业务、职能和人员（2 人）同时划入聚丙烯厂管理。将机电维护一车间的电气业务职能、人员保留在机电仪厂，划入电气三车间管理。将机电维护一车间负责动力一厂机械、仪表的维修维护等业务职能保留在机电仪厂管理。

2015 年 5 月，撤销矿区服务事业部动力二厂的机构建制。成立矿区服务事业部供热站，机构规格副处级，列矿区服务事业部基层单位序列。同时将动力一厂更名为动力厂。

2015 年 8 月，以接收的大庆油田有限责任公司的储运销售分公司成品油供销总站为基础，成立储运厂燃料油装储站，列储运厂基层单位序列。

2015年10月，设计院党组织由党总支调整为党委。

2016年3月，恢复设立研究院，机构规格正处级列大庆炼化公司二级单位序列。

2017年7月，将聚丙烯厂控制车间划转机电仪厂基层单位序列，同时更名为机电运行车间。

2018年12月，机电仪厂更名为电仪运行中心；检维修厂更名为检维修中心，更名后机构规格、隶属关系不变。

截至2018年12月31日，大庆炼化公司共有生产辅助单位9个，储运厂、动力厂、电仪运行中心、检维修中心、质量检验与环保监测中心、产品营销中心、设计院、研究院、计量检测中心。单位办公地点均在黑龙江省大庆市让胡路区马鞍山。

# 第一节　储运厂（2014.1—2018.12）

储运厂成立于2001年7月，机构规格副处级。2004年2月，机构规格调整为正处级，业务受大庆炼化公司领导，党组织关系隶属大庆炼化公司党委，办公地点在黑龙江省大庆市让胡路区马鞍山生产区。

截至2014年1月1日，储运厂拥有各类静设备294座，其中常压储罐164座、球罐47座、总存储能力54万吨，年装车出厂能力400万吨。储运厂机关设2个办公室：生产办公室、综合办公室。基层设7个车间：原油车间、原料车间、成品一车间、成品二车间、计量气装车间、火车装车车间、机务车间。储运厂主要担负原料输送、油品调合、成品装车外运、液化气、丙烯、丙烷长输、为30万吨/年聚丙烯等多套装置供料等生产任务，输送、储存的产品有原油、原料油、汽柴油、液化气、丙烯、丙烷、MTBE、甲醇等20余种。在册员工620人，其中女员工208人，储运厂党委下属8个党支部，共有党员202人。

储运厂党政领导班子由7人组成。

徐立任厂长、党委副书记，负责全厂行政工作，分管行政、生产经营、人事、劳资、企业管理等，协助党委书记做好党群工作。

申在权任党委副书记、副厂长，负责全厂党群工作，分管党建、文化宣传、维稳、思想政治等工作，协助厂长做好行政工作。

张志杰任党委副书记、纪委书记、工会主席，负责全厂纪检、工团工作，分管纪检、工会、共青团、综合治理、武装保卫等工作，协助党委书记做好党群日常工作。

徐文生任副厂长、党委委员，负责全厂生产管理工作，分管生产运行、生产计划统计、质量控制、计量管理、环保管理、生产节能降耗、"三剂"使用管理、奖金考核等工作。

宋亚东任副厂长、党委委员，负责全厂设备管理工作，分管设备运行、设备专业标准化、检维修、设备节能降耗等工作。

刘昌涛任总工程师、党委委员，负责全厂技术管理工作，分管生产技术、技改技措、培训、达标、资料、节能降耗等工作，协助生产厂长做好生产管理工作。

李景文任安全总监、党委委员，负责全厂安全管理工作，分管安全、HSE体系、安全培训、现场施工安全管理、劳动保护等工作。

2014年2月，大庆炼化公司党委决定：申在权任大庆炼化公司储运厂党委书记（正处级）；免去申在权的大庆炼化公司储运厂党委副书记职务。

2014年3月，大庆炼化公司党委决定：郭庆祥任大庆炼化公司储运厂党委委员；免去宋亚东的大庆炼化公司储运厂党委委员职务。大庆炼化公司决定：郭庆祥任大庆炼化公司储运厂副厂长（副处级）；免去宋亚东的大庆炼化公司储运厂副厂长职务。郭庆祥负责原副厂长宋亚东分管的设备管理工作。

2015年2月，大庆炼化公司党委决定：郭金忠任大庆炼化公司储运厂党委副书记（主持党委工作）；申在权任大庆炼化公司储运厂党委副书记；免去申在权的大庆炼化公司储运厂党委书记职务；免去徐立的大庆炼化公司储运厂党委副书记、党委委员职务。大庆炼化公司决定：申在权任大庆炼化公司储运厂厂长；郭金忠任大庆炼化公司储运厂副厂长；免去徐立的大庆炼化公司储运厂厂长职务；免去申在权的大庆炼化公司储运厂副厂长职务。申在权负责原厂长徐立负责的全厂行政工作。郭金忠负责原党委书记申在权负责的全厂党群工作。

2015 年 8 月，大庆炼化公司决定：成立储运厂燃料油装储站，机构规格正科级，列储运厂基层单位序列。

2015 年 9 月 23 日，储运厂召开第三次工会会员代表大会，工会会员代表共 82 人参加会议。会议选举产生储运厂第三届工会委员会、经费审查委员会和女职工委员会。张志杰为工会主席。

2016 年 1 月，大庆炼化公司党委决定：郭金忠任大庆炼化公司储运厂党委书记（正处级）；免去郭金忠的大庆炼化公司储运厂党委副书记职务。

2016 年 3 月，大庆炼化公司党委决定：于涛任大庆炼化公司储运厂党委委员；免去郭庆祥的大庆炼化公司储运厂党委委员职务。大庆炼化公司决定：于涛任大庆炼化公司储运厂副厂长；免去郭庆祥的大庆炼化公司储运厂副厂长职务，另有任用。于涛负责原副厂长郭庆祥分管的设备管理工作。

2016 年 3 月，大庆炼化公司决定：撤销储运厂计量气装车间和火车装车车间机构建制，将计量气装车间和火车装车车间机构和职能合并，合并后车间名称为储运厂装卸车间，机构隶属关系、规格、职能等均不变。

2016 年 4 月，中共大庆炼化公司储运厂委员会对所属 8 个党支部选举结果进行批复。中共储运厂机关支部委员会由郭树涛、李巍东、方明、贾考忠、孙久和 5 人组成，郭树涛任书记；中共储运厂原料车间支部委员会由赵宝忠、闫振强、沈柏杨、薄胜杰、赵晨明 5 人组成，赵宝忠任书记；中共储运厂原油车间支部委员会由吕林华、刘光平、陈庆文、孙冰春、张敏 5 人组成，吕林华任书记；中共储运厂成品一车间支部委员会由吕锡田、刘志军、李亚宾、李钟燮、刘芳 5 人组成，吕锡田任书记；中共储运厂成品二车间支部委员会由宋亚平、代长坤、王红波、谷晓森、窦亚杰 5 人组成，宋亚平任书记；中共储运厂机务车间支部委员会由高万里、刘厚诚、王连福、李东龙、曾欣 5 人组成，高万里任书记；中共储运厂装卸车间支部委员会由赵大鹏、王金峰、邱成、王中男、杜凤龙 5 人组成，赵大鹏任书记；中共储运厂燃料油装储站支部委员会由牛春伟、高文江、于振庆、夏振庆、张宇 5 人组成，牛春伟任书记。

2016 年 5 月 12 日，中共大庆炼化公司储运厂召开第一次代表大会，50 名党员代表参加会议。会议选举产生中共大庆炼化公司储运厂第一届委员会。由于涛、申在权、刘昌涛、李景文、张志杰、徐文生、郭金忠 7 人组成

（以姓氏笔画为序），郭金忠为党委书记，申在权、张志杰为党委副书记。选举产生中共大庆炼化公司储运厂纪律检查委员会，由孙柳、李巍东、宋亚平、张露、张志杰5人组成（以姓氏笔画为序），张志杰为纪委书记。储运厂党委下属8个党支部，共有党员219人。

2017年8月，大庆炼化公司党委决定：于冰任大庆炼化公司储运厂党委委员；张鹏任大庆炼化公司储运厂党委委员；免去徐文生的大庆炼化公司储运厂党委委员职务；免去于涛的大庆炼化公司储运厂党委委员职务。大庆炼化公司决定：于冰任大庆炼化公司储运厂副厂长；张鹏任大庆炼化公司储运厂副厂长；免去于涛的大庆炼化公司储运厂副厂长职务；免去徐文生的大庆炼化公司储运厂副厂长职务。于冰负责原副厂长于涛分管的设备管理工作。张鹏负责原副厂长徐文生分管的生产管理工作。

2018年8月，大庆炼化公司党委决定：于占涛任大庆炼化公司储运厂党委书记、纪委书记、工会主席；免去郭金忠的大庆炼化公司储运厂党委书记、委员职务；免去张志杰的大庆炼化公司储运厂党委副书记、委员、纪委书记、工会主席职务。大庆炼化公司决定：于占涛任大庆炼化公司储运厂副厂长；免去郭金忠的大庆炼化公司储运厂副厂长职务。

2018年10月，大庆炼化公司决定：成立储运厂原料油车间，机构规格正科级，列直属机构序列，同时撤销原油车间和原料车间机构建制。将原油车间和原料车间的业务、职能和人员划入原料油车间管理。将原油车间航煤罐区、汽柴油加氢罐区的业务和人员划入成品一车间管理。

截至2018年12月31日，储运厂机关设2个办公室：生产办公室、综合办公室。基层设6个车间：原料油车间、成品一车间、成品二车间、机务车间、装卸车间、燃料油装储站。在册员工651人（含庆化23人），其中女员工196人。储运厂党委下属7个党支部，共有党员224人。

储运厂行政领导班子由6人组成：申在权任厂长，于占涛、张鹏、于冰任副厂长，刘昌涛任总工程师，李景文任安全总监。储运厂党委由于占涛、申在权、张鹏、于冰、刘昌涛、李景文6人组成，于占涛任党委书记，申在权任党委副书记。于占涛任纪委书记。于占涛任工会主席。领导班子成员分工如下：

申在权任厂长、党委副书记，负责全厂行政工作，分管行政、生产经营、人事、劳资、企业管理等工作，协助党委书记做好党群工作。

于占涛任党委书记、副厂长、纪委书记、工会主席，负责全厂党群工作。分管党建、组织、纪检、宣传、企业文化、维稳、工会、共青团、综合治理、保密等工作，协助厂长做好行政工作。

张鹏任副厂长、党委委员，负责全厂生产管理工作。分管生产运行、生产计划统计、质量控制、计量管理、环保管理、生产节能降耗、"三剂"使用管理、奖金考核等工作。

于冰任副厂长、党委委员，负责全厂设备管理工作。分管设备运行、设备专业标准化、检维修、设备节能降耗等工作。

刘昌涛任总工程师、党委委员，负责全厂技术管理工作。分管生产技术、技改技措、培训、达标、资料、节能降耗等工作，协助生产厂长做好生产管理工作。

李景文任安全总监、党委委员，负责全厂安全管理工作。分管安全、HSE体系、安全培训、现场施工安全管理、劳动保护等工作。

2014年至2018年，储运厂牢牢把握"安全生产运行平稳，员工队伍和谐稳定"两个根本，牢固树立"四责"理念，讲实干，重落实，积极谋划、主动作为，不断加强挖潜增效、技术创新和标准化建设，增强内生动力，提升经营业绩，累计为装置输送原油2594.85万吨，生产储存外运汽柴油等产品1834.53万吨。

**一、储运厂行政领导名录（2014.1—2018.12）**

厂　　　长　徐　立（2014.1—2015.2）

　　　　　　申在权（朝鲜族，2015.2—2018.12）

副　厂　长　宋亚东（2014.1—3）

　　　　　　申在权（2014.1—2015.2）

　　　　　　徐文生（2014.1—2017.8）

　　　　　　郭庆祥（2014.3—2016.3）

　　　　　　郭金忠（2015.2—2018.8）

　　　　　　于　涛（2016.3—2017.8）

　　　　　　于　冰（2017.8—2018.12）

　　　　　　张　鹏（2017.8—2018.12）

　　　　　　于占涛（2018.8—12）

总 工 程 师 刘昌涛（2014.1—2018.12）

安 全 总 监 李景文（2014.1—2018.12）

副总工程师 李巍东（2018.8—12）

二、储运厂党委领导名录（2014.1—2018.12）

书 记 申在权（2014.2—2015.2）

郭金忠（2016.1—2018.8）

于占涛（2018.8—12）

副 书 记 申在权（主持工作，2014.1—2；2015.2—2018.12）①

徐 立（2014.1—2015.2）

张志杰（2014.1—2018.8）

郭金忠（主持工作，2015.2—2016.1）②

委 员 徐 立（2014.1—2015.2）

申在权（2014.1—2018.12）

张志杰（2014.1—2018.8）

徐文生（2014.1—2017.8）

刘昌涛（2014.1—2018.12）

李景文（2014.1—2018.12）

宋亚东（2014.1—3）

郭庆祥（2014.3—2016.3）

郭金忠（2015.2—2018.8）

于 涛（2016.3—2017.8）

于 冰（2017.8—2018.12）

张 鹏（2017.8—2018.12）

于占涛（2018.8—12）

三、储运厂纪委领导名录（2014.1—2018.12）

书 记 张志杰（2014.1—2018.8）

于占涛（2018.8—12）

---

① 2014年1月至2月期间，储运厂党委书记空缺，党委副书记申在权主持工作。

② 2015年2月至2016年1月期间，储运厂党委书记空缺，党委副书记郭金忠主持工作。

委　　员　张志杰（2014.1—2018.8）

方　　明（2014.1—2016.5）

纪　　辉（2014.1—2014.5）

宋亚平（2014.1—2018.12）

李巍东（2016.5—2018.12）

张　　露（2016.5—2018.12）

孙　　柳（2016.5—2018.12）

于占涛（2018.8—12）

**四、储运厂工会领导名录（2014.1—2018.12）**

主　　席　张志杰（2014.1—2018.8）

于占涛（2018.8—12）

**五、所属机关科级单位**

截至2014年1月1日，储运厂机关设综合办公室、生产办公室，机构规格均为正科级，生产办公室下设调度室。在册员工48人，其中女员工9人，党员27人。

综合办公室主要负责人事、培训，组织、纪检、宣传、工会、团委、稳定和综合治理等管理工作；生产办公室主要负责储运生产的调度指挥工作，负责设备、安全、质量工作的组织落实，做好生产运行的协调配合，保证储运系统安全稳定运行。

截至2018年12月31日，机关在册员工42人，其中党员22人。

**（一）综合办公室领导名录（2014.1—2018.12）**

主　　任　郭树涛（2014.1—2018.12）

副 主 任　方　　明（2014.1—2018.12）

党委组织员　方　　明（2014.1—2018.12）

**（二）生产办公室领导名录（2014.1—2018.12）**

主　　任　李巍东（2014.1—2018.8）

谷晓森（2018.8—12）

副 主 任　贾考忠（正科级，2014.1—8；正科级，2016.12—

2017.4）

　　　　　刘光平（2014.1—3；正科级，2016.12—2017.4）

　　　　　孙久和（2014.8—2018.12）

　　（三）机关党支部领导名录（2014.1—2018.12）

　　书　　记　郭树涛（2014.1—2018.12）

　六、所属基层科级单位

　（一）原油车间（2014.1—2018.10）

　　截至2014年1月1日，原油车间机构规格正科级，在册员工67人，其中党员27人。

　　原油车间辖原油、渣油、乙醇、汽油加氢原料4个罐区及原油化验岗，主要承担原油进厂计量、脱水，两套常减压、汽油加氢装置供料以及渣油、蜡油、油浆、汽油、异构柴油的调合、输储、装车任务。

　　2018年10月，大庆炼化公司决定：成立储运厂原料油车间，机构规格正科级，列直属机构序列，同时撤销原油车间机构建制，将原油车间的业务、职能和人员划入原料油车间管理。

　　截至2018年10月，原油车间机构规格正科级，在册员工70人，其中党员27人。

　　1. 原油车间领导名录（2014.1—2018.10）

　　主　　任　华志民（2014.1—3）

　　　　　刘光平（2014.3—2016.12）

　　　　　于振庆（2016.12—2018.10）

　　副　主　任　吕林华（2014.1—2017.5）

　　　　　陈庆文（2014.1—2018.10）

　　　　　孙冰春（2015.4—2017.8）

　　　　　杜凤龙（2017.8—10）

　　调　研　员　吕林华（正科级，2017.5—2018.12）

　　2. 原油车间党支部领导名录（2014.1—2018.10）

　　书　　记　吕林华（2014.1—2017.5）[1]

----

① 2017年5月至2018年4月期间，原油车间党支部书记空缺。

于振庆（2018.4—2018.10）

**（二）原料车间（2014.1—2018.10）**

截至 2014 年 1 月 1 日，原料车间机构规格正科级，在册员工 69 人，其中党员 19 人。

原料车间拥有 6 个罐区，大小储罐 44 座，总储存能力 13 万立方米。主要负责为二套 ARGG、磺酸盐、加氢改质及 MTBE 装置输送原料，同时接收一、二套常减压装置生产的混合蜡油、渣油、常三组分油，接收一、二套 ARGG 装置生产的柴油、油浆，接收 MTBE 装置生产的 MTBE 原料及接收甲醇厂甲醇，为常减压、动力锅炉装置付燃料油。

2018 年 10 月，大庆炼化公司决定：成立储运厂原料油车间，机构规格正科级，列直属机构序列，同时撤销原料车间机构建制，将原料车间的业务、职能和人员划入原料油车间管理。

截至 2018 年 10 月，原料车间机构规格正科级，在册员工 73 人，其中党员 25 人。

1.原料车间领导名录（2014.1—2018.10）

主　　　任　闫振强（2014.1—2017.11）

谷晓森（2017.11—2018.10）

副 主 任　赵宝忠（2014.1—2018.10）

薄胜杰（2014.1—2016.12）

沈柏杨（2014.1—2018.10）

孙冰春（2017.8—2018.10）

2.原料车间党支部领导名录（2014.1—2018.10）

书　　　记　赵宝忠（2014.1—2018.10）

**（三）原料油车间（2018.10—12）**

2018 年 10 月，大庆炼化公司决定：成立储运厂原料油车间，机构规格正科级，列直属机构序列，同时撤销原油车间、原料车间机构建制。将原油车间、原料车间的业务、职能和人员划入原料油车间管理。车间在册员工 110 人，党员 41 人。

原料油车间拥有 8 个罐区、50 座储罐、66 台机泵、40 台搅拌器，总储存能力 25.5 万立方米。主要担负为一、二套常减压装置、一、二套 ARGG

装置、庆化公司、加氢改质装置、MTBE 装置、轻汽油醚化装置、磺酸盐装置、汽柴油加氢装置和动力厂供给原料任务，同时负责一、二套常减压装置，一、二套 ARGG 装置，MTBE 装置，庆化公司及甲醇厂等产品或组分的接收工作。

截至 2018 年 12 月 31 日，车间在册员工 110 人，其中女员工 33 人，党员 38 人。

1. 原料油车间领导名录（2018.10—12）

主　　任　谷晓森（2018.10—12）

副 主 任　赵宝忠（2018.10—12）

沈柏杨（2018.10—12）

孙冰春（2018.10—12）

陈庆文（2018.10—12）

2. 原料油车间党支部领导名录（2018.10—12）

书　　记　赵宝忠（2018.10—12）

**（四）成品一车间（2014.1—2018.12）**

截至 2014 年 1 月 1 日，成品一车间机构规格正科级，在册员工 69 人，其中党员 25 人。

成品一车间拥有大小储罐 104 座，机泵 87 台，并配有消防水喷淋系统 5 套，球罐应急事故水线 1 套。主要担负油品调和、储存、成品油出厂，付重整装置、汽柴油加氢装置原料以及污油回炼等生产任务。

2018 年 10 月，大庆炼化公司决定：撤销原油车间机构建制，将原油车间航煤罐区、汽柴油加氢罐区的业务和人员划入成品一车间管理。

截至 2018 年 12 月 31 日，车间在册员工 91 人，其中党员 33 人。

1. 成品一车间行政领导名录（2014.1—2018.12）

主　　任　刘志军（2014.1—2018.12）

副 主 任　吕锡田（2014.1—2018.11）

李亚宾（2014.1—2018.12）

李钟燮（2015.4—2018.12）

高文江（2018.11—12）

2.成品一车间党支部领导名录（2014.1—2018.12）

  书  记 吕锡田（2014.1—2018.11）[①]

       高文江（2018.11—12）

### （五）成品二车间（2014.1—2018.12）

截至 2014 年 1 月 1 日，成品二车间机构规格正科级，在册员工 75 人，其中党员 18 人。

成品二车间拥有储罐 51 座，是公司最大的成品油罐区。成品二车间主要担负全厂 80% 的汽油、柴油、丙烷、拔头油及全部液化气、丙烯的储存和输转工作。

截至 2018 年 12 月 31 日，车间在册员工 76 人，其中党员 17 人。

1.成品二车间领导名录（2014.1—2018.12）

  主  任 代长坤（2014.1—2018.12）

  副 主 任 宋亚平（2014.1—2018.12）

       王红波（2014.1—2018.12）

       谷晓森（2014.1—2017.11）

       刘国岩（2017.11—2018.12）

2.成品二车间党支部领导名录（2014.1—2018.12）

  书  记 宋亚平（2014.1—2018.12）

### （六）机务车间（2014.1—2018.12）

截至 2014 年 1 月 1 日，机务车间机构规格正科级，在册员工 114 人，其中党员 37 人。

机务车间下辖两个电气集中调车作业区，拥有铁路专用线 25 千米，主要承担公司汽、柴油和液化气等铁路运输任务，以及周边甲醇厂、精细化工厂等单位的成品和原材料的铁路运输任务。

截至 2018 年 12 月 31 日，车间在册员工 110 人，其中党员 38 人。

1.机务车间领导名录（2014.1—2018.12）

  主  任 刘厚诚（2014.1—2017.8）

       牛春伟（2017.8—2018.12）

---

[①] 2018 年 11 月，吕锡田退出领导岗位。

副　主　任　高万里（2014.1—2016.12）

王连福（2014.1—2018.12）

李东龙（2014.1—2018.12）

牛春伟（2016.12—2017.8）

闫振强（2017.11—2018.12）

2. 机务车间党支部领导名录（2014.1—2018.12）

书　　　记　高万里（2014.1—2016.12）

牛春伟（2016.12—2017.11）

闫振强（2017.11—2018.12）

**（七）火车装车车间（2014.1—2016.3）**

截至 2014 年 1 月 1 日，火车装车车间机构规格正科级，在册员工 100 人，其中党员 22 人。

火车装车车间拥有成品油装车栈桥 7 座、装车大鹤管装置 10 套、装车小鹤管 105 套，主要担负公司成品油、丙烯、液化气、渣油等产品的火车装车外运出厂工作。

2016 年 3 月，公司决定将火车装车车间和计量气装车间机构和职能合并，合并后车间名称为储运厂装卸车间，机构规格正科级。

截至 2016 年 3 月 25 日，火车装车车间机构规格正科级，在册员工 85 人，其中党员 19 人。

1. 火车装车车间领导名录（2014.1—2016.3）

主　　　任　王金峰（2014.1—2016.3）

副　主　任　张连伟（2014.1—8）

邱　成（2014.1—2016.3）

高文江（2014.1—2015.8）

贾考忠（2014.8—2016.3）

2. 火车装车车间党支部领导名录（2014.1—2016.3）

书　　　记　张连伟（2014.1—8）

贾考忠（2014.8—2016.3）

**（八）计量气装车间（2014.1—2016.3）**

截至 2014 年 1 月 1 日，计量气装车间机构规格正科级，在册员工 78 人，其中党员 27 人。

计量气装车间拥有 1 个成品油装车场、1 个液态烃装车场、1 个管输计量间，2 座轨道衡，4 座汽车地衡，2 套烃类流量计装车监控系统。主要担负液态烃、成品油、石脑油、渣油、MTBE 等产品的汽车装卸任务及进、出厂的计量工作。

2016 年 3 月，公司决定将火车装车车间和计量气装车间机构和职能合并，合并后车间名称为储运厂装卸车间，机构规格正科级。

截至 2016 年 3 月 25 日，计量气装车间机构规格正科级，在册员工 85 人，其中党员 31 人。

1. 计量气装车间领导名录（2014.1—2016.3）

主　　任　于振庆（2014.1—2016.3）

副 主 任　赵大鹏（2014.1—2016.3）

　　　　　王中男（2014.1—2016.3）

正科级干部　张书德（2014.1—2016.3）

2. 计量气装车间党支部领导名录（2014.1—2016.3）

书　　记　赵大鹏（2014.1—2016.3）

**（九）装卸车间（2016.3—2018.12）**

2016 年 3 月，公司决定将火车装车车间和计量气装车间机构和职能合并，合并后车间名称为储运厂装卸车间，机构规格正科级。车间在册员工 165 人（含庆化公司 7 人），其中党员 48 人。

装卸车间拥有成品油装车栈桥 7 座、装车大鹤管装置 10 套、装车小鹤管 105 套，1 个成品油装车场、1 个液态烃装车场、1 个管输计量间，2 座轨道衡，4 座汽车地衡，2 套烃类流量计装车监控系统。主要担负公司成品油、丙烯、液化烃、渣油、石脑油、MTBE 等产品的火车装车外运出厂和汽车装卸任务及进、出厂的计量工作。

截至 2018 年 12 月 31 日，车间在册员工 162 人（含庆化公司 7 人），其中党员 45 人。

1. 装卸车间行政领导名录（2016.3—2018.12）

主　　任　王金峰（2016.3—2018.12）

副 主 任　赵大鹏（2016.3—2017.8）

　　　　　　　王中男（2016.3—2018.12）

　　　　　　　邱　成（2016.3—2018.12）

　　　　　　　杜凤龙（2016.3—2017.8）

　　　　　　　薄胜杰（2016.12—2018.12）

　　　　　　　刘厚诚（2017.8—2018.12）


**正科级干部**　张书德（2016.3—2018.12）

**调　研　员**　赵大鹏（正科级，2017.8—2018.12）

　　2. 装卸车间党支部领导名录（2016.3—2018.12）

**书　　　记**　赵大鹏（2016.3—2017.8）

　　　　　　　刘厚诚（2017.8—2018.12）

**（十）燃料油装储站**（2015.8—2018.12）

　　2015 年 8 月，公司接收大庆油田有限责任公司储运销售分公司成品油供销总站，成立储运厂燃料油装储站，机构规格正科级，列储运厂基层单位序列。在册员工 57 人，其中党员 17 人。主要接收储存成品汽柴油，担负大庆油田生产用汽油、柴油的供应任务，同时可进行地付装车。

　　截至 2018 年至 12 月 31 日，在册员工 60 人，其中党员 19 人。

　　1. 燃料油装储站领导名录（2015.8—2018.12）

**主　　　任**　高文江（2015.8—2018.10）

　　　　　　　贾考忠（2018.10—12）

**副　主　任**　牛春伟（2015.8—2016.12）

　　　　　　　夏振庆（2015.8—2018.12）

　　　　　　　张　宇（2015.8—2018.12）

　　　　　　　于振庆（2016.3—12；2018.10—12）

　　　　　　　贾考忠（2016.12—2018.10）

　　　　　　　高万里（2016.12—2017.8）


**调　研　员**　高万里（正科级，2017.8—2018.12）

　　2. 燃料油装储站党支部领导名录（2015.8—2018.12）

**书　　　记**　牛春伟（2015.8—2016.12）

贾考忠（2016.12—2018.10）

于振庆（2018.10—12）

## 第二节 动力一厂—动力厂
### （2014.1—2018.12）

**一、动力一厂**（2014.1—2015.5）

动力一厂的前身是动力厂。动力厂成立于2000年10月，机构规格正处级，列二级单位序列，党组织关系隶属大庆炼化公司党委，办公地点在黑龙江省大庆市让胡路区马鞍山生产区，2003年7月更名为动力一厂。担负公司水、汽、风、氮等产品的供应，地上地下总长300余千米的管网维护，污水处理和水质研究工作。

截至2014年1月1日，动力一厂机关设生产办公室和综合办公室，基层设动力一车间、脱盐水车间、空分一车间、空分二车间、循环水车间、污水处理车间、外网车间、水质研究所。在册员工549人，其中女员工255人。动力一厂党委下属9个党支部，共有党员146人。

动力一厂党政领导班子由6人组成。

徐波任厂长、党委副书记，负责厂行政工作，协助党委书记做好党群工作，分管干部、劳资、绩效管理等工作。

于占涛任党委书记、副厂长，负责厂党群工作，协助厂长做好行政工作，分管组织、党建、宣传、企业文化建设等工作。

纪长伟任党委副书记、纪委主席、工会主席，负责协助党委书记做好党建、稳定、保密、综合治理、共青团等党委日常工作，协助厂长做好企业管理等综合管理工作，负责纪检、工会工作。

孙书庆任设备副厂长、党委委员，负责设备管理工作，分管机物料计划、检（维）修计划的审批工作。

宋佳旺任生产副厂长、总工程师、党委委员，负责生产、技术、科研、规划、培训、质量管理、节能节水等工作，分管生产计划的审批工作。

都献文任安全总监、党委委员，负责安全监督管理、QHSE 宣贯认证、隐患治理和劳动纪律管理等工作。

2015 年 2 月，大庆炼化公司党委决定：于占涛任动力一厂纪委书记、工会主席；免去纪长伟的动力一厂党委副书记、纪委书记、工会主席职务。于占涛负责厂党群工作，协助厂长做好行政工作，分管组织、党建、宣传、企业文化建设、稳定、保密、综合治理、纪检、共青团、工会等党委日常工作，协助厂长做好企业管理等综合管理工作。

2015 年 5 月，大庆炼化公司决定：将动力一厂更名为动力厂。

至 2015 年 5 月 5 日，在册员工 605 人，其中女员工 261 人，共有党员 159 人。

（一）动力一厂行政领导名录（2014.1—2015.5）

厂　　　长　徐　波（2014.1—2015.5）

副　厂　长　于占涛（2014.1—2015.5）

孙书庆（2014.1—2015.5）

宋佳旺（2014.1—2015.5）

总 工 程 师　宋佳旺（2014.1—2015.5）

安 全 总 监　都献文（2014.1—2015.5）

副总工程师　杨清华（黑龙江龙江，2014.1—2015.5）

张柏祥（2014.1—2015.5）

（二）动力一厂党委领导名录（2014.1—2015.5）

书　　　记　于占涛（2014.1—2015.5）

副　书　记　纪长伟（2014.1—2015.2）

徐　波（2014.1—2015.5）

委　　　员　于占涛（2014.1—2015.5）

徐　波（2014.1—2015.5）

纪长伟（2014.1—2015.2）

孙书庆（2014.1—2015.5）

宋佳旺（2014.1—2015.5）

都献文（2014.1—2015.5）

（三）动力一厂纪委领导名录（2014.1—2015.5）

书　　记　纪长伟（2014.1—2015.2）

于占涛（2015.2—5）

委　　员　纪长伟（2014.1—2015.2）

宋佳旺（2014.1—2015.5）

周颜光（2014.1—2015.5）

胡继国（2014.1—2015.5）

赵立丹（女，2014.1—2015.5）

于占涛（2015.2—5）

（四）动力一厂工会领导名录（2014.1—2015.5）

主　　席　纪长伟（2014.1—2015.2）

于占涛（2015.2—5）

（五）所属机关科级单位

截至 2014 年 1 月 1 日，动力一厂机关设生产办公室、综合办公室，机构规格均为正科级，生产办公室下设调度室。机关在册员工 35 人，其中女员工 10 人，党员 29 人。

综合办公室主要负责组织、纪检、宣传、工会、共青团、人事劳资、经营核算、干部管理、综治保卫、维稳、房产、计划生育、培训、保密、现场管理等工作。生产办公室主要负责厂生产管理、技术管理等工作，解决生产中出现的重大问题，对厂生产、设备、质量、计量管理工作进行指导、监督，组织对外部、内部技术交流。

截至 2015 年 5 月 5 日，动力一厂机关在册员工 36 人，其中女员工 11 人，党员 26 人。

1. 综合办公室领导名录（2014.1—2015.5）

主　　任　吉　红（女，2014.1—2015.5）

副 主 任　赵立丹（2014.1—2015.5）

2. 生产办公室领导名录（2014.1—2015.5）

主　　任　李　刚（2014.1—2015.3）

刘　富（2015.3—5）

副 主 任　刘继东（2014.1—2015.5）

3.机关党支部领导名录（2014.1—2015.5）

书　　记　吉　红（2014.1—2015.5）

**（六）所属基层科级单位**

1.动力一车间（2014.1—2015.5）

截至 2014 年 1 月 1 日，动力一车间在册员工 61 人，其中女员工 14 人，党员 21 人。

动力一车间机构规格正科级。有 1 个动力站、1 个换热站、1 套脱硫脱硝装置，主要负责为公司炼油和化工装置提供合格的中、低压蒸汽，中、低压除氧水，确保装置安全平稳生产，烟气达标排放。

至 2015 年 5 月 5 日，动力一车间在册员工 64 人，其中女员工 15 人，党员 23 人。

（1）动力一车间领导名录（2014.1—2015.5）

主　　任　鲁　刚（2014.1—2015.5）

副 主 任　徐加章（2014.1—2015.5）

肖海涛（2014.1—2015.5）

王会军（2014.1—2015.5）

（2）动力一车间党支部领导名录（2014.1—2015.5）

书　　记　王会军（2014.1—2015.5）

2.脱盐水车间（2014.1—2015.5）

截至 2014 年 1 月 1 日，脱盐水车间在册员工 61 人，其中女员工 24 人，党员 15 人。

脱盐水车间机构规格正科级。有 3 个化学站、1 个酸碱站和 1 个含氰污水提升站，主要任务是为公司装置区提供二级脱盐水、软化水、硫酸和碱。

至 2015 年 5 月 5 日，脱盐水车间在册员工 69 人，其中女员工 30 人，党员 18 人。

（1）脱盐水车间领导名录（2014.1—2015.5）

主　　任　刘　富（2014.1—2015.3）

李　刚（2015.3—5）

副 主 任　吕　剑（2014.1—2015.3）

石立民（2014.1—10）

朱光东（2014.10—2015.5）

胡继国（2015.3—5）

（2）脱盐水车间党支部领导名录（2014.1—2015.5）

书　　记　吕　剑（2014.1—2015.3）

胡继国（2015.3—5）

3. 空分一车间（2014.1—2015.5）

截至 2014 年 1 月 1 日，空分一车间在册员工 59 人，其中女员工 34 人，党员 10 人。

空分一车间机构规格正科级。有 1 个空压站、2 个空分站、1 个 ARGG 提升站，主要承担任公司装置区风、氮气供应和炼油二厂污水排放任务。

至 2015 年 5 月 5 日，空分一车间在册员工 65 人，其中女员工 39 人，党员 12 人。

（1）空分一车间领导名录（2014.1—2015.5）

主　　任　戴庚祥（2014.1—2015.5）

副　主　任　李永胜（2014.1—2015.5）

刘　轶（女，2014.1—2015.5）

（2）空分一车间党支部领导名录（2014.1—2015.5）

书　　记　刘　轶（2014.1—2015.5）

4. 空分二车间（2014.1—2015.5）

截至 2014 年 1 月 1 日，空分二车间在册员工 74 人，其中女工 47 人，党员 15 人。

空分二车间机构规格正科级。有 1 个空分站、1 个空压站、1 个循环水、1 个换热站、1 个腈纶提升站。主要任务是为公司装置区提供工业风和氮气以及为聚丙烯区域提供采暖、伴热，为聚丙烯、聚合物扩能装置提供循环水。

至 2015 年 5 月 5 日，空分二车间在册员工 79 人，其中女员工 43 人，党员 15 人。

（1）空分二车间领导名录（2014.1—2015.5）

主　　任　周颜光（2014.1—2015.5）

副　主　任　万鹤鸣（2014.1—2015.5）

陈　亮（2014.1—2015.5）

朱光东（2014.1—10）

（2）空分二车间党支部领导名录（2014.1—2015.5）

书　　记　陈　亮（2014.1—2015.5）

5. 循环水车间（2014.1—2015.5）

截至2014年1月1日，循环水车间在册员工90人，其中女员工43人，党员19人。

循环水车间机构规格正科级。有8个循环水站、5个消防水站、3个提升站，主要负责向公司各生产装置提供循环水和消防水。

至2015年5月5日，循环水车间在册员工92人，其中女员工42人，党员19人。

（1）循环水车间领导名录（2014.1—2015.5）

主　　任　陶洪文（2014.1—2015.5）

副 主 任　宋国信（2014.1—2014.8）

赵　洪（2014.1—2015.5）

任海燕（女，2014.1—2015.5）

石立民（2014.10—2015.5）

（2）循环水车间党支部领导名录（2014.1—2015.5）

书　　记　赵　洪（2014.1—2015.5）

6. 污水处理车间（2014.1—2015.5）

截至2014年1月1日，污水处理车间在册员工71人，其中女员工31人，党员18人。

污水处理车间机构规格正科级。有2个污水处理站、1套污水回用装置、1套三泥脱水装置，主要任务是处理炼油、聚丙烯等装置区的污水及外排。

至2015年5月5日，污水处理车间在册员工89人，其中女员工36人，党员22人。

（1）污水处理车间领导名录（2014.1—2015.5）

主　　任　孟凡胜（2014.1—8）

宋国信（2014.8—2015.5）

副 主 任　马纯武（2014.1—2015.5）

陈怀山（2014.1—2015.5）

陈忠英（女，2014.8—2015.5）

（2）污水处理车间党支部领导名录（2014.1—2015.5）

书　　记　马纯武（2014.1—2015.5）

7. 外网车间（2014.1—2015.5）

截至2014年1月1日，外网车间在册员工93人，其中女员工37人，党员19人。

外网车间机构规格正科级。有3个换热站、2个提升站。主要任务是为公司装置区提供采暖伴热水及回收利用站内外蒸汽凝结水。

至2015年5月5日，外网车间在册员工101人，其中女员工40人，党员18人。

（1）外网车间领导名录（2014.1—2015.5）

主　　任　万强瑞（2014.1—2015.5）

副 主 任　伏安林（2014.1—2015.5）

沈洁光（2014.1—2015.5）

胡继国（2014.1—2015.3）

吕　剑（2015.3—5）

（2）外网车间党支部领导名录（2014.1—2015.5）

书　　记　胡继国（2014.1—2015.3）

吕　剑（2015.3—5）

8. 水质研究所（2014.1—2015.5）

截至2014年1月1日，研究所在册员工6人，其中女员工4人，党员3人。

水质研究所车间机构规格正科级。主要负责含盐污水、炼油污水、化工污水、循环水等与水质相关项目的研究及水质科研攻关工作，为公司下步持续发展创造环境保障。

至2015年5月5日，水质研究所在册员工10人，其中女员工5人，党员6人。

（1）水质研究所领导名录（2014.1—2015.5）

所　　长　杨清华（黑龙江龙江，兼任，2014.1—2015.5）

**副 所 长** 苏庆峰（2014.10—2015.5）

（2）水质研究所党支部领导名录（2014.1—2015.5）

**书 记** 杨清华（2014.1—2015.5）

## 二、动力厂（2015.5—2018.12）

2015年5月，大庆炼化公司决定：将动力一厂更名为动力厂。

2015年5月，大庆炼化公司党委决定：于占涛任大庆炼化公司动力厂党委书记、纪委书记、工会主席；徐波任大庆炼化公司动力厂党委副书记；孙书庆任大庆炼化公司动力厂党委委员；宋佳旺任大庆炼化公司动力厂党委委员；都献文任大庆炼化公司动力厂党委委员；免去于占涛的大庆炼化公司动力一厂党委书记、纪委书记、工会主席职务；免去徐波的大庆炼化公司动力一厂党委副书记职务；免去孙书庆的大庆炼化公司动力一厂党委委员职务；免去宋佳旺的大庆炼化公司动力一厂党委委员职务；免去都献文的大庆炼化公司动力一厂党委委员职务。大庆炼化公司决定：徐波任大庆炼化公司动力厂厂长；于占涛任大庆炼化公司动力厂副厂长；孙书庆任大庆炼化公司动力厂副厂长；宋佳旺任大庆炼化公司动力厂副厂长兼总工程师；都献文任大庆炼化公司动力厂安全总监；免去徐波的大庆炼化公司动力一厂厂长职务；免去于占涛的大庆炼化公司动力一厂副厂长职务；免去孙书庆的大庆炼化公司动力一厂副厂长职务；免去宋佳旺的大庆炼化公司动力一厂副厂长兼总工程师职务；免去都献文的大庆炼化公司动力一厂安全总监职务。

2015年6月，大庆炼化公司决定：将动力一车间更名为动力车间。

2015年9月25日，动力厂召开第三次工会会员代表大会，工会会员代表共86人参加会议。会议选举产生动力厂第三届工会委员会、经费审查委员会和女职工委员会。于占涛为工会主席。

2016年4月，中共大庆炼化公司动力厂委员会对所属9个党支部选举结果进行批复。中共动力厂机关支部委员会由王兴占、吉红、刘富、多英武、赵立丹5人组成，吉红任书记；中共动力厂动力车间支部委员会由马纯武、徐加章、鲁刚3人组成，马纯武任书记；中共动力厂脱盐水车间支部委员会由李刚、朱光东、李万勇、向华东、胡继国5人组成，胡继国任书记；中共动力厂空分一车间支部委员会由刘轶、李永胜、戴庚祥3人组成，刘轶任书记；中共动力厂空分二车间支部委员会由万鹤鸣、陈亮、周颜光3人组成，陈亮任书记；中共动力厂循环水车间支部委员会由王会军、任海燕、陶洪文3人组成，王会军任书记；中共动力厂污水处理车间支部委员会由朱明兴、宋国信、陈怀山3人组成，朱明兴任书记；中共动力厂外网车间支部委员会由万强瑞、吕剑、伏安林、朱敏、沈洁光5人组成，吕剑任书记；中共动力厂水质研究所支部委员会由苏庆峰、杨清华、赵新宇3人组成，杨清华任书记。

2016年5月18日，中共动力厂委员会召开第三次代表大会，60名党员代表参加会议。会议选举产生中共动力厂第三届委员会，由于占涛、孙书庆、宋佳旺、都献文、徐波5人组成（以姓氏笔画为序），于占涛为党委书记，徐波为党委副书记。选举产生中共动力厂纪律检查委员会，由于占涛、王会军、吉红、刘富、陈亮、胡继国、赵立丹7人组成（以姓氏笔画为序），于占涛为纪委书记。

2018年8月，大庆炼化公司决定：将动力厂水质研究所业务职能及人员（含兼任所长的副总工程师）划入研究院管理，并更名为研究院水质研究室，机构规格不变。

2018年8月，大庆炼化公司党委决定：郭金忠任大庆炼化公司动力厂党委书记、纪委书记、工会主席；免去于占涛的大庆炼化公司动力厂党委书记、委员、纪委书记、工会主席职务。大庆炼化公司决定：郭金忠兼任大庆炼化公司动力厂副厂长；免去于占涛的大庆炼化公司动力厂副厂长职务。领导班子分工随之调整：

厂长、党委副书记徐波，全面负责厂行政工作，分管人事、劳资、培训、核算及内控、企业管理等工作，协助党委书记做好党群工作。党委书记、纪委书记、工会主席、副厂长郭金忠，全面负责厂党群工作，分管党的建设、思想政治、新闻宣传、纪检、维稳、工会、共青团、综合治理、武装保卫、保密等工作，协助厂长做好行政、培训工作。副厂长、党委委员孙书庆，分管设备管理、循环水水质管理、设备现场标准化、检维修、物资仓储、信息技术、设备防腐蚀等工作。副厂长、总工程师、党委委员宋佳旺，分管生产运行、生产技术、质量控制、规划、环保等工作。安全总监、党委委员都献文，分管安全监督、安全管理、HSE体系、隐患治理、劳动纪律管理等工作。

2018 年 10 月，大庆炼化公司决定：撤销空分二车间机构建制，将空分一车间更名为空分车间。将原空分二车间所属空分空压联合站业务及人员划入空分车间管理；第四循环水场业务及人员划入循环水车间管理，同时在循环水车间增加 1 名技术工程师定员；8 号换热站业务及人员划入外网车间管理。在动力厂生产办公室增加 1 名技术工程师定员。

截至 2018 年 12 月 31 日，动力厂机关设生产办公室和综合办公室，基层设动力车间、脱盐水车间、空分车间、循环水车间、污水处理车间、外网车间。担负公司水、汽、风、氮等产品的供应，地上地下总长 300 余千米的管网维护，污水处理工作。在册员工 553 人，其中女员工 278 人。动力厂党委下属 7 个党支部，共有党员 148 人。

动力厂党政领导班子由 5 人组成。

徐波任厂长、党委副书记，全面负责厂行政工作，分管人事、劳资、培训、核算及内控、企业管理等工作，协助党委书记做好党群工作。

郭金忠任党委书记、纪委书记、工会主席、副厂长，全面负责厂党群工作，分管党的建设、思想政治、新闻宣传、纪检、维稳、工会、共青团、综合治理、武装保卫、保密等工作，协助厂长做好行政、培训工作。

孙书庆任副厂长、党委委员，分管设备管理、循环水水质管理、设备现场标准化、检维修、物资仓储、信息技术、设备防腐蚀等工作。

宋佳旺任副厂长、总工程师、党委委员，分管生产运行、生产技术、质量控制、规划、环保等工作。

都献文任安全总监、党委委员，分管安全监督、安全管理、HSE 体系、隐患治理、劳动纪律管理等工作。

动力厂全面贯彻公司职代会精神，强化责任落实，务实进取，全面完成各项业绩指标，未发生影响主体装置波动事件，未出现生产安全事故、环境事件，2016 年和 2018 年均被评为公司"先进单位"。

（一）动力厂行政领导名录（2015.5—2018.12）

厂　　长　徐　波（2015.5—2018.12）

副 厂 长　于占涛（2015.5—2018.8）

孙书庆（2015.5—2018.12）

宋佳旺（2015.5—2018.12）

郭金忠（2018.8—12）

总 工 程 师　宋佳旺（2015.5—2018.12）

安 全 总 监　都献文（2015.5—2018.12）

副总工程师　杨清华（2015.5—2018.8）

张柏祥（2015.5—2018.12）

**（二）动力厂党委领导名录（2015.5—2018.12）**

书　　　记　于占涛（2015.5—2018.8）

郭金忠（2018.8—12）

副 书 记　徐　波（2015.5—2018.12）

委　　　员　于占涛（2015.5—2018.8）

徐　波（2015.5—2018.12）

孙书庆（2015.5—2018.12）

宋佳旺（2015.5—2018.12）

都献文（2015.5—2018.12）

郭金忠（2018.8—12）

**（三）动力厂纪委领导名录（2015.5—2018.12）**

书　　　记　于占涛（2015.5—2018.8）

郭金忠（2018.8—12）

委　　　员　赵立丹（2015.5—2018.12）

宋佳旺（2015.5—2016.5）

周颜光（2015.5—2016.5）

于占涛（2015.5—2018.8）

胡继国（2015.5—2018.12）

王会军（2016.5—2018.12）

吉　红（2016.5—2018.12）

刘　富（2016.5—2018.12）

陈　亮（2016.5—2018.12）

郭金忠（2018.8—12）

**（四）动力厂工会领导名录（2015.5—2018.12）**

主　　席　于占涛（2015.5—2018.8）

　　　　　郭金忠（2018.8—12）

**（五）所属机关科级单位**

截至 2015 年 5 月 5 日，动力厂机关设生产办公室、综合办公室，机构规格均为正科级，生产办公室下设调度室。机关在册员工 36 人，其中女员工 11 人，党员 26 人。

综合办公室主要负责组织、纪检、宣传、工会、共青团、人事劳资、经营核算、干部管理、综治保卫、维稳、房产、计划生育、培训、保密、现场管理等工作。生产办公室主要负责厂生产管理、技术管理等工作，解决生产中出现的重大问题，对厂生产、设备、质量、计量管理工作进行指导、监督，组织对外部、内部技术交流。

截至 2018 年 12 月 31 日，动力厂机关在册员工 35 人，其中女员工 10 人，党员 25 人。

1. 综合办公室领导名录（2015.5—2018.12）

主　　任　吉　红（2015.5—2018.12）

副 主 任　赵立丹（2015.5—2018.11）[1]

党委组织员　赵立丹（2017.7—2018.11）[2]

2. 生产办公室领导名录（2015.5—2018.12）

主　　任　刘　富（2015.5—2018.12）

副 主 任　刘继东（2015.5—2018.12）

　　　　　姜学樯（2018.10—12）

3. 机关党支部领导名录（2015.5—2018.12）

书　　记　吉　红（2015.5—2018.12）

**（六）所属基层科级单位**

1. 动力一车间—动力车间（2015.5—2018.12）

截至 2015 年 5 月 5 日，动力一车间在册员工 64 人，其中女员工 15 人，党员 23 人。

---

① 2018 年 11 月，赵立丹退出领导岗位。

② 2018 年 11 月至 12 月期间，党委组织员空缺。

动力一车间机构规格正科级。有1个动力站、1个换热站、1套脱硫脱硝装置，主要负责为公司炼油和化工装置提供合格的中、低压蒸汽，中、低压除氧水，确保装置安全平稳生产，烟气达标排放。

2015年6月，大庆炼化公司决定：将动力一车间更名为动力车间。

截至2018年12月31日，动力车间在册员工61人，其中女员工16人，党员23人。

（1）动力一车间（2015.5—6）

①动力一车间领导名录（2015.5—6）

主　　任　鲁　刚（2015.5—6）

副　主　任　徐加章（2015.5—6）

肖海涛（2015.5—6）

王会军（2015.5—6）

②动力一车间党支部领导名录（2015.5—6）

书　　记　王会军（2015.5—6）

（2）动力车间（2015.6—2018.12）

①动力车间领导名录（2015.6—2018.12）

主　　任　鲁　刚（2015.6—2018.12）

副　主　任　徐加章（2015.6—2018.12）

肖海涛（2015.6—2017.8）

王会军（2015.6—2016.2）

马纯武（2016.2—2018.11）

黄虎城（2017.8—2018.11）

吕　剑（2018.11—12）

②动力车间党支部领导名录（2015.6—2018.12）

书　　记　王会军（2015.6—2016.2）

马纯武（2016.2—2018.11）

吕　剑（2018.11—12）

2.脱盐水车间（2015.5—2018.12）

截至2015年5月5日，脱盐水车间在册员工69人，其中女员工30人，党员18人。

脱盐水车间机构规格正科级。有3个化学站、1个酸碱站和1个含氰污水提升站，主要任务是为公司装置区提供二级脱盐水、软化水、硫酸和碱。

截至2018年12月31日，脱盐水车间在册员工61人，其中女员工29人，党员18人。

（1）脱盐水车间领导名录（2015.5—2018.12）

　　主　　任　李　刚（2015.5—2018.12）

　副　主　任　胡继国（2015.5—2018.12）

　　　　　　　朱光东（2015.5—2018.12）

（2）脱盐水车间党支部领导名录（2015.5—2018.12）

　　书　　记　胡继国（2015.5—2018.12）

3. 空分一车间—空分车间（2015.5—2018.12）

截至2015年5月5日，空分一车间在册员工65人，其中女员工39人，党员12人。

空分一车间机构规格正科级。有1个空压站、2个空分站、1个ARGG提升站，主要承担任公司装置区风、氮气供应和炼油二厂污水排放任务。

2018年10月，大庆炼化公司决定：大庆炼化公司决定：撤销空分二车间机构建制，将空分一车间更名为空分车间。将原空分二间所属空分空压联合站业务及人员划入空分车间管理。

2018年10月，中共大庆炼化公司动力厂委员会对空分车间党支部选举结果进行批复。中共空分车间支部委员会由3人组成，刘轶（女）、李永胜、周颜光，刘轶任书记。

截至2018年12月31日，空分车间在册员工86人，其中女员工56人，党员18人。

（1）空分一车间（2015.5—2018.10）

①空分一车间领导名录（2015.5—2018.10）

　　主　　任　戴庚祥（2015.5—2018.10）

　副　主　任　李永胜（2015.5—2018.10）

　　　　　　　刘　轶（2015.5—2018.10）

②空分一车间党支部领导名录（2015.5—2018.10）

　　书　　记　刘　轶（2015.5—2018.10）

（2）空分车间（2018.10—12）

①空分车间领导名录（2018.10—12）

　　主　　　任　周颜光（2018.10—12）

　　副　主　任　李永胜（2018.10—12）

　　　　　　　　刘　轶（2018.10—12）

　　　　　　　　戴庚祥（2018.10—12）

②空分车间党支部领导名录（2018.10—12）

　　书　　　记　刘　轶（2018.10—12）

4. 空分二车间（2015.5—2018.10）

截至 2015 年 5 月 5 日，空分二车间在册员工 74 人，其中女员工 47 人，党员 15 人。

空分二车间机构规格正科级。现有 1 个空分站、1 个空压站、1 个循环水、1 个换热站、1 个腈纶提升站。主要任务是为公司装置区提供工业风和氮气以及为聚丙烯区域提供采暖、伴热，为聚丙烯、聚合物扩能装置提供循环水。

2018 年 10 月，大庆炼化公司决定：撤销空分二车间机构建制，将空分二间所属空分空压联合站业务及人员划入空分车间管理。

截至 2018 年 10 月 18 日，空分二车间在册员工 72 人，其中女员工 53 人，党员 15 人。

（1）空分二车间领导名录（2015.5—2018.10）

　　主　　　任　周颜光（2015.5—2018.10）

　　副　主　任　万鹤鸣（2015.5—2018.10）

　　　　　　　　陈　亮（2015.5—2018.10）

（2）空分二车间党支部领导名录（2015.5—2018.10）

　　书　　　记　陈　亮（2015.5—2018.10）

5. 循环水车间（2015.5—2018.12）

截至 2015 年 5 月 5 日，车间在册员工 92 人，其中女员工 42 人，党员 19 人。

循环水车间机构规格正科级。有 8 个循环水站、5 个消防水站、3 个提升站，主要负责向公司各生产装置提供循环水和消防水。

2018年10月，大庆炼化公司决定：撤销空分二车间机构建制，将原空分二车间所属第四循环水场业务及人员划入循环水车间管理。

截至2018年12月31日，循环水车间在册员工119人，其中女员工70人，党员25人。

（1）循环水车间领导名录（2015.5—2018.12）

　　主　　任　陶洪文（2015.5—2018.12）

　　副主任　赵　洪（2015.5—2016.2）

　　　　　　石立民（2015.5—2018.12）

　　　　　　任海燕（2015.5—2018.12）

　　　　　　王会军（2016.2—2018.12）

　　　　　　陈　亮（2018.10—12）

（2）循环水车间党支部领导名录（2015.5—2018.12）

　　书　　记　赵　洪（2015.5—2016.2）

　　　　　　王会军（2016.2—2018.12）

6. 污水处理车间（2015.5—2018.12）

截至2015年5月5日，污水处理车间在册员工89人，其中女员工36人，党员22人。

污水处理车间机构规格正科级。有2个污水处理站、1套污水回用装置、1套三泥脱水装置，主要任务是处理炼油、聚丙烯等装置区的污水及外排。

截至2018年12月31日，污水处理车间在册员工85人，其中女员工46人，党员22人。

（1）污水处理车间领导名录（2015.5—2018.12）

　　主　　任　宋国信（2015.5—2018.11）

　　　　　　张柏祥（兼任，2018.11—12）

　　副主任　马纯武（2015.5—2016.2）

　　　　　　陈怀山（2015.5—2018.12）[①]

　　　　　　陈忠英（2015.5—2018.11）

　　　　　　朱明兴（2016.2—2017.8）

---

① 2018年12月，陈怀山退出领导岗位。

　　　　　　　肖海涛（2017.8—2018.12）

　　　　　　　宋国信（2018.11—12）

　　调　研　员　朱明兴（副科级，2017.8—2018.12）

　　（2）污水处理车间党支部领导名录（2015.5—2017.12）

　　书　　　记　马纯武（2015.5—2016.2）

　　　　　　　朱明兴（2016.2—2017.8）

　　　　　　　陈忠英（2017.8—2018.11）[①]

　　　　　　　宋国信（2018.11—12）

　　7.外网车间（2015.5—2018.12）

　　截至2015年5月5日，外网车间在册员工101人，其中女员工40人，党员18人。

　　外网车间机构规格正科级。有3个换热站、2个提升站。主要任务是为公司装置区提供采暖伴热水及回收利用站内外蒸汽凝结水。

　　2018年10月，大庆炼化公司决定：撤销空分二车间机构建制，将原空分二车间所属8号换热站业务及人员划入外网车间管理。

　　截至2018年12月31日，外网车间在册员工106人，其中女员工51人，党员17人。

　　（1）外网车间领导名录（2015.5—2018.12）

　　主　　　任　万强瑞（2015.5—2017.10）

　　　　　　　伏安林（2017.10—2018.12）

　　副　主　任　伏安林（2015.5—2017.10）

　　　　　　　沈洁光（2015.5—2018.12）

　　　　　　　吕　剑（2015.5—2018.11）

　　　　　　　万鹤鸣（2018.10—12）

　　　　　　　马纯武（2018.11—12）

　　（2）外网车间党支部领导名录（2015.5—2018.12）

　　书　　　记　吕　剑（2015.5—2018.11）

　　　　　　　马纯武（2018.11—12）

---

① 2018年11月，陈忠英退出领导岗位。

8. 水质研究所（2015.5—2018.8）

截至 2015 年 5 月 5 日，水质研究所在册员工 10 人，其中女员工 5 人，党员 6 人。

水质研究所车间机构规格正科级。主要负责含盐污水、炼油污水、化工污水、循环水等与水质相关项目的研究及水质科研攻关工作，为公司下步持续发展创造环境保障。

2018 年 8 月，大庆炼化公司决定：将动力厂水质研究所业务职能及人员（含兼任所长的副总工程师）划入研究院管理，并更名为研究院水质研究室，机构规格不变。

截至 2018 年 8 月 21 日，水质研究所在册员工 10 人，其中女员工 6 人，党员 6 人。

（1）水质研究所领导名录（2015.5—2018.8）

　　所　　　长　杨清华（黑龙江龙江，兼任，2015.5—2018.8）

　　副 所 长　苏庆峰（2015.5—2018.8）

（2）水质研究所党支部领导名录（2015.5—2018.8）

　　书　　　记　杨清华（黑龙江龙江，2015.5—2018.8）

# 第三节　机电仪厂—电仪运行中心（2014.1—2018.12）

电仪运行中心的前身是机电仪厂。机电仪厂成立于 2006 年 12 月，机构规格正处级，列二级单位序列，党组织关系隶属大庆炼化公司党委，机关办公地点在黑龙江省大庆市让胡路区马鞍山生产区。主要承担大庆炼化公司的电力系统运行，电气、仪表维护、监测、检修、技改技措、大修任务，通信系统维护，以及部分基建施工等工作，是集电、仪一体化的综合性生产技术型队伍。

截至 2014 年 1 月 1 日，机电仪厂机关设综合办公室、生产技术科、安全科。基层设电气一车间、电气二车间、电气三车间、仪表一车间、仪表二车间、仪表三车间、机械一车间、机械二车间、机械三车间、检修车间、机电维护一车间、设备监测中心 12 个基层单位，在册员工总数 1259 人，其中女员工 416 人，干部 194 人，机电仪厂党委下属 13 个党支部，其中党员 319 人。

机电仪厂党政领导班子由 9 人组成。

于国权任厂长、党委副书记，负责厂行政全面工作，协助党委书记抓好党建和思想政治工作。

孟宪杰任党委书记、副厂长，负责厂党群全面工作，负责基层建设等相关工作，协助厂长抓好全厂的生产经营。

王冀矿任党委副书记、纪委书记、工会主席，协助党委书记负责党建、群团、维护稳定等工作，分管团委、宣传、社会治安综合治理工作，主责纪检、工会工作，负责两级机关工作作风整顿工作。

史德明任副厂长、党委委员，协助厂长分管全厂节能、科技、电网及电气运行管理等工作，负责电网运行方式、临时用电管理及审批，与外部电网业务联系等工作，组织编制电网安全、稳定、优化运行的方案及电网发展规划，主责电气专业运行管理（电气运行的技术发展、管理提升和人才培养部分），对所管业务的安全环保工作负责。

王兴武任副厂长、党委委员，协助厂长分管设备管理、日常生产管理及应急情况下的全面指挥、保运服务管理、全厂包修费管理等相关工作，负责电气专业的检维修业务管理、包修费控制，全厂大修计划的编制，主责电气专业检维修管理（电气检修技术发展、管理提升和人才培养部分），对所管业务的安全环保工作负责。

何晓龙任安全总监、党委委员，协助厂长分管健康安全环境管理及QHSE 体系管理、内控、标准化监督和管理、质量管理、防汛、车辆安全和安全环保应急预案的检查监督工作，负责劳动保护用品、车辆修理、安措申报、安全隐患治理项目的立项、燃料等费用控制工作，对全厂员工安全行为直接负责。

徐林庆任副厂长、党委委员，协助厂长分管计量管理、培训、员工素质提升及与技术和技能相关的考评、考务工作，主责仪表专业全面管理（仪表专业的技术发展、管理提升和人才培养，专业内包修费控制部分），对所管业务的安全环保工作负责。

陶传志任副厂长、党委委员，协助厂长分管基建项目、经营等工作，主责机械专业全面管理（本专业的技术发展，专业化管理提升，专业人才队伍建设，专业内包修费控制、设备内外修等工作）。

张庆彬任副厂长、党委委员，协助厂长分管信息管理、企管等工作，主责设备监测和设备状态检测等专业全面管理（本专业的技术发展，专业化管理提升，专业人才队伍建设，专业内包修费控制、设备内外修等工作）。

2014年1月，大庆炼化公司决定：将机械三车间的建制、人员及所负责聚合物一厂的维修、维护等业务划归到聚合物一厂管理，同时更名为聚合物一厂机修车间，列聚合物一厂基层单位序列。

2014年2月，大庆炼化公司党委决定：免去张庆彬的机电仪厂党委委员职务。大庆炼化公司决定：免去张庆彬的机电仪厂副厂长职务。领导班子分工随之调整：

厂长、党委副书记于国权负责厂行政全面工作，主管安全环保工作，协助党委书记抓好党建和思想政治工作。

党委书记、副厂长孟宪杰负责厂党群全面工作，主管安全环保工作，主要侧重于对人的安全行为的管理工作，负责基层建设等相关工作，协助厂长抓好全厂的生产经营。

党委副书记、纪委书记、工会主席王冀矿协助党委书记负责党建、群团、维护稳定等工作，分管团委、宣传、社会治安综合治理、现场及办公环境管理检查等工作，主责纪检、工会工作，负责两级机关工作作风建设。

副厂长、党委委员史德明协助厂长分管全厂节能、科技、电网及电气运行管理等工作，负责电网运行方式、临时用电管理及审批，与外部电网业务联系等工作，组织编制电网安全、稳定、优化运行的方案及电网发展规划，主责电气专业运行管理（电气运行的技术发展、管理提升和人才培养部分），对所管业务的安全环保工作负责。

副厂长、党委委员王兴武协助厂长分管设备管理、日常生产管理及应急情况下的全面指挥、保运服务管理、全厂包修费管理等相关工作，负责电气专业的检维修业务管理、包修费控制，全厂大修计划的编制，主责电气专业检维修管理（电气检修技术发展、管理提升和人才培养部分），对所管业务的安全环保工作负责。

安全总监、党委委员何晓龙协助厂长分管健康安全环境管理及QHSE体系管理、内控、标准化监督和管理、质量管理、防汛、车辆安全和安全环保应急预案的检查监督工作，负责劳动保护用品、车辆修理、安措申报、安全隐患治理项目的立项、燃料等费用控制工作，对全厂员工安全行为直接负责。

副厂长、党委委员徐林庆协助厂长分管信息管理、计量管理、培训、员工素质提升及与技术和技能相关的考评、考务工作，主责仪表专业全面管理（仪表专业的技术发展、管理提升和人才培养，专业内包修费控制部分），对所管业务的安全环保工作负责。

副厂长、党委委员陶传志协助厂长分管基建项目、企管、规划计划、经营、绩效考核、效益工资考核等工作，主责机械和设备监测专业全面管理（机械、设备监测专业的技术发展、管理提升和人才培养，专业内包修费控制部分），负责大机组特护工作，对所管业务的安全环保工作负责。

2014年7月，炼化公司电话站业务调整，由信息中心调整至机电仪厂。

2014年10月，大庆炼化公司党委决定：免去何晓龙的大庆炼化公司机电仪厂党委委员职务。大庆炼化公司决定：史德明兼任大庆炼化公司机电仪厂安全总监；免去何晓龙的大庆炼化公司机电仪厂安全总监职务。史德明负责原安全总监何晓龙分管的安全监督管理等工作。

2015年2月，大庆炼化公司党委决定：齐文浩任大庆炼化公司机电仪厂党委书记；孟宪杰任大庆炼化公司机电仪厂党委副书记；免去孟宪杰的大庆炼化公司机电仪厂党委书记职务；免去于国权的大庆炼化公司机电仪厂党委副书记、党委委员职务。大庆炼化公司决定：孟宪杰任大庆炼化公司机电仪厂厂长；免去于国权的大庆炼化公司机电仪厂厂长职务；齐文浩任大庆炼化公司机电仪厂副厂长；免去孟宪杰的大庆炼化公司机电仪厂副厂长职务。孟宪杰负责原厂长于国权的厂行政全面工作。齐文浩负责原党委书记、孟宪杰的厂党群全面工作。

2015年3月，对领导班子分工进行调整：

厂长、党委副书记孟宪杰负责厂行政全面工作，主管安全环保工作，协助党委书记抓好党建和思想政治工作。

党委书记、副厂长齐文浩负责厂党群全面工作，主管安全环保工作，主要侧重于对人的安全行为的管理工作，负责员工行为标准化建设等相关工作，协助厂长抓好全厂的生产经营。

党委副书记、纪委书记、工会主席王冀矿协助党委书记负责党建、群团、综治、维稳、员工行为标准化等工作，分管团委、宣传、现场标准化、两级机关工作作风及劳动纪律管理等工作，主责纪检和工会工作。

副厂长、安全总监、党委委员史德明协助厂长分管 QHSE 体系管理、内控、节能、通信、电网及电气运行、绩效考核等工作，主责电气专业运行管理和全厂安全监督，负责劳动保护用品、安措申报、安全隐患治理项目立项、零修、电网发展规划及电网业务联系等工作，对所管业务的标准化建设及安全环保工作负责。

副厂长、党委委员王兴武协助厂长分管设备管理、日常生产维护管理及应急情况下的全面指挥、保运服务、计量、防汛、全厂包修费管理、效益工资考核等工作，主责全厂检维修管理、包修费控制、外委修理、全厂大修计划的编制与实施、大机组特护等工作，对所管业务的标准化建设及安全环保工作负责。

副厂长、党委委员徐林庆协助厂长分管质量、科技、信息、企管、规划计划、培训、技改项目立项申报、零购等工作，主责员工素质提升及与技术和技能相关的考评、考务等工作，对所管业务的标准化建设及安全环保工作负责。

副厂长、党委委员陶传志协助厂长分管技改、安措项目实施、基建项目、经营等工作，主责内部修理、特种设备、车辆修理、机物料、燃料费用控制等工作，对所管业务的标准化建设及安全环保工作负责。

2015 年 4 月，大庆炼化公司决定：机电维护一车间负责聚丙烯厂机械、仪表的维修、维护等业务的职能、人员（包括车间班子）和机构建制划入聚丙烯厂管理。将原机电维护一车间的电气业务职能、人员留机电仪厂，划入电气三车间管理；负责动力一厂的机械、仪表的维修维护等业务职能留机电仪厂管理。检修车间负责聚丙烯厂分析仪表业务、职能和人员划入聚丙烯厂管理。

2016 年 1 月，大庆炼化公司决定：在机电仪厂设备监测中心已有业务的基础上，将设备监测中心更名成立设备及控制技术研究所，列机电仪厂基层单位序列。主要职能是围绕电气、仪表、机械专业及其控制技术进行创新、改进；负责机电一体化技术的研究、应用和推广；负责设备腐蚀与防护专项研究；负责设备节能方面的研究；负责设备监测、检测技术应用和研究。

2016年5月19日，中共大庆炼化公司机电仪厂召开第二次代表大会，74名党员代表参加会议。会议选举产生中共大庆炼化公司机电仪厂第十二届委员会，由王兴武、王冀矿、史德明、齐文浩、孟宪杰、徐林庆、陶传志7人组成（以姓氏笔画为序），齐文浩为党委书记，孟宪杰、王冀矿为党委副书记。选举产生中共大庆炼化公司机电仪厂纪律检查委员会，由王兰、王冀矿、刘柏岩、李东明、曾庆东5人组成（以姓氏笔画为序），王冀矿为纪委书记。

2016年8月，中共大庆炼化公司机电仪厂委员会对11个党支部选举结果进行批复。中共机电仪厂机关支部委员会由徐洪、刘民、朱庆、王建民、李庆富5人组成，徐洪任书记；中共机电仪厂电气一车间支部委员会由李福林、陈凡民、韩景艳3人组成，李福林同志任书记；中共机电仪厂电气二车间支部委员会由黄讯、班兴卫、刘剑航3人组成，黄讯任书记；中共机电仪厂电气三车间支部委员会由张兴威、王浩峰、杜英红、刘松涛、王玮琦5人组成，张兴威任书记；中共机电仪厂仪表一车间支部委员会由曹江、杨利丰、吕跃有3人组成，曹江任书记；中共机电仪厂仪表二车间支部委员会由李秀霞、张卫东、刘清源3人组成，李秀霞任书记；中共机电仪厂仪表三车间支部委员会由李东明、张玉敏、裴宇鑫3人组成，李东明任书记；中共机电仪厂机械一车间支部委员会由张忠梅、林德峰、彭刚3人组成，张忠梅任书记；中共机电仪厂机械二车间支部委员会由王兰、张洪韬、刘久城3人组成，王兰任书记；中共机电仪厂检修车间支部委员会由刘柏岩、刘建峰、贾晓利、刘成、董伟5人组成，刘柏岩任书记；中共机电仪厂设备及控制技术研究所支部委员会由徐明欣、王刚、杨春3人组成，徐明欣任书记。

2017年7月，大庆炼化公司决定：将聚丙烯厂控制车间的职能、人员和机构建制划入机电仪厂管理，同时更名为机电仪厂机电运行车间，列机电仪厂基层单位序列，机构规格不变。

2017年8月，大庆炼化公司党委决定：胡宪敏任大庆炼化公司机电仪厂党委委员；免去徐林庆的大庆炼化公司机电仪厂党委委员职务。大庆炼化公司决定：胡宪敏任大庆炼化公司机电仪厂副厂长；免去徐林庆的大庆炼化公司机电仪厂副厂长职务。胡宪敏负责原副厂长徐林庆分管的质量、科技、信息、企管、规划计划、培训、技改项目立项申报、零购等工作。

2018年8月，大庆炼化公司党委决定：王兴武任大庆炼化公司机电仪厂党委书记；免去齐文浩的大庆炼化公司机电仪厂党委委员职务；免去陶传志的大庆炼化公司机电仪厂党委书记职务。大庆炼化公司决定：王兴武任大庆炼化公司机电仪厂副厂长；免去陶传志的大庆炼化公司机电仪厂副厂长职务；免去齐文浩的大庆炼化公司机电仪厂副厂长职务。王兴武负责原党委书记、副厂长齐文浩厂党群全面工作。

2018年9月，对领导班子分工进行调整：

厂长、党委副书记孟宪杰，负责厂行政全面工作，主管安全环保工作，绩效考核工作，协助党委书记抓好党建和思想政治工作。

党委书记、副厂长王兴武，负责厂党群全面工作，主管安全环保工作，主要侧重于对人的安全行为的管理工作，负责员工行为标准化建设等相关工作，协助厂长抓好全厂的生产经营。

党委副书记、纪委书记、工会主席王冀矿，协助党委书记负责党建，群团，综治，维稳，员工行为标准化等工作，分管团委、宣传、现场标准化建设、两级机关工作作风及劳动纪律管理等工作，主责纪检和工会工作。

副厂长、安全总监、党委委员史德明，协助厂长分管电网及电气运行，节能等工作，主责全厂安全监督，电气专业运行管理，HSE标准化建设，标准化变配电间建设，劳动保护用品费用管理，安全项目申报立项，零修，电网规划及业务联系等工作，对所管业务及承包单位的党风廉政建设，标准化建设，安全环保工作负责。

副厂长、党委委员胡宪敏，协助厂长分管生产维护管理的统筹、协调，设备管理，计量，防汛，全厂包修费管理，生产运行管理体系，奖金考核等工作，主责全厂检维修管理，包修费管理，全厂检修、大修计划的编制与实施，大机组特护及标准化机柜间，仪表专业技术管理，仪表作业标准化建设，机械专业设备管理，技术管理，生产管理，机械作业标准化建设等工作，对所管业务及承包单位的党风廉政建设，标准化建设，安全环保工作负责。

2018年12月，大庆炼化公司对机电仪厂职能、机构及人员进行调整。

机构更名为电仪运行中心，更名后机构规格、隶属关系不变。将原机电仪厂负责的动设备运行维护、检维修作业职能划入检维修厂管理，同时在检维修厂增加对外部检维修、防腐保温、土建等施工队伍的管理职能，未调整的其他职能保持原职能不变。将原机电仪厂机电运行车间动设备运行维护、检维修作业职能及人员划入机械二车间管理。将原机电仪厂机械一车间机构、职能及人员划入检维修厂管理，列检维修厂基层单位，机构规格不变。将原机电仪厂机械二车间机构、职能及人员划入检维修厂管理，列检维修厂基层单位，机构规格不变。将原机电仪厂机关 2 名机械工程师及职责划入检维修厂生产办公室管理。以上涉及调整业务的人员按照人随业务走的原则一并进行调整。

2018 年 12 月，大庆炼化公司党委决定：王兴武任大庆炼化公司电仪运行中心党委书记；免去王兴武的大庆炼化公司机电仪厂党委书记、委员职务；孟宪杰任大庆炼化公司电仪运行中心党委副书记；免去孟宪杰的大庆炼化公司机电仪厂党委副书记、委员职务；王冀矿任大庆炼化公司电仪运行中心党委副书记、纪委书记、工会主席；免去王冀矿的大庆炼化公司机电仪厂党委副书记、委员、纪委书记、工会主席职务；史德明任大庆炼化公司电仪运行中心党委委员；胡宪敏任大庆炼化公司电仪运行中心党委委员；免去史德明的大庆炼化公司机电仪厂党委委员职务；免去胡宪敏的大庆炼化公司机电仪厂党委委员职务。大庆炼化公司决定：孟宪杰任大庆炼化公司电仪运行中心主任；免去孟宪杰的大庆炼化公司机电仪厂厂长职务；王兴武任大庆炼化公司电仪运行中心副主任；免去王兴武的大庆炼化公司机电仪厂副厂长职务；史德明任大庆炼化公司电仪运行中心副主任、安全总监；免去史德明的大庆炼化公司机电仪厂副厂长、安全总监职务；胡宪敏任大庆炼化公司电仪运行中心副主任；免去胡宪敏的大庆炼化公司机电仪厂副厂长职务。

截至 2018 年 12 月 31 日，电仪运行中心机关设有综合办公室、生产技术科、安全科，下辖电气一车间、电气二车间、电气三车间、电气四车间、仪表一车间、仪表二车间、仪表三车间、电仪运行车间、设备及控制技术研究所，共 9 个基层单位。电仪运行中心在册员工 835 人，其中干部 160 人，女员工 327 人。电仪运行中心党委下属 10 个党支部，共有党员 237 人。电仪运行中心主要承担大庆炼化公司的电力系统运行，电气、仪表维护、监测、检修、技改技措、大修任务，通信系统维护，以及部分基建施工等工作，是集电、仪一体化的综合性生产技术型队伍。

电仪运行中心行政领导班子由4人组成：孟宪杰任厂长，王兴武、史德明、胡宪敏任副厂长，史德明任安全总监。电仪运行中心党委由5人组成：王兴武任书记，孟宪杰、王冀矿任副书记，史德明、胡宪敏任委员。王冀矿任纪委书记。王冀矿任工会主席。领导班子分工如下：

主任、副书记孟宪杰负责中心行政全面工作，主管安全环保工作，绩效考核工作，协助党委书记抓好党建和思想政治工作。

党委书记、副主任王兴武负责中心党群全面工作，主管安全环保工作，主要侧重于对人的安全行为的管理工作，负责员工行为标准化建设等相关工作，协助主任抓好全中心的生产经营。

党委副书记、纪委书记、工会主席王冀矿协助党委书记负责党建，群团，综治，维稳，员工行为标准化等工作，分管团委、宣传、现场标准化建设、两级机关工作作风及劳动纪律管理等工作，主责纪检和工会工作。

副主任、安全总监、党委委员史德明协助主任分管电网及电气运行，节能等工作，主责全中心安全监督，电气专业运行管理，HSE标准化建设，标准化变配电间建设，劳动保护用品费用管理，安全项目申报立项，零修，电网规划及业务联系等工作，对所管业务及承包单位的党风廉政建设，标准化建设，安全环保工作负责。

副主任、党委委员胡宪敏协助主任分管生产维护管理的统筹、协调，设备管理，计量，防汛，全中心包修费管理，生产运行管理体系，奖金考核等工作，主责全中心检维修管理，包修费管理，全中心检修、大修计划的编制与实施，大机组特护及标准化机柜间，仪表专业技术管理，仪表作业标准化建设，机械专业设备管理，技术管理，生产管理，机械作业标准化建设等工作，对所管业务及承包单位的党风廉政建设，标准化建设，安全环保工作负责。

2014年至2018年，电仪运行中心模拟市场经营工作不断深入，深挖降本增效空间，累计超额完成利润9179.23万元。设备管理上通过新技术新设备应用和单一回路检修等有效手段，逐步加强预知管理，累计完成单一回路检修17042条，使设备故障率呈现逐年下降趋势。安全管理上各类安全培训累计 4820 人次，纠正现场违章和不安全行为 3687 次，检查各种低标准隐患问题 3111 项，应急演练 6090 次，通过加强安全管控，实现了近年安全生产无事故。装置检修上累计完成检修项目 21130 项，施工项目 385 项，解决重点难点设备 138 台套，检维修作业严格执行单项作业标准化 5 个环节的要求，保证作业安全、规范和质量，为装置检修开车成功提供坚实保证。技术创新上近年共开展技术创新项目、合理化建议 612 项，其中"二套 ARGG 烟机转子轮盘侧吊装卡具"已获国家专利，自主研发的抽屉柜动触头测温系统并广泛应用，首次实现了双光差、双后备保护装置运行方式，提高了 110 千伏系统运行可靠性，以上创新解决了大量困扰生产的疑难问题。群团工作上，两级工会共走访慰问病困员工 1075 人次，发放慰问金 94.3 万元，为 4690 人发放了 539.05 万元健康疗养金，有效开展跳绳赛、拔河赛、健步走等集体性体育活动，通过群团工作的顺利开展，实现了员工队伍和谐稳定的良好局面。

一、机电仪厂—电仪运行中心（2014.1—2018.12）

（一）机电仪厂行政领导名录（2014.1—2018.12）

厂　　　长　于国权（2014.1—2015.2）

孟宪杰（2015.2—2018.12）

副　厂　长　孟宪杰（2014.1—2015.2）

史德明（2014.1—2018.12）

王兴武（2014.1—2018.12）

徐林庆（2014.1—2017.8）

陶传志（2014.1—2018.8）

张庆彬（2014.1—2）

齐文浩（2015.2—2018.8）

胡宪敏（2017.8—2018.12）

安 全 总 监　何晓龙（2014.1—10）

史德明（兼任，2014.10—2018.12）

副总工程师　孙庆楠（2014.1—2018.12）

陈荣海（2014.1—2017.7）

胡宪敏（2014.1—2017.8）

调　研　员　陈荣海（正科级，2017.7—2018.12）

（二）电仪运行中心行政领导名录（2018.12）

主　　　任　孟宪杰（2018.12）

副　主　任　王兴武（2018.12）

史德明（2018.12）

胡宪敏（2018.12）

安　全　总　监　史德明（兼任，2018.12）

副总工程师　孙庆楠（2018.12）

## 二、机电仪厂—电仪运行中心党委（2014.1—2018.12）

（一）机电仪厂党委领导名录（2014.1—2018.12）

书　　　记　孟宪杰（2014.1—2015.2）

齐文浩（2015.2—2018.8）

王兴武（2018.8—12）

副　书　记　于国权（2014.1—2015.2）

王冀矿（2014.1—2018.12）

孟宪杰（2015.2—2018.12）

委　　　员　于国权（2014.1—2015.2）

孟宪杰（2014.1—2018.12）

王冀矿（2014.1—2018.12）

史德明（2014.1—2018.12）

王兴武（2014.1—2018.12）

何晓龙（2014.1—10）

徐林庆（2014.1—2017.8）

陶传志（2014.1—2018.8）

张庆彬（2014.1—2）

齐文浩（2015.2—2018.8）

胡宪敏（2017.8—2018.12）

（二）电仪运行中心党委领导名录（2018.12）

书　　　记　王兴武（2018.12）

副　书　记　王冀矿（2018.12）

孟宪杰（2018.12）

委　　　员　孟宪杰（2018.12）

王冀矿（2018.12）

史德明（2018.12）

王兴武（2018.12）

胡宪敏（2018.12）

三、机电仪厂—电仪运行中心纪委（2014.1—2018.12）

（一）机电仪厂纪委领导名录（2014.1—2018.12）

书　　　记　王冀矿（2014.1—2018.12）

委　　　员　王冀矿（2014.1—2018.12）

王　兰（女，2014.1—2018.12）

刘柏岩（2014.1—2018.12）

李东明（2014.1—2018.12）

徐　洪（2014.1—2016.5）

曾庆东（2016.5—2018.12）

（二）电仪运行中心纪委领导名录（2018.12）

书　　　记　王冀矿（2018.12）

委　　　员　王冀矿（2018.12）

王　兰（2018.12）

刘柏岩（2018.12）

李东明（2018.12）

曾庆东（2018.12）

四、机电仪厂—电仪运行中心工会（2014.1—2018.12）

（一）机电仪厂工会领导名录（2014.1—2018.12）

主　　　席　王冀矿（2014.1—2018.12）

**（二）电仪运行中心工会领导名录（2018.12）**

主　　　席　王冀矿（2018.12）

**五、所属机关科级单位**

截至 2013 年 12 月 31 日，机电仪厂机关设综合办公室、生产技术科、安全科，机构规格均为正科级，生产技术科下设调度室。在册员工 50 人，其中女员工 9 人，党员 39 人。

综合办公室主要负责组织、纪检、综治、维稳、宣传、工会、共青团、人事劳资、经营、干部管理、房产、计划生育、培训、基层建设等工作；生产技术科主要负责厂生产管理、技术管理、保运服务满意度等工作，解决生产中出现的重大问题，对厂生产、设备、质量、计量管理工作进行指导、监督，组织对内、对外技术交流，对厂所属设备、工机具的维护、保养等工作；安全科主要负责厂 QHSE 体系运行管理，环境保护管理，组织环境因素评价，作业许可预申报审核，消防器材和安全装备等计划申报，安全隐患排查、项目申报和组织厂安保项目实施，安全事故、小伤害、小事件管理，厂内部车辆交通安全管理等工作。

2017 年 8 月，机关党支部召开党员大会，补选吕佳鑫为支部委员。党支部委员会由王兰、刘民、朱庆、王建民、吕佳鑫 5 人组成。

截至 2018 年 12 月 31 日，电仪运行中心机关在册员工 38 人，其中女员工 10 人，党员 23 人。

**（一）综合办公室领导名录（2014.1—2018.12）**

主　　任　刘　民（2014.1—2018.12）

副 主 任　李秀霞（女，2014.1—8）

　　　　　　李庆富（女，2014.10—2016.12）

　　　　　　王　兰（2016.12—2018.12）

党委组织员　李秀霞（2014.1—8）[①]

　　　　　　李庆富（2014.10—2016.12）

　　　　　　王　兰（2016.12—2018.12）

---

① 2014 年 8 月至 10 月期间，党委组织员空缺。

正科级干部　曾庆东（满族，2014.11—2016.12）

徐　洪（2016.2—2017.7）

张兴威（2016.12—2017.7）

**（二）生产技术科领导名录（2014.1—2018.12）**

科　　　长　孙钦刚（2014.1—5）

朱　庆（2014.5—2018.12）

副　科　长　许兰波（2014.1—2017.8）

张云亭（2014.1—5）

徐明欣（2014.5—2016.2）

李淑杰（女，2016.2—2018.12）

张树田（2017.8—2018.12）

**（三）安全科领导名录（2014.1—2018.12）**

科　　　长　王建民（2014.1—2018.12）

**（四）机关党支部领导名录（2014.1—2018.12）**

书　　　记　刘　民（2014.1—2016.2）

徐　洪（2016.2—2017.7）

王　兰（2017.7—2018.12）

**六、基层科级单位**

**（一）电气一车间（2014.1—2018.12）**

截至 2014 年 1 月 1 日，电气一车间机构规格正科级，在册员工 93 人，其中党员 22 人。电气一车间主要负责炼油一厂、储运厂、动力一厂等装置高、低压电气设备的运行、检修和维护等工作任务。截至 2018 年 12 月 31 日，电气一车间在册员工 75 人，其中党员 22 人。

1. 电气一车间领导名录（2014.1—2018.12）

主　　　任　陈凡民（2014.1—2018.12）

副　主　任　刘　成（2014.1—5）

韩景艳（女，2014.5—2018.12）

张云亭（2014.5—2018.12）

李福林（2015.9—2018.12）

2. 电气一车间党支部领导名录（2014.1—2018.12）

书　　记　黄　讯（2014.1—2015.9）

李福林（2015.9—2018.12）

**（二）电气二车间（2014.1—2018.12）**

截至 2014 年 1 月 1 日，电气二车间机构规格正科级，在册员工 106 人，其中党员 18 人。主要负责炼油二厂、润滑油厂、动力一厂和聚合物二厂等装置高、低压电气设备的运行、检修和维护等工作任务。截至 2018 年 12 月 31 日，车间在册员工总数 98 人，其中党员 22 人。

1. 电气二车间领导名录（2014.1—2018.12）

主　　　任　班兴卫（2014.1—2018.12）

副　主　任　王浩峰（2014.1—2015.9）

李淑杰（2014.1—2016.2）

刘剑航（2014.1—2017.10）

黄　讯（2015.9—2017.7）

马　骥（2016.2—2018.12）

徐　洪（2017.7—2018.12）

李　明（2018.9—12）

2. 电气二车间党支部领导名录（2014.1—2018.12）

书　　记　王浩峰（2014.1—2015.9）

黄　讯（2015.9—2017.7）

徐　洪（2017.7—2018.12）

调　研　员　黄　讯（正科级，2017.7—2018.12）

刘剑航（副科级，2017.10—2018.12）

**（三）电气三车间（2014.1—2018.12）**

截至 2014 年 1 月 1 日，电气三车间机构规格正科级，在册员工 110 人，其中党员 22 人。主要负责聚合物一厂、储运厂、动力一厂等装置高、低压电气设备的运行、检修和维护等工作任务。截至 2018 年 12 月 31 日，车间在册员工总数 102 人，其中党员 26 人。

1. 电气三车间领导名录（2014.1—2018.12）

主　　任　李福林（2014.1—2015.9）

王浩峰（2015.9—2018.12）

副 主 任　杜英红（女，2014.1—2018.12）

刘松涛（2014.1—2018.12）

王玮琦（女，2015.5—2017.7）

张兴威（2015.9—2016.12）

曾庆东（2016.12—2018.12）

孙安民（2017.7—12）

2. 电气三车间党支部领导名录（2014.1—2018.12）

书　　记　张兴威（2014.1—2016.12）

曾庆东（2016.12—2018.12）

**（四）仪表一车间（2014.1—2018.12）**

截至 2014 年 1 月 1 日，仪表一车间机构规格正科级，在册员工 95 人，其中党员 16 人。主要负责炼油一厂、炼油二厂、动力厂、储运厂等部分生产装置仪表设备的日常维护、检修和大修等工作任务。2014 年 7 月，炼化公司电话站业务调整，由信息中心调整至机电仪厂。截至 2018 年 12 月 31 日，车间在册员工总数 113 人，其中党员 29 人。

1. 仪表一车间领导名录（2014.1—2018.12）

主　　任　杨利丰（2014.1—2016.8）①

张卫东（2016.8—2018.12）

副 主 任　曹　江（2014.1—2017.7）

吕跃有（2014.1—2018.12）

张兴威（2017.7—2018.12）

**电话站站长**　赵新龙（2014.7—2017.7）

调 研 员　曹　江（正科级，2017.7—2018.12）

赵新龙（正科级，2017.7—2018.12）

---

① 2016 年 8 月，杨利丰辞职。

2. 仪表一车间党支部领导名录（2014.1—2018.12）

书　　　记　曹　江（2014.1—2017.7）

张兴威（2017.7—2018.12）

**（五）仪表二车间（2014.1—2018.12）**

截至 2014 年 1 月 1 日，仪表二车间机构规格正科级，在册员工 94 人，其中党员 24 人。主要负责炼油二厂、润滑油厂、动力一厂五循等装置仪表设备的日常维护、检修及大修等工作任务。截至 2018 年 12 月 31 日，车间在册员工总数 76 人，其中党员 23 人。

1. 仪表二车间领导名录（2014.1—2018.12）

主　　　任　张卫东（2014.1—2016.8）[①]

刘清源（2016.12—2018.12）

副　主　任　刘清源（2014.1—2016.12）

王立臣（2014.1—8）

刘建宇（2014.7—2018.12）

李秀霞（2014.8—2018.12）

叶中华（2016.12—2018.12）

2. 仪表二车间党支部领导名录（2014.1—2018.12）

书　　　记　王立臣（2014.1—8）

李秀霞（副科级，2014.8—2015.3；2015.3—2018.12）

调　研　员　吴守志（正科级，2014.1—2015.9）

王立臣（正科级，2014.8—2017.7）

**（六）仪表三车间（2014.1—2018.12）**

截至 2014 年 1 月 1 日，仪表三车间机构规格正科级，在册员工 94 人，其中党员 20 人。主要负责聚合物一厂、动力厂等装置仪表设备的日常维护、检修及大修等工作任务。截至 2018 年 12 月 31 日，在册员工总数 80 人，其中党员 21 人。

1. 仪表三车间领导名录（2014.1—2018.12）

主　　　任　张玉敏（女，2014.1—2017.8）

---

① 2016 年 8 月至 12 月期间，仪表二车间主任空缺。

许兰波（2017.8—2018.12）

**副 主 任**　刘建宇（2014.1—7）

李东明（2014.1—2018.12）

裴宇鑫（2015.3—2018.12）

2.仪表三车间党支部领导名录（2014.1—2018.12）

**书　　　记**　李东明（2014.1—2018.12）

**调 研 员**　张玉敏（正科级，2017.8—2018.12）

**（七）机械一车间（2014.1—2018.12）**

截至 2014 年 1 月 1 日，机械一车间机构规格正科级，在册员工 102 人，其中党员 25 人。主要负责炼油一厂、炼油二厂、润滑油厂、储运厂等 16 套装置转动设备的维护、检维修等工作任务及部分工程施工任务。

2018 年 12 月，机械一车间机构、职能及人员划入检维修厂管理，列检维修厂基层单位，机构规格不变。

截至 2018 年 12 月 27 日，车间在册员工总数 85 人，其中党员 26 人。

1.机械一车间领导名录（2014.1—2018.12）

**主　　　任**　林德峰（2014.1—3；2015.6—2018.12）①

**副 主 任**　彭　刚（2014.1—2018.12）

马力军（回族，2014.1—2018.12）

张忠梅（女，2015.9—2018.12）

2.机械一车间党支部领导名录（2014.1—2018.12）

**书　　　记**　张忠梅（2014.1—2018.12）

**（八）机械二车间（2014.1—2018.12）**

截至 2014 年 1 月 1 日，机械二车间机构规格正科级，在册员工 84 人，其中党员 25 人。主要负责炼油二厂、润滑油厂、动力一厂和储运厂等 20 套生产装置转动设备的日常维护、检修及部分设备大修等工作任务。

2018 年 12 月，机械一车间机构、职能及人员划入检维修厂管理，列检维修厂基层单位，机构规格不变。

截至 2018 年 12 月 27 日，车间在册员工总数 72 人，其中党员 21 人。

---

① 2014 年 3 月至 2015 年 6 月期间，机械一车间主任空缺。

1. 机械二车间领导名录（2014.1—2018.12）

主　　任　张　伟（2014.1—3）

　　　　　林德峰（2014.3—2015.6）[①]

　　　　　张洪韬（2015.9—2018.12）

副　主　任　张树全（2014.1—2017.8）[②]

　　　　　王　兰（2014.1—2016.12）

　　　　　张洪韬（2015.6—9）

　　　　　李庆富（女，2016.12—2018.12）

　　　　　刘久城（2018.9—12）

2. 机械二车间党支部领导名录（2014.1—2018.12）

书　　记　王　兰（2014.1—2016.12）

　　　　　李庆富（2016.12—2018.12）

## （九）机械三车间（2014.1）

截至 2014 年 1 月 1 日，机械三车间机构规格正科级，在册员工 110 人，其中党员 25 人。主要负责聚合物一厂聚丙烯酰胺及扩能装置共 18 条生产线、900 台机械设备的检修和维护等工作任务。

2014 年 1 月，大庆炼化公司决定：将机电仪厂机械三车间划归聚合物一厂管理。

2014 年 3 月，机电仪厂党政领导班子联席会议研究决定解聘王保庆、曲淑艳、李颖、张洪韬的职务。

截至 2014 年 1 月 24 日，车间在册员工总数 119 人，其中党员 21 人。

1. 机械三车间领导名录（2014.1—3）

主　　任　王保庆（2014.1—3）

副　主　任　曲淑艳（女，2014.1—3）

　　　　　李　颖（女，2014.1—3）

　　　　　张洪韬（2014.1—3）

2. 机械三车间党支部领导名录（2014.1—3）

书　　记　曲淑艳（2014.1—3）

---

① 2015 年 6 月至 9 月期间，机械二车间主任空缺。

② 2017 年 8 月，张树全辞职。

**（十）机电维护一车间（2014.1—2015.4）**

截至2014年1月1日，机电维护一车间机构规格正科级，在册员工147人，其中党员32人。主要负责聚丙烯厂、动力一厂空分二车间机电仪设备的运行、维护、抢修、检修和技改技措等工作任务。2015年4月，机电维护一车间机仪人员、所维护仪表设备及机仪设备的运行、维护、抢修、检修和技改技措等工作任务划归聚丙烯厂管理。截至2015年4月2日，在册员工总数139人，其中党员31人。

1. 机电维护一车间领导名录（2014.1—2015.4）

主　　任　徐明欣（2014.1—5）

　　　　　孙钦刚（2014.5—2015.4）

副 主 任　王　兵（2014.1—2015.4）

　　　　　李　军（2014.1—2015.4）

　　　　　孙安民（2014.1—2015.4）

2. 机电维护一车间党支部领导名录（2014.1—2015.4）

书　　记　王　兵（2014.1—2015.4）

**（十一）机电运行车间—电仪运行车间（2017.7—2018.12）**

2017年7月，公司将聚丙烯厂控制车间人员、所维护仪表设备及聚丙烯厂机仪设备的运行、维护、抢修、检修和技改技措等工作任务划归机电仪厂，按机电仪厂车间进行管理，成立机电运行车间，机构规格正科级。主要负责聚丙烯厂、聚合物二厂电气、动力厂空分二车间生产装置的日常维护、检修和部分装置大修等工作。

2018年12月，大庆炼化公司决定：将机电运行车间更名为电仪运行车间。

截至2018年12月31日，车间在册员工总数112人，其中党员24人。

1. 机电运行车间（2017.7—2018.12）

（1）机电运行车间领导名录（2017.7—2018.12）

主　　任　孙钦刚（2017.7—2018.12）

副 主 任　王　兵（2017.7—2018.12）

　　　　　李　军（2017.7—2018.12）

　　　　　王玮琦（2017.7—2018.12）

（2）机电运行车间党支部领导名录（2017.7—2018.12）

　书　　记　王　兵（2017.7—2018.12）

2.电仪运行车间（2018.12）

（1）电仪运行车间领导名录（2018.12）

　主　　　任　孙钦刚（2018.12）

　副　主　任　王　兵（2018.12）

　　　　　　　李　军（2018.12）

　　　　　　　王玮琦（2018.12）

（2）电仪运行车间党支部领导名录（2018.12）

　书　　记　王　兵（2018.12）

**（十二）检修车间—电气四车间（2014.1—2018.12）**

截至2014年1月1日，检修车间机构规格正科级，在册员工148人，其中党员41人。主要负责马鞍山生产区1001面高压开关柜、260台变压器、294台高压电动机、113台UPS、13台EPS、69面低压开关柜、37面直流屏、46座灯塔、969盏路灯等设备检维修工作和低压电机、空调修理、轴承检测等工作任务。

2018年12月，大庆炼化公司决定：将检修车间更名为电气四车间。

截至2018年12月31日，在册员工总数95人，其中党员29人。

1.检修车间（2014.1—2018.12）

（1）检修车间领导名录（2014.1—2018.12）

　主　　　任　朱庆（2014.1—5）[①]

　　　　　　　刘建峰（2014.10—2018.12）

　副　主　任　刘柏岩（2014.1—2018.12）

　　　　　　　刘建峰（2014.1—10）

　　　　　　　贾晓利（2014.1—2018.12）

　　　　　　　刘　成（2014.1—2018.12）

（2）检修车间党支部领导名录（2014.1—2018.12）

　书　　记　刘柏岩（2014.1—2018.12）

---

① 2014年5月至10月期间，检修车间主任空缺，副主任刘建峰主持工作。

2. 电气四车间（2018.12）

（1）电气四车间领导名录（2018.12）

主　　任　刘建峰（2018.12）

副 主 任　刘柏岩（2018.12）

　　　　　刘　成（2018.12）

（2）电气四车间党支部领导名录（2018.12）

书　　记　刘柏岩（2018.12）

**（十三）设备监测中心—设备及控制技术研究所（2014.1—2018.12）**

截至2014年1月1日，设备监测中心机构规格正科级，在册员工26人，其中党员10人。

设备监测中心主要负责公司级特护机组、关键机泵等的状态监测与故障诊断；关键塔器、加热炉的红外热像监测；公司装置重要设备及管道腐蚀在线监测，高温定点测厚工作；生产装置有待确认合金钢材料的材质定性检测。

2016年1月，大庆炼化公司决定：将设备监测中心更名为设备及控制技术研究所。

截至2018年12月31日，设备及控制技术研究所在册员工46人，其中党员18人。

1. 设备监测中心（2014.1—2016.1）

（1）设备监测中心领导名录（2014.1—2016.1）

主　　任　王　刚（2014.1—2016.1）

副 主 任　徐　洪（2015.9—2016.1）

（2）设备监测中心党支部领导名录（2014.1—2016.1）

书　　记　徐　洪（2014.1—2016.1）

2. 设备及控制技术研究所（2016.1—2018.12）[①]

（1）设备及控制技术研究所领导名录（2016.1—2018.12）

所　　长　王　刚（2016.2—2018.12）

副 所 长　徐明欣（2016.2—2018.12）

---

① 2016年2月，正式任命设备及控制技术研究所领导人员。

（2）设备及控制技术研究所党支部领导名录（2016.1—2018.12）

书　　记　徐明欣（2016.2—2018.12）

# 第四节　检维修厂—检维修中心
## （2014.1—2018.12）

检维修中心的前身是检维修厂。检维修厂成立于 2006 年 12 月 22 日，机构规格正处级，列为二级单位序列，党组织关系隶属大庆炼化公司党委，机关办公地点在黑龙江省大庆市让胡路区马鞍山。主要负责公司装置动静设备维护、检修和部分技改、技措、项目施工任务。

截至 2014 年 1 月 1 日，检维修厂机关设综合办公室和生产办公室，基层设检维修一车间、检维修二车间、检维修三车间和工装车间。在册员工 392 人，其中女员工 47 人。检维修厂党委下属 5 个党支部，共有党员 96 人。

检维修厂党政领导班子由 6 人组成。孔凡更任厂长、党委副书记，负责厂行政的全面工作，负责人事劳资、干部、奖金、核算、效益工资及绩效考核、经营管理和各项费用的审批工作，协助厂党委书记抓好党建和思想政治工作。贾洪生任党委书记、副厂长，负责厂党群全面工作，负责党建工作、宣传工作、企业文化建设、思想政治工作，协助厂长抓好生产经营工作。王巍任副厂长、党委委员，负责协助厂长抓好制度、流程、管理提升工作，负责预结算、业务开展拓展、经营管理工作，负责固定资产管理工作，负责自用设备、机具申报、购置、协调工作，负责自用设备、机具维修、保养等管理工作，负责内控、节能、计量器具的管理工作。申昌日任副厂长、党委委员，负责协助厂长抓好生产维护、大修、技改技措、安保等项目协调工作，负责生产的质量管理，负责施工方案的审批工作，负责生产用吊车调配工作，协助厂长抓好奖金考核、劳动纪律管理，协助厂长抓好厂安全环保工作，负责安全设施和劳保用品的申报审核工作，负责 QHSE 管理体系的全面工作。王立波任总工程师、党委委员，负责协助厂长抓好技术工作，负责员工培训工作，协助生产副厂长抓好编制作业规程和设备副厂长编制自用设备操作规程工作，并负责培训工作，负责员工技能鉴定和技师评聘工作。

房实颖任党委副书记、纪委书记、工会主席，负责厂纪委工作、工会工作，负责信访维稳保密、治安保卫、综合治理、共青团等工作，协助厂党委书记抓好厂宣传工作、企业文化工作。

2014年6月，对领导班子分工进行调整：

厂长、党委副书记孔凡更负责厂行政的全面工作，负责人事劳资、干部、奖金、核算、效益工资、绩效考核、经营管理等工作，协助厂党委书记抓好党建和思想政治工作。党委书记、副厂长贾洪生负责厂党群全面工作，负责党建工作、宣传工作、企业文化建设、思想政治工作，协助厂长抓好生产经营工作。副厂长、党委委员王巍协助厂长抓好制度、流程、管理提升工作，负责固定资产管理工作，负责自用设备操作规程的编制和培训工作，负责内控、节能、计量器具的管理工作。副厂长、党委委员申昌日协助厂长抓好生产维护、大修、技改技措、安保等项目协调工作，负责生产的质量管理，负责施工方案的审批工作，负责生产作业规程的编制和培训工作，协助厂长抓好奖金考核、劳动纪律管理，协助厂长抓好厂安全环保工作，负责QHSE管理体系的全面工作。总工程师、党委委员王立波协助厂长抓好技术工作，负责培训工作，负责员工技能鉴定和技师评聘工作，负责生产施工方案的审核工作。党委副书记、纪委书记、工会主席房实颖负责厂纪委工作、工会工作，负责信访维稳保密、治安保卫、综合治理、共青团等工作，协助厂党委书记抓好厂宣传工作、企业文化工作。

2014年9月，大庆炼化公司党委决定：侯善刚任大庆炼化公司检维修厂党委书记、纪委书记、工会主席；免去贾洪生的大庆炼化公司检维修厂党委书记职务；免去房实颖的大庆炼化公司检维修厂党委副书记、委员、纪委书记、工会主席职务。大庆炼化公司决定：贾洪生任大庆炼化公司检维修厂调研员；侯善刚任大庆炼化公司检维修厂副厂长；免去贾洪生的大庆炼化公司检维修厂副厂长职务。领导班子分工随之调整：

厂长、党委副书记孔凡更负责厂行政的全面工作，负责人事劳资、干部、奖金、核算、效益工资、绩效考核、经营管理等工作，协助厂党委书记抓好党建和思想政治工作。党委书记、纪委书记、工会主席、副厂长侯善刚负责厂党群全面工作，负责党建工作、宣传工作、企业文化建设、思想政治工作，负责厂纪委工作、工会工作，负责信访维稳保密、治安保卫、综合治理、共青团等工作，协助厂长抓好生产经营工作。副厂长、党委委员王巍协助厂长抓好制度、流程、管理提升工作，负责固定资产管理工作，负责自用设备操作规程的编制和培训工作，负责内控、节能、计量器具的管理工作。副厂长、党委委员申昌日协助厂长抓好生产维护、大修、技改技措、安保等项目协调工作，负责生产的质量管理，负责施工方案的审批工作，负责生产作业规程的编制和培训工作，协助厂长抓好奖金考核、劳动纪律管理，协助厂长抓好厂安全环保工作，负责 QHSE 管理体系的全面工作。总工程师、党委委员王立波协助厂长抓好技术工作，负责培训工作，负责员工技能鉴定和技师评聘工作，负责生产施工方案的审核工作。

2015 年 5 月，大庆炼化公司党委决定：于伟林任大庆炼化公司检维修厂党委委员。大庆炼化公司决定：于伟林任大庆炼化公司检维修厂安全总监（副处级）；免去申昌日兼任的大庆炼化公司检维修厂安全总监职务。领导班子分工随之调整：

厂长、党委副书记孔凡更负责厂行政全面工作，负责人事劳资、干部、奖金、核算、效益工资、绩效考核、经营管理等工作，协助厂党委书记抓好党建和思想政治工作。党委书记、纪委书记、工会主席、副厂长侯善刚负责厂党群全面工作，负责党建工作、宣传工作、企业文化建设、思想政治工作，负责厂纪委工作、工会工作，负责信访、维稳、保密、治安保卫、综合治理、共青团等工作，协助厂长抓好生产经营工作。副厂长、党委委员王巍协助厂长抓好制度、流程、管理提升工作，负责固定资产管理工作，负责自用设备操作规程的编制和培训工作，负责内控、节能、计量器具的管理工作。副厂长、党委委员申昌日协助厂长抓好生产维护、大修、技改技措、安保等项目协调工作，负责生产的质量管理，负责施工方案的审批工作，负责生产作业规程的编制和培训工作，协助厂长抓好奖金考核。总工程师、党委委员王立波协助厂长抓好技术工作，负责培训工作，负责员工技能鉴定和技师评聘工作，负责生产施工方案的审核工作。安全总监、党委委员于伟林负责 QHSE 管理体系的全面工作，协助厂长抓好厂安全环保工作。

2015 年 7 月，对领导班子分工进行调整：

厂长、党委副书记孔凡更负责全厂行政工作，分管行政、生产经营、人事、劳资、企业管理等工作，协助厂党委书记做好党群工作。党委书记、纪委书记、工会主席、副厂长侯善刚负责全厂党群、纪检、工团等方面工作，分管党建、文化宣传、维稳、思想政治、纪检、工会、共青团、综合治理、武装保卫等工作，协助厂长做好行政工作。副厂长、党委委员王巍协助厂长抓好制度、流程、管理提升工作，负责固定资产管理工作，负责自用设备操作规程的编制和培训工作，负责内控、节能、计量器具的管理工作。副厂长、党委委员申昌日协助厂长抓好生产维护、大修、技改技措、安保等项目协调工作，负责生产的质量管理，负责施工方案的审批工作，负责生产作业规程的编制和培训工作，协助厂长抓好奖金考核。总工程师、党委委员王立波协助厂长抓好技术工作，负责培训工作，负责员工技能鉴定和技师评聘工作，负责生产施工方案的审核工作。安全总监、党委委员于伟林负责全厂的安全等方面工作，分管安全环保、HSE体系、安全培训、现场施工安全管理、劳动保护等工作。

2015年9月24日，检维修厂召开第三次工会会员代表大会，工会会员代表共54人参加会议。会议选举产生检维修厂第三届工会委员会、经费审查委员会、女职工委员会。侯善刚为工会主席。

2016年4月，中共大庆炼化公司检维修厂委员会对所属5个党支部选举结果进行批复。中共检维修厂机关支部委员会由李世杰、马文凯、夏兴红3人组成，李世杰任书记；中共检维修厂检维修一车间支部委员会由张毅、王宏伟、高瑞锋3人组成，张毅任书记；中共检维修厂检维修二车间支部委员会由盛长江、王寅冬、张保臣3人组成，盛长江任书记；中共检维修厂检维修三车间支部委员会由刘强、狄鸿彩、张含涛3人组成，刘强任书记；中共检维修厂工装车间支部委员会由闫海雁、赵景学、韩利3人组成，闫海雁任书记。

2016年5月20日，中共检维修厂委员会召开党员大会，41名党员参加会议。会议选举产生中共检维修厂委员会，由于伟林、王巍、孔凡更、王立波、申昌日、侯善刚6人组成（以姓氏笔画为序），侯善刚为党委书记，孔凡更为党委副书记。选举产生中共检维修厂纪律检查委员会，由刘强、李世杰、金花、侯善刚、盛长江5人组成（以姓氏笔画为序），侯善刚为纪委书记。

2018年6月，大庆炼化公司党委决定：免去申昌日的大庆炼化公司检维修厂党委委员职务。大庆炼化公司决定：免去申昌日的大庆炼化公司检维修厂副厂长职务。

2018年8月，大庆炼化公司党委决定：张建民任大庆炼化公司检维修厂党委副书记；免去孔凡更的大庆炼化公司检维修厂党委副书记、委员职务。大庆炼化公司决定：张建民任大庆炼化公司检维修厂厂长；孔凡更任大庆炼化公司检维修厂调研员；免去孔凡更的大庆炼化公司检维修厂厂长职务。

2018年9月，对领导班子分工进行调整：

厂长、党委副书记张建民负责厂行政全面工作，负责人事劳资、干部、奖金、核算、效益工资、绩效考核、经营管理等工作，协助厂党委书记抓好党建和思想政治工作。党委书记、纪委书记、工会主席、副厂长侯善刚负责厂党群全面工作，负责党建工作、宣传工作、企业文化建设、思想政治工作，负责厂纪委工作、工会工作，负责信访、维稳、保密、治安保卫、综合治理、共青团等工作，协助厂长抓好生产经营工作。副厂长、党委委员王巍协助厂长抓好自用设备管理及制度、流程、管理评审工作，负责固定资产、自用设备管理工作，负责自用设备操作规程的编制及其培训管理工作，负责内控、管理体系评审管理工作，负责节能、计量器具管理工作。总工程师、党委委员王立波协助厂长抓好培训、技术及制造项目开发管理工作，负责厂培训管理工作（员工技能鉴定、技师评聘、技能大赛、实训基地管理、员工内外培训及综合人才、特殊人才培训等相关工作），负责技术管理工作（科技创新、技术攻关、劳模工作室技术创新公关、论文征集等工作），负责制造项目开发制作管理工作（磺化管制作、洗眼器制作、密闭采样器制作及新工艺、新设备研发制作等工作），负责阀门试压、修理及安全阀校验的业务管理工作，负责生产运行体系管理及持续改进工作，负责厂信息化建设及保密管理工作。安全总监、党委委员于伟林协助厂长抓好生产维护、检修、大修、技改技措、安保等项目组织管理工作、厂安全环保及QHSE体系运行管理工作，负责施工组织及质量管理工作，负责施工方案的审批工作，负责生产作业规程的编制和培训的管理工作，协助厂长做好奖金考核办法制定及日常考核管理工作，负责QHSE管理体系的管理工作，负责厂安全环保的管理工作。

2018年12月，大庆炼化公司对检维修厂职能、机构及人员进行调整，机构更名为检维修中心，更名后机构规格、隶属关系不变。将机电仪厂负责的动设备运行维护、检维修作业职能划入检维修厂管理，同时在检维修厂增加对外部检维修、防腐保温、土建等施工队伍的管理职能，未调整的其他职能保持原职能不变。将机电仪厂机电运行车间动设备运行维护、检维修作业职能及人员划入机械二车间管理。将机电仪厂机械一车间机构、职能及人员划入检维修厂管理，列检维修厂基层单位，机构规格不变。将机电仪厂机械二车间机构、职能及人员划入检维修厂管理，列检维修厂基层单位，机构规格不变。将机电仪厂机关 2 名机械工程师及职责划入检维修厂生产办公室管理。以上涉及调整业务的人员按照人随业务走的原则一并进行调整。

2018 年 12 月，大庆炼化公司党委决定：侯善刚任大庆炼化公司检维修中心党委书记、纪委书记、工会主席；张建民任大庆炼化公司检维修中心党委副书记；王巍任大庆炼化公司检维修中心党委委员；王立波任大庆炼化公司检维修中心党委委员；于伟林任大庆炼化公司检维修中心党委委员；免去侯善刚的大庆炼化公司检维修厂党委书记、委员、纪委书记、工会主席职务；免去张建民的大庆炼化公司检维修厂党委副书记、委员职务；免去王巍的大庆炼化公司检维修厂党委委员职务；免去王立波的大庆炼化公司检维修厂党委委员职务；免去于伟林的大庆炼化公司检维修厂党委委员职务。大庆炼化公司决定：张建民任大庆炼化公司检维修中心主任；侯善刚任大庆炼化公司检维修中心副主任；王巍任大庆炼化公司检维修中心副主任；王立波任大庆炼化公司检维修中心总工程师；于伟林任大庆炼化公司检维修中心副主任、安全总监；免去张建民的大庆炼化公司检维修厂厂长职务；免去侯善刚的大庆炼化公司检维修厂副厂长职务；免去王巍的大庆炼化公司检维修厂副厂长职务；免去王立波的大庆炼化公司检维修厂总工程师职务；免去于伟林的大庆炼化公司检维修厂安全总监职务。

截至 2018 年 12 月 31 日，检维修中心机关设综合办公室、生产办公室，基层设检维修一车、检维修二车间、检维修三车间、机械一车间、机械二车间、工装车间。拥有化工石油工程施工、压力管道安装、转动设备检修、安全阀校验、垂直水平运输等多项专业施工能力，拥有安全阀企业自我检验 FD2 施工许可资质。负责全公司装置动静设备维护、技改技措、安保项目的施工及生产装置的检修、抢修以及物资装卸、阀门校验等业务。在册员工559人，其中女员工68人。检维修中心党委下属7个党支部，共有党员161人。

检维修中心行政领导班子由5人组成：张建民任大庆炼化公司检维修中心主任，侯善刚任大庆炼化公司检维修中心副主任，王巍任大庆炼化公司检维修中心副主任，王立波任大庆炼化公司检维修中心总工程师，于伟林任大庆炼化公司检维修中心副主任、安全总监。侯善刚任大庆炼化公司检维修中心党委书记、纪委书记、工会主席。领导班子分工自2018年9月以来未再进行调整。

2014年至2018年，检维修中心以"优质服务、保障生产"为己任，出色地完成了各项维护、抢修、检修及技改项目任务，确保装置平稳长周期运行。累计完成安全阀校验133台，创收31万元；制作磺化管580根，为公司节约采购资金398万元；组装制作密闭采样器103套，创收364万元，为公司降本增效做出贡献，为建设优秀炼化企业提供有力保障。

**一、检维修厂—检维修中心（2014.1—2018.12）**

**（一）检维修厂行政领导名录（2014.1—2018.12）**

| | | |
|---|---|---|
| 厂　　　长 | 孔凡更（2014.1—2018.8） | |
| | 张建民（2018.8—12） | |
| 副　厂　长 | 贾洪生（2014.1—9） | |
| | 王　巍（2014.1—2018.12） | |
| | 侯善刚（2014.9—2018.12） | |
| | 申昌日（朝鲜族，2014.1—2018.6）[①] | |
| 总 工 程 师 | 王立波（黑龙江巴彦，2014.1—2018.12） | |
| 安 全 总 监 | 申昌日（兼任，2014.1—2015.5） | |
| | 于伟林（副处级，2015.5—2018.12） | |
| 调 研 员 | 贾洪生（正处级，2014.9—2017.9）[②] | |
| | 孔凡更（正处级，2018.8—12） | |

---

① 2018年6月，申昌日辞职。

② 2017年9月，贾洪生退休。

（二）检维修中心行政领导名录（2018.12）

主　　任　张建民（2018.12）

副　主　任　侯善刚（2018.12）

王　巍（2018.12）

于伟林（2018.12）

总　工　程　师　王立波（2018.12）

安　全　总　监　于伟林（兼任，2018.12）

调　研　员　孔凡更（正处级，2018.12）

二、检维修厂—检维修中心党委（2014.1—2018.12）

（一）检维修厂党委领导名录（2014.1—2018.12）

书　　记　贾洪生（2014.1—9）

侯善刚（2014.9—2018.12）

副　书　记　孔凡更（2014.1—2018.8）

房实颖（女，2014.1—9）

张建民（2018.8—12）

委　　员　孔凡更（2014.1—2018.8）

贾洪生（2014.1—9）

王　巍（2014.1—2018.12）

申昌日（2014.1—2018.6）

王立波（2014.1—2018.12）

房实颖（2014.1—9）

侯善刚（2014.9—2018.12）

于伟林（2015.5—2018.12）

张建民（2018.8—12）

（二）检维修中心党委领导名录（2018.12）

书　　记　侯善刚（2018.12）

副　书　记　张建民（2018.12）

委　　员　侯善刚（2018.12）

张建民（2018.12）

　　　　　　　　　　王　巍（2018.12）

　　　　　　　　　　王立波（2018.12）

　　　　　　　　　　于伟林（2018.12）

**三、检维修厂—检维修中心纪委（2014.1—2018.12）**

**（一）检维修厂纪委领导名录（2014.1—2018.12）**

　　书　　记　房实颖（2014.1—9）

　　　　　　　侯善刚（2014.9—2018.12）

　　委　　员　房实颖（2014.1—9）

　　　　　　　刘　强（2014.1—2018.12）

　　　　　　　盛长江（2014.1—2018.12）

　　　　　　　张　毅（2014.1—2016.5）

　　　　　　　李春玲（女，2014.1—2016.5）

　　　　　　　侯善刚（2014.9—2018.12）

　　　　　　　李世杰（2016.5—2018.12）

　　　　　　　金　花（朝鲜族，女，2016.5—2018.12）

**（二）检维修中心纪委领导名录（2018.12）**

　　书　　记　侯善刚（2018.12）

　　委　　员　侯善刚（2018.12）

　　　　　　　刘　强（2018.12）

　　　　　　　李世杰（2018.12）

　　　　　　　金　花（2018.12）

　　　　　　　盛长江（2018.12）

**四、检维修厂—检维修中心工会（2014.1—2018.12）**

**（一）检维修厂工会领导名录（2014.1—2018.12）**

　　主　　席　房实颖（2014.1—9）

　　　　　　　侯善刚（2014.9—2018.12）

**（二）检维修中心工会领导名录（2018.12）**

　　主　　席　侯善刚（2018.12）

**五、所属机关科级单位**

截至 2014 年 1 月 1 日，检维修厂机关设综合办公室、生产办公室，机构规格均为正科级。检维修厂机关在册员工 32 人，其中女员工 9 人，党员 21 人。

综合办公室主要负责日常行政、党群工作的协调、督促、检查等管理工作，负责厂领导交办的各项工作以及厂机关事务管理工作；生产办公室负责维护、检修、技改、大修和安保施工作业的组织、协调和管理工作。

截至 2018 年 12 月 31 日，检维修中心机关在册员工 31 人，其中女员工 7 人，党员 19 人。

（一）综合办公室领导名录（2014.1—2018.12）

　　　　主　　　任　李世杰（2014.1—2018.12）

　　　　副　主　任　李春玲（2014.1—2015.8）

　　　　　　　　　　谭　毅（2016.6—2018.12）

　　　　党委组织员　李春玲（2014.1—2015.8）[①]

　　　　　　　　　　谭　毅（2016.6—2018.12）

　　　　调　研　员　李春玲（副科级，2015.8—2018.8）[②]

（二）生产办公室领导名录（2014.1—2018.12）

　　　　主　　　任　马文凯（2014.1—2018.12）

　　　　副　主　任　王晓军（2014.1—11）[③]

　　　　　　　　　　程守国（2015.5—2016.4）

　　　　　　　　　　罗　刚（2016.4—2018.12）

（三）机关党支部领导名录（2014.1—2018.12）

　　　　书　　　记　李世杰（2014.1—2018.12）

**六、所属基层科级单位**

（一）检维修一车间（2014.1—2018.12）

截至 2014 年 1 月 1 日，检维修一车间在册员工 103 人，其中女员工 3 人，

---

① 2015 年 8 月至 2016 年 6 月期间，综合办公室党委组织员空缺。

② 2018 年 8 月，李春玲退休。

③ 2014 年 11 月，王晓军辞职。

党员 21 人。检维修一车间主要负责炼油二厂二套 ARGG 车间、二套气体分馏车间、硫酸车间、瓦斯车间、烷基化车间（乙苯、不含烷基化部分），润滑油厂酮苯脱蜡车间、糠醛车间、石蜡成型车间、原料车间、石蜡仓储车间、聚丙烯研发检测中心，聚丙烯厂聚丙烯一车间、聚丙烯二车间、包装仓储车间的静设备日常维护、检修、技措、技改、大修、安保等工作。

截至 2018 年 12 月 31 日，在册员工 92 人，其中女员工 10 人，党员 22 人。

1. 检维修一车间领导名录（2014.1—2018.12）

主　　任　于伟林（2014.1—2015.5）

　　　　　程守国（2016.4—2018.12）[1]

副 主 任　张　毅（2014.1—2018.9）

　　　　　王宏伟（2014.1—2016.12）

　　　　　高瑞锋（2014.1—2018.12）

2. 检维修一车间党支部领导名录（2014.1—2018.12）

书　　记　张　毅（2014.1—2018.9）[2]

**（二）检维修二车间（2014.1—2018.12）**

截至 2014 年 1 月 1 日，检维修二车间在册员工 124 人，其中女员工 6 人，党员 25 人。检维修二车间主要负责炼油一厂常减压车间（一套装置、二套装置）、重整抽提车间、一套 ARGG 车间（酸性水汽提装置）、汽柴油加氢车间（汽油）、气体分馏车间（汽油醚化装置）；计量检测中心站内所属的静设备维护；动力厂空分一车间、循环水车间、外网车间（不含中压管线设备）、污水车间（不含厂外炼油污水）、水质研究所、脱盐水车间（不含酸碱站酸碱系统）、空分二车间、动力一车间（不含中压管线设备）的静设备日常维护、检修、技措、技改、大修、安保等工作（上述所有车间酸碱系统不在维护范围内）。

截至 2018 年 12 月 31 日，在册员工 118 人，其中女员工 11 人，党员 26 人。

---

[1]　2015 年 5 月至 2016 年 4 月期间，检维修一车间主任空缺。

[2]　2018 年 9 月，张毅办理离岗歇业，2018 年 9 月至 2018 年 12 月期间，检维修一车间党支部书记空缺。

1. 检维修二车间领导名录（2014.1—2018.12）

主　　任　杭　森（2014.1—3）①

王寅冬（2014.3—2016.12）

王宏伟（2016.12—2018.12）

副　主　任　王寅冬（2014.1—3）

盛长江（2014.1—2016.12）

张保臣（2014.1—2018.12）

张含涛（2014.5—2015.5）

陈小虎（2015.5—2018.12）

刘　强（2016.12—2018.12）

2. 检维修二车间党支部领导名录（2014.1—2018.12）

书　　记　盛长江（2014.1—2016.12）

刘　强（2016.12—2018.12）

**（三）检维修三车间（2014.1—2018.12）**

截至 2014 年 1 月 1 日，检维修三车间在册员工 96 人，其中女员工 3 人，党员 18 人。检维修三车间主要负责聚合物一厂丙烯腈车间、综合加工车间、丙烯酰胺一车间、丙烯酰胺二车间、硫铵车间、中控车间、聚丙烯酰胺仓储车间，储运厂原油车间、原料车间、装卸车间、机务车间、成品一车间、成品二车间、燃料油装储站的日常生产维护、检修、技改、技措、安保、大修等工作。

截至 2018 年 12 月 31 日，在册员工 99 人，其中女员工 8 人，党员 25 人。

1. 检维修三车间领导名录（2014.1—2018.12）

主　　任　狄鸿彩（2014.1—2018.12）

副　主　任　刘　强（2014.1—2016.12）

陆　冰（2014.1—2018.12）

程守国（2014.1—2015.5）

张含涛（2015.5—2018.12）

王寅冬（2016.12—2018.12）

---

① 2014 年 3 月，杭森辞职。

2. 检维修三车间党支部领导名录（2014.1—2018.12）

书　　记　刘　强（2014.1—2016.12）

王寅冬（2016.12—2018.12）

**（四）机械一车间（2018.12）**

经 2018 年 12 月 27 日总经理办公会议研究决定，将机电仪厂机械一车间机构、职能及人员划入检维修厂管理，列检维修厂基层单位，机构规格不变。机械一车间主要负责炼油一厂、炼油二厂、润滑油厂、储运厂等 16 套装置转动设备的维护、检维修等工作任务及部分工程施工任务。

截至 2018 年 12 月 31 日，在册员工 88 人，其中女员工 13 人，党员 27 人。

1. 机械一车间领导名录（2018.12）

主　　任　林德峰（2018.12）

副 主 任　彭　刚（2018.12）

马力军（回族，2018.12）

张忠梅（2018.12）

2. 机械一车间党支部领导名录（2018.12）

书　　记　张忠梅（2018.12）

**（五）机械二车间（2018.12）**

经 2018 年 12 月 27 日总经理办公会议研究决定，将机电仪厂机械二车间机构、职能及人员划入检维修厂管理，列检维修厂基层单位，机构规格不变。机械二车间主要负责炼油二厂、润滑油厂、动力一厂和储运厂等 20 套生产装置转动设备的日常维护、检修及部分设备大修等工作任务。

截至 2018 年 12 月 31 日，在册员工 99 人，其中女员工 15 人，党员 27 人。

1. 机械二车间领导名录（2018.12）

主　　任　张洪韬（2018.12）

副 主 任　李庆富（女，2018.12）

刘久城（2018.12）

2. 机械二车间党支部领导名录（2018.12）

书　　记　李庆富（2018.12）

**（六）工装车间（2014.1—2018.12）**

截至 2014 年 1 月 1 日，工装车间下设 3 个班组，在册员工 37 人，其中女员工 4 人，党员 11 人，机构规格正科级。工装车间主要负责公司中低压安全阀校验、阀门试压、垂直吊装、检维修厂作业现场二次接电、工机具管理等工作。

截至 2018 年 12 月 31 日，在册员工 32 人，其中女员工 4 人，党员 15 人。

1. 工装车间领导名录（2014.1—2018.12）

主　　任　赵景学（2014.1—2017.7）[①]

副 主 任　闫海雁（2014.1—2016.11）

　　　　　韩　利（2014.1—2018.12）

　　　　　盛长江（2016.12—2018.12）

调 研 员　闫海雁（正科级，2016.11—2018.12）

　　　　　赵景学（正科级，2017.7—2018.12）

2. 工装车间党支部领导名录（2014.1—2018.12）

书　　记　闫海雁（2014.1—2016.11）[②]

　　　　　盛长江（2016.12—2018.12）

## 第五节　质量检验与环保监测中心
### （2014.1—2018.12）

质量检验与环保监测中心前身为质量检测中心。成立于 2001 年 1 月，机构规格副处级。2003 年 7 月，公司决定，将质量检测中心级别由副处级调整为正处级，党组织机构由党总支改建为党委。2005 年 12 月，公司将质量检测中心更名为质量检验部。2013 年 6 月，公司将环保监测中心划并到质量检验部，并更名为质量检验与环保监测中心。质量检验与环保监测中心业务受大庆炼化公司领导，党组织关系隶属大庆炼化公司党委，办公地点在黑龙江省大庆市让胡路区马鞍山生产区。质量检验与环保监测中心主要负责公司进厂化工原辅料分析、装置馏出口样品分析、出厂产品检验和质量把

① 2017 年 7 月至 2018 年 12 月期间，工装车间主任空缺。

② 2016 年 11 月至 12 月期间，工装车间书记空缺。

关，以及公司工业水、废水、废气、厂界大气、噪声、工业卫生及环保设施中间控制等监测任务。中心共建立原辅料检验、化验分析、环境监测项目900多个，具有硫酸、丙酮、抗氧剂、水处理剂等入厂原辅料检验能力；具有汽油、柴油、润滑油、丙烯腈、聚丙烯酰胺、石油磺酸盐、聚丙烯等产品的检验能力；具有工业水、污水、地表水、环境空气、污染源废气、工业卫生、厂前区环境空气、重点排口环境应急监测能力。年平均分析各类化验数据约100万，是一支集化验分析、质量把关和环境监测3项职能于一体的专业化队伍。

截至2014年1月1日，质量检验与环保监测中心机关设2个办公室：生产办公室、综合办公室，基层设8个站：综合质检站、燃料油检验站、润滑油检验站、聚合物检验一站、聚合物检验二站、聚丙烯检验站、水质检验站、环保监测站。在册员工728人，其中女员工521人，质量检验与环保监测中心党委下属9个党支部，共有党员181人。

质量检验与环保监测中心党政领导班子由7人组成。

程桂斌任主任、党委副书记，负责中心行政工作，分管行政、人事、劳资等工作，协助党委书记做好党群工作。

陈立任党委副书记（主持党委工作），负责中心党群工作，分管党建、企业文化、综合治理等工作，协助主任做好行政工作。

宋志国任党委副书记、纪委书记、工会主席，负责中心纪检、工会工作，分管纪检、工会、共青团、武装保卫等工作。

王忠任副主任、党委委员，负责生产运行工作，分管生产计划、数据管理、绩效考核、节能降耗、物资材料、保密等工作。

叶松任副主任、党委委员，负责设备管理工作，分管仪器设备运行、维护维修、计量管理体系等工作。

章喜庆任副主任、党委委员，负责技术管理工作，分管管理体系运行、新项目前期筹备、技术创新、技改技措等工作。

索庆华任副主任、安全总监、党委委员，负责安全工作，分管环保、HSE体系、安全培训、现场施工安全管理、劳动保护等工作。

2014年2月，大庆炼化公司党委决定：陈立任大庆炼化公司质量检验与环保监测中心党委书记。大庆炼化公司决定：陈立任大庆炼化公司质量检验与环保监测中心副主任。

2014年8月，大庆炼化公司决定：将原质量检验与环保监测中心聚丙烯检验站的科研组、成品组职能及人员共17人划入聚丙烯研发检测中心归聚丙烯厂统一管理。

2015年2月，大庆炼化公司党委决定：宋志国任大庆炼化公司质量检验与环保监测中心党委副书记（主持党委工作）；免去陈立的大庆炼化公司质量检验与环保监测中心党委书记、委员职务。大庆炼化公司决定：宋志国任质量检验与环保监测中心副主任；陈立任大庆炼化公司质量检验与环保监测中心调研员；免去陈立的大庆炼化公司质量检验与环保监测中心副主任职务。宋志国负责原党委书记、纪委书记、工会主席、副主任陈立负责的中心党群工作，分管的党建、纪检、企业文化、工会、共青团、综合治理、武装保卫等工作，并协助主任做好行政工作。

2016年1月，大庆炼化公司党委决定：宋志国任大庆炼化公司质量检验与环保监测中心党委书记；免去宋志国的大庆炼化公司质量检验与环保监测中心党委副书记职务。

2016年5月，中共大庆炼化公司质量检验与环保监测中心委员会对所属9个党支部选举结果进行批复。中共质量检验与环保监测中心机关支部委员会由曲莉、陈鹏、孙彩霞、王玉莹、梁心兰5人组成，曲莉任书记；中共质量检验与环保监测中心综合质检站支部委员会由彭峰、王晨、侯福勇、王文艳、刘嘉齐5人组成，彭峰任书记；中共质量检验与环保监测中心燃料油检验站支部委员会由冯梅、孙忠远、李淑娟3人组成，冯梅任书记；中共质量检验与环保监测中心润滑油检验站支部委员会由于慧雁、朱国斌、于钧3人组成，于慧雁任书记；中共质量检验与环保监测中心聚合物检验一站支部委员会由郭雪梅、吕春艳、费井武、任学亮、杨丽华5人组成，郭雪梅任书记。中共质量检验与环保监测中心聚合物检验二站支部委员会由高峰、王志凤、乔振杰3人组成，高峰任书记；中共质量检验与环保监测中心聚丙烯检验站支部委员会由唐海军、杨亚立、张士强3人组成，唐海军任书记；中共质量检验与环保监测中心水质检验站支部委员会由梁红、牟冬艳、孙慧峰3人组成，梁红任书记；中共质量检验与环保监测中心环保监测站支部委员会由吴钧、王崇杰、李飞峡3人组成，吴钧任书记。

2016年5月20日，中共大庆炼化公司质量检验与环保监测中心委员会召开第一次党员代表大会，58名党员代表参加会议。会议选举产生中共质量检验与环保监测中心第一届委员会，由王忠、叶松、宋志国、索庆华、章喜庆、程桂斌6人组成（以姓氏笔画为序），宋志国为党委书记，程桂斌为党委副书记。选举产生中共质量检验与环保监测中心纪律检查委员会，由曲莉、孙志凤、吴钧、宋志国、郭雪梅5人组成（以姓氏笔画为序），宋志国为纪委书记。

2016年5月，中共大庆炼化公司委员会对中心党委、纪委选举结果进行批复：中共质量检验与环保监测中心委员会由王忠、叶松、宋志国、索庆华、章喜庆、程桂斌6人组成（按姓氏笔画为序），宋志国任书记，程桂斌任副书记。中共质量检验与环保监测中心纪律检查委员会由曲莉、孙志凤、吴钧、宋志国、郭雪梅5人组成（按姓氏笔画为序），宋志国任书记。

2016年9月，大庆炼化公司决定，将质量检验与环保监测中心水质检验站药剂评价业务划入综合质检站；将质量检验与环保监测中心环保监测站和水质检验站机构和职能合并，合并后单位名称为质量检验与环保监测中心环境监测站，机构规格、隶属关系、职能等均不变（划出业务的除外）；将质量检验与环保监测中心聚合物检验二站的机构规格由副科级调整为正科级。

2016年11月，大庆炼化公司党委决定：免去章喜庆的大庆炼化公司质量检验与环保监测中心党委委员职务。大庆炼化公司决定：免去章喜庆的大庆炼化公司质量检验与环保监测中心副主任职务。

2016年12月，大庆炼化公司党委决定：孙志凤任大庆炼化公司质量检验与环保监测中心党委委员。大庆炼化公司决定：孙志凤任大庆炼化公司质量检验与环保监测中心副主任。领导班子分工随之调整：

主任、党委副书记程桂斌负责中心行政工作，分管行政、人事、劳资等工作，协助党委书记做好党群工作。

党委书记、纪委书记、工会主席、副主任宋志国负责中心党群工作，分管党建、纪检、企业文化、工会、共青团、综合治理、武装保卫等工作，协助主任做好行政工作。

副主任、党委委员王忠，负责生产运行工作，分管生产计划、数据管理、绩效考核、节能降耗、物资材料、保密等工作。

副主任、党委委员叶松，负责设备管理工作，分管仪器设备运行、维护维修、计量管理体系等工作。

副主任、安全总监、党委委员索庆华，负责安全工作，分管环保、HSE体系、安全培训、现场施工安全管理、劳动保护等工作。

副主任、党委委员孙志凤，负责技术管理工作，分管管理体系运行、新项目前期筹备、技术创新、技改技措、模拟经营和全面成本管理等工作。协助党委书记做好员工队伍稳定和思想政治工作。

2016年12月，中共中国石油大庆炼化公司质量检验与环保监测中心委员会对环境监测站、聚合物检验二站2个党支部改选结果进行批复：中共质量检验与环保监测中心环境监测站支部委员会由梁红、王崇杰、牟冬艳、李飞峡、刘雅君5人组成，梁红任书记；中共质量检验与环保监测中心聚合物检验二站支部委员会由冯梅、高峰、王志凤3人组成，冯梅任书记。

2017年9月，大庆炼化公司党委决定：高宪武任大庆炼化公司质量检验与环保监测中心党委委员、书记、纪委书记、工会主席；免去宋志国的大庆炼化公司质量检验与环保监测中心党委书记、委员、纪委书记、工会主席职务。大庆炼化公司决定：高宪武任大庆炼化公司质量检验与环保监测中心副主任；免去宋志国的大庆炼化公司质量检验与环保监测中心副主任职务。

2017年9月，对领导班子分工进行调整：

主任、党委副书记程桂斌负责中心行政工作，分管行政、人事、劳资等工作，协助党委书记做好党群工作。

党委书记、副主任、纪委书记、工会主席高宪武负责中心党群工作，分管党建、纪检、企业文化、工会、共青团、综合治理、武装保卫等工作，协助主任做好行政工作。

副主任、党委委员王忠负责生产运行工作，分管生产计划、数据管理、绩效考核、节能降耗、物资材料、保密等工作。

副主任、党委委员叶松负责设备管理工作，分管仪器设备运行、维护维修、计量管理体系等工作。

副主任、安全总监、党委委员索庆华负责安全工作，分管环保、HSE体系、安全培训、现场施工安全管理、劳动保护等工作。

副主任、党委委员孙志凤负责技术管理工作，分管管理体系运行、新项目前期筹备、技术创新、技改技措、模拟经营和全面成本管理等工作，协助党委书记做好员工队伍稳定和思想政治工作。

2018年10月，大庆炼化公司决定：对质量检验与环保监测中心内设机构进行调整，成立质量检验与环保监测中心化工检验站，机构规格正科级，列直属机构序列。撤销聚合物检验一站、聚合物检验二站、聚丙烯检验站机构建制，将聚合物检验一站、聚合物检验二站、聚丙烯检验站的业务、职能和人员划入化工检验站管理。将原聚合物检验二站水分析岗位及人员划入环境监测站管理。将原聚合物检验二站磺酸盐倒班化验岗位的人员根据情况调整到其他监测站从事油品化验工作，磺酸盐倒班化验工作由化工站重新优化。领导班子分工随之调整：

主任、党委副书记程桂斌负责中心行政工作，分管行政、人事、劳资等工作，协助党委书记做好党群工作，安全承包点、三联责任示范点为燃料油检验站。

党委书记、副主任、纪委书记、工会主席高宪武负责中心党群工作，分管党建、纪检、企业文化、工会、共青团、综合治理、武装保卫等工作，协助主任做好行政工作，安全承包点、三联责任示范点为机关两办。

副主任、党委委员王忠负责中心生产运行工作，分管生产计划、数据管理、绩效考核、节能降耗、物资材料、保密等工作，安全承包点、三联责任示范点为润滑油检验站。

副主任、党委委员叶松负责中心设备管理工作，分管仪器设备运行、维护维修、计量管理体系等工作，安全承包点、三联责任示范点为化工检验站。

副主任、安全总监、党委委员索庆华负责中心安全工作，分管环保、HSE体系、安全培训、现场施工安全管理、劳动保护等工作，安全承包点、三联责任示范点为综合质检站。

副主任、党委委员孙志凤负责中心技术管理工作，分管管理体系运行、新项目前期筹备、技术创新、技改技措等方面的工作，协助党委书记做好员工队伍稳定和思想政治工作，安全承包点、三联责任示范点为环境监测站。

截至 2018 年 12 月 31 日，质量检验与环保监测中心机关设 2 个办公室：生产办公室、综合办公室，基层设 5 个检验站：燃料油检验站、润滑油检验站、综合质检站、化工检验站、环境监测站。在册员工 611 人，其中女员工 421 人。质量检验与环保监测中心党委下属党支部 6 个，共有党员 175 人。

质量检验与环保监测中心行政领导班子由 6 人组成：程桂斌任主任，高宪武、王忠、叶松、索庆华、孙志凤任副主任，索庆华兼任安全总监。质量检验与环保监测中心党委由高宪武、程桂斌、王忠、叶松、索庆华、孙志凤 6 人组成，高宪武任党委书记、纪委书记、工会主席，程桂斌任党委副书记，王忠、叶松、索庆华、孙志凤任党委委员。领导班子分工自 2018 年 10 月以来未再进行调整。

质量检验与环保监测中心党委通过扎实开展党的群众路线教育实践活动、"三严三实"专题教育、"两学一做"教育等工作，努力做到"三个坚持"，进一步加强领导干部对十九大精神的学习和掌握，始终坚定新时代中国特色社会主义思想。在抓好班子建设中，建立了目标管理责任考核体系，提高了领导干部责任意识和履职能力。在党支部建设上，质量检验与环保监测中心党委始终落实党要管党、全面从严治党要求，全面提升党支部组织力，强化党支部政治功能、充分发挥支部战斗堡垒作用，推动各项工作的开展。质量检验与环保监测中心党委注重加强党员教育管理，持续在队伍中开展大庆精神、铁人精神和职业道德教育，通过先进典型的教育引领不断发挥党员先锋模范作用。2015 年、2016 年、2017 年质量检验与环保监测中心连续获得大庆炼化公司先进单位荣誉称号。

期间：2016 年 10 月，质量检验与环保监测中心润滑油检验站班长杜岚云当选大庆市让胡路区第十届人大代表。

## 一、质量检验与环保监测中心行政领导名录（2014.1—2018.12）

主　　　任　程桂斌（2014.1—2018.12）

副 主 任　王　忠（2014.1—2018.12）

　　　　　　叶　松（2014.1—2018.12）

　　　　　　章喜庆（2014.1—2016.11）

　　　　　　索庆华（2014.1—2018.12）

　　　　　　陈　立（女，2014.2—2015.2）

　　　　　　　　宋志国（2015.2—2017.9）

　　　　　　　　孙志凤（女，2016.12—2018.12）

　　　　　　　　高宪武（2017.9—2018.12）

　　**安 全 总 监**　索庆华（兼任，2014.1—2018.12）

　　**副总工程师**　许　鹏（满族，2014.1—2018.12）

　　**调 研 员**　陈　立（正处级，2015.2—2017.2）[①]

**二、质量检验与环保监测中心党委领导名录（2014.1—2018.12）**

　　**书　　　记**　陈　立（2014.2—2015.2）[②]

　　　　　　　　宋志国（2016.1—2017.9）

　　　　　　　　高宪武（2017.9—2018.12）

　　**副 书 记**　程桂斌（2014.1—2018.12）

　　　　　　　　陈　立（主持工作，2014.1—2014.2）

　　　　　　　　宋志国（2014.1—2015.2；主持工作，2015.2—2016.1）

　　**委　　　员**　程桂斌（2014.1—2018.12）

　　　　　　　　王　忠（2014.1—2018.12）

　　　　　　　　叶　松（2014.1—2018.12）

　　　　　　　　章喜庆（2014.1—2016.11）

　　　　　　　　索庆华（2014.1—2018.12）

　　　　　　　　陈　立（2014.2—2015.2）

　　　　　　　　宋志国（2015.2—2017.9）

　　　　　　　　孙志凤（2016.12—2018.12）

　　　　　　　　高宪武（2017.9—2018.12）

**三、质量检验与环保监测中心纪委领导名录（2014.1—2018.12）**

　　**书　　　记**　宋志国（2014.1—2017.9）

　　　　　　　　高宪武（2017.9—2018.12）

　　**委　　　员**　宋志国（2014.1—2017.9）

---

　　①　2017年2月，陈立退休。

　　②　2014年1月至2014年2月期间，质量检验与环保监测中心党委书记空缺。2015年2月至2016年1月期间，质量检验与环保监测中心党委书记空缺。

章喜庆（2014.1—2016.5）

曲　莉（女，2014.1—2018.12）

郭雪梅（女，2014.1—2018.12）

冯　梅（女，2014.1—2016.5）

孙志凤（2016.5—2018.12）

吴　钧（2016.5—2017.8）

高宪武（2017.9—2018.12）

**四、质量检验与环保监测中心工会领导名录（2014.1—2018.12）**

主　　　席　宋志国（2014.1—2017.9）

高宪武（2017.9—2018.12）

**五、所属机关科级单位**

2014年1月1日，质量检验与环保监测中心机关设生产办公室、综合办公室，机构规格正科级，生产办公室下设调度室。在册员工27人，其中女员工10人，党员18人。

综合办公室主要负责组织、纪检、宣传、工会、共青团、人事劳资、经营核算、干部管理、综治保卫、维稳、房产、计划生育、保密、现场管理等工作；生产办公室主要负责协调生产管理，解决生产中出现的重大问题；对生产、设备、质量、安全、计量管理工作进行指导、监督；与各专业厂生产办公室结合收集化验分析和服务情况并反馈信息。

截至2018年12月31日，质量检验与环保监测中心机关在册员工28人，其中女员工11人，共有党员21人。

**（一）综合办公室领导名录（2014.1—2018.12）**

主　　　任　曲　莉（2014.1—2017.10）

郭雪梅（2017.10—2018.12）

副　主　任　孙彩霞（女，2014.1—2017.11）

皇甫爱民（2018.4—12）

党委组织员　曲　莉（2014.1—2017.10）

郭雪梅（2017.10—2018.4）

皇甫爱民（2018.4—12）

调 研 员　孙彩霞（副科级，2017.11—2018.12）

（二）生产办公室领导名录（2014.1—2018.12）

主　　　任　陈　鹏（2014.1—2018.12）

副 主 任　王玉莹（女，2014.1—2017.12）

　　　　　　盛海霞（女，2018.4—12）

　　　　　　王崇杰（2018.10—12）

（三）机关党支部领导名录（2014.1—2018.12）

书　　　记　曲　莉（2014.1—2017.10）

　　　　　　郭雪梅（2017.10—2018.12）

**六、所属基层科级单位**

（一）燃料油检验站（2014.1—2018.12）

2014 年 1 月 1 日，燃料油检验站在册员工总数 139 人，其中女员工 99 人，党员 27 人。

燃料油检验站机构规格正科级。由半成品、色谱、乙苯和综合 4 个化验分析检验组组成，主要负责炼油一厂 9 套装置、炼油二厂 6 套装置、庆化 5 套装置中控分析及氧含量、可燃气分析任务；负责储运厂原料罐、中间组分罐及氧含量、可燃气分析任务；负责原油、原料苯进厂、工业重油、乙苯产品出厂分析任务。

2014 年、2017 年、2018 年获得公司先进党组织，2018 年获得公司先进单位。

截至 2018 年 12 月 31 日，在册员工总数 138 人，其中女员工 102 人，共有党员 30 人。

1. 燃料油检验站领导名录（2014.1—2018.12）

站　　　长　孙忠远（2014.1—2018.12）

副 站 长　冯　梅（2014.1—2016.10；2018.10—12）

　　　　　　梁　红（女，2014.1—10；2017.10—2018.4）

　　　　　　侯福勇（2014.8—2016.9）

　　　　　　李淑娟（女，2014.8—2018.11）[1]

---

[1]　2018 年 11 月，李淑娟退出领导岗位。

于慧雁（女，2016.10—2017.10）

王志凤（女，2018.10—12）

2. 燃料油检验站党支部领导名录（2014.1—2018.12）

书　　　记　冯　梅（2014.1—2016.10；2018.10—12）

于慧雁（2016.10—2017.10）

梁　红（2017.10—2018.4）[①]

## （二）综合质检站（2014.1—2018.12）

2014年1月1日，综合质检站在册员工总数83人，其中女员工40人，党员21人。

综合质检站机构规格正科级。主要负责公司成品油、液化气等产品的出厂检验及原辅料入厂检验，负责成品油调和试验，配合公司进行产品升级和新产品开发。

2015年、2017年、2018年获得公司先进党组织，2017年获得公司"先进职工小家"称号。

截至2018年12月31日，综合质检站在册员工总数101人，其中女员工49人，党员26人。

1. 综合质检站领导名录（2014.1—2018.12）

站　　　长　朱国斌（2014.1—5）

孙志凤（2014.5—2016.9）

王　晨（女，2016.9—2018.12）

副　站　长　王　晨（2014.1—2016.9）

彭　峰（2014.5—2018.12）

侯福勇（2016.9—2018.12）

王文艳（女，2018.11—12）

2. 综合质检站党支部领导名录（2014.1—2018.12）

书　　　记　朱国斌（2014.1—5）

彭　峰（2014.5—2018.12）

---

① 2018年4月至10月期间，燃料油检验站党支部书记空缺。

**（三）润滑油检验站（2014.1—2018.12）**

2014年1月1日，润滑油检验站在册员工总数81人，其中女员工64人，党员25人。

润滑油检验站机构规格正科级，主要负责润滑油厂所有装置的化验分析及全公司运行机组的润滑油分析检验工作。

润滑油检验站2015年获得先进党组织，2016年获得大庆市三八红旗集体，2016年5月，班长何琳获得龙江最美石油人，2017年获得公司巾帼建功文明岗。

截至2018年12月31日，润滑油检验站在册员工总数65人，其中女员工48人，党员23人。

1. 润滑油检验站领导名录（2014.1—2018.12）

　　站　　　长　孙志凤（2014.1—5）

　　　　　　　　朱国斌（2014.5—2018.12）

　　副　站　长　于慧雁（2014.1—2016.10）

　　　　　　　　于　钧（女，2014.1—2017.11）

　　　　　　　　吴　钧（2016.10—2017.8）

　　　　　　　　任学亮（2017.12—2018.12）

　　　　　　　　杨仲华（2018.4—12）

　　调　研　员　于　钧（副科级，2017.11—2018.12）

2. 润滑油检验站党支部领导名录（2014.1—2018.12）

　　书　　　记　于慧雁（2014.1—2016.10）

　　　　　　　　吴　钧（2016.10—2017.8）[①]

　　　　　　　　任学亮（2017.12—2018.12）

**（四）聚丙烯检验站（2014.1—2018.10）**

2014年1月1日，聚丙烯检验站在册员工总数50人，其中女员工39人，党员11人。

聚丙烯检验站机构规格正科级。主要负责公司聚丙烯成品、中间控制产品及部分原辅料的检验分析工作，并协助进行聚丙烯产品的科研技术开发、

--------

① 2017年8月至12月期间，润滑油检验站党支部书记空缺。

分析工作。

2014 年 8 月，原聚丙烯检验站的科研组、成品组职能及人员共 17 人归聚丙烯厂统一管理。

2018 年 10 月，大庆炼化公司决定：对质量检验与环保监测中心内设机构进行调整，撤销聚丙烯检验站机构建制，将业务、职能和人员划入化工检验站管理。

截至 2018 年 10 月 25 日，聚丙烯检验站在册员工总数 32 人，其中女员工 25 人，共有党员 12 人。

1. 聚丙烯检验站领导名录（2014.1—2018.10）

    站　　　长　杨亚立（女，2014.1—2018.10）

    副　站　长　唐海军（2014.1—2018.10）

2. 聚丙烯检验站党支部领导名录（2014.1—2018.10）

    书　　　记　唐海军（2014.1—2018.10）

**（五）聚合物检验一站（2014.1—2018.10）**

2014 年 1 月 1 日，聚合物检验一站在册员工总数 161 人，其中女员工 114 人，党员 32 人。

聚合物检验一站机构规格正科级，站下设中控、成品、丙烯酰胺和聚丙烯酰胺 4 个化验分析检验组。主要负责聚合物一厂中间产品、产品和聚合物二厂有关聚丙烯酰胺中间产品、产品的检验工作。拥有分析检测仪器设备 200 余台，具有分析检验丙烯腈、乙腈、丙酮氰醇、硫酸铵、丙烯酰胺和聚丙烯酰胺等石油化工产品的能力。

2018 年 10 月，大庆炼化公司决定：对质量检验与环保监测中心内设机构进行调整，撤销聚合物检验一站，将业务、职能和人员划入化工检验站管理。

截至 2018 年 10 月 25 日，聚合物检验一站在册员工总数 155 人，其中女员工 107 人，共有党员 34 人。

1. 聚合物检验一站领导名录（2014.1—2018.10）

    站　　　长　吕春艳（女，2014.1—2018.10）

    副　站　长　郭雪梅（2014.1—2017.10）

            费井武（2014.1—2018.10）

任学亮（2015.3—2017.12）

于慧雁（2017.10—2018.4）

王玉莹（2017.12—2018.10）

梁　红（2018.4—10）

**调 研 员**　于慧雁（副科级，2018.4—12）

2. 聚合物检验一站党支部领导名录（2014.1—2018.10）

**书　　记**　郭雪梅（2014.1—2017.10）

于慧雁（2017.10—2018.4）

梁　红（2018.4—10）

**（六）聚合物检验二站（2014.1—2018.10）**

2014年1月1日，聚合物检验二站在册员工总数59人，其中女员工49人，党员12人。

聚合物检验二站机构规格副科级。2016年9月，总经理办公会决定：聚合物检验二站的机构规格由副科级调整为正科级，主要负责聚合物二厂磺酸盐一车间、磺酸盐二车间、磺酸盐研究所中间产品的检测及聚合物二厂石油磺酸盐出厂产品的检测工作，同时还负责动力厂空分二车间循环水部分项目分析检测工作。

2018年10月，大庆炼化公司决定：对质量检验与环保监测中心内设机构进行调整，撤销聚合物检验二站，将业务、职能和人员划入化工检验站管理。

截至2018年10月25日，聚合物检验二站在册员工总数46人，其中女员工39人，党员10人。

1. 聚合物检验二站领导名录（2014.1—2018.10）

**站　　长**　高　峰（2014.1—2018.10）

**副 站 长**　王志凤（2014.1—2018.10）

冯　梅（2016.10—2018.10）

2. 聚合物检验二站党支部领导名录（2014.1—2018.10）

**书　　记**　高　峰（2014.1—2016.10）

冯　梅（2016.10—2018.10）

（七）化工检验站（2018.10—12）

2018年10月，化工检验站在册员工总数197人，其中女员工142人，党员48人。化工检验站主要负责聚合物一厂、聚合物二厂、聚丙烯厂的原料、中控及成品的化验分析工作。

2018年10月，大庆炼化公司决定：对质量检验与环保监测中心内设机构进行调整，成立质量检验与环保监测中心化工检验站，机构规格正科级，列直属机构序列。撤销聚合物检验一站、聚合物检验二站、聚丙烯检验站机构建制，将聚合物检验一站、聚合物检验二站、聚丙烯检验站的业务、职能和人员划入化工检验站管理。

截至2018年12月，化工检验站在册员工总数193人，其中女员工138人，共有党员48人。

1. 化工检验站领导名录（2018.10—12）

　　站　　　长　吕春艳（2018.10—12）
　　副 站 长　梁　红（2018.10—12）
　　　　　　　高　峰（2018.10—12）
　　　　　　　杨亚立（2018.10—12）
　　　　　　　费井武（2018.10—12）
　　　　　　　王玉莹（2018.10—11）[①]

2. 化工检验站党支部领导名录（2018.10—12）

　　书　　　记　梁　红（2018.10—12）

（八）水质检验站（2014.1—2016.10）

2014年1月1日，水质检验站在册员工总数57人，其中女员工49人，党员14人。

水质检验站机构规格正科级，主要负责公司炉水、循环水及脱盐水的水质分析及循环冷却水的现场腐蚀监测、药剂的动态模拟实验，同时负责动力厂各装置的氧含量、可燃气分析工作。

2016年9月，大庆炼化公司决定，将质量检验与环保监测中心环保监测站和水质检验站机构和职能合并，合并后单位名称为质量检验与环保监测

---

① 2018年11月，王玉莹退出领导岗位。

中心环境监测站，机构规格、隶属关系、职能等均不变（划出业务的除外）。

1. 水质检验站行政领导名录（2014.1—2016.9）

**站　　　长** 彭　峰（2014.1—5）[①]

梁　红（2014.10—2016.9）

**副　站　长** 牟冬艳（女，2014.1—2016.9）

梁　红（2014.5—10）

2. 水质检验站党支部领导名录（2014.1—2016.9）

**书　　　记** 彭　峰（2014.1—5）

梁　红（2014.10—2016.9）

## （九）环保监测站（2014.1—2016.9）

2014 年 1 月 1 日，环保监测站在册员工总数 71 人，其中女员工 57 人，党员 21 人。

环保监测站机构规格正科级，主要承担公司外排口、专业厂排口、装置排口的污水监测，承担公司环保设施中间控制监测，承担公司环境应急监测、重点排口污水在线监测、公司纳污泡监测、相关方外排污水监测，公司环境空气、废气、噪声和工业卫生监测工作。

2015 年，环保监测站通过了中国合格评定国家认可委员会（CNAS）的监督评审。

2016 年 9 月，大庆炼化公司决定，将质量检验与环保监测中心环保监测站和水质检验站机构和职能合并，合并后单位名称为质量检验与环保监测中心环境监测站，机构规格、隶属关系、职能等均不变（划出业务的除外）。

1. 环保监测站领导名录（2014.1—2016.9）

**站　　　长** 王崇杰（2014.1—2016.9）

**副　站　长** 吴　钧（2014.1—2016.9）

李飞峡（女，2015.6—2016.9）

**正科级职员** 王举鹏（2014.1—2016.9）

---

① 2014 年 5 月至 10 月期间，水质检验站站长空缺。

2.环保监测站党支部领导名录（2014.1—2016.9）

书　　记　吴　钧（2014.1—2016.9）

**（十）环境监测站（2016.9—2018.12）**[①]

2016年9月，公司决定，将质量检验与环保监测中心原水质检验站与原环保监测站合并为环境监测站。环境监测站在册员工总数110人，其中女员工97人，党员35人。

环境监测站机构规格正科级。环境监测站下设污水、大气、在线、水质4个组，承担公司环境应急监测、生产用水的分析检测、重点排口污水在线监测、固定污染源烟气在线监测、公司纳污泡监测、相关方外排污水监测以及公司环境空气、废气、噪声和工业卫生监测工作。

2016年，环境监测站向中国合格评定国家认可委员会提出实验室复评审申请并获得通过。

截至2018年12月31日，环境监测站在册员工总数86人，其中女员工73人，共有党员27人。

1.环境监测站领导名录（2016.9—2018.12）

站　　　长　王崇杰（2016.10—2018.10）
　　　　　　唐海军（2018.10—12）

副　站　长　梁　红（2016.10—2017.10）
　　　　　　李飞峡（2016.10—2018.12）
　　　　　　牟冬艳（2016.10—2018.12）
　　　　　　曲　莉（2017.10—2018.12）

**正科级职员**　王举鹏（2016.9—2018.12）

2.环境监测站党支部领导名录（2016.9—2018.12）

书　　记　梁　红（2016.10—2017.10）
　　　　　曲　莉（2017.10—2018.12）

---

① 2016年10月，正式任命环境监测站领导人员。

# 第六节　产品营销中心（2014.1—2018.12）

产品营销中心的前身是油田化工总厂销售公司与林源炼油厂销售公司合并组成的产品营销部。2013年9月，列为二级单位序列，同时更名为产品营销中心，机构规格正处级，业务受大庆炼化公司领导，党组织关系隶属大庆炼化公司党委，办公地点在黑龙江省大庆市让胡路区马鞍山。产品营销中心担负汽油系列、柴油系列、液化气、润滑油基础油、聚丙烯系列等统配产品的产销衔接、出厂协调、产品结算工作；负责油田化学品、石蜡、MTBE、白油、乙腈、硫铵等非统配产品的市场营销、售后服务及运输协调等工作。

截至2014年1月1日，产品营销中心设9科1办：综合科、营销管理科，油品业务科、铁路运输科、聚丙烯业务科、油田化学品市场开发科、油田化学品技术服务科、石蜡业务科、化工业务科和清欠办。在册员工85人，其中女员工38人。产品营销中心党委下属6个党支部，共有党员48人。[①]

产品营销中心党政领导班子由5人组成。陈索辉任主任、党委副书记，负责中心行政全面工作。罗振坤任党委书记、副主任、纪委书记、工会主席，负责中心党群全面工作。张玉权任副主任、党委委员，负责石蜡、化工自销业务。郑兴利任副主任、党委委员，负责油田化学品销售业务。李强任副主任、党委委员，负责油品、聚丙烯销售业务及铁路运输业务。

2014年3月，大庆炼化公司决定：将产品营销中心油田化学品技术服务科和油田化学品市场开发科机构合并，合并后机构名称为油田化学品市场开发与服务科。

2014年5月，对领导班子分工进行调整：

主任、党委副书记陈索辉负责中心行政全面工作，协助党委书记分管思想政治工作，分管安全环保、产品营销、人事劳资、干部、核算、审计、信息工作，分管营销管理科。

---

① 《中国石油大庆炼化组织史资料》（1971—2013）正卷下限将在册员工误写成86人，党员人数误写成49人，特此勘误。

党委书记、纪委书记、工会主席、副主任罗振坤负责中心党群全面工作，协助主任分管产品价格，分管组织、纪检、思想政治工作、企业文化、宣传、保密、工会、共青团、维稳、综合治理、武装保卫、统战、计划生育、现场管理，分管综合科。

副主任、党委委员张玉权负责液化气产品销售业务，化工、小品种自销业务，协助主任分管绩效考核、培训、内控工作，分管石蜡业务科、化工业务科。

副主任、党委委员郑兴利负责油田化学品销售业务，协助主任分管法律事务、房产工作，分管油田化学品市场开发与服务科。

副主任、党委委员李强负责统配油品、化工产品的销售业务和铁路运输工作，协助主任分管中心的安全、环保、质量工作（HSE），分管油品业务科、铁路运输科、聚丙烯业务科。

2015年9月24日，产品营销中心召开第三次工会会员大会，工会会员共57人参加会议。会议选举产生产品营销中心第三届工会委员会、经费审查委员会和女职工委员会。罗振坤为工会主席。

2016年2月，对产品营销中心领导班子分工进行调整：

主任、党委副书记陈索辉负责中心行政全面工作，协助党委书记分管思想政治工作，分管安全环保、产品营销、人事劳资、核算、审计工作，分管营销管理科。

党委书记、副主任、纪委书记、工会主席罗振坤负责中心党群全面工作，协助主任分管产品价格，分管组织、纪检、思想政治工作、企业文化、宣传、保密、工会、共青团、维稳、综合治理、武装保卫、统战、计划生育，分管综合科。

副主任、党委委员张玉权负责液化气产品销售业务，化工、小品种自销业务，协助主任分管绩效考核、培训、内控、档案工作，分管石蜡业务科、化工业务科。

副主任、党委委员郑兴利负责油田化学品销售业务，协助主任分管法律事务、合规管理、招标管理、全面成本管理、6S管理、现场管理、信息、房产工作，分管油田化学品市场开发与服务科。

副主任、党委委员李强负责油品、化工统配产品的销售业务和铁路运输工作，协助主任分管中心的安全、环保、质量工作（HSE），分管油品业务科、铁路运输科、聚丙烯业务科。

2016年4月，中共大庆炼化公司产品营销中心委员会对所属6个党支部选举结果进行批复。中共产品营销中心第一支部委员会由陈航、刘晶、孙世彤3人组成，陈航任书记；中共产品营销中心第二支部委员会由史建生、司英伟、张静3人组成，史建生任书记；中共产品营销中心第三支部委员会由于跃东、赵星航、王志刚3人组成，于跃东任书记；中共产品营销中心第四支部委员会由崔海龙、王峰、张强3人组成，崔海龙任书记；中共产品营销中心第五支部委员会由董德祥、于涛、李静3人组成，董德祥任书记；中共产品营销中心第六支部委员会由丁清波、王洪波、张立来3人组成，丁清波任书记。

2016年5月23日，中共大庆炼化公司产品营销中心委员会召开第一次代表大会，34名党员参加会议。会议选举产生中共大庆炼化公司产品营销中心第一届委员会，由李强、张玉权、陈索辉、罗振坤、郑兴利5人组成（以姓氏笔画为序），罗振坤为党委书记，陈索辉为党委副书记。选举产生中共大庆炼化公司产品营销中心纪律检查委员会，由史建生、刘晶、陈航、罗振坤、董德祥5人组成（以姓氏笔画为序），罗振坤为纪委书记。产品营销中心党委下属6个党支部，共有党员45人。

2017年5月，对领导班子分工进行调整：

主任、党委副书记陈索辉负责中心行政全面工作，协助党委书记分管思想政治工作，分管安全环保、产品营销、人事劳资、合同、核算、审计工作。

党委书记、副主任、纪委书记、工会主席罗振坤负责中心党群全面工作，分管组织、纪检、思想政治、企业文化、宣传、保密、工会、共青团、维稳、综合治理、武装保卫、统战、计划生育工作。

副主任、党委委员张玉权负责液化气产品销售业务，化工、小品种自销业务，协助主任分管绩效考核、培训、内控、管理体系、全面成本管理、档案工作。

副主任、党委委员郑兴利负责油品、油田化学品销售业务，协助主任分管法律事务、合规管理、招标管理、6S管理、现场管理、信息、房产工作。

副主任、党委委员李强负责铁路运输工作和聚丙烯产品的销售业务，协助主任分管中心的安全、环保、计量、质量工作（HSE）。

2017年6月，大庆炼化公司党委决定：张玉权任大庆炼化公司产品营销中心党委书记、纪委书记、工会主席（正处级）；免去罗振坤的大庆炼化公司产品营销中心党委书记、委员、纪委书记、工会主席职务。大庆炼化公司决定：罗振坤任大庆炼化公司产品营销中心调研员，免去其大庆炼化公司产品营销中心副主任职务。

2017年8月，大庆炼化公司党委决定：徐文生任大庆炼化公司产品营销中心党委委员。大庆炼化公司决定：徐文生任大庆炼化公司产品营销中心副主任。领导班子分工随之调整：

主任、党委副书记陈索辉负责中心行政全面工作，协助党委书记分管思想政治工作，分管安全环保、产品营销、人事劳资、合同、核算、审计工作。

党委书记、副主任、纪委书记、工会主席张玉权负责中心党群全面工作，分管组织、纪检、思想政治工作、企业文化、宣传、保密、工会、共青团、维稳、综合治理、武装保卫、统战、计划生育。协助主任分管6S管理、现场管理、审计工作、绩效考核、培训工作。

副主任、党委委员徐文生负责油品销售业务和铁路运输工作，协助主任分管安全、环保、计量、质量工作（HSE）。

副主任、党委委员郑兴利负责油田化学品销售业务、液化气销售业务和化工小品种自销业务，协助主任分管法律事务、合规管理、内控、管理体系、招标管理。

副主任、党委委员李强负责聚丙烯产品销售业务、石蜡产品销售业务，协助主任分管全面成本管理、信息、房产、档案工作。

2017年12月，大庆炼化公司党委决定：免去陈索辉的大庆炼化公司产品营销中心党委副书记、委员职务。大庆炼化公司决定：免去陈索辉的大庆炼化公司产品营销中心主任职务。同月，大庆炼化公司党委会议研究决定：产品营销中心行政工作由产品营销中心副主任、党委委员李强负责。

2018年3月，对领导班子分工进行调整：

党委书记、纪委书记、工会主席、副主任张玉权负责中心党委、纪委、工会工作，分管综合科。

副主任、党委委员李强（主持工作）负责中心行政全面工作，协助党委书记分管党群工作，分管营销管理科、聚丙烯业务科、石蜡业务科。

副主任、党委委员徐文生负责油品销售业务和铁路运输工作，协助分管安全、环保、计量、质量工作（HSE），分管油品业务科、铁路运输科。

副主任、党委委员郑兴利负责油田化学品销售业务、液化气销售业务和化工小品种自销业务，协助分管法律事务、合规管理、内控、管理体系、招标管理，分管油田化学品市场开发与服务科、化工业务科。

2018年8月，大庆炼化公司党委决定：史建生任大庆炼化公司产品营销中心党委委员。大庆炼化公司决定：史建生任大庆炼化公司产品营销中心副主任职务。领导班子分工随之调整：

副主任、党委委员李强（主持工作）负责中心行政全面工作，协助党委书记做好党群工作，分管安全环保、产品营销、人事劳资、合同、核算、审计工作，分管营销管理科、聚丙烯业务科。

党委书记、纪委书记、工会主席、副主任张玉权负责中心党群全面工作，协助主任做好行政工作，分管组织、纪检、宣传、思想政治工作、企业文化、工会、共青团、维稳、保卫、保密、综合治理等工作，协助主任分管现场管理、审计、绩效考核、培训工作，分管综合科。

副主任、党委委员徐文生负责油品销售业务和铁路运输工作，协助主任分管安全、环保、计量、质量工作（HSE），分管油品业务科、铁路运输科。

副主任、党委委员郑兴利负责油田化学品销售业务、液化气销售业务和化工小品种自销业务，协助主任分管法律事务、招标管理、房产、档案工作，分管油田化学品市场开发与服务科、化工业务科。

副主任、党委委员史建生负责石蜡产品销售业务，协助主任分管全面成本管理、合规管理、内控、管理体系、计划统计、信息工作，分管石蜡业务科，协助主任开展营销管理和聚丙烯业务。

2018年11月，大庆炼化公司党委决定：李强任大庆炼化公司产品营销中心党委副书记。大庆炼化公司决定：李强任大庆炼化公司产品营销中心主任。

截至2018年12月31日，产品营销中心设8科1办：综合科、营销管理科、油品业务科、铁路运输科、聚丙烯业务科、油田化学品市场开发与服务科、石蜡业务科、化工业务科、清欠办公室。担负汽油系列、柴油系列、液化气、润滑油基础油、聚丙烯系列等统配产品的产销衔接、出厂协调、产品结算工作；负责油田化学品、石蜡、MTBE、白油、乙腈、硫铵等非统配产品的市场营销、售后服务及运输协调等工作。在册员工61人，其中女员工19人。产品营销中心党委下属5个党支部，共有党员43人。

产品营销中心行政领导班子由5人组成：李强任主任，张玉权、徐文生、郑兴利、史建生任副主任。产品营销中心党委由张玉权、李强、徐文生、郑兴利、史建生组成，张玉权任党委书记，李强任党委副书记。张玉权任纪委书记、工会主席。领导班子分工自2018年8月以来未再进行调整。

2014年至2018年，产品营销中心以保障公司生产后路畅通为己任，以深化合规管理、精细管理、科学营销和提高全员从业素质为目标，勠力同心，攻坚克难，在维护公司产销平衡的同时，努力实现增收创效。累计销售产品2577.72万吨，实现销售收入1565.05亿元，产品营销中心全面完成公司下达的各项管理考核指标。

**一、产品营销中心行政领导名录（2014.1—2018.12）**

主　　　任　陈索辉（2014.1—2017.12）[①]

　　　　　　　李　强（2018.11—12）

副　主　任　罗振坤（满族，2014.1—2017.6）

　　　　　　　张玉权（2014.1—2018.12）

　　　　　　　李　强（2014.1—2017.12；主持工作，2017.12—

　　　　　　　　　　2018.11）

　　　　　　　郑兴利（2014.1—2018.12）

　　　　　　　徐文生（2017.8—2018.12）

　　　　　　　史建生（2018.8—12）

调　研　员　罗振坤（正处级，2017.6—2018.12）

———————

① 2017年12月，陈索辉调任中国石油黑龙江销售大庆分公司。2017年12月至2018年11月期间，产品营销中心主任空缺，副主任李强主持工作。

**二、产品营销中心党委领导名录（2014.1—2018.12）**

　　书　　记　罗振坤（2014.1—2017.6）

　　　　　　　张玉权（2017.6—2018.12）

　　副　书　记　陈索辉（2014.1—2017.12）

　　　　　　　李　强（2018.11—12）

　　委　　员　罗振坤（2014.1—2017.6）

　　　　　　　陈索辉（2014.1—2017.12）

　　　　　　　张玉权（2014.1—2018.12）

　　　　　　　李　强（2014.1—2018.12）

　　　　　　　郑兴利（2014.1—2018.12）

　　　　　　　徐文生（2017.8—2018.12）

　　　　　　　史建生（2018.8—12）

**三、产品营销中心纪委领导名录（2014.1—2018.12）**

　　书　　记　罗振坤（2014.1—2017.6）

　　　　　　　张玉权（2017.6—2018.12）

　　委　　员　罗振坤（2014.1—2017.6）

　　　　　　　陈索辉（2014.1—2017.12）

　　　　　　　丁清波（2014.1—2016.5）

　　　　　　　史建生（2014.1—2018.12）

　　　　　　　刘　晶（2014.1—2018.12）

　　　　　　　陈　航（2016.5—2017.7）

　　　　　　　董德祥（2016.5—2018.12）

　　　　　　　张玉权（2017.6—2018.12）

　　　　　　　孙世彤（2017.7—2018.12）

**四、产品营销中心工会领导名录（2014.1—2018.12）**

　　主　　席　罗振坤（2014.1—2017.6）

　　　　　　　张玉权（2017.6—2018.12）

**五、所属机关科级单位**

**（一）综合科（2014.1—2018.12）**

截至 2014 年 1 月 1 日，综合科在册员工 7 人，其中女员工 4 人，党员 7 人。

综合科机构规格正科级，主要负责产品营销中心组织建设、纪检、宣传群团、文秘、会议组织、人事劳资、销售核算及销售业务接待；负责重点工作及全员绩效考核工作。

截至 2018 年 12 月 31 日，综合科在册员工 8 人，其中女员工 3 人，党员 6 人。

科　　　长　丁清波（2014.1—6）

陈　航（2014.6—2016.7）

崔海龙（2016.7—2018.8）

范　超（2018.8—12）

副 科 长　刘　晶（女，2014.1—2018.12）①

司英伟（2018.12）

党组织委员　刘　晶（2014.1—2018.12）

司英伟（2018.12）

**（二）营销管理科（2014.1—2018.12）**

截至 2014 年 1 月 1 日，营销管理科在册员工 12 人，其中女员工 7 人，党员 5 人。

营销管理科机构规格正科级，负责产品营销中心销售计划、统计、产销协调、价格信息管理、合同管理、客户管理、内控管理、QHSE 管理、发票管理、产品出厂调拨、营销分析、经营考核、ERP 系统管理、计算机软硬件及网络维护、员工培训等工作。

截至 2018 年 12 月 31 日，营销管理科在册员工 9 人，其中女员工 6 人，党员 6 人。

科　　　长　史建生（2014.1—2018.8）

① 2018 年 12 月，刘晶退出领导岗位。

崔海龙（2018.8—11）[①]

王洪波（2018.11—12）

**副 科 长** 司英伟（2014.1—2018.12）

## 六、所属基层科级单位

### （一）油品业务科（2014.1—2018.12）

截至 2014 年 1 月 1 日，油品业务科在册员工 10 人，其中女员工 5 人，党员 5 人。

油品业务科机构规格正科级，负责成品油的协调出厂和盘库结算工作；负责石脑油、拔头油、润滑油基础油等关联交易产品的调拨和结算工作；负责油泥、混合油渣、酸性水污油等产品的销售工作。

截至 2018 年 12 月 31 日，油品业务科在册员工 6 人，其中女员工 2 人，党员 5 人。

**科 长** 于跃东（2014.1—2018.12）

**副 科 长** 赵星航（2014.1—2018.12）

### （二）铁路运输科（2014.1—2018.12）

截至 2014 年 1 月 1 日，铁路运输科在册员工 6 人，其中女员工 1 人，党员 5 人。

铁路运输科机构规格正科级，主要负责公司成品油火运出厂的协调工作；负责自销产品火运出厂协调和运费结算工作；负责厂内装车、检修车排返等运输协调工作；负责公司铁路自备槽车的日常运行管理工作；负责自备车的检修管理和租赁工作。

截至 2018 年 12 月 31 日，铁路运输科在册员工 6 人，其中女员工 1 人，党员 5 人。

**科 长** 王洪波（2014.1—2018.11）

张立来（2018.11—12）

**副 科 长** 张立来（2014.1—2018.11）

石锦景（2018.11—12）

---

① 2018 年 10 月，崔海龙调任中国石油黑龙江销售分公司营销处。

（三）聚丙烯业务科（2014.1—2018.12）

截至 2014 年 1 月 1 日，聚丙烯业务科在册员工 8 人，其中女员工 4 人，党员 4 人。

聚丙烯业务科机构规格正科级，负责聚丙烯、丙烯腈、乙苯等统配化工产品的计划对接和结算工作；负责聚丙烯产品的出厂协调工作；负责聚丙烯产品的市场调研、市场开发、新产品推广工作。

截至 2018 年 12 月 31 日，聚丙烯业务科在册员工 5 人，其中女员工 1 人，党员 4 人。

科　　　长　陈　航（2014.1—6）

丁清波（2014.6—2018.12）

（四）油田化学品市场开发科（2014.1—3）[①]

截至 2014 年 1 月 1 日，油田化学品市场开发科在册员工 10 人，其中女员工 2 人，党员 3 人。

2014 年 3 月，大庆炼化公司决定：将产品营销中心油田化学品技术服务科和油田化学品市场开发科合并为油田化学品市场开发与服务科。

科　　　长　于　涛（2014.1—6）

副　科　长　赵星航（2014.1—6）

（五）油田化学品技术服务科（2014.1—3）

截至 2013 年 12 月 31 日，油田化学品技术服务科在册员工 8 人，其中女员工 7 人，党员 3 人。

2014 年 3 月，大庆炼化公司决定：将产品营销中心油田化学品技术服务科和油田化学品市场开发科合并为油田化学品市场开发与服务科。

科　　　长　董德祥（2014.1—3）

（六）油田化学品市场开发与服务科（2014.3—2018.12）[②]

2014 年 3 月，油田化学品市场开发与服务科在册员工 12 人，其中女员工 4 人，党员 5 人。

油田化学品市场开发与服务科机构规格正科级，主要负责油田化学品市场开发、产销衔接、售后服务、运输协调及产品验收结算工作；负责与生产

---

① 2014 年 6 月，正式免去油田化学品市场开发科领导职务。

② 2014 年 6 月，正式任命油田化学品市场开发与服务科领导人员。

运行处、聚合物厂、质量检验与环保监测中心及大庆油田项目部、物资公司、研究院、各采油厂试验大队、中心化验室等相关单位的业务联系和协调工作。

2014年3月，大庆炼化公司决定：对产品营销中心内设机构进行调整，将产品营销中心油田化学品技术服务科和油田化学品市场开发科合并，名称为产品营销中心油田化学品市场开发与服务科。机构规格正科级。

截至2018年12月31日，油田化学品市场开发与服务科在册员工11人，其中女员工3人，党员3人。

科　　　长　于　涛（2014.6—2018.12）

副　科　长　董德祥（正科级，2014.6—2018.12）

**（七）石蜡业务科（2014.1—2018.12）**

截至2014年1月1日，石蜡业务科在册员工6人，其中女员工4人，党员3人。

石蜡业务科机构规格正科级，负责石蜡、白油产品市场调研、市场开发及售后服务工作；负责石蜡、白油产品出厂组织、运输协调工作。

截至2018年12月31日，石蜡业务科在册员工3人，其中女员工1人，党员2人。

科　　　长　王　峰（2014.1—6）

　　　　　　崔海龙（2014.6—2016.7）

　　　　　　陈　航（2016.7—2018.12）

**（八）化工业务科（2014.1—2018.12）**

截至2014年1月1日，化工业务科在册员工7人，其中女员工2人，党员4人。

化工业务科机构规格正科级。负责液化气、丙烷等统配产品结算、调运协调工作；负责MTBE、硫酸铵、乙腈、液氨（不合格）、乙苯等自销产品的销售工作；负责丙酮氰醇、硫磺等产品临时出厂工作；负责化工产品市场调研、市场开发、营销策略调整建议、售后服务工作。

截至2018年12月31日，化工业务科在册员工4人，其中女员工1人，党员4人。

科　　　长　崔海龙（2014.1—6）

　　　　　　王　峰（2014.6—2018.12）

**副 科 长** 张 强（2014.1—2018.12）

**（九）清欠办公室**（2014.1—2018.12）

截至2014年1月1日，清欠办公室在册员工5人，其中女员工2人，党员3人。

清欠办公室机构规格正科级。清欠办公室主要负责结合集团公司年度清欠考核指标，制定公司年度清欠工作计划与考核方案；组织协调指标分责单位开展具体清理工作。

截至2018年12月31日，清欠办公室在册员工3人，其中女员工1人，党员2人。

**主 任** 李 静（2014.1—2018.12）

## 七、党支部

产品营销部第一党支部由综合科组成。产品营销部第二党支部由营销管理科、清欠办组成。产品营销部第三党支部由油品业务科组成。产品营销部第四党支部由化工业务科、石蜡业务科组成。产品营销部第五党支部由油田化学品市场开发科、技术服务科组成。产品营销部第六党支部由铁路运输科、聚丙烯业务科组成。

2017年6月，中共中国石油大庆炼化公司产品营销中心委员会会议研究决定：产品营销部第一党支部由综合科组成。产品营销部第二党支部由营销管理科、清欠办组成。产品营销部第三党支部由化工业务科、石蜡业务科组成。产品营销部第四党支部由油田化学品市场开发与服务科、油品业务科组成。产品营销部第五党支部由铁路运输科、聚丙烯业务科组成。

2017年8月，中共中国石油大庆炼化公司产品营销中心委员会会议研究决定：产品营销部第一党支部由综合科组成。产品营销部第二党支部由营销管理科、清欠办公室组成。产品营销中心第三党支部由油品业务科、铁路运输科组成。产品营销中心第四党支部由市场开发与服务科、化工业务科组成。产品营销中心第五党支部由聚丙烯业务科、石蜡业务科组成。

**（一）第一党支部领导名录**（2014.1—2018.12）

**书 记** 丁清波（2014.1—6）

陈 航（2014.6—2016.7）

崔海龙（2016.7—2017.6）

刘　　晶（2017.6—2018.12）

范　　超（2018.12）

**（二）第二党支部领导名录（2014.1—2018.12）**

书　　记　史建生（2014.1—2018.8）

崔海龙（2018.8—11）

王洪波（2018.11—12）

**（三）第三党支部领导名录（2014.1—2018.12）**

书　　记　俞向东（2014.1—6）[①]

于跃东（2014.6—2017.6；2017.8—2018.12）

陈　　航（2017.6—8）

**（四）第四党支部领导名录（2014.1—2018.12）**

书　　记　王　　峰（2014.1—2016.4）

崔海龙（2016.4—7）

陈　　航（2016.7—2017.6）

董德祥（2017.6—2018.12）

**（五）第五党支部领导名录（2014.1—2018.12）**

书　　记　于　　涛（2014.1—6）

董德祥（2014.6—2017.6）

丁清波（2017.6—2018.12）

**（六）第六党支部领导名录（2014.1—2017.6）**

书　　记　王洪波（2014.1—6）

丁清波（2014.6—2017.6）

# 第七节　动力二厂（2014.1—9）

动力二厂前身为动力二厂和林源热电厂合并后的动力二厂。成立于
2008 年 5 月，列二级单位序列，业务受大庆炼化公司领导，机构规格正处

---

① 2013 年 4 月，俞向东调任中国石油润滑油分公司。

级，党组织关系隶属大庆炼化公司党委，机关办公地点在黑龙江省大庆市大同区林源镇。负责为林源地区企业、事业、居民提供低压蒸汽、天然气、新鲜水、除盐水、消防水等生产生活资料，同时负责铁路运输、采暖、供热、供电和工业污水处理。

截至 2014 年 1 月 1 日，动力二厂机关设生产办公室和综合办公室，基层设动力车间、机务车间、锅炉车间、汽机车间、原料车间、电气车间、维护车间 7 个车间，在册员工 472 人，其中女员工 190 人。动力二厂党委下属党支部 8 个，共有党员 128 人。

动力二厂党政领导班子由 7 人组成。

侯善刚任厂长、党委副书记，负责行政全面工作，分管人事、劳资、财务管理及审批预决算、物资采购工作，组织落实分配各项指标、年度计划和实施质量目标。

汤伟成任党委书记、副厂长、纪委书记、工会主席，负责党群全面工作，分管队伍建设、思想政治工作、企业文化建设、党员教育和管理、组织、纪检、工会、共青团、宣传、信访稳定、治安保卫、综合治理、综合办等工作。

李丰任副厂长、党委委员，负责安全生产和安全环保工作，分管标准化、质量体系、生产运行、安全环保、装置达标、生产调度、装置的开停工、防汛及绩效考核、月度检查工作。

刘建伟任副厂长、安全总监、党委委员，负责安全生产监督检查、环境保护、HSE 体系认证等全面管理工作。

李晓均任副厂长、党委委员，负责培训工作，分管劳动纪律、环境卫生管理及制度梳理、管理提升工作。

张春晓任副厂长、党委委员，负责设备管理（电仪设备除外），组织落实设备检修、大修、计量器具检定工作。

金国仁任副厂长、党委委员，负责对电气、仪表专业的生产管理、技术管理、安全管理、质量管理工作。

2014 年 9 月 2 日，大庆炼化公司决定：将动力二厂划归矿区服务事业部，按矿区服务事业部二级单位管理。

截至 2014 年 9 月 2 日，动力二厂在册员工 451 人，其中女员工 173 人，党员 123 人。

## 一、动力二厂行政领导名录（2014.1—9）

厂　　　长　侯善刚（2014.1—9）

副 　厂　 长　汤伟成（2014.1—9）

刘建伟（2014.1—9）

张春晓（2014.1—9）

李　丰（2014.1—9）

李晓均（2014.1—9）

金国仁（2014.1—9）

安 全 总 监　刘建伟（兼任，2014.1—9）

副总工程师　阚保林（2014.1—9）

## 二、动力二厂党委领导名录（2014.1—9）

书　　　记　汤伟成（2014.1—9）

副 　书 　记　侯善刚（2014.1—9）

委　　　员　汤伟成（2014.1—9）

侯善刚（2014.1—9）

刘建伟（2014.1—9）

张春晓（2014.1—9）

李　丰（2014.1—9）

李晓均（2014.1—9）

金国仁（2014.1—9）

## 三、动力二厂纪委领导名录（2014.1—9）

书　　　记　汤伟成（2014.1—9）

委　　　员　汤伟成（2014.1—9）

于仁杰（2014.1—9）

朱明兴（2014.1—9）

杜　伟（2014.1—9）

张　强（2014.1—9）

**四、动力二厂工会领导名录（2014.1—9）**

主　　席　汤伟成（2014.1—9）

**五、所属机关科级单位**

截至2014年1月1日，动力二厂机关在册员工37人，其中党员25人。机关设综合办公室和生产办公室，机构规格正科级。主要负责全厂组织、人事、核算、工会、保卫武装等工作；负责组织全厂生产、检维修、项目施工工作以及协调解决生产问题。

2014年9月2日，动力二厂划归矿区服务事业部管理，下设科室一并划归。

截至2014年9月2日，动力二厂机关在册员工37人，其中党员25人。

**（一）综合办公室领导名录（2014.1—9）**

主　　任　杜　伟（2014.1—9）

副　主　任　杜凤龙（2014.1—9）

**（二）生产办公室领导名录（2014.1—9）**

主　　任　徐立太（2014.1—9）

副　主　任　曾永胜（2014.1—9）

韩长海（2014.1—9）

**（三）机关党支部领导名录（2014.1—9）**

书　　记　杜　伟（2014.1—9）

**六、所属基层科级单位**

**（一）动力车间（2014.1—9）**

截至2014年1月1日，动力车间在册员工83人，其中党员17人。动力车间主要负责为动力二厂提供新鲜水，为空压系统提供循环水，为装置提供处理后的净化风，为林源地区企事业单位和生活区居民提供新鲜水供应和污水处理，机构规格正科级。

2014年9月2日，动力二厂划归矿区服务事业部管理，动力车间一并划归。

截至2014年9月2日，动力车间在册员工80人，其中党员18人。

1. 动力车间领导名录（2014.1—9）

　　　　主　　　任　祁广库（2014.1—9）

　　　　副　主　任　于仁杰（2014.1—9）

　　　　　　　　　　李万勇（2014.1—9）

　　　　　　　　　　杨谊洪（2014.1—9）

2. 动力车间党支部领导名录（2014.1—9）

　　　　书　　　记　于仁杰（2014.1—9）

**（二）机务车间（2014.1—9）**

　　截至 2014 年 1 月 1 日，机务车间在册员工 44 人，其中党员 16 人。机务车间主要负责燃煤、酸罐的铁路运输任务，机构规格正科级。

　　2014 年 9 月 2 日，动力二厂划归矿区服务事业部管理，机务车间一并划归。

　　截至 2014 年 9 月 2 日，机务车间在册员工 42 人，其中党员 13 人。

1. 机务车间领导名录（2014.1—9）

　　　　主　　　任　牛春伟（2014.1—9）

　　　　副　主　任　栾永河（2014.1—9）

2. 机务车间党支部领导名录（2014.1—9）

　　　　书　　　记　栾永河（2014.1—9）

**（三）锅炉车间（2014.1—9）**

　　截至 2014 年 1 月 1 日，锅炉车间在册员工 63 人，其中党员 12 人。锅炉车间主要负责锅炉设备的运行和一般故障的处理，机构规格正科级。

　　2014 年 9 月 2 日，动力二厂划归矿区服务事业部管理，锅炉车间一并划归。

　　截至 2014 年 9 月 2 日，锅炉车间在册员工 62 人，其中党员 13 人。

1. 锅炉车间领导名录（2014.1—9）

　　　　主　　　任　黄　诚（2014.1—9）

　　　　副　主　任　张国宽（2014.1—9）

　　　　　　　　　　关　山（满族，2014.1—9）

2. 锅炉车间党支部领导名录（2014.1—9）

　　　　书　　　记　张国宽（2014.1—9）

**（四）汽机车间（2014.1—9）**

截至 2014 年 1 月 1 日，汽机车间在册员工 35 人，其中党员 8 人。车间主要负责汽轮机组的运行维护，热网泵的使用、维护，机构规格正科级。

2014 年 9 月 2 日，动力二厂划归矿区服务事业部管理，汽机车间一并划归。

截至 2014 年 9 月 2 日，汽机车间在册员工 31 人，其中党员 8 人。

　　1. 汽机车间领导名录（2014.1—9）

　　　　主　　　任　　朱明兴（2014.1—9）

　　　　副　主　任　　张子恒（2014.1—9）

　　　　　　　　　　　姜学樯（2014.1—9）

　　2. 汽机车间党支部领导名录（2014.1—9）

　　　　书　　　记　　张子恒（2014.1—9）

**（五）原料车间（2014.1—2015.5）**

截至 2014 年 1 月 1 日，原料车间在册员工 87 人，其中党员 19 人。原料车间主要负责为动力二厂锅炉运行和汽轮机发电提供燃料煤、除盐水、软化水，机构规格正科级。

2014 年 9 月 2 日，动力二厂划归矿区服务事业部管理，原料车间一并划归。

截至 2014 年 9 月 2 日，原料车间在册员工 86 人，其中党员 18 人。

　　1. 原料车间领导名录（2014.1—9）

　　　　主　　　任　　赵罗民（2014.1—9）

　　　　副　主　任　　赵金明（2014.1—9）

　　　　　　　　　　　孔宪春（2014.1—9）

　　2. 原料车间党支部领导名录（2014.1—9）

　　　　书　　　记　　赵金明（2014.1—9）

**（六）电气车间（2014.1—9）**

截至 2014 年 1 月 1 日，电气车间在册员工 70 人，其中党员 16 人。电气车间主要负责林源地区企事业单位和居民的用电管理以及动力二厂电气设备维护、检修、改造，机构规格正科级。

2014 年 9 月 2 日，动力二厂划归矿区服务事业部管理，电气车间一并划归。

截至 2014 年 9 月 2 日，电气车间在册员工 64 人，其中党员 15 人。

1. 电气车间领导名录（2014.1—9）

主　　任 姜　伟（2014.1—9）

副 主 任 张　强（2014.1—9）

陶书刚（2014.1—9）

徐文岗（2014.1—9）

2. 电气车间党支部领导名录（2014.1—9）

书　　记 张　强（2014.1—9）

**（七）维护车间（2014.1—9）**

截至 2014 年 1 月 1 日，维护车间在册员工 53 人，其中党员 15 人。维护车间主要负责生产装置的日常维护、检修、大修、技改技措项目等工作，机构规格正科级。

2014 年 9 月 2 日，动力二厂划归矿区服务事业部管理，维护车间一并划归。

截至 2014 年 9 月 2 日，维护车间在册员工 49 人，其中党员 13 人。

1. 维护车间领导名录（2014.1—9）

主　　任 丁清玉（2014.1—9）

副 主 任 曾庆东（满族，2014.1—9）

杨谊洪（2014.1—9）

2. 维护车间党支部领导名录（2014.1—9）

书　　记 曾庆东（2014.1—9）

# 第八节　设计院（2014.1—2018.12）

设计院的前身是设计研究院。2010 年 4 月，更名为设计院，调整为公司二级单位序列。同年 10 月，将项目后评价室划转至设计院管理，原有职能不变。机构规格正处级，党组织关系隶属大庆炼化公司党委，办公地点在黑龙江省大庆市让胡路区马鞍山。设计院具有一、二类压力容器设计资格。

设计院主要职能为完成公司技改技措、安全环保、隐患治理、大修、矿区等项目的项目论证、方案设计及施工图设计工作；对已竣工投产项目的前期、建设实施期、生产运行期、经济效益影响和持续性等工作进行评价。

截至 2014 年 1 月 1 日，设计院下设综合办公室、工艺设计室、设备设计室、公用工程设计室以及项目后评价室。在册员工 101 人，其中干部 93 人，硕士研究生 6 人，大专以上学历 95 人，副高级职称 20 人，中级职称 58 人。下属 4 个党支部，共有党员 51 人。

设计院党政领导班子由 5 人组成。贾长义任院长，负责行政、生产、经营全面工作。侯郁周任党总支书记、副院长，负责组织、党建、干部管理、纪检、宣传、企业文化、工会（女工）、共青团、奖金考核、双文明考核。陈雷任副院长，负责企管、项目后评价、卫生规格化。王祥芝任副院长，负责安全、材料、成本管理、日常设计、生产组织协调工作、设计计划及质量管理。罗树权任总工程师，负责技术管理工作。

2015 年 10 月，大庆炼化公司党委决定：设计院党组织由党总支改建为党委。

2016 年 5 月 20 日，中共大庆炼化公司设计院委员会召开第一次党员大会，48 名党员参加会议。会议选举产生中共设计院第一届委员会，由王祥芝、陈雷、罗树权、侯郁周、贾长义 5 人组成（以姓氏笔画为序），侯郁周为党委书记，贾长义为党委副书记。选举产生中共设计院纪律检查委员会，由王建、孙寅秋、陈雷、侯郁周、贾长义 5 人组成（以姓氏笔画为序），侯郁周为纪委书记。

2017 年 8 月，大庆炼化公司决定：将设计院设备设计室和公用工程设计室机构和职能合并，合并后单位名称为公用工程设计室，机构隶属关系、规格、职能等均不变。

2017 年 9 月，大庆炼化公司党委决定：宋志国任大庆炼化公司设计院党委委员、书记、纪委书记、工会主席；免去侯郁周的大庆炼化公司设计院党委书记、委员、纪委书记、工会主席职务。大庆炼化公司决定：宋志国任大庆炼化公司设计院副院长；侯郁周任大庆炼化公司设计院调研员；免去侯郁周的大庆炼化公司设计院副院长职务。宋志国负责原党委书记侯郁周分管的组织、党建、纪检、宣传、企业文化、干部管理工作。

2018年11月，大庆炼化公司决定：免去陈雷的大庆炼化公司设计院副院长兼项目后评价室主任职务（退出领导岗位）。贾长义负责原副院长陈雷分管的企管、项目后评价、卫生规格化工作。

截至2018年12月31日，设计院内下设综合办公室、工艺设计室、公用工程设计室以及项目后评价室。在册员工92人，干部86人，硕士研究生7人，大专以上学历84人，正高级职称1人，副高级职称30人，中级职称46人。3个设计室承担13个专业的设计任务，各专业设相应专业负责人1人。设计院党委下属4个党支部，共有党员49人。

设计院党政领导班子由4人组成。贾长义任院长、党委副书记，负责行政、项目后评价、企管、生产、经营全面工作。宋志国任党委书记、纪委书记、工会主席，负责组织、党建、干部管理、纪检、宣传、企业文化、工会（女工部分）、共青团。王祥芝任副院长、党委委员，负责安全、材料、成本管理、日常设计、卫生规格化、生产组织协调工作、设计计划及质量管理。罗树权任总工程师、党委委员，负责技术管理工作。

设计院实行模拟经营后，上下迅速行动，打破传统思维定式，通过破解管理、技术、市场、资源四大课题，引导干部员工实现"四个转变"，全力打造一支敢想、敢干、敢拼的设计团队，促进了经济效益的逐年攀升。2013年全院齐心协力、凝聚共识，优化资源配置，不断积累经验，提升技术实力，完成设计项目总投资额6.1亿元，实现设计收入2612.46万元，同比涨幅275.77%，员工的精神面貌焕然一新。2014年通过自主承担7万吨石油磺酸盐磺化装置的设计工作，成为该设计领域不可或缺的技术力量，实现设计收入3125.64万元，再一次突破历史最好业绩水平，步入设计发展快车道。2015年实现设计收入2380万元，超额完成公司下达的考核指标。2013年至2015年，设计院连续3年取得公司"双文明先进单位"的荣誉称号。2016年至2017年是设计院练内功，打基础，稳步发展的一年，设计院针对14个专业、4个岗位等级，制订了有针对性的培训计划，提高了员工的设计能力，达到了预期的效果。2018年设计院全面实施"目标管理"，对大项目排出进度表，动态跟踪，及时调整，解决项目中出现的问题，提前完成了公司下达的各项设计任务。

**一、设计院行政领导名录（2014.1—2018.12）**

  院  长 贾长义（2014.1—2018.12）

  副 院 长 侯郁周（2014.1—2017.9）

       王祥芝（2014.1—2018.12）

       陈 雷（2014.1—2018.11）①

       宋志国（2017.9—2018.12）

  总 工 程 师 罗树权（2014.1—2018.12）

  副总工程师 张显梅（女，2014.1—2018.12）

       杨 青（2014.1—2018.12）

       程冠军（2014.1—2018.12）

       杨 帆（2014.1—2018.12）

       刘宏伟（女，2014.1—2017.8）

  调 研 员 刘宏伟（正科级，2017.8—2018.12）

       侯郁周（正处级，2017.9—2018.12）

**二、设计院党总支、党委领导名录（2014.1—2018.12）**

  书  记 侯郁周（2014.1—2017.9）

       宋志国（2017.9—2018.12）

  副 书 记 贾长义（2014.1—2018.12）

  委  员 贾长义（2014.1—2018.12）

       侯郁周（2014.1—2017.9）

       陈 雷（2014.1—2018.11）

       王祥芝（2014.1—2018.12）

       罗树权（2014.1—2018.12）

       宋志国（2017.9—2018.12）

**三、设计院纪委领导名录（2015.10—2018.12）**

  书  记 侯郁周（2015.10—2017.9）

       宋志国（2017.9—2018.12）

---

① 2018 年 11 月，陈雷退出领导岗位。

委　　员　侯郁周（2015.10—2017.9）

贾长义（2015.10—2018.12）

陈　雷（2015.10—2018.11）

杨　帆（2015.10—2018.12）

王　建（女，2015.10—2018.12）

孙寅秋（女，2015.10—2018.12）

宋志国（2017.9—2018.12）

**四、设计院工会领导名录（2015.10—2018.12）**

主　　席　侯郁周（2015.10—2017.9）

宋志国（2017.9—2018.12）

**五、所属机关科级单位**

截至 2014 年 1 月 1 日，设计院机关设综合办公室，机构规格正科级。综合办公室下设晒图室。在册员工 15 人，其中女员工 11 人，党支部党员 8 人。

综合办公室主要负责设计管理、设计联络、人事劳资、统计核算、组织群团、培训、档案资料管理及日常事务性工作，办公室下设出版组，负责包括打图、晒图、装订、复印、蓝图发放、现场服务等业务工作。

截至 2018 年 12 月 31 日，设计院机关在册员工 12 人，其中女员工 9 人，党员 8 人。

**（一）综合办公室领导名录（2014.1—2018.12）**

主　　任　王　建（2014.1—2018.12）

副 主 任　韩文毅（2014.1—2018.11）

**（二）机关党支部领导名录（2014.1—2018.12）**

书　　记　王　建（2014.1—2018.12）

**六、所属基层科级单位**

**（一）工艺设计室（2014.1—2018.12）**

截至 2014 年 1 月 1 日，工艺设计室包括炼油工艺、化工工艺、储运、仪表自动化 4 个专业，在册员工 27 人，其中党员 14 人。

工艺设计室主要负责公司炼油、化工、储运系统近 40 套装置及 10 余个辅助工段或单元的工艺技术改造、安全隐患治理、大修项目设计，仪表专业承担全公司所有仪表自动化控制及计量检测系统的设计任务。

截至 2018 年 12 月 31 日，在册员工 26 人，其中党员 12 人。

1. 工艺设计室领导名录（2014.1—2018.12）

　　主　　　任　余　谦（2014.1—2018.12）

　　副　主　任　孙寅秋（2014.1—2018.12）

2. 工艺设计室党支部领导名录（2014.1—2018.12）

　　书　　　记　孙寅秋（2014.1—2016.10）

　　　　　　　　余　谦（2016.10—2018.12）

**（二）设备设计室（2014.1—2017.8）**

截至 2014 年 1 月 1 日，设备设计室包括动设备、静设备 2 个专业，在册员工 9 人，其中党员 3 人。

设备设计室主要负责公司 9 个专业厂生产装置的动、静设备的技术改造、安全环保、大修等项目的设计任务。

2017 年 8 月，设计院设备设计室和公用工程设计室机构和职能合并，合并后单位名称为公用工程设计室，机构隶属关系、规格、职能等均不变。

截至 2017 年 8 月 2 日，设备设计室在册员工 9 人，其中党员 3 人。

1. 设备设计室领导名录（2014.1—2017.8）

　　主　　　任　刘宏伟（2014.1—2017.8）

　　副　主　任　吴静民（2014.1—2017.8）

2. 设备设计室党支部领导名录（2014.1—2017.8）

　　书　　　记　吴静民（2014.1—2016.10）

　　　　　　　　刘宏伟（2016.10—2017.8）

**（三）公用工程设计室（2014.1—2018.12）**

截至 2014 年 1 月 1 日，公用工程设计室在册员工 23 人，其中党员 11 人。包括总图、土建、热工、给排水、电气、暖通 6 个专业，主要负责全厂生产装置、辅助生产装置、公用、民用、生活设施的建筑物维修、技改技措、扩改建设计工作。

2017 年 8 月，大庆炼化公司人事决定：设计院设备设计室和公用工程设计室机构和职能合并，合并后单位名称为公用工程设计室，机构隶属关系、规格、职能等均不变。

截至2018年12月31日，公用工程设计室在册员工29人，其中党员14人。

1. 公用工程设计室领导名录（2014.1—2018.12）

主　　任　杨　帆（2014.1—2016.6）

刘文哲（2016.6—2018.12）

副　主　任　刘文哲（2014.1—2016.6）

吴静民（2017.8—2018.12）①

2. 公用工程设计室党支部领导名录（2014.1—2018.12）

书　　记　杨　帆（2014.1—2018.12）

**（四）项目后评价室（2014.1—2018.12）**

截至2014年1月1日，项目后评价室在册员工13人，其中党员7人。项目后评价室主要负责公司已完成的建设投资项目、技改技措项目、安全环保项目的后评价工作。

截至2018年12月31日，项目后评价室在册员工11人，其中党员7人。

1. 项目后评价室领导名录（2014.1—2018.12）

主　　任　陈　雷（兼任，2014.1—2018.11）

副　主　任　王福泉（2014.1—2018.12）

李志娟（女，2014.1—2017.7）

调　研　员　李志娟（副科级，2017.7—2018.12）

2. 项目后评价室党支部领导名录（2014.1—2018.12）

书　　记　李志娟（2014.1—2016.10）

王福泉（2016.10—2018.12）

# 第九节　研究院（2016.3—2018.12）

研究院的前身是科技发展研究中心，2000年12月成立。2005年12月，更名为科技研发部。2010年4月，更名为研究院，列大庆炼化公司二级单

---

① 2018年12月，吴静民退出领导岗位。

位序列，机构规格正处级，党组织关系隶属大庆炼化公司党委，办公地点在黑龙江省大庆市让胡路区马鞍山。2012年6月，大庆炼化公司党委决定，成立研究院党总支部。2013年7月，撤销研究院机构建制，人员划归到聚合物一厂管理。

2016年2月，大庆炼化公司决定：逯德成任大庆炼化公司研究院筹备组负责人（牵头负责），吴金海任大庆炼化公司研究院筹备组负责人职务。

2016年3月，大庆炼化公司决定：恢复成立研究院，机构规格正处级，列公司二级单位序列。研究院下设炼油研究所，机构规格正科级，其主要职能负责公司炼油系统的生产运行优化和技术研究工作。

截至2016年3月，研究院在册员工6人，其中女员工1人，共有党员4人。

2016年10月，经中共大庆炼化公司委员会研究决定：中共大庆炼化公司研究院支部委员会由王治峰、吴金海、逯德成3人组成（按姓氏笔画为序），吴金海任书记。

逯德成任筹备组负责人（牵头负责）、党支部委员，负责科研项目、人事工作、绩效考核、培训工作、审计工作、核算工作、质量安全环保、内控、保密工作。吴金海任筹备组负责人、党支部书记，负责组织建设、纪委工作、工会工作、企业文化、共青团、维稳、综合治理工作。

2017年1月，大庆炼化公司党委决定：免去吴金海的大庆炼化公司研究院党支部书记职务。大庆炼化公司决定：免去吴金海的大庆炼化公司研究院筹备组负责人职务。筹备组负责人（牵头负责）、党支部委员逯德成负责科研项目、人事工作、绩效考核、培训工作、审计工作、核算工作、质量安全环保、内控、保密工作，代管组织建设、纪委工作、工会工作、企业文化、共青团、维稳、综合治理工作。

2018年4月，大庆炼化公司党委决定：逯德成任大庆炼化公司研究院党支部书记。筹备组负责人（牵头负责）、党支部书记逯德成负责科研项目、人事工作、绩效考核、培训工作、审计工作、核算工作、质量安全环保、内控、保密、组织建设、纪委工作、工会工作、企业文化、共青团、维稳、综合治理工作。

2018年8月，大庆炼化公司对公司研究机构进行调整：将聚合物一厂聚合物研究所业务职能及人员划入研究院管理，并更名为研究院聚合物研究室，机构规格不变；聚合物二厂磺酸盐研究所业务职能及人员（含兼任所长的副总工程师）划入研究院管理，并更名为研究院磺酸盐研究室，机构规格不变；将动力厂水质研究所业务职能及人员（含兼任所长的副总工程师）划入研究院管理，并更名为研究院水质研究室，机构规格不变。

2018年8月，大庆炼化公司决定：逯德成任大庆炼化公司研究院院长；尚振平任大庆炼化公司研究院副院长。领导班子分工随之调整：

院长、党支部书记逯德成，负责全院的全面工作，分管行政、人事、劳资、党的建设、思想政治、纪检、宣传、工会、共青团、综合治理、维稳、信息运维等工作。副院长尚振平，负责全院科研等方面的工作，分管科研项目、员工培训、安全、保密等工作。

2018年10月18日，中共大庆炼化公司研究院党支部委员会召开党员大会，27名党员参加会议，会议选举产生中共研究院支部委员会，由马天祥、杨清华、李胜、尚振平、逯德成5人组成（以姓氏笔画为序），逯德成为党支部书记。

2018年10月，大庆炼化公司对研究院内设机构进行调整：在研究院增设综合办公室，机构规格正科级；将研究院炼油研究所更名为炼油研究室，更名后机构规格、职能等均不变。

截至2018年12月31日，研究院下设综合办公室、炼油研究室、聚合物研究室、磺酸盐研究室、水质研究室。负责组织开展聚合物、磺酸盐、水质、炼油等领域产品及技术研发、技术服务与推广应用工作，配合公司相关处室和生产装置，开展技术攻关和生产优化，解决生产技术难题，推动技术进步，实现创新创效。负责中国石油驱油用油田化学品技术中心的日常管理工作。研究院在册员工66人，其中女员工33人，党员35人。

研究院领导班子由2人组成：逯德成任研究院院长、党支部书记，尚振平任副院长。领导班子分工自2018年8月以来未再进行调整。

2016年至2018年，研究院积极组织科研项目，稳步开展中低分子量抗盐驱油用聚合物合成技术的研究、高性能驱油聚丙烯酰胺2500A的研究及工业化生产技术开发、超重力法石油磺酸盐生产新技术研究、污水处理技术研究等 14 项科研工作。同时，积极配合生产开展协助工作，提出或提供磺酸盐装置污水氧化过程 pH 值控制、低水解度抗盐聚合物生产试验研究、公司外排污水 TOC 监测、炼油装置效益核算等多项技术支持。此外，重视知识产权工作，获得了"一种定量测定清洗剂对石油磺酸盐结焦物溶解率的方法"等 6 项国家发明专利和"用于膜式磺化器的清洗装置"等 2 项实用新型专利正式授权，用实际行动为公司创新创效做贡献。

## 一、研究院行政领导名录（2016.3—2018.12）

2016 年 3 月至 2018 年 8 月：

　　　　负　责　人　逯德成（牵头负责，2016.2—2018.8）

　　　　　　　　　　吴金海（2016.2—2017.1）[①]

2018 年 8 月至 12 月：

　　　　院　　　长　逯德成（2018.8—12）

　　　　副　院　长　尚振平（2018.8—12）

　　　　副总工程师　马天祥（2018.8—12）

　　　　　　　　　　杨清华（2018.8—11）[②]

## 二、研究院党支部领导名录（2016.10—2018.12）

　　　　书　　　记　吴金海（2016.10—2017.1）[③]

　　　　　　　　　　逯德成（2018.4—12）

　　　　委　　　员　逯德成（2016.10—2018.12）

　　　　　　　　　　王治峰（2016.10—2018.10）

　　　　　　　　　　吴金海（2016.10—2017.1）

　　　　　　　　　　尚振平（2018.10—12）

　　　　　　　　　　马天祥（2018.10—12）

　　　　　　　　　　杨清华（2018.10—11）

　　　　　　　　　　李　　胜（2018.10—12）

---

① 2017 年 2 月，吴金海与大庆炼化公司签订协议保留劳动关系。

② 2018 年 11 月，杨清华退出领导岗位。

③ 2017 年 2 月至 2018 年 3 月期间，研究院党支部书记空缺。

### 三、所属综合办公室（2018.10—12）

2018年10月，大庆炼化公司对研究院内设机构进行调整：在研究院增设综合办公室，机构规格正科级。在册员工7人，其中女员工4人，党员6人。

综合办公室主要负责科研项目规划、前沿技术持续跟踪、项目立项、实验室安排等统筹协调、成果验收与转化、知识产权保护、情报信息、保密管理、设备维护、安全环保、物资管理、行政企管、组织纪检、人事劳资、文化宣传、群团工会、综合治理等工作。

截至2018年12月31日，综合办公室在册员工8人，其中女员工5人，党员7人。

主　　　　任　李　胜（2018.11—12）①

副　主　任　韩仁峰（2018.11—12）

### 四、基层科级单位

#### （一）炼油研究所—炼油研究室（2016.3—2018.12）

2016年3月，研究院筹备组成立，下设炼油研究所，机构规格正科级，其主要职能负责公司炼油系统的生产运行优化和技术研究工作。炼油研究所在册员工3人，其中党员2人。

2018年10月，大庆炼化公司决定，对研究院内设机构进行调整：将研究院炼油研究所更名为炼油研究室，更名后机构规格、职能等均不变。

截至2018年12月31日，炼油研究室在册员工5人，女员工1人，党员2人。

主　　　　任　王治峰（2018.8—12）

#### （二）聚合物研究室（2018.8—12）

2018年8月，大庆炼化公司决定，对公司研究机构进行调整：将聚合物一厂聚合物研究所业务职能及人员划入研究院管理，并更名为研究院聚合物研究室，机构规格不变。

截至2018年8月31日，聚合物研究室在册员工29人，女员工14人，党员14人。

---

① 2018年10月至11月期间，综合办公室主任空缺。

聚合物研究室负责组织开展本单位所承担的科研项目，负责完成公司生产技术下达的有关原料评价工作。

截至 2018 年 12 月 31 日，聚合物研究室在册员工 25 人，女员工 12 人，党员 10 人。

主　　任　李　胜（2018.8—11）

　　　　　　高　俊（2018.11—12）

副 主 任　高　俊（2018.8—11）

　　　　　　云　飞（2018.8—12）

### （三）磺酸盐研究室（2018.8—12）

2018 年 8 月，大庆炼化公司决定，对公司研究机构进行调整：将聚合物二厂磺酸盐研究所业务职能及人员划入研究院管理，并更名为研究院磺酸盐研究室，机构规格不变。

截至 2018 年 8 月 31 日，磺酸盐研究室在册员工 15 人，女员工 9 人，党员 8 人。

磺酸盐研究室负责组织开展本单位所承担的科研项目，为磺酸盐装置生产提供技术支持。

截至 2018 年 12 月 31 日，磺酸盐研究室在册员工 13 人，女员工 8 人，党员 6 人。

主　　任　马天祥（兼任，2018.8—12）

副 主 任　韩仁峰（2018.8—11）

　　　　　　常松涛（2018.8—12）

### （四）水质研究室（2018.8—12）

2018 年 8 月，大庆炼化公司决定，对公司研究机构进行调整：将动力厂水质研究所业务职能及人员划入研究院管理，并更名为研究院水质研究室，机构规格不变。

截至 2018 年 8 月 31 日，水质研究室在册员工 12 人，女员工 7 人，党员 7 人。

水质研究室负责组织开展本单位所承担的科研项目，负责协助公司相关处室，对工业水处理系统生产难题开展研究；负责公司污水系统的 TOC 检测。

截至 2018 年 12 月 31 日，水质研究室在册员工 12 人，女员工 7 人，党员 7 人。

主　　　任　杨清华（兼任，2018.8—11）
副　主　任　苏庆峰（2018.8—12）

## 第十节　计量检测中心（2014.1—2018.12）

计量检测中心的前身为大庆炼化公司工程技术服务公司计量检测分公司。2004 年 10 月列入大庆炼化公司附属机构序列，机构规格正科级，业务受大庆炼化公司生产运行处领导，党组织关系隶属大庆炼化公司党委。2007 年 1 月，机构规格由正科级调整为副处级，党组织关系隶属大庆炼化公司机关党委。2010 年 4 月，按照"三控制一规范"工作要求，计量检测中心列入大庆炼化公司二级单位序列，办公地点在黑龙江省大庆市让胡路区马鞍山。

计量检测中心拥有 13 套检定装置、11 个检定室，可在全公司范围内开展几何、热工、力学、电磁、物理化学等计量器具的检定、校准工作。负责组织贯彻执行国家计量法律法规，制定和完善公司计量管理规定；负责公司计量器具的管理；负责公司计量数据管理，数据平衡；负责节能节水现场监督检查工作；负责建立企业最高计量标准、开展计量器具的量值溯源和量值传递工作；承担计量器具内部检定、校准工作；负责公司的能源动力、产品物料的计量交接监督工作；组织处理计量争议；负责测量管理体系认证和实施管理并组织持续改进工作；负责公司内计量人员培训、考核、取证，资质审查，持证上岗管理工作；负责公司汽车衡和轨道衡的维护、检维修、技措、基建项目施工等工作。

截至 2014 年 1 月 1 日，计量检测中心在册员工 71 人，其中女员工 38 人，党员 35 人。计量检测中心党政领导班子由 6 人组成。生产运行处副处长高宪武任计量检测中心主任，分管人事、干部、劳资、成本费用管理和各项指标控制、公务用车。朱卫东任党支部书记、副主任，分管党群、工会、纪检、共青团、综合治理、计划生育、队伍稳定、后勤保障等工作。王广荣任副主任，负责计量管理及监督，分管技术组工作。侯昭利任副主任，负责计量数据管理，数据平衡和能源、物料及产品结算，分管数据组。唐伟任副主任，负责公司节能节水现场管理、岗位不间断巡检及班组交接班管理，分管现场监督工作。雷承凯任副主任，负责计量器具的管理、培训、体系认证，分管检定班组。

2014年1月，大庆炼化公司决定：将原机关党委负责的计量检测中心的党组织工作直接对口公司党委。

2015年2月，大庆炼化公司党委决定：纪长伟任大庆炼化公司计量检测中心党支部书记；免去朱卫东的大庆炼化公司计量检测中心党支部书记职务。大庆炼化公司决定：纪长伟任大庆炼化公司计量检测中心副主任；朱卫东任大庆炼化公司计量检测中心调研员；免去朱卫东的大庆炼化公司计量检测中心副主任职务。领导班子分工随之调整：

主任高宪武分管安全、行政、生产经营、人事、劳资、培训、企业管理等工作，协助党支部书记做好党群工作。

党支部书记、副主任纪长伟分管党建、文化宣传、纪检、工会、共青团、维稳、综合治理等工作，协助主任做好行政工作。

副主任王广荣负责计量管理、计量监督、计量争议处理等工作，分管计量监督组工作，协助党政领导做好相关工作。

副主任唐伟负责公司节能节水现场管理，负责公司岗位不间断巡检及班组交接班管理，分管现场监督工作，协助党政领导做好相关工作。

副主任侯昭利负责公司计量数据管理，数据平衡和能源、物料及产品结算等工作，分管数据组，协助党政领导做好相关工作。

副主任雷承凯负责计量检定、计量技术、体系管理等工作，分管技术组、检定班组，协助党政领导做好相关工作。

2015年9月25日，计量检测中心召开第三次工会会员大会，工会会员共70人参加会议。会议选举产生计量检测中心第三届工会委员会、经费审查委员会和女职工委员会。纪长伟为工会主席。

2015年10月，大庆炼化公司党委决定：李丰任大庆炼化公司计量检测中心党支部副书记。大庆炼化公司决定：李丰任大庆炼化公司计量检测中心主任；免去高宪武的大庆炼化公司计量检测中心主任职务。领导班子分工随之调整：

主任、党支部副书记李丰分管行政、生产经营、人事、劳资、企业管理等工作，协助党支部书记做好党群工作。

党支部书记、副主任纪长伟分管党建、文化宣传、纪检、工会、共青团、维稳、综合治理等工作，协助主任做好行政工作。

副主任王广荣分管计量管理、计量监督、计量争议处理等工作，分管计量监督组工作，协助党政领导做好相关工作。

副主任唐伟分管公司节能节水现场管理，负责公司岗位不间断巡检及班组交接班管理，分管现场监督工作，协助党政领导做好相关工作。

副主任侯昭利分管公司计量数据管理，做好数据平衡和能源、物料及产品结算等工作，分管数据组，协助党政领导做好相关工作。

副主任雷承凯分管安全、培训、计量检定、计量技术、体系管理等工作，分管技术组、检定班组，协助党政领导做好相关工作。

2016年5月17日，中共大庆炼化公司计量检测中心党支部召开党员大会，32名党员参加会议。会议选举产生中共大庆炼化公司计量检测中心支部委员会，由王广荣、纪长伟、李丰、侯昭利、唐伟、雷承凯6人组成（以姓氏笔画为序），纪长伟为党支部书记，李丰为党支部副书记。

2018年12月，大庆炼化公司决定：免去侯昭利的大庆炼化公司计量检测中心副主任职务（退出领导岗位）。

截至2018年12月31日，计量检测中心在册员工65人，其中女员工26人，共有党员38人。

计量检测中心党政领导班子由5人组成。

李丰任主任、党支部副书记，分管行政、生产经营、人事、劳资、企业管理等工作，协助党支部书记做好党群工作。

纪长伟任党支部书记、副主任，分管党建、文化宣传、纪检、工会、共青团、维稳、综合治理等工作，协助主任做好行政工作。

王广荣任副主任，分管计量管理、计量监督、计量争议处理等工作，分管计量监督组工作，协助党政领导做好相关工作。

唐伟任副主任，分管公司节能节水现场管理，负责公司岗位不间断巡检及班组交接班管理，分管现场监督工作，协助党政领导做好相关工作。

雷承凯任副主任，分管安全、培训、计量检定、计量技术、体系管理等工作，分管技术组、检定班组，协助党政领导做好相关工作。

2014年4月，计量检测中心经中国中启认证公司审核同意在大庆炼化公司全公司范围内推介3A级测量管理体系。同年5月，获黑龙江省质量技术监督局颁发的《计量标准考核证书》。2017年7月，计量检测中心获大庆市让胡路区市场监督管理局颁发的《中华人民共和国法定计量检定机构计量授权证书》，取得了可燃气体报警器、压力、温度、电能、液体流量5类22项计量器具的法定检定资质。通过发挥计量监督作用，对全公司范围内的原料、大宗物料入厂和产品出厂进行计量监督检查，加强对出厂产品计量控制指标的执行力度，及时处理计量争议，有效维护了供需双方利益。在现场管理上，对各生产装置的员工巡检和设备跑冒滴漏、长流水、长明灯等现象进行检查，发现问题限期整改，并跟踪整改情况。在数据管理上积极推进信息化水平，减少了生产数据重复录入，提高了工作效率。及时统计装置的平稳率，查找异常数据，实现了各类生产报表的数据真实、全面、准确，提高了各生产装置平稳运行水平。每年完成1.5万余台件计量器具的检测和检定任务，计量器具三率达到100%，通过拓展外部市场，实施开源节流和修旧利废，年均超额200余万元完成模拟市场经营指标。

**一、计量检测中心行政领导名录（2014.1—2018.12）**

主　　　任　高宪武（兼任，2014.1—2015.10）

　　　　　　李　丰（2015.10—2018.12）

副　主　任　朱卫东（女，2014.1—2015.2）

　　　　　　雷承凯（2014.1—2018.12）

　　　　　　唐　伟（2014.1—2018.12）

　　　　　　侯昭利（2014.1—2018.12）[①]

　　　　　　王广荣（2014.1—2018.12）

　　　　　　纪长伟（2015.2—2018.12）

调　研　员　朱卫东（副处级，2015.2—2017.12）[②]

---

① 2018年12月，侯昭利退出领导岗位。

② 2017年12月，朱卫东退休。

## 二、计量检测中心党支部领导名录（2014.1—2018.12）

书　　记　朱卫东（2014.1—2015.2）

　　　　　纪长伟（2015.2—2018.12）

副　书　记　李　丰（2015.10—2018.12）

委　　员　朱卫东（2014.1—2015.2）

　　　　　王广荣（2014.1—2018.12）

　　　　　雷承凯（2014.1—2018.12）

　　　　　侯昭利（2014.1—2018.12）

　　　　　唐　伟（2014.1—2018.12）

　　　　　纪长伟（2015.2—2018.12）

　　　　　李　丰（2015.10—2018.12）

# 第三章　后勤服务单位

2000 年 10 月，大庆炼化公司成立，组建初期，仅有运输公司 1 个后勤服务单位。

截至 2014 年 1 月 1 日，大庆炼化公司已设立后勤服务单位 6 个：矿区服务事业部、综合服务部、保卫武装部、车辆管理部、物资供应中心、培训中心。

2014 年 1 月，物资供应中心党组织关系直接隶属公司党委。

2015 年 2 月，将信息管理部更名为信息中心，由公司直属单位调整为公司二级单位序列。

2015 年 10 月，综合服务部党组织由党总支调整为党委，并将文化新闻中心及人员列入综合服务部管理，原有规格、职能及党组织隶属关系不变。

2016 年 2 月，离退休管理中心党组织关系不再隶属矿区服务事业部党委，直接隶属公司党委。大庆炼化公司决定：明确矿区服务事业部为公司二级单位，机构规格正处级，原有职能和隶属关系不变。将离退休管理中心由矿区服务事业部直属单位调整为公司二级单位，原有机构规格和职能不变。

2016 年 2 月，离退休管理中心从矿区服务事业部划出，列公司二级单位管理，机构规格正处级，原有职能等不变。同时，离退休管理中心党组织关系不再隶属矿区服务事业部党委，直接隶属大庆炼化公司党委。

2017 年 8 月，将工会部分职能并入综合服务部的生活管理站，同时生活管理站更名为综合服务部员工服务中心。

2014 年至 2017 年，矿区服务事业部按照集团公司"交得出、接得住、可持续"的原则，全力推进"三供一业"分离移交，完成了移交界面界定、资产分类清查和移交方案起草工作。

2018 年 10 月，对综合服务部内设机构进行调整，成立综合服务部生产服务中心，机构规格正科级，列直属机构序列。同时撤销环卫管理站和机关服务站机构建制，将原环卫管理站和机关服务站的业务、职能和人员划入生产服务中心管理。撤销公寓管理站机构建制，将公寓管理站业务、职能及人员划入员工服务中心管理，合并后员工服务中心机构规格、隶属关系等不变。职能增加原公寓管理站的职能。

2018年11月，矿区服务事业部更名为林源工作部，更名后机构隶属关系、规格不变。

截至2018年12月31日，大庆炼化公司共有8个后勤服务单位：林源工作部、综合服务部、信息中心、保卫武装部、车辆管理部、离退休管理中心、物资供应中心、培训中心。矿区服务事业部、离退休管理中心办公地点在黑龙江省大庆市大同区林源镇，车辆管理部办公地点在大庆市让胡路区警民路，其他单位办公地点均为黑龙江省大庆市让胡路区马鞍山。

# 第一节　矿区服务事业部—林源工作部
## （2014.1—2018.12）

矿区服务事业部前身主要为公司林源区行政管理处、生产管理处、安全质量监督处、物业公司、离退休管理部等，成立于2007年7月，列二级单位序列，业务受大庆炼化公司和集团公司矿区服务工作部双重领导，机构规格正处级，党组织关系隶属大庆炼化公司党委，机关办公地点在黑龙江省大庆市大同区林源镇。负责林源区的物业与公用事业服务、社会公益性服务和离退休管理三大类业务，履行"保障生产，服务生活、维护稳定"三大职责。

截至2014年1月1日，矿区服务事业部机关设"5处1办"（机关处室均按副处级设置）：综合管理办公室、人事劳资处（党委组织部）、运行管理处、安全环保处、规划计划处、财务资产处；基层单位17个：离退休管理中心、房产管理中心、林源医院、物管一站、物管二站、物管三站、运行队、维修队、信息能源管理中心、文化活动中心、再就业服务大队、园林绿化大队、城管监察大队、车队、林源宾馆、守卫大队、纺织厂，在册员工887人，其中女员工378人。矿区服务事业部党委下属基层党委1个、党总支1个，党支部31个，共有党员619人（其中在职党员298人，离退休党员321人）。

矿区服务事业部党政领导班子由 7 人组成。

公司副总经理、党委委员李岩冰兼任矿区服务事业部主任、党委副书记，负责行政全面工作，分管林源医院。

庞向阳任党委书记、副主任、纪委书记、工会主席，负责党群全面工作，主持纪委、工会工作，负责党建干部、再就业服务、守卫等工作，分管综合管理办公室、党委组织部、再就业服务大队、林源宾馆、文化活动中心、守卫大队。

苏将胜任常务副主任、党委委员，协助主任负责行政全面工作，负责人事劳资、规划计划、财务资产、房产管理、信息能源、园林绿化等工作，分管人事劳资处、财务资产处、规划计划处、房产管理中心、信息能源管理中心、园林绿化大队、车队、纺织厂。

王旭任副主任、党委委员，协助党委书记分管宣传、工会、共青团工作，主持离退休管理中心工作。

王胜任副主任、党委委员，协助党委书记负责维稳、综合治理工作，分管工程管理、物管一站、物管二站、物管三站、城管监察大队。

朱鲁涛任副主任、党委委员，负责庆南新城规划建设方面工作、企业与政府之间的沟通协调工作。

刘天启任副主任、党委委员，负责安全、环境保护、生产运行、技术、科技、节能减排、质量管理、计量管理、设备、机械、电气、仪表、检维修、资产、物资管理、内控、HSE 体系建设工作，分管运行管理处、安全环保处、运行队、维修队。

2014 年 3 月，大庆炼化公司党委决定：蒋华任矿区服务事业部党委副书记；免去李岩冰的矿区服务事业部党委副书记、委员职务；免去苏将胜的矿区服务事业部党委委员职务。大庆炼化公司决定：蒋华任矿区服务事业部主任；免去李岩冰的矿区服务事业部主任职务；免去苏将胜的矿区服务事业部常务副主任职务。

2014 年 6 月，领导班子分工进行调整：

主任、党委副书记蒋华负责行政全面工作，分管财务资产处。

党委书记、副主任、纪委书记、工会主席庞向阳负责党群全面工作，主持纪委、工会工作；负责信访、稳定、舆情监督及新闻发言、宣传、企业文化、共青团、党建干部、保卫武装、综合治理、人员调配、劳动工资、劳动组织、工伤、计划生育、保险、保密、法律事务、现场管理，分管人事劳资处（组织部）、综合管理办公室、再就业服务大队、守卫大队、林源医院。

副主任、党委委员王旭主持离退休管理中心工作；负责企业管理、合同管理、制度建设、标准化管理、体系管理、规划计划、工程造价、价格委员会、合同委员会、档案管理、绩效考核、奖金、培训工作，分管规划计划处、文化活动中心、林源宾馆、纺织厂、信息能源管理中心。

副主任、党委委员王胜负责施工管理、工程质量管理、工程监督管理、能源、社会公益性服务和机关党总支工作，分管物管一站、物管二站、物管三站、城管监察大队、车队、园林绿化大队、房产管理中心。

副主任、党委委员朱鲁涛负责庆南新城规划建设方面工作、企业与政府之间的沟通协调工作。

副主任、党委委员刘天启负责安全、环境保护、生产运行、技术、科技、节能减排、质量管理、计量管理、设备、机械、电气、仪表、检维修、资产、物资管理、内控、HSE体系建设工作，分管运行管理处、安全环保处、运行队、维修队。

2014年9月，大庆炼化公司决定：将动力二厂划归矿区服务事业部，按矿区服务事业部二级单位管理。

2014年11月，大庆炼化公司党委决定：免去朱鲁涛的矿区服务事业部党委委员职务。大庆炼化公司决定：免去朱鲁涛的矿区服务事业部副主任职务。由于朱鲁涛一直派驻庆南新城管委会工作，领导分工未变。

2015年3月，大庆炼化公司决定：林源医院机构规格调整为正科级。

2015年5月，大庆炼化公司决定：撤销动力二厂及其内设的综合办公室、生产办公室、汽机车间、维护车间、机务车间、原料车间、动力车间和电气车间的机构建制，成立供热站，机构规格副处级，列矿区服务事业部基层单位序列，供热站下设锅炉车间和辅助运行车间2个科级单位；同时撤销动力二厂党委，成立供热站党总支，党组织关系隶属矿区服务事业部党委；矿区服务事业部人事劳资处和综合管理办公室机构、职能、人员合并，合并后机构名称为综合管理办公室，机构规格不变。

2015年9月29日，矿区服务事业部召开第二次工会会员代表大会，工会会员代表共73人参加会议。会议选举产生矿区服务事业部第二届工会委员会、经费审查委员会和女职工委员会。庞向阳为工会主席。

2015年10月，大庆炼化公司党委决定：徐立任矿区服务事业部党委书记、纪委书记、工会主席；免去庞向阳的矿区服务事业部党委书记、纪委书记、工会主席职务。大庆炼化公司决定：徐立任矿区服务事业部副主任；免去庞向阳的矿区服务事业部副主任职务，任调研员。徐立负责原党委书记、纪委书记、工会主席、副主任庞向阳分管的党群全面工作，其他班子成员分工不变。

2015年10月，根据集团公司第一批宾馆酒店专项整改有关问题的批复，宾馆关停，人员分流到运行队等单位。

2016年2月，大庆炼化公司决定：离退休管理中心从矿区服务事业部划出，列公司二级单位管理；同时，离退休管理中心党组织关系不再隶属矿区服务事业部党委，直接隶属公司党委。同时公司决定：矿区服务事业部列二级单位管理，机构规格正处级，原有职能和隶属关系等不变；房产管理中心、供热站机构规格由副处级调整为正科级，原有职能不变；矿区服务事业部综合管理办公室、运行管理处、安全环保处、规划计划处、财务资产处分别更名为综合管理部、运行管理部、安全环保部、规划计划部、财务资产部，机构规格由副处级调整为正科级，原有职能不变。

2016年2月，大庆炼化公司党委决定：王胜任矿区服务事业部党委书记、纪委书记、工会主席；王旭任矿区服务事业部党委副书记；王飞任矿区服务事业部党委副书记；颜广生、吴金华、李晓均、黄庆元、杨志宏、陈河、文雅明、孟凡民任矿区服务事业部党委委员；免去蒋华的矿区服务事业部党委副书记职务；免去徐立的矿区服务事业部党委书记、纪委书记、工会主席职务；免去刘天启的矿区服务事业部党委委员职务。大庆炼化公司决定：王旭任矿区服务事业部主任；颜广生、吴金华、李晓均、黄庆元、杨志宏、陈河、文雅明、孟凡民任矿区服务事业部副主任；免去蒋华的矿区服务事业部主任职务；免去徐立的矿区服务事业部副主任职务；免去王旭、刘天启的矿区服务事业部副主任职务。领导班子分工随之调整：

主任、党委副书记王旭负责行政全面工作，分管林源医院。

党委书记、副主任、纪委书记、工会主席王胜负责党委、纪委、工会工作，分管党建、干部管理、宣传、纪检、工会和再就业服务大队业务。

副主任、党委委员李晓均负责供热站行政工作，分管供热站。

副主任、党委委员颜广生负责工程施工管理，分管运行管理部施工科、城管监察大队。

副主任、党委委员吴金华负责安全环保工作，分管安全环保部、文化活动中心。

党委副书记王飞协助书记做好党务工作，侧重负责供热站党总支工作，分管维稳、综合治理和团委工作。

副主任、党委委员黄庆元负责综合管理部除党建、干部管理、纪检、工会、团委、维稳和综合治理以外各项业务的管理，分管综合管理部、守卫大队。

副主任、党委委员杨志宏负责规划计划部各项业务的管理，负责合同委员会工作，分管规划计划部、园林绿化大队。

副主任、党委委员陈河负责财务资产部各项业务的管理，负责价格委员会工作，分管财务资产部、信息能源管理中心、车队。

副主任、党委委员文雅明负责房产管理中心业务，分管房产管理中心。

副主任、党委委员孟凡民负责运行、维修（零修）、物业管理工作，分管运行管理部除施工科以外业务、运行队、维修队、物管一站、物管二站、物三站。

2016年4月，中共大庆炼化公司矿区服务事业部委员会对所属2个党总支和22个党支部选举结果进行批复。中共机关总支委员会由王学民、许晓东、杨峰、黄庆元、薛振明5人组成，黄庆元任书记；中共供热站总支委员会由王飞、李晓均、张强、赵罗民、栾永河5人组成，王飞任书记；中共综合管理部支部委员会由王学民、闫文卓、陈泰利、周金凤、黄庆元5人组成，黄庆元任书记；中共运行管理部支部委员会由孟凡民、杨峰、韩红杰3人组成，孟凡民任书记；中共安全环保部支部委员会由吴金华、许晓东、孙真明3人组成，吴金华任书记；中共规划计划部支部委员会由杨志宏、张晓英、赵金明3人组成，杨志宏任书记；中共财务资产部支部委员会由陈河、郭丽丽、蒋晓琳3人组成，陈河任书记；中共供热站机关党支部委员会由张强、宋世民、赵燕梅3人组成，张强任书记；中共供热站锅炉车间党支部委员会由张国宽、陶书刚、黄诚3人组成，张国宽任书记；中共供热站辅助运行车间党支部委员会由于仁杰、祁广库、曾永胜3人组成，于仁杰任书记；中共房产管理中心党支部委员会由文雅明、王彬、包艳辉3人组成，文雅明任书记；中共林源医院党支部委员会由马明远、陆永海、李维华、孙和民、廖慧茹5人组成，马明远任书记；中共物业管理二站党支部委员会由郭文杰、孙恒福、王丽娟3人组成，郭文杰任书记；中共运行队党支部委员会由王琨、王士红、姜晓丽、喻建山、廖燕5人组成，喻建山任书记；中共维修队党支部委员会由张远庆、柴滨景、任俊杰3人组成，柴滨景任书记；中共信息能源管理中心党支部委员会由李涛、胡伟、王丽平3人组成，李涛任书记；中共再就业服务大队党支部委员会由于秀丽、王廷军、吕永信3人组成，王廷军任书记；中共车队党支部委员会由王玉仑、许振军、吴勇3人组成，许振军任书记；中共守卫大队党支部委员会由杨中文、张福成、陆文武3人组成，杨中文任书记；中共物业管理一站党支部刘太安任书记；中共物业管理三站党支部杨允亮任书记；中共文化活动中心党支部李国权任书记；中共园林绿化大队党支部王述评任书记；中共城管监察大队党支部韩有利任书记。

2016年5月18日，中共矿区服务事业部召开第二次代表大会，56名党员代表参加会议。会议选举产生中共矿区服务事业部第二届委员会，由王飞、王旭、王胜、文雅明、杨志宏、李晓均、吴金华、陈河、孟凡民、黄庆元、颜广生11人组成（以姓氏笔画为序），王胜为党委书记，王旭、王飞为党委副书记。选举产生中共矿区服务事业部纪律检查委员会，由马明远、王飞、王胜、王彬、王学民、闫文卓、许振军、郭文杰、薛振明9人组成（以姓氏笔画为序），王胜为纪委书记。矿区服务事业部党委下属2个党总支、22个党支部，共有党员261人。

2016年7月，大庆炼化公司党委决定：李晓均任矿区服务事业部党委副书记；王飞任矿区服务事业部党委委员；免去王飞的矿区服务事业部党委副书记职务。大庆炼化公司决定：王飞任矿区服务事业部副主任；免去李晓均的矿区服务事业部副主任职务。王飞负责原副主任、党委委员李晓均分管的供热站行政工作，分管供热站；李晓均负责原党委副书记王飞分管的协助书记王胜做好党务工作，侧重负责供热站党总支工作，分管维稳、综合治理和团委工作。

2016年12月，大庆炼化公司决定：朱鲁涛任矿区服务事业部调研员。

2017年6月，大庆炼化公司党委决定：免去陈河的矿区服务事业部党委委员职务；免去李晓均的矿区服务事业部党委副书记职务。大庆炼化公司决定：李晓均任大庆炼化公司矿区服务事业部调研员。免去陈河的矿区服务事业部副主任职务。王旭负责原副主任、党委委员陈河分管的财务资产部工作。

2017年7月，大庆炼化公司党委决定：黄庆元任矿区服务事业部党委副书记。大庆炼化公司决定：免去黄庆元的矿区服务事业部副主任职务。黄庆元协助党委书记王胜做好党群工作，分管信息能源管理中心和车队，其他分工不变。

2017年8月，大庆炼化公司决定：将物管二站和物管三站合并为物业管理站，物管一站和城管监察大队合并为物业服务监察站；供热站锅炉车间和辅助运行车间合并为供热车间，机构规格、职能等均不变，同时因机构变化，成立供热车间党支部、物业管理站党支部、物业服务监察站党支部。

2018年8月，大庆炼化公司党委决定：免去王飞的矿区服务事业部党委委员职务。大庆炼化公司决定：王飞任矿区服务事业部调研员，免去其矿区服务事业部副主任兼供热站站长职务。

2018年11月，根据国务院、国资委和集团公司"三供一业"移交时间进度安排及公司"三供一业"业务移交进展情况，大庆炼化公司决定：矿区服务事业部更名为林源工作部，更名后机构隶属关系、规格不变。林源工作部按扁平化的组织模式进行组建，机关和基层单位按业务单元进行设置，不再按科和站队设置内设机构。撤销矿区服务事业部机关部室机构建制，新组建林源工作部机关。撤销物业管理站、维修队、运行队、园林绿化大队、物业服务监察站、车队、信息能源管理中心、供热车间、守卫大队9个单位的机构建制，组建供热劳务输出单元、物业劳务输出单元和供水及公共事业劳务输出单元。成立劳务输出业务开发单元，将不具备输出条件的人员或暂时不能输出的人员统一管理。撤销文化活动中心、再就业服务大队机构建制，改为文化活动业务单元、再就业业务单元。组建临时机构维修改造协调指挥部和市政留守业务单元。房产管理中心和医院急救站职能及人员划归公司综合服务部管理。暂时保留林源医院机构建制，待业务移交后撤销机构建制。

2018年11月，大庆炼化公司党委决定：王胜任林源工作部党委书记、纪委书记、工会主席；王旭任林源工作部党委副书记；黄庆元任林源工作部党委副书记；颜广生、吴金华、杨志宏、孟凡民任林源工作部党委委员。免去王胜矿区服务事业部党委书记、纪委书记、工会主席职务；免去王旭的矿区服务事业部党委副书记职务；免去黄庆元的矿区服务事业部党委副书记职务；免去颜广生、吴金华、杨志宏、孟凡民、文雅明的矿区服务事业部党委委员职务。大庆炼化公司决定：王旭任林源工作部主任；王胜任林源工作部副主任；颜广生、吴金华、杨志宏、孟凡民任林源工作部副主任。免去王旭的矿区服务事业部主任职务；免去王胜的矿区服务事业部副主任职务；免去颜广生的矿区服务事业部副主任兼运行管理部主任职务；免去吴金华的矿区服务事业部副主任兼安全环保部主任职务；免去黄庆元兼任的矿区服务事业部综合管理部主任职务；免去杨志宏的矿区服务事业部副主任兼规划计划部主任职务；免去孟凡民的矿区服务事业部副主任职务；免去文雅明的矿区服务事业部副主任兼房产管理中心主任职务。

矿区服务事业部更名为林源工作部后，由于临近年底考核及"三供一业"业务移交等各项事务，经公司安排，矿区服务事业部机关各部门及基层单位人员和业务持续到年底。

截至2018年12月31日，原矿区服务事业部所属单位：综合管理部、运行管理部、安全环保部、规划计划部、财务资产部5个机关职能部门，供热车间、林源医院、物业管理站、物业服务监察站、运行队、维修队、再就业服务大队、园林绿化大队、车队、守卫大队、信息能源管理中心、文化活动中心12个基层单位的机构建制正式撤销。林源工作部业务单元：供热劳务输出单元、物业劳务输出单元、供水及公共事业劳务输出单元、劳务输出业务开发单元、文化活动业务单元、再就业业务单元、临时机构维修改造协调指挥部和市政留守业务单元，自2019年1月1日起正式运作。

林源工作部在册员工619人，其中女员工223人。主要负责落实集团公司矿区服务工作部和公司的各项工作部署，做好"三供一业"业务移交的后续工作及市政公共设施、医院的移交等工作。林源工作部党委下属党总支1个（内设机关职能部门5个党支部），直属基层党支部12个，共有党员 209 人。

林源工作部行政领导班子由 6 人组成：王旭任主任，王胜、颜广生、吴金华、杨志宏、孟凡民任副主任。林源工作部党委由王胜、王旭、黄庆元、颜广生、吴金华、杨志宏、孟凡民 7 人组成，王胜任书记，王旭、黄庆元任副书记。王胜任纪委书记。王胜任工会主席。领导班子分工如下：

主任、党委副书记王旭负责行政全面工作，分管林源医院，财务资产部。

党委书记、纪委书记、工会主席、副主任王胜负责党委、纪委、工会工作，分管党建、干部管理、宣传、纪检、工会和再就业服务大队业务。

副主任、党委委员颜广生负责工程施工管理，分管运行管理部施工科、物业服务监察站。

副主任、党委委员吴金华负责安全环保工作，分管安全环保部、文化活动中心。

党委副书记黄庆元协助党委书记王胜做好党群工作，分管综合管理部、守卫大队、信息能源管理中心、车队。

副主任、党委委员杨志宏负责规划计划部各项业务的管理，负责合同委员会工作，分管规划计划部、园林绿化大队。

副主任、党委委员孟凡民负责运行、维修（零修）、物业管理工作，分管运行管理部（施工科业务除外）、运行队、维修队、供热车间、物业管理站。

2014 年至 2018 年，林源工作部持续履行深化经营、服务生活、维护稳定三大职责，积极推行全面成本管理，开展自主创效、细化服务，广泛挖潜，合规管理，稳步推进，不断提高服务保障能力。同时按照集团公司 2018 年年底前完成矿区"三供一业"移交的要求和"交得出、接得住、可持续"的原则，在保证安全平稳运行、不降低服务标准的同时，积极稳妥推进"三供一业"分离移交，先后与大庆市国资委所属的府民物业公司、热力集团、水务集团完成物业、供暖、供水业务移交协议和维修改造方案、劳务输出协议、资产交接清单附加协议的签订，并于 2018 年 11 月得到集团公司矿区服务工作部同意意见的批复。移交过程中，矿区服务事业部党委持续加强"三供一业"分离移交过程中员工思想政治工作和干部作风建设，为"三供一业"顺利移交保驾护航。

期间：矿区服务事业部离退休管理中心文体科副科长皇甫广慧继续担任大庆市大同区第十届人大代表；2016年10月，矿区服务事业部党委书记、纪委书记、工会主席王胜当选大庆市大同区第十一届人大代表；2016年10月，矿区服务事业部安全环保部高级工程师郑锋当选中国人民政治协商会议黑龙江省大庆市大同区第十一届委员会委员。

**一、矿区服务事业部（2014.1—2018.11）**

**（一）矿区服务事业部行政领导名录（2014.1—2018.11）**

主　　　任　李岩冰（兼任，2014.1—3）

　　　　　　蒋　华（2014.3—2016.2）

　　　　　　王　旭（2016.2—2018.11）

常务副主任　苏将胜（正处级，2014.1—3）

副　主　任　庞向阳（正处级，2014.1—2015.10）

　　　　　　王　旭（正处级，2014.1—2016.2）

　　　　　　王　胜（正处级，2014.1—2018.11）

　　　　　　朱鲁涛（挂职，正处级，2014.1—11）

　　　　　　刘天启（正处级，2014.1—2016.2）

　　　　　　徐　立（正处级，2015.10—2016.2）

　　　　　　颜广生（2016.2—2018.11）

　　　　　　吴金华（2016.2—2018.11）

　　　　　　黄庆元（2016.2—2017.7）

　　　　　　杨志宏（2016.2—2018.11）

　　　　　　陈　河（2016.2—2017.6）

　　　　　　文雅明（满族，2016.2—2018.11）

　　　　　　孟凡民（2016.2—2018.11）

　　　　　　李晓均（2016.2—7）

　　　　　　王　飞（2016.7—2018.8）

副总工程师　孟凡民（副处级，2014.1—2016.2）

　　　　　　金国仁（副处级，2015.5—2016.2）

调　研　员　庞向阳（正处级，2015.10—2018.6）①

朱鲁涛（正处级，2016.12—2018.12）

李晓均（副处级，2017.6—2018.12）

王　飞（副处级，2018.8—12）

**（二）矿区服务事业部党委领导名录（2014.1—2018.11）**

书　　　记　庞向阳（2014.1—2015.10）

徐　立（2015.10—2016.2）

王　胜（2016.2—2018.11）

副　书　记　李岩冰（兼任，2014.1—3）

蒋　华（2014.3—2016.2）

王　旭（2016.2—2018.11）

王　飞（2016.2—7）

李晓均（2016.7—2017.6）

黄庆元（2017.7—2018.11）

委　　　员　李岩冰（兼任，2014.1—3）

庞向阳（2014.1—2015.10）

苏将胜（2014.1—3）

王　旭（2014.1—2018.11）

王　胜（2014.1—2018.11）

朱鲁涛（2014.1—11）

刘天启（2014.1—2016.2）

蒋　华（2014.3—2016.2）

徐　立（2015.10—2016.2）

颜广生（2016.2—2018.11）

吴金华（2016.2—2018.11）

王　飞（2016.2—2018.8）

黄庆元（2016.2—2018.11）

杨志宏（2016.2—2018.11）

---

① 2018年6月，庞向阳退休。

陈　河（2016.2—2017.6）

文雅明（2016.2—2018.11）

孟凡民（2016.2—2018.11）

李晓均（2016.2—2017.6）

**（三）矿区服务事业部纪委领导名录（2014.1—2018.11）**

书　　记　庞向阳（2014.1—2015.10）

徐　立（2015.10—2016.2）

王　胜（2016.2—2018.11）

委　　员　庞向阳（2014.1—2015.10）

黄庆元（2014.1—2016.5）

陈　河（2014.1—2016.5）

李国权（2014.1—2016.5）

喻建山（2014.1—2016.5）

徐　立（2015.10—2016.2）

王　胜（2016.2—2018.11）

王　飞（2016.5—2018.8）

许振军（2016.5—2018.9）

马明远（2016.5—2018.11）

王　彬（2016.5—2018.11）

王学民（2016.5—2018.11）

闫文卓（2016.5—2018.11）

郭文杰（2016.5—2018.11）

薛振明（2016.5—2018.11）

**（四）矿区服务事业部工会领导名录（2014.1—2018.11）**

主　　席　庞向阳（2014.1—2015.10）

徐　立（2015.10—2016.2）

王　胜（2016.2—2018.11）

**二、林源工作部（2018.11—12）**

**（一）林源工作部行政领导名录（2018.11—12）**

主　　任　王　旭（2018.11—12）

副 主 任 王 胜（2018.11—12）

颜广生（2018.11—12）

吴金华（2018.11—12）

杨志宏（2018.11—12）

孟凡民（2018.11—12）

（二）林源工作部党委领导名录（2018.11—12）

书 记 王 胜（2018.11—12）

副 书 记 王 旭（2018.11—12）

黄庆元（2018.11—12）

委 员 王 胜（2018.11—12）

王 旭（2018.11—12）

黄庆元（2018.11—12）

颜广生（2018.11—12）

吴金华（2018.11—12）

杨志宏（2018.11—12）

孟凡民（2018.11—12）

（三）林源工作部纪委领导名录（2018.11—12）

书 记 王 胜（2018.11—12）

委 员 王 胜（2018.11—12）

马明远（2018.11—12）

王 彬（2018.11—12）

王学民（2018.11—12）

闫文卓（2018.11—12）

郭文杰（2018.11—12）

薛振明（2018.11—12）

（四）林源工作部工会领导名录（2018.11—12）

主 席 王 胜（2018.11—12）

三、所属机关部门

截至2014年1月1日，矿区服务事业部机关设"5处1办"，机构规格均副处级，即综合管理办公室、人事劳资处（党委组织部）、运行管理处、安全环保处、规划计划处、财务资产处，机关在册员工112人，共有党员44人。机关党总支沿袭原先"机构不单独设立，人员均为兼职"的原则，各党支部书记由机关处室长兼任。

2015年5月，人事劳资处和综合管理办公室机构、职能、人员合并，合并后机构名称为综合管理办公室，机构规格不变。

2016年2月，综合管理办公室、运行管理处、安全环保处、规划计划处、财务资产处分别更名为综合管理部、运行管理部、安全环保部、规划计划部、财务资产部，机构规格由副处级调整为正科级，原有职能不变，同时机关各部门主任分别由矿区5名副职兼任，其他科级干部当时没有重新任命。

2018年11月，矿区服务事业部更名为林源工作部后，由于临近年底考核及"三供一业"业务移交等各项事务，经公司安排，矿区服务事业部机关各部门人员和业务持续到年底，12月31日正式撤销机关各部门机构建制。

截至2018年12月31日，机关设综合管理部、运行管理部、安全环保部、规划计划部、财务资产部，在册员工60人，其中党员48人。

**（一）综合管理办公室—综合管理部（2014.1—2018.12）**

截至2014年1月1日，综合管理办公室在册员工16人，其中党员10人，机构规格副处级，内设行政主管、政工主管等岗位，主要负责行政事务及政工党群等工作。

2015年5月，综合管理办公室和人事劳资处机构、职能、人员合并，合并后机构名称为综合管理办公室，机构规格不变。

2016年2月，综合管理办公室更名为综合管理部，机构规格由副处级调整为正科级，职能不变。

2017年11月，为了方便集中管理，经公司人事处（党委组织部）同意，自当月起，矿区服务事业部各单位的科级调研员（房产管理中心除外）统一划入再就业服务大队管理。

2018年11月，大庆炼化公司决定：撤销综合管理部机构建制。由于临近年底考核及"三供一业"业务移交等各项事务，经公司安排，矿区服务事业部机关各部门及基层单位人员和业务持续到年底。综合管理部于2018年12月31日正式撤销。

截至 2018 年 12 月 31 日，综合管理部在册员工 17 人，其中党员 16 人。

1. 综合管理办公室（副处级，2014.1—2016.2）

（1）综合管理办公室领导名录（2014.1—2016.2）

主　　任　赵建江（2014.1—2015.5）

　　　　　黄庆元（2015.5—2016.2）

副　主　任　杨春宇（2014.1—10）

　　　　　周金凤（女，2015.5—2016.2）

　　　　　闫文卓（女，2015.5—2016.2）

党委组织员　陈泰利（2015.5—2016.2）

副处级干部　王　飞（2014.7—2015.10）

（2）综合管理办公室党支部领导名录（2014.1—2016.2）

书　　记　赵建江（2014.1—2015.5）

　　　　　黄庆元（2015.5—2016.2）

（3）综合管理办公室其他科级领导名录（2014.1—2016.2）

行 政 主 管　郑云国（2014.1—2016.2）

政 工 主 管　徐艳红（女，2014.1—2015.10）

　　　　　王学民（正科级，2015.10—2016.2）

劳 资 主 管　李　杰（女，2015.5—2016.2）

　　　　　巩雅杰（女，2015.5—2016.2）

2. 综合管理部（正科级，2016.2—2018.12）

（1）综合管理部领导名录（2016.2—2018.12）

主　　任　黄庆元（兼任，2016.2—2018.11）

副　主　任　周金凤（正科级，2016.2—2017.7）

　　　　　闫文卓（正科级，2016.2—2018.12）

　　　　　马明远（正科级，2017.11—2018.12）

党委组织员　陈泰利（2016.2—2018.12）

调　研　员　周金凤（正科级，2017.7—11）

（2）综合管理部党支部领导名录（2016.2—2018.12）

　　书　　　记　黄庆元（2016.2—2018.12）

（3）综合管理部其他科级领导名录（2016.2—2018.12）

　　行 政 主 管　郑云国（2016.2—2018.4）

　　　　　　　　　赵韫侠（女，2018.4—12）

　　政 工 主 管　王学民（正科级，2016.2—2017.8）

　　劳 资 主 管　李　杰（2016.2—2017.7）

　　　　　　　　　巩雅杰（2016.2—2018.12）

　　调 研 员　李　杰（副科级，2017.7—11）

**（二）人事劳资处（党委组织部）（2014.1—2015.5）**

截至 2014 年 1 月 1 日，人事劳资处（党委组织部）在册员工 7 人，其中党员 5 人。机构规格副处级，内设党委组织员、劳资主管等岗位，负责矿区服务事业部组织人事劳资、培训绩效考核及党建干部管理等工作。

2015 年 5 月，人事劳资处和综合管理办公室机构、职能、人员合并，合并后机构名称为综合管理办公室，机构规格不变，人事劳资处（党委组织部）撤销。

截至 2015 年 5 月 5 日，人事劳资处（党委组织部）在册员工 7 人，其中党员 5 人。

1.人事劳资处（党委组织部）领导名录（2014.1—2015.5）

　　处　　　长　黄庆元（2014.1—2015.5）

　　副　处　长　周金凤（2014.1—2015.5）

　　组织部副部长　闫文卓（2014.7—2015.5）

　　党 委 组 织 员　陈泰利（2014.1—2015.5）

2.人事劳资处（党委组织部）党支部领导名录（2014.1—2015.5）

　　书　　　记　黄庆元（2014.1—2015.5）

3.人事劳资处（党委组织部）其他科级领导名录（2014.1—2015.5）

　　劳 资 主 管　李　杰（2014.1—2015.5）

　　　　　　　　　巩雅杰（2014.1—2015.5）

### （三）运行管理处—运行管理部（2014.1—2018.12）

截至 2014 年 1 月 1 日，运行管理处在册员工 56 人（含调度室 9 人、物资组 24 人），其中党员 12 人。主要负责矿区服务事业部生产服务运行管理指挥、对外对内协调及各基层单位生产服务、维修协调等工作，机构规格副处级，内设运行管理科、施工管理科，均为副科级，下设调度室、物资组。

2016 年 2 月，运行管理处更名为运行管理部，机构规格由副处级调整为正科级，职能不变。

2017 年 11 月，为了方便集中管理，经公司人事处（党委组织部）同意，自当月起，矿区服务事业部各单位的科级调研员（房产管理中心除外）统一划入再就业服务大队管理。

2018 年 11 月，大庆炼化公司决定：撤销运行管理部机构建制。由于临近年底考核及"三供一业"业务移交等各项事务，经公司安排，矿区服务事业部机关各部门及基层单位人员和业务持续到年底。运行管理部于 2018 年 12 月 31 日正式撤销。

截至 2018 年 12 月 31 日，运行管理部在册员工 23 人（含调度室 4 人、物资组 8 人），其中党员 18 人。

1. 运行管理处（副处级，2014.1—2016.2）

（1）运行管理处领导名录（2014.1—2016.2）

处　　长　颜广生（2014.1—2016.2）

副 处 长　申　东（女，2014.1—2）

　　　　　梅凤军（2014.1—2015.5）

　　　　　徐立太（2015.5—2016.2）

调 研 员　申　东（正科级，2014.2—2017.2）[①]

（2）运行管理处党支部领导名录（2014.1—2016.2）

书　　记　颜广生（2014.1—2016.2）

（3）运行管理处所属科室

①运行管理科领导名录（2014.1—2016.2）

科　　长　张银叶（2014.1—2016.2）

---

① 2017 年 2 月，申东退休。

副　科　长　韩红杰（2014.1—2016.2）

②施工管理科领导名录（2014.1—2016.2）

科　　　长　张安庆（2014.1—2016.2）

2. 运行管理部（正科级，2016.2—2018.12）

（1）运行管理部领导名录（2016.2—2018.12）

主　　　任　颜广生（兼任，2016.2—2018.11）

副　主　任　徐立太（正科级，2016.2—11）

调　研　员　徐立太（正科级，2016.11—2017.11）

（2）运行管理部党支部领导名录（2016.2—2018.12）

书　　　记　孟凡民（2016.2—2018.12）

（3）运行管理部所属科室

①运行管理科领导名录（2016.2—2018.12）

科　　　长　张银叶（正科级，2016.2—2018.6）

副　科　长　韩红杰（副科级，2016.2—2018.12）

运　行　主管　韩长海（2017.11—2018.12）

②施工管理科领导名录（2016.2—2018.12）

科　　　长　张安庆（正科级，2016.2—2017.8）

**（四）安全环保处—安全环保部（2014.1—2018.12）**

截至 2014 年 1 月 1 日，安全环保处在册员工 11 人，其中党员 6 人。主要负责矿区服务事业部安全环保和安全监督工作，机构规格副处级，内设安全环保科和安全监督科，均为副科级。

2016 年 2 月，安全环保处更名为安全环保部，机构规格由副处级调整为正科级，职能不变。

2017 年 11 月，为了方便集中管理，经公司人事处（党委组织部）同意，自当月起，矿区服务事业部各单位的科级调研员（房产管理中心除外）统一划入再就业服务大队管理。

2018 年 11 月，大庆炼化公司决定：撤销安全环保部机构建制。由于临近年底考核及"三供一业"业务移交等各项事务，经公司安排，矿区服务事业部机关各部门及基层单位人员和业务持续到年底。安全环保部于 2018 年 12 月 31 日正式撤销。

截至 2018 年 12 月 31 日，安全环保部在册员工 6 人，党员 5 人。

1. 安全环保处（副处级，2014.1—2016.2）

（1）安全环保处领导名录（2014.1—2016.2）

处　　长　吴金华（2014.1—2016.2）

副 处 长　宋景有（2014.1—2016.2）

　　　　　孙真明（2014.1—2016.2）

　　　　　姜　波（2014.1—2016.2）

（2）安全环保处党支部领导名录（2014.1—2016.2）

书　　记　吴金华（2014.1—2016.2）

（3）安全环保处所属科室

①安全环保科领导名录（2014.1—2016.2）

科　　长　许晓东（副科级，2014.1—2016.2）

②安全监督科领导名录（2014.1—2016.2）

科　　长　赵国辉（正科级，2014.1—2016.2）

2. 安全环保部（正科级，2016.2—2018.12）

（1）安全环保部领导名录（2016.2—2018.12）

主　　任　吴金华（兼任，2016.2—2018.11）

副 主 任　宋景有（正科级，2016.2—6）

　　　　　孙真明（正科级，2016.2—2017.8）

　　　　　姜　波（正科级，2016.2—2018.12）

调 研 员　宋景有（正科级，2016.6—2017.11）

（2）安全环保部党支部领导名录（2016.2—2018.12）

书　　记　吴金华（2016.2—2018.12）

（3）安全环保部所属科室

①安全环保科领导名录（2016.2—2018.12）

科　　长　许晓东（副科级，2016.2—2018.12）

②安全监督科领导名录（2016.2—2018.12）

科　　长　赵国辉（正科级，2016.2—2017.8）

**（五）规划计划处—规划计划部（2014.1—2018.12）**

截至 2014 年 1 月 1 日，规划计划处在册员工 11 人，其中党员 6 人。规划计划处主要负责矿区服务事业部规划计划投资、工程预决算及竣工验收、合同管理及招投标等工作，机构规格副处级，内设规划计划主管、预决算主管等岗位。

2016 年 2 月，规划计划处更名为规划计划部，机构规格由副处级调整为正科级，职能不变。

2017 年 11 月，为了方便集中管理，经公司人事处（党委组织部）同意，自当月起，矿区服务事业部各单位的科级调研员（房产管理中心除外）统一划入再就业服务大队管理。

截至 2018 年 11 月，大庆炼化公司决定：撤销规划计划部机构建制。由于临近年底考核及"三供一业"业务移交等各项事务，经公司安排，矿区服务事业部机关各部门及基层单位人员和业务持续到年底。规划计划部于2018 年 12 月 31 日正式撤销。

截至 2018 年 12 月 31 日，规划计划部在册员工 7 人，其中党员 5 人。

1. 规划计划处（副处级，2014.1—2016.2）

（1）规划计划处领导名录（2014.1—2016.2）

处　　长　杨志宏（2014.1—2016.2）

副　处　长　张晓英（女，2014.1—2016.2）

（2）规划计划处党支部领导名录（2014.1—2016.2）

书　　记　杨志宏（2014.1—2016.2）

（3）规划计划处其他科级领导名录（2014.1—2016.2）

规划计划主管　刘占华（女，2014.1—2015.7）

　　　　　　　黄君子（女，2014.1—2015.5）

　　　　　　　赵金明（正科级，2015.5—2016.2）

预决算主管　张文霞（女，2014.3—11）

调　研　员　张文霞（副科级，2014.11—2017.11）[①]

---

① 2017 年 11 月，张文霞退休。

2. 规划计划部（正科级，2016.2—2018.12）

（1）规划计划部领导名录（2016.2—2018.12）

主　　　任　杨志宏（兼任，2016.2—2018.11）

副　主　任　张晓英（正科级，2016.2—2017.7）

（2）规划计划部党支部领导名录（2016.2—2018.12）

书　　　记　杨志宏（2016.2—2018.12）

（3）规划计划部其他科级领导名录（2016.2—2018.12）

规划计划主管　赵金明（正科级，2016.2—2018.4）

郑云国（2018.4—12）

调　研　员　张晓英（正科级，2017.7—11）

**（六）财务资产处—财务资产部（2014.1—2018.12）**

截至 2014 年 1 月 1 日，财务资产处在册员工 11 人，其中党员 5 人。财务资产处主要负责编制矿区服务事业部财务预决算及日常财务资产账务管理等工作，机构规格副处级，内设财务主管等岗位。

2016 年 2 月，财务资产处更名为财务资产部，机构规格由副处级调整为正科级，职能不变。

2018 年 11 月，大庆炼化公司决定：撤销财务资产部机构建制。由于临近年底考核及"三供一业"业务移交等各项事务，经公司安排，矿区服务事业部机关各部门及基层单位人员和业务持续到年底。财务资产部于 2018 年 12 月 31 日正式撤销。

截至 2018 年 12 月 31 日，财务资产部在册员工 7 人，其中党员 4 人。

1. 财务资产处（副处级，2014.1—2016.2）

（1）财务资产处领导名录（2014.1—2016.2）

处　　　长　陈　河（2014.1—2016.2）

（2）财务资产处党支部领导名录（2014.1—2016.2）

书　　　记　陈　河（2014.1—2016.2）

（3）财务资产处科级领导名录（2014.1—2016.2）

财　务　主　管　薛振明（正科级，2014.1—2016.2）

蒋小琳（女，2014.1—2016.2）

2. 财务资产部（正科级，2016.2—2018.12）

（1）财务资产部领导名录（2016.2—2018.12）

　　主　　任　陈　河（兼任，2016.2—2017.6）①

　　副 主 任　蒋小琳（2017.8—2018.12）

（2）财务资产部党支部领导名录（2016.2—2018.12）

　　书　　记　陈　河（2016.2—2018.12）

（2）财务资产部科级领导名录（2016.2—2018.12）

　　财 务 主 管　薛振明（正科级，2016.2—2018.12）

　　　　　　　　蒋小琳（2016.2—2017.8）

### 四、基层单位

**（一）离退休管理中心（2014.1—2016.2）**

截至 2014 年 1 月 1 日，离退休管理中心在册员工 45 人，其中党员 20 人。主要负责公司 3400 余名离退休、退养人员的管理工作，机构规格正处级，内设管理科、文体科，活动管理站分设林源和马鞍山两地。

2016 年 2 月，大庆炼化公司决定：离退休管理中心从矿区服务事业部划出，列公司二级单位管理。

截至 2016 年 2 月 17 日，离退休管理中心在册员工 99 人（含退养人员 48 人），其中党员 40 人（含退养党员 10 人）。

1. 离退休管理中心领导名录（2014.1—2016.2）

　　主　　任　王　旭（兼任，2014.1—2016.2）

　　副 主 任　王金贵（2014.1—4）

　　　　　　　刘文宝（2014.1—5）

　　　　　　　孟令军（2014.1—2016.2）

　　　　　　　刘国庆（2014.1—2015.5）

　　　　　　　李桂荣（女，2014.9—2015.5）

　　　　　　　汤伟成（2015.5—2016.2）

　　　　　　　赵建江（2015.5—2016.2）

　　调 研 员　王金贵（正处级，2014.4—2016.2）

---

① 2017 年 6 月至 2018 年 12 月期间，财务资产部主任空缺。2017 年 8 月起，副主任蒋小琳主持工作。

刘文宝（副处级，2014.5—2016.2）

刘国庆（副处级，2015.5—2016.2）

李桂荣（正处级，2015.5—2016.2）

2. 离退休管理中心党委领导名录（2014.1—2016.2）

书　　记　王金贵（2014.1—4）①

　　　　　李桂荣（2014.9—2015.5）

　　　　　汤伟成（2015.5—2016.2）

副　书　记　李桂荣（2014.3—4；主持工作，2014.4—9）

委　　员　王金贵（2014.1—4）

　　　　　刘文宝（2014.1—5）

　　　　　孟令军（2014.1—2016.2）

　　　　　刘国庆（2014.1—2015.5）

　　　　　李桂荣（2014.3—2015.5）

　　　　　汤伟成（2015.5—2016.2）

　　　　　赵建江（2015.5—2016.2）

3. 离退休管理中心纪委领导名录（2014.1—2016.2）

书　　记　王金贵（2014.1—3）

　　　　　李桂荣（2014.3—2015.5）

　　　　　汤伟成（2015.5—2016.2）

4. 离退休管理中心工会领导名录（2014.1—2016.2）

主　　席　王金贵（2014.1—3）

　　　　　李桂荣（2014.3—2015.5）

　　　　　汤伟成（2015.5—2016.2）

5. 离退休管理中心所属科级单位（2014.1—2016.2）

（1）管理科领导名录（2014.1—2016.2）

科　　长　金常英（女，2014.1—2015.10）②

副　科　长　刘国福（正科级，2014.1—2016.2）

　　　　　徐艳红（2015.10—2016.2）

---

① 2014年4月至9月期间，离退休管理中心党委书记空缺，副书记李桂荣主持工作。

② 2015年10月至2016年2月期间，离退休管理中心管理科科长空缺，副科长徐艳红主持工作。

　　　调　研　员　金常英（正科级，2015.10—2016.2）

（2）文体科领导名录（2014.1—2016.2）

　　　科　　　　长　刘东辉（2014.1—2016.2）

　　　副　科　长　皇甫广慧（女，2014.9—2016.2）

（3）马鞍山区离退休管理站领导名录（2014.1—2016.2）

　　　主　　　　任　孟令军（兼任，2014.1—2016.2）

　　　副　主　任　李文超（正科级，2014.1—2016.2）

　　　　　　　　　匡国强（正科级，2014.1—2016.2）

**（二）动力二厂—供热站—供热车间（2014.9—2018.12）**

　　2014年9月2日，公司决定将动力二厂纳入矿区服务事业部二级单位管理，动力二厂主要负责为林源地区企业、事业、居民提供低压蒸汽、天然气、新鲜水、除盐水、消防水等生产生活资料，同时负责铁路运输、采暖、供热、供电和工业污水处理，机构规格正处级。机关设生产办公室和综合办公室，基层设锅炉车间、汽机车间、原料车间、电气车间、维护车间、动力车间、机务车间7个车间，在册员工451人，共有党员123人。

　　2014年9月，大庆炼化公司党委决定：免去侯善刚的动力二厂党委副书记职务；免去张春晓、刘建伟的动力二厂党委委员职务。大庆炼化公司决定：免去侯善刚的动力二厂厂长职务；免去刘建伟的动力二厂副厂长兼安全总监职务；免去张春晓的动力二厂副厂长职务。领导班子分工随之调整：

　　副厂长、党委委员李丰临时牵头厂行政工作，接替原厂长侯善刚分管的工作。副厂长、党委委员李晓均接替原副厂长、党委委员刘建伟分管的工作。副厂长、党委委员金国仁接替原副厂长、党委委员张春晓分管的工作，其他分工不变。

　　2014年10月，汽机车间、动力车间人员大部分转移到公司动力一厂，维护车间人员大部分转移到公司机电仪厂。

　　2015年3月，机务车间人员大部分转移到公司储运厂。

　　2015年5月，一个完整的冬季采暖运行期结束后，公司正式撤销动力二厂机构建制，成立供热站，机构规格副处级，列矿区服务事业部基层单位管理；同时撤销动力二厂综合办公室、生产办公室、汽机车间、维护车间、机务车间、原料车间、动力车间和电气车间，供热站下设锅炉车间和辅助运行车间，员工253人，其中党员75人；根据党建"三同时"原则，公司撤销动力二厂党委，成立供热站党总支，党组织关系隶属矿区服务事业部党委。

2015年3月，大庆炼化公司党委决定：汤伟成任矿区服务事业部离退休管理中心党委书记、纪委书记、工会主席；李晓均任矿区服务事业部供热站党总支书记；李丰任矿区服务事业部供热站党总支副书记；免去汤伟成的动力二厂党委书记、纪委书记、工会主席职务；免去李丰、李晓均、金国仁的动力二厂党委委员职务。大庆炼化公司决定：免去汤伟成的动力二厂副厂长职务；免去李丰、李晓均、金国仁的动力二厂副厂长职务。

2017年8月，大庆炼化公司决定：撤销供热站及其所属锅炉车间和辅助运行车间机构建制，将锅炉车间和辅助运行车间合并为供热车间，列矿区服务事业部基层单位序列，机构规格、职能等均不变，供热站党总支同时撤销，成立供热车间党支部，党组织关系隶属矿区服务事业部党委。

2018年11月，大庆炼化公司决定：撤销供热车间机构建制。由于临近年底考核及"三供一业"业务移交等各项事务，经公司安排，矿区服务事业部机关各部门及基层单位人员和业务持续到年底。供热车间于2018年12月31日正式撤销。

截至2018年12月31日，供热车间在册员工157人，其中党员30人。

1. 动力二厂（正处级，2014.9—2015.5）

（1）动力二厂领导名录（2014.9—2015.5）

厂　　　长　侯善刚（2014.9）[①]

副　厂　长　汤伟成（2014.9—2015.5）

李晓均（2014.9—2015.5）

李　丰（主持工作，2014.9—2015.5）

金国仁（2014.9—2015.5）

张春晓（2014.9）

刘建伟（2014.9）

安 全 总 监　刘建伟（兼任，2014.9）

---

① 2014年9月至2015年5月期间，动力二厂厂长空缺，副厂长李丰主持工作。

**副总工程师**　阚保林（2014.9—2015.5）

（2）动力二厂党委领导名录（2014.9—2015.5）

书　　记　汤伟成（2014.9—2015.5）

**副书记**　侯善刚（2014.9）

**委　　员**　汤伟成（2014.9—2015.5）

侯善刚（2014.9）

刘建伟（2014.9）

张春晓（2014.9）

李　丰（2014.9—2015.5）

李晓均（2014.9—2015.5）

金国仁（2014.9—2015.5）

（3）动力二厂纪委领导名录（2014.9—2015.5）

书　　记　汤伟成（2014.9—2015.5）

（4）动力二厂工会领导名录（2014.9—2015.5）

**主　　席**　汤伟成（2014.9—2015.5）

（5）所属机关科级单位

2014年9月2日，动力二厂机关沿袭原先机构，设综合办公室和生产办公室，机构规格正科级。综合办公室主要负责全厂组织、人事、核算、工会、保卫武装等工作；生产办公室负责组织全厂生产、检维修、项目施工工作以及协调解决生产问题，机关在册员工37人，其中党员24人。

2015年5月，动力二厂撤销建制，机关综合办公室和生产办公室，随即撤销。

截至2015年5月5日，机关在册员工36人，其中党员24人。

①综合办公室领导名录（2014.9—2015.5）

**主　　任**　杜　伟（2014.9—2015.5）

**副主任**　杜凤龙（2014.9—2015.5）

②生产办公室领导名录（2014.9—2015.5）

**主　　任**　徐立太（2014.9—2015.5）

**副主任**　曾永胜（2014.9—2015.5）

　　　　韩长海（2014.9—2015.5）

　　③机关党支部领导名录（2014.9—2015.5）

　　书　　记　杜　伟（2014.9—2015.5）

（6）所属基层科级单位

①动力车间（2014.9—2015.5）

截至 2014 年 9 月 2 日，动力车间在册员工 80 人，其中党员 18 人。车间主要负责为动力二厂提供新鲜水，为空压系统提供循环水，为装置提供处理后的净化风，为林源地区企事业单位和生活区居民提供新鲜水供应和污水处理，机构规格正科级。

2015 年 5 月，大庆炼化公司决定：撤销动力车间机构建制。

截至 2015 年 5 月 5 日，车间在册员工 60 人，其中党员 11 人。

　a. 动力车间领导名录（2014.9—2015.5）

　　主　　任　祁广库（2014.9—2015.5）

　　副 主 任　于仁杰（2014.9—2015.5）

　　　　　　　李万勇（2014.9—2015.5）

　　　　　　　杨谊洪（2014.11—2015.5）

　b. 动力车间党支部领导名录（2014.9—2015.5）

　　书　　记　于仁杰（2014.9—2015.5）

　②机务车间（2014.9—2015.5）

截至 2014 年 9 月 2 日，机务车间在册员工 42 人，其中党员 13 人。车间主要负责燃煤、酸罐的铁路运输任务，机构规格正科级。

2015 年 3 月，人员分流到公司储运厂和动力二厂其他车间，车间名存实亡。

2015 年 5 月，大庆炼化公司决定：撤销机务车间机构建制。科级干部原职务正式发文免职。

　a. 机务车间领导名录（2014.9—2015.5）

　　主　　任　牛春伟（2014.9—2015.5）

　　副 主 任　栾永河（2014.9—2015.5）

　b. 机务车间党支部领导名录（2014.9—2015.5）

　　书　　记　栾永河（2014.9—2015.5）

③锅炉车间（2014.9—2015.5）

截至2014年9月2日，锅炉车间在册员工62人，其中党员13人。车间主要负责锅炉设备的运行和一般故障的处理，机构规格正科级。

截至2015年5月5日，车间在册员工75人，其中党员14人。

a.锅炉车间领导名录（2014.9—2015.5）

主　　任　黄　诚（2014.9—2015.5）

副　主　任　张国宽（2014.9—2015.5）

关　山（满族，2014.9—2015.5）

b.锅炉车间党支部领导名录（2014.9—2015.5）

书　　记　张国宽（2014.9—2015.5）

④汽机车间（2014.9—2015.5）

截至2014年9月2日，汽机车间在册员工31人，其中党员8人。车间主要负责汽轮机组的运行维护，热网泵的使用、维护，机构规格正科级。

2014年10月，人员全部分流到公司动力一厂和动力二厂其他车间，车间名存实亡。

2015年5月，大庆炼化公司决定：撤销汽机车间机构建制。科级干部原职务正式发文免职。

a.汽机车间领导名录（2014.9—2015.5）

主　　任　朱明兴（2014.9—2015.5）

副　主　任　张子恒（2014.9—2015.5）

姜学樯（2014.9—2015.5）

b.汽机车间党支部领导名录（2014.9—2015.5）

书　　记　张子恒（2014.9—2015.5）

⑤原料车间（2014.9—2015.5）

截至2014年9月2日，原料车间在册员工86人，其中党员18人。车间主要负责为动力二厂锅炉运行和汽轮机发电提供燃料煤、除盐水、软化水，机构规格正科级。

2015年5月，大庆炼化公司决定：撤销原料车间机构建制。

截至2015年5月5日，车间在册员工91人，其中党员13人。

a. 原料车间领导名录（2014.9—2015.5）

主　　任　赵罗民（2014.9—2015.5）

副 主 任　赵金明（2014.9—2015.5）

　　　　　孔宪春（2014.9—2015.5）

b. 原料车间党支部领导名录（2014.9—2015.5）

书　　记　赵金明（2014.9—2015.5）

⑥电气车间（2014.9—2015.5）

截至 2014 年 9 月 2 日，电气车间在册员工 64 人，其中党员 15 人。车间主要负责林源地区企事业单位和居民的用电管理以及动力二厂电气设备维护、检修、改造，机构规格正科级。

2015 年 5 月，大庆炼化公司决定：撤销电气车间机构建制。

截至 2015 年 5 月 5 日，车间在册员工 75 人，其中党员 14 人。

a. 电气车间领导名录（2014.9—2015.5）

主　　任　姜　伟（2014.9—11）

　　　　　张　强（2014.11—2015.5）

副 主 任　张　强（2014.9—11）

　　　　　陶书刚（2014.9—2015.5）

　　　　　徐文岗（2014.9—2015.5）

　　　　　张世井（2014.11—2015.5）

b. 电气车间党支部领导名录（2014.9—2015.5）

书　　记　张　强（2014.9—11）

　　　　　张世井（2014.11—2015.5）

⑦维护车间（2014.9—2015.5）

截至 2014 年 9 月 2 日，维护车间在册员工 49 人，其中党员 13 人。维护车间主要负责生产装置的日常维护、检修、大修、技改技措项目等工作，机构规格正科级。

2014 年 10 月，人员分流到公司机电仪厂和动力二厂其他车间，车间名存实亡。

2015 年 5 月，大庆炼化公司决定：撤销维护车间机构建制。科级干部原职务正式发文免职。

a.维护车间领导名录（2014.9—2015.5）

**主　　　任**　丁清玉（2014.9—2015.5）

**副　主　任**　曾庆东（满族，2014.9—2015.5）

杨谊洪（2014.9—11）

b.维护车间党支部领导名录（2014.9—2015.5）

**书　　　记**　曾庆东（2014.9—2015.5）

2.供热站（副处级，2015.5—2017.8）

2015年5月5日，公司决定撤销动力二厂，成立供热站，机构规格副处级，列矿区服务事业部基层单位管理；供热站下设锅炉车间和辅助运行车间，在册员工253人，其中党员75人；根据党建"三同时"原则，公司撤销动力二厂党委，成立供热站党总支，党组织关系隶属矿区服务事业部党委。

2017年8月，大庆炼化公司决定：撤销供热站机构建制。

截至2017年8月10日，供热站在册员工179人，其中党员37人。

（1）供热站领导名录（2015.5—2017.8）

**站　　　长**　李　丰（2015.5—10）

李晓均（2015.10—2016.7）

王　飞（2016.7—2017.8）

**副　站　长**　李晓均（2015.5—10）

张　强（2015.5—2017.8）

赵罗民（2015.5—2017.1）

王　飞（2015.10—2016.7）

**安 全 总 监**　栾永河（2015.5—2017.7）

（2）供热站党总支领导名录（2015.5—2017.8）

**书　　　记**　李晓均（2015.5—10；2016.7—2017.6）

王　飞（2015.10—2016.7）

**副　书　记**　李　丰（2015.5—10）

李晓均（2015.10—2016.2）

（3）所属基层科级单位

①锅炉车间（2015.5—2017.8）

截至2015年5月5日，锅炉车间在册员工75人，其中党员14人。锅炉车间主要负责锅炉设备的运行和一般故障的处理，机构规格正科级。

2016 年 8 月，为了理顺业务关系，将化学水等业务由辅助运行车间调整到锅炉车间，相关管理人员也虽业务一并调整。

2017 年 8 月，大庆炼化公司决定：供热站锅炉车间和辅助运行车间合并为供热车间。锅炉车间正式撤销。

截至 2017 年 8 月 10 日，锅炉车间在册员工 85 人，其中党员 11 人。

a. 锅炉车间领导名录（2015.5—2017.8）

**主　　任**　黄　诚（2015.5—2017.8）

**副　主　任**　张国宽（2015.5—2017.8）

关　山（2015.5—2017.8）

陶书刚（2015.5—2016.8）

徐文岗（2015.5—2016.8）

曾永胜（2016.8—2017.8）

b. 锅炉车间党支部领导名录（2015.5—2017.8）

**书　　记**　张国宽（2015.5—2017.8）

②辅助运行车间（2015.5—2017.8）

截至 2015 年 5 月 5 日，辅助运行车间在册员工 142 人，其中党员 27 人。辅助运行车间主要负责为供热站提供新鲜水，为空压系统提供循环水，为装置提供处理后的净化风，为林源地区企事业单位和生活区居民提供新鲜水供应和污水处理；负责为锅炉运行和汽轮机发电提供燃料煤、除盐水、软化水，电气设备维护、检修、改造及生产装置的日常维护、检修、大修、技改技措项目等工作，机构规格正科级。

2016 年 8 月，为了理顺业务关系，将化学水等业务由辅助运行车间调整到锅炉车间，相关管理人员也随业务一并调整。

2017 年 8 月，大庆炼化公司决定：供热站锅炉车间和辅助运行车间合并为供热车间。辅助运行车间正式撤销。

截至 2017 年 8 月 10 日，辅助运行车间在册员工 115 人，其中党员 24 人。

a. 辅助运行车间领导名录（2015.5—2017.8）

**主　　任**　祁广库（2015.5—2017.8）

**副　主　任**　于仁杰（2015.5—2017.8）

　　曾永胜（2015.5—2016.8）

　　韩长海（2015.5—2017.8）

　　杨谊洪（2015.5—2017.8）

　　陶书刚（2016.8—2017.7）

　　徐文岗（2016.8—2017.8）

　　调　研　员　陶书刚（副科级，2017.7—8）

　　b. 辅助运行车间党支部领导名录（2015.5—2017.8）

　　书　　记　于仁杰（2015.5—2017.8）

　　3. 供热车间（正科级，2017.8—2018.11）

　　2017 年 8 月 10 日，公司决定撤销供热站及其所属锅炉车间和辅助运行车间机构建制，将锅炉车间和辅助运行车间合并为供热车间，机构规格正科级，在册员工 179 人，其中党员 37 人。

　　2017 年 11 月，为了方便集中管理，经公司人事处（党委组织部）同意，自当月起，矿区服务事业部各单位的科级调研员（房产管理中心除外）统一划入再就业服务大队管理。

　　2018 年 11 月，大庆炼化公司决定：撤销供热车间机构建制。由于临近年底考核及"三供一业"业务移交等各项事务，经公司安排，矿区服务事业部机关各部门及基层单位人员和业务持续到年底。供热车间于 2018 年 12 月 31 日正式撤销。

　　截至 2018 年 12 月 31 日，供热车间在册员工 157 人，其中党员 30 人。

　　（1）供热车间领导名录（2017.8—2018.12）

　　主　　任　黄　诚（2017.8—2018.12）

　　副　主　任　张　强（2017.8—2018.12）

　　　　　　　　关　山（2017.8—2018.12）

　　　　　　　　徐文岗（2017.8—2018.4）

　　　　　　　　曾永胜（2017.8—2018.12）

　　　　　　　　韩长海（2017.8—11）

　　调　研　员　陶书刚（副科级，2017.8—11）

（2）供热车间党支部领导名录（2017.8—2018.12）

　　书　　记　张　强（2017.8—2018.12）

**（三）房产管理中心（2014.1—2018.11）**

截至 2014 年 1 月 1 日，房产管理中心在册员工 15 人，其中党员 9 人。主要负责公司员工住房物业、取暖费的支付，员工住房的管理和公积金支取管理，房改工作及公共产权房屋的管理，机构规格副处级。

2016 年 2 月，大庆炼化公司决定：房产管理中心机构规格由副处级调整为正科级。

2018 年 11 月，大庆炼化公司决定：房产管理中心划归综合服务部管理。

截至 2018 年 11 月 15 日，房产管理中心在册员工 13 人，其中党员 8 人。

1. *房产管理中心（副处级，2014.1—2016.2）*

（1）*房产管理中心领导名录（2014.1—2016.2）*

　　主　　任　文雅明（2014.1—2016.2）

　　副 主 任　李家新（副处级，2014.1—2016.2）

　　　　　　　刘春明（2014.1—10）①

　　　　　　　柳长玉（2014.1—2016.2）

　　　　　　　王　彬（2014.1—2016.2）

（2）*房产管理中心党支部领导名录（2014.1—2016.2）*

　　书　　记　文雅明（2014.1—2016.2）

（3）*房产管理中心其他科级领导名录（2014.1—2016.2）*

　　主　　管　潘朝春（2014.2—2016.2）

　　调 研 员　刘春明（正科级，2014.10—2017.10）

2. *房产管理中心（正科级，2016.2—2018.11）*

（1）*房产管理中心领导名录（2016.2—2018.11）*

　　主　　任　文雅明（兼任，2016.2—2018.11）

　　副 主 任　李家新（正科级，2016.2—2017.9）

　　　　　　　柳长玉（正科级，2016.2—2017.7）

　　　　　　　王　彬（正科级，2016.2—2018.11）

---

① 2017 年 10 月，刘春明退休。

（2）房产管理中心党支部领导名录（2016.2—2018.11）

　　书　　　记　文雅明（兼任，2016.2—2018.11）

（3）房产管理中心其他科级领导名录（2016.2—2018.11）

　　主　　　管　潘朝春（2016.2—2017.7）

　　调 研 员　柳长玉（正科级，2017.7—2018.11）

　　　　　　　　潘朝春（副科级，2017.7—2018.11）

　　　　　　　　李家新（副处级，2017.9—2018.11）

**（四）林源医院（2014.1—2018.12）**

截至2014年1月1日，林源医院在册员工104人，其中党员25人。负责林源地区医疗卫生工作，国家二级乙等医院，是集医疗、预防、护理、保健、康复于一体的现代综合性医院，同时负责公司马鞍山生产区急救业务工作，机构规格副处级，内设综合管理部、门诊部、住院部、体检部，均为副科级。

2015年3月，公司决定林源医院机构规格由副处级调整为正科级。

2017年11月，为了方便集中管理，经公司人事处（党委组织部）同意，自当月起，矿区服务事业部各单位的科级调研员（房产管理中心除外）统一划入再就业服务大队管理。

2018年4月，考虑医院下步移交市政，公司人事处（党委组织部）同意后，2名调研员（副主任医师）调回医院。

2018年11月，大庆炼化公司决定：医院急救站职能及人员划归公司综合服务部管理，暂时保留林源医院机构建制，待业务移交后撤销机构建制。由于临近年底考核及"三供一业"业务移交等各项事务，经公司安排，矿区服务事业部机关各部门及基层单位人员和业务持续到年底。

截至2018年12月31日，林源医院在册员工68人，其中党员19人。

1.林源医院（副处级，2014.1—2015.3）

（1）林源医院领导名录（2014.1—2015.3）

　　院　　　长　（空缺）

　　副 院　长　李维华（主持工作，2014.1—2015.3）

　　　　　　　　马明远（2014.1—2015.3）

廖慧茹（女，副科级，2014.1—2015.3）

孙和民（副科级，2014.1—2015.3）

赵凤德（2014.1—2015.3）

（2）林源医院党支部领导名录（2014.1—2015.3）

书　　　　记　马明远（正科级，2014.1—2015.3）

（3）林源医院所属部门

综合管理部主任　姚捍东（2014.1—2015.3）

门 诊 部 主 任　肖淑荣（女，2014.1—2015.3）

住 院 部 主 任　张丽萍（女，2014.1—2015.3）

体 检 部 主 任　陆永海（2014.1—2015.3）

2. 林源医院（正科级，2015.3—2018.12）

（1）林源医院领导名录（2015.3—2018.12）

院　　　　长　李维华（2017.4—2018.12）[①]

副　院　　长　李维华（主持工作，正科级，2015.3—2017.4）

马明远（2015.3—2017.11）

廖慧茹（2015.3—2018.12）

孙和民（2015.3—2018.12）

赵凤德（正科级，2015.3—2016.3）

陆永海（2016.3—2017.11；正科级，2017.11—

2018.12）

（2）林源医院党支部领导名录（2015.3—2018.12）

书　　　　记　马明远（2015.3—2017.11）

陆永海（2017.11—2018.12）

（3）林源医院所属部门（2015.3—2018.12）

综合管理部主任　姚捍东（副科级，2015.3—2018.12）

门 诊 部 主 任　肖淑荣（副科级，2015.3—2016.5）

住 院 部 主 任　张丽萍（副科级，2015.3—2017.7）

体 检 部 主 任　陆永海（副科级，2015.3—2016.3）

---

① 2015 年 3 月至 2017 年 4 月期间，林源医院院长空缺，副院长李维华主持工作。

　　**调　研　员**　赵凤德（正科级，2016.3—2017.11）

　　　　　　　　肖淑荣（副科级，2016.5—2017.11；2018.4—12）

　　　　　　　　张丽萍（副科级，2017.7—11；2018.4—12）

**（五）物管一站（2014.1—2017.8）**

　　截至2014年1月1日，物管一站在册员工80人，其中党员11人。负责管理连云小区（国家级示范小区）、文化小区（省级示范小区）2个住宅小区的清扫保洁和公共物业管理，内设2个清扫班和1个秩序班，机构规格正科级。

　　2014年9月，由于清扫人员紧缺，物管一站职能有所调整，主要负责生活区及道路清扫保洁的监督检查，清扫员工和保洁任务全部转入物管二站。

　　2017年8月，大庆炼化公司决定：物管一站和城管监察大队合并为物业服务监察站。物管一站正式撤销。

　　截至2017年8月10日，物管一站在册员工5人，其中党员3人。

　　1. 物管一站领导名录（2014.1—2017.8）

　　**站　　　长**　陈　林（2014.1—2017.7）①

　　**副　站　长**　杨允亮（2014.1—9）

　　　　　　　　闫海英（女，2014.1—8）

　　　　　　　　王　琨（女，2014.1—9）

　　　　　　　　刘太安（2014.9—2017.8）

　　　　　　　　陶书强（正科级，2014.9—2017.8）

　　**调　研　员**　闫海英（副科级，2014.8—2017.8）

　　　　　　　　陈　林（正科级，2017.7—8）

　　2. 物管一站党支部领导名录（2014.1—2017.8）

　　**书　　　记**　杨允亮（2014.1—9）

　　　　　　　　刘太安（2014.9—2017.8）

**（六）城管监察大队（2014.1—2017.8）**

　　截至2014年1月1日，城管监察大队在册员工6人，其中党员4人。

---

　　①　2017年7月，陈林退出领导岗位。2017年7月至8月期间，物管一站站长空缺，党支部书记刘太安主持工作。

负责林源区城市管理相关违法违章行为的综合执法工作，机构规格正科级，业务上归大庆市大同区人民政府城市管理综合执法分局领导，行政上受矿区服务事业部管理。

2017年8月，大庆炼化公司决定：物管一站和城管监察大队合并为物业服务监察站。城管监察大队正式撤销。

截至2017年8月10日，城管监察大队在册员工5人，其中党员3人。

1. 城管监察大队领导名录（2014.1—2017.8）

　　队　　　长　韩有利（2014.1—2017.8）

　　副 队 长　潘振家（正科级，2014.1—2017.8）

2. 城管监察大队党支部领导名录（2014.1—2017.8）

　　书　　　记　韩有利（2016.4—2017.8）①

**（七）物业服务监察站（2017.8—2018.12）**

2017年8月10日，物管一站和城管监察大队合并为物业服务监察站，主要负责林源生活区及道路清扫保洁的监督检查。截至2017年8月10日，物业服务监察站在册员工6人，其中党员4人。机构规格正科级。

2017年11月，为了方便集中管理，经公司人事处（党委组织部）同意，自当月起，矿区服务事业部各单位的科级调研员（房产管理中心除外）统一划入再就业服务大队管理。

2018年11月，大庆炼化公司决定：撤销物业服务监察站机构建制。由于临近年底考核及"三供一业"业务移交等各项事务，经公司安排，矿区服务事业部机关各部门及基层单位人员和业务持续到年底。物业服务监察站于2018年12月31日正式撤销。

截至2018年12月31日，物业服务监察站在册员工5人，其中党员3人。

1. 物业服务监察领导名录（2017.8—2018.12）

　　站　　　长　刘太安（2017.8—2018.12）

　　副 站 长　蔡宏利（2017.8—2018.4）

　　　　　　　潘振家（正科级，2017.8—10）

　　　　　　　陶书强（2018.4—12）

---

① 2014年1月至2016年4月期间，城管监察大队党支部书记空缺，副队长潘振家主持工作。

调　研　员　韩有利（正科级，2017.8—11）

陈　林（正科级，2017.8—11）

潘振家（正科级，2017.10—11）

2. 物业服务监察党支部领导名录（2017.8—2018.12）

书　　记　蔡宏利（2017.8—2018.4）

陶书强（2018.4—12）

**（八）物管二站（2014.1—2017.8）**

截至 2014 年 1 月 1 日，物管二站在册员工 53 人，其中党员 9 人。主要负责红旗小区（国家级示范小区）、乐园小区（省级示范小区）2 个住宅小区的保洁、垃圾清运、治安监控等管理服务工作，内设清扫班、秩序班等班组，机构规格正科级。

2014 年 9 月，物管一站清扫员工和保洁任务全部转入物管二站。

2017 年 8 月，大庆炼化公司决定：将物管二站和物管三站合并为物业管理站。物管二站正式撤销。

截至 2017 年 8 月 10 日，物管二站在册员工 56 人，其中党员 10 人。

1. 物管二站领导名录（2014.1—2017.8）

站　　长　孙恒福（2014.1—2017.8）

副　站　长　庞新梅（女，2014.1—9）

房希良（2014.1—2017.8）

刘太安（2014.1—9）

郭文杰（2014.9—2017.8）

宋德福（正科级，2014.9—2015.5）

王　琨（2014.9—2015.10）

王丽娟（女，2015.10—2017.6）

调　研　员　王丽娟（副科级，2017.6—8）

2. 物管二站党支部领导名录（2014.1—2017.8）

书　　记　刘太安（2014.1—9）

郭文杰（2014.9—2017.8）

（九）物管三站（2014.1—2017.8）

截至 2014 年 1 月 1 日，物管三站在册员工 28 人，其中党员 6 人。主要负责医院及公共场所的保洁任务，机构规格正科级。

2017 年 8 月，大庆炼化公司决定：将物管二站和物管三站合并为物业管理站。物管三站正式撤销。

截至 2017 年 8 月 10 日，物管三站在册员工 29 人，其中党员 6 人。

1. 物管三站领导名录（2014.1—2017.8）

站　　　长　蔡宏利（2014.1—2017.8）

副　站　长　姜立新（2014.1—2015.11）

李　涛（正科级，2014.1—9）

唐先秀（2014.1—2017.7）

杨允亮（2014.9—2017.2）

调　研　员　姜立新（副科级，2015.11—2017.8）

杨允亮（正科级，2017.2—8）

唐先秀（副科级，2017.7—8）

2. 物管三站党支部领导名录（2014.1—2017.8）

书　　　记　蔡宏利（2014.1—9）

杨允亮（2014.9—2017.2）①

（十）物业管理站（2017.8—2018.12）

2017 年 8 月，物管二站和物管三站合并为物业管理站；截至 2017 年 8 月 10 日，物管二站在册员工 85 人，其中党员 16 人。主要负责林源生活区的保洁、垃圾清运、治安监控等管理服务工作，内设清扫班、秩序班等班组，机构规格正科级。

2017 年 11 月，为了方便集中管理，经公司人事处（党委组织部）同意，自当月起，矿区服务事业部各单位的科级调研员（房产管理中心除外）统一划入再就业服务大队管理。

2018 年 11 月，大庆炼化公司决定：撤销物业管理站机构建制。由于临近年底考核及"三供一业"业务移交等各项事务，经公司安排，矿区服务事

———————————

① 2017 年 2 月至 8 月期间，物管三站党支部书记空缺，站长蔡宏利主持工作。

业部机关各部门及基层单位人员和业务持续到年底。物业管理站于 2018 年 12 月 31 日正式撤销。

截至 2018 年 12 月 31 日，物业管理站在册员工 63 人，其中党员 14 人。

1. 物业管理站领导名录（2017.8—2018.12）

站　　　长　孙恒福（2017.8—2018.12）

副　站　长　郭文杰（2017.8—2018.12）

　　　　　　陶书强（正科级，2017.8—2018.4）

　　　　　　房希良（2017.8—2018.12）

调　研　员　姜立新（副科级，2017.8—11）

　　　　　　杨允亮（正科级，2017.8—11）

　　　　　　唐先秀（副科级，2017.8—11）

　　　　　　王丽娟（副科级，2017.8—11）

2. 物业管理站党支部领导名录（2017.8—2018.12）

书　　　记　郭文杰（2017.8—2018.12）

**（十一）运行队（2014.1—2018.12）**

截至 2014 年 1 月 1 日，运行队在册员工 92 人，其中党员 18 人。运行队主要负责林源生活区的采暖供应，冷热水供应，生活污水及医院污水排放和电梯运行等，拥有泵站 10 个，各类设备 78 台（部），机构规格正科级，下设运行班 2 个、新鲜水班、高层泵房、污水泵房各 1 个班。

2017 年 11 月，为了方便集中管理，经公司人事处（党委组织部）同意，自当月起，矿区服务事业部各单位的科级调研员（房产管理中心除外）统一划入再就业服务大队管理。

2018 年 11 月，大庆炼化公司决定：撤销运行队机构建制。由于临近年底考核及"三供一业"业务移交等各项事务，经公司安排，矿区服务事业部机关各部门及基层单位人员和业务持续到年底。运行队于 2018 年 12 月 31 日正式撤销。

截至 2018 年 12 月 31 日，运行队员工 59 人，党员 11 人。

1. 运行队领导名录（2014.1—2018.12）

队　　　长　王士红（蒙古族，2014.1—2018.12）

副　队　长　喻建山（2014.1—2018.12）

孙树军（2014.1—2015.10）

郭富琦（2014.1—2018.12）

徐铁祥（2014.1—5）

刘玉兰（女，2014.7—2015.11）

王　琨（2015.10—2018.12）

调 研 员　孙树军（副科级，2015.10—2017.11）

刘玉兰（副科级，2015.11—2017.11）

2.运行队党支部领导名录（2014.1—2018.12）

书　　记　喻建山（2014.1—2018.12）

（十二）维修队（2014.1—2018.12）

截至 2014 年 1 月 1 日，维修队在册员工 58 人，其中党员 11 人。维修队主要负责林源生活区 4400 多户居民及公共场所的冷热水、下水、采暖等设备设施的维修、维护工作，机构规格正科级，内设维修班 2 个，管工、下水、钳工各 1 个班。

2017 年 11 月，为了方便集中管理，经公司人事处（党委组织部）同意，自当月起，矿区服务事业部各单位的科级调研员（房产管理中心除外）统一划入再就业服务大队管理。

2018 年 11 月，大庆炼化公司决定：撤销维修队机构建制。由于临近年底考核及"三供一业"业务移交等各项事务，经公司安排，矿区服务事业部机关各部门及基层单位人员和业务持续到年底。维修队于 2018 年 12 月 31 日正式撤销。

截至 2018 年 12 月 31 日，维修队在册员工 29 人，其中党员 9 人。

1.维修队领导名录（2014.1—2018.12）

队　　长　柴滨景（2014.1—2017.1）

杨　峰（2017.1—2018.12）

副 队 长　张远庆（2014.1—2018.12）

徐铁祥（2014.5—2018.12）

调 研 员　柴滨景（正科级，2017.1—11）

2. 维修队党支部领导名录（2014.1—2018.12）

书　　记　张远庆（2017.4—2018.12）①

**（十三）信息能源管理中心**（2014.1—2018.12）

截至 2014 年 1 月 1 日，信息能源管理中心在册员工 32 人，其中党员 9 人。主要负责矿区信息管理、数据管理、计算机网络维护维修、能源收费、计量检定和林源区监控维护等工作，机构规格正科级。

2018 年 11 月，大庆炼化公司决定：撤销维修队信息能源管理中心机构建制。由于临近年底考核及"三供一业"业务移交等各项事务，经公司安排，矿区服务事业部机关各部门及基层单位人员和业务持续到年底。信息能源管理中心于 2018 年 12 月 31 日正式撤销。

截至 2018 年 12 月 31 日，信息能源管理中心在册员工 19 人，其中党员 7 人。

1. 信息能源管理中心领导名录（2014.1—2018.12）

主　　任　胡　伟（2014.1—2018.12）

副 主 任　陈　超（女，2014.1—2018.12）

　　　　　郭文杰（2014.1—9）

　　　　　范东彪（2014.1—2017.6）

　　　　　李　涛（2014.9—2018.12）

2. 信息能源管理中心党支部领导名录（2014.1—2018.12）

书　　记　郭文杰（2014.1—9）

　　　　　李　涛（2014.9—2018.12）

**（十四）文化活动中心**（2014.1—2018.12）

截至 2014 年 1 月 1 日，文化活动中心在册员工 23 人，其中党员 9 人。文化活动中心主要为公司员工家属提供体育馆、影剧院、艺术楼、游泳馆、棋牌室、健身房、网球场等活动场所的管理和服务。

2017 年 11 月，为了方便集中管理，经公司人事处（党委组织部）同意，自当月起，矿区服务事业部各单位的科级调研员（房产管理中心除外）统一划入再就业服务大队管理。

---

① 2014 年 1 月至 2017 年 4 月期间，维修队党支部书记空缺，副队长张远庆主持工作。

2018年11月，大庆炼化公司决定：撤销文化活动中心机构建制。由于临近年底考核及"三供一业"业务移交等各项事务，经公司安排，矿区服务事业部机关各部门及基层单位人员和业务持续到年底。文化活动中心于2018年12月31日正式撤销。

截至2018年12月31日，文化活动中心在册员工12人，其中党员4人。

1. 文化活动中心领导名录（2014.1—2018.12）

主　　　任　李国权（2014.1—2018.12）

副　主　任　皇甫广慧（2014.1—9）

王英合（2014.1—2015.1）

赵韫侠（2014.1—2018.4）

张世井（2015.5—2016.2）

王学民（2017.8—2018.12）

调　研　员　王英合（副科级，2015.1—2017.11）

张世井（正科级，2016.2—2017.11）

2. 文化活动中心党支部领导名录（2015.5—2018.12）

书　　　记　张世井（2015.5—2016.2）

李国权（2016.4—2017.8）

王学民（2017.8—2018.12）

**（十五）再就业服务大队（2014.1—2018.12）**

截至2014年1月1日，再就业服务大队在册员工19人，其中党员9人。负责660多名有偿解除劳动合同人员的再就业服务和管理工作，承担林源区道路、广场和绿化带日常清扫保洁任务，机构规格正科级，内设5个中队。

2017年11月，为了方便集中管理，经公司人事处（党委组织部）同意，自当月起，矿区服务事业部各单位的科级调研员统一划入再就业服务大队管理。

2018年11月，大庆炼化公司决定：撤销再就业服务大队机构建制。由于临近年底考核及"三供一业"业务移交等各项事务，经公司安排，矿区服务事业部机关各部门及基层单位人员和业务持续到年底。再就业服务大队于2018年12月31日正式撤销。

截至 2018 年 12 月 31 日, 再就业服务大队在册员工 53 人, 其中党员 38 人。

1. 再就业服务大队领导名录 (2014.1—2018.12)

队　　长　吕永信 (2014.1—2017.8)

王廷军 (2017.8—2018.12)

副 队 长　柴川景 (正科级, 2014.1—2015.2)

冯泽荣 (2014.1—2018.12)

耿金保 (2014.1—2017.10)

魏　铃 (女, 2014.1—2018.12)

于秀丽 (女, 2014.1—2018.12)

曹红峰 (正科级, 2014.1—8)

王廷军 (2014.1—2017.8)

庞新梅 (女, 2014.9—2017.7)

孙真明 (2017.8—2018.12)

调 研 员　曹红峰 (正科级, 2014.8—2017.8)[①]

柴川景 (正科级, 2015.2—2018.2)[②]

庞新梅 (副科级, 2017.7—2018.12)

吕永信 (正科级, 2017.8—2018.12)

耿金保 (副科级, 2017.10—2018.12)

吴　勇 (正科级, 2017.11—2018.12)

周金凤 (正科级, 2017.11—2018.12)

李　杰 (副科级, 2017.11—2018.12)

韩有利 (正科级, 2017.11—2018.12)

潘振家 (正科级, 2017.11—2018.12)

徐立太 (正科级, 2017.11—2018.12)

宋景有 (正科级, 2017.11—2018.12)

张晓英 (正科级, 2017.11—2018.12)

① 2017 年 8 月, 曹红峰退休。

② 2018 年 2 月, 柴川景退休。

陶书刚（副科级，2017.11—2018.12）

赵凤德（正科级，2017.11—2018.12）

肖淑荣（副科级，2017.11—2018.4）

张丽萍（副科级，2017.11—2018.4）

陈　林（正科级，2017.11—2018.12）

王丽娟（副科级，2017.11—2018.12）

姜立新（副科级，2017.11—2018.11）

杨允亮（正科级，2017.11—2018.12）

唐先秀（副科级，2017.11—2018.12）

孙树军（副科级，2017.11—2018.10）

刘玉兰（副科级，2017.11—2018.11）

王英合（副科级，2017.11—2018.1）

张世井（正科级，2017.11—2018.12）

朱　光（正科级，2017.11—2018.12）

钱春明（正科级，2017.11—2018.12）

赵金明（正科级，2018.4—12）

张福成（正科级，2018.4—12）

徐文岗（副科级，2018.4—12）

张银叶（正科级，2018.6—12）

许振军（正科级，2018.9—12）

2. 再就业服务大队党支部领导名录（2014.1—2018.12）

　书　　　记　　王廷军（2014.1—2017.8）

　　　　　　　　孙真明（2017.8—2018.12）

## （十六）园林绿化大队（2014.1—2018.12）

截至 2014 年 1 月 1 日，园林绿化大队在册员工 35 人，其中党员 13 人。园林绿化大队负责林源区的绿化养护、苗木繁育、绿化新建工程的专业设计和施工管理，树木补植，义务植树，绿化数据统计及上报等工作，机构规格正科级。

2018 年 11 月，大庆炼化公司决定：撤销园林绿化大队机构建制。由于临近年底考核及"三供一业"业务移交等各项事务，经公司安排，矿区服务事业部机关各部门及基层单位人员和业务持续到年底。园林绿化大队于2018年12月31日正式撤销。

截至2018年12月31日，园林绿化大队在册员工10人，其中党员5人。

1. 园林绿化大队领导名录（2014.1—2018.12）

队　　　长　迟忠德（2014.1—2018.12）

副　队　长　王述评（2014.1—2018.12）

王家飞（2014.1—2018.12）

2. 园林绿化大队党支部领导名录（2014.1—2018.12）

书　　　记　王述评（2014.1—2018.12）

## （十七）车队（2014.1—2018.12）

截至2014年1月1日，车队在册员工41人，其中党员16人。车队主要负责林源区管网维修，路灯、节日亮化，设备吊装，垃圾清运，管网吸污，小型运输和公务用车等任务，机构规格正科级，内设特车班和公务用车班，拥有各种车辆40多台。

2017年11月，为了方便集中管理，经公司人事处（党委组织部）同意，自当月起，矿区服务事业部各单位的科级调研员（房产管理中心除外）统一划入再就业服务大队管理。

2018年11月，大庆炼化公司决定：撤销车队机构建制。由于临近年底考核及"三供一业"业务移交等各项事务，经公司安排，矿区服务事业部机关各部门及基层单位人员和业务持续到年底。车队于2018年12月31日正式撤销。

截至2018年12月31日，车队在册员工33人，其中党员17人。

1. 车队领导名录（2014.1—2018.12）

队　　　长　吴　勇（2014.1—2017.8）

赵国辉（2017.8—2018.12）

副　队　长　许振军（2014.1—2018.9）

王玉仑（2014.1—2018.12）

调　研　员　吴　勇（正科级，2017.8—11）

2. 车队党支部领导名录（2014.1—2018.12）

书　　记　许振军（2014.1—2018.9）

（十八）守卫大队（2014.1—2018.12）

截至 2014 年 1 月 1 日，守卫大队在册员工 84 人，其中党员 37 人。守卫大队负责林源生产区关停装置区的看护及各办公楼巡逻检查工作，内设守卫中队 4 个，巡防中队 1 个，机构规格正科级。

2017 年 11 月，为了方便集中管理，经公司人事处（党委组织部）同意，自当月起，矿区服务事业部各单位的科级调研员（房产管理中心除外）统一划入再就业服务大队管理。

2018 年 11 月，大庆炼化公司决定：撤销守卫大队机构建制。由于临近年底考核及"三供一业"业务移交等各项事务，经公司安排，矿区服务事业部机关各部门及基层单位人员和业务持续到年底。守卫大队于 2018 年 12 月 31 日正式撤销。

截至 2018 年 12 月 31 日，守卫大队在册员工 32 人，其中党员 9 人。

1. 守卫大队领导名录（2014.1—2018.12）

队　　长　张福成（2014.1—2018.4）

　　　　　蔡宏利（2018.4—12）

副 队 长　杨中文（2014.1—2018.12）

　　　　　王丽娟（2014.1—2015.10）

　　　　　宋德福（正科级，2014.1—9）

　　　　　陶书强（正科级，2014.1—9）

　　　　　张宏军（正科级，2014.1—5）

　　　　　朱　光（正科级，2014.1—2017.7）

　　　　　钱春明（正科级，2014.1—2017.7）

　　　　　龚宝伟（2014.1—2018.12）

调 研 员　朱　光（正科级，2017.7—11）

　　　　　钱春明（正科级，2017.7—11）

2. 守卫大队党支部领导名录（2014.1—2018.12）

书　　记　杨中文（2014.1—2018.12）

（十九）宾馆（2014.1—2015.10）

截至 2014 年 1 月 1 日，宾馆在册员工 14 人，其中党员 3 人。宾馆承担企业在林源区召开的大型会议和活动的接待任务，机构规格正科级，主体建筑有主楼、小招待所、元宝会议室、水上会议室、多功能厅各 1 个，餐厅 7 个。

2015 年 10 月 28 日，根据集团公司清理宾馆业务要求，宾馆关停，人员分流到运行队等单位。

截至 2015 年 10 月 28 日，宾馆在册员工 12 人，其中党员 3 人。

经　　　理　王学民（2014.1—2015.10）

（二十）纺织厂（2014.1—7）

截至 2014 年 1 月 1 日，纺织厂在册员工 28 人，其中党员 17 人。公司纺织厂长丝车间保留，实行承包经营的新机制，没有明确机构规格；拥有从德国、比利时引进的先进生产设备，主要生产丙纶 BCF 长丝和丙纶 BCF 加捻定型丝两种，年产量 1100 吨，实现以销定产。

2014 年 7 月 1 日，纺织厂机构撤销。

截至 2014 年 7 月 1 日，纺织厂在册员工 28 人，其中党员 17 人。

1. 纺织厂领导名录（2014.1—7）

厂　　　长　王　飞（副处级，2014.1—7）

副　厂　长　闫文卓（正科级，2014.1—7）

　　　　　　高振禹（副科级，2014.1—7）

　　　　　　刘玉兰（副科级，2014.1—7）

　　　　　　蒋卫东（副科级，2014.1—7）

2. 纺织厂党支部领导名录（2014.1—7）

书　　　记　闫文卓（2014.1—7）

# 第二节　综合服务部（2014.1—2018.12）

综合服务部前身为大庆炼化公司工程技术服务公司综合服务分公司。2010 年 4 月，列为二级单位序列，规格正处级，党组织关系隶属大庆炼化公司党委，机关办公地点在黑龙江省大庆市让胡路区马鞍山。综合服务部主要负责马鞍山生产区绿化养护；办公楼及道路保洁；垃圾及废料的清运掩埋；厂前区公共设施维护维修；马鞍山生产区饮用水管理；员工餐厅、浴池、体育馆以及公寓等服务和管理工作。

截至 2014 年 1 月 1 日，综合服务部机关设综合管理办公室和运行管理办公室，基层设环卫管理站、生活管理站、公寓管理站和机关服务站。在册员工 394 人，综合服务部党委下属 4 个党支部，共有党员 49 人。

综合服务部党政领导班子由 4 人组成。李晓江任主任、党总支副书记，负责行政、人事、劳资、绩效考核、核算、房产、绿化管理工作。朱凤景任党总支书记，负责组织、宣传、纪检、企业文化、工会、计划生育、共青团、信访、保密、维稳工作，分管综合管理办公室。李庆新任副主任，负责生产运行、设备、安全、HSE、节能、计量、技改技措工作，分管环卫管理站和生活管理站。赵川江任副主任，负责员工培训、制度建设、内控和综合治理工作，分管公寓管理站和机关服务站。

2015 年 10 月，大庆炼化公司党委决定：综合服务部党总支改建为综合服务部党委，并将文化新闻中心及人员挂靠综合服务部管理，原有规格、职能及党组织隶属关系不变。

2015 年 10 月，大庆炼化公司党委决定：朱凤景任大庆炼化公司综合服务部党委书记、纪委书记、工会主席；李晓江兼任大庆炼化公司综合服务部党委副书记；李庆新任大庆炼化公司综合服务部党委委员；赵川江任大庆炼化公司综合服务部党委委员。

综合服务部调整党政领导班子分工：

主任、党委副书记李晓江负责部行政、人事、劳资、绩效考核、核算、房产、绿化管理等工作，协助党委书记做好党群工作。

党委书记、纪委书记、工会主席朱凤景负责部党群工作分管的组织、宣传、纪检、企业文化、工会、计划生育、共青团、信访、保密、维稳等工作，协助主任做好行政工作。

副主任、党委委员李庆新负责生产运行工作，分管安全、生产计划、数据管理、节能降耗等工作。

副主任、党委委员赵川江负责设备管理工作，分管设备运行、维护维修、管理体系等工作。

2016年1月，大庆炼化公司党委决定：免去朱凤景的大庆炼化公司综合服务部党委书记、纪委书记、工会主席职务。李晓江暂时负责原党委书记、纪委书记、工会主席朱凤景分管的组织、宣传、纪检、企业文化、工会、计划生育、共青团、信访、保密、维稳等工作。

2016年2月，大庆炼化公司党委决定：刘天启任大庆炼化公司综合服务部党委书记、纪委书记、工会主席；顾广发任大庆炼化公司综合服务部党委副书记；免去李晓江的大庆炼化公司综合服务部党委副书记、委员职务。大庆炼化公司决定：刘天启任大庆炼化公司综合服务部副主任；顾广发任大庆炼化公司综合服务部主任。免去李晓江的大庆炼化公司综合服务部主任职务。刘天启负责原党委书记、纪委书记、工会主席朱凤景分管的组织、宣传、纪检、企业文化、工会、计划生育、共青团、信访、保密、维稳等工作。顾广发负责原主任李晓江分管的行政、人事、劳资、绩效考核、核算、房产、绿化管理工作。

2016年3月，大庆炼化公司党委决定：宋宗军任大庆炼化公司综合服务部党委委员。大庆炼化公司决定：宋宗军任大庆炼化公司综合服务部副主任。领导班子分工随之调整：

主任、党委副书记顾广发负责行政办公、人事劳资、经营管理、内控、奖金考核。党委书记、纪委书记、工会主席、副主任刘天启负责组织、党建、宣传、纪律检查、群团、武装保卫、综合治理、维稳、信访、保密、计划生育工作。副主任、党委委员李庆新负责生产运行、服务质量、节能节水、现场管理工作。副主任、党委委员赵川江负责健康安全环保、资产管理、机动设备、运输管理、信息技术、员工培训工作。副主任、党委委员宋宗军负责管理体系、绩效、物资、合同、成本核算工作。

2016年5月，中共大庆炼化公司综合服务部委员会对所属5个党支部选举结果进行批复。中共综合服务部机关支部委员会由李庆新、白亮、吉冬梅3人组成，李庆新任书记；中共综合服务部环卫管理站支部委员会由富春、王云、李雪峰3人组成，于富春任书记；中共综合服务部生活管理站支部委员会由张子恒、陈荣、黄同福3人组成，张子恒任书记；中共综合服务部机关服务站支部委员会由杜辉、乔峰、张新华3人组成，杜辉任书记；中共综合服务部公寓管理站支部由王喜金任书记。

2016 年 5 月 20 日，中共大庆炼化公司综合服务部委员会召开党员大会，40 名党员参加会议。会议选举产生中共综合服务部委员会，由刘天启、李庆新、宋宗军、赵川江、顾广发 5 人组成（以姓氏笔画为序），刘天启为党委书记，顾广发为党委副书记。选举产生中共大庆炼化公司综合服务部纪律检查委员会，由于富春、王长富、王喜金、刘天启、杜辉 5 人组成（以姓氏笔画为序），刘天启为纪委书记。

2017 年 8 月，大庆炼化公司决定：综合服务部内设机构调整，将工会部分职能并入生活管理站并更名为综合服务部员工服务中心，机构级别、隶属关系和管理方式均不变。

2018 年 8 月，大庆炼化公司党委决定：免去宋宗军的大庆炼化公司综合服务部党委委员职务。大庆炼化公司决定：免去宋宗军的大庆炼化公司综合服务部副主任职务。领导班子分工随之调整：

主任、党委副书记顾广发负责行政办公、人事劳资、经营管理、内控、奖金考核、管理体系、绩效、合同等工作。党委书记、纪委书记、工会主席、副主任刘天启负责组织、党建、宣传、纪律检查、群团、武装保卫、综合治理、维稳、信访、保密、计划生育工作。副主任、党委委员李庆新负责生产运行、服务质量、节能节水、现场管理工作。副主任、党委委员赵川江负责健康安全环保、资产管理、物资、成本核算、机动设备、运输管理、信息技术、员工培训工作。

2018 年 10 月，大庆炼化公司决定：对综合服务部内设机构进行调整，成立综合服务部生产服务中心，机构规格正科级，列直属机构序列。同时撤销环卫管理站和机关服务站机构建制，将原环卫管理站和机关服务站的业务、职能和人员划入生产服务中心管理。撤销公寓管理站机构建制，将公寓管理站业务、职能及人员划入员工服务中心管理，合并后员工服务中心机构规格、隶属关系等不变。职能增加原公寓管理站的职能。

2018 年 11 月，大庆炼化公司党委决定：孙国明任大庆炼化公司综合服务部党委委员；文雅明任大庆炼化公司综合服务部党委委员。大庆炼化公司决定：孙国明任大庆炼化公司综合服务部副主任；文雅明任大庆炼化公司综合服务部副主任。领导班子分工随之调整：

主任、党委副书记顾广发主持部行政全面工作，负责人事劳资、经营管理、业务运行等方面工作，协助党委书记做好党群工作。党委书记、纪委书记、工会主席、副主任刘天启负责组织、党建、宣传、纪律检查、群团、武装保卫、综合治理、维稳、信访、保密、计划生育工作。副主任、党委委员孙国明协助主任做好现场管理等工作。副主任、党委委员李庆新协助主任做好生产运行、服务质量、节能节水等工作。副主任、党委委员文雅明协助主任做好行政办公、风险内控、管理体系评审、合同管理、公司房产和计划生育业务管理等工作。副主任、党委委员赵川江负责健康安全环保、资产管理、物资、成本核算、机动设备、运输管理、信息技术、员工培训工作。

2018年11月，大庆炼化公司决定：将房产管理中心职能及人员划入综合服务部综合管理办公室；将公司急救站业务及人员划入综合服务部员工服务中心管理。

截至2018年12月31日，综合服务部机关设综合管理办公室、运行管理办公室，基层设生产服务中心、员工服务中心。主要负责马鞍山生产区165万平方米绿化养护、52万平方米道路保洁及冬季清雪；年均5千多吨生活垃圾的清理外运，1.7万吨工业垃圾的接收和填埋；马鞍山生产区160个化粪池清理；机关及附属办公楼8.8万平方米保洁和更值服务；负责厂前区室内外公共设施维护维修；多功能厅灯光音响设施维护及卫生保洁；负责马鞍山生产区员工用餐、洗浴，体育馆接待保洁以及休息房间的服务和管理工作；员工饮用水以及自行车借用等服务工作；负责马鞍山厂区员工急救业务；负责炼化公司员工物业采暖等房产业务；负责工会互联网服务平台建立、维护；公司员工生活服务、慰问品采购发放；员工法律咨询援助服务；工会会员来访接待及劳动争议调解；心理咨询援助服务；员工就餐、通勤车、文体活动场馆服务的监督以及工会各类会议及赛事服务等工作。在册员工352人，其中女员工261人。综合服务部党委下属3个党支部，共有党员63人。

综合服务部行政领导班子由6人组成：顾广发任主任，刘天启、孙国明、李庆新、文雅明、赵川江任副主任。综合服务部党委由刘天启、顾广发、孙国明、李庆新、文雅明、赵川江6人组成，刘天启任书记，顾广发任副书记。刘天启任纪委书记。刘天启任工会主席。领导班子分工自2018年11月以来未再进行调整。

综合服务部以"保障生产，服务生活，维护稳定，促进和谐"为工作理念，努力提升各项服务质量，为公司生产顺畅有序运行提供强有力的后勤保障。2014年至2018年，综合服务部累计完成模拟化经营收入4337.67万元，实现模拟市场化经营考核利润1241.01万元，完成160万平方米/年绿化养护，为65.09万人次提供洗浴服务，接待就餐973.6万人次，体育馆健身服务10.07万人次，综合服务满意度均达到95%以上。

一、综合服务部行政领导名录（2014.1—2018.12）

主　　任　李晓江（2014.1—2016.2）

顾广发（满族，2016.2—2018.12）

副　主　任　李庆新（2014.1—2018.12）

赵川江（2014.1—2018.12）

刘天启（2016.2—2018.12）

宋宗军（2016.3—2018.8）[①]

孙国明（2018.11—12）

文雅明（2018.11—12）

二、综合服务部党总支领导名录（2014.1—2015.10）

书　　记　朱凤景（女，2014.1—2015.10）[②]

副　书　记　李晓江（2014.1—2015.10）

三、综合服务部党委领导名录（2015.10—2018.12）

书　　记　朱凤景（2015.10—2016.1）[③]

刘天启（2016.2—2018.12）

副　书　记　李晓江（2015.10—2016.2）

顾广发（2016.2—2018.12）

委　　员　朱凤景（2015.10—2016.1）

李晓江（2015.10—2016.2）

---

① 2018年8月，宋宗军退出领导岗位。
② 2016年1月，朱凤景退出领导岗位。
③ 2016年1月至2月期间综合服务部党委书记职务空缺。

李庆新（2015.10—2018.12）

赵川江（2015.10—2018.12）

刘天启（2016.2—2018.12）

顾广发（2016.2—2018.12）

宋宗军（2016.3—2018.8）

孙国明（2018.11—12）

文雅明（2018.11—12）

**四、综合服务部纪委领导名录（2015.10—2018.12）**

书　　记　朱凤景（2015.10—2016.1）[①]

刘天启（2016.2—2018.12）

委　　员　朱凤景（2015.10—2016.1）

刘天启（2016.2—2018.12）

于富春（2016.5—2018.12）

王长富（2016.5—2018.12）

王喜金（2016.5—2017.7）[②]

杜　辉（2016.5—2018.12）

李明明（2017.8—2018.12）

**五、综合服务部工会领导名录（2015.10—2017.12）**

主　　席　朱凤景（2015.10—2016.1）[③]

刘天启（2016.2—2018.12）

**六、所属机关科级单位**

截至2014年1月1日，综合服务部机关设综合管理办公室、运行管理办公室，机构规格均为正科级。在册员工13人，其中女员工3人，党员13人。

综合管理办公室主要负责组织宣传、党群综治、人事劳资、经营核算等工作。运行管理办公室主要负责协调指挥生产服务运行、设备安全、物资采

---

① 2016年1月至2月期间综合服务部纪委书记职务空缺。

② 2017年7月，王喜金退出领导岗位。

③ 2016年1月至2月期间综合服务部工会主席职务空缺。

购、厂前物业维修管理等工作。

2017年10月，机关党支部召开党员大会，增补王长富为支部委员。党支部委员会由王长富、白亮、吉冬梅3人组成。

截至2018年12月31日，综合服务部机关在册员工20人，其中女员工6人，党员20人。

（一）综合管理办公室领导名录（2014.1—2018.12）

主　　任　王长富（2014.1—2018.11）

　　　　　于富春（2018.11—12）

副　主　任　杨春雁（女，2016.10—2018.12）

党委组织员　杨春雁（2016.10—2018.12）

（二）运行管理办公室领导名录（2014.1—2018.12）

主　　任　白　亮（蒙古族，2014.1—2018.11）

　　　　　杜　辉（2018.11—12）

副　主　任　严　洪（2018.12）

（三）机关党支部领导名录（2016.5—2018.12）

书　　记　李庆新（2016.5—2017.9）

　　　　　王长富（2017.9—2018.11）

　　　　　于富春（2018.11—12）

### 七、所属基层科级单位

（一）环卫管理站（2014.1—2018.10）

截至2014年1月1日，环卫管理站在册员工175人，其中女员工129人，党员14人。主要负责马鞍山生产区厂区、厂前区域的清扫、保洁、冬季清冰雪及生活垃圾的运输，一般固体废弃物的掩埋，绿化养护等工作。

2017年10月，环卫管理站党支部召开党员大会，增补杜辉、马伟东为支部委员。党支部委员会由杜辉、李雪峰、马伟东3人组成。

2018年10月，大庆炼化公司决定：对综合服务部内设机构进行调整，成立综合服务部生产服务中心，同时撤销环卫管理站机构建制，将原环卫管理站的业务、职能和人员划入生产服务中心管理。

截至2018年10月，环卫管理站在册员工179人，其中女员工131人，党员21人。

1. 环卫管理站领导名录（2014.1—2018.10）

　　站　　长　王守忠（2014.1—10）

　　　　　　　于富春（2014.10—2017.5）

　　　　　　　杜　辉（2017.5—2018.10）

　　副 站 长　王　云（2014.1—2017.2）

　　　　　　　李雪峰（2017.3—2018.10）

2. 环卫管理站党支部领导名录（2014.1—2018.10）

　　书　　记　王守忠（2014.1—10）

　　　　　　　于富春（2014.10—2017.5）

　　　　　　　杜　辉（2017.5—2018.10）

**（二）机关服务站（2014.1—2018.10）**

　　截至2014年1月1日，机关服务站在册员工61人，其中女员工57人，党员6人。机关服务站主要负责公司机关办公楼、生产指挥楼、综合楼等厂前区域办公楼及厂内部分办公楼的卫生保洁，综合楼多功能厅音响设备的维护、员工餐厅二楼舞厅灯光音响设施维护等工作。

　　2018年10月，大庆炼化公司决定：对综合服务部内设机构进行调整，成立综合服务部生产服务中心，同时撤销机关服务站机构建制，将原机关服务站的业务、职能和人员划入生产服务中心管理。

　　截至2018年10月31日，机关服务站在册员工57人，其中女员工53人，党员6人。

　　1. 机关服务站领导名录（2014.1—2018.10）

　　站　　长　杜　辉（2014.1—2017.6）

　　　　　　　于富春（2017.6—2018.10）

　　2. 机关服务站党支部领导名录（2014.1—2018.10）

　　书　　记　杜　辉（2014.1—2017.6）

　　　　　　　于富春（2017.6—2018.10）

**（三）生产服务中心（2018.10—12）**

　　截至2018年10月，生产服务中心在册员工179人，其中女员工127人，党员16人。

　　生产服务中心主要负责公司机关办公楼、生产指挥楼、综合楼等厂前区域办公楼及厂内部分办公楼的卫生保洁，综合楼多功能厅音响设备的维护、员工餐厅二楼舞厅灯光音响设施维护马鞍山生产区厂区、厂前区域的清扫、保洁、冬季清冰雪及生活垃圾的运输，一般固体废弃物的掩埋，绿化养护等工作。

截至2018年12月31日，生产服务中心下设10个班组。在册员工236人，其中女员工179人，党员22人。

1. 生产服务中心领导名录（2018.10—12）

主　　任　白　亮（2018.10—12）

副 主 任　李雪峰（2018.10—12）

2. 生产服务中心党支部领导名录（2018.10—12）

书　　记　张子恒（2018.10—12）

**（四）生活管理站—员工服务中心（2014.1—2018.12）**

截至2014年1月1日，生活管理站在册员工73人，其中女员工40人，党员10人。生活管理站主要负责4个浴池、体育馆、厂前办公楼更值、送水站、2个餐厅、员工生活服务工作。

2017年8月，大庆炼化公司对综合服务部内设机构调整，将综合服务部生活管理站更名为员工服务中心，将生活管理站与公司工会部分职能合并，增加了慰问品采购发放、法律咨询援助、会员来访接待和劳动争议调解、心理咨询援助服务等工作职能。

2017年10月，员工服务中心党支部召开党员大会，增补李万勇、朱艳华、王云生为支部委员。党支部委员会由李万勇、朱艳华、王云生3人组成。

2018年10月，大庆炼化公司决定：对综合服务部内设机构进行调整，撤销公寓管理站机构建制，将公寓管理站业务、职能及人员划入员工服务中心管理，合并后员工服务中心机构规格、隶属关系等不变。职能增加原公寓管理站的职能。

截至2018年12月31日，员工服务中心下设7个班组。在册员工107人，其中女员工72人，党员20人。员工服务中心主要负责4个浴池、体育馆、厂前办公楼更值、送水站、2个餐厅、两栋公寓楼、自行车借用管理慰问品采购发放、法律咨询援助、会员来访接待和劳动争议调解、心理咨询援助服务等工作职能工作。

1. 生活管理站（2014.1—2017.8）

（1）生活管理站领导名录（2014.1—2017.8）

　　站　　　长　　牛兆寅（2014.1—2015.3）

　　　　　　　　　张子恒（2015.3—2017.5）

　　　　　　　　　王喜金（2017.5—7）①

　　副　站　长　　赵永杰（2014.1—2017.3）

（2）生活管理站党支部领导名录（2014.1—2017.8）

　　书　　　记　　牛兆寅（2014.1—2015.3）

　　　　　　　　　张子恒（2015.3—2017.5）

　　　　　　　　　王喜金（2017.5—7）②

2. 员工服务中心（2017.8—2018.12）

（1）员工服务中心领导名录（2017.8—2018.12）

　　主　　　任　　李万勇（2017.9—2018.12）③

　　副　主　任　　王云生（2018.12）

　　　　　　　　　秦　颖（2018.12）

　　副科级干部　　李万勇（2017.7）

（2）员工服务中心党支部领导名录（2017.8—2018.12）

　　书　　　记　　李万勇（2017.9—2018.10）④

　　　　　　　　　王长富（2018.11—12）

**（五）公寓管理站（2014.1—2018.10）**

　　截至2014年1月1日，公寓管理站在册员工42人，其中女员工39人，党员4人。公寓管理站主要负责两栋公寓楼、自行车借用管理工作，倒班公寓和人才公寓于2017年5月份整合，倒班住宿房间全部整合到人才公寓更名为1#公寓，原倒班公寓更名为2#公寓用于各单位近100名员工午间临时休息。

　　2018年10月，大庆炼化公司决定：对综合服务部内设机构进行调整，撤销公寓管理站机构建制，将公寓管理站业务、职能及人员划入员工服务中

---

①　2017年7月至8月期间，生活管理站站长空缺，李万勇主持工作。

②　2017年7月至8月期间，生活管理站党支部书记空缺。

③　2017年8月至9月期间，员工服务中心主任空缺，李万勇主持工作。

④　2017年8月至9月期间，员工服务中心党支部书记空缺。

心管理，合并后员工服务中心机构规格、隶属关系等不变。职能增加原公寓管理站的职能。

截至 2018 年 10 月，公寓管理站在册员工 39 人，其中女员工 36 人，党员 4 人。

1. 公寓管理站领导名录（2014.1—2018.10）

站　　长　　王喜金（2014.1—2017.5）

　　　　　　张子恒（2017.5—2018.10）

2. 公寓管理站党支部领导名录（2014.1—2018.10）

书　　记　　王喜金（2014.1—2017.5）

　　　　　　张子恒（2017.5—2018.10）

**八、综合服务部所属挂靠机构：文化新闻中心（2015.10—2018.12）**

2015 年 10 月，大庆炼化公司党委决定：综合服务部党总支改建为综合服务部党委，并将文化新闻中心及人员挂靠综合服务部管理，原有规格、职能及党组织隶属关系不变。

截至 2015 年 12 月 31 日，文化新闻中心在册员工 19 人，其中女员工 7 人，党员 15 人，主要负责公司的内部媒体宣传及对外广播、电视新闻宣传；对公司重大活动、重要工作及新闻宣传图片和视频资料进行记录、存档和统一管理；负责公司有线电视系统的业务指导及网络规划、建设与管理维护；负责对广播、电视媒体的联络工作，为广播、电视媒体提供新闻素材，配合有关媒体采访任务的完成。

2017 年 8 月，大庆炼化公司决定：冯林财兼任大庆炼化公司文化新闻中心主任。

2018 年 12 月，大庆炼化公司决定：姜复乐兼任大庆炼化公司文化新闻中心主任；免去冯林财的大庆炼化公司文化新闻中心主任职务。

截至 2018 年 12 月 31 日，文化新闻中心在册员工 17 人，其中女员工 7 人，党员 14 人。

主　　任　　冯林财（兼任，2017.8—2018.12）

　　　　　　姜复乐（兼任，2018.12）

副 主 任　　秦大雁（2015.10—2018.12）

　　　　　　郑　丹（2015.10—2018.12）

## 第三节　信息中心（2015.2—2018.12）

信息中心的前身是信息管理部。2015 年 2 月，大庆炼化公司决定：将信息管理部更名为信息中心，由公司直属单位调整为公司二级单位管理，更名后信息中心原职能不变，机构规格正处级。党组织关系隶属公司党委，办公地点在黑龙江省大庆市让胡路马鞍山。

截至 2015 年 2 月 26 日，信息管理部下设综合室、网络室、应用室、软件室。在册员工 33 人，其中女员工 10 人，信息中心党支部共有党员 19 人。

2015 年 2 月，大庆炼化公司党委决定：徐立任大庆炼化公司信息中心党支部书记、副主任；张艳杰任大庆炼化公司信息中心副主任；免去张艳杰的大庆炼化公司信息管理部党支部书记职务。大庆炼化公司决定：赵景山任大庆炼化公司信息中心主任；免去其大庆炼化公司信息管理部主任职务。领导班子分工调整为：

信息中心主任赵景山，负责行政全面工作，分管人事、劳动纪律、仿真培训软件开发、MES、APS、门禁、模拟经营、项目建设、领导目标责任考核等工作。党支部书记、副主任徐立，负责党支部的全面工作，分管党建、工会、宣传报道、保卫、维稳、员工行为规范、材料发放、标准化及卫生规格化、HSE 及安全管理、公司管理软件和行政办公软件开发、软件升级与运维、数据库管理、员工综合信息查询系统运维等工作。副主任张艳杰，负责服务器及网络系统运维、考勤一卡通系统等设备管理与运维、ERP 等应用系统运维、内控、员工培训、制度建设、技术资料、资产及台账、厂内定向车辆管理等工作。

2015 年 3 月，大庆炼化公司决定：信息中心机关设经营与综合办公室，机构规格正科级，设主任 1 人。基层设系统运行室、研发控制室和软件项目室，机构规格均为正科级，各设主任 1 人。

2015 年 10 月，大庆炼化公司党委决定：孙明任大庆炼化公司信息中心党支部副书记（主持党支部工作）；免去徐立的大庆炼化公司信息中心党支部书记职务。大庆炼化公司决定：孙明任大庆炼化公司信息中心副主任；免去徐立的大庆炼化公司信息中心副主任职务。领导班子分工随之调整：

主任赵景山，负责行政全面工作，直管人事劳资、绩效考核、模拟经营、安全环保、项目建设、仿真研发、MES运维及二次开发等。副主任、党支部副书记（主持党支部工作）孙明，负责党支部全面工作，直管党建、纪检、工会、共青团、宣传、维稳、保卫等工作，协助主任分管软件开发、员工行为标准化等工作。副主任张艳杰，负责中心机房、汇聚间及相关设备设施、网络及应用系统运维、员工培训、内控管理、体系建设、档案资料等工作。

2016年1月，大庆炼化公司决定：在信息中心成立信息技术应用研究所，列基层单位序列，机构规格正科级，研究人员定员根据研究项目需要经人事部门审批后确定。主要职能是围绕公司e化管理，应用大数据、云平台等先进的计算机技术进行管理方面的开发和应用。

2016年5月13日，中共大庆炼化公司信息中心党支部召开党员大会，19名党员参加会议。会议选举产生中共信息中心党支部委员会，由于鸿滨、孙明、张艳杰3人组成（以姓氏笔画为序），孙明为党支部委员会副书记（主持党支部工作）。

2016年6月，大庆炼化公司党委决定：孙明任大庆炼化公司信息中心党支部书记，免去其大庆炼化公司信息中心党支部副书记职务。孙明负责党支部全面工作，直管党建、纪检、工会、共青团、宣传、维稳、保卫等工作。

2016年11月，大庆炼化公司决定：孙明任大庆炼化公司信息中心主任；赵景山任大庆炼化公司信息中心调研员；免去孙明的大庆炼化公司信息中心副主任职务；免去赵景山的大庆炼化公司信息中心主任职务。孙明负责原信息中心主任赵景山的行政全面工作，直管人事劳资、绩效考核、模拟经营等。

2016年12月，大庆炼化公司决定：张树军任大庆炼化公司信息中心副主任。领导班子分工随之调整：

主任、党支部书记孙明，负责行政全面工作，直管人事劳资、绩效考核、模拟经营等，负责党支部全面工作，直管党建、纪检、工会、共青团、宣传、维稳、保卫等工作。副主任张艳杰，负责中心机房、汇聚间及相关设备设施、网络及应用系统运维、员工培训、内控管理、体系建设、档案资料、软件开发、员工行为标准化工作。副主任张树军，负责安全环保、项目建设、MES 运维及二次开发、员工考勤系统、门禁系统、资产管理工作。

2017 年 6 月，大庆炼化公司决定：于德林任大庆炼化公司信息中心主任；免去孙明的大庆炼化公司信息中心主任职务。于德林负责原信息中心主任孙明的行政全面工作，直管人事劳资、绩效考核、模拟经营等。

2017 年 8 月，大庆炼化公司决定：将信息中心研发控制室更名为数采集成室。

2017 年 8 月，大庆炼化公司党委决定：刘凤娟任大庆炼化公司信息中心党支部书记；免去孙明的大庆炼化公司信息中心党支部书记职务。大庆炼化公司决定：刘凤娟任大庆炼化公司信息中心副主任。领导班子分工随之调整：

主任于德林，全面负责行政工作。党支部书记、副主任刘凤娟，负责党群工作，包括干部、党建、纪检、宣传、企业文化、工团、保卫维稳等，分管经营与综合办公室。副主任张艳杰，负责机房、汇聚间及相关设备设施运维、网络及应用系统运维、ERP 系统运维、网络安全、员工培训、内控管理、体系建设、系统运维安全管理等工作，分管系统运行室、数采集成室。副主任张树军，负责 MES 和 APS 系统运维、软件开发、信息技术应用研究、项目建设安全环保、信息化项目、资产管理等工作，分管软件项目室、信息技术应用研究所。

截至 2018 年 12 月 31 日，信息中心机关设 1 个科室：经营与综合办公室。基层设 4 个科室：系统运行室、数采集成室、软件项目室和信息技术应用研究所。信息中心在册员工 33 人，其中女员工 9 人，信息中心党支部共有党员 24 人。

信息中心领导班子由 4 人组成：于德林任主任，刘凤娟、张艳杰、张树军任副主任。信息中心党支部由刘凤娟、于德林、张艳杰、张树军 4 人组成，刘凤娟任书记。领导班子分工自 2017 年 8 月以来未再进行调整。

2015 年至 2018 年，信息中心实现了项目建设提效、软件开发提量、信息技术应用研究提质、系统运维提速。基础设施更新完善，标准化运维稳步提升，监管 1 个主机房及 10 个汇聚机房安全运行，保障全公司 70 套统建、

75套统建配套应用软件平稳运行，有云桌面用户150个，服务器、存储阵列64台，虚拟服务器171个，交换机780台，光缆总长度约400千米，累计处理各类问题9500余次。ERP系统优化创效显著，MES2.0应用为决策分析提供了依据，个性化门户提高了整体审批效率，完成了数字化工厂建设的初步规划和数字化工厂初步探索项目。张晓轩荣获2018年黑龙江省优秀共青团员。

期间：2016年12月，信息中心研发控制室仿真软件开发工程师肖德风当选中国人民政治协商会议黑龙江省大庆市让胡路区第九届委员会委员。

**一、信息中心行政领导名录（2015.2—2018.12）**

主　　　任　赵景山（2015.2—2016.11）

　　　　　　孙　明（2016.11—2017.6）

　　　　　　于德林（2017.6—2018.12）

副　主　任　徐　立（2015.2—10）

　　　　　　张艳杰（女，2015.2—2018.12）

　　　　　　孙　明（2015.10—2016.11）

　　　　　　张树军（2016.12—2018.12）

　　　　　　刘凤娟（女，2017.8—2018.12）

调　研　员　赵景山（正处级，2016.11—2018.12）

**二、信息中心党支部领导名录（2015.2—2018.12）**

书　　　记　徐　立（2015.2—10）[①]

　　　　　　孙　明（2016.6—2017.8）

　　　　　　刘凤娟（2017.8—2018.12）

副　书　记　孙　明（主持工作，2015.10—2016.6）

**三、所属经营与综合室办公室（2015.3—2018.12）**

2015年3月，大庆炼化公司决定：信息中心机关设经营与综合办公室，机构规格正科级，设主任1人。在册员工5人，其中女员工2人，党员3人。经营与综合办公室主要负责组织、党建、纪检、企业文化、宣传、工会、共

---

① 2015年10月至2016年6月期间，信息中心党支部书记空缺，副书记孙明主持工作。

青团、人事劳资、经营核算、干部管理、综治保卫、维稳、房产、计划生育、培训、保密、资产、现场管理；安全环保管理、安全作业落实，安全培训等工作。

截至 2018 年 12 月 31 日，信息中心机构设置和机构规格未变，机关经营与综合办公室在册员工 4 人，其中女员工 2 人，党员 4 人。

主　　任　张世颖（2015.3—2018.11）[①]

### 四、所属基层科级单位

#### （一）系统运行室（2015.3—2018.12）

截至 2015 年 3 月 25 日，在册员工 10 人，其中女员工 3 人，党员 6 人。机构规格正科级，负责公司信息基础设施建设、管理、运维，负责集团统建信息系统运维管理以及信息安全，为公司信息化发展提供基础保障的科室。

截至 2018 年 12 月 31 日，在册员工 8 人，其中女员工 3 人，党员 6 人。

主　　任　张树军（2015.3—2016.12）[②]

副　主　任　冷传杰（2017.12—2018.12）[③]

#### （二）研发控制室—数采集成室（2015.3—2018.12）

截至 2015 年 3 月 25 日，在册员工 9 人，其中女员工 1 人，党员 5 人。

2017 年 8 月，大庆炼化公司决定：将研发控制室更名为数采集成室，更名后机构隶属关系、规格、职能等均不变。

数采集成室机构规格正科级，为公司各级管理部门经营决策、生产管理提供数据支撑，为员工提供仿真平台，为装置提供生产优化方案基础信息，服务生产的科室。主要负责 MES2.0 升级项目推进、维护及二次开发、仿真软件开发与维护、三维工厂建设等工作。

截至 2018 年 12 月 31 日，在册员工 7 人，其中女员工 1 人，党员 5 人。

1. 研发控制室领导名录（2015.3—2017.8）

主　　任　于鸿滨（2015.3—2017.8）

调　研　员　于鸿滨（正科级，2017.7—2018.12）

---

① 2018 年 11 月，张世颖退出领导岗位。2018 年 11 月至 12 月期间，经营与综合办公室主任空缺。

② 2016 年 12 月至 2018 年 12 月期间，系统运行室主任空缺。

③ 2016 年 12 月至 2017 年 12 月，冷传杰担任负责人，无行政级别。

2. 数采集成室领导名录（2017.8—2018.12）

**主　　任**（空缺）[①]

**（三）软件项目室**（2015.3—2018.12）

截至 2015 年 3 月 25 日，在册员工 6 人，其中女员工 1 人，党员 3 人。软件项目室机构规格正科级。

软件项目室为公司及所属各单位提供软件开发及运维服务，统筹信息化项目管理的科室。

截至 2018 年 12 月 31 日，在册员工 5 人，其中女员工 1 人，党员 2 人。

**主　　任**（空缺）

**副 主 任** 范　凯（2017.12—2018.12）[②]

**（四）信息技术应用研究所**（2016.1—2018.12）

2016 年 1 月，大庆炼化公司决定：在信息中心成立信息技术应用研究所，列基层单位序列，设所长 1 人，机构规格正科级，研究人员定员根据研究项目需要经人事部门审批后确定。截至 2016 年 1 月 1 日，在册员工 5 人，其中党员 4 人。

信息技术应用研究所主要职能是围绕公司 e 化管理，应用大数据、云平台等先进的计算机技术进行管理方面的开发和应用，负责公司信息化建设规划、科研开发和前沿信息技术转化应用，为公司平稳运行、降本增效提供支持和服务的研究机构。

截至 2018 年 12 月 31 日，在册员工 4 人，党员 3 人。

**所　　长**（空缺）

**副 所 长** 汪　旭（2017.12—2018.12）

# 第四节　保卫武装部（2014.1—2018.12）

保卫武装部的前身是油田化学助剂厂保卫科与经警中队合并组成的经保大队。2010 年 4 月，列为二级单位序列，机构规格正处级，党组织关系隶

---

① 2017 年 8 月至 2018 年 12 月，数采集成室主任空缺，徐振兴担任负责人，无行政级别。

② 2015 年 3 月至 2017 年 12 月期间，软件项目室副主任空缺。

属大庆炼化公司党委，机关办公地点在黑龙江省大庆市让胡路区马鞍山。保卫武装部担负公司治安保卫、社会治安综合治理、武装部、防范处理邪教等职能，兼管人民防空工作；负责马鞍山生产区治安巡逻、生产区门岗守卫和厂前区办公楼治安管理工作。

截至 2014 年 1 月 1 日，保卫武装部机关设综合办公室和治安管理办公室，基层设守卫一大队、巡防大队和直属守卫大队。在册员工 204 人，保卫武装部党委下属 4 个党支部，共有党员 80 人。

保卫武装部党政领导班子由 4 人组成。蒋华任主任、党委副书记，负责人事、核算、计划规划、武装、防空、双拥、设备、资产、车辆、基建、物资材料、节能节水工作。黄景龙任党委书记、副主任、纪委书记、工会主席，负责组织、党建、干部管理、纪检、宣传、企业文化、工会（女工部分）、共青团、奖金考核、双文明考核、卫生规格化。于宪帝任副主任、党委委员，负责劳保、防护用具、治安保卫、案件、警卫、反恐、网监、巡逻勤务、证件办理、应急预案、业绩考核、重点工程、公共突发事件治安协调。许厚标任副主任、党委委员，负责保密、信息管理、档案、行管、维稳、信访、科技、风险管理、审计、企管、培训、安全、认证、反邪教办公室、内控、社会治安综合治理、守卫勤务工作。

2014 年 3 月，大庆炼化公司党委决定：免去蒋华的大庆炼化公司保卫武装部党委副书记、党委委员职务。大庆炼化公司决定：免去蒋华的大庆炼化公司保卫武装部主任职务。大庆炼化公司党政班子联席会议研究决定：保卫武装部由副主任于宪帝主持行政工作。领导班子分工随之调整：

党委书记、副主任、纪委书记、工会主席黄景龙分管组织、党建、干部、纪检、企业文化、宣传、维稳、信访、工会（女工部分）、共青团、奖金考核、双文明考核工作。副主任、党委委员于宪帝分管人事、业绩、核算、资产、房产、计划规划、劳保、物资材料、基建、维修、信息管理、武装（防空、双拥部分）、治安、案件、反恐、网监、巡逻勤务、监控勤务、制卡制证、重点工程、特殊时期和公共突发事件治安处置工作。副主任、党委委员许厚标分管安全环保（认证、应急管理）、企管法规（现场管理、内控部分）、培训、设备、审计、保密、档案、科技、车辆、节能节水、守卫勤务、防范和处理问题邪教办公室和社会治安综合治理办公室工作。

2014年9月，大庆炼化公司党委决定：房实颖任大庆炼化公司保卫武装部党委委员；于宪帝任大庆炼化公司保卫武装部党委副书记。大庆炼化公司决定：于宪帝任大庆炼化公司保卫武装部主任；房实颖任大庆炼化公司保卫武装部副主任；免去于宪帝的大庆炼化公司保卫武装部副主任职务。领导班子分工随之调整：

主任、党委副书记于宪帝分管人事、业绩、核算、武装（防空、双拥部分）、治安管理、案件、卡务等工作，分管巡防大队。党委书记、副主任、纪委书记、工会主席黄景龙分管党建、纪检、企业文化、宣传、维稳、信访、工会（女工部分）、共青团、奖金考核、双文明考核等工作。副主任、党委委员许厚标分管安全环保（认证、应急管理部分）、突发事件处置、现场管理、内控、培训、车辆、防范和处理邪教问题办公室及社会治安综合治理办公室等工作，分管守卫一大队。副主任、党委委员房实颖分管保密、劳保、房产、节能节水、档案、计划生育等工作，分管直属守卫大队。

2015年9月10日，保卫武装部召开第三次工会会员代表大会，工会会员代表共49人参加会议。会议选举产生保卫武装部第三届工会委员会、经费审查委员会和女职工委员会。黄景龙为工会主席。

2015年10月，大庆炼化公司对保卫武装部内设机构进行调整，成立守卫二大队，机构规格正科级。

2016年4月，中共大庆炼化公司保卫武装部委员会对所属5个党支部选举结果进行批复。中共机关支部委员会由张孝文、李洪军、田菊花3人组成，张孝文任书记；中共守卫一大队支部委员会由吕慧、郑伟、郭川东3人组成，吕慧任书记；中共巡防大队支部委员会由盛丽斌、尹宇鸣、陈爱华3人组成，盛丽斌任书记；中共守卫二大队支部委员会由石旭刚、罗乾、卢萍3人组成，石旭刚任书记；中共直属守卫大队支部委员会由邢东明、李铁铭、张宝玲3人组成，邢东明任书记。

2016年5月18日，中共保卫武装部委员会召开党员大会，75名党员参加会议。会议选举产生中共保卫武装部委员会，由于宪帝、许厚标、房实颖、黄景龙4人组成（以姓氏笔画为序），黄景龙为党委书记，于宪帝为党委副书记。选举产生中共保卫武装部纪律检查委员会，由杨帆、李洪军、李铁铭、高慧、黄景龙 5 人组成（以姓氏笔画为序），黄景龙为纪委书记。

2018 年 10 月，大庆炼化公司总经理办公会议决定：将驻北京办事处人员列入保卫武装部。

截至 2018 年 12 月 31 日，保卫武装部机关设综合办公室、治安管理办公室，基层设巡防大队、守卫一大队、守卫二大队、直属守卫大队。担负公司治安保卫、社会治安综合治理办公室、武装部、防范处理邪教工作办公室四项工作职能，兼管人民防空工作。负责公司马鞍山生产区、燃料油装储站、聚合物二厂生产区、庆化公司生产区治安巡逻和 12 个门岗、7 个办公楼岗、2 处瞭望塔、2 处铁道口、1 个电视监控室的管理及公司外输管线的巡逻、入厂证件办理、160 处监控点的维护保养工作。在册员工 233 人，其中女员工 75 人。保卫武装部党委下属 5 个党支部，共有党员 92 人。

保卫武装部行政领导班子由 4 人组成：于宪帝任主任，黄景龙、许厚标、房实颖任副主任。保卫武装部党委由黄景龙、于宪帝、许厚标、房实颖 4 人组成，黄景龙任书记，于宪帝任副书记。黄景龙任纪委书记、工会主席。领导班子分工自 2014 年 9 月以来未再进行调整。

2014 年至 2018 年，保卫武装部开展日常防范检查 1350 次，检查部位 4000 处（次），整改隐患 50 项，协调指挥大型警卫工作 20 次，查验出入厂车辆 4012044 台（次），岗位通行人员 8206637 人（次），回收出门证 508731 张，接处警 90 次，发现、抓获现行 15 起，查处各类治安问题 9000 起，巡线行程 255000 千米，确保了公司政治安定、治安稳定。

一、保卫武装部行政领导名录（2014.1—2018.12）

主　　　任　蒋　华（2014.1—3）[①]
　　　　　　于宪帝（2014.9—2018.12）
副　主　任　黄景龙（2014.1—2018.12）
　　　　　　于宪帝（2014.1—3；主持工作，2014.3—9）
　　　　　　许厚标（2014.1—2018.12）
　　　　　　房实颖（女，2014.9—2018.12）

---

① 2014 年 3 月至 9 月期间，保卫武装部主任空缺，副主任于宪帝主持工作。

**二、保卫武装部党委领导名录（2014.1—2018.12）**

  书  记 黄景龙（2014.1—2018.12）

  副 书 记 蒋 华（2014.1—3）

      于宪帝（2014.9—2018.12）

  委  员 黄景龙（2014.1—2018.12）

      蒋 华（2014.1—3）

      于宪帝（2014.1—2018.12）

      许厚标（2014.1—2018.12）

      房实颖（2014.9—2018.12）

**三、保卫武装部纪委领导名录（2014.1—2018.12）**

  书  记 黄景龙（2014.1—2018.12）

  委  员 黄景龙（2014.1—2018.12）

      李洪军（2014.1—2018.12）

      李铁铭（2014.1—2018.12）

      杨 帆（2014.1—2018.12）

      高 慧（2016.5—2018.12）

**四、保卫武装部工会领导名录（2014.1—2018.12）**

  主  席 黄景龙（2014.1—2018.12）

**五、所属机关科级单位**

截至 2014 年 1 月 1 日，保卫武装部机关设综合办公室、治安管理办公室，机构规格均正科级。综合办公室下设车班，治安管理办公室下设治安调度室。在册员工 46 人，其中党员 26 人。

综合办公室主要负责保卫武装部组织建设、纪检、宣传群团、文秘、人事劳资、认证培训、考核、核算、资产管理及综合治理、武装（防空、双拥部分）工作和车班管理工作；治安管理办公室负责公司治安防范、反恐防恐、协助公安机关侦破内部案件、大型警卫、应急预案启动（演练部分）组织工作、处理邪教问题办公室、基层大队勤务监督和治安调度室管理工作。

2015 年 9 月，治安调度室划归巡防大队管理。12 月，车班划归巡防大队管理。

截至 2018 年 12 月 31 日，保卫武装部机关在册员工 13 人，其中党员 13 人。

（一）综合办公室领导名录（2014.1—2018.12）

主　　任　张孝文（2014.1—2018.12）

副　主　任　田菊花（女，2014.1—2018.8）

党委组织员　田菊花（2014.1—2018.8）[①]

（二）治安管理办公室领导名录（2014.1—2018.12）

主　　任　石旭刚（2014.1—2015.10）

　　　　　李洪军（2015.10—2018.12）


正科级干部　朱庆章（2014.1—2017.7）

（三）机关党支部领导名录（2014.1—2018.12）

书　　记　张孝文（2014.1—2018.12）

**六、所属基层科级单位**

（一）守卫一大队（2014.1—2018.12）

截至 2014 年 1 月 1 日，守卫一大队在册员工 75 人，其中党员 28 人。主要负责公司马鞍山生产区一号、二号、三号、四号、五号、六号、聚合物二厂门岗守卫、管理工作。

2015 年 10 月，聚合物二厂门岗划归守卫二大队管理。

截至 2018 年 12 月 31 日，守卫一大队下设 1 个白班中队、3 个夜班中队。在册员工 63 人，其中党员 23 人。

1. 守卫一大队领导名录（2014.1—2018.12）

大　队　长　郑　伟（2014.1—2018.12）

副大队长　罗　乾（2014.1—2015.10）

　　　　　吕　慧（2015.10—2018.12）

　　　　　郭川东（2016.11—2018.12）

2. 守卫一大队党支部领导名录（2014.1—2018.12）

书　　记　李铁铭（满族，2014.1—2015.10）

---

① 2018 年 8 月至 12 月期间，党委组织员空缺。

吕　慧（2015.10—2018.12）

**（二）守卫二大队**（2015.10—2018.12）

2015年10月成立守卫二大队，设队长兼书记1人、副大队长1人、综合管理1人。负责庆化公司、聚合物二厂、燃料油装储站生产区域门岗守卫及瞭望塔的瞭望值守工作，对通行门岗的人员、车辆、物资、产品进行登记查验，维护门岗通行秩序；对区域内治安情况开展视频监控。

截至2018年12月31日，守卫二大队下设1个白班中队、3个夜班中队。在册员工51人，其中党员16人。

　　1. 守卫二大队领导名录（2015.10—2018.12）

　　**大　队　长**　石旭刚（2015.10—2018.12）

　　**副 大 队 长**　罗　乾（2015.10—2018.12）

　　2. 守卫二大队党支部领导名录（2015.10—2018.12）

　　**书　　　记**　石旭刚（2015.10—2018.12）

**（三）巡防大队**（2014.1—2018.12）

截至2014年1月1日，巡防大队下设5个中队，在册员工42人，其中党员15人。巡防大队主要负责马鞍山生产区、厂前区、施工区域及公司外围区域巡查、守候、处警、出警、警卫、抓获各类现行案件、出厂物资的跟踪检查、突发事件启动应急反应计划的处置警戒、瞭望塔和庆化公司门岗、铁道口守卫、指定区域对人员车辆物资出入的查验、公司外输管线的巡线检查工作。

2015年9月，巡防大队接收治安调度室。增加视频监控、接处警和人员、车辆入厂证件办理、车辆保障工作职责。10月，庆化公司门岗划归守卫二大队管理。12月，接收车班。

截至2018年12月31日，巡防大队下设治安调度室和6个中队（4个巡防中队，1个巡线中队，1个司机中队）。在册员工61人，其中党员21人。

　　1. 巡防大队领导名录（2014.1—2018.12）

　　**大　队　长**　李洪军（2014.1—2015.10）

　　　　　　　　尹宇鸣（2015.10—2018.12）

　　**副 大 队 长**　盛丽斌（2014.1—2018.8）

　　　　　　　　陈爱华（女，2016.11—2018.12）

朱庆章（2018.8—12）

调 研 员　盛丽斌（正科级，2018.8—12）

2. 巡防大队党支部领导名录（2014.1—2018.12）

书　　记　吕　慧（2014.1—2015.10）

盛丽斌（2015.10—2018.8）

朱庆章（2018.8—12）

**（四）直属守卫大队（2014.1—2018.12）**

截至 2014 年 1 月 1 日，直属守卫大队下设 4 个中队，在册员工 41 人，其中党员 11 人。直属守卫大队主要负责公司 6 个办公楼的治安管理、公司 0 号岗出入人员、车辆检查和公司大型会议期间的礼仪执勤和警卫工作。

截至 2018 年 12 月 31 日，直属守卫大队下设 4 个中队，在册员工 41 人，其中党员 12 人。

1. 直属守卫大队领导名录（2014.1—2018.12）

大 队 长　尹宇鸣（2014.1—2015.10）

李铁铭（2015.10—2018.12）

副 大 队 长　邢东明（2014.1—2017.7）

朱庆章（2017.7—2018.8）

田菊花（2018.8—12）

2. 直属守卫大队党支部领导名录（2014.1—2018.12）

书　　记　邢东明（2014.1—2017.7）

朱庆章（2017.7—2018.8）

田菊花（2018.8—12）

**（五）驻北京办事处（2018.10—12）**

主　　任　张辑伟（2018.10—12）

调 研 员　马玉芝（副处级，2018.10—12）

1. 接待科领导名录（2018.10—12）

科　　长（空缺）

2. 综合办公室领导名录（2018.10—12）

主　　任　刘胜娟（女，2018.10—12）

## 第五节 车辆管理部（2014.1—2018.12）

车辆管理部前身是运输公司。2003年7月，机构规格由正科级调整为副处级。2006年2月，机构规格由副处级调整为正处级，同年6月公司将公务用车管理中心划转至运输公司管理。2007年7月，更名为车辆管理部，列为直属单位序列。2010年4月，由直属单位调整至二级单位序列，原有职能不变，业务受大庆炼化公司领导，党组织关系隶属大庆炼化公司党委。2012年10月，办公地点迁至黑龙江省大庆市让胡路区警民路。

截至2014年1月1日，车辆管理部机关设综合办公室、生产办公室、交通管理办公室3个机关职能部门，基层设公务用车一大队、公务用车二大队、客车大队、特车大队、修保大队5个基层单位，拥有公务用车187台，客车97台，卡车20台，罐车18台，大小型维修设备32套。车辆管理部担负着大庆炼化公司公务用车、员工通勤、货物运输、车辆维修保养任务。在册员工352人，其中女员工50人。车辆管理部党委下属5个党支部，共有党员101人。

车辆管理部党政领导班子由5人组成。

邓忠波任主任、党委副书记，负责人事劳资、财务统计、经营、计划及材料、外修、财务成本费用控制等行政全面工作。

王云峰任党委书记、纪委书记、工会主席，负责组织建设、纪检、企业文化、信息管理、宣传、工会和共青团、维护稳定及综合治理等党群全面工作，分管综合办公室。

王玉林任副主任、党委委员，负责生产运行、生产技术，包括客车、特车及公务用车的正常调度、正常运行等生产过程管理，同时负责合同管理、服务质量监督工作，分管生产办公室。

吴长江任副主任、党委委员，负责设备管理，包括设备的维修保养（内修部分）、设备的配置、更新、改造、设备资产管理，同时负责企业管理、员工培训、基层建设、制度建设、内控管理。

林永久任副主任、安全总监、党委委员，负责安全环保及监督工作、

HSE体系管理、安全文化建设、安全规章制度建设、安全生产监督检查，制定安全监控方案，协助调查处理交通事故；负责生活后勤及卫生规格化工作（包括现场管理部分）；负责对外协调工作、基建项目后续问题处理工作，配合主任做好对外创收、业务拓展工作，分管交通管理办公室。

2015年3月，大庆炼化公司决定：将公务用车一、二大队机构和职能合并，合并后单位名称为车辆管理部公务用车大队，机构隶属关系、规格、职能等均不变，同时撤销车辆管理部公务用车一、二大队机构建制。

2015年9月22日，车辆管理部召开第二次工会会员代表大会，工会会员代表共45人参加会议。会议选举产生车辆管理部第二届工会委员会、经费审查委员会和女职工委员会。王云峰为工会主席。

2015年10月，大庆炼化公司决定：王云峰任大庆炼化公司车辆管理部副主任。负责组织建设、纪检、企业文化、信息管理、宣传、工会和共青团、维护稳定及综合治理等党群全面工作，分管综合办公室。

2016年2月，大庆炼化公司党委决定：蒋华任大庆炼化公司车辆管理部党委副书记；免去邓忠波的大庆炼化公司车辆管理部党委副书记、委员职务。大庆炼化公司决定：蒋华任大庆炼化公司车辆管理部主任；免去邓忠波的大庆炼化公司车辆管理部主任职务。蒋华负责人事劳资、财务统计、经营、计划及材料、外修、财务成本费用控制等行政全面工作。

2016年4月，中共大庆炼化公司车辆管理部委员会对所属5个党支部选举结果进行批复。中共大庆炼化公司车辆管理部机关支部委员会由安伟星、董大勇、于波3人组成，安伟星任书记；中共大庆炼化公司车辆管理部公务用车大队支部委员会由张连伟、韩文、王世安3人组成，张连伟任书记；中共大庆炼化公司车辆管理部客车大队支部委员会由关红岩、梁建慧、侯国强3人组成，关红岩任书记；中共大庆炼化公司车辆管理部特车大队支部委员会由王洪利、张辉、徐忠华3人组成，王洪利任书记；中共大庆炼化公司车辆管理部修保大队支部委员会由吴再明、徐磊、宋德福3人组成，吴再明任书记。

2016年5月17日，中共大庆炼化公司车辆管理部委员会召开党员大会，92名党员参加会议。会议选举产生中共大庆炼化公司车辆管理部委员会，由王云峰、王玉林、吴长江、林永久、蒋华5人组成（以姓氏笔画为序），王云峰为党委书记，蒋华为党委副书记。选举产生中共大庆炼化公司车辆管理部纪律检查委员会，由王云峰、关红岩（女）、安伟星、张连伟、董大勇5人组成（以姓氏笔画为序），王云峰为纪委书记。

2016年12月，大庆炼化公司党委决定：免去王玉林的大庆炼化公司车辆管理部党委委员职务。大庆炼化公司决定：王玉林任大庆炼化公司车辆管理部调研员；免去王玉林的大庆炼化公司车辆管理部副主任职务。蒋华负责王玉林分管的生产运行、生产技术等工作。

2017年8月，大庆炼化公司党委决定：张庆彬任大庆炼化公司车辆管理部党委委员。大庆炼化公司决定：张庆彬任大庆炼化公司车辆管理部副主任。张庆彬负责生产运行、生产技术等工作。

2018年7月，对领导班子分工进行调整：

主任、党委副书记蒋华负责行政全面工作，分管行政、合同、人事、劳资、核算等工作，协助党委书记做好党群工作。

党委书记、纪委书记、工会主席、副主任王云峰负责党群全面工作，协助主任做好行政工作。

副主任、党委委员吴长江负责设备管理、法律、信息、保密、规章制度、施工、项目、规划计划、档案、车辆鉴定、维修建设项目承包商管理、材料管理、员工培训等方面工作，协助党委书记做好党群工作。

副主任、安全总监、党委委员林永久负责GPS监管、安全环保、HSE体系、安全培训、车辆取证、车辆落户、车辆年检、交通管理、事故调查处理、安全监督、消防承包商安全管理、现场标准化管理等方面工作，协助党委书记做好党群工作。

副主任、党委委员张庆彬负责生产经营、生产运行、统计、节能节水、绩效考核、奖金、保险、房产、招标、内控、科技创新、运输承包商管理等方面工作，协助党委书记做好党群工作。

截至2018年12月31日，车辆管理部机关设综合办公室、生产办公室、交通管理办公室3个职能部门，基层设公务用车大队、客车大队、特车大队、修保大队4个基层单位，拥有公务用车85台，客车50台，卡车12台，罐车26台，大小型维修设备31套。在册员工327人，其中女员工39人。车辆管理部党委下属5个党支部，共有党员111人。

车辆管理部行政领导班子由 5 人组成：蒋华任主任，王云峰、吴长江、张庆彬任副主任，林永久任副主任、安全总监。车辆管理部党委由王云峰、蒋华、吴长江、林永久、张庆彬 5 人组成，王云峰任书记，蒋华任副书记。王云峰任纪委书记、工会主席。领导班子分工自 2018 年 7 月以来未再进行调整。

车辆管理部牢固树立"安全是前提、服务是根本、稳定是基础、成本是保障"的管理思想，强化合规管控，深入挖潜创效，持续增强服务保障能力。2014 至 2018 年车辆安全行驶 2105 万千米无重大责任事故，各型车辆服务满意率 99%，车辆完好率 99%，车辆及时率 98%，优质高效地保障了公司运输服务需求。

**一、车辆管理部行政领导名录（2014.1—2018.12）**

主　　　任　邓忠波（满族，2014.1—2016.2）

　　　　　　蒋　华（2016.2—2018.12）

副　主　任　吴长江（2014.1—2018.12）

　　　　　　王玉林（满族，2014.1—2016.12）

　　　　　　林永久（2014.1—2018.12）

　　　　　　王云峰（满族，2015.10—2018.12）

　　　　　　张庆彬（2017.8—2018.12）

安 全 总 监　林永久（兼任，2014.1—2018.12）

调 研 员　王玉林（副处级，2016.12—2018.12）

**二、车辆管理部党委领导名录（2014.1—2018.12）**

书　　　记　王云峰（2014.1—2018.12）

副　书　记　邓忠波（2014.1—2016.2）

　　　　　　蒋　华（2016.2—2018.12）

委　　　员　邓忠波（2014.1—2016.2）

　　　　　　王玉林（2014.1—2016.12）

　　　　　　吴长江（2014.1—2018.12）

　　　　　　林永久（2014.1—2018.12）

　　　　　　王云峰（2014.1—2018.12）

蒋　华（2016.2—2018.12）

张庆彬（2017.8—2018.12）

**三、车辆管理部纪委领导名录（2014.1—2018.12）**

书　　记　王云峰（2014.1—2018.12）

委　　员　王云峰（2014.1—2018.12）

关红岩（女，蒙古族，2014.1—2018.12）

安伟星（2014.1—2018.12）

朴春善（2014.1—2015.1）

吴再明（2014.1—2016.5）

董大勇（2015.5—2018.12）

张连伟（2016.5—2018.12）

**四、车辆管理部工会领导名录（2014.1—2018.12）**

主　　席　王云峰（2014.1—2018.12）

**五、所属机关科级单位**

截至 2014 年 1 月 1 日，车辆管理部机关设综合办公室、生产办公室和交通管理办公室，机构规格均正科级。在册员工 34 人，其中女员工 8 人，党员 26 人。

综合办公室主要负责组织、纪检、综治、维稳、宣传、工会、共青团、人事劳资、干部管理、房产、计划生育、培训、基层建设等工作。生产办公室主要负责生产运行管理、设备资产管理、技术材料管理、安全管理、计划统计、核算、运输服务质量监督以及公司员工刷卡乘车的日常管理等工作。交通管理办公室主要负责公司交通日常管理及交通事故处理的相关工作。

截至 2018 年 12 月 31 日，机关在册员工 34 人，其中女员工 7 人，党员 32 人。

**（一）综合办公室领导名录（2014.1—2018.12）**

主　　任　关红岩（副科级，2014.1—2015.3）

董大勇（2015.3—2018.12）

**党委组织员**　尚丽丽（女，副科级，2014.1—2016.9）①

管文庆（副科级，2017.12—2018.12）

**（二）生产办公室领导名录（2014.1—2018.12）**

**主　　　任**　朴春善（朝鲜族，副科级，2014.1—2015.1）②

安伟星（2015.3—2018.12）

**副　主　任**　梅凤军（正科级，2015.5—2017.7）

**调　研　员**　朴春善（2015.1—2018.1）③

**（三）交通管理办公室领导名录（2014.1—2018.12）**

**主　　　任**　陈　勇（副科级，2014.8—2017.7）

宋德福（2017.7—2018.12）

**副科级干部**　陈　勇（2017.7—2018.12）

**（四）机关党支部领导名录（2014.1—2018.12）**

**书　　　记**　朴春善（2014.1—2015.1）④

安伟星（2015.3—2018.12）

## 六、所属基层科级单位

**（一）公务用车一大队（2014.1—2015.3）**

截至 2014 年 1 月 1 日，公务用车一大队下设 2 个班组，拥有公务用车 36 台，在册员工 26 人，其中党员 7 人。公务用车一大队主要负责为公司领导及公司接待活动提供车辆服务。

2015 年 3 月，根据集团公司"三控制一规范"要求，大庆炼化公司决定：将车辆管理部公务用车一、二大队机构和职能合并，合并后单位名称为车辆管理部公务用车大队，机构隶属关系、规格、职能等均不变。同时撤销车辆管理部公务用车一、二大队机构建制。

截至 2015 年 3 月，公务用车一大队下设 2 个班组，拥有公务用车 56 台。在册员工 45 人，其中党员 11 人。

---

①　2016 年 9 月至 2017 年 12 月期间，党委组织员空缺。

②　2015 年 1 月至 3 月期间，生产办公室主任空缺。

③　2018 年 1 月，朴春善退休。

④　2015 年 1 月至 3 月期间，机关党支部书记空缺。

大　队　长（空缺）

副大队长　韩　文（2014.1—2015.3）

王世安（2014.10—2015.3）

**（二）公务用车二大队（2014.1—2015.3）**

截至 2014 年 1 月 1 日，公务用车二大队下设 4 个班组，拥有公务用车 151 台，在册员工 104 人，其中女员工 7 人，党员 19 人。主要负责为公司机关职能部门、直附属单位和二级单位提供公务用车服务。

2015 年 3 月，根据集团公司"三控制一规范"要求，大庆炼化公司决定：将车辆管理部公务用车一、二大队机构和职能合并，合并后单位名称为车辆管理部公务用车大队，机构隶属关系、规格、职能等均不变。同时撤销车辆管理部公务用车一、二大队机构建制。

截至 2015 年 3 月，公务用车二大队下设 4 个班组，拥有公务用车 58 台。在册员工 75 人，其中女员工 7 人，党员 14 人。

1. 公务用车二大队领导名录（2014.1—2015.3）

大　队　长　张　辉（2014.1—2015.3）

2. 公务用车党支部领导名录（2014.1—2015.3）①

书　　　记　张　辉（2014.1—8）

张连伟（2014.8—2015.3）

**（三）公务用车大队（2015.3—2018.12）**

截至 2015 年 3 月 10 日，公务用车大队在册员工 120 人，其中女员工 7 人，党员 25 人。

2015 年 3 月，根据集团公司"三控制一规范"要求，大庆炼化公司决定：将车辆管理部公务用车一、二大队机构和职能合并，合并后单位名称为车辆管理部公务用车大队，机构隶属关系、规格、职能等均不变。同时撤销车辆管理部公务用车一、二大队机构建制。公务用车大队下设 4 个班组，拥有公务用车 114 台，主要负责小型车辆（含部分中巴）的公务调派及日常管理等业务。

截至 2018 年 12 月 31 日，公务用车大队下设 4 个班组，拥有公务用车

---

① 2014 年 1 月至 2015 年 3 月期间，公务用车一大队与公务用车二大队为联合党支部。

85 台。在册员工 101 人，其中女员工 4 人，党员 23 人。

　　1. 公务用车大队领导名录（2015.3—2018.12）

　　　　**大 队 长**　韩　文（2016.9—2018.12）[①]

　　　　**副 大 队 长**　韩　文（2015.3—2016.9）

　　　　　　　　王世安（2015.3—2017.7）

　　　　　　　　张连伟（2015.3—2017.7）

　　　　　　　　梅凤军（2017.7—2018.12）

　　　　**调 研 员**　王世安（副科级，2017.7—2018.12）

　　2. 公务用车大队党支部领导名录（2015.3—2018.12）

　　　　**书　　记**　张连伟（2015.3—2017.7）

　　　　　　　　梅凤军（2017.7—2018.12）

　　**（四）客车大队（2014.1—2018.12）**

　　截至 2014 年 1 月 1 日，客车大队下设 4 个班组，拥有客车 97 台，在册员工 108 人，其中女员工 22 人，党员 26 人。客车大队主要负责为公司员工通勤及公司所属各单位、各部门的各项活动提供客车服务。

　　截至 2018 年 12 月 31 日，客车大队下设 3 个班组，拥有客车 50 台。在册员工 76 人，其中女员工 18 人，党员 22 人。

　　1. 客车大队领导名录（2014.1—2018.12）

　　　　**大 队 长**　吴再明（苗族，2016.9—2017.7）[②]

　　　　　　　　张连伟（2017.7—2018.12）

　　　　**副 大 队 长**　关红岩（2015.3—2018.12）

　　　　**调 研 员**　吴再明（正科级，2017.7—2018.12）

　　2. 客车大队党支部领导名录（2014.1—2018.12）

　　　　**书　　记**　安伟星（副科级，2014.1—2015.3）

　　　　　　　　关红岩（2015.3—2018.12）

　　**（五）特车大队（2014.1—2018.12）**

　　截至 2014 年 1 月 1 日，特车大队下设 2 个班组，拥有卡车 20 台，罐车

---

① 2015 年 3 月至 2016 年 9 月期间，公务用车大队大队长空缺，副大队长韩文主持工作。

② 2014 年 1 月至 2016 年 9 月期间，客车大队大队长空缺。

18台，在册员工47人，其中女员工3人，党员11人。特车大队主要负责公司面向油田的聚丙烯酰胺、石油磺酸盐等产品运输和公司内部的物料运输等任务。

截至2018年12月31日，特车大队下设3个班组，拥有卡车12台，罐车26台。在册员工78人，其中女员工4人，党员18人。

1. 特车大队领导名录（2014.1—2018.12）

大 队 长　董大勇（2014.1—2015.3）

　　　　　张　辉（2015.3—2018.12）

副 大 队 长　徐忠华（2014.1—2018.12）

　　　　　王洪利（2016.3—2018.12）

2. 特车大队党支部领导名录（2014.1—2018.12）

书　　记　王洪利（2014.1—2018.12）

（六）修保大队（2014.1—2018.12）

截至2014年1月1日，修保大队下设2个班组，拥有大小型维修设备32套，在册员工33人，其中女员工10人，党员12人。修保大队主要负责为车辆管理部所属各种车辆提供维修、保养服务。

截至2018年12月31日，修保大队下设3个班组，拥有大小型维修设备31套。在册员工38人，其中女员工6人，党员16人。

1. 修保大队领导名录（2014.1—2018.12）

大 队 长　徐　磊（2016.8—2018.12）①

副 大 队 长　徐　磊（主持工作，2014.1—2016.8）

　　　　　宋德福（正科级，2015.5—2017.7）

　　　　　吴再明（2016.3—8）

　　　　　尚丽丽（2016.8—2018.12）

2. 修保大队党支部领导名录（2014.1—2018.12）

书　　记　吴再明（副科级，2014.1—2016.8）

　　　　　尚丽丽（2016.8—2018.12）②

---

① 2014年1月至2016年8月期间，修保大队大队长空缺，副大队长徐磊主持工作。

② 2018年12月，尚丽丽退出领导岗位。

# 第六节 离退休管理中心（2016.2—2018.12）

2016年2月，离退休管理中心从矿区服务事业部划出，列公司二级单位管理，机构规格正处级，原有职能等不变。同时，离退休管理中心党组织关系不再隶属矿区服务事业部党委，直接隶属大庆炼化公司党委。机关办公地点在黑龙江省大庆市大同区林源镇。

截至2016年2月17日，离退休管理中心下设"两科一站"：管理科、文体科、马鞍山管理站。在册员工99人（含退养49人），其中女员工45人。离退休管理中心党委下属直属机关党支部1个，离退休党支部8个，共有在职党员30人，离退休、退养党员361人。

2016年2月，大庆炼化公司党委决定：汤伟成任大庆炼化公司离退休管理中心党委书记、纪委书记、工会主席；徐立任大庆炼化公司离退休管理中心党委副书记；孟令军任大庆炼化公司离退休管理中心党委委员；赵建江任大庆炼化公司离退休管理中心党委委员。大庆炼化公司决定：徐立任大庆炼化公司离退休管理中心主任；汤伟成任大庆炼化公司离退休管理中心副主任；孟令军任大庆炼化公司离退休管理中心副主任兼马鞍山离退休管理中心主任；赵建江任大庆炼化公司离退休管理中心副主任。领导班子分工随之调整：

主任、党委副书记徐立负责全面行政工作，分管行政、人事、劳资、内控、制度建设、安全标准化、员工行为标准化等工作，协助党委书记做好党群工作。党委书记、纪委书记、工会主席、副主任汤伟成负责全面党群、纪检工作，分管党建、思想政治、文化宣传、纪检、工会、共青团、保密和维稳、综合治理等工作，协助主任做好行政工作。副主任、党委委员赵建江分管运行、设备、安全、QHSE、计量、技改技措、培训、现场标准化等工作，分管林源管理站。副主任、党委委员孟令军分管运行、设备、安全、QHSE、计量、技改技措、培训、现场标准化等工作，分管马鞍山管理站。

2016年3月，大庆炼化公司党委决定：免去孟令军的大庆炼化公司离退休管理中心党委委员职务。大庆炼化公司决定：孟令军任大庆炼化公司离退休管理中心调研员；免去孟令军的大庆炼化公司离退休管理中心副主任兼马鞍山离退休管理中心主任职务。赵建江暂时负责原副主任孟令军分管的马鞍山管理站。

2016年4月，中共大庆炼化公司离退休管理中心委员会对所属9个党支部选举结果进行批复。中共离退休管理中心第一支部委员会由赵玉梅、刘东辉、李文超3人组成，赵玉梅任书记；中共离退休管理中心第二支部委员会由吴江、王莉、郭黎明3人组成，吴江任书记；中共离退休管理中心第三支部委员会由王凤玉、李淑芬、王庆祥3人组成，王凤玉任书记；中共离退休管理中心第四支部委员会由刘洋、王淑华、闫传军3人组成，刘洋任书记；中共离退休管理中心第五支部委员会由王长林、李桂琴、高有祥3人组成，王长林任书记；中共离退休管理中心第六支部委员会由全雪娟、商淑君、徐福3人组成，全雪娟任书记；中共离退休管理中心第七支部委员会由黄守国、陈岳林、苏必昌3人组成，黄守国任书记；中共离退休管理中心第八支部委员会由李俊久、王国恩、陈奎武3人组成，李俊久任书记；中共离退休管理中心第九支部委员会由夏淑华、张慧芝、李有明3人组成，夏淑华任书记。

2016年5月，大庆炼化公司决定：李军任大庆炼化公司离退休管理中心调研员。

2016年5月20日，中共离退休管理中心委员会召开党员大会，22名党员参加会议。会议选举产生中共离退休管理中心委员会，由汤伟成、赵建江、徐立3人组成（以姓氏笔画为序），汤伟成为党委书记，徐立为党委副书记。选举产生中共离退休管理中心纪律检查委员会，由王慧玲、汤伟成、赵玉梅、皇甫广慧、徐艳红5人组成（以姓氏笔画为序），汤伟成为纪委书记。

2017年12月，大庆炼化公司决定：李志刚任大庆炼化公司离退休管理中心副主任。副主任李志刚分管运行、设备、安全、QHSE、计量、技改技措、培训、现场标准化等工作，分管马鞍山管理站。

2018年12月，大庆炼化公司党委决定：免去赵建江的大庆炼化公司离退休管理中心党委委员职务。大庆炼化公司决定：免去赵建江的大庆炼化公司离退休管理中心副主任职务（退出领导岗位）。

截至2018年12月31日，离退休管理中心设管理科、文体科、马鞍山管理站。在册员工218人（含退养148人，离岗歇业21人），其中女员工

115 人。离退休管理中心党委下属机关党支部 1 个，离退休党支部 8 个，共有在职党员 26 人，离退休、退养、离岗歇业党员 573 人。

离退休管理中心行政领导班子由 3 人组成：徐立任主任，汤伟成、李志刚任副主任。离退休管理中心党委由汤伟成、徐立 2 人组成，汤伟成任书记，徐立任副书记。汤伟成任纪委书记。汤伟成任工会主席。领导班子分工如下：

主任、党委副书记徐立负责全面行政工作，分管行政、人事、劳资、内控、制度建设、安全标准化、员工行为标准化等工作，协助党委书记做好党群工作。党委书记、纪委书记、工会主席、副主任汤伟成负责全面党群、纪检工作，分管党建、思想政治、文化宣传、纪检、工会、共青团、保密和维稳、综合治理等工作，协助主任做好行政工作。副主任李志刚分管运行、设备、安全、QHSE、计量、技改技措、培训、现场标准化等工作，分管马鞍山管理站。

2016 年至 2018 年，离退休管理中心树立精准服务理念，坚持求真务实作风，认真落实"两项待遇"、加强建设"两个阵地"，组织离退休老同志开展丰富多彩的文体活动，以"全心全意为老同志服务"为目标，全面做好离退人员的管理服务工作。

期间：离退休管理中心副主任李志刚继续担任中国人民政治协商会议黑龙江省大庆市第九届委员会委员。2016 年 10 月，离退休管理中心文体科副科长皇甫广慧当选大庆市大同区第十一届人大代表。

**一、离退休管理中心行政领导名录（2016.2—2018.12）**

主　　　任　徐　立（2016.2—2018.12）

副　主　任　汤伟成（2016.2—2018.12）

　　　　　　孟令军（2016.2—3）

　　　　　　赵建江（2016.2—2018.12）[①]

　　　　　　李志刚（2017.12—2018.12）

调　研　员　孟令军（副处级，2016.3—2018.12）

　　　　　　李　军（正处级，2016.5—2018.12）

---

① 2018 年 12 月，赵建江退出领导岗位。

**二、离退休管理中心党委领导名录（2016.2—2018.12）**

> 书　　记　汤伟成（2016.2—2018.12）
>
> 副 书 记　徐　立（2016.2—2018.12）
>
> 委　　员　汤伟成（2016.2—2018.12）
>
> 　　　　　徐　立（2016.2—2018.12）
>
> 　　　　　孟令军（2016.2—3）
>
> 　　　　　赵建江（2016.2—2018.12）

**三、离退休管理中心纪委领导名录（2016.2—2018.12）**

> 书　　记　汤伟成（2016.2—2018.12）
>
> 委　　员　汤伟成（2016.2—2018.12）
>
> 　　　　　徐艳红（2016.5—2018.12）
>
> 　　　　　皇甫广慧（2016.5—2018.12）
>
> 　　　　　王慧玲（2016.5—2018.12）
>
> 　　　　　赵玉梅（2016.5—2018.12）

**四、离退休管理中心工会领导名录（2016.2—2018.12）**

> 主　　席　汤伟成（2016.2—2018.12）

**五、所属机关科室**

2016 年 2 月，离退休管理中心设管理科、文体科、马鞍山管理站，机构规格均为正科级。在册员工 50 人，其中党员 30 人。

管理科主要负责组织建设、纪检、人事劳资、合同管理、文秘、企管法规、保密工作以及离退休、退养、离岗歇业人员信息管理和相关业务。文体科主要负责安全、维稳、现场管理、宣传、工会、培训、资产管理、综合治理、老年大学教学管理以及离退休、退养、离岗歇业人员文体活动和相关业务。马鞍山管理站主要负责马鞍山区组织、安全、维稳、老年大学教学管理以及离退休、退养、离岗歇业人员信息管理、文体活动和相关业务。

截至 2018 年 12 月 31 日，离退休管理中心在册员工 49 人，其中党员 26 人。

（一）管理科领导名录（2016.2—2018.12）

科　　　长　徐艳红（女，2016.2—2018.7）[①]

王慧玲（女，2018.8—12）

副　科　长　刘国福（正科级，2016.2—4）

王慧玲（2016.4—2018.8）

赵玉梅（女，2018.8—12）

党委组织员　王慧玲（2017.6—2018.8）

赵玉梅（副科级，2018.8—12）

调　研　员　徐艳红（正科级，2018.7—12）

刘国福（正科级，2016.4—2018.12）

（二）文体科领导名录（2016.2—2018.12）

科　　　长　刘东辉（2016.2—2017.2）[②]

皇甫广慧（2017.5—2018.9）

副　科　长　皇甫广慧（2016.2—2017.5）

赵　毅（女，2018.11—12）

调　研　员　刘东辉（正科级，2017.2—2018.12）

皇甫广慧（正科级，2018.9—12）

（三）马鞍山管理站领导名录（2016.2—2018.12）

主　　　任　孟令军（兼任，2016.2—3）[③]

张安庆（满族，2017.7—2018.12）

副　主　任　李文超（2016.2—2017.7）

匡国强（2016.2—2017.8）

周　围（2018.1—12）

调　研　员　李文超（正科级，2017.7—2018.12）

匡国强（正科级，2017.8—2018.12）

---

① 2018年7月至2018年8月，管理科科长空缺。

② 2017年2月至5月、2018年9月至12月期间，文体科科长空缺。

③ 2016年3月至2017年7月期间，马鞍山管理站主任空缺。

# 第七节 物资供应中心（2014.1—2018.12）

物资供应中心前身是油田化学助剂厂器材供应组。2000年10月，大庆炼化分公司成立后，油田化工总厂器材供应站由大庆炼化分公司器材供应站负责。2001年7月，更名为物资供应中心，列公司直属机构序列，机构规格正科级，党组织关系隶属公司党委。2005年12月，更名为物资供应部。2006年2月，更名为物资供应中心，业务受电子商务部管理，将林源物资供应站划归物资供应中心。2007年1月，机构规格由正科级调整为副处级，党组织关系隶属机关党委。2010年4月，物资供应中心调整至二级单位序列，原有职能不变，党组织关系隶属公司党委，机关办公地在黑龙江省大庆市让胡路区马鞍山。2012年2月，物资供应中心林源组整体划入矿区服务事业部管理。物资供应中心主要负责马鞍山生产区物资仓储保管业务。负责公司近55个大类，1.9万个品种物资的保供业务。

截至2014年1月1日，物资供应中心下设综合办公室，下辖生产组、送料组、保管组、调拨组4个班组。在册员工100人，其中党员25人。

物资供应中心党政领导班子由3人组成。

孙明任主任、党支部副书记，负责行政工作，直管安全环保、人事劳资、绩效考核、内控、员工培训、网络信息、到货物资质量验收、物资仓储、物资调拨、废旧物资回收与处置、预算费用管控以及相关业务规章制度编修、组织落实等工作，直管保管组、调拨组，协助书记做好党群工作。

吴印海任党支部书记、副主任，负责党群工作，直管安全环保、党建、组织、纪检、信访稳定、宣传报道、保卫、工会、团委、女工、计划生育、现场管理以及相关业务规章制度编修、组织落实等工作，直管守卫组，协助主任做好行政工作。

杨增森任副主任，负责协助主要领导抓安全环保工作，协助主任抓物资调拨、到货物资质量验收和物资仓储管理工作，分管计量、施工、维修、劳务用工、物资装卸、物资配送、车辆调配、提料、铁路外联以及相关业务规章制度编修、组织落实等工作，分管生产组、送料组，计量、施工、维修、劳务用工、物资装卸配送、车辆调配、提料、铁路外联等工作。

2014年1月，大庆炼化公司决定：机关党委负责的物资供应中心党组织工作直接对口公司党委。

2015年2月，大庆炼化公司党委决定：蔡庆平任大庆炼化公司物资供应中心党支部书记；免去吴印海的大庆炼化公司物资供应中心党支部书记职务。大庆炼化公司决定：蔡庆平任大庆炼化公司物资供应中心副主任；免去吴印海的大庆炼化公司物资供应中心副主任职务。蔡庆平负责原党支部书记吴印海分管的党群和行政工作。

2015年9月16日，物资供应中心召开第三次工会会员代表大会，工会会员代表共24人参加会议。会议选举产生物资供应中心第三届工会委员会、经费审查委员会和女职工委员会。冯林财为工会主席。

2015年10月，大庆炼化公司党委决定：冯林财任大庆炼化公司物资供应中心党支部书记；蔡庆平任大庆炼化公司物资供应中心党支部副书记；免去孙明的大庆炼化公司物资供应中心党支部副书记职务；免去蔡庆平的大庆炼化公司物资供应中心党支部书记职务。大庆炼化公司决定：蔡庆平任大庆炼化公司物资供应中心主任职务；冯林财任大庆炼化公司物资供应中心副主任职务；免去孙明的大庆炼化公司物资供应中心主任职务；免去蔡庆平的大庆炼化公司物资供应中心副主任职务。冯林财负责原党支部书记蔡庆平分管的党群和行政工作。蔡庆平负责原主任孙明分管的行政和党群工作。

2016年4月29日，中共物资供应中心支部委员会召开党员大会，24名党员参加会议。会议选举产生中共大庆炼化公司物资供应中心支部委员会，由冯林财、杨增森、蔡庆平3人组成（以姓氏笔画为序），冯林财为党支部书记，蔡庆平为党支部副书记。

2016年5月，经中共大庆炼化公司委员会批准：中共大庆炼化公司物资供应中心支部委员会由冯林财、杨增森、蔡庆平3人组成，冯林财任书记。

2017年8月，大庆炼化公司党委决定：姜涛任大庆炼化公司物资供应中心党支部书记；免去冯林财的大庆炼化公司物资供应中心党支部书记职务。大庆炼化公司决定：姜涛任大庆炼化公司物资供应中心副主任；免去冯林财的大庆炼化公司物资供应中心副主任职务。姜涛负责原党支部书记冯林财分管的党群和行政工作。

2018 年 8 月，大庆炼化公司党委决定：刘庆任大庆炼化公司物资供应中心党支部副书记；免去蔡庆平的大庆炼化公司物资供应中心党支部副书记职务。大庆炼化公司决定：刘庆任大庆炼化公司物资供应中心主任；高山任大庆炼化公司物资供应中心副主任职务；杨增森任大庆炼化公司物资供应中心调研员；免去蔡庆平的大庆炼化公司物资供应中心主任职务；免去杨增森的大庆炼化公司物资供应中心副主任职务。刘庆负责原主任蔡庆平分管的行政和党群工作。高山负责原副主任杨增森分管的行政工作。

截至 2018 年 12 月 31 日，物资供应中心共有 45 个库房、15 个料棚、3 个料场和 1 个火车站台，总占地面积 13.7 万平方米，其中室内库房占地面积 3.7 万平方米，室外料棚及料场占地面积 10 万平方米。物资供应中心下设综合办及生产、送料、守卫、保管、质检、调拨 6 个班组，在册员工 86 人，其中女员工 31 人，党员 29 人。

物资供应中心党政领导班子由 3 人组成：刘庆任主任、党支部副书记，姜涛任党支部书记、副主任，高山任副主任。领导班子分工如下：

主任、党支部副书记刘庆负责物资供应中心行政工作，直管安全环保、人事劳资、绩效考核、内控、员工培训、网络信息、到货物资质量验收、物资仓储、物资调拨、废旧物资回收与处置、预算费用管控以及相关业务规章制度编修、组织落实等工作，直管保管组、调拨组，协助书记做好党群工作。

党支部书记、副主任姜涛负责党群工作，直管安全环保、党建、组织、纪检、信访稳定、宣传报道、保卫、工会、团委、女工、计划生育、现场管理以及相关业务规章制度编修、组织落实等工作，直管守卫组，协助主任做好行政工作。

副主任高山负责协助主要领导抓安全环保工作，协助主任抓物资调拨、到货物资质量验收和物资仓储管理工作，分管计量、施工、维修、劳务用工、物资装卸、物资配送、车辆调配、提料、铁路外联以及相关业务规章制度编修、组织落实等工作，分管生产组、送料组，计量、施工、维修、劳务用工、物资装卸配送、车辆调配、提料、铁路外联等工作。

物资供应中心负责大庆炼化公司近 55 个大类，1.9 万个品种物资的保供业务，是一个服务范围广，业务性强，集物资收、发、存、配送于一体的综合服务保障单位。2014年，完成柴油加氢、磺酸盐、制酸装置等新建项目的物资保障任务；成立了质验组，实现所有到货物资外观质量检验全覆盖。2015年，完成了7万吨/年石油磺酸盐、庆化公司装置等项目物资保障任务；收回二级库物资并建账管理，倒库6个，收存物资价值1.2亿元；增设了党员活动室。2016年，物资质量检验查出问题物资211项，避免经济损失1876万元；创建了职工之家；成立了中心舞蹈队，在大庆炼化公司排舞比赛中夺得团体第二和特殊贡献奖，成为唯一获得双项荣誉的单位。2017年，重新调整质检工作，实现自行光谱检测；加大物资清查及平库利库工作，清查物资约1.9万项，鉴定报废物资1121万元；增加了质量监督抽查和调拨员、保管员双岗发料流程；实施ERP2.0系统，增加了质量检验等22个管理模块，实现了物资的全程追溯。2018年，重点配合烷基化、硫酸再生等重点项目物资保障任务；入库物资金额11.14亿元，发出物资金额10.07亿元，库存物资金额1.15亿元；检验不合格物资346批次，不合格物资退换货金额661万元；上报平库物资金额408万元；配合鉴定报废物资2591万元。

**一、物资供应中心行政领导名录（2014.1—2018.12）**

　　主　　　任　孙　明（2014.1—2015.10）

　　　　　　　　蔡庆平（2015.10—2018.8）

　　　　　　　　刘　庆（2018.8—12）

　　副　主　任　杨增森（2014.1—2018.8）

　　　　　　　　吴印海（2014.1—2015.2）

　　　　　　　　蔡庆平（2015.2—10）

　　　　　　　　冯林财（2015.10—2017.8）

　　　　　　　　姜　涛（2017.8—2018.12）

　　　　　　　　高　山（2018.8—12）

　　调　研　员　杨增森（正科级，2018.8—12）

**二、物资供应中心党支部领导名录（2014.1—2018.12）**

　　书　　　记　吴印海（2014.1—2015.2）

蔡庆平（2015.2—10）

冯林财（2015.10—2017.8）

姜　涛（2017.8—2018.12）

**副书记** 孙　明（2014.1—2015.10）

蔡庆平（2015.10—2018.8）

刘　庆（2018.8—12）

# 第八节　培训中心（2014.1—2018.12）

培训中心的前身为教育培训中心。2001年5月，更名为培训中心。2006年3月，与林源炼油厂重组整合，将林源炼油厂职业培训中心合并至大庆炼化分公司培训中心，列入公司附属机构序列，业务受人事处领导，党组织关系隶属大庆炼化公司机关党委。2007年1月，培训中心由正科级调整为副处级。2010年4月，将培训中心调整至二级单位序列，业务受大庆炼化公司领导，党组织关系隶属大庆炼化公司机关党委。办公地点在黑龙江省大庆市让胡路马鞍山。

培训中心具有国家二级安全培训机构资质，常减压装置操作工等62个炼油化工工种的职业技能培训和鉴定考核资质，主要负责公司特种作业操作人员和特种设备作业人员安全培训工作；负责炼油化工工种职业技能培训和鉴定考核工作；负责公司培训师队伍的建设与管理工作；负责仿真培训系统维护管理等工作。

截至2014年1月1日，培训中心内设综合部、培训部、教学部、考试中心、技能鉴定站。培训中心在册员工44人，其中女员工28人，党员23人。

培训中心党政领导班子由4人组成。

余政任主任、党支部副书记，负责培训中心全面行政工作，协助人事处开展公司层面的培训管理工作，主管本单位人事、劳资、设备、资产及仿真、实训基地、培训管理等工作。崔宝成任党支部书记、副主任，负责培训中心全面党群工作，负责培训中心组织、纪检、宣传、工会、女工、计划生育、共青团、维稳、综合治理等工作。杨秀峰任副主任，负责公司员工技能鉴定的组织管理工作，技能鉴定计划与方案的制定与实施、技能鉴定题库的开发、考评员的选拔与管理等工作。曹喜斌任副主任，负责公司员工特种作业安全培训教学管理工作，制订和落实考试计划、兼职教师的选聘和使用、培训教材与题库的编写修订等工作。

2014年1月，大庆炼化公司党委决定：培训中心的党组织工作由原机关党委负责调整为直接对口大庆炼化公司党委。

2015年10月，大庆炼化公司党委决定：余政兼任大庆炼化公司培训中心党支部副书记。余政负责协助党支部书记做好党群工作。

2016年5月18日，中共大庆炼化公司培训中心召开党员大会。19名党员和1名预备党员参加会议。会议选举产生中共大庆炼化公司第三届培训中心支部委员会委员，由杨秀峰、余政、曹喜斌、崔宝成（按姓氏笔画为序）4人组成，崔宝成为党支部书记，余政为党支部副书记。

2017年8月，大庆炼化公司决定：吴钧任大庆炼化公司培训中心副主任。吴钧分管培训管理工作，负责员工培训相关的业务，协助人事处开展培训检查和实训基地建设与管理，主管培训质量体系、技能竞赛、培训、承包商入厂前考核、效果评估等工作。

2017年9月，对部分领导班子分工进行调整：

主任、党支部副书记余政，负责培训中心全面行政工作，主管本单位人事、劳资、设备、资产及仿真等工作，协助党支部书记做好党群工作。副主任吴钧分管培训管理工作，负责员工培训相关的业务，协助人事处开展培训检查和实训基地建设与管理，主管培训质量体系、技能竞赛、培训、承包商入厂前考核、效果评估等工作。副主任曹喜斌，负责公司员工特种作业安全培训教学管理工作，通用课程教学及实训基地建设工作，制定和落实考试计划、兼职教师的选聘和使用、培训教材与题库的编写修订等工作。

2018年8月，大庆炼化公司决定：免去吴钧的大庆炼化公司培训中心副主任职务。

2018年11月，大庆炼化公司决定：任洪图任大庆炼化公司培训中心副主任。副主任任洪图负责员工培训相关业务及多媒体教室管理，协助人事处开展培训检查和实训基地建设与管理，主管培训质量体系、技能竞赛、培训、效果评估等工作。主管培训部，对员工培训的安全管理工作负全责。

截至 2018 年 12 月 31 日，培训中心内设综合部、培训部、教学部、考试中心、技能鉴定站。培训中心在册员工 60 人（在岗员工 36 人，调研员 24 人），其中女员工 34 人，党员 26 人。综合部主要负责组织、纪检、宣传、工会、女工、共青团、人事劳资、干部管理、综治保卫、维稳、房产、计划生育、保密等工作。教学部负责制定年度安全资格培训教学工作计划并组织实施，培训班、学员的数据上传，培训期间班级和学员的管理，兼职教师的选聘、使用，培训教材、题库的编写、修订。培训部负责员工培训相关的业务，协助人事处开展培训检查和实训基地建设与管理，主管培训质量体系、技能竞赛、培训、承包商入厂前考核、效果评估等工作。考试中心负责制定和落实考试计划，做好考试的组织和管理工作，考试系统、计算机的运行与维护工作。技能鉴定站负责公司员工技能鉴定的组织管理工作，技能鉴定计划、方案的制定与实施，技能鉴定题库的开发，考评员的选拔与管理。

培训中心党政领导班子由 5 人组成：余政任主任、党支部副书记，崔宝成任党支部书记、副主任，杨秀峰任副主任，曹喜斌任副主任，任洪图任副主任。

主任、党支部副书记余政，负责中心行政全面工作，主管人事、设备资产、信息、仿真、基地建设、普法等工作，协助党支部书记做好党群工作。

党支部书记、副主任崔宝成，负责培训中心全面党群工作，负责中心党群全面工作，主管组织、纪检、宣传、工会、女工、计划生育、共青团、治安保卫、维稳、档案、保密、劳动纪律、后勤等工作。

副主任杨秀峰，负责公司员工技能鉴定的组织管理工作，技能鉴定计划与方案的制定与实施、技能鉴定题库的开发、考评员的选拔与管理等工作。

副主任曹喜斌，负责公司员工特种作业安全培训教学管理工作，通用课程教学及实训基地建设工作，制定和落实考试计划、兼职教师的选聘和使用、培训教材与题库的编写修订等工作。

副主任任洪图，负责员工培训相关的业务，协助人事处开展培训检查和实训基地建设与管理，主管培训质量体系、技能竞赛、培训、承包商入厂前考核、效果评估等工作。

2014 年至 2018 年，培训中心按照公司领导关于培训工作的管理理念和工作职责，充分结合工作实际及特点，进一步优化本单位组织机构，明晰工作职责，加强员工培养，优化制度流程，不断提升管理水平，推动员工培训、职业技能鉴定和特种作业（设备）取复证等工作的正常、有序开展，圆满地完成了工作计划和各项工作任务；完成了 487 名技师续聘考评以及 288 名新增助理技师、技师、高级技师的鉴定考核工作；完成了常减压蒸馏装置操作工等炼化主体工种共 6244 人的技能鉴定任务。举办并完成 226 期安全资格取（复）证班的教学与考核任务，涉及员工 11858 人次。

一、培训中心行政领导名录（2014.1—2018.12）

主　　任　余　政（2014.1—2018.12）

副 主 任　崔宝成（2014.1—2018.12）

杨秀峰（2014.1—2018.12）

曹喜斌（2014.1—2018.12）

吴　钧（2017.8—2018.8）①

任洪图（2018.11—12）

调 研 员　李春华（正科级，2018.10—12）

陈　葵（正科级，2018.10—12）

宗树双（副科级，2018.10—12）

宫喜德（正科级，2018.10—12）

张秋江（正科级，2018.10—12）

季肆新（正科级，2018.10—12）

楼新军（正科级，2018.10—12）

佘洪文（正科级，2018.10—12）

栾　杰（正科级，2018.10—12）

谷晓东（正科级，2018.10—12）

陈秀岩（正科级，2018.10—12）

马　波（正科级，2018.10—12）

韩松婷（副科级，2018.10—12）

麻洪军（正科级，2018.10—12）

---

① 2018 年 8 月，吴钧退出领导岗位。

赵宝龙（正科级，2018.10—12）

王　岩（正处级，2018.11—12）

邢继国（正处级，2018.11—12）

于海波（正处级，2018.11—12）

于国权（正处级，2018.11—12）

苏将胜（正处级，2018.11—12）[①]

罗淑英（正处级，2018.11—12）

王世珍（副处级，2018.11—12）

陈　河（副处级，2018.12）

吴印海（正科级，2018.12）

**二、培训中心党支部领导名录（2014.1—2018.12）**

书　　　记　崔宝成（2014.1—2018.12）

副 书 记　余　政（2015.10—2018.12）

---

① 2018 年 12 月，苏将胜退休。

# 第四编

# 附录附表

# 第一章 组织机构名录及沿革图

## 一、2014年1月组织机构名录

| 单 位 | | 所 在 地 |
|---|---|---|
| 一、机关部门及直附属单位（26） | | |
| 1 | 总经理（党委）办公室 | 黑龙江省大庆市让胡路区 |
| 2 | 人事处（党委组织部） | 黑龙江省大庆市让胡路区 |
| 3 | 生产运行处 | 黑龙江省大庆市让胡路区 |
| 4 | 机动设备处 | 黑龙江省大庆市让胡路区 |
| 5 | 安全环保处 | 黑龙江省大庆市让胡路区 |
| 6 | 生产技术处 | 黑龙江省大庆市让胡路区 |
| 7 | 规划计划处 | 黑龙江省大庆市让胡路区 |
| 8 | 财务处 | 黑龙江省大庆市让胡路区 |
| 9 | 审计处 | 黑龙江省大庆市让胡路区 |
| 10 | 企管法规处（内控与风险管理处） | 黑龙江省大庆市让胡路区 |
| 11 | 纪检监察处 | 黑龙江省大庆市让胡路区 |
| 12 | 企业文化处（党委宣传部、团委、机关党委） | 黑龙江省大庆市让胡路区 |
| 13 | 维护稳定工作办公室 | 黑龙江省大庆市让胡路区 |
| 14 | 工会 | 黑龙江省大庆市让胡路区 |
| 15 | 行政事务中心 | 黑龙江省大庆市让胡路区 |
| 16 | 档案管理中心 | 黑龙江省大庆市让胡路区 |
| 17 | 社会保险中心 | 黑龙江省大庆市让胡路区 |
| 18 | 总调度室 | 黑龙江省大庆市让胡路区 |
| 19 | 财务结算中心 | 黑龙江省大庆市让胡路区 |
| 20 | 审计中心 | 黑龙江省大庆市让胡路区 |
| 21 | 安全气防站 | 黑龙江省大庆市让胡路区 |
| 22 | 文化新闻中心 | 黑龙江省大庆市让胡路区 |

续表

| | 单　　位 | 所　在　地 |
|---|---|---|
| 23 | 电子商务部 | 黑龙江省大庆市让胡路区 |
| 24 | 工程管理部（工程质量监督站） | 黑龙江省大庆市让胡路区 |
| 25 | 工程造价部 | 黑龙江省大庆市让胡路区 |
| 26 | 信息管理部 | 黑龙江省大庆市让胡路区 |
| 二、基层单位（21个） | | |
| 1 | 炼油一厂 | 黑龙江省大庆市让胡路区 |
| 2 | 炼油二厂 | 黑龙江省大庆市让胡路区 |
| 3 | 润滑油厂 | 黑龙江省大庆市让胡路区 |
| 4 | 聚合物一厂 | 黑龙江省大庆市让胡路区 |
| 5 | 聚合物二厂 | 黑龙江省大庆市让胡路区 |
| 6 | 聚丙烯厂 | 黑龙江省大庆市让胡路区 |
| 7 | 储运厂 | 黑龙江省大庆市让胡路区 |
| 8 | 动力一厂 | 黑龙江省大庆市让胡路区 |
| 9 | 机电仪厂 | 黑龙江省大庆市让胡路区 |
| 10 | 检维修厂 | 黑龙江省大庆市让胡路区 |
| 11 | 质量检验与环保监测中心 | 黑龙江省大庆市让胡路区 |
| 12 | 产品营销中心 | 黑龙江省大庆市让胡路区 |
| 13 | 动力二厂 | 黑龙江省大庆市大同区 |
| 14 | 矿区服务事业部 | 黑龙江省大庆市大同区 |
| 15 | 综合服务部 | 黑龙江省大庆市让胡路区 |
| 16 | 设计院 | 黑龙江省大庆市让胡路区 |
| 17 | 保卫武装部 | 黑龙江省大庆市让胡路区 |
| 18 | 车辆管理部 | 黑龙江省大庆市让胡路区 |
| 19 | 计量检测中心 | 黑龙江省大庆市让胡路区 |
| 20 | 物资供应中心 | 黑龙江省大庆市让胡路区 |
| 21 | 培训中心 | 黑龙江省大庆市让胡路区 |

# 二、2014—2018 年组织机构沿革图

## 机构沿革图例说明

1. 本图主要按编年记事的方式简要绘制组织机构的沿革变化，主要包括机构的成立、更名、合并、拆分、撤销、划转等事项。

2. 本图中机构沿革变化以"机构名称"中首字母对应年份为时间节点。机构名称在一年中发生多次变更的，只显示最终名称。

3. 机构延续用"→"表示；撤销用"→‖"表示；合并用"⊐"表示；分设（分拆）用"⊏"表示。

4. 一个机构挂两个牌子用"（　）"表示；两个机构合署办公，用"⊃"表示，并在其后标注合署对象。

5. 机构的托管、代管、列入、设在××单位、归口管理用"⇧"直接连接托管机构或在其后括号内标注具体挂靠机构。

6. 系统内的划入与划转，用"⇩⇧"符号表示，并在其后标注去向。

7. 由地方或系统外划入或移交地方、划转系统外的，用"↓↑"表示，并在括号内直接标明来源或去向。

8. 机构调整为机关部门或基层单位用："◇"表示。

9. 具体图例符号使用详见每页机构沿革图下的"图例说明"。

## 大庆炼化分公司机关部门沿革图（一）

| 2014.1 | → 2018.8 | → 2018.12 |
|---|---|---|
| 总经理（党委）办公室 | | 总经理（党委）办公室 |
| 人事处（党委组织部） | | 人事处（党委组织部） |
| 机动设备处 | | 机动设备处 |
| 安全环保处 | | 安全环保处 |
| 规划计划处 | | 规划计划处 |
| 审计处 | | 审计处 |
| 纪检监察处 | | 纪检监察处 |
| 企业文化处（党委宣传部、机关党委） | 企业文化处（党委宣传部、团委） | 企业文化处（党委宣传部、团委） |

图例说明

⟶：延续　　（ ）：一个机构两块牌子

大庆炼化分公司机关部门沿革图（二）

| 2014.1 | 2015.4 | 2018.8 | 2018.12 |
|---|---|---|---|
| 企管法规处（内控与风险管理处） | → 企管法规处 | | → 企管规划处 |
| 维护稳定工作办公室 | → 维护稳定工作办公室 | | |
| 财务处 | → 财务处 | | |
| 生产技术处 | → 生产技术处 | | |
| 生产运行处 | → 生产运行处 | | |
| 工会 | | → 工会（机关党委） | → 工会（机关党委） |

图例说明　——→：延续　（）：一个机构两块牌子

## 大庆炼化分公司直属单位沿革图

| 2014.1 | → 2014.9 | → 2015.2 | → 2017.7 | → 2018.12 |
|---|---|---|---|---|

工程管理部（工程质量监督站） ────────────────────────────→ 工程管理部（工程质量监督站）

工程造价部 ──────────────────────────────────────────→ 工程造价部

电子商务部 ─────────────────────→ 物资采购部 ──────────→ 物资采购部

信息管理部 （调整为二级单位）◇ 信息中心

（由附属机构调整为直属机构）
◇ 安全监督站 ─────────────────────────────────────→ 安全监督站

图例说明　──→：延续　　◇：调整到其他机构序列

## 大庆炼化分公司附属单位沿革图

| 2014.1 | 2014.3 | 2014.9 | 2015.10 | 2018.12 |

行政事务中心 ————————————————————→ 行政事务中心

财务结算中心 ————————————————————→ 财务结算中心

审计中心 ————————————————————→ 审计中心

社会保险中心 ————————————————————→ 社会保险中心

档案管理中心 ————————————————————→ 档案管理中心

总调度室 ————————————————————→ 总调度室

安全气防站 → 安全监督站 （调整为直属单位）————→ ◇ 安全监督站 （列入二级单位）▷ （综合服务部）

档案管理中心

图例说明

—→：延续　　△：挂靠　　◇：调整到其他机构序列

## 大庆炼化分公司二级单位沿革图（一）

| 2014.1 | 2015.5 | 2018.11 | 2018.12 |
|---|---|---|---|
| 炼油一厂 | | | 炼油一厂 |
| 炼油二厂 | | | 炼油二厂 |
| 润滑油厂 | | | 润滑油厂 |
| 聚合物一厂 | | | 聚合物一厂 |
| 聚合物二厂 | | | 聚合物二厂 |
| 聚丙烯厂 | | | 聚丙烯厂 |
| 生产技术处 | | | 生产技术处 |
| 动力一厂 | 动力厂 | | 动力厂 |
| 动力二厂 | 撤销 | | |
| 机电仪厂 | | 电仪运行中心 | 电仪运行中心 |
| 检维修厂 | | 检维修中心 | 检维修中心 |
| 质量检验与环保监测中心 | | | 质量检验与环保检测中心 |
| 产品营销中心 | | | 产品营销中心 |
| 矿区服务事业部 | | 林源工作部 | 林源工作部 |

图例说明：⟶：延续　⟶‖：撤销

# 大庆炼化分公司二级单位沿革图（二）

| 2014.1 | 2015.2 | 2016.2 | 2016.3 | 2018.12 |
|---|---|---|---|---|
| 综合服务部 | | | | 综合服务部 |
| 设计院 | | | | 设计院 |
| 保卫武装部 | | | | 保卫武装部 |
| 车辆管理部 | | | | 车辆管理部 |
| 计量检测中心 | | | | 计量检测中心 |
| 物资供应中心 | | | | 物资供应中心 |
| | | 信息中心（由直属机构调整为二级单位） | | 信息中心 |
| | 离退休管理中心 | | | 离退休管理中心 |
| | 研究院 | | | 研究院 |

图例说明　——→：延续　　◇：调整到其他机构序列

# 三、2018 年 12 月组织机构名录

| 单 位 | 所 在 地 |
|---|---|
| **一、机关部门及直附属单位（24 个）** | |
| 1 总经理（党委）办公室 | 黑龙江省大庆市让胡路区 |
| 2 人事处（党委组织部） | 黑龙江省大庆市让胡路区 |
| 3 生产运行处 | 黑龙江省大庆市让胡路区 |
| 4 机动设备处 | 黑龙江省大庆市让胡路区 |
| 5 安全环保处 | 黑龙江省大庆市让胡路区 |
| 6 生产技术处 | 黑龙江省大庆市让胡路区 |
| 7 规划计划处 | 黑龙江省大庆市让胡路区 |
| 8 财务处 | 黑龙江省大庆市让胡路区 |
| 9 审计处 | 黑龙江省大庆市让胡路区 |
| 10 企管法规处 | 黑龙江省大庆市让胡路区 |
| 11 纪检监察处 | 黑龙江省大庆市让胡路区 |
| 12 企业文化处（党委宣传部、团委） | 黑龙江省大庆市让胡路区 |
| 13 维护稳定工作办公室 | 黑龙江省大庆市让胡路区 |
| 14 工会（机关党委） | 黑龙江省大庆市让胡路区 |
| 15 行政事务中心 | 黑龙江省大庆市让胡路区 |
| 16 档案管理中心 | 黑龙江省大庆市让胡路区 |
| 17 社会保险中心 | 黑龙江省大庆市让胡路区 |
| 18 总调度室 | 黑龙江省大庆市让胡路区 |
| 19 财务结算中心 | 黑龙江省大庆市让胡路区 |
| 20 审计中心 | 黑龙江省大庆市让胡路区 |
| 21 物资采购部 | 黑龙江省大庆市让胡路区 |
| 22 工程管理部（工程质量监督站） | 黑龙江省大庆市让胡路区 |
| 23 工程造价部 | 黑龙江省大庆市让胡路区 |
| 24 安全监督站 | 黑龙江省大庆市让胡路区 |

续表

| 单　位 | | 所　在　地 |
|---|---|---|
| 二、二级单位（23个） | | |
| 1 | 炼油一厂 | 黑龙江省大庆市让胡路区 |
| 2 | 炼油二厂 | 黑龙江省大庆市让胡路区 |
| 3 | 润滑油厂 | 黑龙江省大庆市让胡路区 |
| 4 | 聚合物一厂 | 黑龙江省大庆市让胡路区 |
| 5 | 聚合物二厂 | 黑龙江省大庆市让胡路区 |
| 6 | 聚丙烯厂 | 黑龙江省大庆市让胡路区 |
| 7 | 储运厂 | 黑龙江省大庆市让胡路区 |
| 8 | 动力厂 | 黑龙江省大庆市让胡路区 |
| 9 | 电仪运行中心 | 黑龙江省大庆市让胡路区 |
| 10 | 检维修中心 | 黑龙江省大庆市让胡路区 |
| 11 | 质量检验与环保监测中心 | 黑龙江省大庆市让胡路区 |
| 12 | 产品营销中心 | 黑龙江省大庆市让胡路区 |
| 13 | 林源工作部 | 黑龙江省大庆市大同区 |
| 14 | 综合服务部 | 黑龙江省大庆市让胡路区 |
| 15 | 设计院 | 黑龙江省大庆市让胡路区 |
| 16 | 研究院 | 黑龙江省大庆市让胡路区 |
| 17 | 信息中心 | 黑龙江省大庆市让胡路区 |
| 18 | 保卫武装部 | 黑龙江省大庆市让胡路区 |
| 19 | 车辆管理部 | 黑龙江省大庆市让胡路区 |
| 20 | 离退休管理中心 | 黑龙江省大庆市大同区 |
| 21 | 计量检测中心 | 黑龙江省大庆市让胡路区 |
| 22 | 物资供应中心 | 黑龙江省大庆市让胡路区 |
| 23 | 培训中心 | 黑龙江省大庆市让胡路区 |

# 第二章 基本情况统计表

## 一、主要指标完成情况

| 年份<br>项目 | 2014 | 2015 | 2016 | 2017 | 2018 |
|---|---|---|---|---|---|
| 一、主营业务收入 | | | | | |
| 　1.固定资产（亿元） | 177.17 | 182.24 | 183.94 | 183.75 | 183.34 |
| 　2.营业收入（亿元） | 369.93 | 292.20 | 263.54 | 305.31 | 344.39 |
| 　3.利润合计（亿元） | 3.79 | 17.24 | 27.58 | 15.80 | 28.17 |
| 　4.上缴税费（亿元） | 66.74 | 101.16 | 97.84 | 99.49 | 98.38 |
| 二、原油加工量（万吨） | 525.96 | 547.52 | 514.25 | 503.67 | 503.52 |
| 三、主要产品产量 | | | | | |
| 　1.柴油（万吨） | 175.35 | 177.49 | 168.51 | 140.07 | 143.36 |
| 　2.汽油（万吨） | 171.53 | 198.20 | 188.63 | 204.19 | 208.45 |
| 　3.丙烯（万吨） | 25.32 | 30.18 | 29.37 | 31.29 | 30.56 |
| 　4.润滑油基础油（万吨） | 15.02 | 8.58 | 6.25 | 7.14 | 12.31 |
| 　5.石蜡（万吨） | 14.80 | 14.64 | 13.51 | 14.81 | 14.97 |
| 　6.液化气（万吨） | 40.92 | 40.26 | 32.42 | 36.45 | 30.15 |
| 　7.干粉（万吨） | 17.77 | 15.88 | 15.85 | 16.26 | 15.16 |
| 　8.聚丙烯（万吨） | 40.29 | 42.13 | 46.89 | 50.71 | 45.75 |

## 二、员工队伍结构情况

| 年份<br>项目 | | 2014 | 2015 | 2016 | 2017 | 2018 |
|---|---|---|---|---|---|---|
| 合计（人） | | 11013 | 10539 | 10363 | 10101 | 9718 |
| 用工<br>形式 | 合同化员工（人） | 9478 | 9121 | 8966 | 8744 | 8399 |
| | 市场化员工（人） | 1535 | 1418 | 1397 | 1357 | 1319 |

续表

| 年份<br>项目 | | 2014 | 2015 | 2016 | 2017 | 2018 |
|---|---|---|---|---|---|---|
| 文化<br>结构 | 硕士及以上（人） | 114 | 117 | 125 | 126 | 120 |
| | 本科（人） | 2484 | 2491 | 2529 | 2530 | 2486 |
| | 大专（人） | 2806 | 2727 | 2670 | 2604 | 2520 |
| | 中专（人） | 1096 | 1037 | 1001 | 972 | 947 |
| | 技校（人） | 1614 | 1584 | 1560 | 1521 | 1471 |
| | 高中（人） | 1825 | 1703 | 1659 | 1597 | 1488 |
| | 初中及以下（人） | 1074 | 880 | 819 | 751 | 686 |
| 年龄<br>结构 | 30 岁以下（人） | 1339 | 1004 | 851 | 610 | 461 |
| | 31 至 40（人） | 3384 | 2775 | 2306 | 2018 | 1763 |
| | 41 至 50（人） | 5494 | 5888 | 6227 | 6361 | 6297 |
| | 51 岁以上（人） | 796 | 872 | 979 | 1112 | 1197 |
| | 平均年龄 | 40.6 | 41.6 | 42.4 | 43.3 | 44.1 |

# 三、干部基本情况

单位：人

| 年份<br>项目 | | 2014 | 2015 | 2016 | 2017 | 2018 |
|---|---|---|---|---|---|---|
| 合　计 | | 2427 | 2426 | 2410 | 2350 | 2312 |
| 文化<br>程度 | 研究生 | 73 | 80 | 88 | 94 | 94 |
| | 本科 | 1617 | 1661 | 1690 | 1689 | 1688 |
| | 大专 | 654 | 618 | 573 | 521 | 488 |
| | 中专 | 53 | 45 | 39 | 30 | 27 |
| | 高中及以下 | 30 | 22 | 20 | 16 | 15 |
| 年龄 | 25 岁以下 | 12 | 10 | 4 | 7 | 9 |
| | 26～45 岁 | 1520 | 1424 | 1296 | 1145 | 1009 |
| | 46～55 岁 | 818 | 922 | 1027 | 1110 | 1179 |
| | 55 岁及以上 | 77 | 70 | 83 | 88 | 115 |

# 四、各类专业技术人员情况

单位：人

| 项目 \ 年份 | | 2014 | 2015 | 2016 | 2017 | 2018 |
|---|---|---|---|---|---|---|
| 合计 | | 2427 | 2428 | 2410 | 2352 | 2309 |
| 专业 | 工程技术人员 | 1621 | 1639 | 1639 | 1608 | 1589 |
| | 会计审计人员 | 109 | 103 | 98 | 89 | 85 |
| | 经济统计人员 | 313 | 311 | 297 | 295 | 291 |
| | 教学人员 | 51 | 48 | 45 | 43 | 34 |
| | 卫生技术人员 | 86 | 82 | 79 | 75 | 74 |
| | 政工人员 | 227 | 223 | 231 | 226 | 220 |
| | 其他 | 20 | 22 | 21 | 16 | 16 |

# 五、历年党员人数和基层党组织情况

| 项目 \ 年份 | 2014 | 2015 | 2016 | 2017 | 2018 |
|---|---|---|---|---|---|
| 党委（个） | 20 | 20 | 20 | 20 | 20 |
| 党总支（个） | 4 | 4 | 4 | 3 | 2 |
| 党支部（个） | 192 | 183 | 180 | 173 | 158 |
| 党员（人） | 3821 | 3910 | 3955 | 3984 | 4019 |
| 其中：女 | 947 | 971 | 997 | 1002 | 1016 |
| 其中：少数民族 | 138 | 142 | 144 | 150 | 150 |
| 其中：在职员工 | 3346 | 3402 | 3467 | 3485 | 3475 |
| 发展党员（人） | 60 | 74 | 74 | 64 | 67 |

# 第三章 专家和正副高级职称人员名录

## 一、专家名录

| 称　号 | 聘　期 | 姓　名 |
|---|---|---|
| 集团公司技能专家 | 2015.5.1—2018.12.31 | 王东华 |
| | 2015.5.1—2018.4.30 | 何　琳 |
| | 2015.5.1—2018.12.31 | 王　健 |
| | 2015.5.1—2018.12.31 | 张世凯 |
| 大庆炼化分公司技能专家 | 2015.5.1—2018.4.30 | 郭建勇 |
| | | 程　军 |
| | | 徐成刚 |
| | | 杨　凯 |
| | | 吴智贤 |
| | | 徐　涛 |
| | | 宋光辉 |
| | | 韩文杰 |

## 二、正副高级职称人员名录

| 年　度 | 职　称 | 聘任时间 | 姓　名 |
|---|---|---|---|
| 2014年 | 高级工程师 | 2014.12.30 | 张力民 |
| | 高级工程师 | 2014.12.30 | 唐大丽 |
| | 高级工程师 | 2014.12.30 | 于庆聪 |
| | 高级工程师 | 2014.12.30 | 姚树军 |
| | 高级工程师 | 2014.12.30 | 张殿武 |
| | 高级工程师 | 2014.12.30 | 孙志凤 |
| | 高级工程师 | 2014.12.30 | 汪　丽 |
| | 高级工程师 | 2014.12.30 | 仪明国 |

续表

| 年 度 | 职 称 | 聘任时间 | 姓 名 |
|---|---|---|---|
| 2014年 | 高级工程师 | 2014.12.30 | 杨丽茹 |
| | 高级工程师 | 2014.12.30 | 刘 颖 |
| | 高级工程师 | 2014.12.30 | 张柏祥 |
| | 高级工程师 | 2014.12.30 | 周颜光 |
| | 高级工程师 | 2014.12.30 | 陈忠英 |
| | 高级工程师 | 2014.12.30 | 李 颖 |
| | 高级工程师 | 2014.12.30 | 刘丽艳 |
| | 高级工程师 | 2014.12.30 | 王立波 |
| | 高级工程师 | 2014.12.30 | 朱险峰 |
| | 高级工程师 | 2014.12.30 | 胡海波 |
| | 高级经济师 | 2014.12.30 | 孙晓龙 |
| | 高级经济师 | 2014.12.30 | 吴 勇 |
| | 高级经济师 | 2014.12.30 | 刘海艳 |
| | 高级经济师 | 2014.12.30 | 于跃东 |
| | 高级经济师 | 2014.12.30 | 王 峰 |
| | 高级经济师 | 2014.12.30 | 张立来 |
| | 高级政工师 | 2014.12.30 | 刘凤娟 |
| | 高级政工师 | 2014.12.30 | 姜复乐 |
| | 高级政工师 | 2014.12.30 | 李桂荣 |
| | 高级政工师 | 2014.12.30 | 王云峰 |
| | 高级政工师 | 2014.12.30 | 谭颖霞 |
| 2015年 | 教授级高级经济师 | 2015.7.16 | 张清林 |
| | 高级工程师 | 2015.12.30 | 孙长波 |
| | 高级工程师 | 2015.12.30 | 张文萍 |
| | 高级工程师 | 2015.12.30 | 曾兆杰 |
| | 高级工程师 | 2015.12.30 | 王志勇 |
| | 高级工程师 | 2015.12.30 | 孙海波 |

续表

| 年　度 | 职　称 | 聘任时间 | 姓　名 |
|---|---|---|---|
| 2015年 | 高级工程师 | 2015.12.30 | 赵忠庆 |
| | 高级工程师 | 2015.12.30 | 姜晓光 |
| | 高级工程师 | 2015.12.30 | 程桂斌 |
| | 高级工程师 | 2015.12.30 | 王　忠 |
| | 高级工程师 | 2015.12.30 | 夏永红 |
| | 高级工程师 | 2015.12.30 | 路文勇 |
| | 高级工程师 | 2015.12.30 | 刘松涛 |
| | 高级工程师 | 2015.12.30 | 苏本来 |
| | 高级工程师 | 2015.12.30 | 张远彬 |
| | 高级工程师 | 2015.12.30 | 王　烨 |
| | 高级经济师 | 2015.12.30 | 郭炳宏 |
| | 高级经济师 | 2015.12.30 | 林　敏 |
| | 高级经济师 | 2015.12.30 | 张东辉 |
| | 高级政工师 | 2015.12.30 | 刘玉平 |
| | 高级政工师 | 2015.12.30 | 侯善刚 |
| | 高级政工师 | 2015.12.30 | 樊春江 |
| | 高级政工师 | 2015.12.30 | 于兴福 |
| | 高级政工师 | 2015.12.30 | 吴　焘 |
| | 高级政工师 | 2015.12.30 | 李秀霞 |
| | 高级政工师 | 2015.12.30 | 王长富 |
| | 高级政工师 | 2015.12.30 | 程汝斌 |
| 2016年 | 高级工程师 | 2016.12.30 | 王　晨 |
| | 高级工程师 | 2016.12.30 | 李策宇 |
| | 高级工程师 | 2016.12.30 | 李金鑫 |
| | 高级工程师 | 2016.12.30 | 庞玉华 |
| | 高级工程师 | 2016.12.30 | 张晓锋 |
| | 高级工程师 | 2016.12.30 | 姜丽君 |

续表

| 年　度 | 职　称 | 聘任时间 | 姓　名 |
|---|---|---|---|
| 2016年 | 高级工程师 | 2016.12.30 | 孙久和 |
|  | 高级工程师 | 2016.12.30 | 王玮琦 |
|  | 高级工程师 | 2016.12.30 | 白云波 |
|  | 高级工程师 | 2016.12.30 | 李飞峡 |
|  | 高级工程师 | 2016.12.30 | 王坦龙 |
|  | 高级工程师 | 2016.12.30 | 王　兵 |
|  | 高级工程师 | 2016.12.30 | 万泰力 |
|  | 高级经济师 | 2016.12.30 | 田兴旺 |
|  | 高级经济师 | 2016.12.30 | 布兰霞 |
|  | 高级经济师 | 2016.12.30 | 王　微 |
|  | 高级政工师 | 2016.12.30 | 陈学双 |
|  | 高级政工师 | 2016.12.30 | 马　萍 |
|  | 高级政工师 | 2016.12.30 | 管文庆 |
|  | 高级政工师 | 2016.12.30 | 陈泰利 |
|  | 高级政工师 | 2016.12.30 | 孙庆涛 |
|  | 高级政工师 | 2016.12.30 | 于慧雁 |
|  | 高级政工师 | 2016.12.30 | 许厚标 |
|  | 高级政工师 | 2016.12.30 | 郭树涛 |
|  | 高级政工师 | 2016.12.30 | 胡继国 |
|  | 高级审计师 | 2016.12.30 | 武立德 |
|  | 副研究馆员 | 2016.12.30 | 马黎俊 |
| 2017年 | 高级审计师 | 2017.9.1 | 昌庆红 |
|  | 副主任医师 | 2017.9.1 | 孙和民 |
|  | 副主任医师 | 2017.9.1 | 富　强 |
|  | 副主任医师 | 2017.9.1 | 刘　琨 |
|  | 教授级高级工程师 | 2017.12.14 | 尚振平 |
|  | 教授级高级工程师 | 2017.12.14 | 高　俊 |

续表

| 年　度 | 职　称 | 聘任时间 | 姓　名 |
|---|---|---|---|
| 2017年 | 高级工程师 | 2017.12.30 | 杨福礼 |
| | 高级工程师 | 2017.12.30 | 刘忠连 |
| | 高级工程师 | 2017.12.30 | 陈淑华 |
| | 高级工程师 | 2017.12.30 | 王克清 |
| | 高级工程师 | 2017.12.30 | 徐林庆 |
| | 高级工程师 | 2017.12.30 | 贾　飞 |
| | 高级工程师 | 2017.12.30 | 李丽华 |
| | 高级工程师 | 2017.12.30 | 陈　鹏 |
| | 高级工程师 | 2017.12.30 | 刘天宇 |
| | 高级工程师 | 2017.12.30 | 谭鑫焱 |
| | 高级工程师 | 2017.12.30 | 程冠军 |
| | 高级工程师 | 2017.12.30 | 夏长松 |
| | 高级工程师 | 2017.12.30 | 李胜民 |
| | 高级工程师 | 2017.12.30 | 王　波 |
| | 高级工程师 | 2017.12.30 | 吕贵和 |
| | 高级工程师 | 2017.12.30 | 申　宁 |
| | 高级工程师 | 2017.12.30 | 杨叔杰 |
| | 高级工程师 | 2017.12.30 | 李　训 |
| | 高级工程师 | 2017.12.30 | 金爱光 |
| | 高级工程师 | 2017.12.30 | 彭陟嵩 |
| | 高级工程师 | 2017.12.30 | 陈连庆 |
| | 高级工程师 | 2017.12.30 | 闫政军 |
| | 高级工程师 | 2017.12.30 | 陶传志 |
| | 高级工程师 | 2017.12.30 | 刘建峰 |
| | 高级工程师 | 2017.12.30 | 雷承凯 |
| | 高级工程师 | 2017.12.30 | 胡继东 |
| | 高级工程师 | 2017.12.30 | 李清伟 |

续表

| 年　度 | 职　称 | 聘任时间 | 姓　名 |
|---|---|---|---|
| 2017年 | 高级工程师 | 2017.12.30 | 牟庆华 |
| | 高级工程师 | 2017.12.30 | 高　秦 |
| | 高级经济师 | 2017.12.30 | 顾恩阳 |
| | 高级经济师 | 2017.12.30 | 刘永志 |
| | 高级经济师 | 2017.12.30 | 王晓红 |
| | 高级经济师 | 2017.12.30 | 李永庆 |
| | 高级经济师 | 2017.12.30 | 马笑梅 |
| | 高级经济师 | 2017.12.30 | 宋力恒 |
| | 高级经济师 | 2017.12.30 | 都炎飞 |
| | 高级政工师 | 2017.12.30 | 王克民 |
| | 高级政工师 | 2017.12.30 | 康　超 |
| | 高级政工师 | 2017.12.30 | 许　扬 |
| | 高级政工师 | 2017.12.30 | 孟岩枫 |
| | 高级政工师 | 2017.12.30 | 李岫俐 |
| | 高级政工师 | 2017.12.30 | 于宪帝 |
| | 高级政工师 | 2017.12.30 | 夏兴红 |
| | 高级政工师 | 2017.12.30 | 唐耀炜 |
| | 高级会计师 | 2017.12.30 | 郑丽颖 |
| 2018年 | 副主任医师 | 2018.9.1 | 许双海 |
| | 副主任药师 | 2018.9.1 | 刘艳丽 |
| | 副主任护师 | 2018.9.1 | 杜新娟 |
| | 高级工程师 | 2018.12.30 | 梁天舒 |
| | 高级工程师 | 2018.12.30 | 王小庆 |
| | 高级工程师 | 2018.12.30 | 董学军 |
| | 高级工程师 | 2018.12.30 | 王长义 |
| | 高级工程师 | 2018.12.30 | 刘政操 |
| | 高级工程师 | 2018.12.30 | 张继国 |

续表

| 年　度 | 职　称 | 聘任时间 | 姓　名 |
|---|---|---|---|
| 2018年 | 高级工程师 | 2018.12.30 | 曾永胜 |
| | 高级工程师 | 2018.12.30 | 金龙渊 |
| | 高级工程师 | 2018.12.30 | 张跃虎 |
| | 高级工程师 | 2018.12.30 | 吕春艳 |
| | 高级工程师 | 2018.12.30 | 赵纪禹 |
| | 高级工程师 | 2018.12.30 | 李凤宇 |
| | 高级工程师 | 2018.12.30 | 滕小勇 |
| | 高级工程师 | 2018.12.30 | 田　彪 |
| | 高级工程师 | 2018.12.30 | 李　成 |
| | 高级工程师 | 2018.12.30 | 杨冬宁 |
| | 高级工程师 | 2018.12.30 | 魏　博 |
| | 高级工程师 | 2018.12.30 | 滕　山 |
| | 高级工程师 | 2018.12.30 | 袁首盛 |
| | 高级工程师 | 2018.12.30 | 朱国伏 |
| | 高级工程师 | 2018.12.30 | 黄　涛 |
| | 高级工程师 | 2018.12.30 | 宋志军 |
| | 高级工程师 | 2018.12.30 | 崔　雷 |
| | 高级工程师 | 2018.12.30 | 李　巍 |
| | 高级工程师 | 2018.12.30 | 孙忠辉 |
| | 高级工程师 | 2018.12.30 | 庄永春 |
| | 高级工程师 | 2018.12.30 | 张卫东 |
| | 高级工程师 | 2018.12.30 | 郭丽敏 |
| | 高级工程师 | 2018.12.30 | 汪　旭 |
| | 高级工程师 | 2018.12.30 | 王崇杰 |
| | 高级工程师 | 2018.12.30 | 都献文 |
| | 高级工程师 | 2018.12.30 | 朱福军 |
| | 高级工程师 | 2018.12.30 | 周玉峰 |

续表

| 年　度 | 职　称 | 聘任时间 | 姓　名 |
|---|---|---|---|
| 2018年 | 高级工程师 | 2018.12.30 | 王　宙 |
| | 高级工程师 | 2018.12.30 | 张云德 |
| | 高级经济师 | 2018.12.30 | 陈利强 |
| | 高级经济师 | 2018.12.30 | 哈云利 |
| | 高级经济师 | 2018.12.30 | 黄　伟 |
| | 高级经济师 | 2018.12.30 | 谢海燕 |
| | 高级政工师 | 2018.12.30 | 司云涛 |
| | 高级政工师 | 2018.12.30 | 郭文杰 |
| | 高级政工师 | 2018.12.30 | 李　涛 |
| | 高级政工师 | 2018.12.30 | 郑　丹 |
| | 高级政工师 | 2018.12.30 | 田菊花 |
| | 高级政工师 | 2018.12.30 | 金德泉 |

# 第四章　省、市、区党代会代表、人大代表、政协委员名录

## 一、省、市、区党代会代表名录

| 姓　名 | 届　次 |
|---|---|
| 姜国骅 | 黑龙江省第十二届党代会代表 |
| 张清林 | 黑龙江省第十二届党代会代表 |
| 姜国骅 | 大庆市第九届党代会代表 |
| 万志强 | 大庆市第九届党代会代表 |
| 李春妍 | 大庆市第九届党代会代表 |

## 二、省、市、区人大代表名录

| 姓　名 | 届　次 |
|---|---|
| 姜国骅 | 黑龙江省第十三届人大代表 |
| 李春妍 | 大庆市第十届人大代表 |
| 陈万忠 | 大庆市让胡路区第十届人大代表 |
| 杜岚云 | 大庆市让胡路区第十届人大代表 |
| 朱文源 | 大庆市让胡路区第十届人大代表 |
| 皇甫广慧 | 大庆市大同区第十届、第十一届人大代表 |
| 王　胜 | 大庆市大同区第十一届人大代表 |

# 三、省、市、区政协委员名录

| 姓 名 | 届 次 |
| --- | --- |
| 解晓丽 | 中国人民政治协商会议黑龙江省第十一届委员会委员 |
| 崔高伟 | 中国人民政治协商会议黑龙江省大庆市第九届委员会委员 |
| 李志刚 | 中国人民政治协商会议黑龙江省大庆市第九届委员会委员 |
| 朱立新 | 中国人民政治协商会议黑龙江省大庆市让胡路区第八届、九届委员会委员 |
| 于玲河 | 中国人民政治协商会议黑龙江省大庆市让胡路区第九届委员会委员 |
| 金德泉 | 中国人民政治协商会议黑龙江省大庆市让胡路区第九届委员会委员 |
| 肖德风 | 中国人民政治协商会议黑龙江省大庆市让胡路区第九届委员会委员 |
| 郑 锋 | 中国人民政治协商会议黑龙江省大庆市大同区第十一届委员会委员 |

# 第五章　获得省部级以上荣誉集体和个人名录

## 一、荣誉集体名录

| 年度 | 荣誉称号 | 获奖单位 |
|---|---|---|
| 2014 | 国家优质工程奖 | 大庆炼化分公司 |
| | 石油优质工程金奖 | 大庆炼化分公司 |
| | 集团公司先进基层党组织 | 炼油一厂党委 |
| | 集团公司2014年度绿色基层队（站）、车间（装置） | 炼油一厂100万吨/年ARGG装置 |
| | 集团公司2014年度绿色基层队（站）、车间（装置） | 动力厂化工污水处理场 |
| | 全国"安康杯"优胜企业 | 炼油二厂 |
| | 全国"安康杯"优胜班组 | 润滑油厂异构脱蜡车间操作一班 |
| | 黑龙江省五一劳动奖状 | 聚合物一厂 |
| | 黑龙江省工人先锋号 | 炼油二厂二套ARGG车间 |
| | 黑龙江省"安康杯"优秀企业 | 聚合物一厂 |
| | 黑龙江省"安康杯"优秀班组 | 炼油一厂重整车间操作五班 |
| | 全省职工职业道德建设先进单位 | 聚合物一厂 |
| | 全省职工职业道德建设先进单位 | 润滑油厂 |
| | 全省职工职业道德建设先进班组 | 质量检验与环保监测中心聚合物检验一站综合白班 |
| | 黑龙江省五一巾帼建功标兵岗 | 机电仪厂仪表三车间动力班 |
| | 集团公司五四红旗团支部 | 炼油二厂加氢改质车间团支部 |
| 2015 | 集团公司环境保护先进企业 | 大庆炼化分公司 |
| | 集团公司绿色基层队（站）、车间（装置） | 聚合物一厂丙烯腈装置 |
| | 集团公司绿色基层队（站）、车间（装置） | 炼油一厂酸性水汽提装置 |
| | 全国"安康杯"优胜企业 | 聚合物一厂 |
| | 全国"安康杯"优胜班组 | 炼油二厂二套ARGG车间生产运行一班 |

续表

| 年度 | 荣誉称号 | 获奖单位 |
|---|---|---|
| 2015 | 集团公司先进集体 | 炼油一厂 |
| | 集团公司先进集体 | 聚合物一厂丙烯腈车间 |
| | 集团公司先进集体 | 炼油二厂二套 ARGG 车间 |
| | 黑龙江省工人先锋号 | 润滑油厂酮苯脱蜡车间 |
| | 黑龙江省"安康杯"优秀企业 | 机电仪厂 |
| | 黑龙江省"安康杯"优秀班组 | 炼油一厂汽油加氢车间生产运行四班 |
| | 黑龙江省劳动争议预防调解示范企业 | 大庆炼化分公司 |
| | 黑龙江省最美岗位 | 质量检验与环保监测中心聚合物检验一站综合白班 |
| 2016 | 集团公司科技工作先进单位 | 大庆炼化分公司 |
| | 集团公司质量计量标准化先进企业 | 大庆炼化分公司 |
| | 集团公司先进基层党组织 | 炼油一厂党委 |
| | 集团公司科技工作创新团队 | 高分子量聚丙烯酰胺产品技术开发项目组 |
| | 集团公司优秀招标专业机构 | 招标管理中心 |
| | 集团公司绿色基层队（站）、车间（装置） | 常减压车间 |
| | 集团公司绿色基层队（站）、车间（装置） | 质量检验与环保监测中心环境监测站 |
| | 集团公司财务报告评比二等奖 | 大庆炼化分公司 |
| | 集团公司财务工作 2013—2015 年度先进集体 | 财务处 |
| | 全国工人先锋号 | 炼油二厂二套 ARGG 车间 |
| 2017 | 集团公司党建研究工作先进单位 | 大庆炼化分公司 |
| | 全国"安康杯"优胜企业 | 大庆炼化分公司 |
| | 全国"安康杯"优胜班组 | 炼油二厂二套气体分馏车间生产运行三班 |
| | 黑龙江省工人先锋号 | 聚合物一厂丙烯腈车间 |
| | 黑龙江省"安康杯"优秀企业 | 炼油一厂 |
| | 黑龙江省"安康杯"优秀班组 | 润滑油厂酮苯脱蜡车间生产运行五班 |
| | 黑龙江省"安康杯"优秀组织单位 | 工会 |

| 年度 | 荣誉称号 | 获奖单位 |
|---|---|---|
| 2017 | 全省职工职业道德建设先进单位 | 润滑油厂 |
| | 全省职工职业道德建设先进单位 | 保卫武装部 |
| | 全省职工职业道德建设先进班组 | 炼油一厂汽柴油加氢车间汽油加氢装置生产运行一班 |
| | 全省职工职业道德建设先进班组 | 聚合物一厂聚丙烯酰胺五车间三班 |
| | 全省职工职业道德建设先进班组 | 聚丙烯厂聚丙烯一车间生产运行一班 |
| | 黑龙江省模范职工之家 | 质量检验与环保监测中心工会 |
| | 黑龙江省五一巾帼标兵岗 | 聚合物一厂聚丙烯酰胺仓储车间 |
| | 2014—2015年集团公司五四红旗团支部 | 炼油一厂汽柴油加氢车间团支部 |
| | 中国石油和化工行业党建及思想政治工作先进单位 | 机电仪厂 |
| | 中国石油天然气集团有限公司物资统计先进集体 | 大庆炼化分公司 |
| | 集团公司环境保护先进企业 | 大庆炼化分公司 |
| | 集团公司老年人体育工作先进集体 | 离退休管理中心 |
| | 集团公司绿色基层队（站）、车间（装置） | 动力厂污水车间、炼油二厂硫磺车间 |
| | 中国石油天然气集团公司质量管理小组优秀成果一等奖 | 质量检验与环保监测中心 |
| | 黑龙江省五一劳动奖状 | 润滑油厂 |
| | 黑龙江省工人先锋号 | 炼油一厂汽柴油加氢车间 |
| | 黑龙江省"安康杯"优秀企业 | 润滑油厂 |
| | 黑龙江省"安康杯"优秀班组 | 炼油一厂常减压车间生产操作三班 |
| | 集团公司铁人先锋号 | 聚合物一厂丙烯腈车间生产操作二班 |
| | 中国石油天然气集团有限公司纪检监察系统先进集体 | 纪检监察处 |
| | 集团公司组织史资料编纂工作先进单位 | 大庆炼化分公司 |
| | 集团公司组织史资料企业卷优秀著作奖 | 大庆炼化分公司 |
| 2018 | 黑龙江省"安康杯"优秀企业 | 炼油二厂 |
| | 黑龙江省"安康杯"优秀班组 | 聚丙烯厂聚合一车间操作二班 |
| | 黑龙江省工人先锋号 | 炼油一厂常减压车间 |

续表

| 年度 | 荣誉称号 | 获奖单位 |
|---|---|---|
| 2018 | 2015—2017 年中国石油审计工作先进集体 | 审计处 |
| | 中国石油天然气集团有限公司纪检监察系统先进集体 | 纪检监察处 |
| | 2015—2017 年度中国石油天然气集团有限公司优秀纪律审查组 | 纪检监察处"聚合物二厂 4 名员工盗卖企业产品案"纪律审查组 |
| | 2016—2017 年集团公司五四红旗团支部 | 炼油一厂一套 ARGG 车间团支部 |
| | 全国企业文化建设示范单位荣誉称号 | 大庆炼化分公司 |
| | 集团公司先进 HSE 标准化站队 | 聚合物一厂聚丙烯酰胺四车间 |
| | 2018 年度中国石油天然气集团有限公司大庆炼化公司先进单位 | 机电仪厂 |
| | 中国石油天然气股份有限公司青年文明号 | 信息中心数采集成室 |
| | 中国石油天然气集团有限公司 2017—2018 年度安保防恐工作先进集体 | 保卫武装部 |
| | 集团公司离退休职工管理局办公平台推广应用工作先进单位 | 离退休管理中心 |
| | 集团公司生活补贴（过渡年金）直发工作先进单位 | 大庆炼化分公司 |
| | 2018 年度集团公司绿色基层站队 | 质量检验与环保监测中心环境监测站 |
| | 2018 年度大庆市巾帼建功先进集体标兵 | 质量检验与环保监测中心环境监测站 |
| | 2018 年度黑龙江省三八红旗集体 | 质量检验与环保监测中心环境监测站 |

# 二、荣誉个人名录

| 姓名 | 获奖时间（年度） | 荣誉称号 |
|---|---|---|
| 张清林 | 2014年 | 集团公司优秀党务工作者 |
| 孙　才 | 2014年 | 集团公司安全管理先进个人 |
| 鞠洪鹤 | 2014年 | 集团公司安全监督先进个人 |
| 张建民 | 2014年 | 集团公司安全生产先进个人 |
| 任秋实 | 2014年 | 集团公司安全生产先进个人 |
| 高　秦 | 2014年 | 集团公司环境保护先进个人 |
| 张文萍 | 2014年 | 集团公司环境保护先进个人 |
| 杨家河 | 2014年 | 集团公司优秀共产党员 |

续表

| 姓名 | 获奖时间（年度） | 荣誉称号 |
|---|---|---|
| 寇振海 | 2014年 | 集团公司优秀共青团员 |
| 辛公华 | 2014年 | 全国五一劳动奖章 |
| 毛晓海 | 2014年 | 黑龙江省五一劳动奖章 |
| 赵忠男 | 2014年 | 黑龙江省五一劳动奖章 |
| 赵连成 | 2014年 | 黑龙江省"安康杯"先进个人 |
| 段文强 | 2014年 | 全省职工职业道德建设先进个人 |
| 李桂荣 | 2014年 | 黑龙江省五一巾帼标兵 |
| 马 萍 | 2014年 | 集团公司优秀团干部 |
| 代有福 | 2015年 | 集团公司安全管理先进个人 |
| 李宏宇 | 2015年 | 集团公司安全监督先进个人 |
| 朱福军 | 2015年 | 集团公司安全监督先进个人 |
| 周玉峰 | 2015年 | 集团公司安全生产先进个人 |
| 李景德 | 2015年 | 集团公司安全生产先进个人 |
| 李 颖 | 2015年 | 集团公司环境保护先进个人 |
| 夏永红 | 2015年 | 集团公司环境保护先进个人 |
| 陈志国 | 2015年 | 集团公司第八届"优秀青年" |
| 辛公华 | 2015年 | 全国劳动模范 |
| 郭保磊 | 2015年 | 集团公司劳动模范 |
| 路泳鑫 | 2015年 | 集团公司劳动模范 |
| 张世凯 | 2015年 | 集团公司劳动模范 |
| 代有福 | 2015年 | 黑龙江省"安康杯"先进个人 |
| 杨明辉 | 2015年 | 全国五一巾帼标兵 |
| 杜洪伟 | 2016年 | 集团公司优秀党务工作者 |
| 于宪帝 | 2016年 | 集团公司优秀共产党员 |
| 徐言彪 | 2016年 | 集团公司优秀共产党员 |
| 马天祥 | 2016年 | 集团公司先进科技工作者 |
| 代有福 | 2016年 | 集团公司安全管理先进个人 |

续表

| 姓名 | 获奖时间（年度） | 荣誉称号 |
| --- | --- | --- |
| 鞠洪鹤 | 2016年 | 集团公司安全监督先进个人 |
| 朱福军 | 2016年 | 集团公司安全监督先进个人 |
| 刘建伟 | 2016年 | 集团公司安全生产先进个人 |
| 高　秦 | 2016年 | 集团公司环境保护先进个人 |
| 霍莉莉 | 2016年 | 集团公司环境保护先进个人 |
| 王广荣 | 2016年 | 集团公司质量计量标准化管理先进个人 |
| 邴晓谦 | 2016年 | 集团公司质量计量标准化管理先进个人 |
| 王世珍 | 2016年 | 集团公司质量计量标准化管理先进个人 |
| 于德林 | 2016年 | 集团公司质量计量标准化技术机构先进个人 |
| 田兴旺 | 2016年 | 集团公司物资采购与招标管理先进个人 |
| 李　虹 | 2016年 | 集团公司物资采购与招标管理先进个人 |
| 黄　岩 | 2016年 | 集团公司物资采购与招标管理先进个人 |
| 张　强 | 2016年 | 集团公司物资采购与招标管理先进个人 |
| 陈彩云 | 2016年 | 集团公司 2013—2015 年度财务工作先进个人 |
| 杨金鑫 | 2016年 | 集团公司 2013—2015 年度财务工作先进个人 |
| 王志宏 | 2016年 | 集团公司 2013—2015 年度财务工作先进个人 |
| 韩　枫 | 2016年 | 集团公司"十二五"财税价格工作先进个人 |
| 马　萍 | 2016年 | 集团公司优秀团干部 |
| 刘江峰 | 2016年 | 集团公司维稳信访工作先进工作者 |
| 邓素荣 | 2016年 | 集团公司维稳信访工作先进工作者 |
| 刘锡明 | 2016年 | 黑龙江省五一劳动奖章 |
| 杨清华 | 2016年 | 黑龙江省职工创业创新标兵 |
| 石少军 | 2016年 | 全省职工职业道德建设先进个人 |
| 王晓香 | 2016年 | 全省职工职业道德建设先进个人 |
| 王红玉 | 2016年 | 全省职工职业道德建设先进个人 |
| 于海波 | 2016年 | 黑龙江省优秀共产党员 |
| 何　琳 | 2016年 | 龙江最美石油人 |

续表

| 姓名 | 获奖时间（年度） | 荣誉称号 |
|---|---|---|
| 陈志国 | 2016年 | 龙江最美石油人提名奖 |
| 唐业龙 | 2016年 | 集团公司优秀共青团员 |
| 齐文浩 | 2016年 | 中国石油和化工行业优秀思想政治工作者 |
| 王庆峰 | 2016年 | 集团公司"十三五"规划工作先进个人 |
| 黄 岩 | 2017年 | 集团公司物资统计先进个人 |
| 代有福 | 2017年 | 集团公司安全管理先进个人 |
| 鞠洪鹤 | 2017年 | 集团公司安全监督先进个人 |
| 李宏宇 | 2017年 | 集团公司安全监督先进个人 |
| 张春晓 | 2017年 | 集团公司安全生产先进个人 |
| 李 颖 | 2017年 | 集团公司环境保护先进个人 |
| 孙衍龙 | 2017年 | 集团公司环境保护先进个人 |
| 李 平 | 2017年 | 集团公司老年人体育活动先进个人 |
| 张洪军 | 2017年 | 黑龙江省劳动模范 |
| 胡宪敏 | 2017年 | 黑龙江省劳动模范 |
| 王东华 | 2017年 | 2017年龙江工匠 |
| 张世凯 | 2017年 | 2017年龙江工匠 |
| 杨清华 | 2017年 | 黑龙江省五一劳动奖章 |
| 任秋实 | 2017年 | 黑龙江省"安康杯"先进个人 |
| 张桂芬 | 2017年 | 黑龙江省最美家庭 |
| 王 江 | 2017年 | 集团公司建设项目竣工验收工作先进个人 |
| 李 成 | 2017年 | 集团公司第九届优秀青年 |
| 康 超 | 2017年 | 集团公司组织史资料编纂工作先进个人 |
| 栾 杰 | 2017年 | 集团公司组织史资料编纂工作先进个人 |
| 马天祥 | 2017年 | 黑龙江省政府特殊津贴获得者 |
| 夏黎娜 | 2018年 | 黑龙江省龙江巾帼工匠 |
| 于伟林 | 2018年 | 黑龙江省"安康杯"先进个人 |
| 赵显峰 | 2018年 | 全国工会优秀积极分子 |

续表

| 姓名 | 获奖时间（年度） | 荣誉称号 |
|------|------|------|
| 姜绍军 | 2018年 | 黑龙江省五一劳动奖章 |
| 张世凯 | 2018年 | 2018年龙江工匠 |
| 马天祥 | 2018年 | 黑龙江省职工创新标兵 |
| 周玉峰 | 2018年 | 中国石油天然气集团公司安全管理先进个人 |
| 李　颖 | 2018年 | 中国石油天然气集团公司环保管理先进个人 |
| 高　秦 | 2018年 | 中国石油天然气集团公司环保管理先进个人 |
| 宫喜德 | 2018年 | 中国石油天然气集团有限公司纪检监察系统先进工作者 |
| 张泽伟 | 2018年 | 2017年度全省优秀共青团员 |
| 张泽伟 | 2018年 | 2016—2017年集团公司优秀共青团员 |
| 马鹏程 | 2018年 | 2016—2017年集团公司优秀共青团干部 |
| 张晓轩 | 2018年 | 黑龙江省优秀共青团员 |
| 田　文 | 2018年 | 集团公司生活补贴（过渡年金）直发工作先进个人 |
| 邓素荣 | 2018年 | 党的十九大召开期间特别重点时段中国石油天然气集团有限公司维稳信访安保防恐工作特别贡献个人 |
| 李洪军 | 2018年 | 党的十九大召开期间特别重点阶段中国石油天然气集团有限公司维稳信访安保防恐工作特别贡献个人 |
| 赵玉梅 | 2018年 | 集团公司离退休职工管理局办公平台推广应用先进个人 |

# 第五编

# 任免信息及机关处室
# 员工情况简明表

# 第一章　领导机构人员任免信息简明表

| 姓名（曾用名） | 性别 | 民族 | 籍贯 | 出生年月 | 职务 | 任职时间 | 批准机关及文号 | 免职时间 | 批准机关及文号 |
|---|---|---|---|---|---|---|---|---|---|
| 姜国骅 | 男 | 汉族 | 黑龙江依兰 | 1964.2 | 党委书记 | 2015.01 | 中油党组〔2015〕16 号 | | |
| 王亚伟 | 男 | 汉族 | 河北饶阳 | 1954.12 | 党委书记 | 2009.08 | 中油党组〔2009〕73 号 | 2015.1 | 中油党组〔2015〕16 号 |
| 李春妍 | 女 | 汉族 | 黑龙江肇州 | 1964.1 | 常务副书记 | 2017.11 | 中油党组〔2017〕253 号 | | |
| 李春妍 | 女 | 汉族 | 黑龙江肇州 | 1964.1 | 党委副书记 | 2013.04 | 中油党组〔2013〕22 号 | 2015.9 | 中油党组〔2015〕165 号 |
| 万志强 | 男 | 汉族 | 山东新泰 | 1957.2 | 党委副书记 | 2011.08 | 中油党组〔2011〕85 号 | 2017.4 | 中油党组〔2017〕62 号 |
| 王亚伟 | 男 | 汉族 | 河北饶阳 | 1954.12 | 党委委员 | 2009.08 | 中油党组〔2009〕73 号 | 2015.1 | 中油党组〔2015〕16 号 |
| 刘喜民 | 男 | 汉族 | 黑龙江林甸 | 1969.2 | 党委委员 | 2015.09 | 中油党组〔2015〕165 号 | | |
| 万志强 | 男 | 汉族 | 山东新泰 | 1957.2 | 党委委员 | 2011.08 | 中油党组〔2011〕85 号 | 2017.4 | 中油党组〔2017〕62 号 |
| 丁海中 | 男 | 汉族 | 山西闻喜 | 1963.4 | 党委委员 | 2017.11 | 中油党组〔2017〕253 号 | | |
| 姜国骅 | 男 | 汉族 | 黑龙江依兰 | 1964.2 | 工会主席 | 2015.09 | 中油党组〔2015〕165 号 | 2017.11 | 中油党组〔2017〕253 号 |
| 李春妍 | 女 | 汉族 | 黑龙江肇州 | 1964.1 | 工会主席 | 2017.11 | 中油党组〔2017〕253 号 | 2015.9 | 中油党组〔2015〕165 号 |
| 姜国骅 | 男 | 汉族 | 黑龙江依兰 | 1964.2 | 总经理 | 2017.04 | 石油任〔2017〕63 号 | | |
| 万志强 | 男 | 汉族 | 山东新泰 | 1957.2 | 总经理 | 2011.09 | 石油任〔2011〕219 号 | 2017.4 | 石油任〔2017〕63 号 |
| 王亚伟 | 男 | 汉族 | 河北饶阳 | 1954.12 | 副总经理 | 2009.08 | 石油任〔2009〕239 号 | 2015.1 | 石油任〔2015〕16 号 |
| 刘喜民 | 男 | 汉族 | 黑龙江林甸 | 1969.2 | 副总经理 | 2015.09 | 石油任〔2015〕254 号 | | |
| 丁海中 | 男 | 汉族 | 山西闻喜 | 1963.4 | 副总经理 | 2017.11 | 石油任〔2017〕306 号 | | |
| 李岩冰 | 男 | 汉族 | 辽宁兴城 | 1962.12 | 安全总监 | 2015.09 | 石油任〔2015〕254 号 | 2017.11 | 石油任〔2017〕306 号 |
| 姜国骅 | 男 | 汉族 | 黑龙江依兰 | 1964.2 | 安全总监 | 2005.01 | 石油任字〔2005〕13 号 | 2015.9 | 石油任〔2015〕254 号 |
| 丁海中 | 男 | 汉族 | 山西闻喜 | 1963.4 | 安全总监 | 2017.11 | 石油任〔2017〕306 号 | | |
| 丁海中 | 男 | 汉族 | 山西闻喜 | 1963.4 | 副总工程师 | 2009.08 | 庆炼化干〔2009〕9 号 | 2017.12 | 庆炼化干〔2017〕14 号 |
| 孙茂成 | 男 | 汉族 | 吉林德惠 | 1964.10 | 副总工程师 | 2016.06 | 庆炼化干〔2016〕8 号 | | |
| 张清林 | 男 | 汉族 | 山东广饶 | 1966.5 | 副总经济师 | 2016.06 | 庆炼化干〔2016〕8 号 | | |

# 第二章　机关部门及直附属、二级单位领导人员任免信息简明表

| 序号 | 姓名（曾用名） | 性别 | 民族 | 职务 | 行政级别（正处级、副处级、正科级、副科级） | 任职时间 | 批准机关及文号 | 免职时间 | 批准机关及文号 | 备注 |
|---|---|---|---|---|---|---|---|---|---|---|
| 1 | 贾鸣春 | 男 | 汉族 | 炼油一厂厂长（正处级） | 正处级 | 2014.2 | 庆炼化干〔2014〕2号 | 2017.6 | 庆炼化干〔2017〕3号 | |
| 2 | 申在权 | 男 | 朝鲜族 | 储运厂副厂长（兼） | 副处级 | 2014.2 | 庆炼化干〔2014〕2号 | 2015.2 | 庆炼化干〔2015〕2号 | |
| 3 | 陈立 | 女 | 汉族 | 质量检验与环保监测中心副主任（兼） | 副处级 | 2014.2 | 庆炼化干〔2014〕2号 | 2015.2 | 庆炼化干〔2015〕2号 | |
| 4 | 张庆彬 | 男 | 汉族 | 聚丙烯厂副厂长 | 副处级 | 2014.2 | 庆炼化干〔2014〕2号 | 2017.8 | 庆炼化干〔2017〕8号 | |
| 5 | 高景庆 | 男 | 汉族 | 安全环保处副处长 | 副处级 | 2014.3 | 庆炼化干〔2014〕3号 | 2017.8 | 庆炼化干〔2017〕8号 | |
| 6 | 刘伟 | 男 | 汉族 | 炼油二厂厂长（副处级） | 副处级 | 2014.3 | 庆炼化干〔2014〕3号 | 2017.9 | 庆炼化干〔2017〕11号 | |
| 7 | 刘伟 | 男 | 汉族 | 炼油二厂安全总监 | 副处级 | 2014.3 | 庆炼化干〔2014〕3号 | 2014.10 | 庆炼化干〔2014〕11号 | |
| 8 | 郭庆祥 | 男 | 汉族 | 储运厂副厂长（副处级） | 副处级 | 2014.3 | 庆炼化干〔2014〕3号 | 2016.3 | 庆炼化干〔2016〕5号 | 另有任用 |
| 9 | 宋亚东 | 男 | 汉族 | 工程管理部副主任 | 副处级 | 2014.3 | 庆炼化干〔2014〕3号 | | | |
| 10 | 蒋华 | 男 | 汉族 | 矿区服务事业部主任 | 正处级 | 2014.3 | 庆炼化干〔2014〕4号 | 2016.2 | 庆炼化干〔2016〕3号 | |
| 11 | 王志国 | 男 | 汉族 | 炼油一厂副厂长兼安全总监 | 副处级 | 2014.3 | 庆炼化干〔2014〕4号 | 2017.6 | 庆炼化干〔2017〕5号 | 免炼油一厂副厂长 |
| 12 | 邹高新 | 男 | 汉族 | 炼油一厂总工程师（副处级） | 副处级 | 2014.3 | 庆炼化干〔2014〕4号 | 2017.6 | 庆炼化干〔2017〕5号 | |
| 13 | 于玲河 | 男 | 汉族 | 规划计划处副总经济师兼计划统计科科长 | 正科级 | 2014.3 | 庆炼化组干〔2014〕1号 | | | |
| 14 | 于冰 | 男 | 汉族 | 电子商务部主任助理 | 正科级 | 2014.3 | 庆炼化组干〔2014〕1号 | 2014.9 | 组干〔2014〕5号 | |
| 15 | 于冰 | 男 | 汉族 | 招标管理中心主任 | 正科级 | 2014.3 | 庆炼化组干〔2014〕1号 | 2017.8 | 庆炼化干〔2017〕8号 | |

备注：不在本次编纂时限内的任免信息未收录

续表

| 序号 | 姓名（曾用名） | 性别 | 民族 | 职务 | 行政级别（正处级、副处级、正科级、副科级） | 任职时间 | 批准机关及文号 | 免职时间 | 批准机关及文号 | 备注 |
|---|---|---|---|---|---|---|---|---|---|---|
| 16 | 马天祥 | 男 | 汉族 | 聚合物二厂副总工程师 | 正科级 | 2014.3 | 庆炼化组干〔2014〕2号 | 2018.8 | 组干〔2018〕1号 | |
| 17 | 樊春江 | 男 | 汉族 | 纪检监察处救能监察科科长 | 正科级 | 2014.3 | 庆炼化组干〔2014〕2号 | 2014.10 | 组干〔2014〕7号 | |
| 18 | 刘子才 | 男 | 汉族 | 维护稳定工作办公室副主任（兼） | 副处级 | 2014.4 | 庆炼化组干〔2014〕5号 | 2015.5 | 庆炼化干〔2015〕3号 | 主持工作 |
| 19 | 王振海 | 男 | 汉族 | 企管法规处副处长 | 副处级 | 2014.4 | 庆炼化组干〔2014〕5号 | | | |
| 20 | 李峰 | 男 | 汉族 | 聚丙烯厂副厂长（兼） | 副处级 | 2014.4 | 庆炼化组干〔2014〕5号 | | | |
| 21 | 王金贵 | 男 | 汉族 | 矿区服务事业部离退休管理中心调研员 | 正处级 | 2014.4 | 庆炼化组干〔2014〕5号 | | | |
| 22 | 姚立忠 | 男 | 汉族 | 工程造价部副主任 | 正科级 | 2014.4 | 庆炼化组干〔2014〕3号 | | | |
| 23 | 刘庆 | 男 | 汉族 | 炼油一厂副总工程师 | 正科级 | 2014.4 | 庆炼化组干〔2014〕3号 | 2018.8 | 组干〔2018〕1号 | |
| 24 | 康超 | 男 | 汉族 | 人事处（党委组织部）组织科副科长（副科级） | 副科级 | 2014.4 | 庆炼化组干〔2014〕3号 | 2016.11 | 组干〔2016〕5号 | |
| 25 | 刁金慧 | 女 | 汉族 | 工会女工部副部长（副科级） | 副科级 | 2014.4 | 庆炼化组干〔2014〕3号 | 2016.11 | 组干〔2016〕5号 | |
| 26 | 赵忠男 | 男 | 汉族 | 工程管理部调研员 | 正科级 | 2014.4 | 庆炼化组干〔2014〕3号 | | | |
| 27 | 刘文宝 | 男 | 汉族 | 矿区服务事业部离退休管理中心调研员 | 副处级 | 2014.5 | 庆炼化干〔2014〕7号 | | | |
| 28 | 许涛 | 男 | 汉族 | 电子商务部采购二科科长 | 正科级 | 2014.5 | 庆炼化组干〔2014〕4号 | | | |
| 29 | 祁显斌 | 男 | 汉族 | 电子商务部采购一科副科长 | 副科级 | 2014.5 | 庆炼化组干〔2014〕4号 | 2016.11 | 组干〔2016〕5号 | |

续表

| 序号 | 姓名（曾用名） | 性别 | 民族 | 职务 | 行政级别（正处级、副处级、正科级、副科级） | 任职时间 | 批准机关及文号 | 免职时间 | 批准机关及文号 | 备注 |
|---|---|---|---|---|---|---|---|---|---|---|
| 30 | 赵连成 | 男 | 汉族 | 安全监督站站长（兼） | 正处级 | 2014.9 | 庆炼化干〔2014〕9号 | | | |
| 31 | 李安庆 | 男 | 汉族 | 安全监督站副站长 | 副处级 | 2014.9 | 庆炼化干〔2014〕9号 | | | |
| 32 | 侯署刚 | 男 | 汉族 | 检维修厂副厂长（兼） | 正处级 | 2014.9 | 庆炼化干〔2014〕10号 | 2018.12 | 庆炼化干〔2018〕12号 | |
| 33 | 李桂荣 | 女 | 汉族 | 矿区服务事业部离退休管理中心副主任（兼） | 正处级 | 2014.9 | 庆炼化干〔2014〕10号 | 2015.5 | 庆炼化干〔2015〕3号 | |
| 34 | 于宪帝 | 男 | 汉族 | 保卫武装部主任（正处级） | 正处级 | 2014.9 | 庆炼化干〔2014〕10号 | | | |
| 35 | 王冰玉 | 女 | 汉族 | 企业文化处副处长 | 副处级 | 2014.9 | 庆炼化干〔2014〕10号 | | | |
| 36 | 于冰 | 男 | 汉族 | 电子商务部副主任（副处级） | 副处级 | 2014.9 | 庆炼化干〔2014〕10号 | 2017.8 | 庆炼化干〔2017〕8号 | |
| 37 | 张春晓 | 男 | 汉族 | 炼油一厂安全总监 | 副处级 | 2014.9 | 庆炼化干〔2014〕10号 | | | |
| 38 | 张崇辉 | 男 | 汉族 | 润滑油厂副厂长 | 副处级 | 2014.9 | 庆炼化干〔2014〕10号 | | | |
| 39 | 刘建伟 | 男 | 汉族 | 润滑油厂安全总监 | 副处级 | 2014.9 | 庆炼化干〔2014〕10号 | | | |
| 40 | 姜涛 | 男 | 汉族 | 聚丙烯厂安全总监 | 副处级 | 2014.9 | 庆炼化干〔2014〕10号 | 2017.8 | 庆炼化干〔2017〕8号 | |
| 41 | 房实颖 | 女 | 汉族 | 保卫武装部副主任 | 副处级 | 2014.9 | 庆炼化干〔2014〕10号 | | | |
| 42 | 贾洪生 | 男 | 汉族 | 检维修厂调研员 | 正处级 | 2014.9 | 庆炼化干〔2014〕10号 | | | |
| 43 | 马冬亮 | 男 | 汉族 | 机动设备处项目管理科科长（正科级） | 正科级 | 2014.9 | 组干〔2014〕5号 | 2018.8 | 组干〔2018〕1号 | |

续表

| 序号 | 姓名（曾用名） | 性别 | 民族 | 职务 | 行政级别（正处级、副处级、正科级、副科级） | 任职时间 | 批准机关及文号 | 免职时间 | 批准机关及文号 | 备注 |
|---|---|---|---|---|---|---|---|---|---|---|
| 44 | 范超 | 男 | 汉族 | 总经理（党委）办公室副科书科副科长 | 副科级 | 2014.9 | 组干〔2014〕5号 | 2016.1 | 组干〔2016〕1号 | |
| 45 | 王兑民 | 男 | 汉族 | 总经理（党委）办公室文书科副科长（副科级） | 副科级 | 2014.9 | 组干〔2014〕5号 | | | |
| 46 | 张宇 | 男 | 汉族 | 总经理（党委）办公室接待科副科长（副科级） | 副科级 | 2014.9 | 组干〔2014〕5号 | 2016.11 | 组干〔2016〕5号 | |
| 47 | 张岩 | 女 | 汉族 | 档案管理中心副主任（副科级） | 副科级 | 2014.9 | 组干〔2014〕5号 | 2016.11 | 组干〔2016〕5号 | |
| 48 | 崔艳秋 | 女 | 汉族 | 工程造价部调研员 | 正科级 | 2014.9 | 组干〔2014〕5号 | | | |
| 49 | 樊春江 | 男 | 汉族 | 监察处副处长（副处级） | 副处级 | 2014.10 | 庆炼化干〔2014〕11号 | 2018.08 | 庆炼化干〔2018〕7号 | |
| 50 | 何晓龙 | 男 | 汉族 | 安全监督站副站长 | 副处级 | 2014.10 | 庆炼化干〔2014〕11号 | | | |
| 51 | 张玉 | 男 | 汉族 | 炼油二厂副厂长兼安全总监 | 副处级 | 2014.10 | 庆炼化干〔2014〕11号 | | | |
| 52 | 刘伟 | 男 | 汉族 | 炼油二厂总工程师（兼） | 副处级 | 2014.10 | 庆炼化干〔2014〕11号 | 2017.9 | 庆炼化干〔2017〕11号 | |
| 53 | 史德明 | 男 | 汉族 | 机电仪厂安全总监（兼） | 副处级 | 2014.10 | 庆炼化干〔2014〕11号 | 2018.12 | 庆炼化干〔2018〕12号 | |
| 54 | 叶云木 | 男 | 汉族 | 纪委调研员 | 正处级 | 2014.10 | 庆炼化干〔2014〕11号 | 2016.2 | 庆炼化干〔2016〕3号 | |
| 55 | 马笑梅 | 女 | 汉族 | 工程造价部安装造价科科长（副科级） | 副科级 | 2014.10 | 组干〔2014〕7号 | | | |
| 56 | 谢海燕 | 女 | 汉族 | 工程造价部建筑工程造价科科长（副科级） | 副科级 | 2014.10 | 组干〔2014〕7号 | | | |

续表

| 序号 | 姓名（曾用名） | 性别 | 民族 | 职务 | 行政级别（正处级、副处级、正科级、副科级） | 任职时间 | 批准机关及文号 | 免职时间 | 批准机关及文号 | 备注 |
|---|---|---|---|---|---|---|---|---|---|---|
| 57 | 吴金海 | 男 | 汉族 | 项目部副主任 | 正处级 | 2014.11 | 庆炼化干〔2014〕13号 | 2016.2 | 庆炼化干〔2016〕3号 | |
| 58 | 贾鸣春 | 男 | 汉族 | 炼油一厂副厂长 | 副处级 | | | 2014.2 | 庆炼化干〔2014〕2号 | |
| 59 | 王海庆 | 男 | 汉族 | 聚丙烯厂副厂长 | 副处级 | | | 2014.2 | 庆炼化干〔2014〕2号 | |
| 60 | 张庆彬 | 男 | 汉族 | 机电仪厂副厂长 | 副处级 | | | 2014.2 | 庆炼化干〔2014〕2号 | |
| 61 | 赵建夫 | 男 | 汉族 | 工程管理部副主任 | 副处级 | | | 2014.2 | 庆炼化干〔2014〕2号 | |
| 62 | 高景庆 | 男 | 汉族 | 炼油二厂副厂长兼安全总监 | 副处级 | | | 2014.3 | 庆炼化干〔2014〕3号 | |
| 63 | 宋亚东 | 男 | 汉族 | 储运厂副厂长 | 副处级 | | | 2014.3 | 庆炼化干〔2014〕3号 | |
| 64 | 李岩冰 | 男 | 汉族 | 矿区服务事业部主任（兼） | 副局级 | | | 2014.3 | 庆炼化干〔2014〕4号 | |
| 65 | 苏将胜 | 男 | 汉族 | 矿区服务事业部常务副主任 | 正处级 | | | 2014.3 | 庆炼化干〔2014〕4号 | |
| 66 | 蒋 华 | 男 | 汉族 | 保卫武装部主任 | 正处级 | | | 2014.3 | 庆炼化干〔2014〕4号 | |
| 67 | 李桂荣 | 女 | 汉族 | 工会女工部部长、计划生育办公室主任（兼） | 副处级 | | | 2014.3 | 庆炼化干〔2014〕4号 | |
| 68 | 赵立强 | 男 | 汉族 | 炼油一厂副厂长兼安全总监 | 副处级 | | | 2014.3 | 庆炼化干〔2014〕4号 | |
| 69 | 王志国 | 男 | 汉族 | 炼油一厂总工程师 | 副处级 | | | 2014.3 | 庆炼化干〔2014〕4号 | |
| 70 | 郭庆祥 | 男 | 汉族 | 炼油一厂副总工程师 | 正科级 | | | 2014.3 | 庆炼化组干〔2014〕1号 | |

续表

| 序号 | 姓名（曾用名） | 性别 | 民族 | 职务 | 行政级别（正处级、副处级、正科级、副科级） | 任职时间 | 批准机关及文号 | 免职时间 | 批准机关及文号 | 备注 |
|---|---|---|---|---|---|---|---|---|---|---|
| 71 | 于冰 | 男 | 汉族 | 储运厂副总工程师 | 正科级 | | | 2014.3 | 庆炼化组干〔2014〕1号 | |
| 72 | 樊春江 | 男 | 汉族 | 人事处（党委组织部）组织副科长 | 正科级 | | | 2014.3 | 庆炼化组干〔2014〕2号 | |
| 73 | 李军 | 男 | 汉族 | 维护稳定工作办公室主任 | 正处级 | | | 2014.4 | 庆炼化干〔2014〕5号 | |
| 74 | 李峰 | 男 | 汉族 | 企管法规处副处长 | 副处级 | | | 2014.4 | 庆炼化干〔2014〕5号 | |
| 75 | 姚立忠 | 男 | 汉族 | 总经理（党委）办公室秘书 | 正科级 | | | 2014.4 | 庆炼化组干〔2014〕3号 | |
| 76 | 赵忠男 | 女 | 汉族 | 工程管理部质量管理科科长 | 正科级 | | | 2014.4 | 庆炼化组干〔2014〕3号 | |
| 77 | 刘文宝 | 男 | 汉族 | 矿区服务事业部离退休管理中心副主任 | 副处级 | | | 2014.5 | 庆炼化组干〔2014〕7号 | |
| 78 | 许涛 | 男 | 汉族 | 电子商务部物资科科长 | 正科级 | | | 2014.5 | 庆炼化组干〔2014〕4号 | |
| 79 | 李安庆 | 男 | 汉族 | 安全监督站站长 | 副处级 | | | 2014.9 | 庆炼化干〔2014〕9号 | |
| 80 | 侯善刚 | 男 | 汉族 | 动力二厂厂长 | 正处级 | | | 2014.9 | 庆炼化干〔2014〕10号 | |
| 81 | 贾洪生 | 男 | 汉族 | 检维修厂副厂长（兼） | 正处级 | | | 2014.9 | 庆炼化干〔2014〕10号 | |
| 82 | 姜涛 | 男 | 汉族 | 企业文化处副处长 | 副处级 | | | 2014.9 | 庆炼化干〔2014〕10号 | |
| 83 | 王志国 | 男 | 汉族 | 炼油一厂安全总监（兼） | 副处级 | | | 2014.9 | 庆炼化干〔2014〕10号 | |
| 84 | 于波 | 男 | 汉族 | 润滑油厂副厂长 | 副处级 | | | 2014.9 | 庆炼化干〔2014〕10号 | 另有任用 |

续表

| 序号 | 姓名（曾用名） | 性别 | 民族 | 职务 | 行政级别（正处级、副处级、正科级、副科级） | 任职时间 | 批准机关及文号 | 免职时间 | 批准机关及文号 | 备注 |
|---|---|---|---|---|---|---|---|---|---|---|
| 85 | 张崇辉 | 男 | 汉族 | 润滑油厂安全总监 | 副处级 | | | 2014.9 | 庆炼化干〔2014〕10号 | |
| 86 | 李阳 | 男 | 汉族 | 聚丙烯厂安全总监（兼） | 副处级 | | | 2014.9 | 庆炼化干〔2014〕10号 | |
| 87 | 刘建伟 | 男 | 汉族 | 动力二厂副厂长兼安全总监 | 副处级 | | | 2014.9 | 庆炼化干〔2014〕10号 | |
| 88 | 张春晓 | 男 | 汉族 | 动力二厂副厂长 | 副处级 | | | 2014.9 | 庆炼化干〔2014〕10号 | |
| 89 | 于宪帝 | 男 | 汉族 | 保卫武装部副主任 | 副处级 | | | 2014.9 | 庆炼化干〔2014〕10号 | |
| 90 | 崔艳秋 | 女 | 汉族 | 工程造价部副主任 | 正科级 | | | 2014.9 | 组干〔2014〕5号 | |
| 91 | 赵新龙 | 男 | 汉族 | 信息管理部副主任 | 正科级 | | | 2014.9 | 组干〔2014〕5号 | |
| 92 | 王永贵 | 男 | 汉族 | 档案管理中心副主任 | 副科级 | | | 2014.9 | 组干〔2014〕5号 | |
| 93 | 马冬亮 | 男 | 汉族 | 机动设备处项目管理科副科长 | 副科级 | | | 2014.9 | 组干〔2014〕5号 | |
| 94 | 韩相玉 | 男 | 汉族 | 炼油二厂总工程师 | 副处级 | | | 2014.10 | 庆炼化干〔2014〕11号 | 另有任用 |
| 95 | 何晓龙 | 男 | 汉族 | 机电仪厂安全总监 | 副处级 | | | 2014.10 | 庆炼化干〔2014〕11号 | |
| 96 | 吴金海 | 男 | 汉族 | 聚合物一厂副厂长 | 正处级 | | | 2014.11 | 庆炼化干〔2014〕13号 | |
| 97 | 朱鲁涛 | 男 | 汉族 | 矿区服务事业部副主任 | 正处级 | | | 2014.11 | 庆炼化干〔2014〕13号 | 到大庆南新城开发建设管理委员会挂职 |
| 98 | 崔高伟 | 男 | 汉族 | 机关党委书记、纪委书记、工会主席（兼） | 正处级 | 2014.1 | 庆炼化纪党干〔2014〕1号 | 2018.8 | 庆炼化党干〔2018〕3号 | |

续表

| 序号 | 姓名（曾用名） | 性别 | 民族 | 职务 | 行政级别（正处级、副处级、正科级、副科级） | 任职时间 | 批准机关及文号 | 免职时间 | 批准机关及文号 | 备注 |
|---|---|---|---|---|---|---|---|---|---|---|
| 99 | 贾鸣春 | 男 | 汉族 | 炼油一厂党委副书记（兼） | 正处级 | 2014.2 | 庆炼化党干〔2014〕2号 | 2017.6 | 庆炼化党干〔2017〕2号 | |
| 100 | 申在权 | 男 | 朝鲜族 | 储运厂党委书记（正处级） | 正处级 | 2014.2 | 庆炼化党干〔2014〕2号 | 2015.2 | 庆炼化党干〔2015〕1号 | |
| 101 | 陈立 | 女 | 汉族 | 质量检验与环保监测中心党委书记（正处级） | 正处级 | 2014.2 | 庆炼化党干〔2014〕2号 | 2015.2 | 庆炼化党干〔2015〕1号 | |
| 102 | 张庆彬 | 男 | 汉族 | 聚丙烯厂党委委员 | 副处级 | 2014.2 | 庆炼化党干〔2014〕2号 | 2017.8 | 庆炼化党干〔2017〕5号 | |
| 103 | 刘伟 | 男 | 汉族 | 炼油二厂党委委员 | 副处级 | 2014.3 | 庆炼化党干〔2014〕3号 | | | |
| 104 | 郭庆祥 | 男 | 汉族 | 储运厂党委委员 | 副处级 | 2014.3 | 庆炼化党干〔2014〕3号 | 2016.3 | 庆炼化党干〔2016〕4号 | |
| 105 | 苏将胜 | 男 | 汉族 | 工会副主席 | 正处级 | 2014.3 | 庆炼化党干〔2014〕4号 | 2014.11 | 庆炼化党干〔2014〕8号 | 到大庆庆南新城开发建设管理委员会挂职 |
| 106 | 蒋华 | 男 | 汉族 | 矿区服务事业部党委副书记（兼） | 正处级 | 2014.3 | 庆炼化党干〔2014〕4号 | 2016.2 | 庆炼化党干〔2016〕2号 | |
| 107 | 李桂荣 | 女 | 汉族 | 矿区服务事业部离退休管理中心党委副书记、纪委书记、工会主席 | 副处级 | 2014.3 | 庆炼化党干〔2014〕4号 | 2014.9 | 庆炼化党干〔2014〕6号 | 免党委副书记 |
| 108 | 邹高新 | 男 | 汉族 | 炼油一厂党委委员 | 副处级 | 2014.3 | 庆炼化党干〔2014〕4号 | | | |
| 109 | 李军 | 男 | 汉族 | 大庆宏伟庆化石油化工有限公司党委书记、纪委书记、工会主席 | 正处级 | 2014.4 | 庆炼化党干〔2014〕5号 | 2016.5 | 庆炼化党干〔2016〕5号 | |

续表

| 序号 | 姓名（曾用名） | 性别 | 民族 | 职务 | 行政级别（正处级、副处级、正科级、副科级） | 任职时间 | 批准机关及文号 | 免职时间 | 批准机关及文号 | 备注 |
|---|---|---|---|---|---|---|---|---|---|---|
| 110 | 张崇保 | 男 | 汉族 | 大庆宏伟庆化石油化工有限公司党委副书记（兼） | 正处级 | 2014.4 | 庆炼化党干〔2014〕5号 | 2016.2 | 庆炼化党干〔2016〕3号 | |
| 111 | 李峰 | 男 | 汉族 | 聚丙烯厂党委副书记、纪委书记、工会主席（主持党委工作） | 副处级 | 2014.4 | 庆炼化党干〔2014〕5号 | 2015.5 | 庆炼化党干〔2015〕2号 | 免去党委副书记 |
| 112 | 樊桂臣 | 男 | 汉族 | 机关党委委员 | 正处级 | 2014.4 | 庆炼化党干〔2014〕5号 | | | |
| 113 | 陈万忠 | 男 | 汉族 | 机关党委委员 | 正处级 | 2014.4 | 庆炼化党干〔2014〕5号 | | | |
| 114 | 宋宗军 | 男 | 汉族 | 大庆宏伟庆化石油化工有限公司党委委员 | 副处级 | 2014.4 | 庆炼化党干〔2014〕5号 | 2016.3 | 庆炼化党干〔2016〕4号 | |
| 115 | 赵立强 | 男 | 汉族 | 大庆宏伟庆化石油化工有限公司党委委员 | 正处级 | 2014.4 | 庆炼化党干〔2014〕5号 | | | |
| 116 | 侯普刚 | 男 | 汉族 | 检维修厂党委书记、纪委书记、工会主席 | 正处级 | 2014.9 | 庆炼化党干〔2014〕6号 | 2018.12 | 庆炼化党干〔2018〕6号 | 免去党委书记、委员纪委书记、工会主席 |
| 117 | 李桂荣 | 女 | 汉族 | 矿区服务事业部离退休管理中心党委书记（正处级） | 正处级 | 2014.9 | 庆炼化党干〔2014〕6号 | 2015.5 | 庆炼化党干〔2015〕2号 | 免去党委书记、纪委书记、工会主席 |
| 118 | 于宪帝 | 男 | 汉族 | 保卫武装部党委副书记（兼） | 副处级 | 2014.9 | 庆炼化党干〔2014〕6号 | | | |

续表

| 序号 | 姓名（曾用名） | 性别 | 民族 | 职务 | 行政级别（正处级、副处级、正科级、副科级） | 任职时间 | 批准机关及文号 | 免职时间 | 批准机关及文号 | 备注 |
|------|------|------|------|------|------|------|------|------|------|------|
| 119 | 王冰玉 | 女 | 汉族 | 党委宣传部副部长兼团委书记 | 副处级 | 2014.9 | 庆炼化党干〔2014〕6号 | | | |
| 120 | 张春晓 | 男 | 汉族 | 炼油一厂党委委员 | 副处级 | 2014.9 | 庆炼化党干〔2014〕6号 | | | |
| 121 | 刘建伟 | 男 | 汉族 | 润滑油厂党委委员 | 副处级 | 2014.9 | 庆炼化党干〔2014〕6号 | | | |
| 122 | 姜涛 | 男 | 汉族 | 聚丙烯厂党委委员 | 副处级 | 2014.9 | 庆炼化党干〔2014〕6号 | 2017.8 | 庆炼化党干〔2017〕5号 | |
| 123 | 房实颖 | 女 | 汉族 | 保卫武装部党委委员 | 副处级 | 2014.9 | 庆炼化党干〔2014〕6号 | | | |
| 124 | 于波 | 男 | 汉族 | 大庆宏伟庆化石油化工有限公司党委委员 | 副处级 | 2014.9 | 庆炼化党干〔2014〕6号 | 2018.8 | 庆炼化党干〔2018〕3号 | |
| 125 | 顾广发 | 男 | 满族 | 炼油二厂纪委书记、工会主席（兼） | 副处级 | 2014.10 | 庆炼化党干〔2014〕7号 | 2016.2 | 庆炼化党干〔2016〕3号 | 免去党委书记、纪委书记、工会主席 |
| 126 | 韩相玉 | 男 | 汉族 | 大庆宏伟庆化石油化工有限公司党委委员 | 副处级 | 2014.10 | 庆炼化党干〔2014〕7号 | | | |
| 127 | 张祥伟 | 男 | 汉族 | 机关党委副书记、纪委书记、工会主席 | 正处级 | | | 2014.1 | 庆炼化党干〔2014〕1号 | |
| 128 | 申在权 | 男 | 朝鲜族 | 储运厂党委副书记 | 副处级 | | | 2014.2 | 庆炼化党干〔2014〕2号 | |
| 129 | 陈立 | 女 | 汉族 | 质量检验与环保监测中心党委副书记 | 副处级 | | | 2014.2 | 庆炼化党干〔2014〕2号 | |
| 130 | 张庆彬 | 男 | 汉族 | 机电仪厂党委委员 | 副处级 | | | 2014.2 | 庆炼化党干〔2014〕2号 | |

续表

| 序号 | 姓名（曾用名） | 性别 | 民族 | 职务 | 行政级别（正处级、副处级、正科级、副科级） | 任职时间 | 批准机关及文号 | 免职时间 | 批准机关及文号 | 备注 |
|------|------|------|------|------|------|------|------|------|------|------|
| 131 | 王海庆 | 男 | 汉族 | 聚丙烯厂党委委员 | 副处级 | | | 2014.2 | 庆炼化党干〔2014〕2号 | |
| 132 | 高景庆 | 男 | 汉族 | 炼油二厂党委委员 | 副处级 | | | 2014.3 | 庆炼化党干〔2014〕3号 | |
| 133 | 宋亚东 | 男 | 汉族 | 储运厂党委委员 | 副处级 | | | 2014.3 | 庆炼化党干〔2014〕3号 | |
| 134 | 李岩冰 | 男 | 汉族 | 矿区服务事业部党委副书记（兼） | 副局级 | | | 2014.3 | 庆炼化党干〔2014〕4号 | |
| 135 | 蒋华 | 男 | 汉族 | 保卫武装部党委副书记（兼） | 正处级 | | | 2014.3 | 庆炼化党干〔2014〕4号 | |
| 136 | 王金贵 | 男 | 汉族 | 矿区服务事业部离退休管理中心纪委书记、工会主席（兼） | 正处级 | | | 2014.3 | 庆炼化党干〔2014〕4号 | |
| 137 | 李桂荣 | 女 | 汉族 | 工会女工委员会主任 | 副处级 | | | 2014.3 | 庆炼化党干〔2014〕4号 | |
| 138 | 苏将胜 | 男 | 汉族 | 矿区服务事业部党委委员 | 正处级 | | | 2014.3 | 庆炼化党干〔2014〕4号 | |
| 139 | 赵立强 | 男 | 汉族 | 炼油一厂党委委员 | 副处级 | | | 2014.3 | 庆炼化党干〔2014〕4号 | |
| 140 | 王金贵 | 男 | 汉族 | 矿区服务事业部离退休管理中心党委书记 | 正处级 | | | 2014.4 | 庆炼化党干〔2014〕5号 | |
| 141 | 王振海 | 男 | 汉族 | 聚丙烯厂党委副书记、纪委书记、工会主席 | 副处级 | | | 2014.4 | 庆炼化党干〔2014〕5号 | |
| 142 | 侯善刚 | 男 | 汉族 | 动力二厂党委副书记 | 正处级 | | | 2014.9 | 庆炼化党干〔2014〕6号 | |
| 143 | 贾洪生 | 男 | 汉族 | 检维修厂党委书记 | 正处级 | | | 2014.9 | 庆炼化党干〔2014〕6号 | |

续表

| 序号 | 姓名（曾用名） | 性别 | 民族 | 职务 | 行政级列（正处级、副处级、正科级、副科级） | 任职时间 | 批准机关及文号 | 免职时间 | 批准机关及文号 | 备注 |
|---|---|---|---|---|---|---|---|---|---|---|
| 144 | 姜涛 | 男 | 汉族 | 党委宣传部副部长 | 副处级 | | | 2014.9 | 庆炼化党干〔2014〕6号 | |
| 145 | 王冰玉 | 女 | 汉族 | 团委副书记 | 副处级 | | | 2014.9 | 庆炼化党干〔2014〕6号 | |
| 146 | 房实颖 | 女 | 汉族 | 检维修厂党委副书记、纪委书记，工会主席 | 副处级 | | | 2014.9 | 庆炼化党干〔2014〕6号 | |
| 147 | 于波 | 男 | 汉族 | 润滑油厂党委委员 | 副处级 | | | 2014.9 | 庆炼化党干〔2014〕6号 | |
| 148 | 张春晓 | 男 | 汉族 | 动力二厂党委委员 | 副处级 | | | 2014.9 | 庆炼化党干〔2014〕6号 | |
| 149 | 刘建伟 | 男 | 汉族 | 动力二厂党委委员 | 副处级 | | | 2014.9 | 庆炼化党干〔2014〕6号 | |
| 150 | 叶云木 | 男 | 汉族 | 纪委副书记 | 正处级 | | | 2014.10 | 庆炼化党干〔2014〕7号 | |
| 151 | 张玉 | 男 | 汉族 | 炼油二厂党委副书记、纪委书记，工会主席 | 副处级 | | | 2014.10 | 庆炼化党干〔2014〕7号 | |
| 152 | 韩湘玉 | 男 | 汉族 | 炼油二厂党委委员 | 副处级 | | | 2014.10 | 庆炼化党干〔2014〕7号 | |
| 153 | 何晓龙 | 男 | 汉族 | 机电仪厂党委委员 | 副处级 | | | 2014.10 | 庆炼化党干〔2014〕7号 | |
| 154 | 吴金海 | 男 | 汉族 | 聚合物一厂党委委员 | 正处级 | | | 2014.11 | 庆炼化党干〔2014〕8号 | |
| 155 | 朱鲁涛 | 男 | 汉族 | 矿区服务事业部党委委员 | 正处级 | | | 2014.11 | 庆炼化党干〔2014〕8号 | |
| 156 | 丁海中 | 男 | 汉族 | 规划计划处处长（兼） | 正处级 | 2015.2 | 庆炼化干〔2015〕2号 | 2017.12 | 庆炼化干〔2017〕14号 | |
| 157 | 赵景山 | 男 | 汉族 | 信息中心主任（兼） | 正处级 | 2015.2 | 庆炼化干〔2015〕2号 | 2016.11 | 庆炼化干〔2016〕13号 | |
| 158 | 张靳伟 | 男 | 汉族 | 驻北京办事处主任 | 正处级 | 2015.2 | 庆炼化干〔2015〕2号 | | | |

续表

| 序号 | 姓名（曾用名） | 性别 | 民族 | 职务 | 行政级别（正处级、副处级、正科级、副科级） | 任职时间 | 批准机关及文号 | 免职时间 | 批准机关及文号 | 备注 |
|---|---|---|---|---|---|---|---|---|---|---|
| 159 | 葛立彬 | 男 | 汉族 | 项目部副主任 | 正处级 | 2015.2 | 庆炼化干〔2015〕2号 | 2016.2 | 庆炼化干〔2016〕3号 | |
| 160 | 申在权 | 男 | 朝鲜族 | 储运厂厂长 | 正处级 | 2015.2 | 庆炼化干〔2015〕2号 | | | |
| 161 | 孟宪杰 | 男 | 汉族 | 机电仪厂厂长 | 正处级 | 2015.2 | 庆炼化干〔2015〕2号 | 2018.12 | 庆炼化干〔2018〕12号 | |
| 162 | 齐文浩 | 男 | 汉族 | 机电仪厂副厂长（兼） | 正处级 | 2015.2 | 庆炼化干〔2015〕2号 | 2018.8 | 庆炼化干〔2018〕7号 | |
| 163 | 徐立 | 男 | 汉族 | 信息中心副主任（兼） | 正处级 | 2015.2 | 庆炼化干〔2015〕2号 | 2015.10 | 庆炼化干〔2015〕6号 | |
| 164 | 郭金忠 | 男 | 汉族 | 储运厂副厂长（兼） | 副处级 | 2015.2 | 庆炼化干〔2015〕2号 | 2018.8 | 庆炼化干〔2018〕7号 | |
| 165 | 宋志国 | 男 | 汉族 | 质量检验与环保监测中心副主任（兼） | 副处级 | 2015.2 | 庆炼化干〔2015〕2号 | 2017.9 | 庆炼化干〔2017〕10号 | |
| 166 | 张艳杰 | 女 | 汉族 | 信息中心副主任 | 副处级 | 2015.2 | 庆炼化干〔2015〕2号 | | | |
| 167 | 纪长伟 | 男 | 汉族 | 计量检测中心副主任（兼） | 副处级 | 2015.2 | 庆炼化干〔2015〕2号 | | | |
| 168 | 蔡庆平 | 男 | 汉族 | 物资供应中心副主任（兼） | 副处级 | 2015.2 | 庆炼化干〔2015〕2号 | 2015.10 | 庆炼化干〔2015〕6号 | |
| 169 | 蒋显芳 | 男 | 汉族 | 驻北京办事处调研员 | 正处级 | 2015.2 | 庆炼化干〔2015〕2号 | | | |
| 170 | 陈立 | 女 | 汉族 | 质量检验与环保监测中心调研员 | 正处级 | 2015.2 | 庆炼化干〔2015〕2号 | | | |
| 171 | 朱卫东 | 女 | 汉族 | 计量检测中心调研员 | 副处级 | 2015.2 | 庆炼化干〔2015〕2号 | | | |
| 172 | 张世颖 | 男 | 汉族 | 信息中心经营与综合办公室主任 | 正科级 | 2015.4 | 组干〔2015〕3号 | | | |

续表

| 序号 | 姓名（曾用名） | 性别 | 民族 | 职务 | 行政级别（正处级、副处级、正科级、副科级） | 任职时间 | 批准机关及文号 | 免职时间 | 批准机关及文号 | 备注 |
|---|---|---|---|---|---|---|---|---|---|---|
| 173 | 张树军 | 男 | 汉族 | 信息中心系统运行室主任 | 正科级 | 2015.4 | 组干〔2015〕3号 | | | |
| 174 | 于鸿滨 | 男 | 汉族 | 信息中心研发控制室主任 | 正科级 | 2015.4 | 组干〔2015〕3号 | 2017.7 | 组干〔2017〕5号 | |
| 175 | 刘子才 | 男 | 汉族 | 维护稳定工作办公室主任（正处级） | 正处级 | 2015.5 | 庆炼化干〔2015〕3号 | | | |
| 176 | 徐波 | 男 | 汉族 | 动力厂厂长 | 正处级 | 2015.5 | 庆炼化干〔2015〕3号 | | | |
| 177 | 于占涛 | 男 | 汉族 | 动力厂副厂长（兼） | 正处级 | 2015.5 | 庆炼化干〔2015〕3号 | 2018.8 | 庆炼化干〔2018〕7号 | |
| 178 | 汤伟成 | 男 | 汉族 | 矿区服务事业部退休管理中心副主任（兼） | 正处级 | 2015.5 | 庆炼化干〔2015〕3号 | | | |
| 179 | 梁天舒 | 男 | 汉族 | 生产运行处副处长 | 副处级 | 2015.5 | 庆炼化干〔2015〕3号 | | | |
| 180 | 于羚河 | 男 | 汉族 | 规划计划处副处长（副处级） | 副处级 | 2015.5 | 庆炼化干〔2015〕3号 | | | |
| 181 | 林羽 | 男 | 汉族 | 聚合物一厂副厂长（副处级） | 副处级 | 2015.5 | 庆炼化干〔2015〕3号 | 2017.6 | 庆炼化干〔2017〕5号 | |
| 182 | 孙韦庆 | 男 | 汉族 | 动力厂副厂长 | 副处级 | 2015.5 | 庆炼化干〔2015〕3号 | | | |
| 183 | 宋佳旺 | 男 | 汉族 | 动力厂副厂长兼总工程师 | 副处级 | 2015.5 | 庆炼化干〔2015〕3号 | | | |
| 184 | 都澈文 | 男 | 汉族 | 动力厂安全总监 | 副处级 | 2015.5 | 庆炼化干〔2015〕3号 | | | |
| 185 | 于伟林 | 男 | 汉族 | 检维修厂安全总监（副处级） | 副处级 | 2015.5 | 庆炼化干〔2015〕3号 | 2018.12 | 庆炼化干〔2018〕12号 | |
| 186 | 金国仁 | 男 | 汉族 | 矿区服务事业部副总工程师 | 副处级 | 2015.5 | 庆炼化干〔2015〕3号 | 2016.2 | 庆炼化干〔2016〕3号 | 另有任用 |

续表

| 序号 | 姓名（曾用名） | 性别 | 民族 | 职务 | 行政级别（正处级、副处级、正科级、副科级） | 任职时间 | 批准机关及文号 | 免职时间 | 批准机关及文号 | 备注 |
|---|---|---|---|---|---|---|---|---|---|---|
| 187 | 黄庆元 | 男 | 汉族 | 矿区服务事业部综合管理办公室主任 | 副处级 | 2015.5 | 庆炼化干〔2015〕3号 | 2016.2 | 庆炼化干〔2016〕3号 | |
| 188 | 赵建江 | 男 | 汉族 | 矿区服务事业部离退休管理中心副主任 | 副处级 | 2015.5 | 庆炼化干〔2015〕3号 | | | |
| 189 | 李丰 | 男 | 汉族 | 矿区服务事业部供热站站长 | 副处级 | 2015.5 | 庆炼化干〔2015〕3号 | 2015.10 | 庆炼化干〔2015〕6号 | |
| 190 | 李晓均 | 男 | 汉族 | 矿区服务事业部供热站副站长（兼） | 副处级 | 2015.5 | 庆炼化干〔2015〕3号 | 2015.10 | 庆炼化干〔2015〕6号 | |
| 191 | 丁玉范 | 男 | 汉族 | 聚合物一厂调研员 | 正处级 | 2015.5 | 庆炼化干〔2015〕3号 | | | |
| 192 | 李桂荣 | 女 | 汉族 | 矿区服务事业部离退休管理中心调研员 | 正处级 | 2015.5 | 庆炼化干〔2015〕3号 | | | |
| 193 | 刘国庆 | 男 | 汉族 | 矿区服务事业部离退休管理中心调研员 | 副处级 | 2015.5 | 庆炼化干〔2015〕3号 | | | |
| 194 | 解晓丽 | 女 | 汉族 | 项目部副主任 | 正处级 | 2015.10 | 庆炼化干〔2015〕6号 | 2018.8 | 庆炼化干〔2018〕7号 | |
| 195 | 赵学清 | 男 | 汉族 | 聚合物二厂副厂长（兼） | 正处级 | 2015.10 | 庆炼化干〔2015〕6号 | 2018.12 | 庆炼化干〔2018〕12号 | |
| 196 | 徐立 | 男 | 汉族 | 矿区服务事业部副主任（兼） | 正处级 | 2015.10 | 庆炼化干〔2015〕6号 | 2016.2 | 庆炼化干〔2016〕3号 | |
| 197 | 王云峰 | 男 | 满族 | 车辆管理部副主任（兼） | 正处级 | 2015.10 | 庆炼化干〔2015〕6号 | | | |
| 198 | 姜复乐 | 男 | 汉族 | 文化新闻中心主任（兼） | 副处级 | 2015.10 | 庆炼化干〔2015〕6号 | 2017.8 | 庆炼化干〔2017〕8号 | |

续表

| 序号 | 姓名（曾用名） | 性别 | 民族 | 职务 | 行政级别（正处级、副处级、正科级、副科级） | 任职时间 | 批准机关及文号 | 免职时间 | 批准机关及文号 | 备注 |
|---|---|---|---|---|---|---|---|---|---|---|
| 199 | 王凤全 | 男 | 汉族 | 档案管理中心主任 | 副处级 | 2015.10 | 庆炼化干〔2015〕6号 | | | |
| 200 | 高宪武 | 男 | 汉族 | 润滑油厂副厂长（兼） | 副处级 | 2015.10 | 庆炼化干〔2015〕6号 | 2017.9 | 庆炼化干〔2017〕10号 | |
| 201 | 孙 明 | 男 | 汉族 | 信息中心副主任（兼） | 正处级 | 2015.10 | 庆炼化干〔2015〕6号 | | | |
| 202 | 李 丰 | 男 | 汉族 | 计量检测中心副主任 | 副处级 | 2015.10 | 庆炼化干〔2015〕6号 | | | |
| 203 | 蔡庆平 | 男 | 汉族 | 物资供应中心副主任 | 副处级 | 2015.10 | 庆炼化干〔2015〕6号 | 2018.8 | 庆炼化干〔2017〕7号 | |
| 204 | 冯林财 | 男 | 汉族 | 物资供应中心副主任（兼） | 副处级 | 2015.10 | 庆炼化干〔2015〕6号 | 2017.8 | 庆炼化干〔2017〕8号 | |
| 205 | 李晓均 | 男 | 汉族 | 矿区服务事业部供热站站长 | 副处级 | 2015.10 | 庆炼化干〔2015〕6号 | 2016.7 | 庆炼化干〔2016〕9号 | |
| 206 | 王 飞 | 男 | 汉族 | 矿区服务事业部供热站副站长（兼） | 副处级 | 2015.10 | 庆炼化干〔2015〕6号 | 2016.2 | 庆炼化干〔2016〕3号 | |
| 207 | 杨美利 | 男 | 汉族 | 润滑油厂调研员 | 正处级 | 2015.10 | 庆炼化干〔2015〕6号 | | | |
| 208 | 庞向阳 | 男 | 汉族 | 矿区服务事业部调研员 | 正处级 | 2015.10 | 庆炼化干〔2015〕6号 | | | |
| 209 | 赵景山 | 男 | 汉族 | 信息管理部主任（兼） | 正处级 | | | 2015.2 | 庆炼化干〔2015〕2号 | |
| 210 | 蒋显芳 | 男 | 汉族 | 驻北京办事处主任 | 正处级 | | | 2015.2 | 庆炼化干〔2015〕2号 | |
| 211 | 葛立彬 | 男 | 汉族 | 规划计划处副处长 | 正处级 | | | 2015.2 | 庆炼化干〔2015〕2号 | |
| 212 | 齐文浩 | 男 | 汉族 | 项目部副主任 | 正处级 | | | 2015.2 | 庆炼化干〔2015〕2号 | |
| 213 | 徐 立 | 男 | 汉族 | 储运厂厂长 | 正处级 | | | 2015.2 | 庆炼化干〔2015〕2号 | |

续表

| 序号 | 姓名（曾用名） | 性别 | 民族 | 职务 | 行政级别（正处级、副处级、正科级、副科级） | 任职时间 | 批准机关及文号 | 免职时间 | 批准机关及文号 | 备注 |
|---|---|---|---|---|---|---|---|---|---|---|
| 214 | 于国权 | 男 | 汉族 | 机电仪厂厂长 | 正处级 | | | 2015.2 | 庆炼化干〔2015〕2号 | |
| 215 | 孟芜杰 | 男 | 汉族 | 机电仪副厂长（兼） | 正处级 | | | 2015.2 | 庆炼化干〔2015〕2号 | |
| 216 | 郭金忠 | 男 | 汉族 | 生产运行处副处长兼总调度室主任 | 副处级 | | | 2015.2 | 庆炼化干〔2015〕2号 | |
| 217 | 朱卫东 | 女 | 汉族 | 计量检测中心副主任（兼） | 副处级 | | | 2015.2 | 庆炼化干〔2015〕2号 | |
| 218 | 吴印海 | 男 | 汉族 | 物资供应中心副主任 | 副处级 | | | 2015.2 | 庆炼化干〔2015〕2号 | |
| 219 | 于鸿滨 | 男 | 汉族 | 信息管理部副主任 | 正科级 | | | 2015.2 | 组干〔2015〕1号 | |
| 220 | 张世颖 | 男 | 汉族 | 信息管理部副主任 | 正科级 | | | 2015.2 | 组干〔2015〕1号 | |
| 221 | 张树军 | 男 | 汉族 | 信息管理部总工程师 | 正科级 | | | 2015.2 | 组干〔2015〕1号 | |
| 222 | 丁玉范 | 男 | 汉族 | 聚合物一厂副厂长（兼） | 正处级 | | | 2015.5 | 庆炼化干〔2015〕3号 | |
| 223 | 徐波 | 男 | 汉族 | 动力一厂厂长 | 正处级 | | | 2015.5 | 庆炼化干〔2015〕3号 | |
| 224 | 于占涛 | 男 | 汉族 | 动力一厂副厂长（兼） | 正处级 | | | 2015.5 | 庆炼化干〔2015〕3号 | |
| 225 | 汤伟成 | 男 | 汉族 | 动力二厂副厂长（兼） | 正处级 | | | 2015.5 | 庆炼化干〔2015〕3号 | |
| 226 | 粱天舒 | 男 | 汉族 | 聚丙烯厂副厂长 | 副处级 | | | 2015.5 | 庆炼化干〔2015〕3号 | |
| 227 | 孙书庆 | 男 | 汉族 | 动力一厂副厂长 | 副处级 | | | 2015.5 | 庆炼化干〔2015〕3号 | |
| 228 | 朱佳旺 | 男 | 汉族 | 动力一厂副厂长兼总工程师 | 副处级 | | | 2015.5 | 庆炼化干〔2015〕3号 | |

续表

| 序号 | 姓名（曾用名） | 性别 | 民族 | 职务 | 行政级别（正处级、副处级、正科级、副科级） | 任职时间 | 批准机关及文号 | 免职时间 | 批准机关及文号 | 备注 |
|---|---|---|---|---|---|---|---|---|---|---|
| 229 | 都献文 | 男 | 汉族 | 动力一厂安全总监 | 副处级 | | | 2015.5 | 庆炼化干〔2015〕3号 | |
| 230 | 李 丰 | 男 | 汉族 | 动力二厂副厂长 | 副处级 | | | 2015.5 | 庆炼化干〔2015〕3号 | |
| 231 | 李晓均 | 男 | 汉族 | 动力二厂副厂长 | 副处级 | | | 2015.5 | 庆炼化干〔2015〕3号 | |
| 232 | 金国仁 | 男 | 汉族 | 动力二厂副厂长 | 副处级 | | | 2015.5 | 庆炼化干〔2015〕3号 | |
| 233 | 申昌日 | 男 | 朝鲜族 | 检维修厂安全总监（兼） | 副处级 | | | 2015.5 | 庆炼化干〔2015〕3号 | |
| 234 | 赵建江 | 男 | 汉族 | 矿区服务事业部综合管理办公室主任 | 副处级 | | | 2015.5 | 庆炼化干〔2015〕3号 | |
| 235 | 黄庆元 | 男 | 汉族 | 矿区服务事业部人事劳资处处长 | 副处级 | | | 2015.5 | 庆炼化干〔2015〕3号 | |
| 236 | 刘国庆 | 男 | 汉族 | 矿区服务事业部离退休管理中心副主任 | 副处级 | | | 2015.5 | 庆炼化干〔2015〕3号 | |
| 237 | 解晓丽 | 女 | 汉族 | 安全环保处副处长 | 正处级 | | | 2015.10 | 庆炼化干〔2015〕6号 | |
| 238 | 杨美利 | 男 | 汉族 | 润滑油厂副厂长（兼） | 正处级 | | | 2015.10 | 庆炼化干〔2015〕6号 | |
| 239 | 庞向阳 | 男 | 汉族 | 矿区服务事业部副主任（兼） | 正处级 | | | 2015.10 | 庆炼化干〔2015〕6号 | |
| 240 | 高宪武 | 男 | 汉族 | 生产运行处副处长 | 副处级 | | | 2015.10 | 庆炼化干〔2015〕6号 | |
| 241 | 高宪武 | 男 | 汉族 | 计量检测中心主任（兼） | 副处级 | | | 2015.10 | 庆炼化干〔2015〕6号 | |
| 242 | 王风全 | 男 | 汉族 | 文化新闻中心主任 | 副处级 | | | 2015.10 | 庆炼化干〔2015〕6号 | |

续表

| 序号 | 姓名（曾用名） | 性别 | 民族 | 职务 | 行政级别（正处级、副处级、正科级、副科级） | 任职时间 | 批准机关及文号 | 免职时间 | 批准机关及文号 | 备注 |
|---|---|---|---|---|---|---|---|---|---|---|
| 243 | 冯林财 | 男 | 汉族 | 档案管理中心主任 | 副处级 | | | 2015.10 | 庆炼化干〔2015〕6号 | |
| 244 | 孙 明 | 男 | 汉族 | 物资供应中心主任 | 副处级 | | | 2015.10 | 庆炼化干〔2015〕6号 | |
| 245 | 于国权 | 男 | 汉族 | 工会副主席 | 正处级 | 2015.2 | 庆炼化党干〔2015〕1号 | 2018.8 | 庆炼化党干〔2018〕3号 | |
| 246 | 杨美利 | 男 | 汉族 | 润滑油厂纪委书记、工会主席（兼） | 正处级 | 2015.2 | 庆炼化党干〔2015〕1号 | 2015.10 | 庆炼化党干〔2015〕4号 | 免党委书记、纪委书记、工会主席 |
| 247 | 申在权 | 男 | 朝鲜族 | 储运厂党委副书记（兼） | 正处级 | 2015.2 | 庆炼化党干〔2015〕1号 | | | |
| 248 | 于占涛 | 男 | 汉族 | 动力一厂纪委书记、工会主席（兼） | 正处级 | 2015.2 | 庆炼化党干〔2015〕1号 | 2015.5 | 庆炼化党干〔2015〕2号 | 免党委书记、纪委书记、工会主席 |
| 249 | 齐文浩 | 男 | 汉族 | 机电仪厂党委书记 | 正处级 | 2015.2 | 庆炼化党干〔2015〕1号 | 2018.8 | 庆炼化党干〔2018〕3号 | 免党委书记、委员 |
| 250 | 孟宪杰 | 男 | 汉族 | 机电仪厂党委副书记（兼） | 正处级 | 2015.2 | 庆炼化党干〔2015〕1号 | 2018.12 | 庆炼化党干〔2018〕6号 | 免党委副书记、委员 |
| 251 | 徐 立 | 男 | 汉族 | 信息中心党支部书记 | 正处级 | 2015.2 | 庆炼化党干〔2015〕1号 | 2015.10 | 庆炼化党干〔2015〕4号 | |
| 252 | 郭金忠 | 男 | 汉族 | 储运厂党委副书记（主持党委工作） | 正处级 | 2015.2 | 庆炼化党干〔2015〕1号 | 2016.1 | 庆炼化党干〔2016〕1号 | |
| 253 | 宋志国 | 男 | 汉族 | 质量检验与环保监测中心党委副书记、纪委书记、工会主席（主持党委工作） | 副处级 | 2015.2 | 庆炼化党干〔2015〕1号 | 2016.1 | 庆炼化党干〔2016〕1号 | 免党委副书记 |

续表

| 序号 | 姓名（曾用名） | 性别 | 民族 | 职务 | 行政级别（正处级、副处级、正科级、副科级） | 任职时间 | 批准机关及文号 | 免职时间 | 批准机关及文号 | 备注 |
|---|---|---|---|---|---|---|---|---|---|---|
| 254 | 纪长伟 | 男 | 汉族 | 计量检测中心党支部书记 | 副处级 | 2015.2 | 庆炼化党干〔2015〕1号 | | | |
| 255 | 蔡庆平 | 男 | 汉族 | 物资供应中心党支部书记 | 副处级 | 2015.2 | 庆炼化党干〔2015〕1号 | 2015.10 | 庆炼化党干〔2015〕4号 | |
| 256 | 李峰 | 男 | 汉族 | 聚丙烯厂党支部书记（正处级） | 正处级 | 2015.5 | 庆炼化党干〔2015〕2号 | | | |
| 257 | 于占涛 | 男 | 汉族 | 动力厂党委书记、纪委书记、工会主席 | 正处级 | 2015.5 | 庆炼化党干〔2015〕2号 | | | |
| 258 | 徐波 | 男 | 汉族 | 动力厂党委副书记（兼） | 正处级 | 2015.5 | 庆炼化党干〔2015〕2号 | | | |
| 259 | 汤伟成 | 男 | 汉族 | 矿区服务事业部离退休管理中心党委书记、工会主席 | 正处级 | 2015.5 | 庆炼化党干〔2015〕2号 | | | |
| 260 | 李劲之 | 男 | 汉族 | 聚合物一厂党委副书记、纪委书记、工会主席（主持党委工作） | 副处级 | 2015.5 | 庆炼化党干〔2015〕2号 | 2016.5 | 庆炼化党干〔2016〕5号 | 免党委副书记 |
| 261 | 李晓均 | 男 | 汉族 | 矿区服务事业部热站党总支书记 | 副处级 | 2015.5 | 庆炼化党干〔2015〕2号 | 2015.10 | 庆炼化党干〔2015〕4号 | |
| 262 | 李丰 | 男 | 汉族 | 矿区服务事业部热站党总支副书记（兼） | 副处级 | 2015.5 | 庆炼化党干〔2015〕2号 | 2015.10 | 庆炼化党干〔2015〕4号 | |
| 263 | 林羽 | 男 | 汉族 | 聚合物一厂党委委员 | 副处级 | 2015.5 | 庆炼化党干〔2015〕2号 | | | |
| 264 | 孙书庆 | 男 | 汉族 | 动力厂党委委员 | 副处级 | 2015.5 | 庆炼化党干〔2015〕2号 | | | |
| 265 | 宋佳旺 | 男 | 汉族 | 动力厂党委委员 | 副处级 | 2015.5 | 庆炼化党干〔2015〕2号 | | | |

续表

| 序号 | 姓名（曾用名） | 性别 | 民族 | 职务 | 行政级别（正处级、副处级、正科级、副科级） | 任职时间 | 批准机关及文号 | 免职时间 | 批准机关及文号 | 备注 |
|---|---|---|---|---|---|---|---|---|---|---|
| 266 | 郜献文 | 男 | 汉族 | 动力厂党委委员 | 副处级 | 2015.5 | 庆炼化党干〔2015〕2号 | | | |
| 267 | 于伟林 | 男 | 汉族 | 检维修厂党委委员 | 副处级 | 2015.5 | 庆炼化党干〔2015〕2号 | 2018.12 | 庆炼化党干〔2018〕6号 | |
| 268 | 赵建江 | 男 | 汉族 | 矿区服务事业部离退休管理中心党委委员 | 副处级 | 2015.5 | 庆炼化党干〔2015〕2号 | 2018.12 | 庆炼化党干〔2018〕6号 | |
| 269 | 朱凤景 | 女 | 汉族 | 综合服务部党委书记、纪委书记、工会主席 | 正处级 | 2015.10 | 庆炼化党干〔2015〕3号 | 2016.1 | 庆炼化党干〔2016〕1号 | |
| 270 | 李晓江 | 男 | 汉族 | 综合服务部党委副书记（兼） | 正处级 | 2015.10 | 庆炼化党干〔2015〕3号 | 2016.2 | 庆炼化党干〔2016〕3号 | |
| 271 | 李庆新 | 男 | 汉族 | 综合服务部党委委员 | 副处级 | 2015.10 | 庆炼化党干〔2015〕3号 | | | |
| 272 | 赵川江 | 男 | 汉族 | 综合服务部党委委员 | 副处级 | 2015.10 | 庆炼化党干〔2015〕3号 | | | |
| 273 | 侯郁周 | 男 | 汉族 | 设计院党委书记、纪委书记、工会主席 | 正处级 | 2015.10 | 庆炼化党干〔2015〕3号 | 2017.9 | 庆炼化党干〔2017〕7号 | 党委书记、委员纪委书记、工会主席 |
| 274 | 贾长义 | 男 | 汉族 | 设计院党委副书记（兼） | 正处级 | 2015.10 | 庆炼化党干〔2015〕3号 | | | |
| 275 | 陈雷 | 男 | 汉族 | 设计院党委委员 | 副处级 | 2015.10 | 庆炼化党干〔2015〕3号 | 2018.11 | 庆炼化党干〔2018〕4号 | |
| 276 | 王祥芝 | 男 | 汉族 | 设计院党委委员 | 副处级 | 2015.10 | 庆炼化党干〔2015〕3号 | | | |
| 277 | 罗树权 | 男 | 汉族 | 设计院党委委员 | 副处级 | 2015.10 | 庆炼化党干〔2015〕3号 | | | |
| 278 | 徐立 | 男 | 汉族 | 矿区服务事业部党委书记、纪委书记、工会主席 | 正处级 | 2015.10 | 庆炼化党干〔2015〕4号 | 2016.2 | 庆炼化党干〔2016〕2号 | |

续表

| 序号 | 姓名（曾用名） | 性别 | 民族 | 职务 | 行政级别（正处级、副处级、正科级、副科级） | 任职时间 | 批准机关及文号 | 免职时间 | 批准机关及文号 | 备注 |
|---|---|---|---|---|---|---|---|---|---|---|
| 279 | 高宪武 | 男 | 汉族 | 润滑油厂党委副书记、纪委书记，工会主席（主持党委工作） | 副处级 | 2015.10 | 庆炼化党干〔2015〕4号 | 2017.9 | 庆炼化党干〔2017〕7号 | 免纪委书记、工会主席 |
| 280 | 孙明 | 男 | 汉族 | 信息中心党支部副书记（主持党支部工作） | 副处级 | 2015.10 | 庆炼化党干〔2015〕4号 | 2016.6 | 庆炼化党干〔2016〕6号 | |
| 281 | 李丰 | 男 | 汉族 | 计量检测中心党支部副书记 | 副处级 | 2015.10 | 庆炼化党干〔2015〕4号 | | | |
| 282 | 冯林财 | 男 | 汉族 | 物资供应中心党支部书记（兼） | 副处级 | 2015.10 | 庆炼化党干〔2015〕4号 | 2017.8 | 庆炼化党干〔2017〕5号 | |
| 283 | 蔡庆平 | 男 | 汉族 | 物资供应中心党支部副书记（兼） | 副处级 | 2015.10 | 庆炼化党干〔2015〕4号 | 2018.8 | 庆炼化党干〔2018〕3号 | 免党支部副书记、委员 |
| 284 | 余政 | 男 | 汉族 | 培训中心党支部副书记（兼） | 副处级 | 2015.10 | 庆炼化党干〔2015〕4号 | | | |
| 285 | 王飞 | 男 | 汉族 | 矿区服务事业部供热站党总支书记 | 副处级 | 2015.10 | 庆炼化党干〔2015〕4号 | | | |
| 286 | 李晓均 | 男 | 汉族 | 矿区服务事业部供热站党总支副书记（兼） | 副处级 | 2015.10 | 庆炼化党干〔2015〕4号 | 2016.2 | 庆炼化党干〔2016〕2号 | |
| 287 | 张辑伟 | 男 | 汉族 | 工会副主席 | 正处级 | | | 2015.2 | 庆炼化党干〔2015〕1号 | |
| 288 | 徐立 | 男 | 汉族 | 储运厂党委副书记（兼） | 正处级 | | | 2015.2 | 庆炼化党干〔2015〕1号 | |
| 289 | 孟宪杰 | 男 | 汉族 | 机电仪厂党委书记 | 正处级 | | | 2015.2 | 庆炼化党干〔2015〕1号 | |
| 290 | 于国权 | 男 | 汉族 | 机电仪厂党委副书记（兼） | 正处级 | | | 2015.2 | 庆炼化党干〔2015〕1号 | |

续表

| 序号 | 姓名（曾用名） | 性别 | 民族 | 职务 | 行政级别（正处级、副处级、正科级、副科级） | 任职时间 | 批准机关及文号 | 免职时间 | 批准机关及文号 | 备注 |
|---|---|---|---|---|---|---|---|---|---|---|
| 291 | 张艳杰 | 女 | 汉族 | 信息管理部党支部书记 | 副处级 | | | 2015.2 | 庆炼化党干〔2015〕1号 | |
| 292 | 蔡庆平 | 男 | 汉族 | 润滑油厂党委副书记、纪委书记、工会主席 | 副处级 | | | 2015.2 | 庆炼化党干〔2015〕1号 | |
| 293 | 纪长伟 | 男 | 汉族 | 动力一厂党委副书记、纪委书记、工会主席 | 副处级 | | | 2015.2 | 庆炼化党干〔2015〕1号 | |
| 294 | 朱卫东 | 女 | 汉族 | 计量检测中心党支部书记 | 副处级 | | | 2015.2 | 庆炼化党干〔2015〕1号 | |
| 295 | 吴印海 | 男 | 汉族 | 物资供应中心党支部书记 | 副处级 | | | 2015.2 | 庆炼化党干〔2015〕1号 | |
| 296 | 丁玉范 | 男 | 汉族 | 聚合物一厂党委书记、纪委主席 | 正处级 | | | 2015.5 | 庆炼化党干〔2015〕2号 | |
| 297 | 徐波 | 男 | 汉族 | 动力一厂党委副书记（兼） | 正处级 | | | 2015.5 | 庆炼化党干〔2015〕2号 | |
| 298 | 汤伟成 | 男 | 汉族 | 动力二厂党委副书记、纪委书记、工会主席 | 正处级 | | | 2015.5 | 庆炼化党干〔2015〕2号 | |
| 299 | 梁天舒 | 男 | 汉族 | 聚丙烯厂党委委员 | 副处级 | | | 2015.5 | 庆炼化党干〔2015〕2号 | |
| 300 | 孙书庆 | 男 | 汉族 | 动力一厂党委委员 | 副处级 | | | 2015.5 | 庆炼化党干〔2015〕2号 | |
| 301 | 宋佳旺 | 男 | 汉族 | 动力一厂党委委员 | 副处级 | | | 2015.5 | 庆炼化党干〔2015〕2号 | |
| 302 | 都献文 | 男 | 汉族 | 动力一厂党委委员 | 副处级 | | | 2015.5 | 庆炼化党干〔2015〕2号 | |
| 303 | 李丰 | 男 | 汉族 | 动力二厂党委委员 | 副处级 | | | 2015.5 | 庆炼化党干〔2015〕2号 | |
| 304 | 李晓均 | 男 | 汉族 | 动力二厂党委委员 | 副处级 | | | 2015.5 | 庆炼化党干〔2015〕2号 | |

续表

| 序号 | 姓名（曾用名） | 性别 | 民族 | 职务 | 行政级别（正处级、副处级、正科级、副科级） | 任职时间 | 批准机关及文号 | 免职时间 | 批准机关及文号 | 备注 |
|---|---|---|---|---|---|---|---|---|---|---|
| 305 | 金国仁 | 男 | 汉族 | 动力二厂党委委员 | 副处级 | | | 2015.5 | 庆炼化党干〔2015〕2号 | |
| 306 | 刘国庆 | 男 | 汉族 | 矿区服务事业部退休管理中心党委委员 | 副处级 | | | 2015.5 | 庆炼化党干〔2015〕2号 | |
| 307 | 庞向阳 | 男 | 汉族 | 矿区服务事业部党委书记、纪委书记、工会主席 | 正处级 | | | 2015.10 | 庆炼化党干〔2015〕4号 | |
| 308 | 孙　明 | 男 | 汉族 | 物资供应中心党支部副书记（兼） | 副处级 | | | 2015.10 | 庆炼化党干〔2015〕4号 | |
| 309 | 姚立忠 | 男 | 汉族 | 工程造价部副主任（副处级） | 副处级 | 2016.1 | 庆炼化干〔2016〕2号 | | | 原职务自然免去 |
| 310 | 贾莉丽 | 女 | 汉族 | 行政事务中心主任（副处级） | 副处级 | 2016.1 | 庆炼化干〔2016〕2号 | | | 原职务自然免去 |
| 311 | 苏将胜 | 男 | 汉族 | 工会调研员 | 正处级 | 2016.1 | 庆炼化干〔2016〕2号 | | | 原职务自然免去 |
| 312 | 罗淑英 | 女 | 汉族 | 工程造价部调研员 | 正处级 | 2016.1 | 庆炼化干〔2016〕2号 | | | 原职务自然免去 |
| 313 | 朱凤景 | 女 | 汉族 | 综合服务部调研员 | 正处级 | 2016.1 | 庆炼化干〔2016〕2号 | | | 原职务自然免去 |
| 314 | 范　超 | 男 | 汉族 | 总经理（党委）办公室秘书科科长（正科级） | 正科级 | 2016.1 | 组干〔2016〕1号 | | | 原职务自然解聘 |
| 315 | 李庆伟 | 女 | 汉族 | 财务处资金科科长（正科级） | 正科级 | 2016.1 | 组干〔2016〕1号 | | | 原职务自然解聘 |

续表

| 序号 | 姓名（曾用名） | 性别 | 民族 | 职务 | 行政级别（正处级、副处级、正科级、副科级） | 任职时间 | 批准机关及文号 | 免职时间 | 批准机关及文号 | 备注 |
|---|---|---|---|---|---|---|---|---|---|---|
| 316 | 李军 | 男 | 汉族 | 审计中心副主任（正科级） | 正科级 | 2016.1 | 组干〔2016〕1号 | | | 原职务自然解聘 |
| 317 | 林敏 | 女 | 汉族 | 招标管理中心招标管理科副科长（副科级） | 副科级 | 2016.1 | 组干〔2016〕1号 | | | 原职务自然解聘 |
| 318 | 邓忠波 | 男 | 满族 | 工程造价部主任 | 正处级 | 2016.2 | 庆炼化干〔2016〕3号 | | | |
| 319 | 葛立彬 | 男 | 汉族 | 炼油一厂副厂长（兼） | 正处级 | 2016.2 | 庆炼化干〔2016〕3号 | | | |
| 320 | 杨家河 | 男 | 汉族 | 聚合物二厂厂长 | 正处级 | 2016.2 | 庆炼化干〔2016〕3号 | | | |
| 321 | 王旭 | 男 | 汉族 | 矿区服务事业部主任 | 正处级 | 2016.2 | 庆炼化干〔2016〕3号 | 2018.11 | 庆炼化干〔2018〕10号 | |
| 322 | 刘天启 | 男 | 汉族 | 综合服务部副主任（兼） | 正处级 | 2016.2 | 庆炼化干〔2016〕3号 | | | |
| 323 | 蒋华 | 男 | 汉族 | 车辆管理部主任 | 正处级 | 2016.2 | 庆炼化干〔2016〕3号 | | | |
| 324 | 徐立 | 男 | 汉族 | 离退休管理中心主任 | 正处级 | 2016.2 | 庆炼化干〔2016〕3号 | | | |
| 325 | 汤伟成 | 男 | 汉族 | 离退休管理中心副主任（兼） | 正处级 | 2016.2 | 庆炼化干〔2016〕3号 | | | |
| 326 | 遆德成 | 男 | 汉族 | 研究院筹备组负责人（牵头负责） | 正处级 | 2016.2 | 庆炼化干〔2016〕3号 | | | |
| 327 | 吴金海 | 男 | 汉族 | 研究院筹备组副负责人 | 正处级 | 2016.2 | 庆炼化干〔2016〕3号 | | | |
| 328 | 颜广生 | 男 | 汉族 | 矿区服务事业部副主任兼运行管理部主任 | 副处级 | 2016.2 | 庆炼化干〔2016〕3号 | 2018.11 | 庆炼化干〔2018〕10号 | |

续表

| 序号 | 姓名（曾用名） | 性别 | 民族 | 职务 | 行政级别（正处级、副处级、正科级、副科级） | 任职时间 | 批准机关及文号 | 免职时间 | 批准机关及文号 | 备注 |
|---|---|---|---|---|---|---|---|---|---|---|
| 329 | 吴金华 | 男 | 汉族 | 矿区服务事业部副主任兼安全环保部主任 | 副处级 | 2016.2 | 庆炼化干〔2016〕3号 | 2018.11 | 庆炼化干〔2018〕10号 | |
| 330 | 李晓均 | 男 | 汉族 | 矿区服务事业部副主任 | 副处级 | 2016.2 | 庆炼化干〔2016〕3号 | 2016.7 | 庆炼化干〔2016〕9号 | |
| 331 | 黄庆元 | 男 | 汉族 | 矿区服务事业部副主任 | 副处级 | 2016.2 | 庆炼化干〔2016〕3号 | 2017.7 | 庆炼化干〔2017〕6号 | |
| 332 | 黄庆元 | 男 | 汉族 | 矿区服务事业部综合管理部主任（兼） | 副处级 | 2016.2 | 庆炼化干〔2016〕3号 | 2018.11 | 庆炼化干〔2018〕10号 | |
| 333 | 杨志宏 | 男 | 汉族 | 矿区服务事业部副主任兼规划计划部主任 | 副处级 | 2016.2 | 庆炼化干〔2016〕3号 | 2018.11 | 庆炼化干〔2018〕10号 | |
| 334 | 陈河 | 男 | 汉族 | 矿区服务事业部副主任兼财务资产部主任 | 副处级 | 2016.2 | 庆炼化干〔2016〕3号 | 2017.6 | 庆炼化干〔2017〕3号 | |
| 335 | 文雅明 | 男 | 满族 | 矿区服务事业部房产管理中心主任 | 副处级 | 2016.2 | 庆炼化干〔2016〕3号 | 2018.11 | 庆炼化干〔2018〕10号 | |
| 336 | 孟凡民 | 男 | 汉族 | 矿区服务事业部副主任 | 副处级 | 2016.2 | 庆炼化干〔2016〕3号 | 2018.11 | 庆炼化干〔2018〕10号 | |
| 337 | 孟令军 | 男 | 汉族 | 离退休管理中心副主任兼马鞍山离退休管理中心主任 | 副处级 | 2016.2 | 庆炼化干〔2016〕3号 | 2016.3 | 庆炼化干〔2016〕5号 | |
| 338 | 赵建江 | 男 | 汉族 | 离退休管理中心副主任 | 副处级 | 2016.2 | 庆炼化干〔2016〕3号 | 2018.12 | 庆炼化干〔2018〕12号 | 退出领导岗位 |
| 339 | 叶云木 | 男 | 汉族 | 保卫武装部调研员 | 正处级 | 2016.2 | 庆炼化干〔2016〕3号 | | | |
| 340 | 李家新 | 男 | 满族 | 矿区服务事业部房产管理中心副主任 | 副处级 | 2016.2 | 组干〔2016〕2号 | 2016.2 | 庆炼化干〔2016〕3号 | |

续表

| 序号 | 姓名（曾用名） | 性别 | 民族 | 职务 | 行政级别（正处级、副处级、正科级、副科级） | 任职时间 | 批准机关及文号 | 免职时间 | 批准机关及文号 | 备注 |
|---|---|---|---|---|---|---|---|---|---|---|
| 341 | 李晓江 | 男 | 汉族 | 电子商务部主任 | 正处级 | 2016.2 | 庆炼化干〔2016〕4号 | | | |
| 342 | 顾广发 | 男 | 满族 | 综合服务部主任 | 正处级 | 2016.2 | 庆炼化干〔2016〕4号 | | | |
| 343 | 于磊 | 男 | 汉族 | 大庆宏伟庆化石油化工有限公司总经理 | 正处级 | 2016.2 | 庆炼化干〔2016〕4号 | | | |
| 344 | 于涛 | 男 | 汉族 | 储运厂副厂长 | 副处级 | 2016.3 | 庆炼化干〔2016〕5号 | 2017.8 | 庆炼化干〔2017〕8号 | |
| 345 | 宋宗军 | 男 | 汉族 | 综合服务部副主任 | 副处级 | 2016.3 | 庆炼化干〔2016〕5号 | 2018.8 | 庆炼化干〔2018〕7号 | |
| 346 | 孟令军 | 男 | 汉族 | 离退休管理中心调研员 | 副处级 | 2016.3 | 庆炼化干〔2016〕5号 | | | |
| 347 | 孙志凤 | 女 | 汉族 | 质量检验与环保监测中心主任助理 | 正科级 | 2016.3 | 组干〔2016〕3号 | | | |
| 348 | 刘锡明 | 男 | 汉族 | 聚丙烯厂厂长 | 正处级 | 2016.5 | 庆炼化干〔2016〕7号 | 2017.6 | 庆炼化干〔2017〕3号 | |
| 349 | 崔军明 | 男 | 汉族 | 炼油二厂副厂长（兼） | 正处级 | 2016.5 | 庆炼化干〔2016〕7号 | | | |
| 350 | 李军 | 男 | 汉族 | 离退休管理中心调研员 | 正处级 | 2016.5 | 庆炼化干〔2016〕7号 | | | |
| 351 | 孙晓龙 | 男 | 汉族 | 企管法规处标准化科科长（正科级） | 正科级 | 2016.5 | 组干〔2016〕4号 | | | 原职务自然解除 |
| 352 | 王晓红 | 女 | 汉族 | 企管法规处企业管理科科长（正科级） | 正科级 | 2016.5 | 组干〔2016〕4号 | | | 原职务自然解除 |
| 353 | 岳荣海 | 男 | 汉族 | 财务处会计科科长（正科级） | 正科级 | 2016.5 | 组干〔2016〕4号 | | | 原职务自然解除 |

续表

| 序号 | 姓名（曾用名） | 性别 | 民族 | 职务 | 行政级别（正处级、副处级、正科级、副科级） | 任职时间 | 批准机关及文号 | 免职时间 | 批准机关及文号 | 备注 |
|---|---|---|---|---|---|---|---|---|---|---|
| 354 | 张庆江 | 男 | 汉族 | 财务结算中心成本科科长（正科级） | 正科级 | 2016.5 | 组干〔2016〕4号 | | | 原职务自然解除 |
| 355 | 孙易龙 | 男 | 汉族 | 财务结算中心稽查科科长（正科级） | 正科级 | 2016.5 | 组干〔2016〕4号 | | | 原职务自然解除 |
| 356 | 张志兴 | 男 | 汉族 | 财务审计科科长（正科级） | 正科级 | 2016.5 | 组干〔2016〕4号 | | | 原职务自然解除 |
| 357 | 魏欣 | 男 | 汉族 | 审计处工程审计科科长（正科级） | 正科级 | 2016.5 | 组干〔2016〕4号 | | | 原职务自然解除 |
| 358 | 许扬 | 男 | 汉族 | 人事处（党委组织部）组织科副科长（副科级） | 副科级 | 2016.5 | 组干〔2016〕4号 | | | |
| 359 | 王飞 | 男 | 汉族 | 矿区服务事业部副主任兼供热站站长 | 副处级 | 2016.7 | 庆炼化干〔2016〕9号 | 2018.8 | 庆炼化干〔2018〕7号 | |
| 360 | 陈彩云 | 女 | 汉族 | 财务处处长（正处级） | 正处级 | 2016.9 | 庆炼化干〔2016〕11号 | | | |
| 361 | 王岩 | 女 | 汉族 | 财务处调研员 | 正处级 | 2016.9 | 庆炼化干〔2016〕11号 | | | |
| 362 | 孙明 | 男 | 汉族 | 信息中心主任 | 正处级 | 2016.11 | 庆炼化干〔2016〕13号 | 2017.6 | 庆炼化干〔2017〕3号 | |
| 363 | 章喜庆 | 男 | 汉族 | 电子商务部副主任 | 副处级 | 2016.11 | 庆炼化干〔2016〕13号 | | | |
| 364 | 赵景山 | 男 | 汉族 | 信息中心调研员 | 正处级 | 2016.11 | 庆炼化干〔2016〕13号 | | | |
| 365 | 康超 | 男 | 汉族 | 人事处（党委组织部）组织科科长（正科级） | 正科级 | 2016.11 | 组干〔2016〕5号 | | | 原职务自然解聘 |

续表

| 序号 | 姓名（曾用名） | 性别 | 民族 | 职务 | 行政级别（正处级、副处级、正科级、副科级） | 任职时间 | 批准机关及文号 | 免职时间 | 批准机关及文号 | 备注 |
|---|---|---|---|---|---|---|---|---|---|---|
| 366 | 张宇 | 男 | 汉族 | 总经理（党委）办公室接待科科长（正科级） | 正科级 | 2016.11 | 组干〔2016〕5号 | | | 原职务自然解聘 |
| 367 | 周玉峰 | 男 | 汉族 | 安全环保处安全技术管理科科长（正科级） | 正科级 | 2016.11 | 组干〔2016〕5号 | | | 原职务自然解聘 |
| 368 | 刁金慧 | 女 | 汉族 | 工会女工部部长（正科级） | 正科级 | 2016.11 | 组干〔2016〕5号 | | | 原职务自然解聘 |
| 369 | 张岩 | 女 | 汉族 | 档案管理中心副主任（正科级） | 正科级 | 2016.11 | 组干〔2016〕5号 | | | 原职务自然解聘 |
| 370 | 祁显斌 | 男 | 汉族 | 电子商务部采购一科科长（正科级） | 正科级 | 2016.11 | 组干〔2016〕5号 | | | 原职务自然解聘 |
| 371 | 王永庆 | 男 | 汉族 | 工程管理部质量管理科科长（正科级） | 正科级 | 2016.11 | 组干〔2016〕5号 | | | 原职务自然解聘 |
| 372 | 王颖 | 女 | 汉族 | 纪检监察处合规管理监察科副科长（副科级） | 副科级 | 2016.11 | 组干〔2016〕5号 | | | 原职务自然解聘 |
| 373 | 孙志凤 | 女 | 汉族 | 质量检验与环保监测中心副主任（副处级） | 副处级 | 2016.12 | 庆炼化干〔2016〕15号 | | | 原职务自然免去 |
| 374 | 张树军 | 男 | 汉族 | 信息中心副主任（副处级） | 副处级 | 2016.12 | 庆炼化干〔2016〕15号 | | | 原职务自然免去 |
| 375 | 朱鲁涛 | 男 | 汉族 | 矿区服务事业部调研员 | 正处级 | 2016.12 | 庆炼化干〔2016〕15号 | | | 原职务自然免去 |

续表

| 序号 | 姓名（曾用名） | 性别 | 民族 | 职务 | 行政级别（正处级、副处级、正科级、副科级） | 任职时间 | 批准机关及文号 | 免职时间 | 批准机关及文号 | 备注 |
|---|---|---|---|---|---|---|---|---|---|---|
| 376 | 王玉林 | 男 | 满族 | 车辆管理部调研员 | 副处级 | 2016.12 | 庆炼化干〔2016〕15号 | | | 原职务自然免去 |
| 377 | 杨家河 | 男 | 汉族 | 炼油一厂副厂长（兼） | 正处级 | | | 2016.2 | 庆炼化干〔2016〕3号 | |
| 378 | 逯德成 | 男 | 汉族 | 聚合物二厂长 | 正处级 | | | 2016.2 | 庆炼化干〔2016〕3号 | |
| 379 | 王旭 | 男 | 汉族 | 矿区服务事业部副主任兼离退休管理中心主任 | 正处级 | | | 2016.2 | 庆炼化干〔2016〕3号 | |
| 380 | 刘天启 | 男 | 汉族 | 矿区服务事业部副主任 | 正处级 | | | 2016.2 | 庆炼化干〔2016〕3号 | |
| 381 | 邓忠波 | 男 | 满族 | 车辆管理部主任 | 正处级 | | | 2016.2 | 庆炼化干〔2016〕3号 | |
| 382 | 孟凡民 | 男 | 汉族 | 矿区服务事业部总工程师 | 副处级 | | | 2016.2 | 庆炼化干〔2016〕3号 | |
| 383 | 颜广生 | 男 | 汉族 | 矿区服务事业部运行管理处处长 | 副处级 | | | 2016.2 | 庆炼化干〔2016〕3号 | |
| 384 | 吴金华 | 男 | 汉族 | 矿区服务事业部安全环保处处长 | 副处级 | | | 2016.2 | 庆炼化干〔2016〕3号 | |
| 385 | 杨志宏 | 男 | 汉族 | 矿区服务事业部规划计划处处长 | 副处级 | | | 2016.2 | 庆炼化干〔2016〕3号 | |
| 386 | 陈河 | 男 | 汉族 | 矿区服务事业部财务资产处处长 | 副处级 | | | 2016.2 | 庆炼化干〔2016〕3号 | |
| 387 | 于磊 | 男 | 汉族 | 电子商务部主任 | 正处级 | | | 2016.2 | 庆炼化干〔2016〕4号 | |

续表

| 序号 | 姓名（曾用名） | 性别 | 民族 | 职务 | 行政级别（正处级、副处级、正科级、副科级） | 任职时间 | 批准机关及文号 | 免职时间 | 批准机关及文号 | 备注 |
|---|---|---|---|---|---|---|---|---|---|---|
| 388 | 顾广发 | 男 | 满族 | 炼油二厂副厂长（兼） | 正处级 | | | 2016.2 | 庆炼化干〔2016〕4号 | |
| 389 | 李晓江 | 男 | 汉族 | 综合服务部主任 | 正处级 | | | 2016.2 | 庆炼化干〔2016〕4号 | |
| 390 | 张宗保 | 男 | 汉族 | 大庆宏伟庆化石油化工有限公司总经理 | 正处级 | | | 2016.2 | 庆炼化干〔2016〕4号 | |
| 391 | 于涛 | 男 | 汉族 | 电子商务部副主任 | 副处级 | | | 2016.3 | 庆炼化干〔2016〕5号 | |
| 392 | 刘锡明 | 男 | 汉族 | 聚合物一厂厂长 | 正处级 | | | 2016.5 | 庆炼化干〔2016〕7号 | |
| 393 | 崔军明 | 男 | 汉族 | 聚丙烯厂厂长 | 正处级 | | | 2016.5 | 庆炼化干〔2016〕7号 | |
| 394 | 王岩 | 女 | 汉族 | 财务处处长 | 正处级 | | | 2016.9 | 庆炼化干〔2016〕11号 | |
| 395 | 陈彩云 | 女 | 汉族 | 财务处副处长 | 正处级 | | | 2016.9 | 庆炼化干〔2016〕11号 | |
| 396 | 章喜庆 | 男 | 汉族 | 质量检验与环保监测中心副主任、安全总监 | 副处级 | | | 2016.11 | 庆炼化干〔2016〕13号 | |
| 397 | 毛军民 | 男 | 汉族 | 工程管理部副主任 | 副处级 | | | 2016.11 | 庆炼化干〔2016〕13号 | |
| 398 | 鄯金忠 | 男 | 汉族 | 储运厂党委书记（正处级） | 正处级 | 2016.1 | 庆炼化党干〔2016〕1号 | 2018.8 | 庆炼化党干〔2018〕3号 | 免党委书记、委员 |
| 399 | 宋志国 | 男 | 汉族 | 质量检验与环保监测中心党委书记（正处级） | 正处级 | 2016.1 | 庆炼化党干〔2016〕1号 | 2017.9 | 庆炼化党干〔2017〕7号 | 免党委书记、委员、纪委书记、工会主席 |

续表

| 序号 | 姓名（曾用名） | 性别 | 民族 | 职务 | 行政级别（正处级、副处级、正科级、副科级） | 任职时间 | 批准机关及文号 | 免职时间 | 批准机关及文号 | 备注 |
|---|---|---|---|---|---|---|---|---|---|---|
| 400 | 邓忠波 | 男 | 满族 | 工程造价部党支部书记（兼） | 正处级 | 2016.2 | 庆炼化党干〔2016〕2号 | | | |
| 401 | 葛立彬 | 男 | 汉族 | 炼油一厂党委书记、纪委书记、工会主席 | 正处级 | 2016.2 | 庆炼化党干〔2016〕2号 | | | |
| 402 | 杨家河 | 男 | 汉族 | 聚合物二厂党委副书记（兼） | 正处级 | 2016.2 | 庆炼化党干〔2016〕2号 | | | |
| 403 | 王 胜 | 男 | 汉族 | 矿区服务事业部党委书记、纪委书记、工会主席 | 正处级 | 2016.2 | 庆炼化党干〔2016〕2号 | 2018.11 | 庆炼化党干〔2018〕5号 | |
| 404 | 王 旭 | 男 | 汉族 | 矿区服务事业部党委副书记（兼） | 正处级 | 2016.2 | 庆炼化党干〔2016〕2号 | 2018.11 | 庆炼化党干〔2018〕5号 | |
| 405 | 刘天启 | 男 | 汉族 | 综合服务部党委书记、纪委书记、工会主席 | 正处级 | 2016.2 | 庆炼化党干〔2016〕2号 | | | |
| 406 | 蒋 华 | 男 | 汉族 | 车辆管理部党委副书记（兼） | 正处级 | 2016.2 | 庆炼化党干〔2016〕2号 | | | |
| 407 | 汤伟成 | 男 | 汉族 | 离退休管理中心党委书记、纪委书记、工会主席 | 正处级 | 2016.2 | 庆炼化党干〔2016〕2号 | | | |
| 408 | 徐 立 | 男 | 汉族 | 离退休管理中心党委副书记（兼） | 正处级 | 2016.2 | 庆炼化党干〔2016〕2号 | | | |
| 409 | 王 飞 | 男 | 汉族 | 矿区服务事业部党委副书记兼供热站党总支书记 | 副处级 | 2016.2 | 庆炼化党干〔2016〕2号 | 2016.7 | 庆炼化党干〔2016〕7号 | |
| 410 | 颜广生 | 男 | 汉族 | 矿区服务事业部党委委员 | 副处级 | 2016.2 | 庆炼化党干〔2016〕2号 | 2018.11 | 庆炼化党干〔2018〕5号 | |

续表

| 序号 | 姓名（曾用名） | 性别 | 民族 | 职务 | 行政级别（正处级、副处级、正科级、副科级） | 任职时间 | 批准机关及文号 | 免职时间 | 批准机关及文号 | 备注 |
|------|------|------|------|------|------|------|------|------|------|------|
| 411 | 吴金华 | 男 | 汉族 | 矿区服务事业部党委委员 | 副处级 | 2016.2 | 庆炼化党干〔2016〕2号 | 2018.11 | 庆炼化党干〔2018〕5号 | |
| 412 | 李晓均 | 男 | 汉族 | 矿区服务事业部党委委员 | 副处级 | 2016.2 | 庆炼化党干〔2016〕2号 | | | |
| 413 | 黄庆元 | 男 | 汉族 | 矿区服务事业部党委委员 | 副处级 | 2016.2 | 庆炼化党干〔2016〕2号 | | | |
| 414 | 杨志宏 | 男 | 汉族 | 矿区服务事业部党委委员 | 副处级 | 2016.2 | 庆炼化党干〔2016〕2号 | 2018.11 | 庆炼化党干〔2018〕5号 | |
| 415 | 陈河 | 男 | 汉族 | 矿区服务事业部党委委员 | 副处级 | 2016.2 | 庆炼化党干〔2016〕2号 | 2017.6 | 庆炼化党干〔2017〕2号 | |
| 416 | 文雅明 | 男 | 满族 | 矿区服务事业部党委委员 | 副处级 | 2016.2 | 庆炼化党干〔2016〕2号 | 2018.11 | 庆炼化党干〔2018〕5号 | |
| 417 | 孟凡民 | 男 | 汉族 | 矿区服务事业部党委委员 | 副处级 | 2016.2 | 庆炼化党干〔2016〕2号 | 2018.11 | 庆炼化党干〔2018〕5号 | |
| 418 | 孟令军 | 男 | 汉族 | 离退休管理中心党委委员 | 副处级 | 2016.2 | 庆炼化党干〔2016〕2号 | 2016.3 | 庆炼化党干〔2016〕4号 | |
| 419 | 赵建江 | 男 | 汉族 | 离退休管理中心党委委员 | 副处级 | 2016.2 | 庆炼化党干〔2016〕2号 | 2018.12 | 庆炼化党干〔2018〕6号 | |
| 420 | 李晓江 | 男 | 汉族 | 电子商务部党支部书记（兼） | 正处级 | 2016.2 | 庆炼化党干〔2016〕3号 | 2017.8 | 庆炼化党干〔2017〕6号 | |
| 421 | 顾广发 | 男 | 满族 | 综合服务部党委副书记（兼） | 正处级 | 2016.2 | 庆炼化党干〔2016〕3号 | | | |
| 422 | 于磊 | 男 | 汉族 | 大庆宏伟庆化石油化工有限公司党委书记（兼） | 正处级 | 2016.2 | 庆炼化党干〔2016〕3号 | | | |
| 423 | 于涛 | 男 | 汉族 | 储运厂党委委员 | 副处级 | 2016.3 | 庆炼化党干〔2016〕4号 | 2017.8 | 庆炼化党干〔2017〕5号 | |
| 424 | 宋宗军 | 男 | 汉族 | 综合服务部党委委员 | 副处级 | 2016.3 | 庆炼化党干〔2016〕4号 | 2018.8 | 庆炼化党干〔2018〕3号 | |

续表

| 序号 | 姓名（曾用名） | 性别 | 民族 | 职务 | 行政级别（正处级、副处级、正科级、副科级） | 任职时间 | 批准机关及文号 | 免职时间 | 批准机关及文号 | 备注 |
|---|---|---|---|---|---|---|---|---|---|---|
| 425 | 郭庆祥 | 男 | 汉族 | 大庆宏伟庆化石油化工有限公司党委委员 | 副处级 | 2016.3 | 庆炼化党干〔2016〕4号 | | | |
| 426 | 袁金财 | 男 | 汉族 | 机关党委委员 | 正处级 | 2016.3 | 庆炼化党干〔2016〕4号 | | | |
| 427 | 崔军明 | 男 | 汉族 | 炼油二厂党委书记、纪委书记，工会主席 | 正处级 | 2016.5 | 庆炼化党干〔2016〕5号 | | | |
| 428 | 李劲之 | 男 | 汉族 | 聚合物一厂党委书记（正处级） | 正处级 | 2016.5 | 庆炼化党干〔2016〕5号 | | | |
| 429 | 刘锡明 | 男 | 汉族 | 聚丙烯厂党委副书记（兼） | 正处级 | 2016.5 | 庆炼化党干〔2016〕5号 | 2017.6 | 庆炼化党干〔2017〕2号 | |
| 430 | 张宗保 | 男 | 汉族 | 大庆宏伟庆化石油化工有限公司党委书记、纪委书记，工会主席 | 正处级 | 2016.5 | 庆炼化党干〔2016〕5号 | 2017.6 | 庆炼化党干〔2017〕3号 | |
| 431 | 高宪武 | 男 | 汉族 | 润滑油一厂党委书记（正处级） | 正处级 | 2016.6 | 庆炼化党干〔2016〕6号 | 2017.9 | 庆炼化党干〔2017〕7号 | |
| 432 | 孙　明 | 男 | 汉族 | 信息中心党支部书记（正处级） | 正处级 | 2016.6 | 庆炼化党干〔2016〕6号 | 2017.8 | 庆炼化党干〔2017〕5号 | |
| 433 | 李晓均 | 男 | 汉族 | 矿区服务事业部党委副书记兼供热站总党支书记 | 副处级 | 2016.7 | 庆炼化党干〔2016〕7号 | 2017.6 | 庆炼化党干〔2017〕3号 | |
| 434 | 王　飞 | 男 | 汉族 | 矿区服务事业部党委委员 | 副处级 | 2016.7 | 庆炼化党干〔2016〕7号 | 2018.8 | 庆炼化党干〔2018〕3号 | |
| 435 | 吴金海 | 男 | 汉族 | 研究院党支部书记 | 正处级 | 2016.10 | 组织〔2016〕26号 | 2017.1 | 庆炼化党干〔2017〕1号 | 免党委书记、委员 |

续表

| 序号 | 姓名（曾用名） | 性别 | 民族 | 职务 | 行政级别（正处级、副处级、正科级、副科级） | 任职时间 | 批准机关及文号 | 免职时间 | 批准机关及文号 | 备注 |
|---|---|---|---|---|---|---|---|---|---|---|
| 436 | 陈彩云 | 女 | 汉族 | 直属机关党委委员 | 正处级 | 2016.11 | 庆炼化党干〔2016〕8号 | | | |
| 437 | 孙志凤 | 女 | 汉族 | 质量检验与环保监测中心党委委员 | 副处级 | 2016.12 | 庆炼化党干〔2016〕9号 | | | |
| 438 | 罗淑英 | 女 | 汉族 | 工程造价部党支部书记（兼） | 正处级 | | | 2016.1 | 庆炼化党干〔2016〕1号 | |
| 439 | 杨家河 | 男 | 汉族 | 炼油一厂党委书记、纪委书记、工会主席 | 正处级 | | | 2016.2 | 庆炼化党干〔2016〕2号 | |
| 440 | 逯德成 | 男 | 汉族 | 聚合物二厂党委副书记（兼） | 正处级 | | | 2016.2 | 庆炼化党干〔2016〕2号 | |
| 441 | 王旭 | 男 | 汉族 | 矿区服务事业部党委委员 | 正处级 | | | 2016.2 | 庆炼化党干〔2016〕2号 | |
| 442 | 刘天岩 | 男 | 汉族 | 矿区服务事业部党委委员 | 正处级 | | | 2016.2 | 庆炼化党干〔2016〕2号 | |
| 443 | 邓忠波 | 男 | 满族 | 车辆管理部党委副书记（兼） | 正处级 | | | 2016.2 | 庆炼化党干〔2016〕2号 | |
| 444 | 于磊 | 男 | 汉族 | 电子商务部党支部书记（兼） | 正处级 | | | 2016.2 | 庆炼化党干〔2016〕3号 | |
| 445 | 葛立彬 | 男 | 汉族 | 机关党委委员 | 正处级 | | | 2016.3 | 庆炼化党干〔2016〕4号 | |
| 446 | 刘锡明 | 男 | 汉族 | 聚合物一厂党委副书记（兼） | 正处级 | | | 2016.5 | 庆炼化党干〔2016〕5号 | |
| 447 | 崔军明 | 男 | 汉族 | 聚丙烯厂党委副书记（兼） | 正处级 | | | 2016.5 | 庆炼化党干〔2016〕5号 | |

续表

| 序号 | 姓名（曾用名） | 性别 | 民族 | 职务 | 行政级别（正处级、副处级、正科级、副科级） | 任职时间 | 批准机关及文号 | 免职时间 | 批准机关及文号 | 备注 |
|---|---|---|---|---|---|---|---|---|---|---|
| 448 | 高宪武 | 男 | 汉族 | 润滑油厂党委副书记 | 副处级 | | | 2016.6 | 庆炼化党干〔2016〕6号 | |
| 449 | 王岩 | 女 | 汉族 | 直属机关党委委员 | 正处级 | | | 2016.11 | 庆炼化党干〔2016〕8号 | |
| 450 | 章萱庆 | 男 | 汉族 | 质量检验与环保监测中心党委委员 | 副处级 | | | 2016.11 | 庆炼化党干〔2016〕8号 | |
| 451 | 王玉林 | 男 | 满族 | 车辆管理部党委委员 | 副处级 | | | 2016.12 | 庆炼化党干〔2016〕9号 | |
| 452 | 胡继东 | 男 | 汉族 | 安全环保处现场管理副科长（副科级） | 副科级 | 2017.1 | 组干〔2017〕1号 | | | |
| 453 | 刘锡明 | 男 | 汉族 | 工程管理部主任兼工程质量监督站站长 | 正处级 | 2017.6 | 庆炼化干〔2017〕3号 | | | |
| 454 | 贾鸣春 | 男 | 汉族 | 聚丙烯厂厂长 | 正处级 | 2017.6 | 庆炼化干〔2017〕3号 | | | |
| 455 | 于德林 | 男 | 汉族 | 信息中心主任 | 正处级 | 2017.6 | 庆炼化干〔2017〕3号 | | | |
| 456 | 陈河 | 男 | 汉族 | 财务处副处长兼财务结算中心主任 | 副处级 | 2017.6 | 庆炼化干〔2017〕3号 | 2018.11 | 庆炼化干〔2018〕9号 | 退出领导岗位 |
| 457 | 郭炳宏 | 男 | 汉族 | 财务处工程科科长（兼） | 正科级 | 2017.6 | 组干〔2017〕3号 | | | |
| 458 | 李春华 | 女 | 汉族 | 财务处调研员 | 正科级 | 2017.6 | 组干〔2017〕3号 | | | |
| 459 | 李立 | 女 | 汉族 | 人事处（党委组织部）干部科副科长（副科级） | 副科级 | 2017.6 | 组干〔2017〕4号 | | | |
| 460 | 张乐 | 女 | 回族 | 财务处预算科副科长（副科级） | 副科级 | 2017.6 | 组干〔2017〕4号 | | | |

续表

| 序号 | 姓名（曾用名） | 性别 | 民族 | 职务 | 行政级别（正处级、副处级、正科级、副科级） | 任职时间 | 批准机关及文号 | 免职时间 | 批准机关及文号 | 备注 |
|---|---|---|---|---|---|---|---|---|---|---|
| 461 | 杨金鑫 | 男 | 汉族 | 审计处处长（正处级） | 正处级 | 2017.6 | 庆炼化干〔2017〕5号 | | | |
| 462 | 王志国 | 男 | 汉族 | 炼油一厂厂长（正处级） | 正处级 | 2017.6 | 庆炼化干〔2017〕5号 | | | |
| 463 | 林　羽 | 男 | 汉族 | 聚合物一厂厂长（正处级） | 正处级 | 2017.6 | 庆炼化干〔2017〕5号 | | | |
| 464 | 王志宏 | 女 | 汉族 | 财务处副处长（副处级） | 副处级 | 2017.6 | 庆炼化干〔2017〕5号 | | | |
| 465 | 邹高新 | 男 | 汉族 | 炼油一厂副厂长 | 副处级 | 2017.6 | 庆炼化干〔2017〕5号 | | | |
| 466 | 王德辉 | 男 | 汉族 | 炼油一厂总工程师（副处级） | 副处级 | 2017.6 | 庆炼化干〔2017〕5号 | | | |
| 467 | 邢继国 | 男 | 汉族 | 审计处调研员 | 正处级 | 2017.6 | 庆炼化干〔2017〕5号 | | | |
| 468 | 罗振坤 | 男 | 满族 | 产品营销中心调研员 | 正处级 | 2017.6 | 庆炼化干〔2017〕5号 | | | |
| 469 | 张宗保 | 男 | 汉族 | 大庆宏伟庆化石油化工有限公司调研员 | 正处级 | 2017.6 | 庆炼化干〔2017〕5号 | | | |
| 470 | 李晓均 | 男 | 汉族 | 矿区服务事业部调研员 | 副处级 | 2017.6 | 庆炼化干〔2017〕5号 | | | |
| 471 | 陈荣海 | 男 | 汉族 | 机电仪厂调研员 | 正科级 | 2017.7 | 组干〔2017〕5号 | | | |
| 472 | 马　波 | 男 | 汉族 | 工程管理部（工程质量监督站）综合管理科调研员 | 正科级 | 2017.7 | 组干〔2017〕5号 | | | |
| 473 | 于鸿滨 | 男 | 汉族 | 信息中心研发控制室调研员 | 正科级 | 2017.7 | 组干〔2017〕5号 | | | |

续表

| 序号 | 姓名（曾用名） | 性别 | 民族 | 职务 | 行政级别（正处级、副处级、正科级、副科级） | 任职时间 | 批准机关及文号 | 免职时间 | 批准机关及文号 | 备注 |
|---|---|---|---|---|---|---|---|---|---|---|
| 474 | 王世珍 | 女 | 汉族 | 生产运行处调研员 | 副处级 | 2017.7 | 庆炼化干〔2017〕6号 | | | |
| 475 | 冯林财 | 男 | 汉族 | 企业文化处副处长兼文化新闻中心主任 | 副处级 | 2017.8 | 庆炼化干〔2017〕8号 | 2018.12 | 庆炼化干〔2018〕12号 | |
| 476 | 鄂宝海 | 男 | 汉族 | 招标管理中心主任（兼） | 正处级 | 2017.8 | 庆炼化干〔2017〕8号 | | | |
| 477 | 徐林庆 | 男 | 汉族 | 工程管理部副主任 | 副处级 | 2017.8 | 庆炼化干〔2017〕8号 | | | |
| 478 | 高景庆 | 男 | 汉族 | 聚丙烯厂副厂长、安全总监 | 副处级 | 2017.8 | 庆炼化干〔2017〕8号 | | | |
| 479 | 于涛 | 男 | 汉族 | 聚丙烯厂副厂长 | 副处级 | 2017.8 | 庆炼化干〔2017〕8号 | | | |
| 480 | 于冰 | 男 | 汉族 | 储运厂副厂长 | 副处级 | 2017.8 | 庆炼化干〔2017〕8号 | | | |
| 481 | 徐文生 | 男 | 汉族 | 产品营销中心副主任 | 副处级 | 2017.8 | 庆炼化干〔2017〕8号 | | | |
| 482 | 张庆彬 | 男 | 汉族 | 车辆管理部副主任 | 副处级 | 2017.8 | 庆炼化干〔2017〕8号 | | | |
| 483 | 姜涛 | 男 | 汉族 | 物资供应中心副主任（兼） | 副处级 | 2017.8 | 庆炼化干〔2017〕8号 | | | |
| 484 | 于海波 | 男 | 汉族 | 纪检监察处调研员 | 正处级 | 2017.8 | 庆炼化干〔2017〕8号 | | | |
| 485 | 刘宏伟 | 女 | 汉族 | 设计院调研员 | 正科级 | 2017.8 | 组干〔2017〕6号 | | | |
| 486 | 吴钧 | 男 | 汉族 | 培训中心副主任 | 正科级 | 2017.8 | 组干〔2017〕7号 | | | |
| 487 | 张秋江 | 男 | 汉族 | 工会文体部调研员 | 正科级 | 2017.8 | 组干〔2017〕7号 | | | |
| 488 | 侯春生 | 男 | 汉族 | 聚合物一厂副总工程师 | 正科级 | 2017.8 | 组干〔2017〕8号 | | | |

续表

| 序号 | 姓名（曾用名） | 性别 | 民族 | 职务 | 行政级别（正处级、副处级、正科级、副科级） | 任职时间 | 批准机关及文号 | 免职时间 | 批准机关及文号 | 备注 |
|---|---|---|---|---|---|---|---|---|---|---|
| 489 | 王剑峰 | 男 | 汉族 | 生产运行处副处长（副处级） | 副处级 | 2017.8 | 庆炼化干〔2017〕9号 | | | |
| 490 | 白云波 | 男 | 回族 | 安全环保处副处长（副处级） | 副处级 | 2017.8 | 庆炼化干〔2017〕9号 | | | |
| 491 | 张鹏 | 男 | 汉族 | 储运厂副厂长（副处级） | 副处级 | 2017.8 | 庆炼化干〔2017〕9号 | | | |
| 492 | 胡宪敏 | 男 | 汉族 | 机电仪副厂长（副处级） | 副处级 | 2017.8 | 庆炼化干〔2017〕9号 | 2018.12 | 庆炼化干〔2018〕12号 | |
| 493 | 刘凤娟 | 女 | 汉族 | 信息中心副主任（兼） | 正处级 | 2017.8 | 庆炼化干〔2017〕9号 | | | |
| 494 | 高宪武 | 男 | 汉族 | 质量检验与环保监测中心副主任（兼） | 正处级 | 2017.9 | 庆炼化干〔2017〕10号 | | | |
| 495 | 宋志国 | 男 | 汉族 | 设计院副院长（兼） | 正处级 | 2017.9 | 庆炼化干〔2017〕10号 | | | |
| 496 | 梁天舒 | 男 | 汉族 | 总调度室主任（兼） | 副处级 | 2017.9 | 庆炼化干〔2017〕10号 | | | |
| 497 | 侯郁周 | 男 | 汉族 | 设计院调研员 | 正处级 | 2017.9 | 庆炼化干〔2017〕10号 | | | |
| 498 | 李冢新 | 男 | 满族 | 矿区服务事业部房产管理中心调研员 | 副处级 | 2017.9 | 庆炼化干〔2017〕10号 | | | |
| 499 | 佘洪文 | 男 | 汉族 | 机动设备处综合计划科调研员 | 正科级 | 2017.9 | 组干〔2017〕9号 | | | |
| 500 | 谷晓东 | 男 | 汉族 | 维护稳定工作办公室信访接待科调研员 | 正科级 | 2017.9 | 组干〔2017〕9号 | | | |
| 501 | 李颖 | 女 | 汉族 | 安全环保处环境保护管理科科长（正科级） | 正科级 | 2017.9 | 组干〔2017〕10号 | | | |

续表

| 序号 | 姓名（曾用名） | 性别 | 民族 | 职务 | 行政级列（正处级、副处级、正科级、副科级） | 任职时间 | 批准机关及文号 | 免职时间 | 批准机关及文号 | 备注 |
|---|---|---|---|---|---|---|---|---|---|---|
| 502 | 赵士全 | 男 | 汉族 | 生产运行处计划统计科副科长（副科级） | 副科级 | 2017.9 | 组干〔2017〕10号 | | | |
| 503 | 刘伟 | 男 | 汉族 | 炼油二厂厂长（正处级） | 正处级 | 2017.9 | 庆炼化干〔2017〕11号 | | | |
| 504 | 张洪军 | 男 | 汉族 | 炼油二厂副厂长、总工程师（副处级） | 副处级 | 2017.9 | 庆炼化干〔2017〕11号 | 2018.8 | 庆炼化干〔2018〕7号 | 免去总工程师 |
| 505 | 李训 | 男 | 汉族 | 润滑油厂副厂长、总工程师（副处级） | 副处级 | 2017.9 | 庆炼化干〔2017〕11号 | | | |
| 506 | 季辞新 | 女 | 汉族 | 规划计划处项目管理科调研员 | 正科级 | 2017.10 | 组干〔2017〕11号 | | | |
| 507 | 孙茂成 | 男 | 汉族 | 项目部主任（兼） | 正处级 | 2017.12 | 庆炼化干〔2017〕14号 | 2018.11 | 庆炼化干〔2018〕8号 | |
| 508 | 王慧文 | 男 | 汉族 | 机动设备处处长（正处级） | 正处级 | 2017.12 | 庆炼化干〔2017〕14号 | | | |
| 509 | 李建国 | 男 | 汉族 | 规划计划处处长（正处级） | 正处级 | 2017.12 | 庆炼化干〔2017〕14号 | | | |
| 510 | 栗文波 | 男 | 汉族 | 生产技术处副处长（副处级） | 副处级 | 2017.12 | 庆炼化干〔2017〕14号 | | | |
| 511 | 李志刚 | 男 | 汉族 | 离退休管理中心副主任 | 副处级 | 2017.12 | 庆炼化干〔2017〕14号 | | | |
| 512 | 王金良 | 男 | 汉族 | 项目部调研员 | 正处级 | 2017.12 | 庆炼化干〔2017〕14号 | | | |
| 513 | 吴燕 | 男 | 汉族 | 人事处（党委组织部）党建科科长 | 正科级 | 2017.12 | 组干〔2017〕12号 | | | |

续表

| 序号 | 姓名（曾用名） | 性别 | 民族 | 职务 | 行政级别（正处级、副处级、正科级、副科级） | 任职时间 | 批准机关及文号 | 免职时间 | 批准机关及文号 | 备注 |
|---|---|---|---|---|---|---|---|---|---|---|
| 514 | 吴沿 | 女 | 汉族 | 规划计划处设计管理科科长（正科级） | 正科级 | 2017.12 | 组干〔2017〕12号 | | | |
| 515 | 王庆峰 | 男 | 汉族 | 规划计划处项目管理科科长（正科级） | 正科级 | 2017.12 | 组干〔2017〕12号 | | | |
| 516 | 司云涛 | 男 | 汉族 | 纪检监察处执纪审理科科长 | 正科级 | 2017.12 | 组干〔2017〕12号 | | | |
| 517 | 王广伟 | 男 | 汉族 | 工会文体部副部长（副科级） | 副科级 | 2017.12 | 组干〔2017〕12号 | | | |
| 518 | 冷传杰 | 男 | 汉族 | 信息中心系统运行室副主任（副科级） | 副科级 | 2017.12 | 组干〔2017〕12号 | | | |
| 519 | 范凯 | 男 | 汉族 | 信息中心软件项目室副主任（副科级） | 副科级 | 2017.12 | 组干〔2017〕12号 | | | |
| 520 | 汪旭 | 男 | 汉族 | 信息中心信息技术应用研究所副所长（副科级） | 副科级 | 2017.12 | 组干〔2017〕12号 | | | |
| 521 | 宫喜德 | 男 | 汉族 | 纪检监察处纪律审查科调研员 | 正科级 | 2017.12 | 组干〔2017〕12号 | | | |
| 522 | 陈洪军 | 男 | 汉族 | 物资采购部综合计划科调研员 | 正科级 | 2017.12 | 组干〔2017〕12号 | | | |
| 523 | 赵宝龙 | 男 | 汉族 | 安全监督站调研员 | 正科级 | 2017.12 | 组干〔2017〕12号 | | | |
| 524 | 吴金海 | 男 | 汉族 | 研究院筹备组负责人 | 正处级 | | | 2017.1 | 庆炼化干〔2017〕2号 | |

续表

| 序号 | 姓名（曾用名） | 性别 | 民族 | 职务 | 行政级别（正处级、副处级、正科级、副科级） | 任职时间 | 批准机关及文号 | 免职时间 | 批准机关及文号 | 备注 |
|---|---|---|---|---|---|---|---|---|---|---|
| 525 | 褚井全 | 男 | 汉族 | 驻京办事处接待科科长 | 正科级 | | | 2017.2 | 组干〔2017〕2号 | |
| 526 | 于德林 | 男 | 汉族 | 工程管理部主任兼工程质量监督站站长 | 正处级 | | | 2017.6 | 庆炼化干〔2017〕3号 | |
| 527 | 杨金鑫 | 男 | 汉族 | 财务结算中心主任（兼） | 副处级 | | | 2017.6 | 庆炼化干〔2017〕3号 | |
| 528 | 李春华 | 女 | 汉族 | 财务处工程科科长 | 正科级 | | | 2017.6 | 组干〔2017〕3号 | |
| 529 | 王志宏 | 女 | 汉族 | 财务处预算科科长 | 正科级 | | | 2017.6 | 组干〔2017〕4号 | |
| 530 | 邢继国 | 男 | 汉族 | 审计处处长 | 正处级 | | | 2017.6 | 庆炼化干〔2017〕5号 | |
| 531 | 罗振坤 | 男 | 满族 | 产品营销中心副主任（兼） | 正处级 | | | 2017.6 | 庆炼化干〔2017〕5号 | |
| 532 | 杨金鑫 | 男 | 汉族 | 财务处副处长 | 副处级 | | | 2017.6 | 庆炼化干〔2017〕5号 | |
| 533 | 陈来海 | 男 | 汉族 | 机电仪厂副总工程师 | 正科级 | | | 2017.7 | 组干〔2017〕5号 | |
| 534 | 马波 | 男 | 汉族 | 工程管理部（工程质量监督站）综合管理科科长 | 正科级 | | | 2017.7 | 组干〔2017〕5号 | |
| 535 | 王世珍 | 女 | 汉族 | 生产运行处副处长 | 副处级 | | | 2017.7 | 庆炼化干〔2017〕6号 | |
| 536 | 徐文生 | 男 | 汉族 | 储运厂副厂长 | 副处级 | | | 2017.8 | 庆炼化干〔2017〕8号 | |
| 537 | 徐林庆 | 男 | 汉族 | 机电仪厂副厂长 | 副处级 | | | 2017.8 | 庆炼化干〔2017〕8号 | |
| 538 | 刘宏伟 | 女 | 汉族 | 设计院副总工程师 | 正科级 | | | 2017.8 | 组干〔2017〕6号 | |
| 539 | 张秋江 | 男 | 汉族 | 工会文体部部长 | 正科级 | | | 2017.8 | 组干〔2017〕7号 | |

续表

| 序号 | 姓名（曾用名） | 性别 | 民族 | 职务 | 行政级别（正处级、副处级、正科级、副科级） | 任职时间 | 批准机关及文号 | 免职时间 | 批准机关及文号 | 备注 |
|---|---|---|---|---|---|---|---|---|---|---|
| 540 | 王剑峰 | 男 | 汉族 | 生产运行处计划统计科科长 | 正科级 | | | 2017.8 | 组干〔2017〕8号 | |
| 541 | 白云波 | 男 | 回族 | 安全环保处环境保护管理科科长 | 正科级 | | | 2017.8 | 组干〔2017〕8号 | |
| 542 | 张　鹏 | 男 | 汉族 | 总调度室副主任 | 正科级 | | | 2017.8 | 组干〔2017〕8号 | |
| 543 | 胡宪敏 | 男 | 汉族 | 机电仪厂副总工程师 | 正科级 | | | 2017.8 | 组干〔2017〕8号 | |
| 544 | 刘凤娟 | 女 | 汉族 | 人事处（党委组织部）副处长 | 正处级 | | | 2017.8 | 庆炼化干〔2017〕9号 | |
| 545 | 徐言彪 | 男 | 汉族 | 炼油二厂厂长 | 正处级 | | | 2017.9 | 庆炼化干〔2017〕10号 | |
| 546 | 侯郁周 | 男 | 汉族 | 设计院副院长（兼） | 正处级 | | | 2017.9 | 庆炼化干〔2017〕10号 | |
| 547 | 李家新 | 男 | 满族 | 矿区服务事业部房产管理中心副主任 | 副处级 | | | 2017.9 | 庆炼化干〔2017〕10号 | |
| 548 | 佘洪文 | 男 | 汉族 | 机动设备处综合计划科科长 | 正科级 | | | 2017.9 | 组干〔2017〕9号 | |
| 549 | 谷晓东 | 男 | 汉族 | 维护稳定工作办公室信访接待科科长 | 正科级 | | | 2017.9 | 组干〔2017〕9号 | |
| 550 | 李　颖 | 女 | 汉族 | 安全环保处环境保护管理科副科长 | 副科级 | | | 2017.9 | 组干〔2017〕10号 | |
| 551 | 王本文 | 男 | 汉族 | 润滑油厂总工程师 | 正处级 | | | 2017.9 | 庆炼化干〔2017〕11号 | |

续表

| 序号 | 姓名（曾用名） | 性别 | 民族 | 职务 | 行政级别（正处级、副处级、正科级、副科级） | 任职时间 | 批准机关及文号 | 免职时间 | 批准机关及文号 | 备注 |
|---|---|---|---|---|---|---|---|---|---|---|
| 552 | 李肆新 | 女 | 汉族 | 规划计划处项目管理科科长 | 正科级 | | | 2017.10 | 组干〔2017〕11号 | |
| 553 | 丁海中 | 男 | 汉族 | 项目部主任（兼） | 正处级 | | | 2017.12 | 庆炼化干〔2017〕14号 | |
| 554 | 孙茂成 | 男 | 汉族 | 机动设备处处长（兼） | 正处级 | | | 2017.12 | 庆炼化干〔2017〕14号 | |
| 555 | 王金良 | 男 | 汉族 | 项目部副主任 | 副处级 | | | 2017.12 | 庆炼化干〔2017〕14号 | |
| 556 | 王慧文 | 男 | 汉族 | 机动设备处副处长 | 副处级 | | | 2017.12 | 庆炼化干〔2017〕14号 | |
| 557 | 李建国 | 男 | 汉族 | 生产技术处副处长 | 副处级 | | | 2017.12 | 庆炼化干〔2017〕14号 | |
| 558 | 李志刚 | 男 | 汉族 | 项目部专业组负责人 | 副处级 | | | 2017.12 | 庆炼化干〔2017〕14号 | |
| 559 | 陈素辉 | 男 | 汉族 | 产品营销中心主任 | 正处级 | | | 2017.12 | 庆炼化干〔2017〕15号 | |
| 560 | 吴燕 | 男 | 汉族 | 总经理（党委）办公室综合科科长 | 正科级 | | | 2017.12 | 组干〔2017〕12号 | |
| 561 | 栗文波 | 男 | 汉族 | 生产技术处科技管理科科长 | 正科级 | | | 2017.12 | 组干〔2017〕12号 | |
| 562 | 白雪 | 男 | 汉族 | 规划计划处项目管理科科长 | 正科级 | | | 2017.12 | 组干〔2017〕12号 | |
| 563 | 吴沿 | 女 | 汉族 | 规划计划处设计管理科副科长 | 副科级 | | | 2017.12 | 组干〔2017〕12号 | |
| 564 | 王庆峰 | 男 | 汉族 | 规划计划处规划管理科副科长 | 副科级 | | | 2017.12 | 组干〔2017〕12号 | |

续表

| 序号 | 姓名（曾用名） | 性别 | 民族 | 职务 | 行政级别（正处级、副处级、正科级、副科级） | 任职时间 | 批准机关及文号 | 免职时间 | 批准机关及文号 | 备注 |
|---|---|---|---|---|---|---|---|---|---|---|
| 565 | 官营德 | 男 | 汉族 | 纪检监察处纪律审查科科长 | 正科级 | | | 2017.12 | 组干[2017]12号 | |
| 566 | 麻洪军 | 男 | 汉族 | 物资采购部综合计划科科长 | 正科级 | | | 2017.12 | 组干[2017]12号 | |
| 567 | 赵宝龙 | 男 | 汉族 | 安全监督站值班主任 | 正科级 | | | 2017.12 | 组干[2017]12号 | |
| 568 | 刘锡明 | 男 | 汉族 | 工程管理部党总支部支部副书记（兼） | 正处级 | 2017.6 | 庆炼化党干[2017]2号 | | | |
| 569 | 贾鸣春 | 男 | 汉族 | 聚丙烯厂党委副书记（兼） | 正处级 | 2017.6 | 庆炼化党干[2017]2号 | | | |
| 570 | 张玉权 | 男 | 汉族 | 产品营销中心党委书记、纪委书记、工会主席（正处级） | 正处级 | 2017.6 | 庆炼化党干[2017]3号 | | | |
| 571 | 赵立强 | 男 | 汉族 | 大庆宏伟庆化石油化工有限公司党委书记、纪委书记、工会主席（正处级） | 正处级 | 2017.6 | 庆炼化党干[2017]3号 | | | |
| 572 | 王志国 | 男 | 汉族 | 炼油一厂党委副书记（兼） | 正处级 | 2017.6 | 庆炼化党干[2017]3号 | | | |
| 573 | 林　羽 | 男 | 汉族 | 聚合物一厂党委副书记（兼） | 正处级 | 2017.6 | 庆炼化党干[2017]3号 | | | |
| 574 | 王德辉 | 男 | 汉族 | 炼油一厂党委委员 | 副处级 | 2017.6 | 庆炼化党干[2017]3号 | | | |

续表

| 序号 | 姓名（曾用名） | 性别 | 民族 | 职务 | 行政级别（正处级、副处级、正科级、副科级） | 任职时间 | 批准机关及文号 | 免职时间 | 批准机关及文号 | 备注 |
|---|---|---|---|---|---|---|---|---|---|---|
| 575 | 黄庆元 | 男 | 汉族 | 矿区服务事业部党委副书记 | 副处级 | 2017.7 | 庆炼化党干〔2017〕4号 | 2018.11 | 庆炼化党干〔2018〕5号 | |
| 576 | 孙　明 | 男 | 汉族 | 公司纪委副书记 | 正处级 | 2017.8 | 庆炼化党干〔2017〕5号 | | | |
| 577 | 孙　明 | 男 | 汉族 | 纪检监察处处长 | 正处级 | 2017.8 | 庆炼化党干〔2017〕5号 | | | |
| 578 | 孙　明 | 男 | 汉族 | 纪委办公室主任（兼） | 正处级 | 2017.8 | 庆炼化党干〔2017〕5号 | | | |
| 579 | 杨金鑫 | 男 | 汉族 | 公司纪委委员 | 正处级 | 2017.8 | 庆炼化党干〔2017〕5号 | | | |
| 580 | 冯林财 | 男 | 汉族 | 党委宣传部副部长 | 副处级 | 2017.8 | 庆炼化党干〔2017〕5号 | 2018.12 | 庆炼化党干〔2018〕6号 | |
| 581 | 姜　涛 | 男 | 汉族 | 物资供应中心党支部书记 | 副处级 | 2017.8 | 庆炼化党干〔2017〕5号 | | | |
| 582 | 高景庆 | 男 | 汉族 | 聚丙烯厂党委委员 | 副处级 | 2017.8 | 庆炼化党干〔2017〕5号 | | | |
| 583 | 于　涛 | 男 | 汉族 | 聚丙烯厂党委委员 | 副处级 | 2017.8 | 庆炼化党干〔2017〕5号 | | | |
| 584 | 于　冰 | 男 | 汉族 | 储运厂党委委员 | 副处级 | 2017.8 | 庆炼化党干〔2017〕5号 | | | |
| 585 | 徐文生 | 男 | 汉族 | 产品营销中心党委委员 | 副处级 | 2017.8 | 庆炼化党干〔2017〕5号 | | | |
| 586 | 张庆彬 | 男 | 汉族 | 车辆管理部党委委员 | 副处级 | 2017.8 | 庆炼化党干〔2017〕5号 | | | |
| 587 | 刘凤娟 | 女 | 汉族 | 信息中心党支部书记（正处） | 正处级 | 2017.8 | 庆炼化党干〔2017〕6号 | | | |
| 588 | 郭宝海 | 男 | 汉族 | 物资采购部党支部书记（正处级） | 正处级 | 2017.8 | 庆炼化党干〔2017〕6号 | | | |
| 589 | 张　鹏 | 男 | 汉族 | 储运厂党委委员 | 副处级 | 2017.8 | 庆炼化党干〔2017〕6号 | | | |

续表

| 序号 | 姓名（曾用名） | 性别 | 民族 | 职务 | 行政级别（正处级、副处级、正科级、副科级） | 任职时间 | 批准机关及文号 | 免职时间 | 批准机关及文号 | 备注 |
|---|---|---|---|---|---|---|---|---|---|---|
| 590 | 胡笔敏 | 男 | 汉族 | 机电仪厂党委委员 | 副处级 | 2017.8 | 庆炼化党干〔2017〕6号 | 2018.12 | 庆炼化党干〔2018〕6号 | |
| 591 | 高笔武 | 男 | 汉族 | 质量检验与环保监测中心党委委员、书记、纪委书记、工会主席 | 正处级 | 2017.9 | 庆炼化党干〔2017〕7号 | | | |
| 592 | 宋志国 | 男 | 汉族 | 设计院党委委员、书记、纪委书记、工会主席 | 正处级 | 2017.9 | 庆炼化党干〔2017〕7号 | | | |
| 593 | 王本文 | 男 | 汉族 | 润滑油厂党委书记、纪委书记、工会主席（正处级） | 正处级 | 2017.9 | 庆炼化党干〔2017〕8号 | | | |
| 594 | 刘伟 | 男 | 汉族 | 炼油二厂党委副书记（兼） | 正处级 | 2017.9 | 庆炼化党干〔2017〕8号 | | | |
| 595 | 张洪军 | 男 | 汉族 | 炼油二厂党委委员 | 副处级 | 2017.9 | 庆炼化党干〔2017〕8号 | | | |
| 596 | 李训 | 男 | 汉族 | 润滑油厂党委委员 | 副处级 | 2017.9 | 庆炼化党干〔2017〕8号 | | | |
| 597 | 于德林 | 男 | 汉族 | 工程管理部党总支副书记（兼） | 正处级 | | | 2017.6 | 庆炼化党干〔2017〕2号 | |
| 598 | 罗振坤 | 男 | 满族 | 产品营销中心党委书记、纪委书记、工会主席 | 正处级 | | | 2017.6 | 庆炼化党干〔2017〕3号 | |
| 599 | 于海波 | 男 | 汉族 | 纪委副书记、纪检监察处处长 | 正处级 | | | 2017.8 | 庆炼化党干〔2017〕5号 | |
| 600 | 邢继国 | 男 | 汉族 | 公司纪委委员 | 正处级 | | | 2017.8 | 庆炼化党干〔2017〕5号 | |
| 601 | 王立波 | 男 | 汉族 | 纪委办公室主任 | 副处级 | | | 2017.8 | 庆炼化党干〔2017〕5号 | |

续表

| 序号 | 姓名（曾用名） | 性别 | 民族 | 职务 | 行政级别（正处级、副处级、正科级、副科级） | 任职时间 | 批准机关及文号 | 免职时间 | 批准机关及文号 | 备注 |
|---|---|---|---|---|---|---|---|---|---|---|
| 602 | 徐文生 | 男 | 汉族 | 储运厂党委委员 | 副处级 | | | 2017.8 | 庆炼化党干〔2017〕5号 | |
| 603 | 徐林庆 | 男 | 汉族 | 机电仪厂党委委员 | 副处级 | | | 2017.8 | 庆炼化党干〔2017〕5号 | |
| 604 | 刘凤娟 | 女 | 汉族 | 人事处（党委组织部）副部长 | 副处级 | | | 2017.8 | 庆炼化党干〔2017〕6号 | |
| 605 | 徐言彬 | 男 | 汉族 | 炼油二厂党委副书记、委员（兼） | 正处级 | | | 2017.9 | 庆炼化党干〔2017〕7号 | |
| 606 | 陈姜辉 | 男 | 汉族 | 产品营销中心党委副书记、委员 | 正处级 | | | 2017.12 | 庆炼化党干〔2017〕9号 | |
| 607 | 张建民 | 男 | 汉族 | 检维修厂厂长（正处级） | 正处级 | 2018.8 | 庆炼化干〔2018〕7号 | 2018.12 | 庆炼化干〔2018〕12号 | |
| 608 | 孔凡更 | 男 | 汉族 | 检维修厂调研员 | 正处级 | 2018.8 | 庆炼化干〔2018〕7号 | | | |
| 609 | 逯德成 | 男 | 汉族 | 研究院院长 | 正处级 | 2018.8 | 庆炼化干〔2018〕7号 | | | |
| 610 | 樊春江 | 男 | 汉族 | 总经理办公室主任（正处级） | 正处级 | 2018.8 | 庆炼化干〔2018〕7号 | | | |
| 611 | 郭金忠 | 男 | 汉族 | 动力厂副厂长 | 正处级 | 2018.8 | 庆炼化干〔2018〕7号 | | | |
| 612 | 于国权 | 男 | 汉族 | 工会调研员 | 正处级 | 2018.8 | 庆炼化干〔2018〕7号 | | | |
| 613 | 解晓丽 | 女 | 汉族 | 项目部调研员 | 正处级 | 2018.8 | 庆炼化干〔2018〕7号 | | | |
| 614 | 李东吉 | 男 | 汉族 | 聚合物一厂副厂长 | 副处级 | 2018.8 | 庆炼化干〔2018〕7号 | | | |

续表

| 序号 | 姓名（曾用名） | 性别 | 民族 | 职务 | 行政级别（正处级、副处级、正科级、副科级） | 任职时间 | 批准机关及文号 | 免职时间 | 批准机关及文号 | 备注 |
|---|---|---|---|---|---|---|---|---|---|---|
| 615 | 于占涛 | 男 | 汉族 | 储运厂副厂长（兼） | 副处级 | 2018.8 | 庆炼化干〔2018〕7号 | | | |
| 616 | 贾云革 | 男 | 汉族 | 社会保险中心主任（副处级） | 副处级 | 2018.8 | 庆炼化干〔2018〕7号 | | | |
| 617 | 刘辉 | 女 | 汉族 | 纪检监察副处长（副处级） | 副处级 | 2018.8 | 庆炼化干〔2018〕7号 | | | |
| 618 | 刘庆 | 男 | 汉族 | 物资供应中心主任（副处级） | 副处级 | 2018.8 | 庆炼化干〔2018〕7号 | | | |
| 619 | 史建生 | 男 | 汉族 | 产品营销中心副主任（副处级） | 副处级 | 2018.8 | 庆炼化干〔2018〕7号 | | | |
| 620 | 陶传志 | 男 | 汉族 | 机动设备处副处长 | 副处级 | 2018.8 | 庆炼化干〔2018〕7号 | | | |
| 621 | 马刚 | 男 | 汉族 | 生产技术处副处长（副处级） | 副处级 | 2018.8 | 庆炼化干〔2018〕7号 | | | |
| 622 | 姚庆东 | 男 | 汉族 | 物资采购部副主任（副处级） | 副处级 | 2018.8 | 庆炼化干〔2018〕7号 | | | |
| 623 | 马玉芝 | 女 | 汉族 | 驻北京办事处调研员 | 副处级 | 2018.8 | 庆炼化干〔2018〕7号 | | | |
| 624 | 蔡庆平 | 男 | 汉族 | 工程管理部安全总监 | 副处级 | 2018.8 | 庆炼化干〔2018〕7号 | | | |
| 625 | 王飞 | 男 | 汉族 | 矿区服务事业部调研员 | 副处级 | 2018.8 | 庆炼化干〔2018〕7号 | | | |
| 626 | 宋宗军 | 男 | 汉族 | 综合服务部调研员 | 副处级 | 2018.8 | 庆炼化干〔2018〕7号 | | | |

续表

| 序号 | 姓名（曾用名） | 性别 | 民族 | 职务 | 行政级别（正处级、副处级、正科级、副科级） | 任职时间 | 批准机关及文号 | 免职时间 | 批准机关及文号 | 备注 |
|---|---|---|---|---|---|---|---|---|---|---|
| 627 | 刘 甦 | 男 | 汉族 | 聚丙烯厂总工程师（副处级） | 副处级 | 2018.8 | 庆炼化干〔2018〕7号 | | | |
| 628 | 尚振平 | 男 | 汉族 | 研究院副院长 | 副处级 | 2018.8 | 庆炼化干〔2018〕7号 | | | |
| 629 | 王国庆 | 男 | 汉族 | 炼油二厂总工程师（副处级） | 副处级 | 2018.8 | 庆炼化干〔2018〕7号 | | | |
| 630 | 于 波 | 男 | 汉族 | 宏伟庆化石油化工有限公司调研员 | 副处级 | 2018.8 | 庆炼化干〔2018〕7号 | | | |
| 631 | 陈学双 | 男 | 汉族 | 总经理（党委）办公室秘书科科长（正科级） | 正科级 | 2018.8 | 组干〔2018〕1号 | | | |
| 632 | 王 丹 | 女 | 汉族 | 总经理（党委）办公室综合科科长 | 正科级 | 2018.8 | 组干〔2018〕1号 | | | |
| 633 | 高 山 | 男 | 汉族 | 物资供应中心副主任 | 正科级 | 2018.8 | 组干〔2018〕1号 | | | |
| 634 | 马冬亮 | 男 | 汉族 | 机动设备处综合计划科科长 | 正科级 | 2018.8 | 组干〔2018〕1号 | | | |
| 635 | 王 岩 | 男 | 汉族 | 工程管理部综合管理科科长 | 正科级 | 2018.8 | 组干〔2018〕1号 | | | |
| 636 | 钟书明 | 男 | 汉族 | 炼油一厂副总工程师 | 正科级 | 2018.8 | 组干〔2018〕1号 | | | |
| 637 | 栾 杰 | 女 | 汉族 | 机关党委党建科调研员 | 正科级 | 2018.8 | 组干〔2018〕1号 | | | |

续表

| 序号 | 姓名（曾用名） | 性别 | 民族 | 职务 | 行政级别（正处级、副处级、正科级、副科级） | 任职时间 | 批准机关及文号 | 免职时间 | 批准机关及文号 | 备注 |
|---|---|---|---|---|---|---|---|---|---|---|
| 638 | 李学耕 | 男 | 汉族 | 纪检监察处纪律审查科科长 | 正科级 | 2018.8 | 组干〔2018〕1号 | | | |
| 639 | 吴印海 | 男 | 汉族 | 维护稳定工作办公室综合管理科科长 | 正科级 | 2018.8 | 组干〔2018〕1号 | 2018.11 | 组干〔2018〕4号 | 退出领导岗位 |
| 640 | 杨清华 | 男 | 汉族 | 研究院副总工程师 | 正科级 | 2018.8 | 组干〔2018〕1号 | 2018.11 | 组干〔2018〕4号 | 退出领导岗位 |
| 641 | 戴丽华 | 女 | 汉族 | 纪检监察处纪律审查科副科长（副科级） | 副科级 | 2018.8 | 组干〔2018〕1号 | | | |
| 642 | 陈利强 | 男 | 汉族 | 人事处（党委组织部）绩效考核科副科长（副科级） | 副科级 | 2018.8 | 组干〔2018〕1号 | | | |
| 643 | 黄岩 | 男 | 汉族 | 物资采购部综合计划科副科长（副科级） | 副科级 | 2018.8 | 组干〔2018〕1号 | | | |
| 644 | 马萍 | 女 | 汉族 | 机关党委党建科副科长（副科级） | 副科级 | 2018.8 | 组干〔2018〕1号 | | | |
| 645 | 陈志国 | 男 | 汉族 | 聚合物一厂副总工程师 | 正科级 | 2018.8 | 组干〔2018〕1号 | | | |
| 646 | 李巍东 | 男 | 汉族 | 储运厂副总工程师 | 正科级 | 2018.8 | 组干〔2018〕1号 | | | |
| 647 | 马天祥 | 男 | 汉族 | 研究院副总工程师 | 正科级 | 2018.8 | 组干〔2018〕1号 | | | |
| 648 | 张宇 | 男 | 汉族 | 行政事务中心副主任 | 正科级 | 2018.8 | 组干〔2018〕1号 | | | |
| 649 | 朱福军 | 男 | 汉族 | 安全监督站值班主任（副科级） | 副科级 | 2018.8 | 组干〔2018〕1号 | | | |

续表

| 序号 | 姓名（曾用名） | 性别 | 民族 | 职务 | 行政级别（正处级、副处级、正科级、副科级） | 任职时间 | 批准机关及文号 | 免职时间 | 批准机关及文号 | 备注 |
|---|---|---|---|---|---|---|---|---|---|---|
| 650 | 楼新军 | 男 | 汉族 | 规划计划处综合管理科调研员 | 正科级 | 2018.8 | 组干〔2018〕1号 | | | |
| 651 | 陈葵 | 女 | 汉族 | 财务处资产科调研员 | 正科级 | 2018.8 | 组干〔2018〕1号 | | | |
| 652 | 陈秀岩 | 女 | 汉族 | 维护稳定工作办公室综合管理科调研员 | 正科级 | 2018.8 | 组干〔2018〕1号 | | | |
| 653 | 杨增森 | 男 | 汉族 | 物资供应中心调研员 | 正科级 | 2018.8 | 组干〔2018〕1号 | | | |
| 654 | 吴钧 | 男 | 汉族 | 培训中心调研员 | 正科级 | 2018.8 | 组干〔2018〕1号 | | | |
| 655 | 宗树双 | 男 | 汉族 | 财务处调研员 | 副科级 | 2018.8 | 组干〔2018〕1号 | | | |
| 656 | 韩松婷 | 女 | 汉族 | 工程管理部综合科调研员 | 副科级 | 2018.8 | 组干〔2018〕1号 | | | |
| 657 | 孙国明 | 男 | 汉族 | 综合服务部副主任 | 副处级 | 2018.11 | 庆炼化干〔2018〕8号 | | | |
| 658 | 李强 | 男 | 汉族 | 产品营销中心主任（正处级） | 正处级 | 2018.11 | 庆炼化干〔2018〕8号 | | | |
| 659 | 王旭 | 男 | 汉族 | 林源工作部主任 | 正处级 | 2018.11 | 庆炼化干〔2018〕10号 | | | |
| 660 | 王胜 | 男 | 汉族 | 林源工作部副主任（兼） | 正处级 | 2018.11 | 庆炼化干〔2018〕10号 | | | |
| 661 | 颜广生 | 男 | 汉族 | 林源工作部副主任 | 副处级 | 2018.11 | 庆炼化干〔2018〕10号 | | | |
| 662 | 吴金华 | 男 | 汉族 | 林源工作部副主任 | 副处级 | 2018.11 | 庆炼化干〔2018〕10号 | | | |
| 663 | 杨志宏 | 男 | 汉族 | 林源工作部副主任 | 副处级 | 2018.11 | 庆炼化干〔2018〕10号 | | | |
| 664 | 孟凡民 | 男 | 汉族 | 林源工作部副主任 | 副处级 | 2018.11 | 庆炼化干〔2018〕10号 | | | |

续表

| 序号 | 姓名（曾用名） | 性别 | 民族 | 职务 | 行政级别（正处级、副处级、正科级、副科级） | 任职时间 | 批准机关及文号 | 免职时间 | 批准机关及文号 | 备注 |
|---|---|---|---|---|---|---|---|---|---|---|
| 665 | 文雅明 | 男 | 满族 | 综合服务部副主任 | 副处级 | 2018.11 | 庆炼化干〔2018〕10号 | | | |
| 666 | 许扬 | 男 | 汉族 | 人事处（党委组织部）党建科副科长 | 副科级 | 2018.11 | 组干〔2018〕2号 | | | |
| 667 | 任洪图 | 女 | 汉族 | 培训中心副主任 | 副科级 | 2018.11 | 组干〔2018〕3号 | | | |
| 668 | 张建民 | 男 | 汉族 | 检维修中心主任 | 正处级 | 2018.12 | 庆炼化干〔2018〕12号 | | | |
| 669 | 侯善刚 | 男 | 汉族 | 检维修中心副主任（兼） | 正处级 | 2018.12 | 庆炼化干〔2018〕12号 | | | |
| 670 | 王立波 | 男 | 汉族 | 检维修中心总工程师 | 副处级 | 2018.12 | 庆炼化干〔2018〕12号 | | | |
| 671 | 于伟林 | 男 | 汉族 | 检维修中心副主任 | 副处级 | 2018.12 | 庆炼化干〔2018〕12号 | | | |
| 672 | 于伟林 | 男 | 汉族 | 检维修中心安全总监 | 副处级 | 2018.12 | 庆炼化干〔2018〕12号 | | | |
| 673 | 孟宪杰 | 男 | 汉族 | 电仪运行中心主任 | 正处级 | 2018.12 | 庆炼化干〔2018〕12号 | | | |
| 674 | 王兴武 | 男 | 汉族 | 电仪运行中心副主任（兼） | 正处级 | 2018.12 | 庆炼化干〔2018〕12号 | | | |
| 675 | 姜复乐 | 男 | 汉族 | 文化新闻中心主任（兼） | 副处级 | 2018.12 | 庆炼化干〔2018〕12号 | | | |
| 676 | 史德明 | 男 | 汉族 | 电仪运行中心副主任 | 副处级 | 2018.12 | 庆炼化干〔2018〕12号 | | | |
| 677 | 史德明 | 男 | 汉族 | 电仪运行中心安全总监 | 副处级 | 2018.12 | 庆炼化干〔2018〕12号 | | | |
| 678 | 胡宪敏 | 男 | 汉族 | 电仪运行中心副主任 | 副处级 | 2018.12 | 庆炼化干〔2018〕12号 | | | |
| 679 | 王魏 | 男 | 汉族 | 检维修中心副主任 | 副处级 | 2018.12 | 庆炼化干〔2018〕12号 | | | |

续表

| 序号 | 姓名（曾用名） | 性别 | 民族 | 职务 | 行政级列（正处级、副处级、正科级、副科级） | 任职时间 | 批准机关及文号 | 免职时间 | 批准机关及文号 | 备注 |
|---|---|---|---|---|---|---|---|---|---|---|
| 680 | 孙庆楠 | 男 | 汉族 | 电仪运行中心副总工程师 | 副处级 | 2018.12 | 组干〔2018〕5号 | | | |
| 681 | 蒋小琳 | 女 | 汉族 | 财务处税价科副科长 | 副科级 | 2018.12 | 组干〔2018〕5号 | | | |
| 682 | 申昌日 | 男 | 朝鲜族 | 检维修厂副厂长 | 副处级 | | | 2018.6 | 庆炼化干〔2018〕4号 | |
| 683 | 王蓉春 | 男 | 汉族 | 总经理办公室主任 | 正处级 | | | 2018.8 | 庆炼化干〔2018〕7号 | |
| 684 | 孔凡更 | 男 | 汉族 | 检维修厂厂长 | 正处级 | | | 2018.8 | 庆炼化干〔2018〕7号 | |
| 685 | 刘子才 | 男 | 汉族 | 社会保险中心主任（兼） | 正处级 | | | 2018.8 | 庆炼化干〔2018〕7号 | |
| 686 | 尚振平 | 男 | 汉族 | 生产技术处副处长 | 副处级 | | | 2018.8 | 庆炼化干〔2018〕7号 | |
| 687 | 马玉芝 | 女 | 汉族 | 驻北京办事处副主任 | 副处级 | | | 2018.8 | 庆炼化干〔2018〕7号 | |
| 688 | 张建民 | 男 | 汉族 | 机动设备处副处长 | 正处级 | | | 2018.8 | 庆炼化干〔2018〕7号 | |
| 689 | 陶传志 | 男 | 汉族 | 机电仪厂副厂长 | 副处级 | | | 2018.8 | 庆炼化干〔2018〕7号 | |
| 690 | 于波 | 男 | 汉族 | 大庆宏伟化工石油化工有限公司副总经理 | 副处级 | | | 2018.8 | 庆炼化干〔2018〕7号 | |
| 691 | 范超 | 男 | 汉族 | 总经理（党委）办公室秘书科科长 | 正科级 | | | 2018.8 | 组干〔2018〕1号 | 另有任用 |
| 692 | 张宇 | 男 | 汉族 | 总经理（党委）办公室接待科科长 | 正科级 | | | 2018.8 | 组干〔2018〕1号 | |

续表

| 序号 | 姓名（曾用名） | 性别 | 民族 | 职务 | 行政级别（正处级、副处级、正科级、副科级） | 任职时间 | 批准机关及文号 | 免职时间 | 批准机关及文号 | 备注 |
|---|---|---|---|---|---|---|---|---|---|---|
| 693 | 陈秀岩 | 女 | 汉族 | 维护稳定工作办公室综合管理科科长 | 正科级 | | | 2018.8 | 组干〔2018〕1号 | |
| 694 | 栾 杰 | 女 | 汉族 | 机关党委党建科科长 | 正科级 | | | 2018.8 | 组干〔2018〕1号 | |
| 695 | 楼新军 | 男 | 汉族 | 规划计划处综合管理科科长 | 正科级 | | | 2018.8 | 组干〔2018〕1号 | |
| 696 | 刘 辉 | 女 | 汉族 | 人事处（党委组织部）绩效考核科科长 | 正科级 | | | 2018.8 | 组干〔2018〕1号 | |
| 697 | 吴 焘 | 男 | 汉族 | 人事处（党委组织部）党建科科长 | 正科级 | | | 2018.8 | 组干〔2018〕1号 | |
| 698 | 杨增淼 | 男 | 汉族 | 物资供应中心副主任 | 正科级 | | | 2018.8 | 组干〔2018〕1号 | |
| 699 | 韩松婷 | 女 | 汉族 | 工程管理部综合科副科长 | 副科级 | | | 2018.8 | 组干〔2018〕1号 | |
| 700 | 吴 钧 | 男 | 汉族 | 培训中心副主任 | 副科级 | | | 2018.8 | 组干〔2018〕1号 | |
| 701 | 杨清华 | 男 | 汉族 | 动力厂副总工程师 | 正科级 | | | 2018.8 | 组干〔2018〕1号 | |
| 702 | 陈 姜 | 女 | 汉族 | 财务处资产科科长 | 正科级 | | | 2018.8 | 组干〔2018〕1号 | |
| 703 | 李清伟 | 男 | 汉族 | 安全环保处防火科科长 | 正科级 | | | 2018.8 | 组干〔2018〕1号 | |

续表

| 序号 | 姓名（曾用名） | 性别 | 民族 | 职务 | 行政级列（正处级、副处级、正科级、副科级） | 任职时间 | 批准机关及文号 | 免职时间 | 批准机关及文号 | 备注 |
|---|---|---|---|---|---|---|---|---|---|---|
| 704 | 马刚 | 男 | 汉族 | 生产技术处处能管理科科长 | 正科级 | | | 2018.8 | 组干〔2018〕1号 | |
| 705 | 王丹 | 女 | 汉族 | 行政事务中心副主任 | 正科级 | | | 2018.8 | 组干〔2018〕1号 | |
| 706 | 姚庆东 | 男 | 汉族 | 招标管理中心招标管理科科长 | 正科级 | | | 2018.8 | 组干〔2018〕1号 | |
| 707 | 刘庆 | 男 | 汉族 | 炼油一厂副总工程师 | 正科级 | | | 2018.8 | 组干〔2018〕1号 | |
| 708 | 陈雷 | 男 | 汉族 | 设计院副院长兼项目后评价室主任 | 副处级 | | | 2018.11 | 庆炼化干〔2018〕8号 | 退出领导岗位 |
| 709 | 冷树成 | 男 | 汉族 | 项目部副主任 | 正处级 | | | 2018.11 | 庆炼化干〔2018〕8号 | 退出领导岗位 |
| 710 | 孙国明 | 男 | 汉族 | 项目部副主任 | 副处级 | | | 2018.11 | 庆炼化干〔2018〕8号 | 退出领导岗位 |
| 711 | 张世颖 | 男 | 汉族 | 信息中心经营与综合办公室主任 | 正科级 | | | 2018.11 | 组干〔2018〕2号 | |
| 712 | 许扬 | 男 | 汉族 | 人事处（党委组织部）组织科副科长 | 副科级 | | | 2018.11 | 组干〔2018〕2号 | |
| 713 | 王胜 | 男 | 汉族 | 矿区服务事业部副主任（兼） | 正处级 | | | 2018.11 | 庆炼化干〔2018〕10号 | |
| 714 | 鞠洪鹤 | 男 | 汉族 | 安全监督站值班主任 | 正科级 | | | 2018.11 | 组干〔2018〕4号 | |

续表

| 序号 | 姓名（曾用名） | 性别 | 民族 | 职务 | 行政级别（正处级、副处级、正科级、副科级） | 任职时间 | 批准机关及文号 | 免职时间 | 批准机关及文号 | 备注 |
|---|---|---|---|---|---|---|---|---|---|---|
| 715 | 王兴武 | 男 | 汉族 | 机电仪厂副厂长（兼） | 正处级 | | | 2018.12 | 庆炼化干〔2018〕12号 | |
| 716 | 史德明 | 男 | 汉族 | 机电仪厂副厂长 | 副处级 | | | 2018.12 | 庆炼化干〔2018〕12号 | |
| 717 | 王巍 | 男 | 汉族 | 检维修厂副厂长 | 副处级 | | | 2018.12 | 庆炼化干〔2018〕12号 | |
| 718 | 王立波 | 男 | 汉族 | 检维修厂总工程师 | 副处级 | | | 2018.12 | 庆炼化干〔2018〕12号 | |
| 719 | 侯昭利 | 男 | 汉族 | 计量检测中心副主任 | 正科级 | | | 2018.12 | 组干〔2018〕5号 | 退出领导岗位 |
| 720 | 宁福民 | 男 | 汉族 | 机关党委综合事务科科长 | 正科级 | | | 2018.12 | 组干〔2018〕5号 | 另有任用 |
| 721 | 孙庆楠 | 男 | 汉族 | 机电仪厂副总工程师 | 正科级 | | | 2018.12 | 组干〔2018〕5号 | |
| 722 | 逯德成 | 男 | 汉族 | 研究院党支部书记（兼） | 正处级 | 2018.4 | 庆炼化党干〔2018〕1号 | | | |
| 723 | 张建民 | 男 | 汉族 | 检维修厂党委副书记（兼） | 正处级 | 2018.8 | 庆炼化党干〔2018〕3号 | 2018.12 | 庆炼化党干〔2018〕6号 | 免党委副书记、委员 |
| 724 | 郭金忠 | 男 | 汉族 | 动力厂党委书记、纪委书记、工会主席 | 正处级 | 2018.8 | 庆炼化党干〔2018〕3号 | | | |
| 725 | 樊春江 | 男 | 汉族 | 党委办公室主任（正处级） | 正处级 | 2018.8 | 庆炼化党干〔2018〕3号 | | | |
| 726 | 王誉春 | 男 | 汉族 | 工会副主席 | 正处级 | 2018.8 | 庆炼化党干〔2018〕3号 | | | |
| 727 | 齐文浩 | 男 | 汉族 | 工会副主席兼机关党委书记、纪委书记、工会主席 | 正处级 | 2018.8 | 庆炼化党干〔2018〕3号 | | | |

续表

| 序号 | 姓名（曾用名） | 性别 | 民族 | 职务 | 行政级别（正处级、副处级、正科级、副科级） | 任职时间 | 批准机关及文号 | 免职时间 | 批准机关及文号 | 备注 |
|---|---|---|---|---|---|---|---|---|---|---|
| 728 | 刘甦 | 男 | 汉族 | 聚丙烯厂党委委员 | 副处级 | 2018.8 | 庆炼化党干〔2018〕3号 | | | |
| 729 | 王国庆 | 男 | 汉族 | 炼油二厂党委委员 | 副处级 | 2018.8 | 庆炼化党干〔2018〕3号 | | | |
| 730 | 刘庆 | 男 | 汉族 | 物资供应中心党支部副书记（兼） | 副处级 | 2018.8 | 庆炼化党干〔2018〕3号 | | | |
| 731 | 于占涛 | 男 | 汉族 | 储运厂党委书记、纪委书记、工会主席 | 副处级 | 2018.8 | 庆炼化党干〔2018〕3号 | | | |
| 732 | 张志杰 | 男 | 汉族 | 公司党委巡察办公室副处级巡察员 | 副处级 | 2018.8 | 庆炼化党干〔2018〕3号 | | | |
| 733 | 史建生 | 男 | 汉族 | 产品营销中心党委委员 | 副处级 | 2018.8 | 庆炼化党干〔2018〕3号 | | | |
| 734 | 王兴武 | 男 | 汉族 | 机电仪厂党委书记（正处级） | 正处级 | 2018.8 | 庆炼化党干〔2018〕3号 | 2018.12 | 庆炼化党干〔2018〕6号 | 免党委书记、委员 |
| 735 | 于兴福 | 男 | 汉族 | 工程管理部党支部书记 | 正处级 | 2018.11 | 庆炼化党干〔2018〕4号 | | | |
| 736 | 刘锡明 | 男 | 汉族 | 工程管理部党支部副书记（兼） | 正处级 | 2018.11 | 庆炼化党干〔2018〕4号 | | | |
| 737 | 孙国明 | 男 | 汉族 | 综合服务部党委委员 | 副处级 | 2018.11 | 庆炼化党干〔2018〕4号 | | | |
| 738 | 李强 | 男 | 汉族 | 产品营销中心党委副书记（兼） | 正处级 | 2018.11 | 庆炼化党干〔2018〕4号 | | | |
| 739 | 文雅明 | 男 | 满族 | 综合服务部党委委员 | 副处级 | 2018.11 | 庆炼化党干〔2018〕5号 | | | |
| 740 | 王胜 | 男 | 汉族 | 林源工作部党委书记、纪委书记、工会主席 | 正处级 | 2018.11 | 庆炼化党干〔2018〕5号 | | | |

续表

| 序号 | 姓名（曾用名） | 性别 | 民族 | 职务 | 行政级别（正处级、副处级、正科级、副科级） | 任职时间 | 批准机关及文号 | 免职时间 | 批准机关及文号 | 备注 |
|---|---|---|---|---|---|---|---|---|---|---|
| 741 | 王旭 | 男 | 汉族 | 林源工作部党委副书记（兼） | 正处级 | 2018.11 | 庆炼化党干〔2018〕5号 | | | |
| 742 | 黄庆元 | 男 | 汉族 | 林源工作部党委副书记 | 副处级 | 2018.11 | 庆炼化党干〔2018〕5号 | | | |
| 743 | 颜广生 | 男 | 汉族 | 林源工作部党委委员 | 副处级 | 2018.11 | 庆炼化党干〔2018〕5号 | | | |
| 744 | 吴金华 | 男 | 汉族 | 林源工作部党委委员 | 副处级 | 2018.11 | 庆炼化党干〔2018〕5号 | | | |
| 745 | 杨志宏 | 男 | 汉族 | 林源工作部党委委员 | 副处级 | 2018.11 | 庆炼化党干〔2018〕5号 | | | |
| 746 | 孟凡民 | 男 | 汉族 | 林源工作部党委委员 | 副处级 | 2018.11 | 庆炼化党干〔2018〕5号 | | | |
| 747 | 侯善用 | 男 | 汉族 | 检维修中心党委书记、纪委书记、工会主席 | 正处级 | 2018.12 | 庆炼化党干〔2018〕6号 | | | |
| 748 | 张建民 | 男 | 汉族 | 检维修中心党委副书记（兼） | 正处级 | 2018.12 | 庆炼化党干〔2018〕6号 | | | |
| 749 | 王巍 | 男 | 汉族 | 检维修中心党委委员 | 副处级 | 2018.12 | 庆炼化党干〔2018〕6号 | | | |
| 750 | 于伟林 | 男 | 汉族 | 检维修中心党委委员 | 副处级 | 2018.12 | 庆炼化党干〔2018〕6号 | | | |
| 751 | 王立波 | 男 | 汉族 | 检维修中心党委委员 | 副处级 | 2018.12 | 庆炼化党干〔2018〕6号 | | | |
| 752 | 杨家河 | 男 | 汉族 | 聚合物二厂党委书记、纪委书记、工会主席 | 正处级 | 2018.12 | 庆炼化党干〔2018〕6号 | | | |
| 753 | 王兴武 | 男 | 汉族 | 电仪运行中心党委书记 | 正处级 | 2018.12 | 庆炼化党干〔2018〕6号 | | | |
| 754 | 孟芜杰 | 男 | 汉族 | 电仪运行中心党委副书记（兼） | 正处级 | 2018.12 | 庆炼化党干〔2018〕6号 | | | |

续表

| 序号 | 姓名（曾用名） | 性别 | 民族 | 职务 | 行政级别（正处级、副处级、正科级、副科级） | 任职时间 | 批准机关及文号 | 免职时间 | 批准机关及文号 | 备注 |
|------|------|------|------|------|------|------|------|------|------|------|
| 755 | 王冀矿 | 男 | 汉族 | 电仪运行中心党委副书记、纪委书记、工会主席 | 副处级 | 2018.12 | 庆炼化党干〔2018〕6号 | | | |
| 756 | 史德明 | 男 | 汉族 | 电仪运行中心党委委员 | 副处级 | 2018.12 | 庆炼化党干〔2018〕6号 | | | |
| 757 | 胡尧敏 | 男 | 汉族 | 电仪运行中心党委委员 | 副处级 | 2018.12 | 庆炼化党干〔2018〕6号 | | | |
| 758 | 申昌日 | 男 | 朝鲜族 | 检维修厂党委委员 | 副处级 | | | 2018.6 | 庆炼化党干〔2018〕2号 | |
| 759 | 孔凡更 | 男 | 汉族 | 检维修厂党委副书记、委员（兼） | 正处级 | | | 2018.8 | 庆炼化党干〔2018〕3号 | |
| 760 | 于古涛 | 男 | 汉族 | 动力厂党委书记、委员、纪委书记、工会主席 | 正处级 | | | 2018.8 | 庆炼化党干〔2018〕3号 | |
| 761 | 王曾春 | 男 | 汉族 | 党委办公室主任 | 正处级 | | | 2018.8 | 庆炼化党干〔2018〕3号 | |
| 762 | 张志杰 | 男 | 汉族 | 储运厂党委副书记、委员、纪委书记、工会主席 | 副处级 | | | 2018.8 | 庆炼化党干〔2018〕3号 | |
| 763 | 陶传志 | 男 | 汉族 | 机电仪厂党委委员 | 副处级 | | | 2018.8 | 庆炼化党干〔2018〕3号 | |
| 764 | 于兴福 | 男 | 汉族 | 工程管理部党总支书记 | 正处级 | | | 2018.11 | 庆炼化党干〔2018〕4号 | |
| 765 | 刘锡明 | 男 | 汉族 | 工程管理部党总支副书记（兼） | 正处级 | | | 2018.11 | 庆炼化党干〔2018〕4号 | |
| 766 | 王巍 | 男 | 汉族 | 检维修厂党委委员 | 副处级 | | | 2018.12 | 庆炼化党干〔2018〕6号 | |
| 767 | 赵学清 | 男 | 汉族 | 聚合物二厂党委书记、委员、纪委书记、工会主席 | 正处级 | | | 2018.12 | 庆炼化党干〔2018〕6号 | 退出领导岗位 |

续表

| 序号 | 姓名（曾用名） | 性别 | 民族 | 职务 | 行政级别（正处级、副处级、正科级、副科级） | 任职时间 | 批准机关及文号 | 免职时间 | 批准机关及文号 | 备注 |
|------|--------|------|------|------|------|------|------|------|------|------|
| 768 | 王冀矿 | 男 | 汉族 | 机电仪厂党委副书记、委员纪委书记、工会主席 | 副处级 | | | 2018.12 | 庆炼化党干〔2018〕6号 | |
| 769 | 史德明 | 男 | 汉族 | 机电仪厂党委委员 | 副处级 | | | 2018.12 | 庆炼化党干〔2018〕6号 | |
| 770 | 王立波 | 男 | 汉族 | 检维修厂党委委员 | 副处级 | | | 2018.12 | 庆炼化党干〔2018〕6号 | |

# 第三章　机关处室员工情况简明表

## 一、总经理（党委）办公室（2014.1—2018.12）

| 职务 | 姓名（任职年度） | 工作人员姓名 |
|---|---|---|
| 主 任 | 王喜春（2014.1—2018.8）<br>樊春江（2018.8—12） | 范 超、陈学双、张 清、张 宇、吴 焘、王 丹、尹延峰、马玉芝、褚井全、刘胜娟、李德龙、王克民、蒋显芳、张辑伟 |
| 副主任 | 赵 勇（2014.1—2018.12） | |

## 二、人事处（党委组织部）（2014.1—2018.12）

| 职务 | 姓名（任职年度） | 工作人员姓名 |
|---|---|---|
| 处长（部长） | 张清林（2014.1—2018.12） | 樊春江、康 超、许 扬、吴 焘、刘崇飞、李 立、贾云革、廖庆茹、刘 辉、陈利强、王海霞、哈云利、张弘达、顾恩阳 |
| 副处长 | 刘子才（2014.1—2015.5；正处级，2015.5—2018.12） | |
| 副处长（副部长） | 刘凤娟（2014.1—2017.8）<br>杜洪伟（2014.1—2018.12） | |

## 三、生产运行处（2014.1—2018.12）

| 职务 | 姓名（任职年度） | 工作人员姓名 |
|---|---|---|
| 处 长 | 樊桂臣（2014.1—2018.12） | 郭长虹、骆庆余、王剑峰、赵士全、田 勇、程庆利 |
| 副处长 | 高宪武（2014.1—2015.10）<br>郭金忠（2014.1—2015.2）<br>梁喜革（2014.1—2018.12）<br>王世珍（2014.1—2017.7）<br>梁天舒（2015.5—2018.12）<br>王剑峰（2017.8—2018.12） | |

## 四、机动设备处（2014.1—2018.12）

| 职务 | 姓名（任职年度） | 工作人员姓名 |
|---|---|---|
| 处 长 | 孙茂成（2014.1—2017.12）<br>王慧文（2017.12—2018.12） | 冯长付、周国林、马冬亮、<br>马　驳、马冬亮、余洪文 |
| 副处长 | 王慧文（2014.1—2017.12） | |
| 副处长 | 张建民（2014.1—2018.8）<br>李庆龙（2014.1—2018.12）<br>陶传志（2018.8—12） | |

## 五、安全环保处（2014.1—2018.12）

| 职务 | 姓名（任职年度） | 工作人员姓名 |
|---|---|---|
| 处 长 | 陈万忠（2014.1—2018.12） | 苗长青、胡继东、高洪民、<br>周玉峰、宋冬梅、李　颖、<br>高　秦、刘丽艳、任立春、<br>刘凤杰 |
| 副处长 | 孙　才（2014.1—2018.12）<br>代有福（2014.1—2018.12）<br>解晓丽（正处级，2014.1—2015.10）<br>高景庆（2014.3—2017.8）<br>白云波（2017.8—2018.12） | |

## 六、生产技术处（2014.1—2018.12）

| 职务 | 姓名（任职年度） | 工作人员姓名 |
|---|---|---|
| 处 长 | 辛公华（2014.1—2018.12） | 曾兆杰、赵艳玲、徐继兵、<br>栗文波、隋晓东、刘惠民 |
| 副处长 | 李建国（2014.1—2017.12）<br>尚振平（2014.1—2018.8）<br>栗文波（2017.12—2018.12）<br>马　刚（2018.8—12） | |

## 七、规划计划处（2014.1—2018.12）

| 职务 | 姓名（任职年度） | 工作人员姓名 |
|---|---|---|
| 处 长 | 葛立彬（2014.1—2015.2）<br>丁海中（2015.2—2017.12）<br>李建国（2017.12—2018.12） | 王庆峰、白　雪、吴　沿、<br>季肆新、王庆峰、于玲河、<br>楼新军 |
| 副处长 | 李文清（2014.1—2018.12）<br>于玲河（2015.5—2018.12） | |

# 八、财务处（2014.1—2018.12）

| 职务 | 姓名（任职年度） | 工作人员姓名 |
|---|---|---|
| 处　长 | 王　岩（2014.1—2016.9）<br>陈彩云（2016.9—2018.12） | 郭炳宏、韩　枫、王志宏、张　乐、陈　葵、孙易龙 |
| 副处长 | 陈彩云（2014.1—2016.9）<br>杨金鑫（2014.1—2017.6）<br>陈　河（2017.6—2018.11）<br>王志宏（2017.6—2018.12） | |

# 九、审计处（2014.1—2018.12）

| 职务 | 姓名（任职年度） | 工作人员姓名 |
|---|---|---|
| 处　长 | 邢继国（2014.1—2017.7）<br>杨金鑫（2017.7—2018.12） | 张志兴、魏　欣、王　冰 |
| 副处长 | 武立德（2014.1—2018.12） | |

# 十、企管法规处（内控与风险管理处）—企管法规处<br>（2014.1—2018.12）

## （一）企管法规处（内控与风险管理处）（2014.1—2015.4）

| 职务 | 姓名（任职年度） | 工作人员姓名 |
|---|---|---|
| 处　长 | 袁金财（2014.1—2015.4） | 赵雪山、王晓红、孙　锴、黄　伟、孙晓龙 |
| 副处长 | 李　峰（2014.1—4）<br>王振海（2014.4—2015.4）<br>贾素红（2014.1—2015.4） | |

## （二）企管法规处（2015.4—2018.12）

| 职务 | 姓名（任职年度） | 工作人员姓名 |
|---|---|---|
| 处　长 | 袁金财（2015.4—2018.12） | 赵雪山、王晓红、孙　锴、黄　伟、孙晓龙、邴晓谦、张　娜、刘宇光 |
| 副处长 | 王振海（2015.4—2018.12）<br>贾素红（2015.4—2018.12） | |

## 十一、纪检监察处（2014.1—2018.12）

| 职务 | 姓名（任职年度） | 工作人员姓名 |
|---|---|---|
| 处　长 | 于海波（2014.1—2017.8）<br>孙　明（2017.8—2018.12） | 代成良、王　颖、宫喜德、李学耕、戴丽华、司云涛 |
| 副处长 | 王立波（2014.1—2018.12）<br>樊春江（2014.10—2018.8）<br>刘　辉（2018.8—12） | |
| 副处级巡查员 | 张志杰（2018.8—12） | |
| 纪委办公室主任 | 王立波（2014.1—2017.8）<br>孙　明（2017.8—2018.12） | |

## 十二、企业文化处（党委宣传部、团委、机关党委）—企业文化处（党委宣传部、团委）（2014.1—2018.12）

### （一）企业文化处（党委宣传部）

| 职务 | 姓名（任职年度） | 工作人员姓名 |
|---|---|---|
| 处长（部长） | 崔高伟（2014.1—2018.12） | 管文庆、王　宇、马　萍、雷　鸣、孙　凯、孙芸芸、赵国辉、文立军、司丽华 |
| 副处长（副部长） | 姜复乐（2014.1—2018.12）<br>姜　涛（2014.1—9）<br>王冰玉（2014.9—2018.12）<br>冯林财（2017.8—2018.12） | |

### （二）团委

| 职务 | 姓名（任职年度） | 工作人员姓名 |
|---|---|---|
| 处　长 | 王冰玉（2014.9—2018.12） | 马　萍、宋　杰 |
| 副书记 | 王冰玉（2014.1—9） | |

### （三）直属机关党委、纪委、工会

| 职务 | 姓名（任职年度） | 工作人员姓名 |
|---|---|---|
| 党委书记 | 崔高伟（兼任，2014.1—2018.8） | 栾　杰、宁福民、刘文秀 |
| 党委副书记 | 张辑伟（2014.1） | |
| 纪委书记 | 张辑伟（2014.1）<br>崔高伟（2014.1—2018.8） | |
| 工会主席 | 张辑伟（2014.1）<br>崔高伟（2014.1—2018.8） | |

## 十三、维护稳定工作办公室（2014.1—2018.12）

| 职务 | 姓名（任职年度） | 工作人员姓名 |
|---|---|---|
| 处　长 | 李　军（2014.1—4）<br>刘子才（2015.5—2018.12） | 谷晓东、陈秀岩、吴印海 |
| 副主任 | 刘江峰（2014.1—2018.12）<br>邓素荣（2014.1—2018.12）<br>刘子才（主持工作，2014.4—2015.5） | |

## 十四、工会—工会（机关党委）（2014.1—2018.12）
### （一）工会

| 职务 | 姓名（任职年度） | 工作人员姓名 |
|---|---|---|
| 副主席 | 张辑伟（2014.1—2015.2）<br>苏将胜（2014.3—11）<br>于国权（2015.2—2018.8）<br>王喜春（2018.8—12）<br>齐文浩（2018.8—12） | 赵显峰、刁金慧、张秋江、王广伟、刘冬梅、王云生 |
| 女工委员会主任 | 李桂荣（2014.1—3） | |

### （二）直属机关党委、纪委、工会

| 职务 | 姓名（任职年度） | 工作人员姓名 |
|---|---|---|
| 党委书记 | 齐文浩（2018.8—12） | 栾　杰、马　萍、宁福民、刘文秀 |
| 纪委书记 | 齐文浩（2018.8—12） | |
| 工会主席 | 齐文浩（2018.8—12） | |

# 第六编
# 组织人事大事纪要

（2014.1—2018.12）

# 二〇一四年

**1月**　公司二套聚丙烯装置生产的PA14D-2聚丙烯管材料产品顺利通过了国家化学建筑测试中心8760小时的热稳定性试验，标志着PA14D-2产品具有可靠的质量保障，取得了进入市场的"通行证"。PA14D-2产品可广泛应用于民用建筑管道、城市给排水管、热交换管、地热管等，此次顺利通过国家权威机构热稳定性试验，对于尽快投入批量生产，缓解市场需求具有重要的意义。

**1月14日**　公司研究决定将机关党委与企业文化处合并，将机关党委职能和人员合并到企业文化处管理，对外称企业文化处，将原机关党委负责的计量检测中心、物资供应中心、培训中心和信息管理部的党组织工作直接对口公司党委。【庆炼化人事〔2014〕1号】

**1月14日**　企业文化处（党委宣传部）处长崔高伟同志兼任机关党委书记、纪委书记、工会主席；免去张辑伟同志兼任的机关党委副书记、纪委书记、工会主席职务。【庆炼化党干〔2014〕1号】

**1月14日**　公司决定将机电仪厂机械三车间划归聚合物一厂管理。【庆炼化人事〔2014〕2号】

**1月21日**　大庆市开发区管委会主任颜祥森一行到公司走访，公司总经理万志强，党委书记王亚伟出席座谈会。双方就地企合作的庆化项目投产建设问题进行探讨和交流，并围绕深入合作，特别是化工深加工领域立项等环节进行了探讨。

**1月26日**　公司召开干部大会，传达学习集团公司2014年工作会议精神，并就贯彻落实会议精神和做好当前工作进行部署。万志强、王亚伟分别传达了集团公司主要领导2014年工作会议报告精神和集团公司干部工作会议主要内容。王亚伟主持会议，姜国骅、魏君、李岩冰、施铁权、李春妍等公司领导参加会议。

**1月28日**　万志强、王亚伟、李春妍代表公司到贫困员工和先优模家中走访慰问，送去新春祝福。

**1月28日**　李春妍代表公司同离退休老领导欢聚一堂同贺新春，共话发展。

**1月30日** 万志强、王亚伟分别到炼油一厂、炼油二厂、聚丙烯厂、润滑油厂、储运厂、质量检验与环保监测中心等单位慰问当班岗位员工，并通过他们向他们的家人拜年。

**2月11日** 公司召开党的群众路线教育实践活动总结大会，对半年来活动开展情况进行总结，并就下一步如何继续抓好整改落实、巩固和扩大教育实践活动成果进行部署。集团公司群众路线教育实践活动第一督导组组长樊胜利出席会议，督导组成员徐维坚出席会议并讲话。公司总经理万志强主持会议，党委书记王亚伟作总结报告，公司副总经理魏君、李岩冰，总会计师施铁权，党委副书记、纪委书记、工会主席李春妍出席会议。

**2月12日** 集团公司召开2014年审计工作会暨审计计划对接视频会。万志强以及公司所属各单位主要领导在炼化公司分会场参加了会议。

**2月12日至13日** 公司工作会议暨2014年职工代表大会召开，200余名员工代表和部分离退休老领导参加会议，万志强、王亚伟、姜国骅、魏君、李岩冰、施铁权出席，李春妍主持会议。万志强在会上作题为《依靠创新驱动，坚持特色发展，全面建设有质量有效益可持续的炼化企业》的工作报告，姜国骅分别作安全环保健康工作报告和提案落实情况的报告，魏君宣读表彰通报，大会书面审阅了施铁权代表公司所作的财务报告，签订了《大庆炼化公司集体合同书》。在通过工作报告和财务报告后，王亚伟作题为《加强干部队伍建设，提高干部综合素质，为有质量有效益可持续炼化企业发展提供有力保障》的总结讲话。大会还对2013年度领导人员选拔任用情况和公司领导班子履职情况进行了民主评议。

**2月14日** 公司研究决定：贾鸣春任炼油一厂厂长兼党委副书记，不再担任副厂长职务；申在权任储运厂党委书记兼副厂长，不再担任党委副书记职务；陈立任质量检验与环保监测中心书记兼副主任，不再担任党委副书记职务；张庆彬任聚丙烯厂副厂长、党委委员，不再担任机电仪厂副厂长、党委委员；免去赵建夫的工程管理部副主任职务；免去王海庆的聚丙烯厂副厂长、党委委员职务。【庆炼化干〔2014〕2号】【庆炼化党干〔2014〕2号】

**2月17日** 黑龙江省陆军预备役高射炮兵师师长刘佐良、政委闫国权一行来公司走访，万志强、王亚伟、李春妍陪同。双方领导就军民共建等方面事项进行交流，并表示在今后的工作中要继续加强交流和合作，共同为大庆地区的和谐稳定发展做出贡献。

**2月17日** 东北化工销售公司副总经理黄国春、吉林东承住化汽车复合塑料有限公司长春分公司经理张喜庆、中油石化院大庆化工研究中心副主任于春梅等一行来公司，就聚丙烯汽车专用料开发合作事项进行交流，魏君参加了座谈会。

**2月23日** 应新华（大庆）国际石油资讯中心邀请，万志强带领公司相关部门负责人到该中心进行了参观交流。在交流座谈中，双方就石油产品上线等相关问题初步达成合作意向。下步，公司将派相关部门人员与石油资讯平台进行对接交流，进一步探索和寻找对公司发展有意义的合作路径，获得广泛信息，更好地为企业发展提供信息支持。

**2月28日** 大庆油田公司副总工程师程杰成、副总地质师王渝明一行来公司走访。魏君、李岩冰与客人座谈并陪同参观。双方就聚合物和石油磺酸盐两种产品的产能建设规划和进一步加强沟通与合作等内容进行了交流。

**2月28日** 公司召开QHSE管理体系再认证审核末次会议，北京中油健康安全环境认证中心专家组宣布公司通过管理体系再审核。姜国骅出席会议。

**3月4日** 公司总经理万志强参加炼油一厂每月例行的"安全大课堂"，拉开了公司11.22中石化东黄输油管道泄漏爆炸特别重大事故全员大讨论活动的序幕。根据炼化板块通知要求，公司决定组织全员在2月27日至3月7日期间针对山东青岛"11.22"中石化东黄输油管道泄漏爆炸特别重大事故展开全员讨论活动，活动期间公司领导深入到各联系点参加讨论。

**3月4日** 以黑龙江省安全监督管理局副局长宋仁伟为组长的省安全监督检查组，对公司"两会"期间安全防范和隐患治理等相关情况进行检查指导。公司总经理万志强、副总经理李岩冰参加汇报会。

**3月5日** 公司党委中心组集中收看了第十二届全国人民代表大会第二次会议开幕式。

**3月6日** 公司30万吨/年聚丙烯（二期）项目经过以股份公司炼化工

程项目部副总工程师锁海滨为首的专家组认真审核，顺利通过竣工验收。公司领导李岩冰参加了工程验收通过仪式。

**3月6日** 大庆市反恐办副主任、市公安局副局长李达一行3人来到公司检查指导防恐工作。公司党委副书记李春妍陪同并参加了座谈。

**3月6日** 公司研究决定：高景庆任安全环保处副处长，不再担任炼油二厂副厂长兼安全总监、党委委员职务；刘伟任炼油二厂副厂长兼安全总监、党委委员；郭庆祥任储运厂副厂长、党委委员；宋亚东任工程管理部副主任，不再担任储运厂副厂长、党委委员职务。【庆炼化干〔2014〕3号】【庆炼化党干〔2014〕3号】

此外还决定：一、在聚合物二厂成立磺酸盐研究所，列聚合物二厂基层单位，主要负责磺酸盐技术应用的研究工作。将5000吨/年磺酸盐装置定位为磺酸盐研究所的中试装置，撤销聚合物二厂磺酸盐一车间的机构建制，将磺酸盐一车间人员、职能划入磺酸盐研究所管理；二、将公司机关附属单位安全气防站更名为安全监督站，更名后单位性质、机构规格、职责、定员等均不变。【庆炼化人事〔2014〕6号】

**3月7日** 公司召开庆祝国际劳动妇女节104周年座谈会。公司党委副书记李春妍与公司女工委员会委员、基层女干部代表、先优模代表、生产一线的女班长及各岗位的60名女员工代表参加会议。

**3月11日至12日** 法国爱森（SNF）公司创始人Pich先生来公司，就聚丙烯酰胺生产的技术、研发应用以及企业合作等方面进行了参观交流。在3月11日举行的技术商务交流会上，双方就彼此关心的相关技术问题以及下一步合作的有关细节进行了交流探讨。3月12日，Pich先生应公司邀请进行了专题技术讲座，公司领导万志强、王亚伟、姜国骅、魏君、李岩冰、施铁权、李春妍，以及公司相关单位部门人员参加。

**3月13日** 集团公司领导来公司调研，公司总经理万志强作工作汇报，公司领导王亚伟、姜国骅、魏君、李岩冰、施铁权、李春妍参加汇报会。

**3月13日** 公司召开2014年反腐倡廉建设工作会议。公司领导万志强、王亚伟、姜国骅、魏君、李岩冰、施铁权、李春妍，以及公司相关部门单位负责人参加会议。

**3月14日** 公司研究决定：李岩冰不再兼任矿区服务事业部主任、党委副书记职务；蒋华任矿区服务事业部主任兼党委副书记，不再担任保卫武装部主任、党委副书记职务；苏将胜任工会副主席，不再担任矿区服务事业部常务副主席、党委委员职务；王金贵不再担任矿区服务事业部离退休管理中心纪委书记、工会主席职务；李桂荣任矿区服务事业部离退休管理中心党委副书记、纪委书记、工会主席，不再担任工会女工委员会主任、女工部部长、计划生育办公室主任职务；王志国任炼油一厂副厂长兼安全总监，不再担任炼油一厂总工程师职务；邹高新任炼油一厂总工程师、党委委员；赵立强不再担任炼油一厂副厂长兼安全总监、党委委员职务。【庆炼化干〔2014〕4号】【庆炼化党干〔2014〕4号】

**3月21日** 公司乒乓球赛在公司体育馆开赛，标志着公司全民健身运动会活动正式启动。公司领导王亚伟为运动会的第一个项目——乒乓球比赛开球。

**3月22日** 公司召开炼油与化工分公司HSE管理体系审核末次会议，公司领导万志强、王亚伟、姜国骅、魏君、李岩冰、施铁权、李春妍出席了会议。本次审核从3月18日开始，审核组通过现场查看、问询以及资料抽查等方式，就公司安全、环保、设备、电气、仪表等5个专业进行了检查审核。

**3月25日** 大庆石化党委书记杨大明一行来公司走访，公司领导万志强、王亚伟陪同座谈。

**3月28日** 公司研究决定：对产品营销中心和电子商务部内设机构进行调整，一是将产品营销中心油田化学品技术服务科和油田化学品市场开发科机构合并，合并后机构名称为油田化学品市场开发与服务科，单位隶属关系不变，人员、职能等随组织机构一并合并，合并后产品营销中心油田化学品市场开发与服务科主要负责油田化学品的销售、技术服务和市场开发等工作；二是将电子商务部采购一科和采购二科机构进行合并，合并后机构名称为电子商务部采购科，单位隶属关系不变，人员、职能等随组织机构合并，合并后电子商务部采购科主要负责物资采购管理工作；三是撤销电子商务部外事科机构建制。【庆炼化人事〔2014〕7号】

**4月1日** 公司召开技术创新大会，对2013年度技术创新工作中的突出成果和获奖人员进行了表彰，并就公司下一步的技术创新工作进行了动员和部署，公司总经理万志强发表讲话，对技术创新的重要性作了深刻阐述，并提出了下一步工作思路：一是增强全员创新的意识，形成全员创新的新局面；二是通过持续的技术创新，使部分装置达到世界水平；三是注重技术创新成果的申报。党委书记王亚伟，副总经理姜国骅、魏君、李岩冰，总会计师施铁权，党委副书记、纪委书记、工会主席李春妍参加会议。

**4月3日** 公司召开党的群众路线教育实践活动2014年第一季度例会。公司领导王亚伟、李春妍参加会议。

**4月10日** 公司召开党委中心组学习会，学习传达了习近平总书记兰考重要讲话精神。公司领导万志强、王亚伟、姜国骅、李岩冰、施铁权参加学习。

**4月10日** 公司研究决定：原大庆宏伟庆化石油化工有限公司党支部调整为党委，为公司党委直属党组织。

**4月10日** 李军同志任大庆宏伟庆化石油化工有限公司党委书记、纪委书记、工会主席，不再担任维护稳定工作办公室主任职务；张宗保同志兼任大庆宏伟庆化石油化工有限公司党委副书记；宋宗军、赵立强同志任大庆宏伟庆化石油化工有限公司党委委员。樊桂臣、陈万忠同志任大庆炼化公司机关党委委员；王金贵同志任矿区服务事业部离退休管理中心调研员，不再担任矿区服务事业部离退休管理中心党委书记职务；刘子才兼任维护稳定工作办公室副主任（主持工作）；王振海任企管法规处副处长，不再担任聚丙烯厂党委副书记、纪委书记、工会主席职务；李峰同志任大庆炼化公司聚丙烯厂党委副书记、纪委书记、工会主席（主持党委工作）兼任聚丙烯厂副厂长，不再担任企管法规处副处长职务。【庆炼化干〔2014〕5号】【庆炼化党干〔2014〕5号】

**4月10日** 集团公司工程建设公司副总经理、安全总监汪桃义一行来访，就双方深化合作问题进行了探讨，公司领导魏君陪同。

**4月18日** 大庆市副市长任贵生到公司调研，就党的群众路线实践教育活动征求意见，公司领导王亚伟、施铁权陪同。

**4月18日** 公司召开党委中心组扩大学习会，认真学习了中共中央印发的《党政领导干部选拔任用工作条例》和党组4个制度文件。公司领导王亚伟、姜国骅、李岩冰、施铁权参加了会议。

**4 月 24 日**　中启计量体系认证中心专家组通报了对公司测量体系审核的相关情况，炼化公司通过测量管理体系外审认证，公司领导姜国骅参加了会议。

**4 月 25 日**　润滑油公司副总经理宫伟军来公司走访，就加氢基础油生产和应用进行交流。公司领导姜国骅参加了会议。

**4 月 25 日**　中国寰球工程公司副总经理宋少光一行来公司进行项目回访，并就 12 万吨 / 年 TMP 装置 MTO 新技术工业化实验以及其他相关技术合作进行了磋商，公司领导李岩冰参加座谈会。

**4 月 29 日**　大庆市副市长杨彦彬来公司调研，就林源区与庆南新城合作问题进行交流，公司领导万志强、李岩冰参加了会议。

**4 月 30 日**　公司团委举办对话总经理主题团日活动，总经理万志强以个人的成长经历为例，对青年人进行寄语和激励，并与来自基层各岗位的青工面对面沟通交流。

**4 月**　公司员工辛公华荣获全国"五一劳动奖章"称号；毛晓海、赵忠男荣获黑龙江省"五一劳动奖章"称号；二套 ARGG 车间荣获黑龙江省"工人先锋号"称号。

**5 月 10 日**　公司举行全民健身运动会开幕式暨"凝心聚力"杯接力赛。公司党委书记王亚伟，副总经理姜国骅、魏君，总会计师施铁权参加开幕式。

**5 月 15 日**　黑龙江省人大常委会财经委主任带领省委调研组来公司调研，听取企业对龙江经济发展的意见和建议。公司党委书记王亚伟，总会计师施铁权参加座谈。

**5 月 15 日**　华北化工销售公司副总经理马振航一行来公司走访，就聚丙烯产品的生产与销售等话题进行了交流，公司副总经理魏君参加座谈。

**5 月 20 日**　公司成功开发出高刚注塑专用料 HA860R 聚丙烯产品。经过检测，产品的各项质量指标均达到合格品标准要求。高刚注塑聚丙烯产品是聚丙烯高端产品之一，其光泽度和耐热性能相对于普通注塑产品均有很大的提升，被广泛用于耐高温、抗拉伸、光泽度高的家电外壳、汽车配件等领域，市场需求量大。由于该产品弯曲模量标准高，挤压系统需要添加多种添加剂，生产难度很大，目前仅有中国石化具有生产能力。

**5月21日** 国家人力资源和社会保障部调解仲裁管理司司长宋娟一行就劳动争议调解工作的开展情况来公司调研，公司党委书记王亚伟陪同。

**5月22日** 公司召开管理提升推进会，通报管理评审结果。公司总经理万志强发表讲话，从如何建立管理体系、如何带队伍、如何持续改进管理，追求卓越这三大方面展开论述，并对公司管理提升的下一步工作提出了具体要求。公司党委书记王亚伟，副总经理姜国骅、魏君、李岩冰参加会议。

**5月30日** 公司召开安委会扩大会议。公司副总经理姜国骅就长输管线应急预案修订完善的相关事项进行了培训讲解，并就应急预案的进一步完善提出了建议；公司总经理万志强从安全人物行动、安全人物分析、安全人物管理等方面，结合理论与实践，为大家讲授一堂重要的安全课。公司党委书记王亚伟，副总经理李岩冰参加会议。

**5月30日** 公司研究决定：刘文宝任矿区服务事业部离退休管理中心调研员，不再担任矿区服务事业部离退休管理中心副主任职务。【庆炼化干〔2014〕7号】

**6月7日** 集团公司副总经理、党组成员、大庆油田有限责任公司总经理、大庆石油管理局局长刘宏斌深入到公司聚合物生产一线调研。调研中，刘宏斌充分肯定了炼化公司在保障大庆油田原油稳产方面所做的贡献，并就如何改善聚合物以往的检验、包装方式，加强原油指标检测等方面内容提出具体的意见和建议。他强调，炼化公司要紧密结合油田生产实际，加大聚合物、石油磺酸盐的生产研发力度，继续为大庆油田原油稳产做出贡献。公司总经理万志强陪同调研。

**6月9日** 集团公司内控与风险管理部副总经济师钟敦岳及集团公司管理层测试专家组一行对公司内控体系运行情况进行检查。公司总会计师施铁权参加检查前的测试进点会。

**6月11日** 公司召开5月份经营形势分析会，强调要牢固树立以效益为中心的思想，在管理提升和技术创新上下功夫。公司领导万志强、王亚伟、姜国骅、魏君、李岩冰、施铁权参加会议。

**6月11日**　公司总经理万志强到动力二厂和矿区服务事业部检查指导工作，就安全环保、降本增效、精细管理等工作提出要求。

**6月14日**　公司举办全民健身运动会系列活动之田径赛。公司党委书记王亚伟同志到现场观看了比赛。

**6月16日**　公司开展"安全故事大家讲"活动，公司总经理万志强应邀参加，并结合自身多年经验感受与大家分享了安全故事。

**6月17日**　公司党委书记王亚伟到安全承包点炼油二厂、储运厂检查指导工作，对安全生产的下一步工作提出具体要求。

**6月17日**　大庆油田有限责任公司副总经理万军一行来公司走访，就优化聚合物输送模式、推进相关项目建设和未来合作规划等话题进行交流与探讨。公司副总经理姜国骅、魏君、李岩冰陪同。

**6月18日**　华北化工销售公司总经理刘杰一行来公司走访，就如何加强产销衔接力度、共同应对激烈的市场竞争等话题进行交流与探讨。公司总经理万志强、副总经理魏君陪同。

**6月18日**　公司召开炼油能量系统优化研究分专题现场启动及工作推进会。集团公司科技管理部副总经理何盛宝、公司副总经理姜国骅参加会议。

**6月19日**　公司总经理万志强先后对聚合物一厂乙腈车间、储运厂成品一车间、检维修厂检维修三车间等基层单位的安全应急演练情况进行现场检查指导，强调安全工作不能搞"花架子"，不能"走过场"，更不能"演戏"。

**6月27日**　中国寰球工程公司总经理王新革一行来公司进行设计回访，公司总经理万志强、党委书记王亚伟、副总经理李岩冰参加座谈。

**6月27日**　公司总经理万志强现场检查指导炼油一厂常减压装置安全应急演练情况，并从救援次序、救援组织、救援能力3个方面展开论述，对安全应急演练的下一步工作提出具体要求。

**6月27日**　公司举行纪念建党93周年座谈会。公司党委书记王亚伟，党委副书记、纪委书记、工会主席李春妍参加会议。

**6月28日**　公司举办全民健身运动会系列活动之游泳比赛，公司总经理万志强参加部分比赛，党委副书记、纪委书记、工会主席李春妍到现场观看了比赛。

**6月**　公司30万吨/年聚丙烯（二期）工程荣获中国石油工程建设协会石油优质工程金奖。公司机电仪厂团委荣获2013年度"黑龙江省五四红旗团委"称号。

**7月7日**　公司开展消防系统专项检查，公司总经理万志强、副总经理姜国骅先后对动力一厂、储运厂等单位的6个消防站点进行了现场检查。

**7月10日**　集团公司外部董事路耀华、李毓华、金克宁、黄龙一行来公司调研，并先后到炼油一厂一套ARGG装置主控室、聚合物一厂聚丙烯酰胺四车间等单位进行实地走访，公司总经理万志强陪同调研。

**7月11日**　公司召开上半年生产经营分析会。上半年，面对油品出厂困难、生产被迫降量等不利形势，公司通过实施强化管理、深入挖潜、技术创新等措施，实现生产经营势头持续向好。就如何做好下步工作，公司总经理万志强强调，要在计划优化、技术创新、管理提升、模拟市场化运行上下功夫，不断提升企业内生动力和创效能力。

**7月16日**　公司召开上半年党群工作会。基层23家直属党组织、6个党群部门和公司党的群众路线教育活动办公室对上半年工作进行了简要的汇报和讲评，对下步工作做了安排。就如何做好党群下半年工作，公司党委副书记、纪委书记、工会主席李春妍提出了要加强反腐倡廉、新闻宣传、班子建设、群众路线问题整改等六方面要求。公司党委书记王亚伟强调，各级党组织要围绕公司中心工作、"四大基地"建设、检修等开展工作；要统一思想、扎实工作、调动两级班子和广大员工的工作积极性，齐心协力完成公司各项工作任务。

**7月17日**　东北化工销售公司总经理裴宏斌一行来公司走访，就聚丙烯产品的生产与销售情况进行了交流，公司总经理万志强，副总经理魏君参加座谈。

**7月17日**　华东化工销售公司党委书记肖华一行来公司走访，就聚丙烯产品的生产与销售情况进行了交流，公司总经理万志强，党委书记王亚伟，副总经理魏君参加座谈。

**7月18日** 公司召开2014年全民健身运动会总结表彰大会。公司党委书记王亚伟主持会议，党委副书记、纪委书记、工会主席李春妍做运动会工作总结，副总经理姜国骅宣读运动会表彰通报。就如何做好下步工作，总经理万志强指出，运动会要以基层为主，上下联动，注重陶冶员工身心、不超出组织单位的能力范围、不影响公司正常的工作，助推全民健身运动持续开展。公司副总经理魏君、李岩冰，总会计师施铁权参加会议。

**7月22日** 机电仪厂31号炼化变电所举行应急预案演练，公司总经理万志强到现场观摩指导，强调要通过演练，不断发现问题，解决问题，持续提升电力系统管理水平，保证公司安全生产运行。

**7月23日** 公司举行模拟液氨泄漏地企联动应急演练。公司总经理万志强，党委书记王亚伟，副总经理魏君，大庆市安监局副局长陆清元到现场观摩。

**7月24日** 公司举行机关办公楼消防安全应急演练，公司领导万志强、王亚伟、施铁权和主楼机关人员参加了消防疏散演练。

**7月30日** 公司开展拥军慰问活动，副总经理魏君先后走访慰问了大庆军分区、预备役高射炮兵师等驻庆部队，在"八一"建军节前夕，为部队官兵送去节日祝福。

**7月** 公司聚合物一厂聚丙烯酰胺四车间QC小组荣获2014年度石油工业优秀质量小组称号，其成果"提高聚丙烯酰胺产品合格率"分别荣获2014年度中国质量协会石油分会三等奖、黑龙江省QC成果一等奖。

**8月6日** 公司总经理万志强到炼油一厂一套常减压装置检修现场检查指导工作，他强调，参检干部员工要时刻将检修安全放在首位，加大安全监督力度，认真遵守操作规程，保证检修安全受控。

**8月7日** 国家优质工程复查组对公司30万吨/年聚丙烯（二期）工程进行复查评审。公司副总经理魏君陪同。

**8月8日** 公司开展安全生产大检查。大检查分三阶段进行：8月8日至8月31日为各单位自查整改阶段；9月1日至9月15日为公司抽查验收阶段；9月16日至10月31日为迎接省、市、炼化板块及集团公司现场检查验收阶段。公司要求各单位认真对照安全生产大检查方案，结合实际从严开展，严禁打折扣、搞形式、走过场。

**8月11日** 西安石油大学校长屈展一行来公司走访，就科技研发、人才培养等情况进行了交流，公司总经理万志强参加座谈。

**8月21日** 由大庆市总工会、大庆炼化工会、大庆新闻传媒集团等单位联合主办的第四届大型岗位建功活动"咱们工人有绝活"启动仪式暨"最牛叉车工"决赛，在公司文化石前广场举行。公司党委副书记、纪委书记、工会主席李春妍参加仪式。

**9月2日** 公司对2012年以来新提任的领导干部进行集体廉洁谈话。谈话会上，公司党委副书记、纪委书记、工会主席李春妍从充分认识反腐倡廉的形势、廉洁从业是人生事业的基础、领导干部要做廉洁从业的模范等3个方面做了深刻阐述。

**9月2日** 公司研究决定：将动力二厂划归矿区服务事业部，按矿区服务事业部二级单位管理；将安全监督站由公司安全环保处附属机构调整为公司直属机构管理。【庆炼化人事〔2014〕20号】

**9月2日** 公司研究决定：赵连成兼任公司安全监督站站长；李安庆任安全监督站副站长，不再担任安全监督站站长职务。以上人员原行政级别均不变。【庆炼化干〔2014〕9号】

**9月4日至5日** 集团公司副总经理、党组成员、股份公司总裁汪东进到公司调研。汪东进对公司今年以来取得的各项成绩给予充分肯定，并就油田与炼化业务协同发展、特色技术产品开发、实施走出去战略等工作提出要求。集团公司副总经理、党组成员、大庆油田有限责任公司总经理、大庆石油管理局局长刘宏斌一同调研。公司领导万志强、王亚伟、姜国骅、魏君、李岩冰、施铁权、李春妍陪同调研。

**9月8日** 公司领导万志强、王亚伟、姜国骅、李春妍深入生产装置、检修一线和施工现场，鼓励慰问坚守在岗位上的干部员工，并向广大干部员工及家属致以节日的问候。

**9月17日** 集团公司总经理助理汪世宏一行到公司调研。汪世宏对公司矿区建设给予充分肯定，并就矿区改革发展、主辅业务分离、"三供一业"移交等工作提出要求。集团公司矿区服务工作部总经理刘自强、工程建设分公司总经理白玉光等有关同志随同调研。公司领导万志强、王亚伟、魏君、李岩冰陪同调研。

**9月23日**　公司总经理万志强到聚合物一厂进行调研，就加强科研力量、提高产品质量、实现聚丙烯酰胺产品100%一级品率等工作提出要求。

**9月24日**　公司研究决定：侯善刚任检维修厂党委书记、纪委书记、工会主席、副厂长，不再担任动力二厂厂长、党委副书记职务；李桂荣任服务事业部离退休管理中心党委书记兼副主任（正处级），不再担任矿区服务事业部离退休管理中心党委副书记职务；于宪帝任保卫武装部主任、党委副书记（正处级），不再担任保卫武装部副主任职务；王冰玉任企业文化处副处长、党委宣传部副部长兼团委书记，不再担任团委副书记职务；张春晓任炼油一厂安全总监、党委委员，不再担任动力二厂副厂长、党委委员职务，同时免去王志国兼任的炼油一厂安全总监职务；张崇辉任润滑油厂副厂长，不再担任润滑油厂安全总监职务；刘建伟任润滑油厂安全总监、党委委员，不再担任动力二厂副厂长、安全总监、党委委员职务；姜涛任聚丙烯厂安全总监、党委委员，不再担任企业文化处副处长、党委宣传部副部长职务，同时免去李阳兼任的聚丙烯厂安全总监职务；房实颖任保卫武装部副主任、党委委员，不再担任检维修厂党委副书记、纪委书记、工会主席职务；贾洪生任检维修厂调研员，不再担任检维修厂党委书记、副厂长职务；于波任大庆宏伟庆化石油化工有限公司党委委员，不再担任润滑油厂副厂长、党委委员职务；于冰任电子商务部副主任（副处级）。以上人员除注明外，原行政级别均不变。【庆炼化干〔2014〕10号】【庆炼化党干〔2014〕6号】

**9月26日**　公司举行170万吨/年柴油产品质量升级项目中交仪式。170万吨/年柴油加氢装置采用中国石油化工研究院开发的PHF柴油加氢精制技术，是具有核心竞争力的自有技术。装置可生产硫含量低于50毫克/千克的国Ⅳ清洁柴油，并具备国Ⅴ清洁柴油的生产能力，对于公司推进中国石油精品炼油生产基地建设具有重大意义。公司总经理万志强，副总经理姜国骅、魏君、李岩冰参加仪式。

**9月28日**　公司总经理万志强到170万吨/年柴油加氢装置现场检查指导工作，就装置水联运、热炉烘炉、催化剂填装等过程优化工作提出要求，确保柴油加氢装置顺利开工投产。

**9月29日** 公司3.5万吨/年石油磺酸盐装置开车一次成功，顺利产出合格产品。该装置由山西省化工设计院设计，具有生产连续性强、产品质量稳定、反应可控、成本低、无副产物的特点。

**10月1日至7日** 公司主体装置生产运行平稳，新装置建设稳步推进，各项工作井然有序。

**10月16日** 公司召开三季度生产经营形势分析会。就如何做好下步工作，总经理万志强强调，要在降低消耗、物资采购、维修费用控制和深化模拟市场运行4个方面下功夫，持续提高企业经济效益。

**10月18日** 公司召开HSE审核末次会议。会上，集团公司炼油与化工分公司审核组通报了各专业组检查情况，并提出整改建议。公司总经理万志强要求，各单位各部门要清醒认识到HSE管理存在的问题和差距，继续在承包商管理、安全应急演练、安全隐患治理等方面下功夫，不断提高公司HSE管理水平。

**10月23日** 在集团公司2014年汽煤柴油加氢装置操作工职业技能竞赛上，公司获实物仿真装置操作和HSE实训装置应急演练项目团队金奖。

**10月28日** 公司党委中心组召开学习会，以观看视频形式认真学习党的十八届四中全会公报。公司党委书记王亚伟主持会议，并在学习结束后强调，公司各级党组织和广大党员干部要充分认识党的十八届四中全会的重大意义，认真研读全会文件，深刻领会全面推进依法治国的指导思想、总目标、总布局和六大任务，切实把思想和行动统一到全会精神上来，牢固树立法治理念，推进依法依规管理，为建设特色炼化企业而不懈努力。

**10月28日** 公司研究决定：樊春江任监察处副处长（副处级）；何晓龙任安全监督站副站长（名列李安庆之后），不再担任机电仪厂安全总监、党委委员职务；张玉任炼油二厂副厂长兼安全总监，不再担任炼油二厂党委副书记、纪委书记、工会主席职务；刘伟任炼油二厂副厂长兼总工程师，不再担任炼油二厂安全总监职务；史德明任机电仪厂安全总监；叶云木任纪委调研员，不再担任纪委副书记职务；韩相玉任大庆宏伟庆化石油化工有限公司党委委员，不再担任炼油二厂总工程师、党委委员职务；顾广发兼任炼油二厂纪委书记、工会主席。【庆炼化干〔2014〕11号】【庆炼化党干〔2014〕7号】

**10月31日** 公司总经理万志强到大庆油田公司采油一厂聚西－1配制站调研，现场征求油田公司对聚合物产品质量及服务工作的意见。调研期间，双方还围绕提高聚丙烯酰胺产品一级品率、做好聚合物产品质量检验前移等工作进行了座谈。

**10月** 经公司直属机关委员会议研究决定：安全监督站作为公司直属机构单独组建党支部，党组织关系隶属直属机关党委，赵连成任安全监督站党支部书记。【直属机关党〔2014〕4号】

**11月3日** 大庆油田有限责任公司将聚丙烯酰胺产品质检工作移交炼化公司，实现产品质检工作前移。这将进一步简化验收程序，减少中间环节，减少重复化验，确保产品质量，提高了油田化学品保供工作效率。

**11月5日** 公司召开党委中心组（扩大）学习会，公司党委书记王亚伟作了保密工作专题讲座。公司领导、副总师、总经理助理、部分专业负责人和机关部门负责人参加了会议。

**11月5日** 公司170万吨／年柴油加氢装置开车成功，生产出符合国Ⅳ标准柴油，标志着公司柴油产品实现升级，更加清洁、环保。

**11月6日** 黑龙江销售公司总经理刘刚、东北销售大庆分公司经理董德胜一行来公司走访，就如何加强产销衔接力度、共同应对激烈市场竞争等话题进行交流与探讨，公司党委书记王亚伟、副总经理魏君参加座谈。

**11月13日** 辽宁石油化工大学校长孙小平一行来公司就校企合作、人才培养等话题进行交流，公司总经理万志强参加座谈。

**11月14日** 公司召开纪委书记（工会主席）工作例会，机关党群部门和二级单位就今年以来的工作进行了交流探讨，并对2015年公司工会和纪检工作计划进行通报。公司党委副书记、纪委书记、工会主席李春妍主持会议并讲话，她从基层纪委书记"三转"工作、2014年公司案件查办、党风廉政建设主体责任落实3个方面出发，对纪检监察工作提出了具体要求，并对工会下一步重点工作进行安排。

**11月18日** 公司环保装置酸性气制酸装置开车成功，产出93%合格工业硫酸，并具备外输3.5兆帕中压蒸汽能力，其中硫酸产品除了浓度指标之外，已经达到了试剂级产品要求，具有良好的效益前景。

**11月19日**　公司完成成品油地付改造工程，新建汽油鹤位6个，柴油鹤位9个，可承担93#、97#乙醇汽油，0#、-35#柴油的装车任务，达到日付柴油1500吨、汽油1000吨的装车能力，满足大庆、齐齐哈尔、绥化、肇东地区市场需求，实现油品外运形式多样化，缓解公司成品油运输压力。

**11月19日**　吴金海任大庆炼化公司项目部副主任，免去其聚合物一厂副厂长、党委委员职务。经大庆市委研究同意，委派苏将胜到大庆庆南新城开发建设管理委员会挂职，免去其大庆炼化公司工会副主席职务；委派朱鲁涛到大庆庆南新城开发建设管理委员会挂职，免去其矿区服务事业部副主任、党委委员职务。【庆炼化干〔2014〕13号】【庆炼化党干〔2014〕8号】

**11月20日**　股份公司石油化工研究院副院长马安来公司就润滑油异构脱蜡科研工作开展技术交流，公司副总经理姜国骅参加座谈。

**11月21日**　股份公司总工程师蔺爱国一行就加氢催化剂应用状况来公司调研。公司总经理万志强、党委书记王亚伟、副总经理姜国骅参加了座谈。

**11月25日**　公司PPR管材料获"中国石油和化学工业知名品牌产品"荣誉，成为中石油唯一获得聚丙烯管材料品牌荣誉的炼化企业。

**11月28日**　公司与大庆师范学院正式签署校企合作协议。公司总经理万志强参加了签字仪式并讲话，他希望校企双方在人员培训、大学生现场实践、油田化学技术研发等多领域开展工作，探寻有效途径，开创合作新局面。


**12月5日**　公司召开"双十"全员读书活动座谈会。公司党委副书记、纪委书记、工会主席李春妍参加会议并讲话。她要求各级党组织积极发挥引领作用，领导干部切实做好表率，推动广大员工主动学习、积极思考，并结合工作实际开展创新工作，推进学习型组织建设。

**12月12日**　公司取得中国石油"书香宝石花·点亮青春梦"青年读书知识竞赛决赛第四名，获铜牌。

**12月22日**　公司召开2014年度领导班子和领导干部考核工作启动会议，总经理万志强参加会议，他强调年度干部考核是公司掌握处级领导班子和干部动态的重要渠道，全体考核组成员要秉持客观、公正、公平的原则，实现考核行为标准化，严于律己，一言一行都要体现出考核工作的科学性、严肃性和纪律性，不负重托，不辱使命。

**12月23日** 公司召开7万吨/年石油磺酸盐项目基础设计预审查会，公司副总经理姜国骅、李岩冰，以及公司相关处室、二级单位负责人参加会议。

**12月24日** 公司召开党群工作例会，公司党委书记王亚伟，党委副书记、纪委书记、工会主席李春妍参加会议。李春妍对完善制度监督体系，有效开展党群活动，做好党代会、工代会、团代会换届选举，强化思想政治教育等工作提出要求。王亚伟强调党群部门应该站在公司整体的角度进行工作，切实提高党群工作整体功能，对重要的工作和活动时间进行列表，追踪问效。此外，领导干部要带头执行标准化，做好表率，勇于担责，努力完成公司各项任务。

**12月26日** 公司召开2014年民主生活会征求意见会议，党委书记王亚伟参加座谈会并讲话，他强调党务工作者要有博大的胸怀，要加强学习、创新工作、提高效率、服务大局，积极做好各项工作，正确地引导、鼓舞和帮助广大干部员工，为全面完成公司各项生产经营任务做贡献。

**12月26日** 公司30万吨/年聚丙烯（二期）工程获得工程建设质量最高荣誉——国家优质工程奖。

# 二〇一五年

**1月9日** 黑龙江省委书记王宪魁一行来公司检查指导工作，集团公司副总经理、党组成员、大庆油田公司总经理、大庆石油管理局局长、中国石油驻黑龙江地区石油石化企业工作协调组组长刘宏斌，市委书记赵铭，市长夏立华，公司领导万志强、王亚伟、姜国骅、魏君、李岩冰、施铁权、李春妍陪同。

**1月12日** 公司获全国职业病防治知识竞赛优胜单位奖。

**1月16日** 集团公司企业管理部总经理姜力孚一行来公司调研，公司领导魏君、施铁权参加座谈。

**1月20日** 公司召开干部大会，宣布集团公司党组、股份公司关于姜国骅同志任大庆炼化分公司党委书记，免去王亚伟同志的大庆炼化分公司党委书记、委员、副总经理职务，退休的决定。集团公司副总经理、党组成员、大庆油田公司总经理、大庆石油管理局局长、中国石油驻黑龙江地区石油石化企业工作协调组组长刘宏斌出席会议并讲话，集团公司人事部副总经济师樊卫国宣读任免文件，公司总经理、党委副书记万志强主持会议并发言，王亚伟、姜国骅分别作表态发言。【中油党组〔2015〕16号】

**1月20日**　昆仑润滑油公司总经理王凌一行来公司进行交流，就实现合作双赢、提高市场占有率等问题进行了探讨，公司领导万志强、姜国骅参加座谈。

**1月27日**　总经理万志强在集团公司2015年工作会议上作题为《苦练内功 深挖潜力 促进有质量有效益可持续发展》的经验交流发言，成为股份公司唯一一家作发言的炼化企业。

**1月31日**　公司领导班子召开2014年度民主生活会，党委书记姜国骅主持会议，公司领导万志强、魏君、李岩冰、施铁权、李春妍参加会议。

**1月**　公司保卫武装部守卫一大队白班中队获得集团公司"青年文明号"荣誉称号。

**2月2日**　公司召开干部大会，传达集团公司2015年工作会议精神。公司领导万志强、姜国骅、魏君、李岩冰、施铁权、李春妍参加会议。会上，总经理万志强强调，各单位要深入贯彻落实会议精神，沿着特色炼化主线，推进四大基地建设，狠抓质量、效益两个关键点，确保全年生产经营任务顺利完成。党委书记姜国骅表示，各级领导干部要把学习贯彻会议精神作为当前一项重要工作来抓，围绕生产中心工作，将各项工作做实做细，不断提高公司生产经营管理水平。

**2月10日**　公司召开工作会议暨2015年职工代表大会，公司领导万志强、姜国骅、魏君、李岩冰、施铁权、李春妍及300余名职工代表和列席代表参加了会议。总经理万志强在会上作题为《坚持特色发展 推进四大基地建设 实现有质量有效益可持续发展新跨越》的工作报告，明确公司当前及今后一个时期的总体工作思路是：全面贯彻落实集团公司工作会议精神，围绕建设特色炼化主线，抓住安全、环保两个关键，做好业务结构调整、增长点培育、低成本发展 3 篇文章，建设四大基地，注重创新驱动，推进依法治企，深化内部改革，实现有质量有效益可持续发展新跨越。党委书记姜国骅作题为《统一全员思想 坚持特色发展 推进有质量有效益可持续炼化企业新提升》的总结讲话，并就深入贯彻落实会议精神提出具体要求。副总经理魏君宣读《大庆炼化公司 2014 年度先进单位和劳动模范表彰通报》，总会计师施铁权作《大庆炼化公司 2014 年财务决算和 2015 年财务预算安排的报告》，会议由党委副书记、纪委书记、工会主席李春妍主持。大会还对 2014 年度领导人员选拔任用情况和公司领导班子履职情况进行了民主评议。

**2 月 15 日**　公司召开"中国梦·劳动美·炼化情"2015 年劳动模范新春交流会。公司领导万志强、姜国骅、魏君、李岩冰、施铁权、李春妍出席了会议。

**2 月 16 日**　公司召开离退休老领导新春座谈会，公司领导万志强、姜国骅、李春妍参加了会议。

**2 月 26 日**　公司研究决定：信息管理部更名为信息中心，由公司直属单位调整为公司二级单位，机构规格正处级。【庆炼化人事〔2015〕9 号】

**2 月 26 日**　公司研究决定：丁海中兼任规划计划处处长，免去葛立彬的规划计划处处长职务，改任项目部副主任；赵景山兼任信息中心主任，免去其兼任的信息管理部主任职务；张艳杰任大庆炼化公司信息中心副主任，免去其信息管理部党支部书记职务；徐立任信息中心党支部书记、副主任，免去其储运厂厂长、党委副书记职务；申在权任储运厂厂长、党委副书记，免去其储运厂党委书记、副厂长职务；郭金忠任储运厂党委副书记（主持党委工作）、副厂长，免去其生产运行处副处长兼总调度室主任职务；蒋显芳任公司驻北京办事处调研员，免去其公司驻北京办事处主任职务；张辑伟任公司驻北京办事处主任，免去其公司工会副主席职务；于国权任公司工会副主席，免去其机电仪厂厂长、党委副书记职务；孟宪杰任机电仪厂厂长、党委副书记，免去其机电仪厂党委书记、副厂长职务；齐文浩任机电仪厂党委书记、副厂长，免去其项目部副主任职务；陈立任质量检验与环保监测中心调研员，免去其质量检验与环保监测中心党委书记、副主任职务；宋志国任质量检验与环保监测中心党委副书记、纪委书记、工会主席（主持党委工作）兼任副主任；朱卫东任计量检测中心调研员，免去其计量检测中心党支部书记、副主任职务；纪长伟任计量检测中心党支部书记、副主任，免去其动力一厂党委副书记、纪委书记、工会主席职务；于占涛兼任动力一厂纪委书记、工会主席；蔡庆平任物资供应中心党支部书记、副主任，免去其润滑油厂党委副书记、纪委书记、工会主席职务；免去吴印海的物资供应中心党支部书记、副主任职务；杨美利兼任润滑油厂纪委书记、工会主席。【庆炼化干〔2015〕2号】【庆炼化党干〔2015〕1号】

**3月4日**　公司召开庆祝"三八"国际劳动妇女节105周年座谈会。公司党委副书记、纪委书记、工会主席李春妍参加。

**3月5日**　公司召开党委中心组学习会，集中收看第十二届全国人大三次会议开幕会实况，聆听学习李克强总理所作的政府工作报告。公司领导万志强、姜国骅、魏君、李岩冰、施铁权、李春妍参加。

**3月11日**　大庆市委书记赵铭到公司调研，并就深化地企合作、实现共同发展等话题进行了座谈交流。公司领导万志强、姜国骅、魏君、李岩冰、施铁权、李春妍参加。

**3月12日**　公司首批国V92#车用汽油正式出厂，标志着公司成品油技术和生产能力进一步提升，并向打造中国石油精品炼油生产基地迈出了坚实步伐。

**3月13日**　集团公司总经理助理、总法律顾问、股份公司监事会主席郭进平到公司调研，并就加强依法治企、明确审计定位等工作提出要求。公司领导万志强、魏君参加汇报会。

**3月14日**　公司召开反腐倡廉建设工作会议，公司领导万志强、姜国骅、魏君、李岩冰、施铁权、李春妍参加。会上，公司党委副书记、纪委书记、工会主席李春妍作题为《依法治企 合规监督 在特色炼化企业建设中发挥特殊生产力作用》的反腐倡廉建设工作报告。公司党委书记姜国骅就进一步加强公司反腐倡廉建设，从提高认识、细化落实、发挥表率3方面提出了具体要求。公司总经理万志强传达了十八届中央纪委五次全会和集团公司反腐倡廉建设工作会议精神，并作会议总结发言。他强调，各级领导干部要认真做好会议精神的传达贯彻，紧跟形势，严守纪律，依法依规办事，持续推进公司反腐倡廉建设。

**3月17日** 公司总经理万志强就催化剂添加、工艺流程创新及现场标准化工作推进情况，深入聚合物一厂、聚合物二厂、聚丙烯厂进行专题调研。他强调，各级管理人员要积极动脑筋、想办法，善于总结生产管理经验，主动创新催化剂添加工艺，持续加强现场标准化管理，不断促进公司管理水平和经济效益提升。

**3月26日** 公司总经理万志强率领公司技术人员到大庆化工研究中心进行技术交流。万志强先后参观了树脂、炼油研究所，管材、注塑等实验室，并与大庆化工研究中心负责人进行了座谈。会上，万志强指出，双方要建立定期沟通机制，拓宽在原油评价、聚丙烯新产品开发、生产技术服务等领域合作，努力促进共同发展。

**3月30日** 公司召开HSE管理体系审核末次会议，公司领导万志强、姜国骅、魏君、李岩冰、施铁权、李春妍及HSE审核组成员参加会议。审核组对公司HSE体系管理工作进行了讲评，并在环保项目实施、事件事故管理、防腐防泄漏等方面提出了建议。总经理万志强对审核组所做的工作和提出的建议表示感谢，并指出公司将举一反三，全面梳理整改HSE问题，推进体系建设，提高工作标准，努力实现安全环保管理标准化，促进企业安全、长远发展。


**4月1日** 兰州石化公司副总经理张友才一行到公司走访，就催化剂技术、使用等情况进行交流，公司党委书记姜国骅参加座谈。

**4月8日** 公司总经理万志强、副总经理李岩冰深入储运厂原油罐区和成品油罐区，了解公司部分储罐使用、安全消防等情况。万志强强调，各单位要持续加强储罐管理，严格规范操作，科学制定巡检频次路线，确保安全平稳运行。

**4月9日** 公司总经理万志强到宏伟庆化公司了解装置开工进展情况，并对开工过程提出具体要求。他强调，要坚持"精细、周密、统筹、协调、安全"的十字方针，将各项准备工作做实做细，确保装置安全、平稳、顺利开工。

**4月8日至10日** 公司党委开展了为期3天的2015年入党积极分子集中学习培训。培训期间，公司党委副书记、纪委书记、工会主席李春妍围绕职业道德建设与学员展开专题讨论，并对入党积极分子提出了具体标准和要求。

**4月16日**　公司召开一季度生产经营形势分析会。一季度，公司高效产品比例、单因耗能等炼油主要技术指标排名好于同期，基本完成了生产经营预期计划。会上，公司总经理万志强强调，各单位要坚定信心，传递压力，持续在降本和增收上下功夫，牢牢把握未来增利因素，为企业发展和员工受益而努力奋斗。

**4月18日**　公司举行全民健身运动会开幕式，公司领导万志强、姜国骅、李岩冰、施铁权、李春妍出席。公司党委书记姜国骅在讲话中希望公司上下一同努力，将全民健身运动会办成团结鼓劲、凝聚人心、促进发展的盛会，打造成展示才能、张扬个性、发现人才、备受员工喜爱的活动平台，为公司推进"四大基地"建设，实现有质量有效益可持续发展、打造过硬的人才团队而助力加油。

**4月21日**　大庆市人大常委会主任郑新英一行就服务中直企业、探寻炼化项目深加工对接等方面到公司调研。公司领导万志强、姜国骅、李岩冰、施铁权、李春妍参加座谈。

**4月23日**　公司与市社科联等单位共同举办了"读书与人生"主题演讲比赛，来自不同单位的12名选手同台畅论，以丰富的演讲内容向"世界读书日"献礼。

**4月24日**　公司举办劳动争议调解员培训班，黑龙江省工会干部学院特邀教师、省铁路局工会法律顾问张伟围绕如何做好劳动争议调解等工作进行了授课。大庆市劳动仲裁院院长李世民出席开班仪式。2014年，公司被国家人力资源和社会保障部授予"全国劳动争议调解示范企业"称号。

**4月28日**　宏伟庆化公司50万吨/年TMP装置开车成功，顺利进入生产状态。50万吨/年TMP装置是宏伟庆化公司15万吨/年丙烯项目的重要生产装置，主要生产液态烃、汽柴油组分、干气等产品。

**4月28日**　公司召开炼化板块HSE管理体系审核问题整改分析会，公司党委书记姜国骅、副总经理李岩冰参加会议。会上，姜国骅强调，各单位要加强精细化管理，严守操作规程，俯下身去找出问题关键环节，促进问题彻底解决。

**4 月 29 日** 公司召开落实党风廉政建设主体责任和监督责任制度宣讲会，公司党委副书记、纪委书记、工会主席李春妍从党委主体责任、纪委监督责任、业务监管责任等 5 方面出发，对"两个责任"进行了一次全面辅导。

**4 月 30 日** 公司召开 QHSE 管理体系认证监督审核末次会议。北京中油健康安全环境认证中心审核组对公司 QHSE 管理体系运行情况进行了讲评，并在应急管理、设备管理等方面提出了建议。公司副总经理李岩冰在讲话中要求，各单位要根据审核组意见，深入查找整改问题，做到举一反三，切实提升管理水平。

**4 月 30 日** 公司召开第六届"杰出青年"表彰会，对评选出的张智庆、康超等 10 位"杰出青年"与滕小勇、路泳鑫等 15 位"青年岗位能手"进行表彰。公司党委副书记、纪委书记、工会主席李春妍主持会议。公司党委书记姜国骅围绕信念、责任、心态等方面对广大青年提出希望。

**4 月** 公司在中国石油物资公司 2015 年中石油聚丙烯酰胺集中采购招投标中，以较高的产品报价和质量，成功中标大庆油田、吉林油田和冀东油田 3 个标包，为公司聚丙烯酰胺产品进入油田市场占得先机。

**4 月** 公司生产技术处处长辛公华被中共中央、国务院授予"全国劳动模范"称号。公司炼油一厂重整加氢车间党支部书记兼副主任杨明辉荣获"全国五一巾帼标兵"称号。

**5 月 5 日** 黑龙江省副省长胡亚枫到公司调研，并先后到聚丙烯厂、庆化公司了解产品生产、销售等情况。公司副总经理李岩冰陪同。

**5 月 5 日** 公司研究决定：刘子才任维护稳定工作办公室主任（正处级），免去其维护稳定工作办公室副主任职务；徐波任动力厂厂长兼党委副书记，免去其动力一厂厂长兼党委副书记职务；于占涛任动力厂党委书记、纪委书记、工会主席兼副厂长，免去其动力一厂党委书记、纪委书记、工会主席兼副厂长职务；汤伟成任矿区服务事业部离退休管理中心党委书记、纪委书记、工会主席兼副主任，免去其动力二厂党委书记、纪委书记、工会主席兼副厂长职务；梁天舒任生产运行处副处长，免去其聚丙烯厂副厂长、党委委员职务；于玲河任规划计划处副处长（副处级）；林羽任聚合物一厂副厂长（副处级）、党委委员；孙书庆任动力厂副厂长、党委委员，免去其动力一厂副厂长、党委委员职务；宋佳旺任大庆炼化公司动力厂副厂长兼总工程师、党委委员，免去其动力一厂副厂长兼总工程师、党委委员职务；都献文任大庆炼化公司动力厂安全总监、党委委员，免去其动力一厂安全总监、党委委员职务；于伟林任大庆炼化公司检维修厂安全总监（副处级）、党委委员；金国仁任大庆炼化公司矿区服务事业部副总工程师，免去其动力二厂副厂长、党委委员职务；黄庆元任大庆炼化公司矿区服务事业部综合管理办公室主任，免去其矿区服务事业部人事劳资处处长职务；赵建江任大庆炼化公司矿区服务事业部离退休管理中心副主任、党委委员，免去其矿区服务事业部综合管理办公室主任职务；李丰任大庆炼化公司矿区服务事业部供热站站长兼党总支副书记，免去其动力二厂副厂长、党委委员职务；李晓均任大庆炼化公司矿区服务事业部供热站党总支书记兼副站长，免去其动力二厂副厂长、党委委员职务；丁玉范任大庆炼化公司聚合物一厂调研员，免去其聚合物一厂党委书记、纪委书记、工会主席兼副厂长职务；李桂荣任大庆炼化公司矿区服务事业部离退休管理中心调研员，免去其矿区服务事业部离退休管理中心党委书记、纪委书记、工会主席兼副主任职务；刘国庆任大庆炼化公司矿区服务事业部离退休管理中心调研员，免去其矿区服务事业部离退休管理中心副主任、党委委员职务；免去申昌日兼任的检维修厂安全总监职务。李峰任聚丙烯厂党委书记（正处级），免去其聚丙烯厂党委副书记职务；李劲之任聚合物一厂党委副书记、纪委书记、工会主席（主持党委工作）；以上人员除注明外，原行政级别均不变。【庆炼化干〔2015〕3号】【庆炼化党干〔2015〕2号】

**5月6日** 大庆市副市长、代理市长韩立华到公司调研，就深化地企合作等话题进行交流。公司领导万志强、姜国骅、李岩冰、施铁权、李春妍参加座谈。

**5月11日至14日** 集团公司董事长、党组书记到黑龙江石油石化企业调研。在驻黑龙江石油石化企业座谈会上，听取了大庆油田、大庆炼化等5家企业汇报，以及基层企业劳模、科技代表和一线员工代表的发言。董事长强调，要高举大庆旗帜，弘扬大庆精神铁人精神，依靠科技创新、管理创新，筑牢发展根基，打造一支过得硬的干部员工队伍，为集团公司持续健康发展凝心聚力，再做新贡献。公司领导万志强、姜国骅、李岩冰、施铁权、李春妍参加座谈。

**5月13日**　集团公司董事长到公司调研，代表党组看望慰问一线干部员工，实地了解公司生产经营、科技创新、挖潜增效等情况。集团公司副总经理、党组成员、大庆油田公司总经理刘宏斌参加调研。公司领导万志强、姜国骅陪同。

**5月23日**　公司开展全民健身运动会之健步走活动。公司领导姜国骅、施铁权、李春妍参加。

**5月29日**　公司党委书记姜国骅讲授"三严三实"专题教育党课。姜国骅以"自觉践行'三严三实'，深入推进领导干部队伍作风建设"为题，深入分析了"三严三实"的内涵、意义及领导干部中存在的"不严不实"问题，并就贯彻落实专题教育活动等工作提出了具体要求。总经理万志强强调，各单位要认真学习领会本次党课精神，结合实际扎实开展好"三严三实"专题教育活动，不断促进干部队伍作风转变及公司各项工作的提升。公司领导李岩冰、施铁权、李春妍参加会议。

**5月**　公司《基层建设》《员工学习手册》分别荣获中国品牌内刊2014年度"好报纸"特等奖、"好杂志"一等奖。

**5月**　公司开展2015年度义务献血活动，经过23家单位、千余名干部员工的积极参与，一周内共计献血171900毫升。


**6月2日**　中国石油与华南区域知名企业技术合作框架协议签字仪式在广州华南化工销售公司举行，公司总经理万志强出席签字仪式。公司产品营销中心主任陈索辉代表大庆炼化与华南区域知名企业日丰、德冠集团签订战略合作框架协议，协议的签订将进一步强化公司与华南区域知名企业战略合作，实现发展共赢。签订协议期间，万志强一行还先后到广东日丰管业、德冠包装、金发以及美的等知名企业调研，征求客户对公司聚丙烯产品的意见，共同探讨聚丙烯前沿科技发展的合作契机。

**6月2日**　全国劳动人事争议处理效能建设督查组来公司，就劳动争议调解情况进行调研。公司党委副书记、纪委书记、工会主席李春妍陪同。

**6月5日**　公司总经理万志强带领公司生产技术处、炼油一厂、产品营销中心等相关人员到中海油惠州炼化分公司参观交流，实地对标学习炼油管理经验。

**6月12日** 黑龙江省委副书记在省总工会主席王悦华、大庆市委书记赵铭的陪同下来公司调研。陈润儿一行先后到公司展厅、炼油二厂二套 ARGG 装置主控室了解生产运行、技术创新、产品销售等情况。公司领导万志强、姜国骅、李春妍陪同。

**6月12日** 集团公司企业信息门户提升项目组来公司，就企业信息门户系统"十三五"规划工作进行调研指导。公司总经理助理刘喜民参加座谈。

**6月13日** 公司全民健身田径运动会田径比赛在大庆铁人中学举行。公司领导万志强、姜国骅、李春妍到现场观看比赛。

**6月15日** 公司总经理万志强结合公司安全生产工作，讲授"三严三实"专题教育党课，强调公司各级领导干部要按照"三严三实"的要求，搞好"安全生产月"活动。

**6月18日** 集团公司改革与企业管理部副总经理张书文一行来公司，就企业管理与改革工作进行调研。公司党委书记姜国骅参加座谈会。

**6月17日** 公司与沈阳鼓风机集团股份有限公司在沈阳签订战略合作协议。公司总经理万志强代表公司签订协议。协议的签订，有利于双方在设备新技术推广应用、备品备件、安装检修、配件修理修复、技术服务等方面进一步扩大合作规模，提升合作质量，实现共同发展。签订协议期间，万志强一行还先后到沈阳透平机械股份有限公司、中石油东北化工销售营口分公司参观学习。

**6月25日** 上午，公司召开纪检、工会工作会议。公司党委副书记、纪委书记、工会主席李春妍参加会议，并对下步工作提出具体要求。会议结束后，李春妍为参加会议的党员干部讲授了题为《践行"三严三实"要求 赓续共产党人的政治基因》的"三严三实"专题教育党课。

**6月30日** 公司举行罐区泄漏着火事故突发应急演练。公司领导万志强、姜国骅、李岩冰现场观看演练，并对存在的问题及下步工作提出要求。

**6月** 公司聚丙烯厂成功开发出二元共聚流延膜专用料 RP210M 聚丙烯新产品。该产品具有透明性好、光泽度高、挺度好等特点，可用于服装、文具、药品等包装袋，市场需求量大。

**7月1日**　公司召开纪念建党94周年座谈会。座谈中，与会代表共同重温了入党誓词，回顾了94年来中国共产党的光辉历程和伟大成就，并结合自身工作实际，就如何践行"三严三实"要求、强化领导班子队伍建设、提高党支部凝聚力战斗力等方面进行了深入交流。公司领导姜国骅、李春妍参加座谈会，并分别就下步企业党建、党群工作提出要求。

**7月3日**　公司与中国寰球工程公司在北京签订战略合作框架协议。公司总经理万志强与中国寰球公司总经理王新革分别代表双方签字。根据协议，双方将在海外炼厂技术改造、业务咨询、人员培训等方面开展合作，有利于资源互补，互利共赢。协议签订期间，万志强还带队参观了中国寰球公司设计部，并就烷基化、废酸处理等技术进行了交流。

**7月8日**　"加油体验"活动走进公司，来自新华社、《中国青年报》、天涯网等40多位媒体记者和社会各界人士深入公司展厅、装置和车间，近距离了解生产、品读石油。公司党委副书记、纪委书记、工会主席李春妍陪同。"加油体验"活动由集团公司组织，邀请媒体记者、专家学者、网络大V和热心网友参与，旨在促进社会各界了解一个更为真实的中国石油。

**7月9日至10日**　公司召开上半年党群工作例会。公司领导姜国骅、李春妍参加会议，并分别就如何更好发挥党组织作用、做好下半年党群工作提出要求。

**7月12日**　公司举行2015年全民健身运动会游泳比赛。公司领导万志强、李春妍到现场观看比赛。

**7月15日**　公司召开上半年经营形势分析会，企业经营形势持续向好。会后，公司总会计师施铁权以"提升财务管理，严肃财经纪律，在财务工作中践行'三严三实'"为题，讲授了"三严三实"专题教育党课。公司领导万志强、姜国骅、魏君、李春妍参加会议。

**7月16日**　公司召开培训保密工作会议暨管理体系文件修订宣讲会。公司总经理万志强分别对培训、保密和管理体系文件修订工作进行了讲解，并下步工作提出了要求。公司党委书记姜国骅主持会议，公司领导魏君、李岩冰、施铁权、李春妍参加会议。

**7月18日**　公司 2015 年首期"青年大讲堂"正式开讲。公司党委副书记、纪委书记、工会主席李春妍以"修身"为主题，为公司广大青年员工讲授了第一堂课。

**7月17日**　公司党委中心组以扩大学习的形式，观看《石油魂》宣讲视频。公司在家领导班子成员、副总师、总经理助理、机关处室，以及机关党委所属直附属机构副处级以上领导干部参加学习。

**7月21日**　公司召开全面推进中央巡视反馈问题专项整改领导小组召开第一次会议。会议宣读了公司《关于全面推进中央巡视反馈问题整改工作的通知》文件，明确了公司整改工作方案、组织机构、业务流程等内容，并就下步工作提出了要求。公司领导姜国骅、李春妍参加会议。

**7月23日**　公司党委以中心组集中学习的形式，进行了"三严三实"第一专题学习研讨，公司领导姜国骅、李岩冰围绕"严以修身"进行了专题发言。公司领导万志强、魏君、施铁权、李春妍重点谈了学习体会。通过研讨，公司领导班子一致认为，要把严以修身作为为官做人的基本遵循、为官用权的警示箴言、干事创业的基本准则，充分调动广大干部干事创业的积极性，崇尚实干、注重实绩，把干部队伍真正打造成建设有质量有效益可持续发展特色炼化企业的中流砥柱。

**7月24日**　公司总经理万志强先后到大庆军分区、黑龙江陆军预备役高射炮兵师驻地慰问，代表公司向全体官兵致以节日问候和良好祝福。

**7月30日**　公司 7 万吨 / 年石油磺酸盐项目顺利中交，标志着公司具备了 12 万吨 / 年石油磺酸盐的生产能力，将进一步满足大庆油田 3 次采油的需要。公司领导魏君、李岩冰，大庆油田公司领导王玉华参加中交仪式。

**7月30日**　公司召开全面推进中央巡视反馈问题专项整改领导小组第二次会议，听取了 5 个专项整改工作组和 15 个基层党委整改进度的汇报，并对下步工作提出了要求。公司党委副书记、纪委书记、工会主席李春妍参加会议。

**8月3日**　公司召开会议，学习传达集团公司 2015 年领导干部会议精神。公司领导万志强、姜国骅、魏君、李岩冰、施铁权、李春妍参加会议。

**8月13日**　公司组织机关处室到采油九厂龙虎泡采油作业区，就现场管理工作进行参观学习。公司领导万志强、姜国骅、李岩冰、施铁权参加学习并座谈。

**8月14日**　7万吨/年石油磺酸盐装置成功投产，标志着公司石油磺酸盐年产能达到12万吨，将进一步满足大庆油田3次采油需求。

**8月14日**　公司总经理万志强到储运厂燃料油装储站，就安全运行工作进行检查指导。

**8月15日**　公司总经理万志强到炼油一厂一套ARGG装置检修现场进行检查指导，对检修安全、质量和进度工作提出要求。

**8月18日**　公司党委书记姜国骅到炼油一厂一套ARGG装置检修现场进行检查指导，对检修安全、现场问题处理等工作提出要求。

**8月19日**　公司党委副书记、纪委书记、工会主席李春妍带队，二级单位、直属单位党政领导组队到采油九厂龙虎泡采油作业区，就现场管理工作进行参观学习。

**8月26日**　在纪念抗日战争胜利70周年前夕，公司领导姜国骅、李春妍前往林源矿区，代表公司干部员工看望慰问从公司离休的抗战老兵王宝升、于寿桂老人，并将纪念抗日战争胜利70周年功勋奖章和慰问金，颁发给两位老人。

**8月26日**　公司正式启动安全生产大检查活动，以自查、专业检查和公司综合抽查的方式，重点对危化品管理、风险管理等22项内容进行检查，逐步消除安全隐患，夯实安全环保基础。

**8月27日**　公司正式启动以"弘扬光荣传统、重塑良好形象"为主题的重塑中国石油良好形象大讨论活动。活动旨在通过大力弘扬石油工业优良传统作风，努力塑造忠诚担当、风清气正、守法合规、稳健和谐的良好形象，推进企业稳健发展。

**8月**　公司聚丙烯厂自主研发的高光泽抗冲中熔共聚注塑料EP300M新产品试生产成功，顺利产出合格产品，有效填补国内生产空白。聚丙烯EP300M新产品具有良好的抗冲性、高光泽度和耐应力，主要用于各类家用电器的生产。

**9月7日**　集团公司副总经理、党组成员喻宝才，集团公司副总经理、党组成员、大庆油田公司总经理刘宏斌到公司调研。喻宝才、刘宏斌先后到公司炼油二厂联合主控室、聚丙烯厂主控室和公司展厅，详细了解生产运行、工艺指标、产品质量等情况，对公司主动适应市场形势、持续技术创新等工作给予了肯定。就下一步工作，喻宝才强调，要进一步依托特色发展优势，加快科技创新步伐，深入推进薪酬机制改革，努力保持良好的生产经营势头，为集团公司稳健发展贡献力量。公司领导万志强、姜国骅、魏君、李岩冰、施铁权、李春妍陪同。

**9月9日** 公司召开"重塑中国石油良好形象"大讨论活动推进会。公司党委副书记、纪委书记、工会主席李春妍就《大庆炼化公司"重塑中国石油良好形象"大讨论活动实施方案》进行了解读，对重点工作任务实施进行了说明。公司党委书记姜国骅就如何开展好大讨论活动提出了要求，他强调，各单位要认真学习活动方案，明确大讨论活动的重要意义、指导思想和目标任务，动员全体干部员工振奋精神、凝心聚力，以实际行动和良好业绩为中国石油重塑良好形象贡献力量。

**9月10日** 广州佛山日丰企业有限公司副总经理总工程师李白千、华南化工销售公司副总经理马宗立一行到公司，就聚丙烯产品质量、管材料市场需求等情况进行了座谈交流。公司副总经理魏君参加座谈。

**9月16日** 公司党委书记姜国骅到聚合物一厂，就生化车间F-301气改油、聚丙烯酰胺三车间抗盐反应釜更换等工作进行现场检查指导。

**9月17日** 中国昆仑工程公司总经理周华堂、党委书记沈钢到公司，就聚丙烯装置生产运行、海外聚丙烯项目建设等工作进行了技术交流。公司领导姜国骅、李岩冰陪同。

**9月19日** 为迎接新中国66华诞，公司工会组织开展了以"庆'十·一'、炫出美丽、舞出风采"为主题的全民健身员工排舞比赛。公司党委副书记、纪委书记、工会主席李春妍到现场观看，并为获奖代表队颁奖。

**9月22日** 公司党委以中心组集中学习的形式，开展"三严三实"专题教育第二专题学习研讨。党委中心组成员观看了反腐倡廉专题教育片，公司领导魏君、李春妍分别围绕干部作风建设、严于律己等方面进行了专题发言，公司其他领导班子成员也结合学习和分管工作着重谈了感受体会。公司党委书记姜国骅主持学习研讨会，他强调，严守党的政治纪律和政治规矩，关键因素在于严以律己，严以律己要有衡量标准、有方法、有目标，确保将严于律己要求，真正传递到内心、反映到行动上，持续改变工作作风。

**9月26日**　集团公司党组下发文件，决定姜国骅同志任大庆炼化分公司工会主席；李岩冰同志任大庆炼化分公司安全副总监；刘喜民同志任大庆炼化分公司党委委员、副总经理。免去姜国骅同志的大庆炼化分公司安全副总监职务，免去李春妍同志的大庆炼化分公司党委副书记、工会主席职务。

**10月14日**　集团公司党组成员、党组纪检组组长徐吉明到大庆地区石油石化企业调研，听取大庆油田公司、大庆石化公司和大庆炼化公司工作汇报。公司党委书记姜国骅代表公司党委进行了工作汇报。公司领导万志强、李春妍参加汇报会。

**10月15日**　徐吉明到公司调研，深入了解公司在党风廉政建设、纪检监察、重点领域集中办公等方面工作开展情况，并看望慰问广大干部员工。公司领导万志强、姜国骅、李春妍陪同。

**10月16日**　大庆市政协主席曹力伟，副主席于智玲、单海峰、李忠革一行到公司调研，并就企业生产经营、产品销售等话题进行了讨论。公司领导万志强、姜国骅陪同。

**10月19日**　公司开展全面成本管理专题培训。公司总经理万志强围绕全面成本管理的理念、措施、目的等方面进行了深度解读，强调要着力抓好全面成本管理的试行推广，努力降低单元成本，持续提升企业质量效益。公司领导姜国骅、李岩冰、施铁权、李春妍、刘喜民参加。

**10月19日**　公司总经理万志强、总会计师施铁权到矿区服务事业部，就矿区冬季供暖、"三供一业"移交、降本增效等工作进行调研。万志强对矿区工作给予了肯定，并对强化绩效考核、持续降本增效等工作提出了要求。

**10月20日**　公司召开HSE管理体系审核末次会议。集团公司HSE审核组组长温铁民对审核问题进行了通报，并提出了整改建议。公司总经理万志强对审核组提出的问题和建议表示感谢，并强调，各单位要将严格按照审核组要求，深入剖析问题，认真制定整改措施，建立安全环保长效机制，确保安全生产平稳受控。公司领导姜国骅、魏君、李岩冰、施铁权、刘喜民参加。

**10月22日**  按照集团公司巡视工作领导小组安排，集团公司党组第五巡视组进驻公司开展专项巡视工作。在专项巡视工作动员会上，集团公司党组第五巡视组组长、党组纪检组成员、监察部副总经理姜凯和第五巡视组常务副组长杨侠分别代表党组巡视工作领导小组办公室、党组第五巡视组讲话，对此次巡视进行了动员部署。第五巡视组副组长胡红民就民主测评工作进行了说明。公司党委书记姜国骅代表公司党委和公司领导班子进行了表态发言，对做好巡视工作提出了具体要求。公司总经理万志强主持会议。集团公司党组第五巡视组副组长李波及巡视组全体成员，公司领导班子成员，公司原党委书记王亚伟，安全副总监、副总工程师，公司机关处室、直附属单位、二级单位党政负责人，以及基层单位职工代表共82人参加会议。

**10月23日**  公司总经理万志强带队到聚丙烯厂、物资供应中心，检查危化品采购、储存、运输等HSE审核问题的整改情况，并就下步整改工作提出了具体要求。

**10月30日**  公司召开工会第三次会员代表大会。会议书面审阅了公司工会财务工作报告和工会经费审查报告，选举产生了公司工会第三届委员会和经费审查委员会。在随后的公司工会第三届委员会、经费审查委员会第一次全体会议上，姜国骅当选新一届工会主席。公司总经理万志强主持会议，会议执行主席姜国骅作题为《围绕中心工作，发挥职能优势，团结广大员工为实现公司持续发展而奋斗》的工作报告，并明确今后5年公司工会工作的主导思想：紧密围绕企业生产经营工作，打造员工群众信赖的职工之家，推动工会工作水平的全面提升，为实现公司有质量有效益可持续发展新跨越做出积极贡献。公司领导魏君、李岩冰、施铁权、刘喜民，以及来自公司所属各单位的186名会员代表参加会议。

**10月**  经公司研究决定：李岩冰同志兼任公司新闻发言人职务；免去李春妍同志的公司新闻发言人职务。

**10月9日**  经公司研究决定：余政兼任培训中心党支部副书记；姜复乐兼任文化新闻中心主任；赵学清兼任聚合物二厂副厂长；徐立任矿区服务事业部党委书记、纪委书记、工会主席、副主任，免去其信息中心党支部书记、副主任职务；王风全任档案管理中心主任，免去其文化新闻中心主任职务；高宪武任润滑油厂党委副书记、纪委书记、工会主席（主持党委工作）、副厂长，免去其生产运行处副处长兼计量检测中心主任职务；孙明任信息中心党支部副书记（主持党支部工作）、副主任，免去其物资供应中心主任、党支部副书记职务；李丰任计量检测中心主任、党支部副书记，免去其矿区服务事业部供热站站长、党总支副书记职务；蔡庆平任物资供应中心主任、党支部副书记，免去其物资供应中心党支部书记、副主任职务；冯林财任物资供应中心党支部书记、副主任，免去其档案管理中心主任职务；杨美利任润滑油厂调研员，免去其润滑厂党委书记、纪委书记、工会主席兼副厂长职务；庞向阳任矿区服务事业部调研员，免去其矿区服务事业部党委书记、纪委书记、工会主席、副主任职务；解晓丽任项目部副主任，免去其安全环保处副处长职务；王云峰兼任车辆管理部副主任；李晓均任矿区服务事业部供热站站长兼党总支副书记，免去其党总支书记兼副站长职务；王飞任矿区服务事业部供热站党总支书记兼副站长。【庆炼化干〔2015〕6号】【庆炼化党干〔2015〕4号】

**10月9日**　经公司研究决定：综合服务部、设计院两家单位党组织由党总支调整为党委。朱凤景任综合服务部党委书记、纪委书记、工会主席；李晓江兼任综合服务部党委副书记；李庆新、赵川江任综合服务部党委委员。侯郁周任设计院党委书记、纪委书记、工会主席；贾长义兼任设计院党委副书记；陈雷、王祥芝、罗树权任设计院党委委员。【庆炼化党〔2015〕29号】【庆炼化党干〔2015〕3号】

**11月3日**　公司总经理万志强到质量检验与环保检测中心、检维修厂检维修二车间和机电仪厂酮苯变电所，就现场管理、员工行为等标准化工作进行专题调研，并对下步工作提出了要求。

**11月4日**　公司召开四季度党群工作会议。公司党委书记、工会主席姜国骅参加会议，并就继续推进党风廉政建设、"三严三实"专题教育、重塑形象大讨论等工作提出了要求。

**11月5日**　公司党委以中心组集中学习的形式，进行了"三严三实"专题教育第三专题学习研讨。公司党委书记姜国骅主持学习研讨。公司总经理万志强、总会计师施铁权分别围绕"严以用权"专题进行了发言。公司副总经理魏君、刘喜民结合各自工作分别谈了学习体会。公司领导班子一致表示，要树立正确的权力观，把权力关进制度的笼子，争当严以用权的表率，自觉做到为民用权、依法用权、秉公用权和民主用权。

**11月12日** 公司总经理万志强、副总经理魏君带队，赴中石油山东销售公司学习"6S"管理和信息化建设经验。万志强指出，山东销售6S管理、信息化管理到位，标准高、管理严、效果好，值得深入学习借鉴，我们要对照差距找不足，逐步堵塞管理漏洞，不断夯实管理基础，持续提升企业管理水平。

**11月17日** 公司召开安全生产标准化复查末次会议。通过对12个要素的复查，公司以91.49分通过了安全生产标准化二级单位评审。会上，黑龙江省安全生产监督管理局副局长宋仁伟对公司安全生产工作给予充分肯定，并在强化全员安全意识、强化风险管理、强化特殊作业环境等6方面提出了建议。公司总经理万志强表示，炼化公司将继续加大人力、物力、财力投入力度，按照PDCA循环管理法，持续推进安全生产标准化建设，保持良好的安全生产态势。公司党委书记姜国骅、副总经理李岩冰参加会议。

**11月20日** 公司召开管理体系运行情况检查培训会，并正式启动管理体系运行情况检查。公司副总经理魏君参加会议，并就如何开展好检查等工作提出了要求。

**11月26日** 公司召开党委理论中心组学习会，以观看视频资料和重点解读相结合的方式，集中学习《中国共产党第十八届中央委员会第五次全体会议公报》《中共中央关于制定国民经济和社会发展第十三个五年规划的建议》和习近平总书记《关于中共中央制定十三五规划建议的说明》。公司领导万志强、姜国骅、李岩冰、施铁权、刘喜民参加学习。

**12月1日** 公司领导万志强、李岩冰先后到炼油一厂常减压、汽油加氢等车间，就生产装置HSE标准化建设进行现场调研。

**12月8日** 华东化工销售公司副总经理邢默飞、浙江金田集团总裁方文斌等一行到公司，就聚丙烯产品质量、深化双方合作等话题进行座谈交流。公司副总经理魏君参加座谈。

**12月9日** 公司召开2016年合成树脂产品需求、排产现场对接会，炼油与化工分公司副总经理杨天奎及化工销售各大区负责人就产品排产、质量提升等工作进行了讨论和对接。公司领导万志强、魏君参加会议。

**12月9日**　集团公司矿区服务工作部副总经理付建昌到公司矿区服务事业部，就"三供一业"的移交、降本增效、内部改革等工作进行检查指导。公司总会计师施铁权陪同。

**12月29日**　公司召开领导班子民主生活会征求意见座谈会。座谈会上，来自机关处室、直附属和二级单位主要领导及部分科级干部、基层员工代表，开诚布公、畅所欲言，围绕制度完善、教育培训、人才储备、应急管理、纪律考核等方面提出了意见和建议。公司党委书记姜国骅肯定了参会人员提出的意见和建议，要求相关部门对征求上来的问题进行整理汇总，逐项研究落实，并如实向公司领导班子及成员反馈，确保高质量开好公司领导班子民主生活会。公司纪委书记李春妍参加座谈。

# 二〇一六年

**1月7日**　公司召开一季度党群工作会议，总结2015年党群工作，并对2016年工作进行部署。公司领导姜国骅、李春妍出席会议。

**1月13日**　股份公司副总裁兼炼油与化工分公司总经理徐福贵来公司调研。调研座谈会上，徐福贵听取了公司工作汇报，对公司取得的成绩给予充分肯定。就下步工作，他在安全环保、精细管理、深化改革、装置大检修、合规管理、发扬大庆精神铁人精神等5方面提出了要求。公司领导万志强、姜国骅、魏君、李岩冰、施铁权、李春妍、刘喜民参加座谈。

**1月19日**　集团公司党组第五巡视组专项巡视大庆炼化公司工作情况反馈会在公司召开。集团公司党组第五巡视组常务副组长杨侠和巡视组成员许辉出席反馈会。会上，杨侠代表党组第五巡视组通报了在大庆炼化公司的巡视情况，指出了巡视发现的"两个责任"落实、薪酬管理、合规管理、落实上级要求和公司制度等4个方面的主要问题，并对整改工作提出了建议和具体要求。姜国骅代表公司党委就落实好巡视组的巡视意见和要求做了表态发言，公司总经理万志强主持会议。公司领导魏君、李岩冰、施铁权、刘喜民，公司原党委书记王亚伟参加会议。

**1月25日**　公司召开干部大会，传达学习集团公司2016年工作会议精神，并就贯彻落实会议精神和做好当前工作进行部署。公司党委书记姜国骅主持会议，公司总经理万志强传达了会议精神。公司领导魏君、李岩冰、施铁权、刘喜民参加会议。

**1月25日** 公司领导班子召开"三严三实"专题民主生活会。公司党委书记姜国骅主持会议，并对照修身做人、用权律己、干事创业标准和党组巡视反馈意见，代表领导班子作对照检查发言。公司主要领导和班子副职成员本着对组织、对同志、对事业高度负责的精神，开展批评、指出问题、提出改进建议，形成互动交流的良好氛围，达到团结—批评—团结的目的。

**1月26日** 经研究决定，郭金忠任大庆炼化公司储运厂党委书记（正处级），免去其大庆炼化公司储运厂党委副书记职务；宋志国任大庆炼化公司质量检验与环保监测中心党委书记（正处级），免去其大庆炼化公司质量检验与环保监测中心党委副书记职务；罗淑英任大庆炼化公司工程造价部调研员，免去其兼任的大庆炼化公司工程造价部党支部书记职务；朱凤景任大庆炼化公司综合服务部调研员，免去其大庆炼化公司综合服务部党委书记、纪委书记、工会主席职务。【庆炼化党干〔2016〕1号】

**1月26日** 姚立忠任工程造价部副主任（副处级）；贾莉丽任行政事务中心主任（副处级）；苏江胜任工会调研员。以上人员除注明外，原行政级别均不变，全职务自然免去。【庆炼化干〔2016〕2号】

**1月** 公司聚丙烯酰胺产品，凭借卓越的产品质量和良好的市场口碑，在中国质量协会、全国用户委员会主办的2015年全国实施用户满意工程推进大会上，荣获"全国用户满意产品"称号。

**2月5日** 公司总经理万志强，党委书记、工会主席姜国骅一行先后到离退休老领导朱鼎科、高俊才家中慰问，并送去新春祝福。春节期间，万志强、姜国骅等公司领导先后到生产一线，看望慰问节日期间坚守岗位的广大员工，并送去新春祝福。

**2月17日** 经研究决定，邓忠波任大庆炼化公司工程造价主任兼党支部书记，免去其公司车辆管理部主任、党委副书记职务；葛立彬任大庆炼化公司炼油一厂党委书记、纪委书记、工会主席、副厂长，免去其公司项目部副主任职务；杨家河任大庆炼化公司聚合物二厂厂长、党委副书记，免去其炼油一厂党委书记、纪委书记、工会主席、副厂长职务；王旭任大庆炼化公司矿区服务事业部主任、党委副书记，免去其公司矿区服务事业部副主任兼离退休管理中心主任职务；王胜任大庆炼化公司矿区服务事业部党委书记、纪委书记、工会主席；刘天启任大庆炼化公司综合服务部党委书记、纪委书记、工会主席、副主任，免去其公司矿区服务事业部副主任、党委委员职务；蒋华任大庆炼化公司车辆管理部主任、党委副书记，免去其公司矿区服务事业部主任、副书记职务；徐立任大庆炼化公司离退休管理中心主任、党委副书记，免去其公司矿区服务事业部党委书记、纪委书记、工会主席、副主任职务；汤伟成任大庆炼化公司离退休管理中心副主任、党委书记、纪委书记、工会主席；逯德成任大庆炼化公司研究院筹备组负责人（牵头负责），免去其公司聚合物二厂厂长、党委副书记职务；吴金海任大庆炼化公司研究院筹备组负责人，免去其公司项目部副主任职务；颜广生任大庆炼化公司矿区服务事业部副主任、党委委员兼运行管理部主任，免去其公司矿区服务事业部运行管理处处长职务；吴金华任大庆炼化公司矿区服务事业部副主任、党委委员兼安全环保部主任，免去其公司矿区服务事业部安全环保处处长职务；李晓均任大庆炼化公司矿区服务事业部副主任、党委委员兼供热站站长，免去其公司矿区服务事业部供热站党总支副书记职务；王飞任大庆炼化公司矿区服务事业部党委副书记兼供热站党总支书记职务，免去其兼任的公司矿区服务事业部供热站副站长职务；黄庆元任大庆炼化公司矿区服务事业部副主任、党委委员兼综合管理部主任，免去其大庆炼化公司矿区服务事业部综合管理办公室主任职务；杨志宏任大庆炼化公司矿区服务事业部副主任、党委委员兼规划计划部主任，免去其大庆炼化公司矿区服务事业部规划计划处处长职务；陈河任大庆炼化公司矿区服务事业部副主任、党委委员兼财务资产部主任，免去其大庆炼化公司矿区服务事业部财务资产处处长职务；文雅明任矿区服务事业部副主任、党委委员兼房产管理中心主任；孟凡民任矿区服务事业部副主任、党委委员，免去其矿区服务事业部副总工程师职务；孟令军任离退休管理中心副主任、党委委员兼马鞍山提退休管理中心主任；赵建江任离退休管理中心副主任、党委委员；叶云木任保卫武装部调研员，免去其纪委调研员职务；免去金国仁的矿区服务事业部副总工程师职务，另有任用；免去李家新的矿区服务事业部房产管理中心副主任职

务。【庆炼化干〔2016〕3号】【庆炼化党干〔2016〕2号】

**2月17日**　经研究决定，明确矿区服务事业部为公司二级单位，机构规格正处级，原有职能和隶属关系等不变。将离退休管理中心由矿区服务事业部直属单位调整为公司二级单位，原有机构规格和职能等不变。将矿区服务事业部房产管理中心、供热站机构规格由副处级调整为正科级，原有职能不变。将矿区服务事业部综合管理办公室、运行管理处、安全环保处、规划计划处、财务资产处更名为综合管理部、运行管理部、安全环保部、规划计划部、财务资产部，机构规格由副处级调整为正科级，原有职能不变。【庆炼化人事〔2016〕6号】

**2月17日**　经研究决定，离退休管理中心党组织关系不再隶属矿区服务事业部党委，直接隶属公司党委。【庆炼化党〔2016〕2号】

**2月25日**　公司工作会议暨2016年职工代表大会召开。公司领导万志强、姜国骅、魏君、施铁权、李春妍、刘喜民及来自公司所属各单位的200多名职工代表和列席代表参加会议。公司总经理万志强作题为《坚持创新驱动，立足稳健发展，为建设优秀炼化企业而努力奋斗》的工作报告。报告客观总结了公司"十二五"和2015年主要工作，安排了2016年主要任务，提出了"十三五"发展思路。"十二五"以来，公司坚持特色发展，全力做好"产品的差异性、技术的领先性、管理的科学性、员工的成长性"4篇文章，生产经营持续向好，企业实现了有质量有效益可持续发展。特别是2015年，公司面对各种不利条件，采取了一系列强有力措施，实现了安全平稳生产，整体效益位居炼化板块第4位，较好地完成了各项生产经营任务。公司"十三五"的发展思路是：积极适应经济新常态，按照集团公司"强基础、调结构、补短板、提效益、防风险"总体要求，突出创新驱动，突出精细管理，突出清洁生产，突出队伍建设，提高竞争能力，增强创效水平，赢得发展空间，全面建设有质量有效益可持续的优秀炼化企业。公司党委书记姜国骅作题为《认清形势，改进作风，真抓实干，全面推进优秀炼化企业建设发展》的总结讲话，并就深入贯彻落实工作会议精神提出了具体要求。

**2月28日**　经研究决定：李晓江任大庆炼化公司电子商务部主任、党支部书记，免去其公司综合服务部主任、党委副书记职务；顾广发任大庆炼化公司综合服务部主任、党委副书记，免去其公司炼油二厂党委书记、纪委书记、工会主席、副厂长职务；根据大庆宏伟庆化石油化工有限公司董事会意见，张宗保不再担任大庆宏伟庆化石油化工有限公司总经理兼党委副书记职务，推荐于磊任大庆宏伟庆化石油化工有限公司总经理、党委副书记，免去其公司电子商务部主任、党支部书记职务。【庆炼化干〔2016〕4 号】【庆炼化党干〔2016〕3 号】

**3 月 1 日**　公司召开 2016 年工会工作会议，总结 2015 年工会工作，部署 2016 年工会任务。公司纪委书记李春妍宣读了 2015 年度工会系统先进集体和先进个人的表彰通报。公司党委书记、工会主席姜国骅就如何做好今后一个时期工会工作提出了要求。

**3 月 3 日**　东北销售公司总经理吴汉一行来公司，就汽柴油等产品销售情况进行座谈交流。公司领导万志强、魏君参加座谈。

**3 月 4 日**　公司召开 2016 年党风建设和反腐败工作会议。公司总经理万志强主持会议，并传达了十八届中央纪委六次全会、十一届省纪委六次全会、集团公司党风建设和反腐败工作会议精神。公司纪委书记李春妍代表公司党委做题为《将纪律和规矩挺在前面，为建设优秀炼化企业保驾护航》的党风建设和反腐败工作报告。公司党委书记姜国骅就深入贯彻落实会议精神提出了要求。公司领导魏君、李岩冰、施铁权、李春妍、刘喜民参加会议。

**3 月 10 日**　公司举办"依法治企　合规管理"普法合规系列讲座。公司领导姜国骅、李春妍参加学习，并就加强普法教育、培训工作提出了要求。

**3 月 11 日**　经研究决定：一、恢复成立公司研究院机构，机构规格正处级，列公司二级单位序列。研究院下设炼油研究所，列研究院基层单位序列，机构规格正科级，其主要职能负责公司炼油系统的生产运行优化和技术研究工作。二、将炼油一厂汽油加氢车间和柴油加氢车间机构和职能合并，合并后车间名称为炼油一厂汽柴油加氢车间，机构隶属关系、规格、职能等均不变，同时撤销炼油一厂汽油加氢车间和柴油加氢车间机构建制。合并后的汽柴油加氢车间定员由人事处另行下达。三、将聚合物一厂丙酮氰醇车间和生化车间机构和职能合并，合并后单位名称为聚合物一厂丙酮氰醇车间，机构隶属关系、规格、职能等均不变，同时撤销聚合物一厂生化车间机构建制。合并后的丙酮氰醇车间定员由人事处另行下达。【庆炼化人事〔2016〕

7 号】

**3 月 17 日**　炼油与化工分公司总会计师杨冬艳一行来公司，对炼化企业开源节流、降本增效情况进行调研。座谈会上，公司总会计师施铁权汇报了公司挖潜增效工作开展情况，公司相关部门就成品油出厂策略、丙烯原料供给方式等问题提出了建议。

**3 月 24 日**　公司召开 HSE 体系审核末次会议。会上，集团公司 HSE 体系审核组就量化审核发现的合规性管理、危害因素辨识等问题进行了讲评。审核组组长、炼油与化工分公司总工程师邢颖春从生产受控、安全环保等 7 个方面提出了建议。公司总经理万志强就下一步审核问题整改提出了要求。公司领导魏君、李岩冰、施铁权、李春妍、刘喜民参加会议。

**3 月 25 日**　经研究决定：于涛任大庆炼化公司储运厂副厂长、党委委员，免去其电子商务部副主任职务；宋宗军任大庆炼化公司综合服务部副主任、党委委员，免去其大庆宏伟庆化石油化工有限公司党委委员职务；孟令军任大庆炼化公司离退休管理中心调研员，免去其离退休管理中心副主任、党委委员兼马鞍山离退休管理中心主任职务；郭庆祥任大庆宏伟庆化石油化工有限公司党委委员，免去其储运厂副厂长、党委委员职务；袁金财任机关党委委员；免去葛立彬的机关党委委员职务。【庆炼化干〔2016〕5 号】【庆炼化党干〔2016〕4 号】

**4 月 1 日**　公司召开党委中心组学习会，深入学习贯彻习近平总书记在十二届全国人大四次会议黑龙江代表团审议时的重要讲话精神。公司党委书记姜国骅主持会议，并就学习贯彻落实总书记重要讲话精神提出具体要求。公司在家领导班子成员参加学习。

**4 月 7 日**　公司召开一季度党群工作例会。公司党委书记姜国骅对公司一季度党群工作给予充分肯定，并从党群制度梳理、党组织换届选举、重塑形象大讨论活动推进等方面提出了要求。

**4 月 13 日—14 日**　第十届国际炼油技术进展交流会在北京召开，公司总经理万志强参加会议，并主持三项专题技术交流。国际炼油技术进展交流会，旨在加强国内外炼油化工企业、科研设计和工程建设单位之间的技术交流，此前已成功举办九届。

**4 月 17 日**　2016 年度全国企业管理创新大会在北京召开。公司报送的《炼化企业创新驱动的降本增效管理》成果荣获国家级企业管理现代化创新成果一等奖。这是公司自成立以来首次获得此项荣誉，也是 2016 年度中国石油唯一一家取得此项荣誉的地区分公司。

**4 月 19 日**　公司召开一季度经营形势分析会。一季度，公司克服停电、油品销售不畅等不利因素，优化统筹各项工作，扎实推进全面成本管理，炼油综合能耗、加工损失指标排名好于去年同期。公司总经理万志强从全面成本管理、"量本利"分析方法等方面提出了要求。公司领导魏君、施铁权、刘喜民参加会议。

**4 月 22 日**　黑龙江省第 26 届全省企业管理现代化创新大会在哈尔滨召开，公司总经理万志强出席会议并做了题为《炼化企业基于创新驱动的降本增效管理》经验交流。

**4 月 26 日**　公司召开 2016 年技术创新大会。会上，公司党委书记、副总经理姜国骅作题为《坚持创新引领 增强内生动力 努力推进创新型优秀炼化企业建设》的工作报告。公司总经理万志强分析了技术创新优势，介绍了炼油行业发展形势，并就如何深化技术创新工作提出了要求。公司副总经理李岩冰宣读了关于技术创新成果和优秀论文评选结果的表彰通报。公司副总经理魏君主持会议。公司领导施铁权、刘喜民参加会议。

**4 月 26 日**　公司召开 2016 年 QHSE 管理体系监督审核末次会议。北京中油健康安全环境认证中心审核专家组就审核发现的问题进行了讲评，公司副总经理李岩冰就落实整改审核问题提出了要求。

**4 月 28 日**　公司举办纪念"五四运动"97 周年暨"青工导师带徒"启动座谈会。公司党委书记姜国骅出席座谈会，并对参会的结对师徒以及公司青年员工寄予厚望。

**4 月**　公司炼油二厂二套 ARGG 车间、聚合物一厂丙烯腈车间分获"全国工人先锋号""黑龙江省工人先锋号"集体荣誉；聚合物一厂厂长刘锡明、动力厂副总工程师杨清华分获省"五一劳动奖章"和黑龙江省职工创新标兵称号。

**5 月 3 日**　公司 40 万吨 / 年轻汽油醚化项目顺利中交。公司领导万志强、魏君、李岩冰、施铁权、刘喜民出席中交仪式。

**5月5日** 经研究决定，刘锡明任大庆炼化公司聚丙烯厂厂长、党委副书记，免去其大庆炼化公司聚合物一厂厂长、党委副书记职务；李劲之任大庆炼化公司聚合物一厂党委书记，免去其大庆炼化公司聚合物一厂党委副书记职务；崔军明任大庆炼化公司炼油二厂党委书记、纪委书记、工会主席、副厂长，免去其大庆炼化公司聚丙烯厂厂长、党委副书记职务；李军任大庆炼化公司离退休管理中心调研员，免去其大庆宏伟庆化石油化工有限公司党委书记、纪委书记、工会主席职务；张宗保任大庆宏伟庆化石油化工有限公司党委书记、纪委书记、工会主席。【庆炼化干〔2016〕7号】【庆炼化党干〔2016〕5号】

**5月13日** 公司召开党委中心组学习会，集中观看学习由中央党校副教授唐建主讲的《学党章党规》专题讲座视频。公司领导万志强、姜国骅、魏君、施铁权、刘喜民参加学习。

**5月14日** 集团公司政策研究室主任张华林一行到公司，就企业党建工作开展调研。座谈会上，公司党委书记姜国骅对十八大以来公司党建工作进行了汇报。张华林对公司党建工作给予了充分肯定，并从发挥好"三个作用"、抓好"两学一做"学习教育等方面提出了要求。

**5月14日** 公司2016年全员健身运动会正式启动，公司领导万志强、姜国骅、魏君、施铁权、刘喜民出席启动仪式。

**5月14日** 公司40万吨/年轻汽油醚化装置顺利开工。该装置以轻汽油和甲醇为原料，经过醚化反应后，可降低25%汽油烯烃含量，提高轻汽油辛烷值1—2个单位，增产高附加值产品。

**5月25日** 国家发改委基础产业司能源处调研员綦树利率国家发改委调研组到公司调研，并就炼油化工、原油加工等具体问题到公司展厅、炼油二厂主控室实地了解情况。公司领导姜国骅、李岩冰、刘喜民陪同。

**5月25日至26日** 公司总经理万志强一行赴大连石化公司、大连西太平洋石油化工有限公司进行技术交流，学习油浆转化、降低柴汽比、降本增效等先进技术和管理经验。

**6月1日** 大庆市副市长陈大恩一行到公司，就企业技术创新、产品生产等工作进行调研，公司副总经理魏君陪同。

**6月3日**　内蒙古自治区发改委副主任魏晓明、呼伦贝尔市委书记李世镕一行，在大庆市副市长常城的陪同下到公司，就内蒙古煤化工产业与黑龙江石化产业互补发展工作进行调研。公司领导万志强、李岩冰陪同。

**6月14日和6月16日**　公司总经理万志强、党委书记姜国骅分别以普通党员的身份，参加所在党支部的"两学一做"专题党课学习，与党员谈学习心得、话工作体会，并要求党员干部树立新形象、创造新业绩，以建设优秀炼化企业的实际成效检验学习教育的成果。

**6月15日**　公司总经理万志强到质量检验与环保监测中心，检查指导员工行为标准化工作。

**6月19日**　中国企业联合会、中国企业家协会、黑龙江省人民政府联合主办的以"激发企业家精神，发挥企业家才能"为主题的"2016年全国企业家活动日暨中国企业家年会"在黑龙江省哈尔滨市举行。公司总经理万志强荣获"2015—2016全国优秀企业家"称号。

**6月22日**　公司组织开展模拟干气制乙苯装置储罐苯泄漏中毒事故应急演练，检验应对处置突发事故的实战能力。公司领导李岩冰、刘喜民观摩了演练，并对演练中存在的问题提出了整改要求。

**6月28日**　经研究决定，孙茂成任大庆炼化公司副总工程师；张清林任大庆炼化公司副总经济师；高宪武任大庆炼化公司润滑油厂党委书记（正处级），免去其大庆炼化公司润滑油厂党委副书记职务；孙明任大庆炼化公司信息中心党支部书记（正处级），免去其大庆炼化公司信息中心党支部副书记职务。【庆炼化干〔2016〕8号】【庆炼化党干〔2016〕6号】

**6月29日**　公司总经理万志强、副总经理李岩冰到计量检测中心，检查指导员工行为标准化、全面成本管理等工作。

**7月1日**　庆祝中国共产党成立95周年大会在北京人民大会堂隆重举行。公司领导万志强、姜国骅、魏君、李岩冰、施铁权、刘喜民通过网络电视集中收看了大会实况。

**7月12日**　公司召开三季度党群工作例会。公司党委书记、工会主席姜国骅主持会议，并就下步党群工作提出了具体要求。

**7月13日**　公司召开上半年生产经营形势分析会。1—6月，公司克服外网大停电、产品出厂困难等不利因素，通过技术创新、优化运行、全面成本管理等措施，创历史同期最好水平，整体效益位居炼化板块第六位。公司领导万志强、姜国骅、魏君、李岩冰、施铁权、刘喜民参加会议。

**7月14日**　东北石油大学党委书记李海红、校长刘扬到公司，就业务合作、人才培养等话题进行工作交流。公司总经理万志强、党委书记姜国骅参加座谈。

**7月15日**　公司三年一次装置大检修陆续开始，计划检修装置34套，检修项目19047项。装置停工检修期间，万志强、姜国骅、李岩冰、刘喜民等公司领导先后多次到检修现场检查指导工作。

**7月19日**　公司党委书记、工会主席姜国骅到公司劳模创新工作室检查指导工作。2016年，公司工会委员会共研究确定6家公司级劳模创新工作室，目前已经启动5家。

**7月20日**　集团公司总经理、党组副书记章建华到公司调研。章建华一行先后到公司展厅、炼油一厂常减压主控室了解生产经营情况，对公司员工行为标准化、全面成本管理、内部模拟市场化运行等工作给予了充分肯定。

**7月21日**　章建华在大庆油田听取大庆3家企业工作汇报后指出，大庆炼化克服全厂停电影响，积极降库存、深挖潜、开发新产品，上半年实现利润15.7亿元、挖潜增效1.9亿元，在困难的情况下取得这样的成绩实属不易。章建华还就检修安全管理、下半年工作提出了具体要求。

**7月21日**　公司总经理万志强参加检修指挥部会议，在听取各相关处室和参检单位汇报后，传达了集团公司总经理、党组副书记章建华到公司调研讲话精神。

**7月27日**　集团公司党组成员、党组纪检组组长徐吉明，股份公司副总裁兼炼油与化工分公司总经理徐福贵，集团公司副总经济师、机关党委书记、集团公司直属党委常务副书记李正光，集团公司安全副总监、股份公司安全总监、安全环保与节能部总经理张凤山，炼油与化工分公司党委书记杨继钢等领导来公司调研。万志强、姜国骅等公司领导陪同调研。

**7月27日**　昆仑能源有限公司总经理赵永起、党委书记刘志一行到公司，就加强液化石油气业务合作进行工作交流。公司领导万志强、姜国骅、魏君参加座谈。

**7月27日**　经研究决定：王飞任矿区服务事业部副主任、党委委员兼供热站站长，免去其矿区服务事业部党委副书记兼供热站党总支书记职务；李晓均任矿区服务事业部党委副书记兼供热站党总支书记，免去其矿区服务事业部副主任兼供热站站长职务。【庆炼化干〔2016〕9号】【庆炼化党干〔2016〕7号】

**7月28日**　公司副总经理魏君一行先后到大庆军分区、黑龙江陆军预备役高射炮兵师驻地，代表公司向大庆驻军官兵们致以节日问候。

**7月28日—7月30日**　集团公司2016年领导干部会议期间，昆仑能源、昆仑信托、独山子石化以及东北、西北、华北、华东、华南、西南等6家化工销售企业到公司，就业务合作、产品销售等内容进行工作交流。万志强、姜国骅等公司领导参加座谈。

**7月**　公司招标管理中心荣获集团公司"优秀招标专业机构"荣誉称号。集团公司共评选出7家优秀招标专业机构，公司招标管理中心是其中唯一一家乙级资质机构，同时也是获此荣誉的唯一一家炼化企业招标机构。

**8月1日**　公司召开党委中心组扩大学习会议，集中传达学习集团公司2016年领导干部会议精神，公司领导班子成员、副总师和机关处室长参加学习。公司总经理万志强、党委书记姜国骅分别就学习贯彻会议精神提出了具体要求。

**8月3日**　公司召开专题会议，集中传达学习集团公司2016年领导干部会议精神。公司党委书记姜国骅、机关党群处室和二级单位党组织书记参加会议。姜国骅就学习贯彻会议精神、加强公司党建工作等方面提出了具体要求。

**8月16日**　华东化工销售公司总经理、党委书记崔柳凡一行到公司进行技术交流。公司总经理万志强、副总经理魏君参加座谈。

**8月24日**　集团公司领导到公司调研，了解公司装置检修、产品开发、标准化管理等工情况。就下步工作，领导在装置开工、安全环保、合规管理等方面提出了具体要求。公司领导万志强、姜国骅、魏君、李岩冰、施铁权、刘喜民参加座谈。

**9月2日** 东北石油大学党委书记李海红、校长刘扬一行到公司，就人才培养、校企合作等话题进行工作交流。公司总经理万志强、党委书记姜国骅陪同。

**9月6日** 华北化工销售公司总经理刘杰、东北化工销售公司副总经理黄国春一行到公司，就产品销售、业务合作等话题进行工作交流。公司总经理万志强、副总经理魏君陪同。

**9月8日** 石油化工研究院副院长马安一行来公司，就异构脱蜡催化剂研发进展情况进行工作交流，公司总经理万志强参加座谈。

**9月1日** 经研究决定：陈彩云任大庆炼化公司财务处处长（正处级），免去其大庆炼化公司财务处副处长职务；王岩任大庆炼化公司财务处调研员，免去其大庆炼化公司财务处处长职务。【庆炼化干〔2016〕11号】

**10月18日** 公司举行大庆市让胡路区第十届人大代表换届选举第六十一选区选举大会。公司领导万志强、姜国骅、魏君、施铁权、刘喜民在选区主会场投票站参加投票。大庆市人大常委会主任郑新英到公司选区视察选举工作。

**10月19日** 中国共产党中国石油大庆炼化公司召开第三次党员代表大会。公司领导万志强、姜国骅、魏君、李岩冰、施铁权、李春妍、刘喜民出席会议。会议主要任务是：深入贯彻十八大以来中央重要会议和习近平总书记系列讲话精神，落实集团公司2016年领导干部会议工作部署，总结公司第二次党代会以来党的建设工作，选举产生公司第三届党委、纪委，明确今后一个时期党建工作任务，推进公司党的建设再上新台阶。会议听取审议了公司党委书记姜国骅所做的《落实从严治党要求，提高党建工作水平，在建设优秀炼化企业征程中发挥党的政治优势》工作报告，书面审议了《中国共产党中国石油天然气股份有限公司大庆炼化分公司纪律检查委员会工作报告》和《中国共产党中国石油天然气股份有限公司大庆炼化分公司委员会关于党费收缴、使用和管理情况的报告》。会议选举姜国骅为中共大庆炼化公司第三届委员会书记，万志强为中共大庆炼化公司第三届委员会副书记，李春妍为中共大庆炼化公司第三届纪律检查委员会书记，于海波为中共大庆炼化公司第三届纪律检查委员会副书记。会议还选举产生了公司第三届党委委员、纪委委员和出席中共大庆油田第七次代表大会代表。

**10月20日**　公司召开三季度生产经营形势分析会。公司领导万志强、姜国骅、魏君、施铁权、刘喜民参加会议。

**10月21日**　大庆油田采油一厂副厂长李新宇、总设计师刘建发等一行来公司，就员工行为标准化和全面成本管理工作进行学习交流。

**10月27日**　公司召开四季度党群工作会议。公司党委书记姜国骅、纪委书记李春妍参加会议。姜国骅对公司党代会组织召开、两级两委换届选举、服务装置检修等三季度党群工作给予充分肯定，对做好公司党代会精神学习贯彻、"两学一做"学习教育、党费收缴补缴、人才队伍建设等四季度党群工作提出要求。

**10月28日**　公司召开党委中心组学习会议，深入学习贯彻党的十八届六中全会精神。公司领导万志强、姜国骅、魏君、施铁权、李春妍、刘喜民参加学习。

**11月8日**　公司总经理万志强带领科研、生产等单位负责人到大庆油田采油六厂聚合物配置站，就聚合物胶体试验项目进行调研。

**11月9日**　经研究决定：孙明任信息中心主任；章喜庆任大庆炼化公司电子商务部副主任，免去其质量检验与环保监测中心副主任、党委委员职务；赵景山任信息中心调研员，免去其信息中心主任职务；陈彩云任大庆炼化公司直属机关党委委员；免去毛军民的大庆炼化公司工程管理部副主任、安全总监职务；免去王岩的大庆炼化公司直属机关党委委员职务。【庆炼化干〔2016〕13号】【庆炼化党干〔2016〕8号】

**11月10日**　集团公司第二十二期中青干部培训班学员到公司参观学习，了解公司发展规划、生产经营、标准化建设等相关情况。参观学习后，公司总经理万志强以《新形势下大庆炼化公司降本增效的探索与创新》为题为学员们进行了授课。

**11月11日**　公司举办"学习身边榜样 弘扬石油精神"宣讲故事会。公司领导姜国骅、魏君、施铁权参加。

**11 月 17 日**  昆仑银行党委书记闫宏到公司，就金融支持与服务工作进行交流。公司领导姜国骅、施铁权参加座谈。

**11 月 19 日**  公司举办第二届全员健身排舞比赛。公司党委书记姜国骅观看比赛。

**11 月 23 日**  公司召开 2017 年聚丙烯产品需求及排产现场对接会。集团公司炼化板块副总经理杨天奎、公司副总经理魏君以及各大区销售公司有关领导参加会议。

**12 月 6 日**  经研究决定：孙志凤任大庆炼化公司质量检验与环保监测中心副主任（副处级）、党委委员；张树军任大庆炼化公司信息中心副主任（副处级）；朱鲁涛任大庆炼化公司矿区服务事业部调研员；王玉林任大庆炼化公司车辆管理部调研员，免去其车辆管理部党委委员职务。以上人员除注明外，原行政级别均不变，原职务自然免去。【庆炼化干〔2016〕15 号】【庆炼化党干〔2016〕9 号】

**12 月 17 日**  公司员工冬季运动会启动仪式在大庆阿木塔冰雪基地举行。公司总经理万志强参加启动仪式。

**12 月 21 日—22 日**  公司举办党务工作者培训班。公司党委书记姜国骅出席开班仪式并为学员讲授第一堂课。

**12 月**  公司工会正式命名 7 个劳模创新工作室，即：质量检验与环保监测中心何琳劳模创新工作室、检维修厂王卫劳模创新工作室、炼油二厂王东华劳模创新工作室、润滑油厂丁盛庆劳模创新工作室、聚丙烯厂刘甦劳模创新工作室、动力厂杨清华劳模创新工作室和聚合物一厂陈志国劳模创新工作室。

# 二〇一七年

**1 月 10 日**  公司召开 2016 年专题民主生活会征求意见座谈会。公司党委书记姜国骅、纪委书记李春妍参加座谈。

**1 月 11 日**  经研究决定：免去吴金海研究院筹备组负责人、党支部书记职务。【庆炼化干〔2017〕2 号】【庆炼化党干〔2017〕1 号】

**1月20日** 公司召开2016年度经营形势分析会。2016年，面对全厂大停电、装置大检修等困难，公司通过精细管理、改革创新、降本增效等措施，公司领导万志强、姜国骅、魏君、李岩冰、施铁权、李春妍、刘喜民参加会议。

**1月20日** 公司召开干部大会，学习传达贯彻集团公司2017年工作会议精神。公司领导万志强、姜国骅、魏君、李岩冰、施铁权、李春妍、刘喜民参加会议。

**1月23日** 公司党委召开了2016年度领导班子民主生活会。公司党委书记姜国骅主持会议，并代表公司领导班子作对照检查报告。公司总经理万志强带头进行对照检查发言，其他领导班子成员依次作对照检查发言并进行相互批评帮助，从思想、组织、作风、纪律等方面查摆存在问题、剖析问题根源、明确整改方向。

**1月24日** 公司召开2016年度管理体系工作总结会。公司党委书记姜国骅主持会议，公司副总经理魏君介绍了公司2016年管理体系评审总体情况，公司总经理万志强对公司管理体系进行了解析。公司领导李岩冰、施铁权、李春妍、刘喜民参加会议。

**1月25日** 公司总经理万志强、党委书记姜国骅分别走访慰问了公司离退休老同志，以及公司劳动模范和特困员工代表，为他们送去诚挚的节日问候。

**1月25日** 公司召开2017年工会工作会。公司副总经理、提案审查委员会主任李岩冰宣读《关于表彰2016年度工会系统先进集体和个人的通报》。公司党委书记、工会主席姜国骅就下一步工会工作提出要求。

**2月15日** 公司召开2017年工作会议暨职工代表大会。公司领导万志强、姜国骅、魏君、李岩冰、施铁权、李春妍、刘喜民及公司所属各单位的职工代表和列席代表参加会议。公司总经理万志强作题为《坚定信心 持续推进优秀炼化企业建设》的工作报告。2016年，面对油品高库存、全厂大停电等困难挑战，公司上下团结奋战，攻坚克难，圆满完成生产经营各项任务。公司整体效益位居炼化板块前列，优秀炼化建设迈出坚实一步，企业实现了"十三五"的良好开局。2017年，公司工作思路是：贯彻落实集团公司工作会议精神，聚焦建设优秀炼化企业这一目标，紧紧抓住"效益稳中向好、大局稳定和谐"两条主线，着力做好"降成本、提质量、重创新、强党建、谋发展"5篇文章，夯实发展基础，增强内在动力，提升经营业绩，持续推进优秀炼化企业建设，为集团公司稳健发展做出新贡献。公司党委书记姜国骅作题为《加倍努力 勇于担当 以饱满热情推进优秀炼化企业新发展》的总结讲话，并就深入贯彻落实工作会议精神提出了具体要求。

**2月17日** 公司召开2017年党风廉政建设和反腐败工作会议。公司总经理万志强主持会议，并传达了十八届中央纪委七次全会、十一届黑龙江省纪委七次全会、中央企业及集团公司2017年党风廉政建设和反腐败工作会议精神。公司纪委书记李春妍作题为《强化党内监督 深化标本兼治 全面推进党风廉政建设和反腐败工作向纵深发展》的工作报告。公司党委书记姜国骅就深入贯彻落实会议精神提出了要求。公司领导魏君、李岩冰、施铁权、李春妍、刘喜民参加会议。

**2月21日** 矿区服务事业部党委召开专题民主生活会。公司党委书记姜国骅参加指导会议，并就下一步工作提出要求。

**2月22日** 质量检验与环保监测中心党委召开专题民主生活会。公司总经理万志强参加指导会议，并就下一步工作提出要求。

**2月23日** 公司召开2017年一季度党群工作例会。公司党委书记姜国骅、纪委书记李春妍参加会议，并分别就党建思想政治工作要点完善、党群工作标准化建设、形势目标任务责任教育等工作提出要求。

**2月28日** 黑龙江省委省政府组织召开座谈会，听取中国石油驻黑龙江地区石油石化企业工作汇报。黑龙江省委书记王宪魁，省委副书记、省长陆昊听取汇报并讲话。股份公司副总裁、大庆油田有限责任公司总经理、大庆石油管理局局长、中国石油驻黑龙江地区石油石化企业工作协调组组长孙龙德，代表中国石油驻黑龙江地区石油石化企业作工作汇报。公司总经理万志强、党委书记姜国骅参加座谈会。

**3月8日** 公司召开庆祝三八国际劳动妇女节暨巾帼风采故事会。公司领导万志强、姜国骅、李春妍参加会议。

**3月15日** 集团公司党组副书记、副总经理到公司就党建工作进行专项调研。公司领导万志强、姜国骅、魏君、李岩冰、施铁权、李春妍、刘喜民参加座谈会。

**4月6日**　公司召开2016年度党组织书记和纪委书记述职评议会。公司党委书记姜国骅、纪委书记李春妍出席会议。

**4月7日**　公司党委中心组召开学习会，就领导干部报告个人有关事项规定进行专题学习。公司领导万志强、姜国骅、魏君、李岩冰、施铁权、李春妍、刘喜民参加学习。

**4月12日**　公司开展专兼职纪检监察干部培训。公司纪委书记李春妍就如何开展巡察工作作了专题辅导。

**4月14日**　公司召开QHSE管理体系再认证审核末次会议。北京中油健康安全环境认证中心审核组通报了审核情况，同意公司通过再认证审核。公司副总经理李岩冰参加会议，并对审核问题整改工作提出具体要求。

**4月14日**　中国财政科学研究院院长刘尚希率一行来公司调研。公司总会计师施铁权参加调研座谈会。

**4月17日**　公司召开2017年专项巡察工作启动会。公司领导万志强、姜国骅、魏君、李岩冰、施铁权、李春妍参加会议。

**4月21日**　公司召开干部大会，集团公司副总经理段良伟出席会议并讲话。集团公司人事部副总经理徐新福宣读了集团公司党组、股份公司对大庆炼化分公司领导干部的任免文件：姜国骅任大庆炼化分公司总经理，免去万志强同志的大庆炼化分公司总经理、党委副书记、委员职务，退休。万志强、姜国骅分别作表态发言，表示坚决拥护、服从集团公司党组的决定。段良伟在讲话中对炼化公司近年来的工作给予了充分肯定，并就下一步工作提出具体要求。会后，段良伟参观了公司展厅，并到聚丙烯厂主控室、炼油二厂主控室进行现场调研，随后与公司新领导班子进行座谈。集团公司炼油与化工分公司党委书记杨继钢参加上述活动。【石油任〔2017〕63号】

**4月26日**　公司召开2017年一季度经济活动分析会。公司领导姜国骅、施铁权、李春妍出席会议。

**5月3日**　集团公司党组成员、总会计师刘跃珍一行到公司调研，详细了解了公司发展历史。刘跃珍强调，要继续发扬大庆精神铁人精神，夯实基础、练好内功、发挥优势，持续深化改革，不断提升企业发展活力和竞争力。

**5月4日**　刘跃珍在大庆油田公司听取大庆3家企业工作汇报后，就充分发挥地域优势、持续开展提质增效、深化内部改革、强化风险管控、抓好企业党建等五方面工作提出了要求。

**5月6日**　集团公司副总经理覃伟中，股份公司副总裁、大庆油田公司总经理、大庆石油管理局局长孙龙德等领导到公司调研。覃伟中一行先后到公司展厅、炼油二厂联合主控室、聚丙烯厂主控室了解生产经营情况，对公司技改技措、降本增效相关工作以及技术人员放置一线及时处理生产操作难题的做法给予充分肯定。就下步工作，他对抓牢安全环保巩固良好生产态势、发挥装置技术优势、提升特色产品竞争力等3方面工作提出了要求。

**5月9日**　黑龙江省委书记张庆伟一行到公司调研。张庆伟一行先后到公司展厅、炼油二厂主控室了解生产经营情况，慰问一线岗位员工，并听取了公司总经理、党委书记姜国骅的汇报。省委常委、秘书长、办公厅主任张雨浦，副省长胡亚枫，以及省委省政府相关部门领导，大庆市委书记、市长韩立华，股份公司副总裁、大庆油田总经理、大庆石油管理局局长孙龙德也陪同来到公司。

**5月10日**　公司召开纪念"五四运动"98周年暨第七届"杰出青年"座谈会，会议倡议广大青工要以"杰出青年"为榜样，积极投身到公司生产经营工作当中，在奋斗时多流汗，为优秀炼化建设向纵深推进贡献青春和力量。公司总经理、党委书记姜国骅，纪委书记李春妍出席会议，并分别对广大年轻干部提出希望和要求。

**5月12日**　公司召开2017年二季度党群工作例会。会议要求各级党组织紧密围绕中心工作，持续提升党建工作水平，为公司发展提供可靠政治保障。公司总经理、党委书记姜国骅，纪委书记李春妍参加会议，并分别就扎实落实党建思想政治工作要点、开展"标准履职·重塑形象·党员先行"等主题教育活动、夯实党支部工作基础等方面提出要求。

**5月15日**　公司召开2017年技术创新表彰大会。会上，公司总经理、党委书记姜国骅通过科研开发、技术攻关、技术应用、生产过程改进、作业方法创新、发明创造、信息化技术建设等 7 个方面分析了技术创新优势，提出了目前技术创新存在的问题，并就如何加快创新步伐、全面提升公司创新创效水平提出了要求。公司副总经理李岩冰宣读了关于技术创新成果和优秀工程论文评选结果的表彰通报。公司副总经理魏君主持会议。公司领导施铁权、李春妍参加会议。

**6 月 8 日**　集团公司总法律顾问、法律事务部总经理周永强一行到公司调研。周永强先后到公司展厅、炼油一厂、聚丙烯厂参观，详细了解了公司发展历程，听取了公司总经理、党委书记姜国骅对企业合规管理工作及普法教育活动开展相关情况的介绍。就下一步工作，周永强希望大庆炼化广大员工要牢固树立法律观念和法律意识，大力营造办事依法、遇事找法、解决问题用法、化解矛盾靠法的法治环境，并对公司持续深入开展合规管理、加强制度建设以及做好普法教育和法律队伍自身建设等方面工作提出了要求。公司领导魏君、施铁权、李春妍陪同调研。

**6 月 8 日**　公司召开"弘扬石油精神 讲述身边故事"典型宣讲会。公司总经理、党委书记姜国骅在会上号召全体干部员工要自觉向先进典型学习，切实把思想和行动统一到大力弘扬石油精神、推进公司稳健发展上来，立足岗位做贡献，敬业尽责促发展，为推进优秀炼化企业建设努力奋斗。公司总会计师施铁权、纪委书记李春妍参加会议。

**6 月 16 日**　经公司党委研究决定，杨金鑫任大庆炼化公司审计处处长，免去其大庆炼化公司财务处副处长兼财务结算中心主任职务；邢继国任大庆炼化公司审计处调研员，免去其大庆炼化公司审计处处长职务；刘锡明任大庆炼化公司工程管理部主任兼党总支副书记、工程质量监督站站长，免去其大庆炼化公司聚丙烯厂厂长、党委副书记职务；王志国任大庆炼化公司炼油一厂厂长、党委副书记，免去其大庆炼化公司炼油一厂副厂长职务；林羽任大庆炼化公司聚合物一厂厂长、党委副书记，免去其大庆炼化公司聚合物一厂副厂长职务；贾鸣春任大庆炼化公司聚丙烯厂厂长、党委副书记，免去其大庆炼化公司炼油一厂厂长、党委副书记职务；张玉权任大庆炼化公司产品营销中心党委书记、纪委书记、工会主席；罗振坤任大庆炼化公司产品营销中心调研员，免去其大庆炼化公司产品营销中心党委书记、纪委书记、工会主席、副主任职务；于德林任大庆炼化公司信息中心主任，免去其大庆炼化公司工程管理部主任兼党总支副书记、工程质量监督站站长职务；免去孙明的大庆炼化公司信息中心主任职务；赵立强任大庆宏伟庆化石油化工有限公司党委书记、纪委书记、工会主席；张宗保任大庆宏伟庆化石油化工有限公司调研员，免去其大庆宏伟庆化石油化工有限公司党委书记、纪委书记、工会主席职务；陈河任大庆炼化公司财务处副处长兼财务结算中心主任，免去其大庆炼化公司矿区服务事业部副主任、党委委员兼财务资产部主任职务；王志宏任大庆炼化公司财务处副处长；邹高新任大庆炼化公司炼油一厂副厂长，免去其大庆炼化公司炼油一厂总工程师职务；王德辉任大庆炼化公司炼油一厂总工程师、党委委员；李晓均任大庆炼化公司矿区服务事业部调研员，免去其大庆炼化公司矿区服务事业部党委副书记兼供热站党总支书记职务。【庆炼化干〔2017〕3 号】【庆炼化干〔2017〕5 号】【庆炼化党干〔2017〕2 号】【庆炼化党干〔2017〕3 号】

**6 月 17 日**　直属机关党委在乘风湖举行全民健身运动会"环湖健步行"活动，公司领导姜国骅、施铁权、李春妍与 270 多名直属机关员工参加健步走活动。

**6 月 26 日**　公司召开 2017 年首轮专项巡察工作反馈通报会议，对炼油一厂等 13 个单位专项巡察发现共性问题进行通报。会上，公司纪委书记李春妍对下一步专项巡察工作提出了具体要求，强调公司层面要认真落实管理责任，巡察办公室要做好问题整改的组织协调工作，各级党组织要切实担负起全面从严治党主体责任，共同抓好问题整改工作。公司总经理、党委书记姜国骅对专项巡察工作取得的显著成效给予了充分肯定，并就如何抓好日常管理工作、进一步发挥专项巡察办公室作用等方面提出了要求。公司领导李岩冰、施铁权，副总师，机关部门、二级单位主要负责人参加会议。

**6 月 27 日**　集团公司党组书记、董事长以视频会议形式为中国石油全体党员干部讲授专题党课。公司领导、副总师、机关党群部门负责人、二级单位党组织书记及部分基层单位党支部书记在公司视频分会场参加学习。

**6 月 27 日**　公司外排水提标改造项目顺利中交，此后公司出水水质指标将全部达到《石油炼制工业污染物排放标准》要求。公司副总经理李岩冰出席中交仪式。

**6月29日至30日**　公司举办局处级领导干部培训班，副处级以上领导干部参加培训。29日上午，公司总经理、党委书记姜国骅解读了习近平总书记在国有企业党建工作会议上的讲话精神、十八届六中全会精神、《关于新形势下党内政治生活的若干准则》和《中国共产党党内监督条例》，传达了集团公司有关学习贯彻党的十八届六中全会精神的要求，以及集团公司党组书记、董事长的重要讲话。29日下午，公司纪委书记李春妍解读了集团公司近期印发的《管理人员违纪违规行为处分规定》。30日上午，全体学员分成6个小组对学习情况进行座谈交流。30日下午，公司召开纪念建党96周年总结表彰暨局处级领导干部培训班结业大会。会上，公司总经理、党委书记姜国骅对几年来公司各级党组织和广大共产党员，为优秀炼化企业稳步推进所发挥党委核心作用、党支部战斗堡垒作用和党员先锋作用表示肯定，并就下步党建工作提出三点要求：一是要以落实全面从严治党要求为重点，进一步抓好企业党的建设；二是要围绕忠诚干净担当目标，进一步抓好"关键少数"；三是要将党建工作与生产经营任务有效融合，进一步抓好提质增效。姜国骅强调，实干就是能力，落实就是水平。各单位各部门、各级党组织、广大党员干部要把心思用在实干上，把劲头放在实干上，勤于抓落实，善于抓落实，积极开创党建工作新局面，全力完成各项生产经营任务，加快推进优秀炼化企业建设步伐，以更加优异的成绩迎接党的十九大胜利召开。会议由公司总会计师施铁权主持，公司纪委书记李春妍宣读表彰通报，公司领导、副总师及公司属党组织负责人、党员代表、处级干部代表和"先优模"代表参加会议。

**7月3日**　大庆市委副书记、市政府党组书记石嘉兴一行来公司调研。公司总经理、党委书记姜国骅陪同，并详细介绍了公司的发展历程、生产经营概况、特色优势产品等情况，同时就"三供一业"移交等方面问题交换了意见。石嘉兴对公司积极承担社会责任、发展地方经济的做法给予肯定，他表示市委市政府将始终支持炼化公司的发展，同时表达了深化地企合作、共谋发展的希望。公司领导魏君、李岩冰、施铁权、李春妍参加了座谈会。

**7月5日**　经公司总经理办公会研究决定：对部分单位机构进行调整。

一是将电子商务部更名为物资采购部，更名后机构隶属关系、规格、职能等均不变；二是聚丙烯厂控制车间的职能、人员和机构建制划入机电仪厂管理，同时更名为机电仪厂机电运行车间，列机电仪厂基层单位序列，机构规格不变。【庆炼化人事〔2017〕8号】

**7月13日** 公司召开培训工作座谈会。公司总经理、党委书记姜国骅出席会议，并与各二级单位主要领导进行深入交流和探讨。姜国骅要求各单位要高度重视培训工作，要瞄准公司发展所需、员工成长所需，增强培训的针对性，加强培训教师管理和综合人才培养，强化专业培训的研究。公司机关部门、二级单位主要负责人参加座谈会。

**7月13日** 生产运行处在储运厂成品二车间组织开展公司级应急演练。公司副总经理、安全总监李岩冰参加现场指挥，并指出此次应急演练中存在的不足，对安全生产工作提出了具体要求。

**7月14日** 公司召开2017年上半年经济活动分析会，公司实现生产经营"双过半"目标，整体效益在炼化企业中排名第6。公司总经理、党委书记姜国骅参加会议，总结了上半年公司生产经营情况，指出了生产过程中存在的不足，分析了下半年公司面临的市场形势，提出公司上下仍需同心协力，要在夯实安全基础、强化优化运行、加强技术创新、提高工作效率、深入挖潜增效等方面下功夫，持续推动内部生产经营分析，将工作做实做细，为公司效益提升而努力。会议由总会计师施铁权主持。炼油一厂、聚合物一厂以及生产运行处、生产技术处、财务处汇报了生产经营有关情况。副总经理魏君、李岩冰、刘喜民，各机关部门、二级单位主要负责人参加会议。

**7月19日** 国务院第四次大督查第六督查组降低企业成本组到公司调研，就税费所占成本的比例、增值税发票取得情况、三供一业移交进展以及各项费用对成本影响等方面进行座谈交流，并表示将把有关问题向国务院汇报，积极促成企业当前具体问题的解决，支持企业健康发展。公司领导姜国骅、施铁权陪同调研。

**7月19日** 经研究决定：王世珍任生产运行处调研员，免去其生产运行处副处长职务；黄庆元任矿区服务事业部党委副书记，免去其矿区服务事业部副主任职务。【庆炼化干〔2017〕6号】【庆炼化党干〔2017〕4号】

**7月21日** 公司召开2017年三季度党群工作例会，总结上半年党群工作，部署下一步工作任务。公司党委书记、总经理姜国骅主持会议，并就近期党建重点工作、各级党组织书记如何发挥模范带头作用提出明确要求。公司纪委书记李春妍出席会议，并对做好党建基础工作、党风廉政建设工作、新闻宣传和思想政治工作、群团和维稳工作、人才培养工作等5方面工作提出具体要求。党群业务部门负责人、二级单位党组织书记参加会议。

**7月27日—28日** 公司组织各级党组织书记等160余名干部，分批次到大庆油田星火一次变、中十六联、中四队3个党支部学习工作经验，开拓工作思路，对照先进找差距，进一步提高公司基层党委、党支部工作水平。

**7月31日** 公司召开干部大会，传达集团公司2017年领导干部会议精神，同时作为党委中心组扩大学习内容。公司总经理、党委书记姜国骅主持会议，重点传达了集团公司党组书记、董事长所作的题为《持续深化改革，加强管理创新，坚定不移推进集团公司稳健发展》主题报告和党组副书记、总经理章建华所作的生产经营工作报告，并就落实会议精神提出了工作要求。公司领导班子成员、副总师，机关部门、二级单位主要负责人参加会议。

**7月31日** 公司召开2017年第二轮专项巡察工作启动会议，部署本次巡察工作重点任务。公司副总经理魏君主持会议，公司纪委书记李春妍宣读了第二轮专项巡察工作方案，公司党委书记、总经理姜国骅作动员讲话。公司领导班子成员、副总师，机关部门、二级单位主要负责人以及第二轮3个巡察组全体成员共计110余人参加会议。

**7月** 集团公司发布2016年度业绩考核结果。经考核审定，大庆炼化公司2016年度综合业绩分值为130.209分，级别为A级。

**8月10日** 经公司党委会研究决定：孙明任大庆炼化公司纪委副书记、纪检监察处处长兼纪委办公室主任，免去其大庆炼化公司信息中心党支部书记职务；于海波任大庆炼化公司纪检监察处调研员，免去其大庆炼化公司纪委副书记、纪委委员、纪检监察处处长职务；免去王立波的大庆炼化公司纪委办公室主任职务；杨金鑫任大庆炼化公司纪委委员；免去邢继国的大庆炼化公司纪委委员职务；刘凤娟任大庆炼化公司信息中心党支部书记（正处级）兼副主任，免去其大庆炼化公司党委组织部副部长、人事处副处长职务；郭宝海任大庆炼化公司物资采购部党支部书记（正处级）兼招标管理中心主任；免去李晓江兼任的大庆炼化公司物资采购部党支部书记职务；于冰任大庆炼化公司储运厂副厂长、党委委员，免去其大庆炼化公司物资采购部副主任兼招标管理中心主任职务；张鹏任大庆炼化公司储运厂副厂长（副处级）、党委委员；冯林财任大庆炼化公司企业文化处副处长、党委宣传部副部长兼文化新闻中心主任，免去其大庆炼化公司物资供应中心党支部书记兼副主任职务；免去姜复乐兼任的大庆炼化公司文化新闻中心主任职务；姜涛任大庆炼化公司物资供应中心党支部书记兼副主任，免去其大庆炼化公司聚丙烯厂安全总监、党委委员职务；高景庆任大庆炼化公司聚丙烯厂副厂长、安全总监、党委委员，免去其大庆炼化公司安全环保处副处长职务；白云波任大庆炼化公司安全环保处副处长（副处级）；于涛任大庆炼化公司聚丙烯厂副厂长、党委委员，免去其大庆炼化公司储运厂副厂长、党委委员职务；张庆彬任大庆炼化公司车辆管理部副主任、党委委员，免去其大庆炼化公司聚丙烯厂副厂长、党委委员职务；徐文生任大庆炼化公司产品营销中心副主任、党委委员，免去其大庆炼化公司储运厂副厂长、党委委员职务；徐林庆任大庆炼化公司工程管理部副主任，免去其大庆炼化公司机电仪厂副厂长、党委委员职务；胡宪敏任大庆炼化公司机电仪厂副厂长（副处级）、党委委员；王剑峰任大庆炼化公司生产运行处副处长（副处级）。【庆炼化干〔2017〕8号】【庆炼化干〔2017〕9号】【庆炼化党干〔2017〕5号】【庆炼化党干〔2017〕6号】

**8月14日**　集团公司在大庆油田举办加强国有企业党的建设讲座，国务院国资委党建工作局局长姚焕应邀，就深入学习贯彻全国国有企业党的建设工作会议精神、在新形势下进一步加强和改进国有企业党的建设工作做辅导讲座。公司领导姜国骅、魏君、施铁权、李春妍、刘喜民，机关党群部门负责人，基层单位党组织书记到大庆油田参加学习。

**8月23日—30日**　集团公司HSE管理体系审核组对公司进行2017年第二次HSE管理体系审核，对公司安全、环保、生产、HSE体系等专业管理进行了全面检查。30日下午，公司召开集团公司HSE管理体系审核末次会议，对公司2017年上半年审核问题整改情况进行了讲评，对下一步整改工作提出了具体要求。公司总经理、党委书记姜国骅作了表态发言，并对问题整改作出工作安排。公司领导班子成员、副总师，相关机关部门、直附属单位主要负责人，二级单位主要负责人、安全总监、相关专业管理人员和部分车间负责人参加会议。

**8月** 经公司总经理办公会研究决定：对部分单位机构进行调整。一是将设计院设备设计室和公用工程设计室机构和职能合并，合并后单位名称为公用工程设计室，机构隶属关系、规格、职能等均不变。二是将物业管理二站和物业管理三站机构和职能合并，合并后机构名称为矿区服务事业部物业管理站，机构隶属关系、规格、职能等均不变；将物业管理一站和城管监察大队机构和职能合并，合并后机构名称为矿区服务事业部物业服务监察站，机构隶属关系、规格、职能等均不变；将供热站锅炉车间和辅助运行车间机构和职能合并，合并后机构名称为矿区服务事业部供热车间，列矿区服务事业部基层单位序列，机构规格、职能等均不变。

**9月7日—8日** 公司举办班组长培训班，50余名班组长学习了班组及班组管理、员工管理及奖惩制度解读、现场标准化、班组安全文化等7方面内容。

**9月8日** 公司领导姜国骅、施铁权、刘喜民到物资供应中心，就平库利库工作进行现场办公。

**9月8日** 公司党委召开中心组学习会，学习习近平总书记7月26日在省部级主要领导干部专题研讨班上的重要讲话精神。公司领导姜国骅、魏君、李岩冰、施铁权、刘喜民参加学习。

**9月9日** 公司2017年全民健身趣味运动会开幕。公司总经理、党委书记姜国骅，副总经理刘喜民参加开幕式和趣味项目。

**9月12日** 国务院安委会第三十一组到公司开展安全生产大检查综合督查，国家安监总局监管三司副司长黄进就综合督查提出要求，公司总经理、党委书记姜国骅汇报安全生产工作开展情况。副总经理李岩冰、刘喜民参加汇报会和综合督查。

**9月14日** 集团公司人事部督察组就如何改进提高人事工作水平、提升企业核心竞争力到公司调研。公司总经理、党委书记姜国骅，纪委书记李春妍陪同座谈。

**9月18日**　中石油燃料油有限责任公司总经理火金三一行来公司，就产品销售等工作进行交流。公司总经理、党委书记姜国骅陪同座谈。

**9月19日**　中国石油文联"送欢乐下基层"慰问大庆油田、大庆炼化暨第四届"中华铁人文学奖"庆祝晚会在大庆油田体育馆举行。公司总经理、党委书记姜国骅观看慰问演出。

**9月20日**　华北化工销售公司副总经理陈兰忠和华东化工销售公司一行客人来公司，就聚丙烯产品销售等工作进行交流。公司总经理、党委书记姜国骅陪同座谈。

**9月20日**　中油资本总经理蒋尚军、昆仑银行大庆分行行长王峥嵘一行来公司就金融服务、深化合作等话题进行工作交流。公司总经理、党委书记姜国骅，副总经理李岩冰，纪委书记李春妍陪同座谈。

**9月20日**　公司举办基层党支部书记业务交流会，旨在搭建相互交流学习平台，提高党支部书记履职能力和基层党建水平。公司纪委书记李春妍参加交流会并讲话。

**9月21日**　独山子石化公司副总经理白继晨一行到公司就矿区业务管理、三供一业改革、公寓餐厅运行管理和企业文化建设等工作进行调研。公司纪委书记李春妍陪同参观和座谈。

**9月22日**　公司纪委开展重要岗位廉洁从业专题教育活动。公司纪委书记李春妍出席活动并做专题讲话。

**9月**　经公司党委会研究决定：侯郁周任设计院调研员，免去其设计院党委书记、委员、纪委书记、工会主席兼副院长职务；李家新任矿区服务事业部房产管理中心调研员，免去其矿区服务事业部房产管理中心副主任职务；刘伟任大庆炼化公司炼油二厂厂长兼党委副书记，免去其炼油二厂副厂长、总工程师职务，同时免去徐言彪的炼油二厂厂长兼党委副书记、委员职务，张洪军任炼油二厂副厂长、总工程师、党委委员；王本文任润滑油厂党委书记、纪委书记、工会主席，免去其润滑油厂总工程师职务，李训任润滑油厂副厂长、总工程师、党委委员；宋志国任设计院党委委员、书记、纪委书记、工会主席兼副院长，免去其质量检验与环保监测中心党委书记、委员、纪委书记、工会主席兼副主任职务；高宪武任质量检验与环保监测中心党委委员、书记、纪委书记、工会主席兼副主任，免去其润滑油厂党委书记、委员、纪委书记、工会主席兼副厂长职务；梁天舒兼任总调度室主任。孙明为直属机关党委委员，免去于海波的直属机关党委委员职务；陈河为直属机关纪委委员，免去杨金鑫的直属机关纪委委员职务。【庆炼化干〔2017〕10 号】【庆炼化干〔2017〕11 号】【庆炼化党干〔2017〕7 号】【庆炼化党干〔2017〕8 号】【组织〔2017〕8 号】

**10 月 1 日** 公司领导姜国骅、刘喜民到 30 万吨 / 年烷基化项目施工现场检查指导，就工程质量进度、现场安全管理等方面工作提出具体要求。

**10 月 12 日** 公司召开 2017 年四季度党群工作例会，总结三季度党群工作，部署下一步工作任务。公司党委书记、总经理姜国骅，纪委书记李春妍参加会议，并就如何提升党群工作水平提出具体要求。党群业务部门负责人、二级单位党组织书记参加会议。

**10 月 13 日** 公司党委中心组召开学习会，集中观看了国防大学军事管理学院教授刘志兵的视频辅导，共同纪念毛泽东同志《实践论》《矛盾论》发表 80 周年。公司领导姜国骅、魏君、刘喜民参加学习。

**10 月 16 日** 公司党委召开第二轮专项巡察工作反馈通报会，对巡察发现的管党治党、薪酬管理、检维修项目管理等共性问题进行通报。公司党委书记、总经理姜国骅参加会议，并要求各单位要重视巡察发现问题，切实抓好整改落实，促进公司党建工作水平整体提升。公司纪委书记李春妍就做好专项巡察后一段工作、抓好巡察整改落实提出具体要求。公司领导班子成员，安全副总监、副总师，机关处室长，各二级单位党政主要负责人及 3 个巡察组成员共计 110 余人参加了会议。

**10 月 18 日** 按照公司党委要求，各级党组织采取不同方式，收听收看中国共产党第十九次全国代表大会开幕会，学习习近平同志代表第十八届中央委员会所作的题为《决胜全面建成小康社会 夺取新时代中国特色社会主义伟大胜利》的报告。公司领导姜国骅、魏君、李岩冰、李春妍、刘喜民等党委中心组成员集体收看开幕会。

**10 月 18 日** 公司召开 2017 年三季度经济活动分析会。公司总经理、党委书记姜国骅参加会议，强调各单位各部门要切实落实"实干就是能力、落实就是水平"理念，并对下一步工作提出具体要求。生产运行处、生产技术处、财务处以及物资供应中心、炼油二厂、聚合物二厂汇报了生产经营有关情况。公司领导魏君、李春妍、刘喜民，副总师，各机关部门、二级单位主要负责人参加会议。

**10月24日** 百瑞美（Paremelt）公司全球总裁 John Capendale 一行来公司，就当前国际石蜡市场现状、发展前景以及高端石蜡产品生产销售等事宜进行探讨交流。公司总经理、党委书记姜国骅参加了座谈会。

**10月26日** 公司召开共青团第二次代表大会。公司党委书记、总经理姜国骅参加会议，对各级共青团组织开展的一系列工作给予充分肯定，并鼓励广大团员青年要增强企业发展的信心和决心，同时对下一步工作提出具体要求。会议由公司团委书记王冰玉主持。公司团委、各二级单位相关负责人以及78名团员代表参加大会。

**10月27日** 黑龙江省领导干部大会在哈尔滨召开，传达学习党的十九大精神，对学习宣传贯彻工作作出部署。公司党委书记、总经理姜国骅参加会议。

**10月31日** 中国石油润滑油公司副总经理李晓东一行来公司，就润滑油市场、基础油供需等事宜进行交流。公司副总经理李岩冰参加交流会。

**10月** 公司 ERP 应用集成项目通过内部验收成功上线，标志着公司 ERP 系统进入 2.0 时代。

**10月** 历时6个月，由党委组织部等党群部门全体参与编制的《党群工作管理手册》正式发布。手册内容共7章78万字，对所有党群业务进行系统梳理，进一步明确了各级党组织和党务工作者岗位责任制，规范了党群工作业务流程，制定了党群工作标准，对提升公司党群工作管理水平和效果，将起到重要的指导作用。

**10月** 经公司总经理办公会研究决定：对规划计划处机构进行调整：一是将规划计划处规划管理科的机构、人员、职能合并到项目管理科，合并后项目管理科机构隶属关系、规格、职能等均不变。二是撤销规划计划处规划管理科机构建制。【庆炼化人事〔2017〕17号】

**11月3日** 公司党委中心组召开学习会，集中观看《切实学懂弄通做

实党的十九大精神 努力在新时代开启新征程续写新篇章》电视报道，共同学习党的十九大报告诞生记和《中国共产党章程（修正案）》诞生记。公司党委书记、总经理姜国骅传达了《中共中央关于认真学习宣传贯彻党的十九大精神的决定》，并就学习宣传贯彻落实党的十九大精神提出具体要求。公司领导李岩冰、李春妍、刘喜民参加学习。

**11月9日**　华北石油工程建设有限公司执行董事、总经理王宗江一行来公司，就未来合作前景及合作空间进行探讨交流。公司领导姜国骅、刘喜民参加了座谈会。

**11月10日**　中油昆仑银行董事长、党委书记闫宏一行来公司，就金融业务领域服务与支持进行工作交流。公司领导姜国骅、李岩冰参加了座谈会。

**11月20日**　公司召开表彰大会，授予祁树辉等15名同志"大庆炼化榜样·好工匠"荣誉称号。公司总经理、党委书记姜国骅参加表彰会，并就弘扬工匠精神、践行工匠精神、培育工匠精神提出3点意见。公司副总经理魏君主持会议，副总经理李岩冰宣读《关于表彰"大庆炼化榜样·好工匠"的通报》。公司领导、副总师、机关部门和二级单位主要负责人参加了会议。

**11月22日**　公司召开学习贯彻党的十九大精神宣讲报告会，学习传达党的十九大精神，安排部署学习宣传贯彻党的十九大精神工作。公司党委书记、总经理姜国骅参加会议并作宣讲报告，强调学习宣传贯彻党的十九大精神，是当前和今后一个时期的首要政治任务，要按照党中央统一部署，按照集团公司党组要求，把学习宣传贯彻党的十九大精神作为头等大事来抓，摆上重要议事日程，在学懂弄通做实上下功夫，推动学习宣传贯彻往实里走、往深里走。同时，就如何深入学习宣传贯彻党的十九大精神、以党的十九大精神统揽公司稳健发展，姜国骅提出三点要求：一是既要整体把握、全面系统，又要突出重点、抓住关键；二是要切实加强组织领导；三是重在推动落实。公司领导魏君、李岩冰、李春妍，副总师，机关部门和二级单位主要负责人参加学习。

**11月28日**　公司党委书记、总经理姜国骅以普通党员身份，参加所在人事处（党委组织部）党支部党课学习，开展党的十九大精神专题辅导，并就如何贯彻落实十九大精神、做好组织人事等工作提出具体要求。

**11 月 29 日** 中国石油国际事业有限公司东北分公司总经理张红岩、党委书记孙宏伟一行来公司，就产品外销、质量保证及渠道拓展等事宜进行工作交流。公司领导姜国骅、魏君参加了座谈会。

**11 月 30 日** 中国石油东北化工销售公司大庆分公司经理宋福瑜、党委书记朱鲁林一行来公司，就产品外销等事宜进行工作交流。公司领导姜国骅、魏君参加了座谈会。

**11 月** 集团公司第四批内部优势产品框架采购协议签订会在北京召开。凭借优异的质量和广大用户的认可，公司聚丙烯酰胺产品成功纳入集团公司内部优势产品名录。

**12 月 12 日—15 日** 公司副总经理魏君一行先后到中国石油华北化工销售公司北京总部、伟星新材天津工业园、浙江中财管道科技股份有限公司天津分公司、宏岳塑胶集团有限公司秦皇岛厂区、景津环保股份有限公司德州厂区等聚丙烯销售和加工企业，进行聚丙烯新产品 PA14D-2 的推介工作，并面对面回答客户疑问、解决技术难题。

**12 月 18 日** 公司召开干部大会，公司总经理、党委书记姜国骅主持会议，并宣读了集团公司党组、股份公司对大庆炼化分公司领导干部的任免文件：李春妍同志任大庆炼化分公司党委常务副书记（正局级）、工会主席；丁海中同志任大庆炼化分公司党委委员、副总经理、安全总监；免去姜国骅同志的大庆炼化分公司工会主席职务、免去李岩冰同志的大庆炼化分公司安全总监职务。李春妍、丁海中分别作表态发言。公司领导班子成员、副总师、机关部门及二级单位主要负责人参加会议。

**12 月 20 日** 公司召开集团公司冬季安全生产大检查现场抽查讲评会。会上，第五检查组通报了检查发现的问题并提出整改意见，检查组组长陈为民要求大家要树立红线意识，认清严峻形势，做好八项措施，保证企业永续发展。公司领导姜国骅、刘喜民、丁海中，相关单位主要负责人以及检查组成员参加会议。

**12 月 14 日、21 日、26 日** 公司召开 2018 年工作座谈会，总结 2017 年工作的经验和不足，听取机关部门和基层单位对 2018 年工作的意见和建议。

公司总经理、党委书记姜国骅主持会议，并对下步工作提出具体要求。公司领导李春妍、李岩冰、施铁权、刘喜民、丁海中参加会议。

**12月28日** 免去陈索辉的产品营销中心主任、党委副书记、委员职务。【庆炼化干〔2017〕15号】【庆炼化党干〔2017〕9号】

**12月29日** 公司召开健康安全环境委员会会议，宣布了公司HES委员会调整人员名单，并对2017年公司发生的事故、事件进行通报。同时，公司生产运行处、生产技术处、机动设备处、安全环保处对2017年工作进行总结，部署安排2018年工作。公司安委会成员参加了会议。

**12月** 经公司党委会研究决定，对公司领导班子成员工作分工作出调整。

**12月** 按照集团公司《关于认真吸取事故教训立即开展"大学习、大检查、大反思"活动的通知》要求，公司出台活动工作方案，成立了由公司总经理、党委书记姜国骅任组长，公司领导班子成员任副组长的"大学习、大检查、大反思"工作领导小组，并开展以体系审核问题整改验证和冬季安全生产方案落实为主要内容的安全生产大检查。公司领导姜国骅、李春妍、魏君、李岩冰、施铁权、刘喜民、丁海中，分别带队深入一线进行检查督导。

**12月21日** 经公司党委会研究决定，免去丁海中的公司副总工程师兼规划计划处处长、项目部主任职务；孙茂成兼任项目部主任，免去其兼任的机动设备处处长职务；李志刚任离退休管理中心副主任，免去其项目部专业组负责人职务；王金良任项目部调研员，免去其项目部副主任职务；王慧文任大庆炼化公司机动设备处处长（正处级），免去其机动设备处副处长职务；李建国任大庆炼化公司规划计划处处长（正处级），免去其生产技术处副处长职务；栗文波任大庆炼化公司生产技术处副处长（副处级）。以上人员除注明外，原行政级别均不变。【庆炼化干〔2017〕14号】

**12月** 经公司总经理办公会研究决定：对部分单位机构进行调整。一是人事处（党委组织部）增设党建科，设科长1人，总定员不变。二是将中国石油林源炼油厂北京办事处更名为中国石油林源炼油有限公司北京办事处。【庆炼化人事〔2017〕22号】

# 二〇一八年

**1月5日** 公司召开党委中心组理论学习会，深入学习党的十九大精神，并就如何以十九大精神指引公司未来发展进行专题讨论。公司党委中心组成员参加会议。

**1月9日** 公司召开领导班子民主生活会征求意见座谈会，广泛征求干部员工代表对公司发展的意见和建议。公司党委书记、总经理姜国骅对大家发言给予充分肯定，并提出希望和鼓励。公司领导姜国骅，机关部门和二级单位主要负责人，车间主任、技术员、班组长代表参加了座谈。

**1月17日** 公司召开2017年度领导班子民主生活会。会上，公司党委书记、总经理姜国骅通报了此次民主生活会的准备情况，并代表公司领导班子作对照检查发言。班子成员分别作个人发言，开展了严肃坦诚的批评与自我批评，围绕"六个方面"深入查摆问题、剖析根源、明确整改方向。集团公司第一督导调研组组长张文新、副组长赵宗阜、联络员刘凤武到会督导，并对会议召开情况给予充分肯定。

**1月17日** 督导组就公司党建工作进行调研。

**1月19日** 公司召开2018年培训工作会议。会上，公司人事处对《关于进一步加强和改进员工教育培训工作的实施意见》进行解读，参加人事工作调研的单位汇报了收获和感想，炼油一厂等四个单位介绍了培训工作好的做法和经验。公司总经理、党委书记姜国骅对进一步加强培训工作提出要求。公司领导姜国骅、施铁权、刘喜民、丁海中，副总师，机关及二级单位主要负责人，培训管理人员参加了会议。

**1月31日** 公司召开干部大会，传达学习集团公司2018年工作会议精神。公司总经理、党委书记姜国骅主持会议，传达了集团公司党组书记、董事长作的题为《深入贯彻落实党的十九大精神，奋力开创新时代中国石油稳健发展新局面》的主题报告和总结讲话，以及总经理、党组副书记章建华作的题为《坚持稳健发展，加强协同优化，高质量完成全年生产经营任务目标》的生产经营报告，并就贯彻落实会议精神进行安排部署。公司领导班子成员、副总师，机关部门、直附属及二级单位主要负责人参加会议。

**1月**　经公司党委会研究决定：对公司副总师工作分工进行调整。

**2月8日**　公司召开2018年工作会议暨职工代表大会。公司领导姜国骅、魏君、李岩冰、施铁权、刘喜民以及公司所属各单位的职工代表和列席代表参加会议。公司总经理、党委书记姜国骅作题为《牢记使命，勇于担当，奋力开创新时代优秀炼化企业建设新局面》的工作报告。2017年，公司上下认真学习贯彻党的十九大精神，坚决执行集团公司党组部署，克服加工量低等困难，直面市场竞争等挑战，讲实干，重落实，强党建，优秀炼化企业建设迈出新步伐。公司近几年的发展目标是：做精炼油，做强化工，建设稳健发展的新时代优秀炼化企业。2018年，公司总体要求是：深入贯彻落实党的十九大和集团公司工作会议精神，围绕"一个目标、两个意识、三项原则、四大工程、五种精神"的工作思路，推动发展质量变革、效率变革、动力变革，固本强基，激发活力，行稳致远，奋力开创新时代优秀炼化企业稳健发展新局面。会上，姜国骅向炼化公司所属各单位发放了《绩效任务书》和《安全环保责任书》，副总经理李岩冰宣读了《大庆炼化公司2017年度先进单位和劳动模范表彰通报》。会议书面交流了《大庆炼化公司2017年财务决算和2018年财务预算安排的报告》《大庆炼化公司2017年职工代表大会代表提案落实情况的报告》《大庆炼化公司2017年度安全环保健康工作报告》《大庆炼化公司2018年职工代表大会代表提案立案情况的说明》，审议通过了《关于＜大庆炼化公司工作报告＞的决议（草案）》《关于＜大庆炼化公司2017年财务决算和2018年财务预算安排报告＞的决议（草案）》。会议期间，姜国骅作《2017年度选人用人工作报告》。在代表炼化公司领导班子述职述廉后，姜国骅进行述职。职工代表对炼化公司领导班子和成员进行民主测评，对后备干部进行民主推荐，对炼化公司选人用人工作和新选拔任用领导人员进行民主评议。

**2月13日**　公司总经理、党委书记姜国骅，公司党委常务副书记、纪委书记、工会主席李春妍代表公司、公司党委和万名员工，分别走访慰问了公司离退休老同志，以及公司劳动模范和特困员工代表。2018年元旦、春节期间，公司慰问了特困、困难员工，困难遗属、工伤、军烈属、困难员工家庭以及在校就读子女等各类困难人员828人。

**2月**　经公司党委会研究决定：开展第一批干部双向挂职锻炼工作。

**3月6日**　公司召开2018年党风廉政建设和反腐败工作会议。会上，公司党委委员、副总经理李岩冰传达了十九届中央纪委二次全会、十二届黑龙江省纪委二次全会、中央企业及集团公司2018年党风廉政建设和反腐败工作会议精神。公司党委书记、总经理姜国骅出席会议并发表讲话，公司党委常务副书记、纪委书记、工会主席李春妍作了题为《践行新时代国有企业管党治党新要求 扎实推进全面从严治党向纵深发展》的工作报告。公司主要领导与公司副职领导，公司副职领导与分管业务部门、单位的代表，分别签订了党风廉政建设责任书。会议由公司党委委员、副总经理魏君主持。公司领导、副总师，公司纪委委员，机关处室、二级单位、直附属单位副处级以上领导干部和关键岗位工作人员共379人参加了会议。

**3月7日**　公司举办庆祝三八国际劳动妇女节暨女工素质提升课堂讲座活动。公司党委常务副书记、纪委书记、工会主席李春妍参加活动，并作了题为《让自己成长》的专题讲座。

**3月7日**　东北石油大学一行来到公司走访交流。公司总经理、党委书记姜国骅，党委常务副书记、纪委书记、工会主席李春妍参加了座谈。

**3月13日**　公司召开集团公司2018年第一次HSE管理体系审核末次会议。会上，公司总经理、党委书记姜国骅对体系审核问题整改和安全环保工作提出要求。公司领导、集团公司HSE管理体系第一审核组成员及公司相关处室、二级单位主要负责人参加会议。

**3月13日**　济柴动力总厂党建调研组到公司学习交流，公司党委常务副书记、纪委书记、工会主席李春妍陪同调研。

**3月14日**　公司召开2018年工会工作会议。会议宣读了《公司2017年度工会系统先进集体和先进个人》表彰通报，并为获奖者代表颁发荣誉证书。公司党委常务副书记、纪委书记、工会主席李春妍，公司专业委员会代表，各二级单位工会主席、工会干事和基层代表参加会议。

**3月23日**　公司党委、纪委对二级单位党组织书记和纪委书记进行述职考评和集体约谈。会上，22个单位的党组织书记、纪委书记进行了现场述职，6名任职不到6个月的党组织书记、纪委书记进行了书面述职。公司党委书记、总经理姜国骅，公司党委常务副书记、纪委书记、工会主席李春妍和公司党群部门主要领导，以及不参加述职的纪委委员、两名员工代表，对述职情况逐一进行量化考评。述职结束后，姜国骅和李春妍分别对党组织书记和纪委书记进行了集体约谈。

**3月28日** 公司召开一季度党群工作例会。会上，6家单位汇报了2017年党群工作开展情况和2018年工作计划，并提出了意见建议；公司机关党群部门回顾并讲评了分管专业党群工作，并部署了下一步工作。公司党委常务副书记、纪委书记、工会主席李春妍参加会议，并对党群工作提出要求。

**3月29日** 公司召开2018年培训工作座谈会。公司党委常务副书记、纪委书记、工会主席李春妍参加会议，并对技能竞赛和员工培训等工作提出要求。机关处室和二级单位30余名主管培训工作的人员参加了座谈。

**4月3日** 公司召开滚动及中长期发展规划汇报会。公司总经理、党委书记姜国骅，副总经理、安全总监丁海中参加会议。会上，中国石油规划总院首先汇报了《大庆炼化公司滚动及中长期发展规划》设想，公司相关职能部门介绍了公司目前在建项目情况。双方职能部门还就一些具体问题进行了磋商，并对规划的内容进行了深入交流和讨论。

**4月13日** 公司召开第一批双向挂职锻炼启动大会。会上，公司总经理、党委书记姜国骅同志就此次双向挂职工作目的、意义、要求进行了说明，并对挂职干部提出三点希望，一是做肯钻研、学习型的干部；二是做有激情、开拓型的干部；三是做有本领、服务型的干部。公司领导姜国骅、李春妍，机关处室、直属单位主管领导，二级单位党政主要领导，及43名挂职锻炼人员参加了会议。

**4月16日** 公司召开车间主任首轮、党支部书记第二轮履职能力评估推进会，公司党委常务副书记、纪委书记、工会主席李春妍出席会议。会上，公司副总经济师、党委组织部部长、人事处处长张清林对基层党支部书记首轮履职达标工作开展情况进行了讲评。针对如何做好此次考评工作，党委常务副书记、纪委书记、工会主席李春妍强调，一是坚持高标准，要验证真实状态。二是坚持严考评，要促进能力提升。三是坚持硬兑现，要构筑"能上能下"机制。

**4月17日** 公司召开2018年一季度经济活动分析会，会上，生产技术处、生产运行处、财务处先后汇报了公司生产技术指标完成情况、生产运行情况和财务指标完成情况。公司总会计师施铁权对经济效益和各项费用总体完成情况进行了点评。公司总经理、党委书记姜国骅提出具体要求。公司领导姜国骅、李春妍、魏君、施铁权、刘喜民、丁海中，公司副总师以及机关处室、直附属单位、二级单位主要领导和相关业务人员参加会议。

**4月17日** 公司举办领导干部学习党的十九大精神专题培训班。公司总经理、党委书记姜国骅做了题为《学习十九大精神 推进新时代优秀炼化企业稳健发展》的专题讲座，公司党委常务副书记、纪委书记、工会主席李春妍作题为《学习领会党的十九大精神 打造过硬国企经营团队》的专题讲座。公司领导班子成员，各机关处室、二级单位共360多名领导干部参加本次培训班。

**4月20日** 公司召开测量管理体系年度监督审核末次会议。会上，审核组专家对本次审核情况进行了讲评，提出了相关整改建议，并对公司测量管理体系运行给予了充分肯定。审核组一致认为公司测量管理体系运行符合国家标准规定要求，不存在不符合项，准予通过年度监督审核。公司副总经理、安全总监丁海中，中启计量体系认证中心审核组成员以及公司相关处室、二级单位主要负责人参加会议。

**4月26日** 公司召开2018年科技创新表彰会。会议总结了2017年科技创新工作，明确2018年科技创新工作目标和任务，表彰了80项科技创新成果和44篇优秀科技论文。公司副总经理丁海中宣读了关于表彰2017年度技术创新成果和优秀工程论文的通报。公司总经理、党委书记姜国骅强调三方面意见。一是聚焦创新型企业建设，全力发挥科技引领作用。二是牢牢把握新形势新要求，全力激发科技创新活力动力。三是明确创新方向任务，全力提升科技创新工作水平。公司领导姜国骅、魏君、李岩冰、施铁权、刘喜民、丁海中，公司副总师、机关处室、各二级单位相关人员参加会议。

**4月27日** 集团公司党组第一巡视组巡视大庆炼化公司党委工作动员会召开。对公司党委开展为期3个月的巡视工作。集团公司党组纪检组副组长、监察部总经理、党组巡视工作领导小组成员、党组巡视办公室主任马自勤代表集团公司党组巡视办做重要讲话，集团公司党组第一巡视组组长艾南作动员讲话，炼化公司党委书记、总经理姜国骅主持会议并代表公司党委班子作表态发言。集团公司党组第一巡视组副组长负广瑞、卢增龙，集团公司巡视办相关人员，以及巡视组全体成员，炼化公司领导班子成员、副总师，机关处室、直附属及二级单位党政负责人，员工代表参加会议。动员会结束后，根据集团公司党组巡视工作规范要求，党组第一巡视组对大庆炼化公司领导班子及成员进行了民主测评。

**5月17日**　日丰企业集团有限公司副总裁、总工程师李白千，华南化工销售公司副总经理张中忱一行到公司进行业务交流，并参观了两套聚丙烯装置联合主控室、挤压造粒系统和仓储包装车间。公司总经理、党委书记姜国骅简要介绍了公司的产业布局、产品技术优势以及当前聚丙烯行业面临的新形势，同时面对丙烷脱氢、煤化工等国内外新增产能对聚丙烯行业带来的冲击提出了应对构想。公司副总经理魏君参加交流活动。

**5月31日—6月1日**　公司召开对标分析会议，全面分析公司生产经营过程中存在的潜力，与国内同行业、业内先进单位相比存在的差距。公司总经理、党委书记姜国骅参加会议，并与相关专业处室负责同志逐项探讨对标管理工作中涉及的专业问题。公司领导姜国骅、魏君、李岩冰、施铁权、刘喜民参加会议。

**6月7日、8日、14日、15日**　公司举办第二期领导干部学习党的十九大精神专题培训班，中央党校、黑龙江省委党校、长春市委党校等五位专家学者应邀授课。7日上午，公司副总经济师、党委组织部部长、人事处处长张清林主持开班仪式，同时作了《"两个一百年"与"一带一路"》专题讲座。15日，公司党委常务副书记、纪委书记、工会主席李春妍作了题为《学习领会党的十九大精神　打造过硬国企经营团队》专题讲座，并在结业式上作总结讲话。公司领导班子成员、副总师，机关处室及二级单位共380余名领导干部参加了培训班。

**6月15日—19日**　第29届哈尔滨国际经济贸易洽谈会在哈尔滨国际会展中心举行。公司作为大庆市"油头化尾"项目中的代表企业赴哈尔滨参展，重点宣传推介聚丙烯、食品级白油、石蜡等新产品并受到广泛关注。公司总经理、党委书记姜国骅到展会现场指导工作。

**6月22日**　浙江远大塑胶有限公司等下游塑料加工厂家代表来公司参观交流，实地了解公司聚丙烯装置工艺流程、产品分布、质量控制等情况。公司副总经理魏君参加交流活动。

**6月22日**　公司与石油化工研究院举行技术交流及合作框架协议签约会。会上，公司总经理、党委书记姜国骅介绍了公司技术创新、装置优化、信息化建设等工作开展情况，并对石油化工研究院多年来的技术服务支持表示感谢，同时希望双方能够继续深化合作，共同促进公司可持续高质量发展。公司副总经理李岩冰与石油化工研究院副院长胡杰一同签署技术合作框架协议。公司领导姜国骅、李岩冰及相关机关处室、直附属单位、二级单位主要负责人参加签约会。

**6月23日**　公司举办2018年全民健身安全趣味运动会，近1500名员工参加活动。公司总经理、党委书记姜国骅出席开幕仪式。

**6月27日**　公司在炼油一厂举行地企联动酸性水罐泄漏人员中毒事故应急演练。演练现场模拟了应急抢险、应急监测、风险防控、处置救援、人员转移等过程。公司总经理、党委书记姜国骅以及大庆市安监局、高新区安全环保局等领导到现场指挥演练。公司相关机关处室、炼油二厂、机电仪厂、检维修厂、动力厂等单位参加现场观摩。

**6月29日**　公司召开纪念建党97周年座谈会。会上，20名同志光荣加入中国共产党并进行入党宣誓，38个先进党支部、55名优秀党员和17名模范党务工作者受到表彰，基层班长、党支部书记、主任、党委书记等不同层面的7名代表作了典型发言。公司党委书记、总经理姜国骅出席会议并作总结讲话。公司领导班子成员、机关处室、二级单位代表参加会议。

**6月29日**　公司召开2018年二季度党群工作例会，总结上半年党群工作，部署下一步工作任务。公司党委书记、总经理姜国骅主持会议，并对学习党的十九大精神、落实党委工作要点、完善党群工作制度以及抓好党建、党风廉政建设、宣传和思想政治等工作提出要求。党群业务部门负责人、二级单位党组织书记参加会议。

**6月**　集团公司召开党建成果发布会。公司荣获集团公司党建研究工作"先进单位"荣誉称号并做了典型发言交流。其中《构建国有企业基层党建工作管理体系的探索与实践》获集团公司 2017 年度党建研究成果一等奖；《青年人才队伍"成长力"研究》《"两懂三实一做"党支部书记能力建设实践探索》两篇党建创新成果分获集团公司 2018 年度二、三等奖。

**7 月 5 日**　公司党委理论中心组集中学习《以习近平同志为核心的党中央关心中国石油发展纪实》一文。公司党委书记、总经理姜国骅在学习中强调，《做党和国家最可信赖的骨干力量》这篇文章，系统回顾了总书记在过去几年间对中国石油的具体关怀。我们要牢记总书记重托，勇于担当作为，做好本职工作，为公司稳健发展做出贡献，以实际行动做党和国家最可信赖的骨干力量。公司领导姜国骅、魏君、李岩冰、施铁权、刘喜民、丁海中参加学习。

**7 月 10 日**　中国寰球工程有限公司执行董事、总经理王新革率所属九家单位负责人到公司进行业务交流。公司总经理、党委书记姜国骅简要介绍了公司现阶段产业布局和重点工程项目的推进情况，并对寰球公司在烷基化项目建设中给予的支持表示感谢。公司领导姜国骅、李岩冰、丁海中参加交流会。

**7 月 12 日**　中国石油西南化工销售公司总经理孙克栋一行，会同重庆伟星新材和四川康泰塑胶科技两家企业代表到公司进行业务交流。公司总经理、党委书记姜国骅衷心感谢西南化工销售为大庆炼化聚丙烯产品赢得市场所付出的努力，并表示下一步将持续提升产品质量，在新产品研发方面积极同西南化工销售保持更紧密合作，为实现中国石油效益稳定攀升做出贡献。公司领导姜国骅、魏君参加交流活动。

**7 月 16 日**　公司召开集团公司危险化学品安全综合治理进展情况专项督查末次会。会上，审核组对审核情况进行了讲评，提出相关整改建议。公司副总经理、安全总监丁海中对下一步工作提出具体要求：一要立行立改对问题进行整改，确保整改效率；二要举一反三，杜绝再次发生类似的问题；三要认真分析，找到问题发生背后的管理原因；四要持续加强广大干部员工对危险化学品合规工作的认识，推动公司安全环保工作再上新台阶工作要求。公司领导丁海中，公司相关机关处室、二级单位负责人参加会议。

**7月20日** 公司召开2018年上半年经济活动分析例会，全面分析上半年市场经营情况、主要财务业绩指标完成情况、效益与成本费用以及下半年面临形势和努力方向。公司总经理、党委书记姜国骅对上半年生产经营情况进行了概括总结，对下半年工作提出了具体要求。公司领导姜国骅、施铁权、刘喜民、丁海中，公司机关处室、二级单位主要负责人参加会议。

**7月24日** 中国石油昆仑工程公司执行董事、总经理王德义一行，就印度石油帕拉迪布聚丙烯项目合作事宜来公司进行业务交流。公司总经理、党委书记姜国骅表示，公司与昆仑工程公司同为集团公司内部企业，将从大局利益出发，积极配合昆仑工程公司聚丙烯项目的筹建和投运，协助昆仑工程公司在预定工期内完成新装置的投产和运行。公司领导姜国骅、丁海中，以及相关业务负责人参加座谈会。

**7月28日** 炼油与化工分公司总会计师杨冬艳一行来公司检查指导工作。会上，杨冬艳就此次检查的目的和内容做了情况说明，提出了工作要求。公司总会计师施铁权汇报了公司上半年市场经营情况、下半年计划安排以及强化成本管控等情况。公司领导姜国骅、施铁权、刘喜民，机关处室主要负责人参加会议。

**7月31日** 公司副总经理魏君先后到大庆军分区、预备役高射炮兵师等5家驻庆部队进行走访慰问，代表公司向全体官兵致以节日问候和良好祝愿。各驻庆部队首长均对公司近年来的支持表示感谢，希望今后能继续加强交流、保持良好的双拥共建关系，为军企双方的共同发展建设再做新贡献。

**7月** 经公司总经理办公会研究决定：魏君兼任大庆炼化公司总法律顾问。

**8月6日** 公司召开干部大会，深入贯彻落实集团公司领导干部会议和深化人事劳动分配制度改革推进会议精神。公司领导姜国骅、李春妍、魏君、李岩冰、施铁权、刘喜民、丁海中，以及机关部门、二级单位主要领导参加会议。

**8月8日** 公司召开成本费用检查问题整改布置会。就炼化板块检查组对公司企业成本管理现状所反馈的问题进行讨论分析。公司领导姜国骅、施铁权、刘喜民、丁海中，以及公司机关、各相关二级单位主要领导参加会议。

**8月16日**　公司党委召开2018年巡察工作专项培训会。公司党委常务副书记、纪委书记、工会主席李春妍，纪检监察处全体成员，各单位专兼职纪委书记、纪检员参加会议。

**8月19日**　中国石油华北石化公司纪委书记付仲凯一行来公司，就党建、纪检监察、思想宣传等方面工作进行交流。公司党委常务副书记、纪委书记、工会主席李春妍，机关党群部门负责人参加会议。

**8月20日**　公司党委召开2018年巡察工作启动会。公司党委第一、第二、第三巡察组自2018年8月20日至11月20日，对生产运行处、机动设备处、安全环保处、生产技术处、规划计划处、财务处、审计处、企管法规处、工程管理部、工程造价部、安全监督站等8个机关部门和3个直属单位党组织开展巡察。公司领导姜国骅、李春妍、魏君、李岩冰、施铁权、刘喜民、丁海中，以及机关部门、二级单位主要领导、巡察组成员参加会议。

**8月21日**　东北化工销售公司总经理石振东一行到公司进行业务交流。公司领导姜国骅、魏君出席交流活动。

**8月24日**　公司召开健康安全环境委员会会议。会议解读了国家重大、集团公司较大、公司一般安全环保事故隐患判定标准及问责管理规定；通报了典型安全生产事故事件，以及HSE管理体系内审、生产波动和非计划停工等情况；部署了下半年安全环保重点工作。公司领导姜国骅、施铁权、刘喜民、丁海中出席会议。

**8月27日**　公司召开联合监督工作会议。会议总结了今年以来联合监督工作开展情况及发现的问题，明确今后联合监督的工作重点。公司党委常务副书记、纪委书记、工会主席李春妍，各相关部门负责人出席会议。

**8月28日**　中国石油陕西销售分公司党委书记、工会主席杨子清一行来公司，就党建、思想政治工作开展等情况进行交流，并到炼油一厂一套ARGG车间、质量检验与环保监测中心聚合物检验一站及公司展厅实地了解公司基层党建工作开展情况。公司党委常务副书记、纪委书记、工会主席李春妍，机关党群部门负责人出席交流活动。

**8月29日**　公司职业技能竞赛维修钳工专业组决赛在机电仪厂开展，公司党委常务副书记、纪委书记、工会主席李春妍到现场观看比赛。

**8月**　经公司党委会研究决定，樊春江任大庆炼化公司总经理（党委办公室主任（正处级），免去其大庆炼化公司纪检监察处副处长职务；王喜春同志任大庆炼化公司工会副主席，免去其大庆炼化公司总经理（党委）办公室主任职务；齐文浩同志任大庆炼化公司工会副主席兼机关党委书记、纪委书记、工会主席，免去其大庆炼化公司机电仪厂党委书记、委员兼副厂长职务；张建民同志任大庆炼化公司检维修厂厂长（正处级）兼党委副书记，免去其大庆炼化公司机动设备处副处长职务；于占涛同志任大庆炼化公司储运厂党委书记、委员、纪委书记、工会主席兼副厂长，免去其大庆炼化公司动力厂党委书记、委员、纪委书记、工会主席兼副厂长职务；郭金忠同志任动力厂党委书记、委员、纪委书记、工会主席兼副厂长，免去其大庆炼化公司储运厂党委书记、委员、纪委书记、工会主席兼副厂长职务；王兴武同志任大庆炼化公司机电仪厂党委书记（正处级）；张志杰同志任大庆炼化公司党委巡察办公室副处级巡察员，免去其大庆炼化公司储运厂党委副书记、委员、纪委书记、工会主席职务；陶传志任大庆炼化公司机动设备处副处长，免去其大庆炼化公司机电仪厂副厂长、党委委员职务；马刚任大庆炼化公司生产技术处副处长（副处级）；刘辉任大庆炼化公司纪检监察处副处长（副处级）；贾云革任大庆炼化公司社会保险中心主任（副处级）；姚庆东任大庆炼化公司物资采购部副主任（副处级）；蔡庆平任工程管理部安全总监，免去其大庆炼化公司物资供应中心主任、党支部副书记、委员职务；王国庆任大庆炼化公司炼油二厂总工程师（副处级）、党委委员；李东吉任大庆炼化公司聚合物一厂副厂长；刘甦任大庆炼化公司聚丙烯厂总工程师（副处级）、党委委员；史建生任大庆炼化公司产品营销中心副主任（副处级）、党委委员；尚振平任大庆炼化公司研究院副院长，免去其大庆炼化公司生产技术处副处长职务；刘庆任大庆炼化公司物资供应中心主任（副处级）兼党支部副书记；于国权任大庆炼化公司工会调研员，免去其大庆炼化公司工会副主席职务；孔凡更任大庆炼化公司检维修厂调研员，免去其大庆炼化公司检维修厂厂长、党委副书记、委员职务；解晓丽任大庆炼化公司项目部调研员，免去其大庆炼化公司项目部副主任职务；马玉芝任大庆炼化公司驻北京办事处调研员，免去其大庆炼化公司驻北京办事处副主任职务；王飞任大庆炼化公司矿区服务事业部调研员，免去其大庆炼化公司矿区服务事业部副主任兼供热站站长、党委委员职务；宋宗军任大庆炼化公司综合服务部调研员，免去其大庆炼化公司综合服务部副主任、党委委员职务；推荐于波任大庆宏伟庆化石油化工有限公司调研员，建议大庆宏伟庆化石油化工有限公司免去其副总经理、党委委员职务；免去刘子才兼任的大庆炼化公司社会保险中心主任职务；免去张洪军的大庆炼化公司炼油二厂总工程师职务；免去崔高伟同志兼任的大庆炼化公司机关党委书记、纪委书记、工会主席职务。【庆炼化党干〔2018〕3号】【庆炼化干〔2018〕7号】【组干〔2018〕1号】

**8月**　经公司总经理办公会研究决定：对部分单位机构进行调整。一是聚合物一厂聚合物研究所业务职能及人员划入研究院管理，并更名为研究院聚合物研究室，机构规格不变。二是聚合物二厂磺酸盐研究所业务职能及人员（含兼任所长的副总工程师）划入研究院管理，并更名为研究院磺酸盐研究室，机构规格不变。三是动力厂水质研究所业务职能及人员（含兼任所长的副总工程师）划入研究院管理，并更名为研究院水质研究室，机构规格不变。四是公司机关党委职能及人员从企业文化处（党委宣传部、团委、机关党委）划出，与公司工会合署办公。五是企业文化处（党委宣传部、团委、机关党委）更名为企业文化处（党委宣传部、团委），更名后机构隶属关系、规格等均不变。【庆炼化人事〔2018〕16号】

**9月3日**　中国石油驱油用油田化学品技术中心挂牌仪式在公司举行，集团公司科技管理部副总经理杜吉洲、公司总经理、党委书记姜国骅共同为技术中心揭牌。集团公司科技管理部项目管理二处副处长钱锦华宣读了批准设立中国石油驱油用油田化学品技术中心的决定。挂牌仪式由公司副总经理兼安全总监丁海中主持，相关部门和单位主要领导及管理技术人员参加仪式。

**9月4日**　集团公司党组第一巡视组巡视大庆炼化公司情况反馈会在公司召开。会上，集团公司党组第一巡视组组长艾南传达了集团公司党组书记、董事长在听取集团公司2018年第一轮巡视情况汇报会上的讲话精神及工作要求，并对巡视大庆炼化公司情况进行反馈。集团公司党组纪检组副组长、监察部总经理、党组巡视工作领导小组成员、党组巡视办公室主任马自勤，党组第一巡视组组长艾南，副组长贠广瑞、卢增龙，集团公司党组巡视办二处副处长安益石，党组第一巡视组联络员杨仕通出席会议。会议由公司党委书记、总经理姜国骅主持。公司领导班子成员、副总师，机关处室、直附属及二级单位党政负责人和部分员工代表参加会议。

**9月10日**　公司30万吨/年烷基化项目中交。公司领导姜国骅、李岩冰、丁海中，以及相关单位领导干部及管理技术人员出席中交仪式。

**9月10日**　公司召开处级干部政治素质及管理能力提升培训班启动会。公司总经理、党委书记姜国骅出席会议并对培训工作提出要求。

**9月19日**　公司召开理论中心组学习专题研讨会。会议进一步传达了集团公司领导干部会议精神，学习了中国纪检监察报发表的文章《廓清迷雾再扬帆》《中共中央印发<中国共产党纪律处分条例>通知》以及《中国共产党纪律处分条例》。公司党委书记、总经理姜国骅主持会议并对推动企业高质量发展提出要求，公司领导李春妍、李岩冰、刘喜民，以及党群部门主要负责人参加学习研讨。

**9月27日至29日**　公司举办优秀年轻干部"百名英才"培训班和优秀班组长培训班。公司党委常务副书记、纪委书记、工会主席李春妍作了题为《提高思想认识，增强业务本领，为推动企业转型升级实现高质量发展献力》的专题授课。北京石油管理干部学院教授李慧波，以及公司副总经济师、党委组织部部长、人事处处长张清林等人为学员授课，并组织学员参观了大庆油田采油一厂、采油二厂基层单位，共计182人参加培训。

**9月**　经公司党委会研究决定：免去于国权的工会党支部书记职务；任命王喜春为工会（机关党委）党支部书记，免去其总经理（党委）办公室党支部书记职务；任命樊春江为总经理（党委）办公室党支部书记。【直属机关党〔2018〕5号】

**10月10日**　公司党委理论学习中心组召开专题学习会。会议深入学习传达了习近平总书记在深入推进东北振兴座谈会上的重要讲话精神和在黑龙江省考察时的重要指示精神，研究部署了学习宣传贯彻工作。

**10月12日**　公司领导班子召开巡视反馈问题整改专题民主生活会。会议传达通报了集团公司党组巡视反馈问题，公司党委书记、总经理姜国骅代表领导班子作对照检查，班子成员分别作了个人对照检查，并认真开展了批评与自我批评。姜国骅主持会议并作总结发言。

**10月17日**　公司党委召开2018年三季度党群工作例会，总结三季度党群工作开展情况，部署下阶段党群工作。公司党委书记、总经理姜国骅出席会议并作总结讲话。公司党委常务副书记、纪委书记、工会主席李春妍主持会议，并对下一步工作提出要求。党群业务部门负责人、二级单位党组织书记参加会议。

**10月24日**　公司召开2018年三季度经济活动分析会。全面分析前三季度市场经营情况、主要财务业绩指标完成情况及存在问题。公司总经理、党委书记姜国骅对各部门和单位的经营分析进行了点评，并对下一步工作提出了具体要求。公司领导姜国骅、魏君、施铁权、刘喜民出席会议，公司总会计师施铁权主持会议，公司机关处室、二级单位主要负责人参加会议。

**10月26日**　公司召开集团公司2018年下半年HSE管理体系审核末次会议。炼油与化工分公司副总经理刘军对公司加强HSE管理体系运行作出部署，公司总经理、党委书记姜国骅对体系审核问题整改、提高HSE管理水平提出要求。公司领导姜国骅、李春妍、施铁权、刘喜民，审核组成员以及公司相关处室、二级单位主要负责人参加会议。

**10月26日**　经集团公司人事部批准，将副总经理刘喜民负责的物资采购和招标工作调至总会计师施铁权负责。其他班子成员分工不变。

**11月2日**　公司召开处级干部政治素质及管理能力提升第二期培训班启动会，公司总经理、党委书记姜国骅出席会议并对培训工作提出要求。

**11月16日**　公司党委理论学习中心组召开专题学习会。会议深入学习了《习近平出席全国生态环境保护大会并发表重要讲话》《习近平在网络安全和信息化工作座谈会上的讲话》《中国石油天然气集团有限公司安全生产管理规定》等内容。公司党委书记、总经理姜国骅主持会议，并对重点内容进行强调。

**11月18日**　公司3万吨/年硫酸再生装置顺利中交，公司领导姜国骅、李岩冰、刘喜民出席装置仪式。

**11月20日至23日**　公司举办了科级干部、党支部书记和百名英才培训班。公司党委常务副书记、纪委书记、工会主席李春妍作了题为《加强道德建设，培育良好道德品质》的专题授课。公司各单位、部门的306名干部参加培训。

**11月**　公司党委组织开展了"三项制度"改革、基层党建工作等专项调研。

**11月**　撤销项目部机构建制，原有职能划入规划计划处管理。撤销工程管理部党总支建制，成立工程管理部党支部。将矿区服务事业部更名为林源工作部，更名后机构隶属关系、规格不变。撤销矿区服务事业部内设机构并组建业务单元：撤销矿区服务事业部机关部室机构建制，新组建林源工作部机关；撤销物业管理站、维修队、运行队、园林绿化大队、物业服务监察站、车队、信息能源管理中心、供热车间、守卫大队9个单位的机构建制，组建劳务输出业务单元，此业务单元内细分为供热劳务输出单元、物业劳务输出单元和供水及公共事业劳务输出单元；成立劳务输出业务开发单元，将不具备输出条件的人员或暂时不能输出的人员统一进行管理，今后有输出任务时统一安排；撤销文化活动中心、再就业服务大队机构建制，改为文化活动业务单元、再就业业务单元；组建临时机构维修改造协调指挥部和市政留守业务单元，作为临时过渡性业务单元，待任务完成后撤销；将房产管理中心职能及人员划入综合服务部综合管理办公室；将公司急救站业务及人员划入综合服务部员工服务中心管理；暂时保留林源医院机构建制，待业务移交后撤销机构建制。同时，将中共大庆炼化公司矿区服务部委员会更名为中共大庆炼化公司林源工作部委员会，党组织隶属关系不变。【庆炼化人事〔2018〕21号】

**11月**　经公司党委会研究决定：于兴福任工程管理部党支部书记，免去其工程管理部党总支书记职务；刘锡明兼任工程管理部党支部副书记，免去其兼任的工程管理部党总支副书记职务；王旭任林源工作部主任兼党委副书记，免去其矿区服务事业部主任兼党委副书记职务；王胜任林源工作部党委书记、纪委书记、工会主席兼副主任，免去其矿区服务事业部党委书记、纪委书记、工会主席兼副主任职务；颜广生任林源工作部副主任、党委委员，免去其矿区服务事业部副主任、党委委员兼运行管理部主任职务；吴金华任林源工作部副主任、党委委员，免去其矿区服务事业部副主任、党委委员兼安全环保部主任职务；黄庆元任林源工作部党委副书记，免去其矿区服务事业部党委副书记兼综合管理部主任职务；杨志宏任林源工作部副主任、党委委员，免去其矿区服务事业部副主任、党委委员兼规划计划部主任职务；孟凡民任林源工作部副主任、党委委员，免去其矿区服务事业部副主任、党委委员职务；文雅明任综合服务部副主任、党委委员，免去其矿区服务事业部副主任、党委委员兼房产管理中心主任职务；孙国明任综合服务部副主任、党委委员，免去其项目部副主任职务；李胜任研究院综合办公室主任，免去其研究院聚合物研究室主任职务；高俊任研究院聚合物研究室主任，免去其研究院聚合物研究室副主任（正科级）职务；许扬任人事处（党委组织部）党建科副科长，免去其人事处（党委组织部）组织科副科长职务；韩仁峰任研究院综合办公室副主任，免去其研究院磺酸盐研究室副主任职务。免去孙茂成兼任的项目部主任职务；免去陈河的财务处副处长兼财务结算中心主任职务；免去冷树成的项目部副主任职务；免去陈雷的设计院副院长、党委委员及兼任的项目后评价室主任职务；免去吴印海的维护稳定工作办公室综合管理科科长职务；免去鞠洪鹤的安全监督站值班主任职务；免去杨清华的研究院副总工程师兼水质研究室主任职务；免去张世颖的大庆炼化公司信息中心经营与综合办公室主任职务。李强任产品营销中心主任（正处级），兼任产品营销中心党委副书记；任洪图任培训中心副主任。【庆炼化党干〔2018〕5号】【庆炼化干〔2018〕10号】【组干〔2018〕2号】【组干〔2018〕3号】【组干〔2018〕4号】

**12月3日**　大庆市委常委、市政府党组副书记曹宪双一行来到公司走访调研，公司领导姜国骅、李春妍、魏君、李岩冰、施铁权、刘喜民、丁海中参加座谈。

**12月5日**　公司举办了员工"四德"与遵纪守法教育专题讲座，公司党委常务副书记、纪委书记、工会主席李春妍作了题为《恪守职业操守 修养良好个人品德》的专题授课。

**12月7日**　在中化政研会纪念改革开放40周年暨第四届中国石油和化学工业企业文化促进大会上，公司通过全国企业文化建设示范单位复审，成为中国石油唯一一家连续4次荣获全国企业文化建设示范单位称号的企业。

**12月14日**　公司组织2017年11月以来公司新提任的58名科级及以上干部进行集体廉洁谈话。公司党委常务副书记、纪委书记、工会主席李春妍主持了谈话工作。

**12月17日**　公司党委召开2018年巡察工作反馈通报会。会议由公司党委委员、副总经理魏君主持。会上，公司党委巡察办公室通报了巡察发现的共性问题和典型问题，公司党委书记、总经理、党委巡察工作领导小组组长姜国骅作了重要讲话。公司领导姜国骅、魏君、李岩冰、施铁权、刘喜民出席会议。公司副总师，机关部门和直附属单位、二级单位主要领导，巡察组成员、巡察办公室相关人员参加会议。

**12月21日**　公司以党委中心学习组扩大学习方式，邀请市国家安全部门负责人举办了国家安全教育专题讲座。公司党委中心学习组成员以及公司保密成员单位党政负责人参加学习。

**12月**　公司调整部分机构。将机电仪厂负责的动设备运行维护、检维修作业职能划入检维修厂管理，同时在检维修厂增加对外部检维修、防腐保温、土建等施工队伍的管理职能；聚丙烯、石蜡包装线的维修维护业务仍由机电仪厂负责。两个厂未调整的其他职能保持原职能不变。将机电仪厂机电运行车间动设备运行维护、检维修作业职能及人员划入机械二车间管理。将机电仪厂机械一车间机构、职能及人员划入检维修厂管理，列检维修厂基层单位，机构规格不变。将机电仪厂机械二车间机构、职能及人员划入检维修厂管理，列检维修厂基层单位，机构规格不变。将机电仪厂机关2名机械工程师及职责划入检维修厂生产办公室管理。同时，对部分机构更名。将调整后的机电仪厂更名为电仪运行中心；将检维修厂更名为检维修中心，更名后机构规格、隶属关系不变。将电仪运行中心检修车间更名为电气四车间，机构规格、隶属关系不变。将电仪运行中心机电运行车间更名为电仪运行车间，机构规格、隶属关系不变。【庆炼化人事〔2018〕25号】【组干〔2018〕5号】

**12月**　经党委会研究决定：免去赵学清的聚合物二厂党委书记、委员、纪委书记、工会主席、副厂长职务，杨家河任聚合物二厂党委书记、纪委书记、工会主席；孟宪杰任电仪运行中心主任、党委副书记，免去其机电仪厂厂长、党委副书记、委员职务；王兴武任电仪运行中心党委书记、副主任，免去其机电仪厂党委书记、委员、副厂长职务；张建民任检维修中心主任、党委副书记，免去其检维修厂厂长、党委副书记、委员职务；侯善刚任检维修中心党委书记、纪委书记、工会主席、副主任，免去其检维修厂党委书记、委员、纪委书记、工会主席、副厂长职务；免去冯林财的党委宣传部副部长、企业文化处副处长、文化新闻中心主任职务，姜复乐兼任文化新闻中心主任；王冀矿任电仪运行中心党委副书记、纪委书记、工会主席，免去其机电仪厂党委副书记、委员、纪委书记、工会主席职务；史德明任电仪运行中心副主任、安全总监、党委委员，免去其机电仪厂副厂长、安全总监、党委委员职务；胡宪敏任电仪运行中心副主任、党委委员，免去其机电仪厂副厂长、党委委员职务；王巍任检维修中心副主任、党委委员，免去其检维修厂副厂长、党委委员职务；王立波任检维修中心总工程师、党委委员，免去其检维修厂总工程师、党委委员职务；于伟林任检维修中心副主任、安全总监、党委委员，免去其检维修厂安全总监、党委委员职务；免去赵建江的离退休管理中心副主任、党委委员职务；免去宁福民的机关党委综合事务科科长职务，另有任用；孙庆楠任电仪运行中心副总工程师，免去其机电仪厂副总工程师职务；免去侯昭利的计量检测中心副主任职务；蒋小琳任财务处税价科副科长。【庆炼化党干〔2018〕6号】【庆炼化干〔2018〕12号】

**12月**　公司通报集团公司党组巡视组巡视反馈意见整改落实情况。

# 后　记

2016 年 11 月，根据集团公司统一部署，经大庆炼化分公司领导研究决定，由人事处（党委组织部）牵头，会同各机关部门和二级单位共同开展了《中国石油大庆炼化组织史资料　第二卷（2014—2018）》的编纂工作。为此，公司成立了组织史编审委员会，党委书记、总经理姜国骅任主任，统领组织史编纂工作。下设编纂办公室，公司副总经济师、党委组织部部长、人事处处长张清林任编纂办公室主任，主持编纂工作；人事处副处长、党委组织部副部长兼公司党委组织员杜洪伟任副主任，负责编纂工作的日常组织协调、业务指导等工作。经过全体编纂人员的共同努力，《中国石油大庆炼化组织史资料　第二卷（2014—2018）》终于完稿付梓出版。这部史料对展现中国石油大庆炼化的发展历程，传承历史，资政育人，促进公司的持续发展将起到积极的作用。

编纂大庆炼化组织史资料，是公司组织人事和基础管理建设工程的一件大事，是一项政策性、业务性、技术性、规范性较强的业务工作，是一项艰巨浩繁的系统工程。从 2016 年 11 月至 2019 年 12 月期间，编纂办公室对各部门、各单位上报的大庆炼化组织史征编资料（2014—2018）进行多次对接审核，先后组织基层单位和机关处室对接审核稿件，修改上报稿件百余份，约 60 多万字。

编纂办在尊重史实的基础上，实事求是，做到重点突出，材料有取舍；突出主干，枝蔓有删减，基本做到了结构体例合乎规范，观点鲜明正确，文字简明精炼，内容详略得当，前后相互照应，保证了组织史资料的准确性、真实性和可靠性。

本书详细记述了大庆炼化 2014 年至 2018 年的发展历程，并在附录中列出大庆炼化的组织机构名录及历史沿革图，历年基本情况统计指标，专家和正副高级职称人员名录，省市区党代表、人大代表、政协委员名录，获得省部级以上荣誉集体和个人名录等内容，并将各级领导人员任免信息简明表收录其中，以供参考。

　　本次组织史的编纂工作得到了集团公司组织史编纂办公室的正确领导，在人员培训、规范体例制定、技术咨询、资料审核等方面，集团公司的专家们给予了鼎力帮助、支持和指导，石油工业出版社给予了全力相助。大庆炼化分公司领导、机关部门和基层单位对编纂工作给予了高度重视和积极配合。在此，谨向对本次编纂工作给予关心、支持、指导和帮助的所有单位、领导和个人表示衷心的感谢！

　　尽管编纂人员付出了巨大努力，但限于编纂者水平有限，书中内容难免存在疏漏和不足，恳请广大读者批评、指正。希望《中国石油大庆炼化组织史资料　第二卷（2014—2018）》能够为大庆炼化分公司的组织人事、史志研究、档案管理等部门的有关业务提供诸多便利，对体制改革和机构调整提供历史借鉴，为公司高质量推进新时代优秀炼化企业建设发挥应有的作用。

《中国石油大庆炼化组织史资料》编纂办公室

2019 年 12 月

# 出版说明

为充分发挥组织史"资政、存史、育人、交流"的作用，2012年3月，中国石油天然气集团公司（以下简称集团公司）全面启动《中国石油组织史资料》的编纂工作，并明确由集团公司人事部负责具体牵头组织。《中国石油组织史资料》系列图书分总部卷、企业卷、基层卷三个层次进行编纂出版。首次编纂出版以本单位成立时间作为编纂上限，以本单位编纂时统一规定的截止时间为编纂下限。

《中国石油组织史资料》总部卷由集团公司人事部负责组织编纂，石油工业出版社负责具体承办。总部卷（1949—2013）卷本分第一卷、第二卷、第三卷和附卷一、附卷二共五卷九册，于2014年12月出版。2021年，集团公司决定对《中国石油组织史资料（1949—2013）》进行补充与勘误，并在此基础上将编纂时间下限延至2020年12月。《中国石油组织史资料（1949—2020）》卷本分第一卷、第二卷、第三卷、第四卷和附卷一、附卷二共六卷十二册，于2021年6月正式付梓。此后，总部卷每五年续编出版一卷。

《中国石油组织史资料》企业卷系列图书，由各企事业单位人事部门负责牵头组织编纂，报集团公司人力资源部编纂办公室规范性审查后，由石油工业出版社统一出版。企业卷规范性审查由集团公司人力资源部编纂办公室白广田、于维海、傅骏雄、麻永超负责组织，图书出版统筹由石油工业出版社组织史编辑部马海峰、李廷璐负责，由秦雯、鲁恒、孙卓凡具体负责。企业卷首次续编一般按"2014—2015"和"2014—2018"两种方案编纂出版，此后每五年续编出版一卷。

《中国石油组织史资料》基层卷由各企事业单位人事（史志）部门负责组织下属单位与企业卷同步编纂，并报集团公司人力资源部编纂办公室备案，由石油工业出版社组织史编辑部负责提供具体出版和技术支持。

**企业卷统一出版代码：**

CNPC-YT——油气田企业　　　　　　CNPC-LH——炼化企业

CNPC-XS——成品油销售企业　　　　CNPC-GD——天然气与管道企业

CNPC-HW——海外企业　　　　　　　CNPC-GC——工程技术企业

CNPC-JS——工程建设企业　　　　　CNPC-ZB——装备制造企业

CNPC-KY——科研单位　　　　　　　CNPC-QT——金融经营服务等企业

编纂《中国石油组织史资料》系列图书是集团公司组织人事和基础管理建设工作的大事，是一项政策性、业务性、技术性、规范性很强的业务工作，是一项艰巨浩繁的系统工程。该系列图书以企业的组织沿革为线索，收录了编纂时限内各级党政组织的成立、更名、发展、撤并以及领导干部变动情况等内容，为企业"资政、存史、育人、交流"提供了可信的依据。这套系统、完整的中国石油组织史资料，既丰富了石油企业的历史资料，又增添了国家的工业企业史资料，不仅为组织人事、史志研究、档案管理等部门从事有关业务提供了诸多便利，而且为体制改革和机构调整提供了历史借鉴。在此，谨向对该套图书出版工作给予支持和帮助的所有单位和人员表示衷心的感谢！

由于掌握资料和编纂者水平有限，丛书难免存有错漏，恳请读者批评指正。对总部卷的意见建议请联系集团公司人力资源部编纂办公室或石油工业出版社组织史编辑部；对各单位企业卷、基层卷的意见建议请联系各单位编纂组或组织史资料编辑部。对书中错漏之处我们将统一在下一卷续编时一并修改完善。

**中国石油组织史资料编纂办公室联系方式**

联系单位：中国石油天然气集团有限公司人力资源部综合处

通信地址：北京市东直门北大街 9 号石油大厦 C1103，100007

联系电话：010-59984340　59984721，传真：010-62095679

电子邮箱：rsbzhc@cnpc.com.cn

**中国石油组织史编辑部联系方式**

联系单位：石油工业出版社人力资源出版中心

通信地址：北京市朝阳区安华西里三区 18 号楼 201，100011

联系电话：010-64523611　62067197

电子邮箱：cnpczzs@cnpc.com.cn

## 《中国石油组织史资料》系列图书目录

| 总部卷 | | | |
|---|---|---|---|
| 编号 | 书名 | 编号 | 书名 |
| 第一卷 | 国家部委时期（1949—1988）（上中下） | 第四卷 | 中国石油天然气集团公司—中国石油天然气集团有限公司（2014—2020）（上中下） |
| 第二卷 | 中国石油天然气总公司（1988—1998） | 附卷一 | 组织人事大事纪要（1949—2020）（上下） |
| 第三卷 | 中国石油天然气集团公司（1998—2013）（上下） | 附卷二 | 文献资料选编（1949—2020） |

| 企业卷 | | | |
|---|---|---|---|
| 编号 | 书名 | 编号 | 书名 |

### 油气田企业（16）

| 编号 | 书名 | 编号 | 书名 |
|---|---|---|---|
| CNPC-YT01 | 大庆油田组织史资料 | CNPC-YT09 | 青海油田组织史资料 |
| CNPC-YT02 | 辽河油田组织史资料 | CNPC-YT10 | 华北油田组织史资料 |
| CNPC-YT03 | 长庆油田组织史资料 | CNPC-YT11 | 吐哈油田组织史资料 |
| CNPC-YT04 | 塔里木油田组织史资料 | CNPC-YT12 | 冀东油田组织史资料 |
| CNPC-YT05 | 新疆油田组织史资料 | CNPC-YT13 | 玉门油田组织史资料 |
| CNPC-YT06 | 西南油气田组织史资料 | CNPC-YT14 | 浙江油田组织史资料 |
| CNPC-YT07 | 吉林油田组织史资料 | CNPC-YT15 | 煤层气公司组织史资料 |
| CNPC-YT08 | 大港油田组织史资料 | CNPC-YT16 | 南方石油勘探开发公司组织史资料 |

### 炼油化工单位和海外企业（32）

| 编号 | 书名 | 编号 | 书名 |
|---|---|---|---|
| CNPC-LH01 | 大庆石化组织史资料 | CNPC-LH17 | 华北石化组织史资料 |
| CNPC-LH02 | 吉林石化组织史资料 | CNPC-LH18 | 呼和浩特石化组织史资料 |
| CNPC-LH03 | 抚顺石化组织史资料 | CNPC-LH19 | 辽河石化组织史资料 |
| CNPC-LH04 | 辽阳石化组织史资料 | CNPC-LH20 | 长庆石化组织史资料 |
| CNPC-LH05 | 兰州石化组织史资料 | CNPC-LH21 | 克拉玛依石化组织史资料 |
| CNPC-LH06 | 独山子石化组织史资料 | CNPC-LH22 | 庆阳石化组织史资料 |
| CNPC-LH07 | 乌鲁木齐石化组织史资料 | CNPC-LH23 | 前郭石化组织史资料 |
| CNPC-LH08 | 宁夏石化组织史资料 | CNPC-LH24 | 东北化工销售组织史资料 |
| CNPC-LH09 | 大连石化组织史资料 | CNPC-LH25 | 西北化工销售组织史资料 |
| CNPC-LH10 | 锦州石化组织史资料 | CNPC-LH26 | 华东化工销售组织史资料 |
| CNPC-LH11 | 锦西石化组织史资料 | CNPC-LH27 | 华北化工销售组织史资料 |
| CNPC-LH12 | 大庆炼化组织史资料 | CNPC-LH28 | 华南化工销售组织史资料 |
| CNPC-LH13 | 哈尔滨石化组织史资料 | CNPC-LH29 | 西南化工销售组织史资料 |
| CNPC-LH14 | 广西石化组织史资料 | CNPC-LH30 | 大连西太组织史资料 |
| CNPC-LH15 | 四川石化组织史资料 | CNPC-LH31 | 广东石化组织史资料 |
| CNPC-LH16 | 大港石化组织史资料 | CNPC-HW01 | 中国石油海外业务卷 |

### 成品油销售企业（37）

| 编号 | 书名 | 编号 | 书名 |
|---|---|---|---|
| CNPC-XS01 | 东北销售组织史资料 | CNPC-XS13 | 河北销售组织史资料 |
| CNPC-XS02 | 西北销售组织史资料 | CNPC-XS14 | 山西销售组织史资料 |
| CNPC-XS03 | 华北销售暨北京销售组织史资料 | CNPC-XS15 | 内蒙古销售组织史资料 |
| CNPC-XS04 | 上海销售组织史资料 | CNPC-XS16 | 陕西销售组织史资料 |
| CNPC-XS05 | 湖北销售组织史资料 | CNPC-XS17 | 甘肃销售组织史资料 |
| CNPC-XS06 | 广东销售组织史资料 | CNPC-XS18 | 青海销售组织史资料 |
| CNPC-XS07 | 云南销售组织史资料 | CNPC-XS19 | 宁夏销售组织史资料 |
| CNPC-XS08 | 辽宁销售组织史资料 | CNPC-XS20 | 新疆销售组织史资料 |
| CNPC-XS09 | 吉林销售组织史资料 | CNPC-XS21 | 重庆销售组织史资料 |
| CNPC-XS10 | 黑龙江销售组织史资料 | CNPC-XS22 | 四川销售组织史资料 |
| CNPC-XS11 | 大连销售组织史资料 | CNPC-XS23 | 贵州销售组织史资料 |
| CNPC-XS12 | 天津销售组织史资料 | CNPC-XS24 | 西藏销售组织史资料 |

| 编号 | 书名 | 编号 | 书名 |
|---|---|---|---|
| CNPC-XS25 | 江苏销售组织史资料 | CNPC-XS32 | 湖南销售组织史资料 |
| CNPC-XS26 | 浙江销售组织史资料 | CNPC-XS33 | 广西销售组织史资料 |
| CNPC-XS27 | 安徽销售组织史资料 | CNPC-XS34 | 海南销售组织史资料 |
| CNPC-XS28 | 福建销售组织史资料 | CNPC-XS35 | 润滑油公司组织史资料 |
| CNPC-XS29 | 江西销售组织史资料 | CNPC-XS36 | 燃料油公司组织史资料 |
| CNPC-XS30 | 山东销售组织史资料 | CNPC-XS37 | 大连海运组织史资料 |
| CNPC-XS31 | 河南销售组织史资料 | | |

### 天然气管道企业（13）

| 编号 | 书名 | 编号 | 书名 |
|---|---|---|---|
| CNPC-GD01 | 北京油气调控中心组织史资料 | CNPC-GD08 | 京唐液化天然气公司组织史资料 |
| CNPC-GD02 | 管道建设项目经理部组织史资料 | CNPC-GD09 | 大连液化天然气公司组织史资料 |
| CNPC-GD03 | 管道公司组织史资料 | CNPC-GD10 | 江苏液化天然气公司组织史资料 |
| CNPC-GD04 | 西气东输管道公司组织史资料 | CNPC-GD11 | 华北天然气销售公司组织史资料 |
| CNPC-GD05 | 北京天然气管道公司组织史资料 | CNPC-GD12 | 昆仑燃气公司组织史资料 |
| CNPC-GD06 | 西部管道公司组织史资料 | CNPC-GD13 | 昆仑能源公司组织史资料 |
| CNPC-GD07 | 西南管道公司组织史资料 | | |

### 工程技术企业（7）

| 编号 | 书名 | 编号 | 书名 |
|---|---|---|---|
| CNPC-GC01 | 西部钻探公司组织史资料 | CNPC-GC05 | 东方物探公司组织史资料 |
| CNPC-GC02 | 长城钻探公司组织史资料 | CNPC-GC06 | 测井公司组织史资料 |
| CNPC-GC03 | 渤海钻探公司组织史资料 | CNPC-GC07 | 海洋工程公司组织史资料 |
| CNPC-GC04 | 川庆钻探公司组织史资料 | | |

### 工程建设企业（8）

| 编号 | 书名 | 编号 | 书名 |
|---|---|---|---|
| CNPC-JS01 | 管道局组织史资料 | CNPC-JS05 | 中国昆仑工程公司组织史资料 |
| CNPC-JS02 | 工程建设公司组织史资料 | CNPC-JS06 | 东北炼化工程公司组织史资料 |
| CNPC-JS03 | 工程设计公司组织史资料 | CNPC-JS07 | 第一建设公司组织史资料 |
| CNPC-JS04 | 中国寰球工程公司组织史资料 | CNPC-JS08 | 第七建设公司组织史资料 |

### 装备制造和科研企业（12）

| 编号 | 书名 | 编号 | 书名 |
|---|---|---|---|
| CNPC-ZB01 | 技术开发公司组织史资料 | CNPC-KY02 | 规划总院组织史资料 |
| CNPC-ZB02 | 宝鸡石油机械公司组织史资料 | CNPC-KY03 | 石油化工研究院组织史资料 |
| CNPC-ZB03 | 宝鸡石油钢管公司组织史资料 | CNPC-KY04 | 经济技术研究院组织史资料 |
| CNPC-ZB04 | 济柴动力总厂组织史资料 | CNPC-KY05 | 钻井工程技术研究院组织史资料 |
| CNPC-ZB05 | 渤海石油装备公司组织史资料 | CNPC-KY06 | 安全环保技术研究院组织史资料 |
| CNPC-KY01 | 勘探开发研究院组织史资料 | CNPC-KY07 | 石油管工程技术研究院组织史资料 |

### 金融经营服务及其他企业（14）

| 编号 | 书名 | 编号 | 书名 |
|---|---|---|---|
| CNPC-QT01 | 北京石油管理干部学院组织史资料 | CNPC-QT08 | 运输公司组织史资料 |
| CNPC-QT02 | 石油工业出版社组织史资料 | CNPC-QT09 | 中国华油集团公司组织史资料 |
| CNPC-QT03 | 中国石油报社组织史资料 | CNPC-QT10 | 华油北京服务总公司组织史资料 |
| CNPC-QT04 | 审计服务中心组织史资料 | CNPC-QT11 | 昆仑信托中油资产组织史资料 |
| CNPC-QT05 | 广州培训中心组织史资料 | CNPC-QT12 | 中油财务公司组织史资料 |
| CNPC-QT06 | 国际事业公司组织史资料 | CNPC-QT13 | 昆仑银行组织史资料 |
| CNPC-QT07 | 物资公司组织史资料 | CNPC-QT14 | 昆仑金融租赁公司组织史资料 |